本钢集团有限公司

本钢年鉴

BENGANG NIANJIAN

2019

《本钢年鉴》编纂委员会　编

北　京
冶　金　工　业　出　版　社
2019

图书在版编目(CIP)数据

本钢年鉴.2019/《本钢年鉴》编纂委员会编.—北京：冶金工业出版社，2019.11
ISBN 978-7-5024-8326-5

Ⅰ.①本…　Ⅱ.①本…　Ⅲ.①钢铁集团公司—本溪—2019—年鉴　Ⅳ.①F426.31-54

中国版本图书馆 CIP 数据核字(2019)第 271639 号

出 版 人　陈玉千
地　　址　北京市东城区嵩祝院北巷 39 号　邮编　100009　电话　(010)64027926
网　　址　www.cnmip.com.cn　电子信箱　yjcbs@cnmip.com.cn
责任编辑　卢　敏　美术编辑　彭子赫　版式设计　孙跃红
责任校对　王永欣　责任印制　李玉山
ISBN 978-7-5024-8326-5
冶金工业出版社出版发行；各地新华书店经销；固安华明印业有限公司印刷
2019 年 11 月第 1 版，2019 年 11 月第 1 次印刷
787mm×1092mm；32.25 印张；8 彩页；748 千字；496 页
188.00 元
冶金工业出版社　投稿电话　(010)64027932　投稿信箱　tougao@cnmip.com.cn
冶金工业出版社营销中心　电话　(010)64044283　传真　(010)64027893
冶金工业出版社天猫旗舰店　yjgycbs.tmall.com

《本钢年鉴》编纂委员会

《本钢年鉴》编辑人员

主　编　孙　震

副主编　陈　军　那　丽　韩友清

编　辑　李　学　金一嘉　邹丽颖

编辑说明

《本钢年鉴》(2019)是由本钢集团有限公司主办，本钢集团各部门、子公司、直属单位供稿，本钢集团办公室组织编纂而成的本钢集团第33部年鉴，是系统记载2018年度本钢集团各个方面工作情况的资料工具书。

《本钢年鉴》(2019)设有图片、特载、大事记、概述、经营管理、综合管理、党群工作、钢铁主业、多元产业、改制企业、统计资料、人事与机构、人物与表彰、附录14个栏目，栏目下设分目。主体内容以条目为记述的基本形式，条目标题用黑体字加方括号显示，部分条目下配有照片、图表。

本钢集团有限公司在本部年鉴中简称“本钢集团”“集团公司”“本钢”；其他子公司、直属单位用全称或规范简称。

本部年鉴采用的稿件、资料、数据均由本钢集团各部门、子公司、直属单位及所属单位提供并审核，记载的时间跨度除特别说明的外均为2018年1月1日至12月31日，所引数字及资料均以2018年12月31日为限。

本部年鉴编纂过程中，得到了各级领导及有关单位和部门的积极支持协助，对此，我们深表谢意。为进一步提高编纂质量，诚盼读者指正。

《本钢年鉴》编辑部

2019年8月

2018 年 10 月 19 日，辽宁省省政协主席夏德仁一行到本钢调研

2018 年 5 月 15 日，辽宁省副省长、省公安厅厅长王大伟一行到本钢调研

2018 年 3 月 19 日，辽宁省副省长王明玉到本钢检查安全工作

2018 年 9 月 17 日，辽宁省省委组织部长陆治原到本钢调研

2018 年 3 月 29 日，国家发改委产业司副司长夏农一行到本钢调研

2018 年 10 月 19 日，国家发改委体改司副司长王任飞一行到本钢调研

2018 年“两会”期间，全国人大代表、党委书记、董事长陈继壮接受中国冶金报记者专访

2018 年 7 月 20 日，原中国证券监督管理委员会主席、党委书记肖钢到访本钢

2018 年 4 月 11 日，辽宁方大集团董事局主席方威一行到访本钢

2018 年 5 月 16 日，本钢集团有限公司党委书记、董事长陈继壮会见到访的法孚集团全球冶金总裁吉尧·尔曼一行

2018 年 4 月 23 日，本钢集团有限公司党委书记、董事长陈继壮，总经理汪澍会见韩国东国制钢客人

2018 年 2 月 8 日，本钢集团有限公司党委书记、董事长陈继壮，总经理汪澍会见 TIMK 公司客人

2018 年 2 月 6 日，辽宁省省政府金融工作办公室党组书记、主任刘波一行到本钢调研

2018 年 3 月 9 日，本溪军分区司令员于国锋一行到本钢调研

2018 年 12 月 14 ~ 15 日，本钢集团召开 2018 年度职工代表大会暨 2019 年经济工作会议

2018 年 6 月 25 日，本钢 MBA 培训班（一期）座谈会

2018 年 8 月 22 日，本钢集团纪委派驻纪检组揭牌仪式

2018 年 10 月 30 日，本钢集团总医院移交辽宁省健康产业集团仪式

2018 年 1 月 11 日，本钢集团厂办大集体改革工作启动大会

2018 年 12 月 6 日，本钢集团有限公司总经理汪澍参加人力资源部高质量发展大讨论

2018年1月16日，本钢集团举办“钢铁筑梦　砥砺前行”本钢职工合唱比赛

编辑　陈　军
摄影　田　铮　邓立岩

目　录

特　载

专　记

专　文

大事记

概　述

经营管理

规划投资管理

科技管理

运营管理

人力资源管理

财务管理

资本管理

审计管理

营销管理

采购管理

招标管理

信息化工作

企业文化建设

子公司监事会建设

综合管理

董事会办公室

办公室工作

法律事务工作

信访稳定工作

保卫工作

离退休职工管理

档案管理

行政管理工作

党群工作

组织工作

宣传工作

纪检监察工作

统一战线工作

工会工作

共青团工作

人民武装工作

科协工作

保密工作

机关党委工作

钢铁主业

本钢板材股份有限公司

炼铁厂

炼钢厂

热连轧厂

冷轧厂

本钢浦项公司

特钢厂

焦化厂

发电厂

铁运公司

能源总厂

原料厂

废钢厂

计控厂

检化验中心

储运中心

辽阳球团公司

技术研究院

包装公司

丹东不锈钢公司

本溪北营钢铁（集团）股份有限公司

炼铁厂

炼钢厂

轧钢厂

焦化厂

铸管公司

矿业公司

冶金渣公司

公运公司

退管中心

本溪钢铁（集团）矿业有限责任公司

南芬露天铁矿

歪头山铁矿

南芬选矿厂

石灰石矿

辽阳贾家堡铁矿有限责任公司

矿产品厂

设备修造厂

汽车运输分公司

矿业公司炸药厂

黏土矿

多元产业

本钢集团国际经济贸易有限公司

本钢板材股份有限公司采购中心

本钢集团财务有限公司

辽宁恒亿融资租赁有限公司

辽宁恒基资产经营管理有限公司

辽宁恒汇商业保理有限公司

辽宁容大投资有限公司

本溪钢铁（集团）有限责任公司

机械制造有限责任公司

修建（维检）公司

建设有限责任公司

辽宁恒通冶金装备制造有限公司

辽宁恒泰重机有限公司

信息自动化有限责任公司

新实业发展有限责任公司

冶金渣有限责任公司

辽宁冶金职业技术学院

房地产开发有限责任公司

热力开发有限责任公司

本钢总医院

本钢综合工业公司

北台钢铁（集团）有限责任公司

改制企业

本钢耐火材料有限责任公司

本钢汽车运输有限责任公司

本钢电气有限责任公司

本钢设计研究院有限责任公司

统计资料

人事与机构

人物与表彰

先进人物与表彰

荣誉表彰

科技奖项

附　录

本钢年鉴 *2019*

本钢集团

特　载

专　记

百年国企　行稳致远

——改革开放40年本钢集团迈向高质量发展启示录

一个企业，因锐意改革而沧桑巨变，在新中国的历史上不断谱写耀眼篇章。

一个品牌，因创新开放而历久弥新，在世界的版图中成功标注“中国·本钢”。

如同施展了魔法，在40年的时间里，本钢从一个曾经以年产200万吨“人参钢”为“梦想”的老国企发展成为资产规模1600亿元、年产能2000万吨、年销售收入超1000亿元的“钢铁巨舰”，产品远销欧美、东南亚、东盟和中非等世界80多个国家和地区，出口连续多年保持在全国钢铁企业前三位。

这背后是本钢经年砥砺，凭借着“锐意改革+持续创新+全面开放”发展模式，闯出的一条具有本钢特色的持续发展之路。如今“中国·本钢”这艘“钢铁巨舰”正沿着这条道路不断进发，在世界的版图上行稳致远。

锐意改革：以“亮剑”精神挺起钢铁脊梁

不久前，本钢板材热连轧厂1700毫米生产线正在紧急轧制2000吨出口韩国、巴基斯坦的STHT系列和SAE系列热轧产品。而在后续订单中，为上海通用、一汽大众、华晨等知名汽车厂商生产的汽车板也在忙碌组织中。

“如果在40年前，你告诉我，这条曾经因‘先天不足’，常常是白天调试，夜间轧制，被我们称为‘夜连轧’的1700毫米生产线，有一天能生产出销往世界的一流产品，我是无论如何也不敢相信的。”作为本钢板材热连轧厂1700毫米生产线第一批操作工，2018年65岁的时述德看着眼前的生产情景感慨道。

当时国家的一个统计数字表明：20世纪70年代末，我国人均钢铁占有量只有24千克，落后于世界钢铁工业二三十年。而当时的本钢，面对设备落后和改革开放初期汹涌而来的市场经济大潮更显得迷茫和无措。

痛则思变。面对迷茫与无措，本钢人没有气馁，将目光放在锐意改革上！本钢决策层更是清醒地认识到：本钢集团——辽宁省最大的国有企业，除了勇敢地走向市场外，已别无他路。

从此，本钢擎起改革的“利刃”，以破釜沉舟的勇气，开始了一系列改革。

从“三二二”改造、计划经济体制改革到“三年脱困”、探索建立现代企业制度，再到“本钢板材”股票上市、董事会建设、“两钢合并重组”……一系列改革措施的落地，促使本钢集团真正成为“自主经营、自负盈亏、自我约束、自我发展”的独立市场主体。

尤其是党的十八大以来，党中央把供给侧结构性改革作为主攻方向，推动经济朝着更高质量方向发展。而作为中国经济不可或缺的“钢铁力量”，拥有百年历史的辽宁第一大国企，本钢集团始终坚持向改革要效益，将国企改革进行到底。

明职责。全面实施“定岗、定编、定责、定薪”（简称“四定”）工作，部门重组重构，部门裁撤22%。副处级及以上领导干部职数压减15.3%，其他管理岗位职数压减12.6%，生产厂矿管理岗定员总数比例降至8%以内，平稳实施薪酬体系设计与改革。

真测评。实施部门工作作风考核，请基层当“裁判”、全员来监督，按办事效率、工作质量、服务意识给各部门评分，每季度一次，部门服务作风、服务质量公开大排名，让落在后面的部室也“红红脸、出出汗”。

严纪律。实施企业问责追责制度，出台2.5万字管理办法，问责追责，红线更清晰、底线更分明，被称为“本钢法典”。

强考核。出台《领导班子和领导干部综合考核评价办法（末位淘汰）》，处级干部、科级干部，年底看成绩、排大榜，按一定比例，末位淘汰。

强化顶层设计，坚持系统推进，实现重点突破……一系列改革措施的落地，使本钢集团这个昔日的市场经济的“探索者”成长为融入市场的“弄潮儿”、地区经济社会发展的“顶梁柱”：

看生产规模——年产能2000万吨；拥有东北最大高炉，炉容4747立方米；炼钢最大转炉为180吨；拥有世界最宽幅热轧机组和世界一流的冷轧机组，能生产世界最宽幅、最高强度、全覆盖的汽车用冷轧板，并具备最高强度汽车用热镀锌板的生产能力和整车供货能力。如今已成为全国乃至世界精品板材生产基地之一，是中国十大钢铁企业之一，世界钢铁企业排名位居前列。

看竞争力——拥有国家级技术中心和检测中心，建有国家院士专家工作站、博士后科研工作站、先进汽车用钢开发与应用技术国家地方联合工程实验室等研发平台，成立了汽车板、高强钢、硅钢、棒线材、不锈钢等专业科研机构，在汽车板、家电板、石油管线钢、集装箱用钢等产品研发领域处于国内领先水平，成为国家工信部认定的“国家技术创新示范企业”和“中国工业企业品牌竞争力百强企业”。

看品种质量——现已形成60多个品种、7500多个规格的产品系列，高附加值和高技术含量产品比例达到85%以上；高端板材供货范围已实现了国内知名家电企业和自主汽车品牌全覆盖，还有近七成合资汽车品牌和要求极为苛刻的欧洲大众、奔驰、宝马、雷诺、标致等汽车厂商都是本钢的合作伙伴。本钢已从过去的只卖“大路货”转变为如今的“精品店”。

看绿色发展——如今的本钢早已告别了过去钢铁企业的傻大黑、脏乱差，已经连续多年成为全国钢企“绿色发展十大优秀企业”；昔日矿山采场“尘沙满天”的黑白“水墨画”发展成了“今朝绿野无边”的彩色“风景画”；职工从过去的上下班如同涂“黑面膜”到现在的行走在“花园式”工厂；本溪更是从曾经“卫星看不见的城市”成为了如今的“洗肺城市”。

成绩只是过去，未来尤为可期。

站在历史的关键节点上，本钢集团党委书记、董事长陈继壮给出了铿锵有力的回答：“我们要用心答好供给侧结构性改革的‘钢铁考卷’，让改革的红利持续释放。真抓实干，瞄准高端，加快产品结构的优化升级，提升企业的整体竞争力，将百年本钢做强做优做大的蓝图一绘到底！”

持续创新：科技引领打造发展引擎

2018 年 5 月，本钢集团生产的 1650 吨 0.8 毫米×2100 毫米超宽幅、超薄超深冲冷轧汽车用钢，受到国内某知名商用汽车制造厂“点赞”，这是本钢集团自 2017 年 2000 兆帕级超高强钢在全球范围内首次投入批量化工业生产及应用后，取得的又一核心技术突破。

核心技术买不来、等不来，只有靠自己干出来。

作为建设世界科技强国的“钢铁力量”，近年来，本钢集团坚持以科技创新为引领，以品种研发提升企业竞争力，大力调整产品结构，着力构建“产学研用”产业链式科技创新平台，形成了着眼于钢铁前沿领先技术和未来产业链发展方向的超强研发体系，产品研发由原来“跟跑者”向“个性化与自主型”转变。

在实际工作中，本钢集团不断推进创新体系建设，通过强“内脑”、借“外脑”、重研发等一系列举措，不断打通创新血脉，加快创新步伐，实现科技成果快速转化。

强“内脑”。按照“四个注重”，即注重人品、注重基层、注重业绩、注重学历的用人导向，“公开、平等、竞争、择优”原则，实施公开竞聘上岗；以本钢 MBA 培训班为依托，深入推进领导干部素质能力提升培训；全方位、多渠道地引进符合企业发展需要的各类人才，并为他们提供更多政策和服务。

借“外脑”。与德国西马克集团、中科院金属研究所、清华大学、北京科技大学、东北大学等紧密合作，通过签订战略合作协议，打造联盟，实现合作形式的长效和“实体化”。目前，本钢集团已成功加入汽车轻量化联盟和中国汽车工程学会。

重研发。紧跟前沿技术、坚持市场需求、瞄准产业方向。近年来，本钢集团每年都有大量新品问世，从全球最高等级强度 2000 兆帕超高强韧性热冲压成型钢的成功研制到世界最宽幅超薄汽车用钢的批量生产。2018 年上半年，本钢集团研发新产品

24 项。同时，重点加大直供用户服务力度，增强与重点客户建立战略合作，形成“研发一批、储备一批、生产一批、销售一批”的良性循环。

一系列增强企业创新实力举措的实施与落地，有效地提升了本钢集团的核心竞争力，为推进本钢集团实现高质量发展提供了源源不断的新动力。

全面开放：找准定位挺进海外市场

“本钢集团的发展主要是学习世界先进经验，本钢集团在国内是比较好的，但是同发达国家比还是比较落后的……”1978 年 9 月 13 日，党的十一届三中全会前夕，邓小平同志来到本钢集团调研时说了这样一句振聋发聩的话语。

从此，本钢这一“钢铁巨龙”睁开双眼，以积极的姿态放眼全球市场，站在国际钢铁市场的前沿，以世界的眼光和超前的思维推行国际化战略，谋划企业未来发展，以更开放的胸怀拥抱世界。

尤其是党的十八大以来，本钢集团不断抢抓机遇，搭乘“一带一路”快车，加强国际化战略的“顶层设计”，放眼全球谋篇布局，全方位部署，积极挺进海外出口市场，准确研判市场形势，适时加大出口力度，打活“出口牌”，除成立了中国香港分公司外，还成立了韩国、欧洲、北美等分公司，并逐渐建立起遍布全球的销售网络。目前，本钢集团产品远销美国、欧洲、东南亚、西亚、东盟和中非等世界 80 多个国家和地区。不断抢占市场先机，实施全球化经营，更好地推动了本钢集团融入国际经济发展的大循环。

在布局全球的基础上，本钢集团还致力于提升产品质量，打造自己的“拳头”产品。从全球最高等级强度 2000 兆帕超高强韧性热冲压成型钢到自主研发的连续多年问鼎冶金行业“奥斯卡”——“特优质量奖”的车轮用热连轧钢板和钢带；从备受国际一流钢帘线供应商“龙头”厂家贝卡尔特公司青睐的“皇冠上的明珠”帘线钢到自主研发的多项铸管产品填补国内空白并获得国家科技成果进步奖的球墨铸管；从助力“一带一路”发展的 X70、X80、X100 石油管线钢到替代进口产品、市场上最高端的汽车用特殊钢品种、合金含量超过 8%的“本钢集团牌”高合金钢 DS120……一项项品质与颜值俱佳的高精尖产品，不仅以“加速度”不断占领行业制高点，而且使本钢产品出口始终保持在全国钢企前列。

2010~2017 年，本钢集团产品出口始终保持在全国钢铁企业出口产品前三位，其中 2010~2014 年，更是拔得头筹，实现了出口“五连冠”。

40 年，弹指一挥间。站在新时代的历史起点，本钢集团将不忘初心、一往无前，以创新、协同、绿色、开放、共享理念，继续乘风破浪、扬帆远航，以高质量发展的“加速度”，在世界的版图上标注下一个更具活力，更有实力，更富魅力的“中国·本钢”！

（此文刊登于《中国冶金报》2018 年 12 月 18 日 17 版）

聚力供给侧改革，做好高质量发展“答卷”

——访全国人大代表，本钢集团党委书记、董事长陈继壮

新时代，新起点，新蓝图，一张高质量发展的“试卷”铺展开来。考卷在手，作为大国钢铁、百年国企的掌门人如何作答？“深化供给侧改革，聚焦‘破立降’，对标高质量，用涉险滩、破坚冰、敢啃硬骨头的改革创新，让老百姓给‘好评’”。陈继壮坚定地说。

聚焦“破立降”　一以贯之，稳扎稳打

前不久召开的中央经济工作会议“点题”，中国经济发展进入了由高速增长向高质量发展的新时代，如何实现高质量发展？八项重点工作打出“组合拳”，深化供给侧结构性改革排在了工作首位。迈入新时代的供给侧结构性改革，从内涵上又有了新的拓展：从“三去一降一补”到“破立降”。对此，陈继壮有着更深的理解：“深化供给侧结构性改革是实现高质量发展的必答题，做好这道考题要找准‘得分点’，‘破立降’就是得分的重点。”

中央经济工作会议在部署“深化供给侧结构性改革”工作时强调，重点在“破立降”上下功夫，并给出正确诠释：破，是大力破除无效供给；立，是大力培育新动能；降，是大力降低实体经济成本。陈继壮对记者分析说：“不破不立，只有坚决地破除无效供给，让僵尸企业彻底出清，才能为培育新动能腾挪更广阔的空间。拿钢铁企业来说，严重产能过剩是导致过去几年微利和亏损的真正原因，随着国家推进供给侧结构性改革，加大去产能的力度，尤其是打击取缔‘地条钢’，钢价逐渐回归到相对正常的价位，钢铁企业开始扭亏为盈，行业形势持续向好。”

2017 年，钢铁行业化解粗钢产能 5000 万吨以上，1.4 亿吨“地条钢”产能全面出清，从根本上扭转了“劣币驱逐良币”现象，有效改善了市场环境，显著规范了进出口秩序，钢材质量明显提升，行业效益大幅增长。对此，陈继壮认为：“2018 年钢铁行业去产能任务仍然很重，要严防‘地条钢’和‘僵尸企业’的死灰复燃。破除这类无效供给，必须坚决彻底，要一以贯之，劲不能松、力不能减、罚不能软。”

只有让优质产能占稳市场，才能推动整体行业的优化和转型，实现可持续健康发展。陈继壮说：“破不是目的，目的是要立，立出有高科技含量、高质量、高精尖的有效供给。对于钢铁企业来说，就是要加大创新投入，加快质量升级和智能制造，要链接上下游产业，优化产品结构，提升产品层次，培育钢铁品牌，提高产品附加值，打造绿色、智能、高端产业链，增强整体市场竞争力。本钢目前按照把优质产能做强、结构做优、产品做精的路径，瞄准高端市场，找准销售定位；生产高端产品，找准制造定位；布局高端产线，找准可持续发展定位；最终要实现把本钢这个百年国企做强做优做大的目标。”

实现高质量发展，企业就要加快转型升

级，在这个曲折的过程中，破与立固然很重要；降，对于市场主体的企业来说，同样重要。陈继壮说："尤其是钢铁行业，往往投入成本高、产出流程长、人工成本大、利润空间有限。过去几年的时间，全行业一直深陷于亏损之中，在迈入高质量发展阶段，不仅需要企业躬下身来爬坡过坎，沉下心来提质增效，更需要完善的市场环境和积极的政策支持，实实在在地为企业降成本，特别是老国企需要降杠杆、减税负、去包袱，以及降低用电用能和物流等成本，让企业轻松上阵。"

攻坚"破立降"，企业、市场和政府要同时发力，要从各自角度，尽最大能力去解决横在企业前进路上的一切"路障"。陈继壮说，只有三方形成一个拳头，才能真正推动企业实现高质量发展。

对标"高质量"　刀刃向内，久久为功

未来供给侧结构性改革，要更适应新时代高质量发展的需要。这就需要我们找准供给侧结构性改革的主攻方向，从提高供给质量入手，减少无效供给，提高有效供给。对市场而言：供而无求，谓之无效；供而有需，是谓有效。供给要围着需要转，才能找到生存空间。陈继壮说："我们要瞄准市场需求，对标高质量，来找准企业努力的方向。努力答好高质量这张卷，不丢分，少丢分。"

不丢分，就要按照标准答案去做。高质量的标准是市场竞争的制高点，这个标准既有市场的标准，也有行业的标准。陈继壮说："对钢铁企业而言，无论世界上最先进的钢企，还是国内最好的钢企，标杆都是立在那的。本钢和自己比，纵向比犹可自喜，横向比差距不小。我在全集团的大会上给干部职工列出过一流钢企之间产品销售价格、销售利润率与中高产品占比等一些重要指标的对比，主要是对比我们的差距。没有比较就没有警醒。在全国各大钢中，对本钢来说，是前有'标杆'、后有'追兵'，有危机才有动力。"

如何实现高质量的发展，在国内外更大市场竞争的坐标系中找到自己的"方位"？陈继壮认为："本钢必须主动对标世界先进钢企、国内一流钢企，对比先进，既要把问题、差距找出来，又要分析自身不足的内在成因和发展症结。比照自身的短板和不足，学习先进企业高质量发展的内在精髓，研究赶超路径。"以市场和用户需求为例，他打个比方："现代人网络上购买商品，如果买家不认可、不买账，就给你'差评'。对我们钢铁企业来说，用户满不满意更是这样，他不满意就会给你'差评'，不买你的产品，企业就没有效益了。所以，对企业来说，最重要的就是提高自己的产品质量和服务质量，让用户满意，给你'好评'。'好评率'高了，你的信誉就好了，品牌形象就立住了。"只有找到影响高质量发展的病灶，才能有的放矢、对症下药。"我们要刀刃向内，精准发力，久久为功。"陈继壮说。

质量第一、效益优先的发展，才是高质量的发展。陈继壮说："实现高质量发展，必须要跟最好的比、向最好的学，我们才能变得更好。本钢的发展正处在重要的历史关口，不进则退，慢进也是退。我们目前要做好的，就是对标一流企业，带动自己高起点、高质量、高水平发展。"

瞄准"可持续"　改革破冰，精准发力

高质量的发展必须是全面可持续的健康发展，实现可持续的目标，是全要素、全方位的立足高起点，按照高标准、高要求，实现高水平的发展。陈继壮说："这既是一场

攻坚战，也是一场持久战。需要我们攻坚破冰，补齐‘短板’，精准发力，持续提升。这是道难题，答好就是加分项。”

实现全面可持续的高质量发展，要清楚阻碍点在哪，当前存在的短板既有资源、要素、资本等配置失衡的硬短板，也有制度、机制、措施和产权等设计落后或是保障不足的软短板。陈继壮认为：“补齐这些短板，不是一朝一夕的事，需要有个循序渐进的过程，目前应着力于基础性和共性短板的推进与完善。比如全面实施市场准入负面清单制度，让低品质，如地条钢之类，不符合绿色环保发展要求的产品和企业进入负面清单中。行业的管理标准和市场准入标准，需要与时俱进，不断提高，持续完善和优化。尤其是质量标准、技术标准，要加强监管，防止‘劣币驱逐良币’的现象发生，保持市场公平竞争。”

中央经济工作会议指出，必须加快形成推动高质量发展的指标体系、政策体系、标准体系、统计体系、绩效评价、政绩考核，创建和完善制度环境。陈继壮说：“要让进入市场竞争的主体，充分体会到国家通过持续改革释放新的制度红利。对于钢铁企业来说，国家在钢材需求标准的制定上，要着眼于未来发展方向，从绿色环保、轻量化、超高强钢应用等方面，制定高的应用标准，门槛提高了，低品质钢就迈不过去了。”

以本钢为例，陈继壮介绍道：“目前本钢已研发出全球最高等级的热冲压成型2000兆帕超高强钢，国内外应用较多的超高强钢是1500兆帕。超高强钢具有强度高、抗冲压能力强的特性，主要用于汽车的防撞梁，可大大提高车的安全系数，又减轻了车的重量，但目前国内大多数汽车车身用此类钢在5%～10%左右，而国外同类车都在20%以上，德系车高达30%。如果国家用政策引导生产制造车企，在车身用钢标准制订上，提高使用高等级高强钢的比例，不仅能提高车身的安全性，也能有助于提升整体钢铁行业生产制造的等级。”

政策、制度体系标准的与时俱进，是推动高质量全面可持续发展的基础，也意味着高质量发展进入了以制度供给为根本特征的制度创新的新时代。陈继壮说：“政策导向的持续提升，必然会推动企业创新链、产业链、价值链向高端迈进。”这张“考卷”，政府与企业都需要用心答，对照高质量发展的标准去答一个高分来，让老百姓共享高质量的成果，给个“好评”。陈继壮最后说。

（此文刊登于《中国冶金报》2018年3月14日1版）

高质量发展，是干出来的！

——访本钢集团党委书记、董事长陈继壮

高质量发展是新时代的新要求。钢铁工业如何实现高质量发展，走在高质量发展的前列？“高质量发展，是干出来的！”本钢集团党委书记、董事长陈继壮在接受《中国冶金报》记者采访时指出，一个健康、可持续、高质量发展的钢铁工业，需要每家钢铁企业、每个钢铁人不驰于空想，不骛于虚声，一步一个脚印，踏踏实实，久久为功，

用实干将高质量发展的美好蓝图变成现实。

不做“夕阳”须跑出加速度

从一定意义上说，推动高质量发展，就同40年前中国做出改革开放的决策一样，具有划时代意义。习近平总书记指出：“我国经济由高速增长转向高质量发展，这是必须迈过的坎，每个产业、每个企业都要朝着这个方向坚定地往前走。”被一些人称作“夕阳”产业的钢铁工业，如何在高质量发展的大潮中，跑出加速度？

陈继壮表示：“钢铁工业要想不做‘夕阳’，必须坚持高质量发展。在奔向高质量发展的大道上，钢铁工业必须走在前列，否则必将落后于其他行业、落伍于时代，就真的成了‘夕阳’产业。”然而，面对全球化竞争，钢铁工业同中国制造业面临着同样的问题——供给体系总体质量水平不高，体量大而不强，关键核心技术与高端装备对外依存度高；从钢铁企业自身来看，科研投入不足，自主创新能力弱，关键核心技术供给能力缺失。对此，陈继壮告诉《中国冶金报》记者：“产业竞争最终比拼的还是核心技术实力，核心技术的‘命门’不抓在自己手里，会成为最大的软肋。创新能力不强、产品档次不高、高端人才和高技能人才短缺等，这些‘短板’如果不补齐，就会造成高质量发展的后劲不足。”

针对全行业全球化经营能力不强、走出去整体水平不高、缺少国际话语权的现状，陈继壮认为：“能在世界杯赛场一争高下的球队，才能看出真水平。全球市场就像世界杯。能在全球竞争中活下来、活得好的企业，就像世界杯打进八强、四强，甚至争夺冠亚军的球队，都是具有强大的竞争力和实力的。”改革开放40年来，钢铁工业通过全面对外开放、全面参与全球竞争融入世界经济，取得了长足的发展和进步。对此，陈继壮表示，只有坚持高质量发展，让自己变得更加强大，才能在全球竞争中脱颖而出，真正成为具有国际竞争力的企业。

“望、闻、问、切”画出清晰路线图

中国经济发展下半场的重点是实现高质量发展。如何打赢这场攻坚战，是当前全行业关注的焦点。陈继壮指出：“实现高质量发展，需要我们沉下心来，躬下身来，耐得住寂寞，用心将高质量发展这张蓝图一画到底。”

迈向高质量发展，这条路很长，如何看清前路，行稳致远？陈继壮用“望、闻、问、切”四个字，做了形象生动的诠释：

望，就是要看清世界经济发展的趋势和走向。总体来看，全球经济日趋回暖，但基础还不牢固，且国际贸易保护和贸易壁垒高筑的复杂形势更不容小觑。这些不确定的因素构成严峻的挑战，倒逼钢铁行业自强，坚定高质量发展的步履，在国际市场闯出一条不寻常的路子来。

闻，就是要了解自身发展环境，准确定位。目前，我国已为钢铁行业实现高质量发展创造了良好的环境，尤其是打击“地条钢”、环保系列政策出台等举措，都加快了行业转变发展模式的节奏；全行业的产业规模和持续优化的供给结构，也奠定了高质量发展的坚实基础；先进的工艺装备和上下游产业相配套，形成了行业协同创新的良好局面。

问，就是要知己知彼，既要深入分析、准确研判自身所处的位置，又要看到困难和问题，更要看到有利因素和发展前景，坚定走高质量发展道路的信心和决心。钢企要准确分析自身发展不平衡、不充分的具体表现，以问题为导向，结合实际找准着力点，制订好行之有效的措施；同时，还要清楚竞争对手的长处，找准自己的“短板”，取人之长，补己之短。

切，就是要寻找解决之道，找准高质量发展的实施路径。一方面，钢企要向世界优秀企业学习，积极参与国际竞争，力争在与国际一流企业的合作中取其精华，加快适应全球经济运行体系；另一方面，可以通过混合所有制改革或其他各种方式，与国内优秀民营企业联手，推动结构调整，提高全要素生产率，协同驶向高质量发展的快车道。

陈继壮说：“最重要的还是如何找准实施路径，用踏实的脚步走出中国钢铁工业独特的足迹来。”

“组合拳”推动新本钢建设

中国经济的列车已由高速发展向高质量发展换挡，钢铁企业如何实现更高质量、更高效益、更加平衡、更加充分、更可持续的发展？陈继壮表示：“高质量发展不是敲锣打鼓、轻轻松松就可以实现的，需要集中所有力量，握指成拳、合力攻坚，抓住关键、埋头苦干。”

木桶原理告诉我们，木桶的盛水量取决于最短的那块木板。打好高质量发展攻坚战，查漏补短、夯实基础尤为关键。陈继壮认为：“我们和国际先进企业比，无论是现代化管理水平还是核心技术，都还有一定差距。无视差距是可怕的。想短、平、快地撵上世界先进，快速实现高质量发展是不现实的。它需要我们弯下腰来，真抓实干，把掣肘高质量发展的关键点攻克下来，把加快高质量发展的竞争力提升上去。”

埋头苦干，是当前本钢集团推进高质量发展的真实写照。陈继壮说：“我在干部职工大会上提出，埋头苦干 3~5 年，把本钢建设成为让职工有自豪感、让竞争对手有压力感、让用户有依赖感、让社会充满敬意的新本钢。这样的本钢，必须是高质量发展的本钢，也一定是高质量发展的本钢。”

为推进“百年本钢”的高质量发展，本钢集团借助改革的东风，打出一套“组合拳”，即强创新、促升级、抓改革、给支撑。

强创新，抓住一个关键点。以技术创新为推动高质量发展的主引擎，向研发要生产力，向创新要竞争力。继 2000 兆帕超高强钢全球首发之后，本钢从 2017 年到 2018 年上半年，又有 24 项新产品问世，最近又批量生产出最宽幅超深冲汽车用薄钢板，在国内知名汽车集团的新车型上成功应用；还有淬火配分钢、低铁损钢等新产品具备了批量生产的能力，实物质量处于国内先进水平；首次开发生产了轿车（乘用车）齿轮用钢，高速工具钢打破了外国钢材对带锯用钢的垄断。陈继壮指出：“现在，我们已经到了不创新不行、创新慢了也不行的紧要关头，我们要坚定不移地下好创新‘先手棋’。”

促升级，促进企业结构优化。2018～2020 年，本钢将利用 3 年时间，通过产品结构调整、新材料研发、绿色和智能制造等方面的技改项目建设，进一步强筋壮骨，促进新旧动能转换，推动企业高质量发展。2018 年初以来，本钢已有 17 项重大技改项目陆续开始建设。“调结构、补短板、换动能，我们就是按照这个标准来设计、布局的。”陈继壮说。

抓改革，以问题倒逼改革，以改革激发创新，以创新促进发展。本钢全面深化改革，通过以定岗、定编、定责、定薪为标志的“四定”工作，持续推进“瘦身健体”，提高企业运行效率；配套实施部门工作作风考核、企业问责追责制度、领导班子和领导干部综合考核评价办法，实行末位淘汰。

给支撑，以人才强企战略为支点，强化人才培养。本钢把人才作为高质量发展的起点。本钢全方位、多渠道、高薪招才，汇聚人才力量，支撑企业改革创新和高质量发展。陈继壮说："只有做到人才引得来、留得住、用得上，以技术创新带动企业释放活力，实现高质量发展才有底气。"

（此文刊登于《中国冶金报》2018 年 7 月 20 日 1 版）

本钢：服务职工"有力度"　民生获得"有温度"

"南芬露天矿公寓室温 22℃，北营公寓 23℃，本钢青年公寓 22.5℃……"入冬以来，"本钢职工公寓供暖服务"微信群每天都发布这样的室温数据，以便群里的供暖部门工作人员随时跟踪做好服务。

像这样服务职工的微信群，本钢集团已建立 5 个。集团负责人告诉记者，在坚持企业高质量发展的同时，本钢集团始终把保障和改善民生工作放在突出位置来抓，强化责任落实，关切职工诉求，下大力气做好职工公寓、停车场、食堂、浴池的服务，并开设职工服务热线，让企业改革发展成果惠及更多职工。

在 2018 年本钢集团职代会上，集团提出要关心职工的切身利益，要把民生实事"一件接一件解决好"。集团从解决职工群众最关心、最直接、最现实的利益问题入手，针对董事长总经理邮箱、问卷调查、服务职工热线等多种渠道反馈的民生问题，责成集团督查部门进行督办，2018 年以来共下发 10 项民生工程督办单。从 8 月开始，集团将民生工程任务纳入工作纪律检查督查，实现全过程动态跟踪，并于 10 月组织了对民生工程工作成果进行"回头看"，切实推进民生工程落到实处、取得实效。

针对职工反映的改善大学生公寓住宿条件等问题，本钢集团各子公司相继投入百万元对大学生公寓住宿环境进行改善，板材公司、北营公司为大学生公寓加装暖气片 980 片，增设外墙保温，保证住宿温度。在满足冬季供暖需求的基础上，为职工配套设置了洗衣房、晾衣间、热餐室、图书室、健身房、台球室、乒乓球室、棋牌室、室外篮球场等公共生活设施，不断满足并丰富职工的业余文化生活。

为解决职工停车难问题，本钢集团自 2017 年启动职工停车场建设以来，先后建成板材公司 5 个停车场，停车位 1510 个，解决了 3600 多名职工的停车难问题。2018 年，板材公司、北营公司、矿业公司继续推进停车场建设，新建大小停车场 17 个，新增停车位 1036 个。

针对职工反映的食堂环境、就餐，以及职工浴池管理等问题，本钢集团各部门、单位快速反应，迅速开展食堂、浴池综合治理。板材公司、北营公司和矿业公司共投入资金 201.9 万元，对食堂进行改造，通过增加配套设施，开展培训、强化考核、聘任食堂监督员等多种形式，极大地改善和提高了职工的就餐环境和就餐质量。

一件件民生工程暖心实事的解决，彰显了本钢集团的为民情怀和各级组织的工作诚意，一系列从细微入手的"暖心"举措，也不断温暖着职工的心，汇聚成一股昂扬向上的强大动力，奏响本钢集团高质量发展的最强音。

（此文刊登于《辽宁日报》2018 年 12 月 24 日 3 版）

在“一带一路”上叫响“本钢造”

5年来，搭乘“一带一路”快车，本钢集团强化顶层设计，精准布局，精耕细作，使本钢牌汽车表面板、家电板、石油管线钢、集装箱板、长材、机械结构用钢和铸管等1000多个品种规格产品，销往东南亚、西亚、东盟和中非等“一带一路”沿线30多个国家和地区，在“一带一路”的版图上诠释了中国情怀和钢铁力量。

精准布子　下好顶层设计“先手棋”

8月7日9时，随着最后一块规格为21.4毫米×1550毫米的X80M管线钢板X80M成功卷取，缓缓地进入运输线，中石油中俄东线（黑河—长岭段）管径1422毫米螺旋焊管X80M，经过本钢板材热连轧厂25天的精心轧制，终于全部按期完成。凝结着本钢人智慧与汗水的新产品，不久之后将铺设在“一带一路”重点管线工程上。

从中巴经济走廊工程到中俄东线天然气管道工程，从销往马来西亚的铁锌合金（GA）新钢种到销往印度的汽车板……近年来，借助“一带一路”的东风，本钢集团产品不断销往越南、巴基斯坦、伊朗、菲律宾、印度尼西亚等“一带一路”沿线国家。仅2017年，本钢对“一带一路”沿线国家的出口量就达到268万吨，占集团全年出口总量的52%。

这一切的背后，是本钢集团搭乘“一带一路”快车，持续推进国际化战略，下好顶层设计“先手棋”取得的可喜成果。5年来，本钢集团准确定位、精准落子，找到了自己的“定盘星”：融入全球产业链，持续推进国际化战略，积极开展与“一带一路”沿线国家和相关企业的深度合作，在获得战略资源的同时，彰显中国国有企业的担当与情怀。

为此，本钢集团准确把握“一带一路”沿线国家在基础设施建设和产能合作等领域释放出的大量钢铁需求，通过加快驻外销售分公司销售节奏、强化与贸易商的合作、加大直供用户供货比例等方式，“多条腿”走路，多渠道开发市场，加快本钢产品走出去步伐。同时，本钢锁定目标市场的具体项目，通过驻外分公司、贸易商和信息网络等捕捉用户市场信息，派出多批专业人员深入“一带一路”沿线国家进行实地调研、走访，并积极提供技术支持，为客户提供了满意产品。目前，本钢集团因产品质量好、规格齐全、服务到位，与马来西亚、泰国、印度、巴基斯坦、沙特阿拉伯、阿联酋等多个国家的用户签订了稳定的供货合同，并在“一带一路”沿线国家赢得良好的口碑。

深耕细作　扩大海外合作“朋友圈”

2018年，在由工信部指导、中国工业报社主办的“中国工业榜样——中国工业年度先进单位”评选中，本钢集团获得了“一带一路·国际合作典范企业”称号。这一成绩的取得，是本钢集团近年来不断积聚发展优势、深耕细作产业链所带来的必然结果。

发挥自有优势，打出“组合拳”。近年来，本钢集团充分发挥了自身的四大优势：

利用多年大规模的技术改造升级实现生产设备大型化、生产控制自动化、生产工艺连续化，拥有了国内领先、世界一流的工艺装备优势；汽车表面板、家电板、石油管线钢、集装箱板、机械结构用钢等主导产品研发能力处于国内先进水平，高附加值和高技术含量产品比例达到85%以上，拥有行业领先的产品结构优势；以全球视野布局海外市场，在东亚、东南亚、欧洲、南美洲和非洲市场，有较高的市场认知度和市场占有率，拥有稳定的销售网络优势；自身在工艺装备、技术研发、产品品种和销售网络上的整合优势。这些优势，形成了“本钢制造”以“双高”（高科技含量、高附加值）产品抢占国际市场的发展趋势，为本钢集团产品“组团出海”、加速进军国际市场奠定坚实基础。2018 年，本钢集团与奔驰、菲亚特等知名厂商签下大批量汽车板订单，出口销售实现新突破。

以资源最优化为导向，全面深耕细作。“一带一路”倡议提出 5 年来，由于国际市场竞争激烈，呈现出同一时期不同区域价格有差距，以及不同客户接单能力有差距的特点。为此，本钢集团通过细化管理，不断优化资源结构，结合市场价格进行研判，调控外贸高价区域市场以及重点 MOU（详解备忘录）客户投放量，以订货结构和用户最优化为导向，实现有限资源效益最大化。同时，在锁定用户后，本钢集团开启了个性化的全程跟踪服务模式，采取“一单一议”的灵敏反应机制，快速响应，并根据用户不同的需要，制订相应的个性化服务方案。此外，本钢集团在生产制造全流程为海外用户建立了稳定的保障机制做后盾，为出口产品搭建了持续改进、稳定提升的质量平台，紧跟市场、快速响应的技术研发平台，优先排程的高效生产平台，强大的个性化技术服务平台。在满足用户个性化需求方面，本钢集团充分发挥销、研、产一体化优势，针对区域市场和终端用户的特殊需求，用最短的时间完成工艺研发，缩短交货周期。

鉴于此，本钢产品形成了稳定的供货市场，从东亚、东南亚、欧洲、南美洲逐渐发展到西亚、东盟和非洲市场，本钢集团海外合作的“朋友圈”正在不断扩大。

创新升级 在“一带一路”上叫响“本钢造”

“我们 2017 年新开发的马来西亚用户，在试用了板材冷轧厂三冷轧工序生产的铁锌合金（GA）新钢种后非常满意。现在，我们已经为其连续供货 2 万吨了。”本钢集团国贸公司出口市场销售部负责人告诉《中国冶金报》记者。

坚持以创新力为引领，不断加大研发力度。从铁锌合金（GA）新钢种的生产到 2000 兆帕超高强钢全球首发，再到批量生产超宽幅汽车用薄钢板……5 年来，本钢集团积极响应国家“一带一路”倡议，着眼于未来上下游行业发展趋势，形成了强大的研发平台，全力助推企业实现高质量发展。本钢依托国家级技术中心、国家级实验室、院士专家工作站、博士后工作站、技术研究院等研发平台，形成了紧跟钢铁前沿领先技术和产业链发展方向的超强研发体系，每年都有大批领先品种和新产品问世，形成了“研发一批、储备一批、生产一批、销售一批”的良性循环，产品研发由原来的“跟跑者”向“个性化与自主型”转变。

不断强化品质力提升，以“双高”产品抢占国际市场。本钢集团通过不断提升质量控制技术，完善质量管理机制，优化产品结构，使出口产品竞争档次向“高精尖”转化。目前，本钢集团“双高”产品成功为大众、奔驰、宝马、菲亚特、雷诺、标致等高端汽车厂家供货；帘线钢产品最细可以拉拔到 ϕ0.22 毫米，深受国际一流钢帘线供应商“龙头”厂家贝卡尔特公司青睐；自主研发的多项铸管产品填补国内空白，获得国家科技成果进步奖，本钢集团也成为世界排名第 4 位的大型现代化球墨铸铁管生产企业。

坚持以服务力为支撑，培育企业发展新动能。在实际工作中，本钢集团为客户提供“一站式”订制服务，打通服务“最后一公里”，实现与客户“零距离”。他们坚持对重点用户进行走访，了解用户对产品质量、包装等方面的意见和要求，并对客户资料进行总结归档，最终拿出更符合客户需求的产品生产方案。同时，为满足客户对快捷便利的需求，本钢专门开发了产品电子质量证明书信息管理系统及客户服务平台。从 2018 年 4 月 10 日起，本钢用户不仅可以在线打印产品的“电子身份证”，而且可以进一步提出异议和诉求，并参与到整个异议和诉求的处理过程中，获得用户无数“点赞”，进一步提高了用户的满意度和忠诚度。

（此文刊登于《中国冶金报》2018 年 11 月 15 日 2 版）

专　文

深入贯彻十九大精神　全面引领改革发展
努力开创新时代本钢党建工作新局面

——在中共本钢集团有限公司一届五次全委（扩大）会议上的工作报告

（2018 年 3 月）

第一部分　2017 年工作总结

2017 年是党和国家事业发展具有特殊重要意义的一年，党的十九大胜利召开，中国特色社会主义进入新时代。这一年也是集团公司近几年基层党建工作和整体运营水平最高、效果最好的一年。一年来，集团公司党委深入学习贯彻党的十九大精神，以习近平新时代中国特色社会主义思想为指导，全面落实新发展理念和“四个着力”“三个推进”，坚决贯彻执行中央和省委、省政府的决策部署，坚持以党建引领改革发展，充分发挥党组织的领导核心和政治核心作用，把方向、管大局、保落实，不断加强党的建设和领导，积极推动党建工作与生产经营深度融合，切实加强党风廉政建设，以党建统领推动企业全面发展，团结带领全体干部职工努力拼搏，打赢了一场扭亏增盈“攻坚战”，取得了历史性工作成绩，使本钢持续焕发出新的生机与活力。

一年来，我们主要做了以下几方面工作：

一、改革理顺领导体制，核心地位日益突出

一是日益完善企业治理结构。坚持党委把关定向负总责，引导企业管理层实现“事务共商、责任同担、目标同向、措施同步”，落实“双向负责、交叉任职”的领导体制，党委领导班子成员与董事会、经理层交叉任职，做到党的领导与公司治理有机结合。二是不断突出党组织核心地位。定期召开常委会、全委（扩大）会议研究党建工作，通过修改完善公司章程，明确党组织在公司法人治理结构中的法定核心地位，将党组织研究讨论决策重大问题程序前置，不断健全党委议事决策机制，陆续推动所属53家全资子公司、26家控股子公司将党建要求纳入公司章程。三是全面落实“三重一大”决策制度。在研究全年工作思路、“十三五”规划以及去产能、分离企业办社会等重大问题决策上，集团公司党委结合钢铁行业发展趋势，深入调研、把握大局，使企业改革发展始终保持了正确方向，一些历史遗留问题也得到了妥善处置或积极进展，企业党组织的凝聚力、向心力和影响力持续稳步提升。

二、坚持向党建要效益，经济指标持续向好

一是坚持抓党建提升经济效益。以党建工作引领企业发展，把党的政治优势、组织优势和群众工作优势，转化为企业的竞争优势、创新优势和科学发展优势。2017年，实现营业收入522亿元，同比增长41%；实现利润3.51亿元，同比增长64%；实现税费28.59亿元，比2016年增加8.4亿元，同比增长42%。各项经济指标创出新本钢组建以来的新高。二是坚持以党建推进企业改革。充分发挥党建引领作用，推动企业改革发展实现新突破，通过以“四定”为核心的三项制度改革措施的出台和落地，有效优化了机构设置和人员配置。集团机构总量计划压减15%以上，实际压减22%；领导干部和一般管理岗位职数计划压减10%以上，实际各级管理干部职数压减15%，其中，副处级及以上领导干部职数压减15.3%，科级干部职数压减40%。三是坚持用党建带动创新发展。通过深化党建工作激活企业内生动力，激发全体党员和员工投身研发、参与创新的热情，助力企业创新驱动发展，全年累计完成新产品研制35个牌号，其中2吉帕级热冲压成型钢的成功研发受到国内外广泛关注；完成包括通用、广汽、上汽、一汽等8家新汽车主机厂、348个零部件的认证，基本实现对绝大多数合资品牌、自主品牌汽车厂全覆盖供货。同时，创新资本运作模式，财务公司创新性推出保函业务，成功加入银行间同业拆借市场和上海票交所，真正意义上融入同业市场；注册成立了省属企业第一家保理公司，进一步优化集团公司资金资源，完善金融板块体制结构和功能作用，降低财务费用，打造新的融资平台。四是坚持靠党建推动绿色发展。全面落实党的十九大关于抓好生态建设和环境保护工作的要求，树立科学发展理念，切实肩负起国有大型企业的社会责任，全年下达节能环保改造项目投资计划22.09亿元，实施改造治理项目70项。全年能源消耗同比降低2.01亿元。

三、扎实推进“两学一做”，常态化制度化有效落实

一是坚持在“恒”字上持续用劲。对“两学一做”学习教育常态化制度化做出总体部署。按照中央、省委和省国资委党委工作要求，召开了本钢集团推进“两学一做”学习教育常态化制度化工作会议，印发了集团公司“1+2工作方案”，推进“两学一做”学习教育常态化制度化。二是坚持在“学”字上深化拓展。全年组织集团公司党委理论学习中心组集体学习15次，并先后举办两次由1100人参加的本钢集团党委中心组（扩大）理论学习专题辅导报告会，引导中层以上领导干部“读原著、学原文、悟原理”，在学习中提高能力，在实践中增强本领。三是坚持在“做”字上强化实效。通过实施能力提升、岗位建功、提产增效、技术攻关计划，开展“戴党徽，亮身份”“抓操作，提产量”“抓维护，保运行”“挖潜力，降成本”和“抓管理，增效益”等建功立业活动，各级党组织共设立共产党员先锋岗1066个，责任区1016个，设立先锋工程294个，组建先锋队567个，技术攻关课题349个，成立技术攻关小组193个，组建创新工作室59个，提合理化建议2311条，累计创造经济价值20022万元。四是坚持在“改”字上狠抓落实。召开了以“开展中央巡视反馈意见整改落实‘回头看’彻底肃清王珉等人恶劣影响　进一步净化和修复政治生态”为主题的民主生活会和年度民主生活会，各级领导班子成员广泛征求意见，深入开展批评与自我批评，深刻剖析原因，积极制定整改措施，认真抓好落实，自觉做“四个合格”的共产党员。

四、抓实基层党建工作，整体水平不断提升

一是压实党建工作责任。坚持用党的十九大精神和习近平新时代中国特色社会主义思想指导工作实际，围绕落实省委党建工作三年规划和“1571”总体要求，集团公司党委提出了完善基层组织架构、加强基层组织建设、严格党内规章制度、抓好党员队伍建设、丰富党建活动载体等配套措施，并制定了配套的党的建设工作规划和专项方案，明确了时间表、路线图、责任制，确保基层党建工作落到实处。二是推进基层组织建设。进一步夯实本钢集团“三会一课”、固定党日、民主评议、双重组织生活会等党内政治生活，严格执行党费收缴、党组织按期换届等规章制度，丰富和完善了制度体系和组织基础。三是筑牢支部战斗堡垒。推动基层党支部规范化建设，共确定市级示范点30个，集团公司级示范点50个，切实提升基层党支部的政治功能和服务功能。四是强化工作检查督导。通过集团领导班子定期听取党建和生产经营工作汇报、直接联系基层、党委工作部门定期检查、随机抽查、专项督查、现场办公等方式，开展党建工作督导，保证年初确定的基层党建重点任务落到实处。五是加大教育培训力度。完成了党组织书记和党务干部的集中轮训，举办党委书记高端讲座、党的十九大精神巡讲、党支部书记模拟课堂等培训班累计37个班次。六是发挥先锋模范作用。通过广泛设立共产党员责任区、责任岗、先锋岗、示范岗、共产党员机车（台）和选树宣传先进典型等活动，推动党员先锋模范作用的充分发挥。每年将500多名骨干职工培养成党员，将党员培养成业务骨干，使党员成为企业最优秀的人才资源。

五、加强干部人才管理，队伍建设再上台阶

一是树立正确的选人用人导向。坚持“20字好干部标准”，结合本钢职工队伍的

实际，强调“四个注重”，即注重人品、注重基层、注重业绩、注重学历，并不断加强领导班子、领导干部考核管理，不断匡正选人用人风气。全年共调整干部5次，调整领导干部121人次，对因发生生产、安全、质量、设备等事故的18名领导干部给予党纪政纪处分和组织处理。二是夯实干部管理基础工作建设。修订完善《本钢集团有限公司干部选拔任用工作管理办法》，持续做好干部档案“凡提必审”和“责任追究”工作，并坚持一把手“离任审计”制度，突出对关键岗位和重点领域领导干部的监督。进一步规范领导干部选拔任用程序，根据工作需要对辽宁商业保理有限公司董监高队伍进行配备，对财务公司、恒亿公司等子公司法人治理结构进行了完善和规范，并尝试建立外部董事制度和外部董事人才库。三是探索推进市场化选聘工作。依托市场化人才选聘为产品研发领域引进高精尖人才2人。四是加大人才选拔培养力度。在国内钢铁行业率先组织开展高校毕业生职业生涯规划，积极培养“大工匠”，并不断完善激励机制。2017年评选出本钢工匠技师57人，推荐3人成为省级“大工匠”。

六、切实强化监督执纪，政治生态持续改善

一是切实加强反腐倡廉宣传教育。充分利用《今日本钢》、《本钢日报》、本钢微信公众号，公开剖析评述各类典型案件，用大家身边熟悉的人和事教育警示身边的人。整理了近年来查处的典型案例，制作成挂图在集团内部进行巡展，观看职工超过1万人，营造出反腐肃纪的浓厚氛围。二是保持反腐高压态势。从严执纪，强化对于权力集中、资金密集、资产聚焦等重点部门和岗位的监管。注重运用好四种形态，把工作重点前移，强化对党员领导干部的日常监督，加强与企业属地纪检监察和干部监督部门的联系，确保党风廉政建设抓早、抓小、抓常，打造清正廉洁的党员领导干部队伍，营造干净干事的良好氛围。2017年共接受信访举报366件，立案156件，共给予党政纪处分156人。三是积极推进纪检监察体制机制改革。逐步开展基层纪检监察组织派驻管理试点工作，规范纪检监察工作流程、完善工作机制。同时，加强纪检监察干部队伍建设，严把入口关，对进入纪检队伍的干部精挑细选、优中选优，决不容出现腐败分子反腐败的情况。对纪检干部发生的违规违纪问题，从严从重处理，坚决防止“灯下黑”。

七、深化理论学习教育，思想动力不断增强

一是不断加强政治理论学习。深入学习贯彻习近平总书记系列重要讲话精神，特别是把习近平总书记关于东北振兴和参加十二届全国人大五次会议辽宁代表团审议时重要讲话精神作为重中之重进行学习。修订完善并严格落实《本钢集团党委理论学习中心组学习制度》及配套的学习检查制度，按季度下发学习要点，指导基层党委开展理论学习，并通过各类平台及时发布学习参考，引领干部职工切实把思想和行动统一到中央和省委的要求部署上来。二是切实提升思想政治工作水平。深入开展党建思想政治工作课题论文征集评选活动，共征集论文152篇，成功召开本钢集团党建思想政治工作研究会第一次会员大会，圆满承办中国冶金政研会工作会议。三是深入开展形势任务教育。制定下发《本钢集团形势任务教育提纲》，不断丰富形势任务教育的方式方法，特别是在“四定”方案推进实施后，做好政策宣讲，强化舆论引导，凝聚正能量，努力营造“员工能进能出、干部能上能下、工资能高能低”的良好氛围。四是扎实推进企业文化建

设。坚持以企业文化作用于管理，提高企业员工整体素质为重点，以改版升级集团官网、报纸、电视、新媒体为主要手段，以参加各类博览会、创新技术成果交易会、大型体育赛事等活动为契机，塑造具有高度社会诚信度和美誉度的企业形象。全年共整改各单位视频会议室背景墙 76 家，板材厂区主干道大型固定标语 12 块；参加各类大型展览会 3 次；12 月末，本钢集团官方网站中文版已实现正常运行。五是汇聚企业发展正能量。2017 年共有 17 人分别荣获“辽宁好人”“本溪好人”“本溪市道德模范”，4 家单位荣获本溪市 2015—2017 年度本溪市文明单位（标兵），1 家单位荣获辽宁省 2015—2017 年度文明单位。

八、围绕企业中心大局，群团作用有效发挥

一是统战工作以赢得党外人士尊重和认同、发挥统战成员智力优势为主要任务，开展形式多样的主题实践活动，立足本职发挥聪明才智，全年承诺立项攻关项目 96 项，为企业降成本、增效益做出了积极贡献。二是工会工作突出以职工代表大会为平台的民主管理制度建设，着力构建和谐劳动关系，大力弘扬劳模精神和劳动精神，全力打造新媒体宣传主阵地；成功举办新本钢第二届职工运动会，首夺全运会冠军的辽宁本钢男篮到场助阵，极大激发了广大干部职工的荣誉感和自豪感；创新举办首届“工匠杯”职工技能大赛；不断完善普惠制服务，扎实推进帮扶体系建设，分类实施，精准帮扶，全年累计发放各级专项资金 850 万元，下发慰问物品折合人民币 204.3 万元。三是共青团工作以思路创新、工作创新、发挥团员青年生力军作用为出发点，以做实“一学一做”教育实践、竭诚服务团员青年需求及促进青年成长成才为落脚点，服务企业、服务青年，成功举办首届“最美青工”评选活动。四是科协工作不断加强与大专院校、科研院所广泛技术交流与合作，积极培养选拔推荐优秀青年科技人才，组织开展“讲、比”活动，参加活动科技人员达 13260 多人次，共立项 8285 项。五是武装工作围绕企业生产建设实际，重新修订完善工作制度，圆满完成了民兵、预备役部队、人防专业队伍及双拥工作等党管武装各项任务。

各位委员，同志们，回顾和总结一年来的工作，成绩来之不易，经验弥足珍贵。

一是“党建引领”成为共识。我们明确了党组织在公司法人治理结构中的法定核心地位，紧紧握住党建的“指挥棒”，对事关企业改革发展的重大决策，党委提前研究提出意见，董事会、总经理办公会依法定程序决策，实现了党的建设和公司改革发展科学衔接，确保了党的领导落到实处。

二是“从严治党”成为自觉。集团公司各级党组织和全体党员领导干部认真落实中央和省委关于加强国有企业党建工作的部署要求，切实增强思想自觉和行动自觉，认真履行主体责任，严格落实“一岗双责”，确保在企业改革中始终坚持党的领导不动摇、坚持党的建设不放松，为企业做强做优做大奠定了坚实基础。

三是“夙兴夜寐”成为常态。我们坚持实干为先，致力于干强基础、利长远的事，2017 年各项经济指标均创集团合并重组以来的新高，使百年本钢这个老企业重新焕发了新活力。随着企业生产经营持续向好，广大干部职工的信心在慢慢成长，对本钢的未来发展和做强做优做大的信心明显增强，这为推进企业长远发展积淀了最珍贵的精神力量。

四是“亲民为民”成为情怀。我们牢记宗旨意识，树立并落实“不为职工着想的

干部不是好干部”的理念，大力开展民生工程。在经营压力依然较大，企业效益尚未明显好转的情况下，大幅提高工龄工资标准，并增加专项普调，在职职工平均每月工资增加 300 元以上；集团主要领导深入厂区调研推进职工停车场建设，板材厂区累计建设职工停车场 7 个，规划停车位 1510 个，极大缓解了职工停车难问题。一系列“亲民为民”的举措赢得了职工群众点赞。

五是“辽宁本钢”成为名片。2017 年，省委把本钢以党建引领改革发展的做法经验向全省推广学习，新华社也把本钢经营管理的一些做法以内参专刊形式报给了国务院；我们与东北大学合作开发的 2000 兆帕超高强钢实现全球首发；征战全运会 58 年的辽篮，本钢第一次冠名就获得了冠军，特别是本钢在 CBA 联赛冠名辽篮以后，“辽宁本钢”这张名片被国内外越来越多的人所熟知，本钢品牌在全国各地影响力越来越大，影响范围越来越广。

在肯定成绩的同时，我们也要清醒地看到存在的问题和不足：一是有的党员干部在抓党性修养、党性锻炼的深度和力度上还显不够，仍然存在重工作、轻学习的思想，政治理论学习效果不明显。二是个别基层党员干部政治敏感性不强，对社会上、网络上出现的一些政治谣言和涉及企业改革的错误言论认识不足、抵制不力，认为只要自己不附和、不转发就行了，还没能旗帜鲜明地进行抵制或弘扬正能量。三是有的基层党员干部对党风廉政“一岗双责”责任缺乏充分的认识，没有真正把党风廉政建设放在心中、抓在手中，执行各项纪律还不够严格，对干部监督教育失之于宽、失之于软。四是少数基层党组织软弱涣散，一些干部消极慵懒、无所作为问题仍然存在，全面从严治党、从严管理干部队伍的力度还需要进一步加强。五是有的基层党组织自我定位不够清晰，个别基层政工干部队伍工作能力与职业素质不平衡，这也导致基层党建工作方式的积极性创造性不足。对此，我们务必高度重视，采取更有针对性的措施加以解决。

第二部分　2018 年工作安排

2018 年是全面贯彻落实党的十九大精神的开局之年，也是集团公司持续深化企业改革，加快培育竞争优势，全面开创新时代本钢卓越发展新局面的重要一年。围绕党的十九大报告对新时代党的建设总要求和全国、全省国有企业党的建设工作会议提出的新要求，结合本钢集团未来改革发展的新任务，各级党组织必须高举习近平新时代中国特色社会主义思想的伟大旗帜，深入学习贯彻落实党的十九大、十九届三中全会精神和省委、省政府各项决策部署，进一步落实新发展理念和“四个着力”“三个推进”，切实担当起全面从严治党的主体责任，持续加强和改进企业党建工作，更好地发挥党组织的领导核心和政治核心作用，引领企业健康稳健发展。

2018 年，集团公司党建工作的指导思想是：坚持以党的十九大精神为引领，以习近平新时代中国特色社会主义思想为指导，全面落实新时代党的建设总要求和省委“1571”抓基层党建总体工作思路，把“党要管党、全面从严治党”要求切实落实到各项工作中，以党的政治建设为统领，落实全国和全省国有企业党的建设工作会议精神，落实全面从严治党主体责任，着力推动党的建设工作高质量发展，为全面完成各项改革发展任务目标提供坚强的政治动力和组织保证。

一、把政治建设放首位，实施“固元铸魂”工程

一是深入学习贯彻习近平新时代中国特色社会主义思想和党的十九大精神。把学习贯彻习近平新时代中国特色社会主义思想和党的十九大精神作为首要的政治任务，坚持学深悟透，认真抓好广大党员干部学习培训，适时开展教育讲座、知识竞赛和学习成果征文展示活动，推动习近平新时代中国特色社会主义思想和党的十九大精神进厂矿、进车间、进班组。二是深入学习贯彻维护党章。把学习贯彻党章作为党员干部经常性的学习内容和教育培训的必备课程，重点把握党的十九大党章修改和增写的内容，教育引导党员干部自觉尊崇党章、贯彻党章、维护党章。继续推动全面从严治党向基层延伸，夯实党内教育从“关键少数”向广大党员拓展、从集中性教育向经常性教育延伸，把全面从严治党要求切实落实到每个支部、落实到每名党员。三是认真开展“不忘初心、牢记使命”主题教育。在思想、作风、党性上对党员领导干部进行一次集中“补钙”和“加油”，推动党员干部深入学习党章党规和党的创新理论，规范言行、指导实践、推动工作、增强本领、提升能力，真正把心思用在干事业上，把功夫下到察实情、出实招、办实事、求实效上。四是进一步推进“两学一做”学习教育常态化制度化。落实中央、省委和省国资委党委关于“两学一做”常态化制度化有关要求，以学习贯彻党的十九大精神为主线，扎实推进集团公司2018年“两学一做”学习教育常态化制度化工作，实现党员教育管理经常化和党的基层组织生活常态化。

二、坚持加强党的领导，确保改革发展大局

一是实现加强党的领导和完善公司治理结构的有机统一。继续坚持和完善党委会、董事会、经理层、监事会职责明晰、有机融合、协调运转的领导体制和运行机制，确保党组织作用在决策层、监督层、执行层的有效发挥。强化党的领导融入公司治理，完善企业党委议事前置程序，进一步厘清权责边界，规范“三重一大”等重大事项决策程序、方式和内容。二是抓好党建工作与企业改革发展的相融相促。充分发挥党组织的领导核心和政治核心作用，强力推进以“四定”为主线的企业改革，坚决破除一切不合时宜的思想观念和体制机制弊端，突破利益固化的藩篱，强化顶层设计，坚持系统推进，实现重点突破，全面激发企业的发展活力。三是钢铁主业要进一步深化供给侧结构性改革。要紧紧抓住品种质量、装备提升、成本控制和工艺技术等关键核心环节，不断增强产品竞争力、企业盈利能力和工艺技术实力，努力实现更高质量和更高效益的发展。要加快结构调整和产业升级，加大技改工程资金投入，推动一批重点工程项目上马，推进各条冷、热轧生产线逐步实现专业化生产。特别是2018年要做好炼钢工序改造，要为到2020年实现2000万吨钢产能目标打好基础。四是多元产业要在国家新一轮改革发展中寻找新的发展机会。各单位要摒弃“等靠要”思想，主动走出去，参与外部市场竞争，实现外部创效和市场化发展，努力从依附主业转变成为面向市场、价值创造的主体。五是继续完善集团各层级的法人治理结构。要建立完善协调运转、有效制衡的母子公司工作机制，促进母子公司经营管理水平不断提高。继续夯实各项管理基础，优化管控条线和管控流程，建立规范高效、执行到位、监督有力的管控体系。六是开展形势任务教育服务企业改革发展。围绕企业生产经营、改革发展面临的新形势、新任

务、新要求，通过形势任务教育培训、职工思想动态调研等活动，把形势任务教育的着力点体现在降本增效、提质增效等提升企业效益的实际工作中，为企业改革发展增添动力。

三、夯实基层党建基础，实施“强基固本”工程

一是认真执行国有企业基层党建工作责任制。研究制定《本钢集团基层党建工作责任制实施办法》，建立统一归口、责任明晰的企业党建工作领导体制，形成党委统一领导、有关部门齐抓共管、企业党组织履职尽责的工作格局。二是持续夯实基层党建基础管理。修订组织建设、党员发展、教育管理和党内帮扶等工作制度，对党内活动方式进行评估与创新，充分发挥基层党组织在加快企业改革发展中的领导核心和政治核心作用。同时，随着企业“四定”工作的开展，及时跟进建立或调整党的组织，理顺隶属关系，明确职责职能。三是继续深化党支部规范化建设工作。在试点党支部的基础上，以点带面，按照“组织健全、制度完善、运行规范、活动经常、档案齐备、作用突出”标准，提升党支部规范化建设总体水平。继续推进“共产党员之家”综合服务阵地建设，不断加大工作普及力度，使党支部真正成为教育党员的学校、团结群众的核心、攻坚克难的堡垒。四是严格执行党的组织生活。坚持落实“三会一课”、谈心谈话、民主评议、民主生活会和组织生活会、主题党日、经常性提醒和批评等组织生活制度，切实提高基层党组织民主生活会、组织生活会质量，增强党内政治生活的政治性、时代性、原则性、战斗性，并做好基层党组织按期换届督促提醒和规范党费工作。五是打造适应新时代党建工作要求的党务干部队伍。探索党委书记、党支部书记和党务干部常态化培训，选优配强基层党务工作者，不断提升党务工作者的业务能力和总体工作水平。同时，加大对党支部书记的教育培养和实践锻炼力度，努力建设一支善于围绕企业生产经营开展党建工作的高素质、复合型党支部书记队伍。

四、加强干部队伍建设，实施人才强企战略

一是坚持政治标准选优配强各级领导班子。认真贯彻落实“信念坚定、为民服务、勤政务实、敢于担当、清正廉洁”好干部标准，严格按照“对党忠诚、勇于创新、治企有方、兴企有为、清正廉洁”要求，做好各级领导班子人员选拔任用工作。二是拓宽领导干部能上能下渠道。以“四定”工作推进为契机，逐步消化超职数配备领导干部，按照“四个注重”原则，为年轻干部成长提供制度保障，加大领导干部交流轮岗，推进领导干部公开竞聘工作，推进职业经理人市场化选聘工作，试点推进子公司经理层成员任期制和契约化管理。三是建立以专职为主、兼职为辅的柔性人才引进机制。贯彻落实中央和省委关于人才工作会议精神，进一步落实省委《关于人才发展体制机制改革的实施意见》，着眼企业未来发展需要，打开视野、敞开胸怀，引进高层次人才。四是持续做好人才的选拔培养工作。继续推进高校毕业生职业生涯规划工作，实施优秀见习毕业生选拔和“青苹果人才选拔计划”，推进青年后备人才选拔、培养。在人才晋升和干部选拔任用过程中，贯彻落实注重人品、注重基层、注重业绩、注重学历“四个注重”原则，通过明确的用人导向，不断提高人才队伍的综合素质。五是要努力开创人才工作新局面。不断健全完善吸引高层次和重点院校优秀人才的激励政策和配套措施，发挥院士专家工作站、博士后工作站、技能大师创

新工作站、劳模创新工作室等聚才平台作用。

五、深化反腐倡廉教育，认真履行“两个责任”

一是继续深化反腐倡廉教育。要以《党章》《准则》《条例》等政治纪律、政治规矩为主要内容，开展多形式、多举措、全方位的廉洁预防教育，强化对党员干部特别是领导干部的教育，注重将廉洁教育向关键岗位、重点岗位、重要人员等领域拓展延伸，不断增强教育的针对性和时效性。二是认真履行主体责任和监督职责。要加大落实“两个责任”考核力度，各级党组织书记要担负起党风廉政建设第一责任人的职责，班子成员要认真履行党风廉政建设“一岗双责”，党群工作部门要切实担负起党员教育培训、廉洁宣教等责任，切实扛牢“两个责任”。三是坚持把监督执纪问责落到实处。在执纪上，要充分运用监督执纪“四种形态”，突出抓前、抓早、抓小，集中力量重点查处顶风违纪问题，特别是侵害群众利益、损害企业经济环境的和违反八项规定的问题；在问责上，对履行党内监督职责不力、管党治党责任缺失、问题整改不落实的，依据《党内问责条例》，都要严肃追责问责，倒逼“两个责任”落实，推动全面从严治党政治责任落地见效。四是继续开展岗位练兵活动。要通过多种形式不断提升纪检监察干部队伍的政治素质和业务能力，进一步规范纪检监察工作。

六、加强和谐企业建设，切实发挥群团作用

一是继续做好民生工程。要科学认识和全面把握我国社会主要矛盾的变化，把增进员工福祉、满足职工群众对美好生活的更高需求，作为企业的努力方向。要针对职工普遍关注的停车、通勤、餐饮、洗浴等基本民生问题，采取更强有力的措施，进一步加大投入力度，切实加以解决。二是各级工会组织要维护好广大职工群众根本利益。不断完善职工代表大会制等相关制度，切实维护职工合法权益，构建和谐劳动关系；要认真贯彻落实省委、省政府《辽宁省产业工人队伍建设改革实施方案》，充分调动广大产业工人的积极性、主动性、创造性，大力弘扬“劳模精神”“劳动精神”“工匠精神”，引导职工创新开展群众性经济技术工作；要继续完善普惠化服务体系，为广大职工提供更多公平普惠、精细多样的服务，不断提高扶贫帮困工作的精准度和效率。三是各级共青团组织继续做好“服务企业、服务青年”工作。不断深化“青字号”工程，积极贯彻落实好2018年经济工作会议相关工作，全面围绕企业生产经营、改革发展面临的新形势、新任务，深入开展团员青年的形势任务教育活动，引导他们为企业改革发展建功立业。四是要继续抓好统战、科协、武装保卫等工作。在集团公司党委、行政的领导下，要依照各自章程独立自主开展好工作，切实发挥各自作用，努力维护企业的和谐稳定。

同志们，新时代赋予新使命，新使命需要新作为。让我们坚决贯彻落实党的十九大精神，以习近平新时代中国特色社会主义思想为指导，紧密团结在以习近平同志为核心的党中央周围，在省委、省政府的正确领导下，在省国资委的正确指导和本溪市委、市政府的大力支持下，激发同心同德的精神和力量，凝聚决战决胜的信心和勇气，锐意进取、埋头苦干，续写改革新篇章，再铸发展新辉煌，努力开创新时代本钢党建工作新局面。

坚定不移深化改革　抢抓机遇创新突破 倾力打造具有世界竞争力的一流企业集团

——在本钢集团有限公司一届三次职工代表大会暨2019年经济工作会议上的工作报告

（2018年12月14日）

第一部分　2018年工作回顾

2018年，本钢集团坚持以习近平新时代中国特色社会主义思想为指导，深入学习贯彻落实党的十九大精神，落实省委省政府的决策部署，在省国资委的正确指导和本溪市委市政府的大力支持下，坚持稳中求进工作总基调，牢固树立和践行新发展理念，落实高质量发展要求，主要经济指标实现稳定增长。全年预计实现销售收入580亿元，同比增加58亿元，增长11.1%；利润4亿元，同比增加0.5亿元，增长11.6%；实现税费38亿元，同比增加9.4亿元，增长32.9%。预计生产生铁1575万吨，与上年持平；粗钢1585万吨，同比增长0.5%；热轧板1130万吨，同比降低5%；冷轧板565万吨，同比增长7.7%；线材229万吨，同比增长6.4%；螺纹钢116万吨，同比增长19.6%；特钢68万吨，同比降低6.1%；不锈钢10万吨，同比增长11%；铸管9万吨，同比降低21.2%。安全生产较大人身事故、较大火灾事故、重大设备事故实现“三为零”。企业扭亏增盈的良好态势得到巩固，盈利能力显著增强，发展质量不断提升，在党中央供给侧结构性改革和钢材市场向好的有力支撑下，本钢集团进入持续稳定发展的良好态势，为强力推进改革、实现战略突破、打造具有世界竞争力的一流企业集团奠定了坚实基础。

回顾全年工作，主要体现在以下方面：

一、全力以赴提质增效，企业发展质量显著提高

（一）生产纪录连续刷新

按照习近平总书记关于推动经济高质量发展的要求，广大干部职工强化技术攻关，不断挖潜增效，推动生产效率大幅提升，部分品种产量以及日产、班产纪录连续刷新。板材新1号高炉8月平均日产达到10390吨。板材炼钢厂10月创造了6台转炉32327吨、薄板坯连铸9555吨的日产纪录。北营炼钢二区2号转炉炉役期间，钢坯日产连续11天突破18000吨。北营轧钢厂11月钢材和长材最高日产量分别达到25516吨和13250吨。板材热连轧厂2300毫米生产线最高日产量达到18798吨。板材冷轧厂硅钢酸洗机组累计打破班产纪录15次、日产纪录13次；3号酸轧机组多次打破日产纪录，最高日产达到8783吨；全厂月产水平突破50万吨。板材特钢厂单浇次碳结构钢21炉，轴承钢20炉、日产1600吨。上述一系列指标均创出历史最好水平，企业发展质量显著提升。此外，北营发电厂创造日发电586万

千瓦时、板材废钢厂创造日废钢装卸量1.34万吨的历史最高纪录。截至11月末，汽车板产量突破150万吨，同比增长4.17%，创历史新高。

（二）工程项目高效推进

围绕工序完善、产品结构调整和节能减排，加快推进12项重点工程改造项目建设，板材5号高炉历经77天检修一次性开炉成功，6天之内实现达产达效，日均产量突破5500吨。板材新1号高炉提前7天完成检修任务，创造了国内同类型高炉改造建设多项历史性纪录。北营60万吨高速棒材生产线改造9月26日热负荷试车成功，为集团抢抓市场机遇、提升盈利水平立下了汗马功劳。北营焦化厂3号焦炉大修工程顺利投产达产，形成了可观的预期经济效益。板材特钢厂研究实施初轧区域功能完善改造等项目建设，立足高质量发展要求，推动企业转型升级。

（三）产品开发成果丰硕

全年预计开发新产品39项，成功试制全球最高强度PHS2000热成钢，填补了国内2吉帕超高强钢领域空白。高速工具钢DS120打破了国外钢材对带锯用钢的市场垄断。完成0.7毫米×2050毫米江铃汽车高深冲级别O5宽薄板的试制和供货，成为世界首家同时满足薄、宽、深冲以及高表面质量要求的汽车板供货商。电镀锌TRIP780产品试制成功并通过神龙汽车认证，成为国内首家具备TRIP800电镀锌产品供货能力的制造商。板材炼钢系统主要工艺环节均已实现智能控制，自主研发技术达到国内行业先进水平。

（四）品牌影响不断扩大

新增汽车板认证牌号56个，通过了奔驰、宝马汽车板认证，成功打入福特、菲亚特、雷诺等全球顶级汽车品牌，标志着本钢具备了向世界一流汽车企业供货的资质和能力，具有里程碑意义。棒材产品成功应用于世界第一高楼——比斯迪拜塔项目、新加坡地铁、港珠澳大桥等国际国内大型重点工程；线材产品市场拓展到欧美、日本、韩国、非洲、中东和东南亚等20余个国家、地区；不锈钢产品实现出口34560吨，出口比例达到33%，同比增加效益1834万元；“本钢牌”热轧高速线材、热轧带肋钢筋、球墨铸铁管、碳合金结构钢和汽车齿轮用钢被评为“辽宁名牌产品”。

（五）多元产业协同发展

恒通公司抢抓轧辊市场回暖机遇，大力开发外部市场份额，首批18只高铬铁轧辊出口南美，“本钢牌”轧辊正式走向国际市场，利润同比增长225%。冶金渣公司充分利用钢渣热焖和热泼两条生产线，高品位含铁料产销量超计划增收增利，预计全年实现利润2460万元。修建维检公司结合国家“一带一路”倡议，积极拓展多元化经营领域，签订合同产值2261万元。建设公司全力拓展外部市场，新取得多项工程资质，完成产值12亿元。恒泰重机公司全力推进新客户、新市场的开发，市场份额实现快速增长，全年共签订合同额8330万元，同比实现翻倍增长。信息化中心（信息自动化公司）竞标成功首个境外信息化项目，为进一步拓展国际市场奠定了坚实基础。机械制造公司不断推进工艺技术进步，积极拓展外部市场，外部承揽额同比增加19%，外部市场销售收入同比增长179%。本钢总医院率先筹建本溪市首家胸痛中心和卒中中心，打造高端介入中心，学科建设接近省内医院先进水平。辽宁冶金职业技术学院招生人数和学生就业率均实现大幅提升，新增“工业机器人应用与维护”等5个专业且全部获批。热力公司建立“一站式”服务大厅，不断提高服务水平，获得“辽宁省优秀供暖企业”

荣誉称号。新实业公司不断提升服务质量，打造服务品牌，圆满完成集团大型联合检修期间的后勤保障服务。房地产公司抢抓丹东房产市场短期升温机遇，加大尾盘销售力度，增加收入700万元。行政管理中心加大陈欠房费的收缴力度，全年房产主营业务收入预计超收519.6万元。

二、扎实推进效能提升，企业整体运营水平全面进步

（一）深入开展增产降耗

矿业公司全力推进增产增效，全年预计完成铁精矿740万吨，超计划27万吨，实现了显著的经济效益。配煤配矿成本降低近2.7亿元，港途耗预计较年初计划降成本约6200万元。通过合理调配焦炭使用及优化料场、减少外购焦炭等措施，降低成本7085万元。生产消耗定额预计降低1.85亿元，较年初预算降低约2.42亿元。能源消耗定额降低2.1亿元。其中，板材吨钢综合能耗6月达591千克，吨钢耗新水10月达2.34吨，均创单月历史最好水平。北营全年铁耗平均完成978千克/吨，同比降低31千克/吨，特别是创新推进鱼雷罐添加废钢工作，全年添加废钢约5万吨，取得显著成效。此外，马球、贾矿、热力公司成功取得直购电资格，减少电费支出4300万元。

（二）有效降低采购成本

优化采购管理模式，在保生产、保运行的同时，通过资源开发、择机采购、价格管控、资金管控等措施，完成了焦煤、无烟煤、地方矿粉、废钢以及热镀锌等五大品种经济运行降本目标，全年实现降本4.39亿元。加强供应商动态管理，创新管理理念，促进充分竞争，强化供应商开发、准入及考核评价工作，全年实现开发引入新供应商559家。严格物料验收管理。针对料场接卸条件、检化验周期等工作实际，对81个品种的采购物料执行取消让步接收，提高了采购物资质量水平。招标采购平台自5月正式上线以来，吸引潜在供应商1437家，累计完成招标采购28.92亿元，实现降本1.7亿元。重点技改工程、进口机电设备对标投资计划降低30.59%；常规备件、检维修工程对标上年上次采购降低11.33%，进一步规范了采购行为、降低了采购成本。

（三）提升产品增利水平

出口增效成绩显著，预计全年累计出口380万吨，对比内贸增利4.5亿元；出口创汇26.10亿美元，同比增长13%。大力推进电商销售，本钢板材类及不锈钢非计划现货产品全部实行欧冶电商平台单件竞价销售，非钢产品推广电商竞价销售，取得了较好的产品溢价。在电商单件竞价销售模式下，销售政策更加透明，有效避免了销售端的效益流失。铸管内贸销售实现100%全额预付款，进行了历史性改变。销售液氧液氮液氩7万吨，创效7500万元，同比增长67%。

（四）强化资金资本运作

一是加强资金管理。统筹资金使用，提高使用效率，降低财务费用支出，全年新增直接融资70亿元，新增非上市公司授信63.9亿元，理财预期收益8498万元；财务公司电票支付取得历史性突破，全年支付额预计达到150亿元，节约融资成本2.1亿元；低价变现银承，全年节约财务费用1.3亿元。二是实施资本运作。本钢板材非公开发行募集资金40亿元，是上市20年来首次在资本市场实现再融资；首期工行债转股完成资金30亿元；通过作价入股，本钢总院加入辽宁省健康产业集团，本钢对外股权投资实现新突破。三是优化资本布局，围绕钢铁主业和多元产业发展规划，按轻重缓急精准抓好投资管理。北方恒达物流园项目建设

稳步推进，规划450万吨仓储配送吞吐能力，实现智能化“一站式”快捷服务。

三、坚定不移深化改革，企业发展活力进一步增强

（一）强力推进“四定”工作

在2017年基础上，经过充分调研论证和完善方案，强力推进第二阶段“四定”工作，有序推进全员竞聘上岗和末位淘汰，工作效率显著提升。截至目前，集团机构层级由7级减少为5级，机构总量压减23%；通过精简人员、科学设置干部职数，交流调整377名领导干部，处级干部削减15.03%；全集团的管理人员减少15%，生产厂矿管理业务人员比例降至8%以内，科级干部减少40%；基本建立“去行政化”宽带薪酬体系，简化薪酬结构，拓宽晋升通路，完善了全员岗位绩效管理体系和员工业绩评价办法。经过一年多的强力推进，“四定”工作已经取得显著成效，更深层的影响和作用，也在逐步得到体现。

（二）坚决整顿工作作风

一是坚持客观公正、公开透明的原则，扎实开展部门工作作风考核，对排名靠后的部门进行通报并限期整改，大幅提高职能部门的工作效率、质量和服务。二是为扭转工作纪律和工作作风问题，开展工作纪律检查督查工作，截至11月末，共开展专项检查216次，联合检查31次，检查发现问题116项，所有问题均得到切实整改。三是拓宽优化民意诉求渠道，按照管理层级设立两级“服务职工热线”。截至目前，通过职工代表大会，董事长、总经理信箱以及宣传、纪委等反映举报平台，集团逐步建立起立体化、全覆盖的民意诉求渠道，全力维护职工的合法权益。

（三）推进历史问题处理

加快推进“三供一业”移交、“僵尸企业”处置、厂办大集体改革等工作。其中“三供一业”分离移交工作取得实质性突破，涉及10项工作已全部签订分离移交协议，正在按计划实施管理权移交和资产划转；“僵尸企业”处置工作重新对困难成因、人员状况、财务状况、资产状况、负担情况进行分析，明确了分类处置方式；成立厂办大集体改革工作专项领导小组，明确了改革实施总体方案，按照省市政府要求积极推进落实。

（四）稳步推进集团混改

为贯彻落实党中央和习近平总书记关于深化国有企业改革、发展混合所有制经济的要求，促进本钢集团体制机制创新，实现国有资本做强做优做大和国有资产保值增值目标，按照省委省政府决策部署，积极稳妥推进集团层面的混合所有制改革工作。这项改革开辟了我国特大型国有企业集团层面混合所有制改革的先河，对推动全省乃至全国国企国资改革都具有重要的示范引领作用和推动作用。

四、不断夯实管理基础，集团管控流程持续优化

（一）顶层设计日趋规范

一是强化规章制度管理，重新修订下发制度200余个。集团质量、环境、职业健康安全、两化融合、能源管理体系按计划和时间节点通过国家管理体系认证机构审核。二是完善公司治理体系，修订党委会、董事会、总经理办公会议事规则，建立党委“三议一报告一执行”决策机制，推进子公司党建工作写入公司章程，并进一步向子公司放权，有效实施公司治理和授权管理。三是强化管理体系认证。新建立了测量管理体系，实现了本钢计量工作与国际标准接轨。四是自主开发ERP升级改造等16个项目，完成

OA 办公系统升级改造，夯实信息化系统平台建设。

（二）科研体系不断完善

全年开展重点科技项目 56 项，圆满完成 IATF16949 体系换版审核工作。搭建“产学研用”研发平台，本钢沈阳技术研究院建设工作按计划推进；加入中国汽车工程学会和耐蚀钢产业技术创新战略联盟；推进恒通公司国家高新技术企业认定工作。持续推进校企合作，与东北大学签署全面战略合作协议，与辽宁科技大学开展全面合作对接工作。本钢技术中心在 2017—2018 年度国家级技术中心评定中名列第 210 名，整体大幅提高 700 多名。全年共有 131 件专利获国家局受理，26 件专利获国家局授权，板材公司获得“中国知识产权优势企业”称号。

（三）安全管理切实加强

认真贯彻省委、省政府关于安全生产重要部署，全面完善和落实各级安全生产责任制。深刻吸取“6·5”本溪龙新矿业重大炸药爆炸等事故教训，高度重视国务院、省、市巡察和检查问题整改，以问题为导向，大力开展隐患排查，深入推进工程、检维修安全管理和反“习惯性违章作业和违章指挥”专项整治工作。强化安全基础管理，开展职业健康安全管理体系滚动审核，实施危险源评估分级管控，加大安全教育培训力度，采取多种形式开展全员安全培训。

（四）环保管理持续巩固

适应国家环保政策新要求，明确环境保护工作责任，通过强化环保设施稳定运行、落实污染物稳定达标排放、完善自动在线监测设施等措施，实现产污环节排污可控。部署完成迎接中央环保督察回头看工作。通过争取减免政策、全面实施监测等措施，全年实现降环保税约 6000 万元。持续强化厂容环境建设管理，新增绿化面积 42000 平方米，新建路面 21000 平方米，有效改善了厂区环境。同时，严格按照国家标准和政策要求，扎实开展第二次污染源普查清查、钢铁行业排污许可证申领、2016—2017 年度碳排放核查、建设项目环评环保验收等工作。

（五）人才管理纵深推进

广开渠道招揽符合企业发展需要的各类人才，在高校毕业生招聘方面，转变招聘方式为全年随时招聘，并落实安家费政策，招聘高校毕业生 179 人；在高端人才引进方面，开展了大连理工大学材料专业博士引进工作，聘请了中国科学院留美博士杨上陆为本钢技术研究院首席专家。设立“本钢-辽宁科技大学联合基金”，开展应用型研究项目，定向培养科技人才。推进公开竞聘工作，先后组织完成 11 个领导干部岗位的公开竞聘，探索推进职业经理人制度，内部培养 40 余名具备职业经理人任职资格的管理者建立人才库。大力加强干部培训，以本钢 MBA 培训班为依托，深化推进领导干部和优秀年轻干部培训，进一步提升管理干部整体素质。

此外，前移审计端口，实行单位负责人任前告知新举措，强化审计监督，全年直接削减现金流 1.02 亿元。加强企业风险管控，严格重大事项法律审核，强化案件管理，依法维护企业权益，成功避免、挽回经济损失 1.5 亿元。切实发挥监事会监督管控职责，在强化监督的同时，推进各子公司管理制度不断完善。实施督查督办机制，推动集团各项重大决策部署及时、快速、全面落实到位。

五、全面加强党的领导，不断释放改革发展正能量

（一）党建基础更加牢固

实施“党建引领振兴工程”，修订完善

了“三会一课”、固定党日、民主评议和双重组织生活会等党内政治生活制度。加强基层党支部建设，实施“固本强基工程”，深入推进“共产党员之家”和“新时代工人讲习所”等阵地建设。深入开展建功立业活动和“共产党员先锋工程”，设立共产党员先锋岗1000余个，提出合理化建议4000多条，创造经济效益近2亿元。加强党员队伍建设，巩固“两学一做”学习教育常态化制度化，建设“党务干部先锋”和“优秀人才先锋”。完善党的组织生活制度，组织各级党委领导班子召开政治性警示教育专题民主生活会，组织广大党员以“重实干、强执行、抓落实”为主题开展专题研讨。

（二）从严治党持续发力

实行纪检监察组织派驻制管理，成立15个派驻纪检监察组，实现对集团78家单位的派驻监督全覆盖，开创了全省省属企业纪检监察组织实施派驻制管理的先河。组建党委巡察办，加强对基层党组织和党员干部的监督，推进落实全面从严治党“两个责任”，2018年首轮巡察工作已全面展开。强化反腐倡廉教育，组织集团各级领导干部和重点岗位人员签订“廉洁自律承诺书”7587份。围绕中央“八项规定”精神落实情况等开展党风政风专项治理和整治，截至11月末，共给予党政纪处分103人。

同时，进一步提高政治站位，结合省委第三巡视组巡视反馈指出的49项问题，按照“完全拥护、照单全收、坚决整改”的原则，成立整改工作领导小组，制订整改方案，明确时间表、任务书和路线图，确保省委第三巡视组巡视反馈意见在本钢不折不扣地整改落实。

（三）思想引领凝聚力量

深入贯彻落实党的十九大精神以及习近平总书记在辽宁考察时和在深入推进东北振兴座谈会上重要讲话精神，结合企业实际形成一系列有针对性的落实方案和细化措施，全面开展“解放思想推动高质量发展大讨论”，大兴调查研究、求真务实之风。进一步落实意识形态工作责任制，有针对性地开展党委理论学习中心组学习和形势任务教育活动，深化中国特色社会主义教育，弘扬践行“新时代辽宁精神”。通过开展庆祝改革开放40周年系列活动，充分展示本钢改革发展成果。有效利用报纸、电视、新媒体三大媒体平台，做好内宣，同时加大对外宣传力度，全年在中央电视台、新华社、《人民日报》以及《辽宁日报》等省级以上媒体刊发外宣稿件达160余篇，举办本钢集团首届“最美青工”颁奖晚会，打造本钢高质量发展新形象，有效提振了广大干部职工干事创业的信心和士气。

（四）民生工程强力推进

再次实现全员工资普调，在岗职工每月岗位工资及绩效工资最低增加300元。创新推进发展成果普惠职工，对正常履行劳动合同的职工发放国庆节效益奖。全面恢复启动全员疗养工作，全年安排职工疗养9500人、劳模疗养603人。实施精准扶贫，依档施助，困难职工人数减少410人。持续开展两节“送温暖”活动，全年发放救助款物808万元。提高医疗福利，保障职工健康，全年完成职工健康体检4.9万人次。为2010~2017年招录的毕业生补发安家费共518.3万元。经与市公安局积极沟通，市局交警支队驻本钢交管大队、本钢车管所正式启用，方便了本钢职工办理相关业务。全力推进职工停车场建设、大学生公寓改造、职工食堂综合整治、供暖温度达标、职工浴池管理以及开通职工热线的“5+1”民生工程，板材、北营、矿业三个厂区共新增停车场17个、停车位 1036 个；相继投入 180 多万元对大学生公寓进行改造和修缮，保障公寓供暖温度达标；投入 200 余万元对食堂进行改造，改善就餐环境和就餐质量。

此外，信访维稳、保卫武装、科协统战、离退休管理及各保产保供单位，按照各自职责和使命，改革创新、锐意进取，适应新时代，展现新作为，为集团各项工作成绩的取得做出了应有的贡献。

各位代表！一年来，全体本钢人抢抓战略发展机遇，扎实工作、奋发有为，展现了新时代新本钢勇立潮头、昂扬向上的精神风貌。成绩的取得来之不易，这得益于上级领导和社会各界的关心与支持，得益于全体员工的辛勤劳动和默默付出。在此，我代表集团公司，向一年来努力奋战在各个领域、各条产线上的全体干部职工表示诚挚的问候，向所有关心、支持本钢发展的各级领导、各界朋友表示衷心的感谢！

一年来的成绩值得肯定，但存在的困难和问题也需要我们认真面对：

一是省委第三巡视组对本钢开展了为期 2 个月的政治巡视，深刻指出了本钢在结合实际学习贯彻习近平新时代中国特色社会主义思想和党的十九大精神指导企业改革发展、基层党组织建设、执行中央“八项规定”精神、履行全面从严治党主体责任和监督责任等方面存在的突出问题，说明我们在班子建设及企业管理等方面，距离上级要求和职工期望还有很大的差距。

二是企业盈利基础不稳，盈利水平低。在全行业盈利水平普遍回升的情况下，本钢虽然实现扭亏增盈，但利润水平仍处于行业中下游，加之负债率长期处于较高水平，人均产钢量、产品成材率等指标远低于行业平均水平，体制机制和思想观念落后，严重制约了企业的效率和效益提升。

三是非钢产业既无规模优势也缺少竞争优势，基本仍处于微利和亏损状态，企业普遍存在观念陈旧、体制不顺、机制不活、管理粗放、包袱沉重等问题，大部分依然靠钢铁主业的扶持存活，自身发展困难重重。

这些困难和问题需要引起我们的高度关注，并在今后的工作中认真加以解决。

第二部分　2019 年工作安排

在刚刚过去的 11 月，钢材价格大幅下跌，后续市场仍然持续振荡。2019 年，国内钢材市场的不确定性增大，虽然国家将继续加码供给侧结构性改革和基础设施建设，但钢铁产能的持续释放和上下游利润的合理调整，以及中美贸易摩擦所形成的市场回流，也将对钢材价格形成一定冲击。但从国家权威意见及行业分析看，国内钢铁产能已经基本趋于合理，并将在很长一段时间里维持供需基本平衡，钢铁行业将继续保持稳中向好的发展态势。习近平总书记在辽宁考察时和在深入推进东北振兴座谈会上重要讲话，为新时代东北振兴把脉定向、掌舵领航，进一步坚定了我们加快推进振兴发展的信心和决心，为辽宁振兴发展指明了前进方向、提供了科学方法，必将全面开创新时代辽宁振兴发展新局面，对本钢来讲，我们面临难得的发展机遇和条件。基于对问题的分析和形势的预判，结合企业实际，我们确定了 2019 年总体工作思路和生产经营总目标。

——2019 年总体工作思路：全面贯彻落实习近平总书记在辽宁考察时和在深入推进东北振兴座谈会上重要讲话精神，坚持以供给侧结构性改革为主线，落实高质量发展要求，持之以恒贯彻新发展理念和“四个着力”“三个推进”，坚定不移深化改革，抢抓机遇创新突破，倾力打造具有世界竞争力的一流企业集团。

——2019年生产经营总目标：力争实现销售收入610亿元，税费40亿元，利润8亿元。钢铁主业完成铁精矿765万吨，生铁1750万吨，粗钢1850万吨，热轧板1302万吨，冷轧板595万吨，特钢材73万吨，线材242万吨，螺纹钢178万吨，铸管13万吨，不锈钢15万吨。多元产业力争完成销售收入43亿元。安全生产实现“三为零”。

为此，我们将重点从以下几个方面开展工作：

一、以体制机制改革为突破，进一步激发企业活力

一是按照省委省政府的决策部署，积极推进集团层面混合所有制改革工作，实现体制创新，不断激发企业活力和内生动力。与混改同步谋划设计和建立市场化机制，建立市场导向的选人用人、激励约束机制，健全法人治理结构，实现利用“引资本”促进“转机制”。

二是加快推进以“四定”为核心的各项改革举措落地实施，加强对“四定”工作落实情况的监督、检查，确保“四定”工作有效落地。要按照分类施策、因企制宜的原则，整合、消化剩余几家“僵尸企业”。按照省市厂办大集体改革工作步骤和时间节点要求，确保到2019年10月底基本完成厂办大集体改革工作任务。同时，扎实推进教育、离退休等社会化改革工作。

二、不断优化资源配置，打造创新发展新动力

一是优化市场布局。高度关注国际贸易环境变化，主动采取应对措施，化解贸易风险。积极参与“一带一路”建设，继续在国际市场广泛推广本钢品牌。国内市场方面，制定科学合理的价格政策，优化市场资源投放方案，深入挖掘东北、华北、山东、华东等区域市场需求，增加高价区域的市场占比。同时，合理分配内外贸资源，确保产销率100%，实现效益最大化。此外，积极参与欧冶云商第二轮股权开放，加快产品线上销售步伐，确保“应上尽上、能上快上”，努力推进商业模式创新。

二是推进结构调整。围绕2020年实现年产2000万吨钢产量的规划目标，实施以板材特钢电炉升级改造、两厂区废水深度处理及回用和北营一炼钢产能置换改造、60万吨高速线材等重点项目为代表的新一轮大规模技术改造，推动企业实现高质量、绿色化、智能化发展。在多元产业发展方面，要大力发展装备制造、钢材深加工、维检服务、金融投资四大重点产业，培育提升物流贸易、资源综合利用、废钢资源加工、城市供热、智慧制造、新能源等新兴产业。

三是实施创新驱动。积极做好本钢沈阳技术研究院建设的前期调研和方案完善工作，做好“冷轧、热镀锌汽车表面板质量提升攻关”“超宽幅冷轧板质量控制攻关”等，开展热镀锌相变诱导塑性钢研制开发，加大轿车齿轮钢研制开发与市场推广应用。加快推进科技创新体系建设和科技体制改革，通过研发资源、研发人员和研发手段的系统整合、合理配置、妥善使用，提高研发效率。利用社会资源和科技政策，与高校和科研院所、政府和社会机构、上下游用户和同行企业以及企业内部开展合作创新，提升技术创新水平和可持续发展能力。

三、深入实施对标挖潜，全面提高综合竞争实力

一是强化顶层设计，完善规章制度。不断拓展和深化专业对标机构的功能，进一步

明确工作思路，研究制订对标工作管理办法，建立科学完备的对标工作体系。加大对标管理专业人员选聘和培训力度，围绕全产业链条和管理链条，选择业务能力及责任意识较强的人员充实到对标管理队伍，不断强化集团整体的对标意识，提高对标能力。

二是提高对标水平，强化结果运用。以铁钢两个工序为突破口，深入开展对标挖潜工作，重点加强对工序和能耗等指标的攻关。要统筹推进系统降本、技术降本，研究低成本工艺技术，提高系统运行效率。通过与标杆企业的生产工艺、装备水平、技经指标以及人力资源、管理管控等全方位的对标管理，深入查找自身存在的差距和不足，加强成本控制、强化目标管理和绩效考评，不断改进现有的生产工艺、管理制度和作业流程，不断缩小与行业先进水平的差距。

四、持续推进流程优化，构建科学合理管控体系

一是持续推进管理提升。跟踪调研新整合单位特别是跨区域整合单位的运行情况，进一步完善管理制度和业务流程，优化核决权限和职责分工。要进一步规范对子公司的管理，在明确主体责任的基础上，建立现代企业制度，完善市场化内部治理机制。持续加强风险管理工作，深入查找内部控制缺陷和不足，加大整改力度，进一步提升风险防范能力。多元产业要着眼技术、模式创新和资本融合，深化体制机制改革，引入职业经理人制度，围绕钢铁供应链、技术链、资源利用链的延伸，做强多元核心产业，培育发展新兴产业，构建比较竞争优势，不断提高企业竞争力。要不断优化招标采购流程，持续扩大招标采购业务范围，逐步实现全覆盖。不断加强供应商管理，大幅度减少中间商，通过合理利用调价窗口期及科学分析预判等措施，深入实施择机采购，降低采购成本。

二是深入推进专业化管控。生产组织继续坚持产量优先原则，以铁系统为核心，全方位做好高炉大修后全面提产的保供工作，重点抓好铁钢的工序衔接和产能，合理匹配钢后工序的产线及资源，全力推进稳产高产，确保产量和效益水平最大化。设备系统强化计划检修，统筹安排联合检修，做好设备经济管理，夯实各项基础管理工作，有效降低设备事故故障。能源环保管理以保供保产、增发电、水源头治理、过程管控为重点，全面做好能源管控；以落实钢铁行业超低排放政策为核心，落实中央环保督察要求，持续推进生态文明建设，多措并举推进合法合理降税。安全管理工作要建立领导干部履行安全职责量化考核标准和子公司、厂矿安全管理考评办法，建立集团公司安全生产专家库，建立危险源辨识、风险评价、分级控制和隐患排查治理双重事故预防体系。同时，将 2019 年确定为“建设工程安全管理规范年”，全面加强工程各环节的安全管理。积极推进质量攻关和标准研制工作，以智能化、绿色化、精细化、高端化为主攻方向，促进产品质量升级。围绕本钢“智能制造、智能装备和智慧经营”目标，推动信息化发展规划项目落地实施。

三是坚持人才强企战略。制定更加符合人才市场实际且具有可操作性的操作岗位和高层次人才引进办法，吸引优秀人才到本钢创业。推进人才测评体系建设，建立专业理论知识测试题库，优化岗位任职资格管理，建立任职资格模型，为重点人才培养和开展职业规划奠定基础。同时，持续推进高校毕业生职业生涯规划，深入实施“青苹果”

人才选拔培养计划以及专业学科带头人和拔尖人才选拔计划。持续抓好MBA培训班和轮岗培训，不断选拔和培养高素质的青年管理和专业技术后备人才。

四是强化资本运作。进一步拓宽融资渠道，积极与金融机构沟通协调，努力新增银行授信，全力降低企业融资成本，协调各投行并联系其他金融机构参与本钢发债。继续推进本钢海外发债项目，积极推动新增债转股工作。要进一步扩大财务公司电票支付范围；进一步发挥好恒汇保理公司在财务公司电票推广中的保障作用。适当提高销售现款回款比例，优化出口与内贸销售结构，加快资金回笼。

五、强化党建和意识形态工作，开创企业发展新局面

一是要深入贯彻落实党的十九大精神以及习近平总书记在辽宁考察时和在深入推进东北振兴座谈会上重要讲话精神，认真开展“解放思想推动高质量发展大讨论”，积极营造学习贯彻的浓厚氛围，切实把总书记和党中央对辽宁的深切关怀转化为推动本钢改革发展的强大动力；切实担负起意识形态工作的主体责任；切实把意识形态工作的领导权、管理权、话语权牢牢掌握在手中。继续推进“两学一做”学习教育常态化制度化，深化党支部规范化建设，以“党建引领振兴工程”为途径，组织开展新中国成立70周年系列活动，丰富党建工作载体，抓好党员干部管理。

二是聚焦全面从严治党，突出问题导向，按照《本钢集团公司党委巡察工作规划(2018—2022年)》，全面开展党委巡察工作。深入推进纪检监察体制改革工作，进一步完善派驻机构工作机制，提升全面从严治党成效。要继续抓好廉洁宣教、纪律审查和综合督察等工作，营造反腐肃纪的浓厚氛围。此外，要深刻吸取“10·26”案件教训，进一步加大厂区治安管控力度，严厉打击各类盗窃活动，打造政治过硬、忠诚企业、尽责履职的安保队伍。进一步做好信访风险评估研判工作，主动化解矛盾，保证集团各项改革举措顺利实施。

三是把巡视整改作为今后一个时期的重大政治任务，认真抓好巡视整改“后半篇文章”。在集中整改转入常态化阶段后，继续严格对照巡视反馈意见和整改落实工作方案抓好后续整改工作。对已经完成和取得阶段性成果的整改事项适时开展“回头看”，进一步巩固提升，防止反弹；对整改未完全到位的事项，要紧盯不放，督促尽快完成；对需要长期整改的事项，要跟踪问效，做到整改不到位不罢手、不彻底不收兵，确保全面如期完成各项整改任务。

四是补齐民生短板，切实解决职工最关心、最直接、最现实的利益问题。坚持职工收入增长与企业效益相适应的原则，建立职工工资增长机制；研究提高人均体检费用标准、优化体检项目、调整体检群体和体检周期；加快推进板材厂区4号门改扩建立体停车场项目；加快开设厂区内公交车，科学规划行车路线，最大限度覆盖所有单位，力争2019年内板材厂区正式通车；建立劳动竞赛、技术创新、技能大赛、技术培训“四位一体”模式，全面提升职工技术素质；充分发挥“服务职工热线”功能，完善职工维权体系；加大对困难职工的帮扶力度，做好全员疗养工作。同时，加强文艺阵地和体育场馆建设，扩大活动覆盖面，使职工群众获得感、幸福感、安全感更加充实、更有保障、更可持续。

同志们，唯改革者进，唯创新者强，唯改革创新者无往不胜、基业长青。在新

中国成立70周年和“五四”运动100周年之际，拥有沧桑厚重历史积淀的百年本钢，再次迎来蜕变重生、跨越发展的历史机遇，我们每个人都将成为历史的见证者，更应该成为历史的推动者、创造者、成就者。让我们携手同行，按照省委、省政府的决策部署，在大有可为的时代里奋发有为，在机遇和挑战面前激流勇进、创新图变，为打造具有世界竞争力的一流企业集团而努力奋斗！

栏目编辑　陈　军

本钢年鉴 2019

特载

☆ 大事记

概述

经营管理

综合管理

党群工作

钢铁主业

多元产业

改制企业

统计资料

人事与机构

人物与表彰

附录

本钢集团

大事记

大 事 记

1月

2日 本钢集团党委书记、董事长陈继壮在《本钢日报》发表题为《2018，新本钢再出发!》的新年致辞。

3日 《本钢日报》刊发题为《开创让社会充满敬意的本钢新时代》的评论员文章。

7日 中国人民政治协商会议本溪市十三届委员会第一次会议召开，本钢集团党委书记、董事长陈继壮，总经理汪澍列席会议。

8日 本溪市十六届人民代表大会第一次会议召开，本钢集团党委书记、董事长陈继壮，总经理汪澍列席会议。

16日 以“钢铁筑梦 · 砥砺前行”为主题的本钢集团职工合唱比赛决赛落下帷幕，本钢集团机关代表队荣获一等奖，本钢总医院、新实业公司、北营炼钢厂、板材特钢厂、板材发电厂、板材炼钢厂等代表队荣获二、三等奖。

17日 本钢集团2018年安全生产工作会议召开，会议由汪澍总经理主持，张贵玉副总经理做了2017年本钢集团公司安全工作报告，本钢集团党委书记、董事长陈继壮出席会议并讲话。

18日 本钢集团首届“最美青工”颁奖晚会举行，本钢集团党委书记、董事长陈继壮，党委副书记、总经理汪澍，党委副书记赵忠民出席颁奖晚会并为获奖的53名青工颁奖。

22日 经集团公司班子会议研究决定，根据集团“四定”工作实施意见，交流调整377名处级干部，86名处级干部改作专务工作，29名处级干部改作首席工程师、高级业务师，6名处级干部办理离岗养病，44名处级干部离岗学习。经过调整，处级干部削减15.03%。

24日 本钢集团组织部（人力资源部）、运营改善部在本钢集团范围内全面启动“四定”工作。

29日 中国人民政治协商会议辽宁省第十二届委员会第一次会议胜利闭幕，大会选举109位同志为政协辽宁省第十二届委员会常务委员。本钢集团党委书记、董事长陈继壮当选为政协辽宁省第十二届委员会常务委员。

同日 本钢集团董事会、党委会、集团公司联合下发《本钢集团有限公司关于调整组织机构设置的通知》(本钢董发〔2018〕1号）文件，对本钢集团、本溪钢铁公司实施一体化运作，职能部门实行“一套班子，两块牌子”，集团各类管理机构层级按照“集团级、部门级、厂矿级、作业区级、班组级”设置。基层党组织设置和隶属关系重新变更。

30日 辽宁省工信委主任何庆一行到本钢集团调研2018~2020年固定资产投资

项目情况。本钢集团党委书记、董事长陈继壮，副总经理高烈，副总经理、总工程师张贵玉，本溪市人民政府副市长于庆伟等参加了专题调研会议。

31日 国家发改委振兴司司长周建平一行来本钢集团调研，参观了板材公司冷轧厂三冷轧工序生产现场。辽宁省发改委副主任黄洋、振兴处处长张雷，本溪市委常委、常务副市长隋显利，本钢集团党委书记、董事长陈继壮，副总经理高烈等参加了调研。

同日 辽宁省第十三届人民代表大会第一次会议圆满完成各项议程，大会选出第十三届全国人民代表大会代表102人。本钢集团党委书记、董事长陈继壮当选为第十三届全国人民代表大会代表。

同日 本钢集团党委书记、董事长陈继壮先后到北营轧钢厂困难职工王业和板材发电厂困难党员刘振斌家中走访慰问。

2月

2日 本钢集团开展信息化建设高端培训，邀请上海宝信软件股份有限公司资深专业技术总监、教授级高工、国务院政府特殊津贴获得者何浩然授课。本钢集团领导陈继壮、汪澍、赵忠民、韩革、陈铁、高烈、张鹏、张贵玉、唐朝盛，总经理助理奈作鑫、邵剑超、申强，本钢集团相关职能部门和直属子公司负责人、本钢集团信息化工作负责人等80余人参加了培训。培训由本钢集团党委副书记赵忠民主持。

5日 本钢集团召开离退休老领导座谈会。本钢集团党委书记、董事长陈继壮，总经理汪澍，党委副书记赵忠民，与张营富、于天忱等老领导亲切座谈。

同日 本钢集团党委副书记、副董事长、总经理汪澍先后到北营公司焦化厂困难职工徐长欣和综合工业公司困难职工赵振江家中走访慰问。

6日 辽宁省人民政府金融办公室党组书记、主任刘波一行来本钢集团调研债转股相关工作。省政府金融工作办公室副主任赵宏、银行保险处处长杨欣璐一同调研。本钢集团党委书记、董事长陈继壮，总会计师曹爱民陪同调研。

同日 中共本溪市委常委、本溪军分区政委高贺，本溪市人大副主任李少平一行专程来到本钢，看望本钢集团高技能人才、省级技能大师、机电安装公司职工罗佳全。本钢集团党委副书记赵忠民一同看望。

同日 本钢集团干部培训班在技术学院正式开班。为落实《本钢集团关于深入开展新一轮“四定”工作的实施意见》，本钢集团决定用3~5年时间对处级以上领导干部进行全员轮训，每期培训时间为半年。第一期共有44名学员，岗位结构以在岗、待岗、未来拟提拔使用相结合，业务分类以党群管理、行政管理、技术管理相结合。培训依托本钢党校和培训学院，学习以工商管理（MBA）课程为主。本钢集团总经理助理申强参加开学典礼并讲话。

7日 本溪市人民政府与本钢集团产业全面合作推进会在本钢召开。双方签署了《本溪市人民政府与本钢集团有限公司产业全面合作协议》。本溪市领导田树槐、李景玉、孙旭东、隋显利、刘旭东、于庆伟、栾奎杰及市政府办公厅、市发改委等政府部门和县、区主要负责人参加会议。本钢集团党委书记、董事长陈继壮，总经理汪澍，副总经理韩革、高烈、张鹏，总经理助理申强，本钢集团规划发展部等部门和子公司，以及所属部分单位负责人参加会议。

同日 中国铁路沈阳局集团有限公司董

事长张海涛一行来访。本钢集团党委书记、董事长陈继壮，副总经理高烈，副总经理、总工程师张贵玉和相关部门负责人同张海涛一行就路企深入合作进行了座谈。

8日 本钢集团党委书记、董事长陈继壮，总经理汪澍，副总经理高烈，副总经理、总工程师张贵玉会见了TMEIC执行副总裁Uekusa Kazuhiko以及TMEIC美国公司CEO Dale Guidry和TMEIC中国CEO Hino takashiy等客人。

9日 本钢集团党委召开了2017年度领导班子民主生活会。此次民主生活会以“认真学习领会习近平新时代中国特色社会主义思想，坚定维护以习近平同志为核心的党中央权威和集中统一领导，全面贯彻落实党的十九大各项决策部署”为主题。本钢集团党委书记、董事长陈继壮主持会议，并代表领导班子作对照检查。本钢集团领导班子成员逐一作对照检查。省委第二十八督导组组长杨建军率督导组成员到会指导。

11日 本钢集团2017年度“双先”颁奖晚会《新时代 新本钢 新征程》隆重举行。来自本钢集团各条战线的先进集体、先进个人，以及劳动模范、优秀共产党员标兵代表的家属参加了颁奖晚会。本钢集团领导分别为2017年度先进集体和先进个人代表颁奖。

13日 本钢集团依据《本钢集团有限公司领导干部选拔任用工作管理办法》，结合开展“四定”工作，在《本钢日报》等媒体平台发布公开竞聘启事，在全集团公司范围内对办公室综合处（总工办）处长等12个领导干部岗位公开竞聘。

25日 为研究落实本钢集团到2020年实现2000万吨钢产能目标，本钢集团党委书记、董事长陈继壮主持召开完善炼钢工序专题工作推进会，专题研究炼钢工序需要解决的问题，并对相关设备改造项目工作进行了再部署。本钢集团领导高烈、张贵玉，本钢集团相关职能部门、相关厂（矿）负责人和炼钢方面的专家参加了会议。

26日 本溪市公安局与本钢集团召开警企恳谈会。副市长、公安局局长王会齐，常务副局长郭振斌等市局领导和各分局及主要职能部门负责人，本钢集团党委书记、董事长陈继壮，总经理汪澍，党委副书记赵忠民，工会主席杨成广，副总经理高烈，副总经理、总工程师张贵玉，总经理助理奈作鑫、邵剑超和本钢集团各主要职能部门负责人参加了会议。本溪市公安局推出《本溪市公安局打造最优环境助力本钢发展十五项举措》，为企业发展送服务。

3月

5日 第十三届全国人民代表大会第一次会议，辽宁代表团开放日，全国人大代表，本钢集团党委书记、董事长陈继壮接受《中国产经新闻》记者采访，提出要大刀阔斧推进辽宁国企混改，为辽宁国有企业做强做优做大按下快进键。

同日 全国人大代表，本钢集团党委书记、董事长陈继壮接受《中国冶金报》、中国钢铁新闻网记者专访。

6日 全国人大代表，本钢集团党委书记、董事长陈继壮，做客辽宁电视台在京《两会会客厅》，与全国政协委员、东北大学校长赵继，共同就两会提案议案、热点话题进行探讨。

7日 本钢集团召开纪念“三八”妇女节表彰会，本钢集团党委副书记赵忠民、工会主席杨成广为受到表彰的先进集体和先进个人颁奖。

同日 共青团本钢十二届十七次全委（扩大）会议召开。本钢集团党委副书记赵忠民参加会议并讲话。

8日 本溪市金属学会第九届会员代表大会在本钢召开。本钢集团副总经理、总工程师张贵玉致辞，本溪市科协党组书记、主席李静军到会并讲话。会议由本钢集团技术研究院院长蒋光炜主持。会议审议了《本溪市金属学会章程》，召开了第九届会员代表大会第一次理事会议。本钢集团副总工程师孙东升当选本溪市金属学会第九届委员会理事长。

9日 本溪军分区司令员于国锋大校、政委高贺大校一行来本钢集团参观。本钢集团总经理汪澍、工会主席杨成广在板材冷轧厂三冷轧工序生产现场进行了参观交流。

12日 本钢集团党委选派9名优秀干部，分别到鞍山岫岩、丹东宽甸、葫芦岛建昌、朝阳凌源等地乡村开展驻村扶贫工作。

15日 本钢集团2018年第一阶段联合检修开始。联合检修涉及13条主要生产线和41条辅助生产线，以板材炼铁厂新一号高炉环保改造工程为核心，预计施工项目4685项，投放施工人数8520人。

同日 中国思想政治工作研究会（简称中国政研会）“冶金企业思想政治工作存在的主要问题和对策建议”调研座谈会在本钢召开。本钢集团党委副书记赵忠民主持会议并讲话。

同日 本钢集团2018年高校毕业生招聘工作全面启动。本次招聘打破招聘界限，建立全天候常年招聘机制，应往届毕业生均可报名；放开选才权限，放宽子公司自主招聘权限，可进校园自主招聘；拓宽纳贤渠道，可以个人自荐、学校推荐、校园双选；提高福利待遇，安家费最高可领20万元，外地大学毕业生婚后租房享受补贴。

19日 辽宁省副省长王明玉到本钢集团检查指导安全生产工作，先后到矿业南芬露天矿、板材冷轧厂三冷轧工序、北钢辽煤化公司等单位详细了解情况。本溪市委副书记王庆东，市委常委、常务副市长隋显利等市领导，省安监局、省安委会、市安监局等省市有关部门领导参加检查指导。本钢集团总经理汪澍，副总经理、总工程师张贵玉，总经理助理奈作鑫参加了现场安全检查。

23日 北部战区陆军预备役部队新任团职领导一行70余人到本钢集团观摩连部建设情况。本钢集团工会主席杨成广参加了观摩活动。

26日 本钢集团党委一届五次全委（扩大）会议召开。会议由本钢集团党委副书记赵忠民主持。会议有两项议程：一是听取本钢集团党委工作报告；二是部分基层党委书记作抓基层党建工作专项述职。本钢集团党委副书记、总经理汪澍作了题为《深入贯彻十九大精神、全面引领改革发展，努力开创新时代本钢党建工作新局面》的工作报告。本钢集团党委书记、董事长陈继壮从要把党的建设摆在更加突出的位置，持之以恒抓紧抓实；党的建设要在本钢新一轮全面深化改革中发挥强有力的作用；打造一支本领过硬的党员领导干部队伍；着力打造支撑企业卓越发展的文化和品牌等方面提出了要求。

同日 本钢集团纪委一届四次全委（扩大）会议召开。会议由本钢集团党委副书记赵忠民主持。会议传达了十九届中央纪委第二次全体会议及省纪委全会和市纪委全会精神。本钢集团纪委书记陈铁向大会作了题为《牢记职责使命、提高政治站位、忠诚履职尽责，推进本钢集团全面从严治党向纵深发展》的工作报告。为进一步做好2018年本钢集团纪检监察工作，本钢集团党委书记、董事长陈继壮提出了要求。

在会议召开期间，全国人大代表，本钢集团党委书记、董事长陈继壮，从全国“两会”概况、《政府工作报告》主要精神、《中华人民共和国宪法修正案》、《中华人民共和国监察法》、国务院机构改革等方面，专题传达了全国“两会”精神，并对贯彻落实全国“两会”精神做出部署。

27 日 辽宁省政协副主席江瑞一行来本钢集团调研。本溪市委副书记、市长田树槐、市政协主席孙旭东，本钢集团党委书记、董事长陈继壮等领导参加了调研，并一同进行了座谈。江瑞一行参观了板材冷轧厂三冷轧工序生产现场。

同日 本钢集团职工健康体检工作全面启动。

28 日 本钢集团党委书记、董事长陈继壮会见了浦发银行沈阳分行行长李国光一行。浦发银行沈阳分行行长助理翁爱昕，本钢集团总会计师曹爱民，本钢集团财务部等相关负责人参加会见。

同日 本钢集团发布《本钢集团有限公司部门工作作风测评操作细则（暂行）》，成立本钢集团部门工作作风考核小组，负责集团部门工作作风考核的测评、汇总、分析、调研、公示、考核等工作。考核小组下设办公室，设在办公室督查室，负责在集团考核小组的领导下开展日常工作。

29 日 由国家发展改革委产业司巡视员夏农、国家工业和信息化部原材料司副调研员文刚、国务院国资委企业改革局处长李晓明、中国钢铁工业协会财务资产部主任陈玉千、处长刘雪青等组成的调研组，来本钢集团调研。辽宁省发展改革委副主任何睿、省工业和信息化委总工程师郝庆顺及省国资委相关负责人、省发展改革委工业处相关人员，一同参加调研。夏农一行在本钢集团党委书记、董事长陈继壮，总会计师曹爱民，副总经理高烈的陪同下，先后到矿业南芬露天矿、板材热连轧厂 2300 生产线和板材冷轧厂三冷轧工序现场参观。

30 日 本钢集团召开测量管理体系认证工作启动会议，本钢集团副总经理、测量管理体系认证工作领导小组组长高烈对顺利推进测量管理体系认证工作提出要求。原国家质检总局计量司副司长，现中国计量协会理事长宋伟，中启计量体系认证中心北京冶金科技分中心负责人刘玉，中国计量协会冶金分会常务副秘书长杜硕，中启计量体系认证中心专家邓谊应邀参加会议。会议由板材计控厂厂长、本钢集团测量管理体系认证工作领导小组副组长李凡主持。

4 月

2 日 本钢集团党委书记、董事长陈继壮主持本钢集团党委理论学习中心组集体学习。重点对中共辽宁省第十二届委员会第七次全体会议精神进行了传达。本钢集团领导参加了集体学习。

3 日 本钢集团官方网站英文版（www. bxsteel. com/en）正式上线运行。本钢集团官方网站英文版是在本钢集团官方网站中文版升级改版的基础上搭建而成。

8 日 本钢集团召开二季度安委会（扩大）会议。会议由安委会副主任、副总经理高烈主持。会上，北营公司、板材炼铁厂、建设公司、修建（维检）公司、矿业公司歪头山铁矿的相关负责人作了二季度安全工作述职。

10 日 本钢集团产品拥有了“电子身份证”，实现在本钢用户服务平台 PC 端或手机 APP 上预览、查验《产品质量证明书》，可以随时下载并打印带有防伪标识的《产品电子质量证明书》。

11 日 辽宁方大集团董事局主席方威一行来访本钢。本溪市委副书记、市长田树槐，副市长刘艳萍，副市长、市公安局局长王会奇，副市长于庆伟、牟儆风，市政协副主席、市卫计委主任王佳才，市政府办公厅主任赵永来等领导与方威一行，在本钢集团党委书记、董事长陈继壮，副总经理高烈的陪同下，一同参观了板材冷轧厂三冷轧工序。

13 日 本钢集团通过辽宁省电力交易中心平台，与华能、华电、国电投、华润电力、绥中电厂等发电企业集团，成功进行直购电交易 16.19 亿千瓦时，直接减少外购电费支出 2004 万元，这是本钢集团 2018 年进行的首次直购电交易。

同日 本钢集团工会一届三次全委（扩大）会议召开。会议听取了题为《深入贯彻落实党的十九大精神，团结动员广大职工群众在企业改革发展中发挥主力军作用》的工作报告。本钢集团工会主席杨成广出席会议并讲话。会议对第一届委员会委员、第一届经费审查委员会委员进行补选，履行了相关民主程序。

18 日 本溪市公安局交通警察支队驻本钢车管分所正式启动。

22 日 辽宁本钢队在 2017/2018 赛季 CBA 总决赛第四场比赛中以 100∶88 击败浙江广厦控股队，总决赛系列比赛中以 4∶0 战胜对手，夺得 CBA 联赛总冠军，成为 CBA 史上第七支冠军球队。

23 日 韩国东国制钢副会长张世郁一行来访本钢集团。本钢集团党委书记、董事长陈继壮，总经理汪澍，副总经理张鹏等与张世郁一行进行了座谈。座谈前，汪澍、张鹏陪同张世郁一行参观了板材冷轧厂彩涂生产线。

同日 本钢集团向辽宁省体育局和辽宁衡润飞豹俱乐部发去贺信，向辽宁男子篮球队全体将士表示热烈的祝贺。

25 日 本钢集团召开一季度生产经营工作会议，会议由本钢集团党委书记、董事长陈继壮主持。

同日 本钢集团党委书记、董事长陈继壮主持了本钢集团党委理论学习中心组集体学习。主要围绕《中央巡视工作规划（2018~2022 年）》相关内容，进一步深刻理解今后五年巡视工作的总体要求、目标任务和思路措施，以及推动全面从严治党向纵深发展的重要政治意义、理论意义和实践意义进行学习研讨。本钢集团领导参加了集体学习。

同日 辽宁省体育局举办了辽篮夺冠庆功表彰大会。辽宁本钢队被评为“最具影响力运动队”，本钢集团获得“重大贡献奖”。本钢集团工会主席杨成广参加了表彰大会。

27 日 本钢集团党委书记、董事长陈继壮会见了来访的内蒙古北方重工业集团党委书记、董事长高汝森一行。北方重工业集团北方股份总经理、党委副书记邬青峰，副总经理薛继奎、巴根、张俊，本钢集团副总经理高烈等参加了会见。

5 月

4 日 9 时 16 分，本钢集团党委书记、董事长陈继壮点击鼠标，板材炼铁厂新一号高炉顺利复风开炉，副总经理高烈，副总经理、总工程师张贵玉，各部处室负责人和现场人员一起见证了重要时刻。高炉提前复风，标志着新一号高炉环保改造工程提前 37 小时竣工，本钢集团 2018 年第一阶段联检圆满结束。

同日 本钢集团举行纪念五四运动 99 周年表彰晚会，对 49 个先进集体、129 名先进个人和 5 对外地青年伉俪进行表彰。本钢集团党委书记、董事长陈继壮，党委副书记赵忠民出席表彰晚会，并为受表彰的先进集体和先进个人颁奖。

9 日 本钢集团党委再次选派 11 名优秀干部，分别到本溪县、桓仁县、凤城市等地乡村开展驻村扶贫工作。

10 日 中国冶金报社发布 2018 年中国钢铁企业品牌排行榜，本钢集团荣获中国“十大优秀钢铁企业品牌”称号。

12 日 在本溪市卫生计生委、本溪市护理学会共同主办，本钢总医院承办的“5·12”国际护士节纪念活动暨表彰大会上，本钢总医院刘丹、关薇、邱凯萍、路奕，本钢胸科医院陶冠敏荣获 2018 年本溪市“最美护士”称号；本钢总医院唐晓宇荣获 2018 年本溪市“优秀护理管理者”称号。

15 日 辽宁省副省长、省公安厅厅长王大伟带领省政府金融办主任刘波、省公安厅副厅长咸金奎及省公安厅、省政府办公厅相关负责人就如何营造良好的营商环境，为企业发展、项目建设保驾护航来本钢调研。本钢集团党委书记、董事长陈继壮陪同调研，并在座谈会上汇报工作。王大伟一行参观了板材冷轧厂三冷轧工序。本溪市委副书记、市长田树槐，市委常委、常务副市长隋显利，副市长刘艳萍，副市长、市公安局局长王会奇，市政府秘书长栾奎杰等领导参加调研座谈。本溪市 10 家重点企业负责人参加座谈。

16 日 第十八届中国国际冶金工业展览会在北京国际会展中心新馆隆重开幕。本钢集团以“具有国际优势的绿色智能钢企”为主题，以本钢超高强热压成型钢系列产品为重点，以生产工艺 3D 动画、多媒体展示等文化产品为手段，充分展示了本钢集团做强做优做大国有企业的新突破、新成果。中国钢铁工业协会党委书记、秘书长刘振江莅临本钢集团展台参观，对本钢集团的高品质产品、展台设计和营销理念给予充分肯定。

同日 本钢集团党委书记、董事长陈继壮主持本钢集团党委理论学习中心组集体学习，重点学习习近平总书记在纪念马克思诞辰 200 周年大会上的讲话。本钢集团领导参加了集体学习。

同日 本钢集团党委书记、董事长陈继壮会见了来访的法孚集团全球冶金总裁吉尧·尔曼一行。本钢集团副总经理高烈，副总经理、总工程师张贵玉参加了会见。

18 日 由本钢集团招标公司组织的两场开标会在能源管控中心准时开始。这是本钢集团招标公司组建以来首次“开标”正式运营，开启了本钢集团招投标数字化进程。

同日 历时 3 个月的本钢集团部分领导干部岗位公开竞聘工作圆满结束。9 人脱颖而出，开始为期一年的试用考核，另有 5 人到不同岗位挂职锻炼。

21 日 本钢集团召开第三轮大规模技术改造动员会。本钢集团副总经理高烈参加会议并提出要求。本钢集团第三轮大规模技术改造计划用时 3 年，涵盖各主要生产工艺链条，共确定 40 个重点推进项目，其中板材公司 20 项、矿业公司 4 项、北营公司 16 项，项目已经开始施工。

24 日 本钢集团与辽宁科技大学签署校企（战略）合作协议。双方将围绕招生就业、员工培训、科研平台共建、科技进步创新、技术难题攻坚、成果研发应用、深化产学研等进行全方位合作。本钢集团党委副书记赵忠民，辽宁科技大学校长张志强分别代表双方签字并讲话。本钢集团总经理助理申强主持签字仪式。张志强一行参观了板材冷轧厂三冷轧工序。

28 日　在“全国科技工作者日”来临之际，本溪市市委副书记王庆东一行，在本钢集团党委副书记赵忠民的陪同下，看望了本钢集团优秀科技工作者代表、技术研究院高级工程师李春诚，并为本钢集团科技工作者送上节日祝福。

31 日　本钢集团第一届职工代表大会第七次代表团长联席会议，审议通过了《本钢集团领导干部问责追责管理办法（试行)》。本钢集团管理的副处级及以上干部，集团组织人事、投资、财务、金融、销售、采购、招投标系统等重要岗位或负责重大资产管理的作业区级及以下管理、业务岗位人员，参照该《办法》进行问责追责。

同日　历经 3 个月的严格考试和考核，本钢集团第一期岗位轮训班圆满结业，并举行了结业仪式。3 月 2 日，经过各单位推荐和组织部门审核，来自本钢集团机关 13 个职能部门、业务机构和直属单位的 47 名学员参加了第一期岗位轮训。

6 月

1 日　本钢集团安全生产月活动全面展开。

同日　本钢集团《领导干部问责追责管理办法（暂行)》全面实施。这是本钢集团首次在全集团范围内推行强化责任担当，全面加强对问题责任跟踪的问责管理制度及责任体系。

4 日　本钢集团 2018 年度在岗职工全员健康疗养工作启动。首批 78 名普通职工和 48 名劳动模范到达疗养地点，开启疗养模式。

6 日　本钢集团党委书记、董事长陈继壮主持本钢集团党委理论学习中心组第七次集体学习。学习传达了省（中）直企业党风廉政建设和反腐败工作会议精神。本钢集团领导参加了集体学习。本钢集团纪委书记陈铁传达了省（中）直企业党风廉政建设和反腐败工作会议精神，通报了包宏案件情况；传达了辽宁省委的专项意见，省国资委党委委员、省纪委驻省国资委纪检组组长王献耀所作的工作报告，副省长兼省国资委党委书记崔枫林的讲话精神。

同日　本钢集团召开典型案例警示教育大会，传达省（中）直企业党风廉政建设和反腐败工作会议精神，进行典型案例警示教育。本钢集团纪委书记陈铁参加会议并讲话。本钢集团所属各单位党委书记、纪委书记及直属子公司纪委副书记参加了会议。

8 日　辽宁省副省长王明玉到本钢集团调研安全生产工作。本溪市委副书记、市长田树槐，副市长于庆伟等市领导参加调研。本钢集团党委书记、董事长陈继壮，副总经理高烈陪同调研。在板材炼铁厂新一号高炉生产现场，陈继壮详细地向王明玉一行汇报了近期本钢集团安全生产情况。

同日　民建本钢支部第二次会员大会暨民建本钢第一届基层委员会成立大会在本钢宾馆召开，本钢集团党委副书记赵忠民，本溪市委统战部副部长潘涤非，民建本溪市委主委郭永全等相关领导出席会议，本钢各民主党派代表宋涛、赵兴涛等应邀参加会议。大会选举产生了民建本钢第一届基层委员会委员。板材技术研究院资源利用研究所研究员王克当选为民建本钢基层委员会第一届委员会主任委员，并做了表态发言。

同日　辽宁省非煤矿山双重预防机制建设现场会在本钢矿业歪头山矿召开。辽宁省安全生产监管局副局长史学义，该局非煤矿山处有关人员及全省 44 家试点企业主要负责人、安全管理机构负责人参加会议。本钢集团副总经理高烈参加会议。矿业歪头山矿介绍了双重预防机制建设的工作进展情况。

11 日 2018 年度本钢集团节能宣传周和全国低碳日活动启动，节能宣传周的活动主题为“节能降耗，保卫蓝天”，低碳日的活动主题为“提升气候变化意识，强化低碳行动力度”。

13 日 本钢集团党委印发《本钢集团有限公司管理的领导班子和领导干部综合考核评价办法（试行)》，本钢集团印发《本钢集团有限公司领导干部问责追责管理办法(暂行)》。

同日 本钢集团党委书记、董事长陈继壮会见了来访的龙煤集团总经理孙成坤一行。本钢集团副总经理、总工程师张贵玉参加会见。

18 日 板材炼铁厂张守喜代表本钢集团和辽宁省总工会，参加了中华全国总工会举办的海峡两岸职工创新成果展。其创新项目“高炉液压设备维修操作法”，得到了全国总工会副主席、书记处书记阎京华的高度赞扬。

19 日 辽宁省委常委、组织部部长王正谱来本钢集团调研指导工作。本溪市委副书记、市长田树槐，市委常委、组织部部长吴世民等领导参加调研。调研中，在本钢集团党委书记、董事长陈继壮陪同下，王正谱一行参观了板材冷轧厂三冷轧工序生产现场，随后与本钢集团领导班子成员赵忠民、杨成广、曹爱民、陈铁、高烈、张鹏、唐朝盛，以及总经理助理奈作鑫、邵剑超、申强进行了调研座谈，并提出三点希望：一是希望本钢集团多出效益，二是希望本钢集团多出人才，三是希望本钢集团多出经验。

22 日 按照辽宁省纪委机关、省委组织部要求，本钢集团党委召开了领导班子政治性警示教育专题民主生活会。本钢集团党委书记、董事长陈继壮主持会议，本钢集团领导班子成员参加会议。民主生活会的主题是认真学习全省警示教育大会和陈求发书记讲话精神，深入开展政治性警示教育，深刻吸取鲁炜、张杰辉案沉痛教训，坚定不移地把全面从严治党和反腐败斗争引向深入。

25 日 本钢集团党委书记、董事长陈继壮与本钢集团 MBA 培训班（一期）学员亲切座谈，畅谈干部队伍建设，共谋企业改革发展。本钢集团党委副书记赵忠民，总经理助理申强、奈作鑫一同参加座谈。本钢集团组织部（人力资源部)、宣传部、纪委、办公室、板材公司、北营公司、矿业公司和技术学院等相关部门和单位负责人参加座谈。

同日 本钢集团党委围绕学习宣传贯彻党的十九大精神，召开了党建思想政治工作研究会学习宣传贯彻党的十九大精神座谈会。本钢集团党委副书记、党建思想政治工作研究会常务副会长赵忠民，总经理助理、组织部部长、党建思想政治工作研究会副会长申强，本钢集团党群部门主要负责人、各子公司党委负责人、“学习宣传贯彻党的十九大精神”主题征文优秀组织单位及获奖个人代表参加了会议。会议由本钢集团宣传部部长、党建思想政治工作研究会秘书长钱振德主持。

26 日至 29 日 中国共产主义青年团第十八次全国代表大会在北京召开。本钢集团团委书记张林，本溪满族自治县田师付镇团委书记魏相飞，桓仁满族自治县华来镇果松川村创业青年吴晓东作为团十八大代表参加大会。

同日 在辽宁省总工会举办的“中国梦・劳动美——做新时代的奋斗者”全省职工演讲比赛决赛中，本钢集团题为《“追梦逐美”的奋斗者——罗佳全》的演讲获得一等奖。

28 日 中共辽宁省委召开全省思想政治工作暨“新时代辽宁精神”发布电视电话会议，本钢集团党委书记、董事长陈继壮在主会场参加会议，并以《思想政治工作激发本钢集团生机与活力》为题，作了经验介绍。

同日 本钢集团党委召开了纪念建党97周年座谈会。本钢集团党委副书记赵忠民出席会议并讲话，本钢集团党委常委、工会主席杨成广主持会议。

29日 本钢集团在本钢文化中心举办了2018年安全生产月安全知识竞赛决赛，来自本钢集团五个子公司所属8家单位的代表队展开了激烈的角逐，本钢集团安委会常务副主任、副总经理、总工程师张贵玉以及机关各部处室、子公司等单位的负责人到现场观摩了比赛。

7月

2日 本钢集团党委书记、董事长陈继壮在本钢宾馆会见了来访的法国法孚集团全球冶金总裁 Guillaume Mehlman 一行。双方就创新合作机制建设、巩固合作关系进行了深入沟通和交流，并达成共识。本钢集团副总经理高烈，副总经理、总工程师张贵玉，法孚中国区总裁单晓阳，以及本钢集团设备部、板材冷轧厂负责人参加了座谈。

同日 本钢集团党委书记、董事长陈继壮主持召开了本钢集团党委常委会议。会议审议通过了《本钢党委巡察工作实施办法（讨论稿）》《本钢集团纪检监察组织实行派驻制管理实施办法（讨论稿）》。

4日 在本溪市精神文明建设表彰暨创建文明城市工作推进大会上，本钢集团有5家单位分获省、市精神文明单位等称号，受到表彰。

5日 东北大学“博士生·本溪团”到本钢集团开展技术服务。实地考察了板材冷轧厂三冷轧工序，博士团师生与本钢集团党委副书记赵忠民，总经理助理、组织部（人力资源部）部长申强等进行了座谈。本钢集团组织部（人力资源部）、规划发展部（科技发展部）、人力资源管理中心、板材技术研究院相关负责人，以及板材技术研究院首席专家、首席工程师、高级研究员等专业技术人员参加了座谈。

6日 本钢集团举行授匾仪式，本溪市委宣传部副部长、市文明办主任孙英杰，本钢集团党委副书记赵忠民出席仪式并讲话，为荣获2015～2017年度辽宁省精神文明单位称号的板材公司能源总厂、荣获2015～2017年度本溪市精神文明单位标兵称号的南地医院等先进单位授匾。

同日 本钢集团召开三季度安委会（扩大）会议。本钢集团领导高烈、张贵玉、唐朝盛，以及总经理助理奈作鑫参加会议。会议由安委会副主任、副总经理高烈主持。会上，设备部、本钢保卫中心、矿业公司、板材能源总厂、机械制造公司相关负责人作了上半年安全工作述职。

11日 本钢集团纪委召开落实省委常委会议精神暨进一步加强党风廉政建设和反腐败工作会议，会议对《贯彻落实省委常委会议精神进一步加强省属企业党风廉政建设和反腐败工作的通知》要求精神进行了集中学习，重点对《关于开展对本钢集团领导人员亲属经商办企业、从事国有生产经营活动的有关问题专项整治工作方案》进行部署。本钢集团纪委书记陈铁参加会议并提出要求。

12日 本钢集团党委书记、董事长陈继壮主持了本钢集团党委理论学习中心组第八次集体学习。学习了省纪委《关于包宏案件的情况通报》、省国资委《贯彻落实省委常委会议精神进一步加强省属企业党风廉政建设和反腐败工作的通知》，并对《关于开展对本钢集团领导人员亲属经商办企业、从事国有生产经营活动的有关问题专项整治工作方案》进行了讨论。本钢集团领导班子成员参加了集体学习。

同日 本钢集团党委根据省国资委党委的安排部署，召开了汲取包宏案件教训专题民主生活会。本钢集团党委书记、董事长陈继壮主持会议。

16日 本钢集团党委书记、董事长陈继壮主持了本钢集团党委理论学习中心组第九次集体学习。中心组成员深入学习了《中国共产党巡视工作条例》《中央巡视工作规划（2018—2022年）》，以及《中共辽宁省委办公厅关于认真贯彻执行〈被巡视党组织配合中央巡视工作规定〉的通知》等党中央和省委关于巡视工作新精神，明确了省委研究部署配合巡视工作的具体安排和相关要求，并进行了表态发言。本钢集团领导班子成员参加了集体学习。

17日 根据《中国共产党巡视工作条例》的规定，经辽宁省委同意，辽宁省委第三巡视组对本钢集团党委开展为期两个月的巡视。

同日 本钢集团副总经理张鹏与来访本钢的中国工商银行金融业务部副总经理蔡谦、副处长谌岚一行进行了座谈。

18日 省委第三巡视组巡视本钢集团党委工作动员会议在本钢文化中心召开。本钢集团副处级以上领导干部、部分职工代表参加会议。

23日 本钢集团与东北大学联合召开校企合作对接会。本钢集团党委书记、董事长陈继壮，党委副书记赵忠民，工会主席杨成广，副总经理高烈，副总经理、总工程师张贵玉，总经理助理邵剑超、申强参加对接会，东北大学王国栋院士、副校长唐立新参加对接会。会上，王国栋院士、唐立新副校长分别作了《工艺绿色化 装备智能化 产品高质化 供给服务化 建设世界领先的钢铁工业集群》和《智能工业数据解析与优化》的专题报告。

25日 为深入贯彻落实习近平新时代中国特色社会主义思想，大力宣传弘扬“长子情怀、忠诚担当、创新实干、奋斗自强”新时代辽宁精神，按照《中共辽宁省委办公厅关于开展宣传弘扬新时代辽宁精神活动的通知》和省国资委党委相关要求，本钢集团党委在全集团范围内，全面开展宣传弘扬新时代辽宁精神活动。

同日 为了严肃工作纪律，改进工作作风，提高工作效率，促进各项工作目标任务的完成，本钢集团召开全面开展工作纪律检查督查工作动员会，决定从即日起全面开展工作纪律检查督查工作。本钢集团党委副书记赵忠民，副总经理、总工程师张贵玉，总经理助理申强参加会议。

26日 本钢集团党委书记、董事长陈继壮主持了本钢集团党委理论学习中心组第十次集体学习。学习了习近平总书记关于巡视工作重要讲话精神；《中共辽宁省委印发中央第六巡视组关于巡视辽宁省的反馈意见、中央巡视工作领导小组成员杨晓超在巡视辽宁省情况反馈会议上的讲话和省委主要领导同志表态讲话的通知》精神；省（中）直企业思想政治工作暨宣传弘扬“新时代辽宁精神”座谈会精神和“新时代辽宁精神”解读等内容。辽宁省委第三巡视组本钢组组长张毅、副组长王宏伟，省委组织部干部五处处长何鹏飞，省纪委驻省国资委纪检监察组副组长周建华，省委第三巡视组成员陈旭，本钢集团领导班子成员参加了集体学习。

同日 根据《中共辽宁省纪委机关、中共辽宁省委组织部关于召开中央巡视反馈意见整改落实专题民主生活会的通知》和省国资委党委要求，本钢集团领导班子召开了落实中央巡视反馈意见整改专题民主生活会。会议由本钢集团党委书记、董事长陈继壮主持。辽宁省委第三巡视组本钢组组长张毅、副组长王宏伟，省委组织部干部五处处长何鹏飞，省纪委驻省国资委纪检监察组副组长周建华，省委第三巡视组成员陈旭全程列席督导。

28日 本钢集团召开上半年生产经营工作分析会。会议由本钢集团党委书记、董事长陈继壮主持。本钢集团领导参加会议。会上，北营炼铁厂、轧钢厂，板材炼铁厂、炼钢厂、热连轧厂、冷轧厂，本钢集团财务部、制造部、设备部、能源环保部、安监部、组织部（人力资源部），矿业公司，机械制造公司，采购中心，国贸公司等16家主要厂矿和部门先后重点汇报了上半年主要工作成绩、存在的主要问题和下阶段工作主要措施。本钢集团领导班子成员就各自分管工作对上半年工作进行讲评，并对下半年重点工作进行了部署。陈继壮做了重要讲话。本钢集团相关部门、各子公司及主体厂矿党政主要负责人参加会议。

31日 本钢MBA培训班一期结业、二期开班典礼举行。本钢集团党委副书记赵忠民，总经理助理奈作鑫、申强参加典礼，并向本钢MBA（一期）培训班的学员代表颁发了结业证书。

8月

1日 本钢集团工会主席杨成广代表集团公司，分别到板材特钢厂和板材冷轧厂三冷轧工序，走访慰问困难荣复转退军人，送去组织的关怀和节日的祝福。

2日 本钢集团举行2017届高校毕业生表彰暨2018届入职典礼。本钢集团党委书记、董事长陈继壮为2018届毕业生代表颁发了《入职通知书》，党委副书记赵忠民、工会主席杨成广、总经理助理申强分别为荣获2017届“成长进步之星”“岗位实干之星”和“学习钻研之星”的优秀高校毕业生颁奖。

3日 省委组织部组织一处副处长王宇一行4人到本钢集团对国有企业党建工作进行专题调研。本钢集团党委副书记赵忠民、总经理助理申强参加调研座谈。

15日 本钢集团党委书记、董事长陈继壮主持本钢集团党委理论学习中心组第十一次集体学习。主要围绕“深入学习领会关于坚持民主集中制与维护党中央权威和集中统一领导关系的重要论述”进行学习。省委第三巡视组本钢组组长张毅，巡视员李国振、滕志刚参加了集体学习。

21日 本钢集团党委书记、董事长陈继壮与来本钢进行暑期实践活动的清华大学、北京科技大学、东北大学、中国科学院金属研究所在读的博士、硕士研究生座谈，本钢集团党委副书记赵忠民、总经理助理申强参加了座谈。

22日 本钢集团组织党员干部集中观看了由铁岭民间艺术团编排的廉政小品小戏。省纪委监委宣传部副部长（主持工作）闫玉娇，省纪委监委驻省国资委纪检监察组副组长徐欣一同观看了演出。

同日 本钢集团纪委派驻纪检组成立揭牌仪式举行，标志着本钢集团纪委15个派驻纪检组正式成立。本钢集团是省属企业第一家实行内部派驻制度的企业。本钢集团党委书记、董事长陈继壮，党委副书记赵忠民参加揭牌仪式。揭牌仪式由本钢集团纪委书记陈铁主持。

23日 本钢集团党委书记、董事长陈继壮到北营轧钢厂生产现场，就棒线材生产线升级改造进行调研。本钢集团副总经理高烈，副总经理、总工程师张贵玉，以及制造部、设备部等相关部门负责人一同参加了调研。

24 日 民盟本钢总支第七次代表大会召开。本溪市人大副主任、民盟本溪市委主委李萌娇，市委统战部副部长潘涤非出席会议。本钢集团党委统战部等有关部门负责人出席大会。会议选举产生了民盟本钢总支第七届委员会委员。板材冷轧厂赵兴涛当选为民盟本钢总支第七届委员会主任委员。

28 日 本溪市市委书记姜小林到本钢集团调研，市委副书记、市长田树槐，市委副书记王庆东，市委办公厅主任曲清林陪同调研。本钢集团领导陈继壮、赵忠民、杨成广、陈铁、高烈、张鹏、张贵玉、张彦宾、唐朝盛参加调研座谈。

同日 由辽宁省委网信办组织的“一带五基地·新时代辽宁再出发”全国重点网络媒体辽宁行活动走进本钢。来自中央和地方重点新闻网站、知名商业网站等 30 多名媒体人到板材冷轧厂三冷轧工序参观采访。

30 日 本钢集团党委书记、董事长陈继壮到板材技术研究院中试基地和板材炼钢厂，就产品技术研发和设备升级改造工程进行实地调研。本钢集团副总经理、总工程师张贵玉参加调研。

9 月

1 日 中国劳动学会冶金分会七届一次理事会在本钢召开。中国劳动学会冶金分会名誉会长赵忠玉、中国劳动学会副会长姚洪杰、中国劳动学会冶金分会秘书长闫永志等领导，以及来自宝武集团、鞍钢集团、河钢集团等 18 家常务理事单位和 33 家理事单位的 50 多名代表参加会议。会议完成第七届理事换届，本钢集团党委副书记赵忠民当选为中国劳动学会冶金分会会长。本钢集团副总经理张鹏参加会议并致欢迎词。本钢集团总经理助理申强参加会议。

同日 本钢集团全面启动以“质量第一，严格管理，质量提升，高质量发展”为主题的质量月活动。

3 日 本钢集团党委书记、董事长陈继壮主持本钢集团党委理论学习中心组第十二次集体学习。重点学习了习近平总书记在全国组织工作会议上的重要讲话精神，学习了《忏悔与剖析》辽宁省党员领导干部违纪违法案件警示录。

12 日 中国铁路沈阳局集团有限公司董事长单立军一行来访本钢。本钢集团党委书记、董事长陈继壮，副总经理高烈，与单立军一行就路企深入合作进行了交流，并就进一步加强合作达成共识。本溪市副市长刘旭东参加会谈。

同日 本钢集团党委书记、董事长陈继壮主持本钢集团党委理论学习中心组第十三次集体学习，专题学习扫黑除恶专项斗争有关会议及讲话精神。本钢集团领导班子成员参加了集体学习。

13 日 “本钢集团企业党建大讲堂”开班仪式在职业技术学院举行。本钢集团党委工作部门副处级以上领导干部、集团公司所属 103 个基层党委书记（负责人）、党委副书记、组织部长、组织员，共计 350 余人参加了开班仪式与培训。

15 日 本钢集团举行第十届青年大学生趣味运动会。来自本钢集团所属 43 家单位共 1000 余名青年大学生参加了运动会。本钢集团领导陈继壮、杨成广、陈铁、张鹏、张彦宾、唐朝盛，总经理助理申强参加了开幕式并与青年大学生职工们进行互动。

17 日 省委常委、组织部部长陆治原一行来本钢集团调研指导工作。本溪市委书记姜小林，市委常委、组织部部长吴世民参加调研。本钢集团党委书记、董事长陈继壮，本钢集团副总经理高烈陪同调研。陆治原一行参观了板材冷轧厂二冷轧生产工序。

19日 本钢集团重点环措项目——北营公司800吨活性石灰回转窑举行点火仪式，标志着北营公司活性石灰生产步入现代化、环保、高效时代。本钢集团副总经理高烈参加点火仪式。

同日 本钢集团党委书记、董事长陈继壮主持本钢集团党委理论学习中心组第十四次集体学习，深入学习贯彻中央、省、市重要会议和文件精神。

22日 本溪市委书记姜小林、市长田树槐深入本钢集团北营公司和物流园项目现场调研安全生产工作及重点项目建设进展情况。副市长于庆伟、市政府秘书长栾奎杰、市委办公厅主任曲清林，以及市发改委、市安监局、平山区相关负责人参加调研。本钢集团副总经理高烈陪同调研。

26日 本钢集团总经理汪澍深入板材厂区重点部位检查指导安全生产工作。本钢集团副总经理高烈陪同检查。

10月

11日 本钢集团党委书记、董事长陈继壮，总经理汪澍会见了来访的抚顺市市长杨维一行。抚顺市常务副市长蒲信子、副市长孟祥斌、市政府秘书长张文献，以及抚顺市工业和信息化委主任吴维成、抚顺市住房和建设委主任杨军，本钢集团副总经理杨成广、工会主席张彦宾参加了座谈。

15日 本钢集团党委书记、董事长陈继壮主持本钢集团党委理论学习中心组第十五次集体学习。与会领导深入学习贯彻习近平总书记在东北三省考察并主持召开深入推进东北振兴座谈会议上的重要讲话精神；深入学习新修订的《中华人民共和国宪法》；学习新修订的《中国共产党纪律处分条例》。

17日 集团公司组织召开“吃空饷”问题专项整治工作启动大会。

18日 辽宁省委宣传部、省文明办在辽宁广播电视台辽宁好人发布厅举行发布会，10名科技工作者被授予“辽宁好人·最美人物”称号，本钢集团科技工作者——技术研究院高级研究员文小明名列其中。

同日 由辽宁省委宣传部、省国资委联合举办的“将改革开放进行到底”辽宁省百姓宣讲活动首次走进国有企业，省属企业职工宣讲团部分成员来到不锈钢丹东公司进行了首场宣讲。省国资委党委副书记、副主任项鸿林，本钢集团党委副书记赵忠民，省委宣传部、省国资委宣传部、本钢集团党委宣传部负责同志，及不锈钢丹东公司近百名干部职工代表参加了此次宣讲活动。

19日 国务院国有企业改革领导小组督察组，到本钢集团督查企业改革相关工作，本钢集团党委书记、董事长陈继壮向督察组一行汇报了有关工作。

同日 辽宁省政协主席夏德仁一行来本钢集团调研。在本溪市委书记姜小林，市委副书记、市长田树槐，市政协主席孙旭东，本钢集团党委书记、董事长陈继壮等领导陪同下，夏德仁一行参观了板材冷轧厂三冷轧工序现场。

同日 本钢集团60万吨高速棒材产线在北营轧钢厂投产运行。本钢集团总经理汪澍，副总经理高烈，副总经理、总工程师张贵玉出席投产仪式。

23日 本钢集团召开四季度安委会扩大（视频）会议。本钢集团安委会主任、总经理汪澍，安委会常务副主任、副总经理高烈，安委会副主任、工会主席张彦宾参加会议。会议由本钢集团安委会副主任，副总经理、总工程师张贵玉主持。

30日　本钢总医院加入辽宁省健康产业集团移交仪式举行。辽宁省健康产业集团党委书记、董事长于海，副总经理田崇阳，副总经理高起儒；本钢集团党委书记、董事长陈继壮，总经理汪澍，总经理助理申强等参加移交仪式。本钢集团副总经理杨成广主持移交仪式。

11月

1日　本钢集团党委书记、董事长陈继壮深入北营新一号高炉和北营轧钢厂生产现场，就高炉安全生产和高速棒材产线生产情况进行调研。副总经理高烈，副总经理、总工程师张贵玉参加调研。

同日　本钢集团工会一届四次全委会召开。会议补选了本钢集团工会委员会委员、常务委员会委员，并依据《中国工会章程》和《工会基层组织选举工作暂行条例》，选举本钢集团党委常委张彦宾同志为本钢集团工会主席。会议上，中国工会十七大代表、本钢集团党委常委、副总经理、原本钢集团工会主席杨成广向与会同志传达了中国工会第十七次全国代表大会会议精神。

7日　本钢集团召开以“牢记使命担当，讲好本钢故事”为主题的庆祝第十九个中国记者节新闻宣传恳谈会。本钢集团总经理汪澍、本钢集团党委副书记赵忠民参加会议。

14日　本钢集团党委首轮巡察工作部署会议召开，本钢集团纪委书记陈铁在会上代表本钢集团党委作动员讲话。经本钢集团党委批准，本钢集团党委首轮巡察工作全面启动，首轮对板材储运中心、板材检化验中心、修建（维检）公司、冶金渣公司等4个单位开展常规巡察。

16日　辽宁省委第三巡视组向本钢集团有限公司党委反馈巡视情况。省委巡视组组长白卫星主持召开向本钢集团有限公司党委书记、董事长陈继壮的反馈会议，会议向陈继壮传达了省委书记陈求发在省委书记专题会议上的讲话精神，反馈了巡视情况。白卫星组长代表省委巡视组向本钢集团党委领导班子进行了反馈，省委巡视办正厅级巡视专员贾震对巡视整改工作提出要求。陈继壮主持会议并作表态发言。省委第三巡视组副组长及有关同志、省纪委三室副主任范广宇、本钢集团党委领导班子成员；部分退休的本钢集团老领导、本钢集团中层以上领导干部，以及部分人大代表、政协委员、职工代表600余人列席会议。

19日　宝武集团党委书记、董事长陈德荣一行来访本钢，参观了板材冷轧厂三冷轧工序生产现场。本钢集团党委书记、董事长陈继壮，总经理汪澍，总会计师曹爱民，副总经理高烈，副总经理张鹏，副总经理、总工程师张贵玉参加了座谈。双方就进一步深化欧冶电商平台合作进行了交流。

21日　本钢集团党委书记、董事长陈继壮主持本钢集团党委理论学习中心组第十六次集体学习。会上，与会领导深入学习了全国宣传思想工作会议精神和全省宣传思想工作会议精神等内容。本钢集团领导班子成员参加集体学习。

23日　本钢集团党委举办“学习贯彻习近平总书记在辽宁考察时和在深入推进东北振兴座谈会上重要讲话精神”专题辅导，由辽宁社会科学院副院长梁启东主讲。本钢集团领导班子成员，副处级以上领导干部，MBA培训班（二期）学员，基层单位党群部门负责人，部分党支部书记参加了专题辅导。本钢集团党委常委、工会主席张彦宾主持专题辅导报告会。

29 日 本钢集团工会召开了 2018 年“工匠杯”职工职业技能大赛颁奖大会。会上，对 22 名集团 A 级工种状元以及 4 名市以上技能竞赛获奖职工进行了颁奖。会议创新了形式，以视频短片为主，从不同角度描述了状元成长成才的经历。本钢集团领导陈继壮、汪澍、杨成广、张彦宾出席大会，并为获奖职工颁奖。

12 月

5 日 本钢集团党委理论学习中心组进行第十八次集体学习暨解放思想推动高质量发展大讨论。深入学习贯彻习近平总书记在辽宁考察时和在深入推进东北振兴座谈会上重要讲话精神，围绕补齐和拉长“四个短板”，对标高质量发展要求，深入查摆剖析问题，提出对策措施。

同日 根据省委第三巡视组巡视本钢集团反馈意见要求，本钢集团党委班子召开巡视反馈意见整改落实专题民主生活会。

6 日 本钢集团党委书记、董事长陈继壮参加省委理论中心组学习暨“解放思想推动高质量发展大讨论”电视电话会议，作了题为《解放思想 锐意改革 奋力开创本钢集团卓越发展新局面》的发言。

7 日 本钢集团党委召开落实省委第三巡视组反馈意见整改工作会议，进一步研究部署抓好省委第三巡视组反馈意见整改落实工作。

11 日 本钢集团党委书记、董事长陈继壮到访新华社辽宁分社，就进一步加强和提高合作层次等双方共同关心的话题，与新华社辽宁分社社长王振宏进行了座谈交流。

同日 本钢集团党委书记、董事长陈继壮做客新华访谈，在改革开放 40 年的大背景下，畅谈本钢集团近年来实施创新驱动发展战略，深化供给侧结构性改革，积极履行社会责任，不断加强企业党建工作，全力提升企业核心竞争力和发展内生动力的举措和成果。

14 日、15 日 本钢集团有限公司一届三次职工代表大会暨 2019 年经济工作会议胜利召开。总经理汪澍作了题为《坚定不移深化改革 抢抓机遇创新突破 倾力打造具有世界竞争力的一流企业集团》的行政工作报告。本钢集团党委书记、董事长陈继壮作了重要讲话。

19 日 《往事如铁》发行会在本钢宾馆举行，该书由原本钢质量处职工，本溪日报社主任记者、知名地域历史文化学家莫永甫撰写。

26 日 省国资委党委副书记、副主任项鸿林一行到本钢集团，就学习宣传贯彻习近平总书记在辽宁考察时和在深入推进东北振兴座谈会上的重要讲话精神及“解放思想推动高质量发展大讨论”进行宣讲。

27 日 省人大常委会党组副书记、副主任孙铁及在辽全国人大代表 35 人，到本钢集团就国有企业改革发展情况进行视察。全国人大代表、本溪市委副书记、市长田树槐，全国人大代表、本钢集团党委书记、董事长陈继壮，与本钢集团总经理汪澍、副总经理高烈，陪同视察组一行参观了板材冷轧厂三冷轧工序。

栏目编辑 李 学

本钢年鉴 *2019*

本钢集团

概　述

概　述

本钢集团有限公司（简称“本钢”“本钢集团”；英文名称 BEN GANG Group Corporation）始建于 1905 年，是新中国最早恢复生产的大型钢铁企业，被誉为“中国钢铁工业摇篮”“共和国功勋企业”。经营范围：矿山开采、钢铁冶炼、板材轧制、进出口贸易、产品销售、物资供应、资产经营管理、房地产、贸易、矿产资源开发、金融服务等。

历史沿革

本钢是我国历史最为悠久的工业企业之一。本钢的前身是 1905 年 12 月 18 日日本商人大仓喜八郎在本溪湖成立的“本溪湖大仓煤矿”。1912 年 1 月 23 日，“本溪湖大仓煤矿”改名“本溪湖商办煤铁有限公司”，1915 年 1 月 13 日，1 号高炉点火投产。1948 年秋，本溪解放后，本钢回到人民手中，1949 年 7 月 15 日，正式恢复生产。在社会主义建设时期，本钢积极响应党中央“为工业中国而斗争”的号召，新中国制造的第一批枪、第一门炮、第一辆汽车、第一套发电机组、第一颗人造卫星上都使用了本钢的产品，本钢为建设新中国做出了卓越贡献，被誉为共和国的功勋企业。

党的十一届三中全会以后，本钢重新焕发青春与活力。1994 年 11 月被国务院确定为全国百家现代企业制度试点单位之一。1996 年 7 月，经国家批准改制为本溪钢铁（集团）有限责任公司，成为国有独资的大型钢铁联合企业。1997 年 4 月，被国务院确定为全国 120 家大型企业集团试点单位。1997 年 6 月，成立本钢板材股份有限公司，发行 A 股股票 1.2 亿股、B 股股票 4 亿股并成功上市。

在三年改革与脱困时期，本钢通过深化改革、转换机制、进行大规模技术改造和强化企业管理，企业核心竞争力进一步增强，步入良性发展轨道，取得阶段性发展成果。

进入 21 世纪后，本钢集团在国家宏观政策指导下，科学谋划、稳步实施推进自身发展，坚持按照科学发展观，走新型工业化道路，有效落实了“十五”“十一五”“十二五”发展的规划要求，实现了发展规划目标。采用世界先进技术进行了大规模技术改造，在淘汰落后产能的同时，先后对国产 1700 毫米热轧机组、2000 立方米高炉、120 吨转炉等设备进行改造，与韩国浦项公司合资建设冷轧薄板厂，采用国际顶级技术建设了本钢三冷轧厂等，装备水平已达国际先进水平，产品结构更加趋于合理，高端产品市场占有率进一步提升。2008—2009 年，本钢积极应对并有效化解了世界金融危机的影响与挑战，在逆势中实现了跨越发展。2010 年，在辽宁省委、省政府的主导下，本钢平稳完成了与北钢合并重组工作，并组建成立了本钢集团有限公司。

企业现状

目前，本钢集团拥有亚洲第一、世界仅

有的2座低磷低硫露天矿之一——南芬露天矿。炼铁系统拥有东北地区最大容积的4747立方米高炉，热轧系统2300毫米热连轧机组是我国第一台年产500万吨热连轧机组。与韩国浦项合资成立的第二冷轧厂，工艺技术水平达到世界领先。定位于高档轿车用面板、汽车用高强和超高强板及高档家电板的本钢三冷轧厂已全面投产，成为国内能提供最宽幅、最高强度汽车用冷轧板和最高强度汽车用热镀锌板的钢铁企业，能满足未来汽车行业发展对安全、节能和环保的要求。

本钢拥有国家级技术中心和检测中心，建有国家院士专家工作站、博士后科研工作站、先进汽车用钢开发与应用技术国家地方联合工程实验室等研发平台，成立了汽车板、高强钢、硅钢、棒线材、不锈钢等专业科研机构，在汽车板、家电板、石油管线钢、集装箱用钢等产品研发领域处于国内领先水平。是国家工信部认定的“国家技术创新示范企业”和“中国工业企业品牌竞争力百强企业”。

截至2018年底，本钢集团拥有资产规模1556亿元，拥有员工7万人，粗钢产能2000万吨，是中国十大钢铁企业之一，世界钢铁企业排名第20位。

生产经营

2018年，本钢集团坚持以习近平新时代中国特色社会主义思想为指导，深入学习贯彻落实党的十九大精神，落实省委省政府的决策部署，坚持稳中求进工作总基调，牢固树立和践行新发展理念，落实高质量发展要求，主要经济指标实现稳定增长。实现销售收入639亿元，同比增长22.1%；实现利润4.53亿元，同比增长26.6%；实现税费41.36亿元，同比增长44.5%。生产生铁1544万吨，同比降低2.2%；粗钢1590万吨，同比增长0.8%；热轧板1149万吨，同比降低3.4%；冷轧板541万吨，同比增长3.0%；特钢材68万吨，同比降低6.1%；螺纹钢117万吨，同比增长21.1%；线材234万吨，同比增长8.7%；铸管9.3万吨，同比降低19.2%；不锈钢10.2万吨，同比增长13.6%。主要生产经营指标创出新本钢2010年组建以来的新高。安全生产较大人身事故、较大火灾事故、重大设备事故实现“三为零”。企业扭亏增盈的良好态势得到巩固，盈利能力显著增强，发展质量不断提升，在党中央供给侧结构性改革和钢材市场向好的有力支撑下，本钢集团进入持续稳定发展的良好态势，为强力推进改革、实现战略突破、打造具有世界竞争力的一流企业集团奠定了坚实基础。

一是深刻践行新发展理念，实现高质量发展。按照习近平总书记关于推动经济高质量发展的要求，强化技术攻关，不断挖潜增效，推动生产效率大幅提升，部分品种产量以及日产、班产纪录连续刷新，一系列指标创出历史最好水平，企业发展质量显著提升。围绕工序完善、产品结构调整和节能减排，加快推进12项重点工程改造项目建设，板材5号高炉历经77天检修一次性开炉成功；板材新1号高炉提前7天完成检修任务，创造了国内同类型高炉改造建设多项历史性纪录；北营60万吨高速棒材生产线改造热负荷试车成功。大力推动新产品开发，成功试制全球最高强度PHS2000热成钢，填补了国内2吉帕超高强钢领域空白。高速工具钢DS120打破了国外钢材对带锯用钢的市场垄断。完成0.7毫米×2050毫米江铃汽车高深冲级别O5宽薄板的试制和供货，成为世界首家同时满足薄、宽、深冲以及高表面质量要求的汽车板供货商。坚定不移推进技术攻关。新增汽车板认证牌号56个，通过了奔驰、宝马汽车板认证，成功打入福特、菲亚特、雷诺等全球顶级汽车品牌，标志着本钢具备了向世界一流汽车企业供货的资质和能力，具有里程碑意义。推动多元产业协同发展。“本钢牌”轧辊正式走向国际市场，利润同比增长225%。信息化中心竞标成功首个境外信息化项目，为进一步拓展国际市场奠定了坚实基础。

二是深化对标挖潜攻关，提升经济运行水平。深入开展增产降耗攻关。配煤配矿成本降低近2.7亿元，港途耗较年初计划降成本约6200万元，能源消耗定额降低2.1亿元，板材厂区吨钢综合能耗、吨钢耗新水均创单月历史最好水平。有效降低采购成本。优化采购管理模式，通过资源开发、择机采购、价格管控、资金管控等措施，全年实现降本4.39亿元。大力推进电商销售，本钢板材类及不锈钢非计划现货产品全部实行欧冶电商平台单件竞价销售，非钢产品推广电商竞价销售，取得了较好的产品溢价。强化资金资本运作。统筹资金使用，提高使用效率，全年新增直接融资70亿元，新增非上市公司授信63.9亿元；财务公司电票支付取得历史性突破，全年支付额预计达到150亿元，节约融资成本2.1亿元。实施资本运作，本钢板材非公开发行募集资金40亿元；首期工行债转股完成资金30亿元。

三是强化集团管理管控，夯实企业发展基础。强化规章制度管理，重新修订下发制度200余个。修订党委会、董事会、总经理办公会议事规则，建立党委“三议一报告一执行”决策机制，推进子公司党建工作写入公司章程。不断完善科研体系，全年开展重点科技项目56项，圆满完成IATF16949体系换版审核工作。本钢沈阳技术研究院建设工作按计划推进；加入中国汽车工程学会和耐蚀钢产业技术创新战略联盟。与东北大学签署全面战略合作协议，与辽宁科技大学开展全面合作对接工作。切实加强安全管理。认真贯彻省委、省政府关于安全生产的重要部署，全面完善和落实各级安全生产责任制，大力开展隐患排查，加大安全教育培训力度，安全生产实现“三为零”。持续巩固环保管理。适应国家环保政策新要求，明确环境保护工作责任，通过强化环保设施稳定运行、落实污染物稳定达标排放、完善自动在线监测设施等措施，实现产污环节排污可控。纵深推进人才管理。投资8000多万元，有计划分批组织开展MBA素质能力提升培训，培训各类管理人员3000人次以上，将利用两到三年时间完成培养500名复合型经营管理专家、500名专业型技术专家、500名实用型操作技能专家、500名青年管理和技术后备力量的人才计划。此外，实行“双一流”大学高校毕业生及硕士、博士研究生给予10万~20万元、一本专业毕业生给予5万元安家费的办法，广开渠道招揽符合企业发展需要的各类人才。

党群工作

一是党建基础更加牢固。实施“党建引领振兴工程”，修订完善了“三会一课”、固定党日、民主评议和双重组织生活会等党内政治生活制度。加强基层党支部建设，实施“固本强基工程”，深入推进“共产党员之家”和“新时代工人讲习所”等阵地建设。深入开展建功立业活动和“共产党员先锋工程”，设立共产党员先锋岗1000余个，提出合理化建议4000多条，创造经济效益近2亿元。加强党员队伍建设，巩固“两学一做”学习教育常态化制度化，建设“党务干部先锋”和“优秀人才先锋”。完善党的组织生活制度，组织各级党委领导班子召开政治性警示教育专题民主生活会，组织广大党员以“重实干、强执行、抓落实”为主题开展专题研讨。

二是从严治党持续发力。实行纪检监察组织派驻制管理，成立15个派驻纪检监察组，实现对集团78家单位的派驻监督全覆盖，开创了全省省属企业纪检监察组织实施派驻制管理的先河。组建党委巡察办，加强对基层党组织和党员干部的监督，推进落实全面从严治党“两个责任”，2018年首轮巡察工作已全面展开。强化反腐倡廉教育，组织集团各级领导干部和重点岗位人员签订“廉洁自律承诺书”7587份。围绕中央八项规定精神落实情况等开展党风政风专项治理和整治，截至11月末，共给予党政纪处分103人。

同时，进一步提高政治站位，结合省委第三巡视组巡视反馈指出的49项问题，按照“完全拥护、照单全收、坚决整改”的原则，成立整改工作领导小组，制订整改方案，明确时间表、任务书和路线图，确保省委第三巡视组巡视反馈意见在本钢不折不扣地整改落实。

三是思想引领凝聚力量。深入贯彻落实党的十九大精神以及习近平总书记在辽宁考察时和在深入推进东北振兴座谈会上重要讲话精神，结合企业实际形成一系列有针对性的落实方案和细化措施，全面开展“解放思想推动高质量发展大讨论”，大兴调查研究、求真务实之风。进一步落实意识形态工作责任制，有针对性地开展党委理论学习中心组学习和形势任务教育活动，深化中国特色社会主义教育，弘扬践行“新时代辽宁精神”。通过开展庆祝改革开放40周年系列活动，充分展示本钢改革发展成果。有效利用报纸、电视、新媒体三大媒体平台，做好内宣，同时加大对外宣传力度，全年在中央电视台、新华社、《人民日报》以及《辽宁日报》等省级以上媒体刊发外宣稿件达160余篇，举办本钢集团首届“最美青工”颁奖晚会，打造本钢高质量发展新形象，有效提振了广大干部职工干事创业的信心和士气。

民生工程

实现全员工资普调，在岗职工每月岗位工资及绩效工资最低增加300元。创新推进发展成果普惠职工，对正常履行劳动合同的职工发放国庆节效益奖。全面恢复启动全员疗养工作，全年安排职工疗养9500人、劳模疗养603人。实施精准扶贫，依档施助，困难职工人数减少410人。持续开展两节“送温暖”活动，全年发放救助款物808万元。提高医疗福利，保障职工健康，全年完成职工健康体检4.9万人次。为2010~2017年招录的毕业生补发安家费共518.3万元。经与市公安局积极沟通，市局交警支队驻本钢交管大队、本钢车管所正式启用，方便了本钢职工办理相关业务。全力推进职工停车场建设、大学生公寓改造、职工食堂综合整治、供暖温度达标、职工浴池管理以及开通职工热线的“5+1”民生工程，板材、北营、矿业三个厂区共新增停车场17个、停车位1036个；相继投入180多万元对大学生公寓进行改造和修缮，保障公寓供暖温度达标；投入200余万元对食堂进行改造，改善就餐环境和就餐质量。

栏目编辑　陈　军

本钢年鉴 *2019*

本钢集团

经营管理

规划投资管理

【概况】 2018年2月，根据集团公司机构调整，原战略规划部更名为规划发展部，原科技管理部更名为科技发展部，成立规划发展部（科技发展部），两个机构合署办公。下设规划管理、投资管理、科技管理、经济信息4个业务单元。2018年共有在籍人员24人，在职不在籍1人。其中部长1人（在职不在籍）、副部长4人（其中专务1人）、业务总监2人、副处级专务1人、主任业务师7人、专业业务师5人、责任业务师2人、主任工程师1人、专业工程师2人。共有高级技术职称人员17人。

【规划管理】 1. 组织编制《本钢钢铁主业2018—2022年发展规划》和《本钢多元产业2018—2022发展规划》，促进钢铁主业高质量发展和产业结构有效调整。累计计划投资190亿元，到2020年粗钢产量达到2000万吨，主导产品汽车板、家电板、轴承钢、帘线钢市场占有率居前列，实现多个战略目标，成为极具国际竞争力的钢铁企业。正在组织编制品种规划和环保规划及能源系统规划方案，计划2019年2月前完成。2. 重点项目论证工作，一是本钢长材产品升级改造论证，邀请国内专家开展长材品种升级改造咨询，按照特钢重返国内一流企业、棒线材达到国内先进定位，确定北营炼钢一区产能置换建设2台转炉以及配套精炼连铸和新建优质高线、特钢置换建设2台电炉以及配套精炼轧线的配置。二是废钢基地建设方案论证，针对电炉废钢需求等提出废钢场地挖潜和新增存储产地方案。三是本钢焦化规划和补短板项目方案，开展了两厂区焦化工序诊断和焦炭平衡分析，完成北营焦化规划和一区、三区焦炭干湿分离提产方案，提产20万吨以上，实施后年效益5000万元以上。四是北方恒达物流园项目方案，已完成项目可研和初设，预计2022年达到450万吨仓储配送吞吐能力。3. 项目合资合作，一是焦化副产品30万吨焦油深加工项目，拟建设地点本溪市平山区危废产业园，产品为汽油、柴油和针状焦，已委托中冶焦耐完成可研，正在讨论合作。二是机总公司和上海美匡公司合作10万吨高端铸件项目，已组织完成项目建议书，正在组织专家咨询。

【投资管理】 1. 投资计划工作。2018年规划发展部以固定资产投资为抓手，以钢铁主业工序补短板、产品品种结构调整、绿色环保及智能制造、自有矿山资源开发等作为切入点，统筹规划了《关于2018—2020年固投项目存在问题及实施建议》以及《2018—2022年本钢集团固投项目投资预测及统筹排序》，将项目按轻重缓急进行了排序和分类，并得出了“全集团在2018—2020年项目投资的最低现金流保障可控制在127亿元、集团3年计提折旧133亿元可作为项目的建设资金来源”的重要意见，并得到了集团的认可。2018年全集团共下达固定资产年度投资计划97.8亿元，其中重点技改下达投资计划90.7亿元，占全部固投比例达到93%，真正做到了将有限的资金花在刀刃上。2. 重点技改项目前期工作。围绕2020年实现年产2000万吨钢产能规划目标，组织相关单位和部门对相关重点项目进行论证和评估，并结合集团及企业内控要求，组织专家组对重点项目进行论证和评审。全年共开展前期工作35项，相关技改项目前期推进取得重大进展。其中，板材5号高炉异地大修、北营60万吨优质高线已完成总承包技术协议审查；北营炼钢一区产能置换、北营发电厂高温超高压机组、北方恒达物流园一期、板材炼钢新8号铸机、露天矿优化设计等项目已组织完成可研审查；板材发电厂CCPP发电、北营大张北地下开采、歪头山炸药厂改造等项目已组织完成初步设计审查。3. 固投项目合规性管理工作。经规划发展部与省市工信委沟通协调，结合工信部产能置换的相关政策要求，2018年上半年完成了北营炼钢一区产能置换、特钢电炉产能置换，并按规范要求，完成了产能置换的政府网上公告和建设项目备案，为集团2000万吨钢产量的合规性创造了前提条件。全年共完成51个项目的政府备案工作，并获得了国家工信部关于本钢歪头山炸药生产线改造项目的核准手续。4. 固投项目政策争取工作。2018年初，依据董事长指示及省工信委主任带队到本钢调研时提出的意见，针对本钢大项目包装并争取政策事宜，规划发展部目前已在工业和信息化部的网上投资项目管理库中，从“绿色制造”“智能制造”“工业强基”“产品质量升级”“创新平台建设”相关专题中陆续申报了16个重点项目。其中CCPP发电工程等8个项目已获工信部审核通过，具备了争取政策的前提条件；特钢电炉升级改造工程等8个项目，目前正在分配评审中。5. 固投管理基础提升工作。结合集团“四定”方案，规划发展部重新梳理并修订了固定资产投资核决权限及相关固定资产投资管理办法；同时，按集团公司对工程项目管理的总体要求，结合工程项目前期管理经验，向人力资源部、运营改善部提报了项目投资管理相关的问责追责细则。

【经济信息】 建立了本钢集团经济信息研究数据库及管理平台、决策支持信息数据库及应用平台，便于及时收集相关网站经济信息。与中国钢铁工业协会、冶金工业规划研究院和省市工信委、发改委等相关人员建立通信和微信联系，及时获取相关信息。收集整理了涉及环保、能源和贸易等政策信息，提交领导《新环保形势下的钢铁行业发展建议》等五期共38条信息，向能源环保部、采购中心等部门提供了9条信息。在借助冶金工业规划研究院提供信息及整理分析收集信息基础上，提交《与转炉炼钢比较，电炉炼钢趋势及成本比较分析》等分析类材料3份。

【项目用地及矿权办理】 1. 项目征地动迁工作。阎家沟石灰石矿开采征地，完成土地组卷整理和村民听证工作，完成规划条件图、土地预审、《节地报告》等要件编制。协调本溪县政府同意通过企业扶植资金返还区片地价8751万元。选矿二尾矿库加高补充征地，协调省林业厅开展青山规划限制区1.89公顷（1公顷=0.01平方千米）林地调整和林业报卷工作。贾家堡铁矿征地推进剩余4户村民搬迁。南芬露天矿2号排土场征地完成土地出让和契税缴纳，解决税费约500万元。露天矿4号排土场征地完成组卷并报省国土厅。歪头山小西沟尾矿库加高和大修场地征地完成土地组卷。恒达物流园项目用地完成动迁交付土地，向平山区拨付1.4亿元动迁征地借款。推进区政府解决冷轧高强钢铁路专用线部队用地问题。协调市国土资源局，按成本价购买房地产公司千金帆布厂项目耕地占卜平衡指标，节约资金27万元。2. 矿权办理。按本钢矿山规划完成环保生态红线划定，协调市林业、国土等部门将本钢矿权界限调整至生态红线之外。调查落实矿权办理前置的青山规划问题，协调本溪市、辽阳市林业部门出具本钢矿业公司、北营公司矿山涉及占用青山规划的面积、位置及图纸。协调省国土厅、林业厅、国资委推进北营铁矿、石矿临时延续及扩界矿权办理工作。大明山石灰石矿完成正式采矿证办理。露天矿采矿权延续完成国家自然资源部合编报告评审工作。歪头山铁矿采矿权延续完成现场核查、补证材料工作，已报省政府待批采矿证。花岭沟（新立）采矿权，协调高新区完成与当地居民签署《互不影响协议》、完成《占用基本农田论证报告》编制和评审，报送国土厅审批。马耳岭采矿权临时延续，协调灯塔市政府、柳河镇政府、米家沟村出具不在风景区证明。贾家堡铁矿，完成林业局、葠窝水库回函及划界批复，实现 20 万～400 万吨深部扩界组卷并申报至省国土厅；平面扩界探矿权完成原探矿权注销和辽阳《探矿权受理调查函》回函，本溪界开展申报工作。棉花堡子铁矿探矿权，解决青山规划限制调整矿区范围，协调灯塔市调整太阳谷小镇规划。花红沟和永安探矿权，开展探矿权协议出让申报工作。

【与市政府战略合作】 组织集团公司部门、单位开展市政府与本钢集团第二次会商准备工作，并与市政府部门对接。形成相关文字材料，共梳理政府提出问题 9 项、本钢提出问题 39 项及 2018 年采购中心地企合作情况。与溪湖区政府签订《废钢铁产业合作协议书》，协调采购中心和国贸公司开展地企合作。南芬东沟门铁路道口“平改立”动迁、南芬球团厂复产、本钢耐火厂铁路改线工作，与政府进行了工作对接。温泉土地置换，管委会同意与本钢共同确认温泉剩余土地面积，然后开展后续土地权证、林权证办理。协调市城投公司按协议偿还二电热源工程欠款。协调平山区政府推进北营公司关家西沟排岩、高压电路线下伐树、高压电路拆迁（西王线）、危废产业园规划调整等问题。协调溪湖区政府解决新实业公司补交税款 111.1 万元问题，滞纳金 38.9 万元给予财政专项扶植政策返还。（于海洋）

科技管理

【概况】 规划发展部（科技发展部）下设科技管理单元，2018 年底在职职工 9 人，其中副部长 1 人、总监 1 人，副高级职称 6 人、中级职称 3 人，研究生 4 人、本科生 5 人，党员 9 人。

【品种开发管理】 着力开展新产品研发工作，品种研发水平逐步提高。通过开展产学研合作，加速了科技成果向现实生产力的转化，推动了本钢产品不断提档升级。全年共开发新产品 39 项，其中包括 17 项汽车应用新产品的研制开发、6 项家电产品的开发、10 项工程结构用新产品的研发及 6 项特钢产品的研发。其中，冷成型用淬火配分钢 QP980 各项性能指标满足国标要求，填补了本钢在淬火配分钢研究领域空白；X80 低温高韧性热轧管线钢具备了工业试制条件；低铁损 50BW470 产品具备了批量生产能力，实物质量处于国内先进水平；高速工具钢 DS120 的研发打破了外国钢材对带锯用钢的市场垄断。

【产品认证工作】 为开拓汽车板市场，共完成冷轧、镀锌等产品认证 56 个牌号，用户涵盖奔驰、宝马、通用、日产、福特、菲亚特、雷诺等全球知名品牌，标志着本钢具备了向世界一流汽车企业供货的资质和能力。同时，组织完成中海油、佳木斯电机、宝马、日本 JIS、泰国 BIS、一汽、美的、上汽、东风等工厂调查及现场审核。

【科技项目管理】 围绕品种、质量、成本三大要素，以市场为导向，以效益为中心，持续完善产、销、研联动体系，强化品种调整，开展重大科技项目研究和技术攻关，稳定提升产品质量和推进工艺技术进步，推进低成本和绿色制造技术，着力解决制约企业发展的重点技术难题。全年开展公司级重点科技项目 56 项，其中“电炉炼钢石墨压球替代生铁（铁水）工艺技术研究”“热轧 1700 毫米机组供冷轧高强双相钢轧制工艺研究”“转炉智能炼钢系统的研发”“热轧酸洗板 BR600/780HE 研制开发”等 16 个项目经技术人员开发、试制，达到项目目标，取得了明显效果，降低了生产成本，优化了工艺技术参数，提升了科技创新能力。

本钢集团与东北大学项目对接大会现场（田宏　摄）

【科技成果管理】 组织“超高强度系列热冲压成形钢研制开发”等 8 个项目申报辽宁省科技奖，其中“高品质含硼钢全流程关键技术创新及应用”“汽车用 800 兆帕级高成形热轧酸洗板研制开发”项目获得二等奖；“抗工艺敏感性冷轧双相钢系列产品研发”“一种新型文丘里高效反应脱硫装置的作用”项目获得三等奖；组织“高端家电用电镀锌耐指纹板研制”等 7 个项目申报冶金科技奖；本钢参与的“汽车钢制车轮轻量化成套技术开发与应用”项目获得汽车工业科技进步奖三等奖。完成冶金科技奖本钢大评委的推荐调整。完成 2018 年度本钢科技进步奖评审，共评出获奖项目 56 项，其中特等奖 0 项、一等奖 4 项、二等奖 17 项、三等奖 35 项。

【专利管理】 全年 200 件专利获国家知识产权局受理，其中发明专利 99 件、实用新型 93 件、外观设计 8 件。45 件专利获国家局授权，其中发明 20 件、实用新型 22 件、外观设计 3 件。本钢首次他国专利申请已经由 PCT 途径向美国和韩国提出申请。“本钢板材股份有限公司”获得“中国知识产权优势企业”荣誉称号。

【对外技术交流与合作】 以项目为载体，与高校、科研院所积极开展“产学研”合作和技术交流，提升本钢技术创新水平。结合本钢目前现有工艺技术装备现状，以及同行业最新技术的发展情况，积极组织与中科院沈阳金属所、东北大学、北京科技大学、吉林大学、辽宁科技大学、美国 LEVY 公司等开展炼铁、焦化、铸坯清理、轧钢等方面的技术交流活动。此外，与辽宁科技大学签署战略合作协议，拟建立联合基金开展科技项目合作，合作内容涉及人才引进、人才培养、技术开发、平台建设等方面。

【创新型企业及研发平台建设】 成功加入耐蚀钢产业技术创新战略联盟及中国汽车工程学会，为企业汽车用钢及耐蚀钢生产、技术进步、质量提升搭建技术创新和支撑平台。

【省级以上科技专项申报】 积极申报省级以上重大科技专项。成功申报“省工业与信息化委员会 2018 年度辽宁省企业技术创新重点计划项目”7 项，省科技厅“2018 年辽宁省重点研发计划指导项目”4 项，汽车轻量化战略联盟“2019 年自然基金指南项目”2 项，省科技厅“科技成果转化奖励性后补助项目”2 项，省科技厅“重大备选项目”共计 5 项。与东北大学、苏州大学联合申报国家自然科学基金委（NSFC）-辽宁联合基金 2019 年指南项目《高品质稀土微合金钢新型冶金渣系设计及其熔体结构与热力学性质研究》，项目已被收入指南，并于 2019 年开展项目审核答辩工作。与东北大学、鞍山热能研究院联合申报国家自然科学基金委（NSFC）-辽宁联合基金项目《复合铁焦低碳炼铁炉料制备及应用基础研究》，项目通过审核获得资金支持 50.2 万元。

（徐　航）

运营管理

【概况】 运营改善部承担本钢集团运营管理职能，与本溪钢铁公司运营改善部合署办公。下设管理创新、改革发展、绩效考核三个职能单元。2018 年底在籍职工 11 人，其中部长 1 人、副部长 2 人、总监 2 人、主任业务师 2 人、专业业务师 3 人、专务 1 人、党员 9 人，在籍职工均为本科以上学历。

【深化改革】 2018 年本钢集团认真贯彻落实《全面深化企业改革总体方案》，加快剥离国有企业办社会职能，稳步推进解决历史遗留问题，妥善处置国有“僵尸企业”。一是在“三供一业”社会职能移交方面，按照省、市有关政策文件精神，克服筹措改造资金难、移交费用确定难、从业人员安置难等诸多困难，坚持统筹谋划，强化工作组织，地企充分协商，全面完成本钢集团职工家属区“三供一业”分离移交工作，承担了全部移交改造资金 76041 万元。二是根据本溪市厂办大集体改革领导小组的统一部署，启动本钢集团厂办大集体改革工作，制定《本钢集团厂办大集体改革工作实施方案》，成立本钢厂办大集体改革工作领导小组和改革工作推进组，已完成奖补资金申请工作，正在按计划推进改革工作。三是按照“清理退出一批，兼并重组一批，改造提升一批”的思路，2018 年处置 6 家“僵尸企业”，其中 3 家公司实现盈利，3

家公司法院已受理破产清算申请。

【组织机构管理】 实现集团公司“四定”工作机构总量压减15%以上的工作目标。一是将7级管理层级压减为5级管理层级，即集团级、部门级、厂矿级、作业区级、班组级。二是推行“大部门”“大厂矿”制，通过业务整合，实行专业化集中管控，进一步缩短管理和业务链条。三是标准化设置，钢铁主业厂矿单位下设科室，规范了数量和称谓、统一了业务分工，管理模式清晰、高效。四是多元产业子公司内设机构有效压减，全面清理虚设机构。最终实现集团机构总量压减23%，其中，厂矿级以上机构由原有的355个减少到281个，减少74个，压减21%；作业区级机构由原有的1702个减少到1305个，减少397个，压减23%。同时对本钢集团机关部门、厂矿、各级子公司的机构、职责、编制重新核定，共计制发文件93个，进一步明确了各单位主要职责、内设机构和人员编制，范围涵盖集团所有作业区级以上机构，这是本钢集团成立以来，涵盖范围最广、内容最完整的机构编制文件，真正实现了机构和人员的有机统一。

【制度与流程】 从系统性、合法性、适用性、可操作性等方面，对集团公司所有现行规章制度进行梳理。2018年本钢集团共发布制度122个（其中修订发布92个、新发布30个），废止28个。截至2018年底，本钢集团有效制度共503个。根据“四定”后部门及职责的调整，对部分重要业务流程进行优化。一是按照推行公开招标采购的要求，研究制定《本钢集团采购管理办法》《本钢集团招标实施办法》等文件，重新明确采购中心、国贸公司、招标公司等部门的采购管理职能和业务流程。二是对储运中心、检化验中心、保卫中心等跨区域整合单位的管理模式进行研究，明确了整合单位与北营公司、矿业公司之间的业务范围。三是围绕新包装公司的组建，深入研究产品包装管理模式，提出产品包装及装封车业务由新包装公司统一管理等改进建议。四是组织对行政后勤事务管理流程、涉爆作业管理流程、北营长材汽车运输管理流程、自产材委托加工管理流程、进口件国内采购业务核算流程进行了梳理。五是组织整合单位业务划转和工作交接。包括文体活动中心划归新实业公司，正泰公司股权划转至实业公司，北营职工医院管理权移交本钢总院，北营安保中心消防队划归北营焦化厂，金山宾馆老年活动中心保卫工作移交保卫中心，天弘善宾馆管理权移交新实业公司等。

【体系管理】 一是按照国家质量和环境体系认证标准换版要求，自行组织集团内部专业人员完成了质量、环境换版工作；二是按计划、按时间节点通过了国家管理体系认证机构对本钢质量/环境/职业健康安全/两化融合/能源管理体系进行外部审核；三是组织开展集团公司质量/环境/职业健康安全/能源/两化融合管理体系内审工作，对体系覆盖的33家单位进行了现场审核；四是新建立了测量管理体系，实现了本钢计量工作与国际标准接轨。

【企业内部控制】 一是全面风险管理体系实效性进一步发挥。风险识别、分析、评估在核心业务中得到开展，对风险发生的可能性及影响程度进行定性和定量评价。建立了集团公司层面风险数据库，形成风险事项80个、风险控制措施265个。风险评级标准进一步规范，风险等级划分为五个等级，对重大风险制定了相对应的控制措施。二是本钢板材年度内部控制评价和审计有效开展。根据监管机构对上市公司的要求，会同北京立信会计师事务所对公司高风险领域核心业务进行独立评价，对内部控制的有效性、规范性进行了评审，对核心流程进行了风险测试。完成了上市公司的规定动作，按期形成内控评价报告和内部控制审计报告，保持了公司在所有重大业务方面的有效控制。三是内部控制体系规范运作。内部控制活动有效实施，采购、销售、工程等核心业务控制活动有效实施。内部信息传递顺畅，内部监督得到持续强化。流程优化过程中注重以风险为导向，制度管理、体系审核中注重融入风险管理要求，满足了外部监管机构的相关要求。组织开展了三次大型专项风险管理培训，并对全公司中层管理人员进行了内部控制知识培训，提升员工的风险管理意识。

【绩效考核】 为了更加客观、公正地评价各单位生产经营情况，有效发挥激励作用，2018 年对本钢集团绩效考核进一步优化。一是通过将考核政策调整为上不封顶，使本钢集团所属各子公司奖金水平有了较为明显的增加。二是通过加强日常监督管理，使各单位将专业考核闭环管理形成常态化，无论加奖项还是扣奖项均能按要求落实到责任人。对于扣奖项能够做到认真分析，并制定切实有效的整改措施及预防措施，每月考核项的具体责任落实结果都由专业部门跟踪认定。三是根据集团公司“四定”后机构和职责调整，结合考核中发现的某些指标不合理的问题，对部分单位的考核指标进行优化，制定和修订招标公司、检化验中心、保卫中心、储运中心绩效考核办法。四是重新修订了《本钢集团有限公司绩效考核工作管理办法》，制定了《本钢集团有限公司合理化建议奖励管理办法》及《本钢集团有限公司专项和工作奖励管理办法》。

【成果管理】 修订了《本钢集团管理创新成果管理办法》，通过加强“课题立项”管理，加大课题实施过程的监督、检查力度，加强“成果推广”工作，通过管理创新成果不断转化、落地两方面来加强成果管理工作。同时，为加深对管理成果的认识和理解，提高各单位申报成果的撰写水平，首次聘请辽宁省管理成果评审专家，对成果报告撰写进行培训。2018 年本钢集团各单位共上报管理创新成果 65 项，经过初审、专家评审、答辩，共评出本钢集团管理创新成果 34 项，其中一等奖 5 项、二等奖 11 项、三等奖 18 项。同时，选取优秀成果向辽宁省和中国钢铁工业协会推荐，分别获得辽宁省一等奖 1 项、二等奖 3 项；中国钢铁工业协会二等奖 1 项、三等奖 2 项。其中：本钢板材股份有限公司发电厂《以信息自动化技术为核心的发电能效分析与设备状态检修管理创新》荣获辽宁省一等奖；本溪北营钢铁（集团）股份有限公司炼钢厂《“四核八驱动”节能降耗体系的建立与实施》荣获中国钢铁工业协会二等奖。（方　娜）

人力资源管理

【概况】 本钢集团有限公司人力资源管理由员工管理、薪酬绩效管理、专家管理、培训开发、保险管理等业务模块组成。集团组织部（人力资源部）为人力资源管理职能部门，从政策层面管控人力资源管理全面工作，下设组织管理处、干部管理处、干部监督处（出国事务办公室）、员工管理职能单元、薪酬绩效职能单元。人力资源管理中心为人力资源管理业务机构，负责相关业务的具体实施，下设离岗员工管理室、用工管理室、薪酬保险室、员工发展室、专家管理室、员工培训室、协力管理室。

【“四定”工作】 认真贯彻落实中央、省委深化国有企业改革部署和省委巡视反馈意见整改任务要求，加快本钢集团“三项制度”改革，推进管理体制和经营机制创新，组织开展了“定岗、定编、定责、定薪”工作。组织制定了《本钢集团有限公司“定岗、定编、定责、定薪”工作指导意见》及《本钢集团“四定”工作实施细则》《岗位竞聘工作实施意见》等配套文件，构建了完整的制度体系。按照“领导干部和一般管理岗位职数压减10%以上、钢铁主业操作岗位定员劳动生产率提高10%以上、管理岗定员总数比例降至8%以内”的目标，指导各基层单位构建业务职群岗位体系，完成了管理、业务、技术和高技能操作岗位职群的划分以及各岗位的编制核定工作，实行按岗位价值、个人能力和绩效贡献确定个人薪酬的岗位绩效工资制。建立了去行政化的“一岗十档”的宽带薪酬体系，并按岗薪工资最低200元和绩效工资人均100元增量设计分配关系调整方案，适当向技术和高技能岗位倾斜，实现岗位工资及绩效工资人均增加343元/月。建立了与集团效益和职工收入双挂钩的年薪制度，出台了《本钢集团有限公司子公司负责人年薪制管理办法》，简化了年薪结构，拉开了正副职差距。制定了管理、业务、技术和高技能操作岗位设置及聘任管理指导意见等指导性文件，统一规范了岗位聘任事项，指导各单位制定本单位岗位聘任实施方案。根据“四定”工作总体安排，选择管理基础好、代表性强的单位列入试点单位，按照“成熟一家、推进一家”的原则开展岗位竞聘工作。截至2018年底，“四定”工作第一阶段基本完成，达到了预期效果。

【人力资源配置工作】 截至2018年底，本钢集团在籍员工69713人，同比减少5.2%，其中在岗员工65629人（包括管理岗2986人、业务岗4578人、技术岗3428人、操作岗54637人），同比减少4.8%。按照年度人力资源配置计划，通过校园招聘、社会招聘等方式，引进各类人员785人，其中博士研究生1人、硕士研究生28人、本科生158人、专科以下学历及退役士兵598人。解决了12家子公司常年技校劳务派遣历史遗留问题，全年招录1022人。全年本钢集团在籍人员减少4874人，其中，退休4304人、解除劳动合同335人、自然死亡235人、保留劳动关系70人。采取严格管控劳务费审批、加大内部员工调剂力度替换社会劳务等方式，控制社会劳务用工使用。盘活内部人力资源存量，加强内部协力用工管理，全年新增建设公司、机械制造公司派出到其他单位协力用工288人。

【劳动关系管理】 继续深化劳动合同履行专项整治工作，防止“上花班”“泡病号”现象反弹回潮。同时，根据省国资委关于“吃空饷”问题专项整治工作要求，按照部署启动、自查核实、落实整改、总结检查四个阶段，全面开展“吃空饷”问题专项整治工作。截至年底，本钢集团各类不能完全履行劳动合同员工3811人，已清理回岗工作2600人，累计办理保留劳动关系207人。加强员工劳动合同试用期、固定期限劳动合同履行期和劳动合同的日常管理工作，逐步推进劳动合同的契约化管理，全年解除劳动合同335人。出台《本钢集团有限公司离岗休息员工管理办法》，全年有147人办理了离岗休息。

【薪酬管理】 全年审批工资总额42.98亿元，全员年人均工资58596元，同比提高15.01%；在岗年人均工资61020元，同比提高15.1%。实施工资总额包干，充分发挥薪酬激励与约束作用，出台《本钢集团有限公司薪酬总额包干办法》，完善了薪酬总额管理和调控机制，引导各单位合理配置人力资源和提高劳动生产率。推进“强化ERP薪酬管理、实现财务抛账银企直联”工作，实现了薪酬闭环管理。截至年底，完成集团公司机关、板材公司所属单位薪酬发放银企直联工作。

【保险管理工作】 全年企业与个人共缴纳各项社会保险费用163933.85万元，审批统筹外自付项目21301.69万元。完成了本钢全民企业基本养老保险、基本医疗保险、工伤保险、失业保险缴费复核、大额医疗补充保险的核定和缴费以及统筹外自付项目的审核等工作。调整占地招工退休人员生活补助、军转退休人员生活补助、未达法定退休年龄1~4级工残人员补充工残抚恤金和企业年金等。加强退休审核工作政策指导，强化特殊工种提前退休操作管理，组织相关单位部分岗位特殊工种认定申请，协调市人社局相关部门到北营公司铸管厂现场调研特殊工种事宜。下发《关于本钢企业年金执行情况的说明》，统一本钢集团企业年金执行标准。

【人才引进与管理】 加大高端人才引进力度，提高高校毕业生安家费标准，根据学历和高校情况，发放5万~20万元安家费。引进了大连理工大学材料物理专业博士王立刚到技术研究院工作，聘请了中国科学院留美博士杨上陆为本钢技术研究院首席专家。举办2017届优秀毕业生表彰暨2018届毕业生入职典礼，表彰20名2017届高校毕业生，提升了高校毕业生的认同感和归属感。按照《本钢高校毕业生职业生涯规划管理指导意见》，指导40家单位开展高校毕业生职业规划，563名毕业生纳入规划，配备导师998名。推进职业能力测试题库建设，引入霍兰德测试和性向分析，组织开展毕业生见习期培训和轮岗锻炼，参培率和轮岗率达到100%。

【技术技能专家管理】 组织行业优秀专家评选，开展了省“百千万人才工程”人才选拔推荐工作，刘志璞等8名技术人才获得2018年度辽宁省“百千万人才工程”称号。发放30名终身享受国务院特殊津贴专家2018年度津贴，组织省、市级以上技术专家68人参加健康体检。完成各级高技能人才、技术能手等推荐工作，邢伟获得国务院政府特殊津贴，冯琳琳等3名同志获得第五届辽宁省有突出贡献高技能人才称号，奚延忱等5名同志获得第十二届辽宁省技术能手称号。组织各级技能大师工作站申报工作，机电安装公司罗佳全技能大师工作站获批国家级技能大师工作室，板材冷轧厂张勇技能大师工作站获批省级技能大师工作站，矿业石灰石矿李奎骄技能大师工作站等5个工作站获批市级技能大师工作站，同时评审出信息化中心张帅技能大师工作站等4家集团公司级技能大师工作站，共争取上级主管部门技能大师工作站补贴费用60万元。

【体系认证管理】 组织完成质量、环境、职业健康安全、能源、两化融合和测量6大体系的人力资源管理的内、外部审核，以及IAT F16949、中海油、印度管线钢外部三方审核。组织23家单位对综合体系相关岗位员工的岗位能力进行评价，总评价人数17116人。编制年度综合体系《人力资源配置和职工培训情况报告》。

【技术岗管理】 推进技术人才职业发展体系建设，编制下发《本钢集团有限公司技术岗位设置及聘任管理指导意见》，实行主任工程师、专业工程师和责任工程师聘任制度。指导板材公司炼铁厂、炼钢厂等7家单位做好技术岗位人员薪酬改革调整工作，完成5134名技术岗位人员上岗资格审核工作。完成板材、北营、矿业、本溪钢铁四大子公司共47家基层单位技术岗位小职级编制定员核定工作，指导16家单位编制技术岗位聘任实施方案。

【培训工作】 本钢集团全年累计开办各类培训班2039个班次，培训111535人次，计划执行率达到86.5%。全年开办两期MBA培训班，每期培训半年，参培学员92人（首期44人、二期48人）。课程主要以东北大学外聘师资为主，期间，赴大连中日友好培训基地、井冈山教育培训基地、清华大学进行培训学习，每门课程培训后组织严格的考试。组织三期轮岗培训班，每期培训3个月，参培学员120人（一期47人、二期38人、三期35人）。培训采取内部师资为主、东大师资穿插合班上课为辅的方式进行，共计培训528学时。2018年度，本钢集团被评为第四届钢铁行业教育培训先进单位。

【专业技术职称和技能鉴定管理】 全年取得各系列各级别技术职称人员共计735人，其中正高级职称10人、副高级80人、中级275人、初级370人。组织完成4379人的技能鉴定及办证工作，其中初级工193人、中级工991人、高级工2595人、技师518人、高级技师82人。完成理论知识及上机培训5300余人次。

【协力派工人员管理】 稳步推进协力派工各项基础管理工作，完成年度接收新招录协力派工人员199人、解除劳动合同21人。截至年底，人力资源管理中心在籍协力派工人员2167人。全年完成审批工资7690万元、代扣各项保险974万元、公积金902万元。

【劳务市场管理】 严格按照集团公司劳务用工管理相关规定，认真履行劳务市场管理职责。全年审核认定有合作资质的劳务单位46家，组织签订各类劳务协议累计164份，其中劳务派遣协议48份、业务承包合同65份、内部协力用工协议51份。通过审核劳务单位资质条件、备案各类用工资料、考核劳务协议执行及审批劳务费用等工作，实施了劳务用工过程中的监督与控制管理。

（刘淑玲　代　志）

财务管理

【概况】 2018年初，按照集团公司机构调整方案，本钢集团财务部下设综合管理、资金管理、会计管理、税收筹划、预算管理、计划统计等6个职能单元；为加强资产监督检查工作，8月资金管理单元新增资产管理业务；为完善全方位对标管理，9月财务部新设对标管理单元；为加强非钢子公司财务全面管控，对非钢子公司11家单位全部实行财务总监派驻制。

2018年年底，本钢集团财务系统在籍人员240人，党员人数160人。其中集团财务部本部97人、本钢板材财务部143人，研究生学历17人、本科学历179人，副高级以上职称75人、中级职称86人。集团公司财务系统紧紧围绕“向规模要效益、向管理要效率、向改革要发展”原则，不断创新财务管理思路，加强管理体系建设，实现财务管理水平全面提升。

【主要经济指标】 2018 年，本钢集团实现销售收入 638.66 亿元，同比上升 22.03%；实现税金 41.4 亿元，同比上升 45%；实现利润 4.54 亿元，同比上升 26.60%；总资产 1556.30 亿元，同比上升 7.36%。

【部门建设】 财务部大力弘扬“干”字精神，树立“忠诚、干净、担当”的机关队伍形象。一是按照集团公司“四定”工作方针，结合财务系统实际，制定了实施方案，对人员进行调整交流，主要对驻在厂矿和职能部门的财务负责人进行轮换；同时打破了多年来驻厂财务科按驻厂单位奖金基数和奖金系数分配奖金的制度，实行财务部奖金统一基数并进行二次分配的制度。奖金系数从岗位技术含量、岗位业务量、岗位风险责任、工作地点、工作环境等五个方面维度来考虑，结合个人职务和职称，核定奖金系数，进行奖金分配；达到了奖金统一化管理，真正实现了“按劳分配、注重效率、注重质量”为基准的绩效分配机制，有利于调动职工工作积极性和交流调整。二是注重财务系统人员培养和队伍建设，重点培养年轻业务骨干到重要岗位锻炼，深入基层，将学习能力、业务能力强的人员，逐步调整到重点岗位上，做到有步骤、有计划岗位轮换，使财务人员得到多方面业务锻炼，对表现突出的人员进行重点培训，着力培养一批德才兼备的财务后备梯队力量。

【预算管理】 强化全面预算管控工作，加大对标挖潜力度，通过优化生产组织、调整配煤配矿结构、降低各工序定额、压缩各项可控费用等措施全方位降低生产成本。一是以集团公司预算总体目标为依据，严格分解落实各项预算指标，每月结合实际生产安排，及时、准确下达各月考核指标计划，保证绩效考核的可操作性。同时，严把绩效考核审核关，严格核实 180 项考核数据，做到绩效考核数据真实可靠。钢铁主业纳入工序利润考核机制，将价格结算机制引入工序，将市场风险传导至厂矿。2018 年通过严格执行考核政策，最大限度调动各单位人员积极性，达到了考核结果真实反映各厂矿和管理部门工作情况的效果，实现了考核政策激励作用。二是细化生产经营分析，健全成本利润分析模型，对比预算和上年数据，准确分析出各项财务数据的差异，有针对性分析重要指标和偏差较大数据，利用钢协反馈资料引入行业数据，找出实际生产中的行业差距，详细分析形成差异的具体原因，深刻剖析自身存在的不足，提出建设性意见，为集团公司经营发展提供决策依据和数据参考。精准做好集团公司 2019 年经营预算。以检修计划及产量计划为基础，组织销售、采购部门进行市场研判，组织归口部门对定额费用进行测算，并根据集团公司实际情况和行业水平，提出定额及费用指标建议，完成效益测算，编制预算方案。在预算方案审批通过后，组织落实，完成各项考核指标核定及考核方案制定。

【对标管理】 2018 年 11 月，对标管理单元人员选聘到位，开始开展集团公司全方位对标工作。下发《全工序对标降成本工作方案》，确定对标工作目标，界定工作职责，明确工作流程。借助钢铁协会提供的信息平台，搜集整合行业数据，统一对标口径，对比分析本钢与先进企业的差距和不足，积极推进铁、钢工序优化配料结构、降低燃料比、钢铁料、合金料项目攻关工作。着手开展降成本“日清日结”工作，将和行业差距较大的主要消耗指标，按日进行统计分析，提高各单位对成本的关注度，督促对标挖潜降成本，加强成本指标的过程管理和管控。

【价格管理】 坚持产品价格与市场、生产联动，价格管理工作紧跟市场变化节奏，定期对产线、品种效益进行测算，为集团公司产线品种调整、决策提供数据支撑；配合采购部门和销售部门在择机采购、择机销售工作方面，给予决策数据支撑。根据市场钢材价格变动情况，瞄准各大钢企的价格政策，分析市场行情和动态趋势，提出价格政策意见，确保了本钢价格政策和同行业以及市场价格保持在一个水平线上。加强销售价格结算分析工作，做好结算价格事后监督工作，确保结算价格和本钢价格政策一致。以经济运营效益最大化为原则，强化定价用标准成本模型和销售价格平台的搭建工作，瞄准市场价格变化趋势，及时做好各产线盈利能力测算和分析，为合理配置资源、做好产线调整提供强有力的数据支撑，从而使研发、生产、销售紧密结合，使品种增利工作得到进一步深化和落实。

【融资管理】 拓宽融资渠道，控制融资成本，保障资金需求，始终将资金稳定运行放在第一位。在原有融资方式的基础上，通过资本市场股权融资与市场化债转股，增加了融资规模，降低了融资成本。克服国家产业政策和货币政策的不利影响，主动寻找战略投资者。2 月，完成了板材公司股票增发工作，募集资金 40 亿元；3 月底，工行 30 亿元债转股资金到账，满足了集团公司的资金需求。调整融资负债结构，新增 30 亿元长期借款，新增非上市公司授信 20 亿元。截至 2018 年底，本钢集团融资综合平均成本 4.059%，低价变现银承，节约财务费用约 1.9 亿元，利用金融衍生品工具累计创收 9283 万元。

【资金管理】 严格资金收支管理，控制存货资金占用，保障资金安全。一是坚持资金支付管理按“预算控制、以收定支、归口管理”，加大资金审核力度，按日、周安排资金，按月做好资金收支计划及资金收支分析，控制资金支付节奏，保证生产经营平稳进行。加强各子公司在财务公司资金归集管理和银行账户开立、注销的监管，最大限度地保证资金安全。推广财务公司电票，全年对外支付 157 亿元，减缓融资压力，提高了本钢电票的市场认知度。二是坚持执行经济库存考核制度，按月对责任单位存货进行分析和考核，督促相关职能部门及厂矿及时了解掌握存货占用情况。认真开展实物资产监督检查制度，及时反映各单位资产管理存在问题，并在集团公司早视频会上通报，提高资产运营效益；自 2018 年 8 月资产管理业务开展以来，共组织资产抽查 50 余次，通报 7 期，发现问题单位 25 家 34 项，整改落实 12 家 22 项。三是组织开展全公司债权债务全面清查，核实外部债权债务余额、账龄和状态，摸清了外部债权债务总体情况，为清欠工作提供依据。建立外部债权管理和考核制度，下发《本钢集团有限公司外部债权管理规定》，按账龄划分管理和考核责任，对经营年度当期外部债权执行月度分析季度考核，对经营年度前三年以内外部债权执行年度考核。

【税费筹划管理】 坚持以加强税法宣贯、降低涉税风险为主线，以规范税收核算和加强税费筹划为重点，努力实现依法纳税的同时合理降低企业税负。一是根据国家颁布的《中华人民共和国环境保护税法》及其实施条例，协同环保部门做好环保税法的培训工作以及申报前期的准备工作，确保环保税按期申报。二是针对增值税税率变动的税收政策，及时组织召开各单位财务负责人及财务总监的宣贯会议；并下发了《增值税税率变动相关问题的通知》及相关政策解读。三是积极拓宽税法宣贯方式，针对新《中华人民共和国个人所得税法实施条例》，对集团各单位下发提示资料；利用本钢微信新媒体专栏进行新个税法知识宣传；邀请市税务局专家，就新个税法的规定及个税申报系统操作等内容进行宣贯。四是根据《资源税征收管理规程》，及时协调市地税直属局到矿区召开专题研讨会，进一步明确实际操作流程，合理规避税收风险。五是完成2017年度企业所得税汇算清缴工作，利用研发费加计扣除等税收优惠政策节约税费1000万元；协调相关部门改变外购电当月付款次月开发票的结算方式，年减少资金占用5000万元；为缓解集团资金压力，成功申请缓交税款4.2亿元，缓缴社保费4000万元。六是统筹安排，按期完成2016年和2017年集团所有单位的财务账套数据的采集上报工作。七是积极参与集团公司新开工项目、重大决策、资产划转等工作，制定税收筹划方案，为集团公司决策提供参考。

【会计基础管理】 加强报表及分析的考核，按时保质组织完成本钢集团合并财务报告、财政快报、决算报告编制上报工作，及时准确公示本钢集团财务数据，着力提升会计信息质量。一是组织各子公司决算软件填报培训，完成2017年度财务决算国资委、财政数据合并上报工作，114家独立法人单位填报逐级汇总，及时保质上报省国资委、财政厅。二是积极组织完成2017年省国资委下达本钢集团年度经营业绩指标分解与落实，组织相关单位和部门完成2017年度经营业绩考核。三是积极做好“三供一业”移交、“僵尸企业”财务问题研究、“本钢厂办大集体改革工作”推进，以及本钢医疗系统组入辽宁省健康产业集团等会计工作。2018年7月，组织了全公司范围的清产核资，同时配合审计及评估机构，做好资产相关审计和资产评估工作。四是加强财务管控，实现财务管理由核算型向管理型、决策支持型、价值创造型转变，积极推进本钢财务共享中心建设。通过学习借鉴国内及同行业先进企业成功经验，制定了“本钢集团建立财务共享中心方案”，旨在通过实现财务共享，建立一套标准化、集中化、集成化的财务管理体系，进一步提升本钢集团财务管控能力和管控水平。2019年将着力推进财务共享的具体实施工作。

【住房公积金管理】 集团公司住房公积金中心不断完善便民服务措施，提升服务意识，重点抓好公积金贷款和提取工作，并扎实推进“放管服”改革，实现对职工“账户”管理改变为向“客户”服务。2018年集团公司公积金缴存人数7.2万人，缴存额7.08亿元，提取额4.27亿元，共办理住房公积金贷款1571笔，发放贷款额3.12亿元。2018年7月，按照上年度本溪市在岗职工月平均工资3倍计算月缴存最高额度，按时调整了职工住房公积金缴存基数。2018年，按照国家住建部公积金监管司要求，结合“互联网+”等新技术，建立以《住房公积金基础数据标准》和《接入住房公积金应用系统接口标准》(简称“双贯标”) 为基础的住房公积金综合服务平台，于11月正式启动，预计2019年3月31日正式上线。公积金“双贯标”工作的开展，将有效提升住房公积金管理水平、信息共享、服务和监督水平，对客户服务将会更加高效、便利、快捷。 （蒋晓豫）

资本管理

【概况】 2018年1月29日，集团公司下发《本钢集团有限公司关于调整组织机构设置的通知》(本钢董发〔2018〕1号)，根据《本钢集团“四定”工作指导意见》，集团公司决定对组织机构设置进行优化调整，设立资本管理部，主要负责资本类投资，合资合作（不含新增项目)，产权管理，股权多元化，上市，资产处置，参控股公司派出董、监、高人员综合管理，参股公司股权投资收益管理等工作。下设资本运营、资本管理2个职能单元。撤销资本运营部，将其职能划入资本管理部；将运营改善部的产权登记业务划入资本管理部；将资产处置的归口管理划入资本管理部。2018年在籍人员8人，其中部长1人、副部长2人（1人兼职)、业务总监2人（1人兼职)、科级干部2人，党员8人。

【资本运营工作】 本钢板材于2018年1月29日正式启动发行工作。2月8日，本钢板材非公开发行股票募集资金40亿元全部到位并完成验资。本次非公开发行工作是本钢板材自1997年上市20年以来第一次在资本市场实现再融资，是在国家加大对钢铁等产能过剩行业的信贷监管、企业融资困难加剧、资金成本不断上升的背景下完成的，更具有重大意义。2018年3月开始，受国内资本市场影响，本钢板材股票价格低于2017年经审计的财务报表中每股净资产4.56元。基于对中国经济前景看好和对本钢板材未来发展的信心，本钢集团决定择机增持本钢板材股票不超过3亿元人民币。2018年6月1日~2018年8月16日，共完成增持本钢板材股票7099.81万股，增持金额2.93亿元。增持后，本钢公司持有本钢板材股票235540.93万股，占本钢板材总股本的60.78%。2018年继续利用本钢公司现有股票市值，开展网下新股申购工作，全年完成网下申购新股86支，实现收益139万元。

【资本管理工作】 一是2018年2月，资本管理部开始负责管理本钢集团产权登记及股权管理相关工作。按照省国资委下发的《关于开展产权登记核查工作的通知》要求，完成了157家公司产权登记核查工作，其中全资81家、控股42家、参股34家。通过此次核查，进一步规范了本钢集团内部产权登记和相关档案管理工作，并对存在的不足之处及发现的问题进行了补填或整改。二是完成北钢香港持有北营公司相关股权转让事宜。按照2017年7月集团公司党委常委会议纪要中关于“推进北钢香港公司持有北营公司相关股权划转至本钢集团”的安排，2018年5月29日，资本管理部协调法律事务部和北营公司完成了北方铁业公司股权转让工商变更登记（该公司历史遗留问题得到妥善解决)。变更后，北方铁业公司股东由北钢香港公司和北营公司变更为北钢公司和北营公司。三是配合国贸公司完成了本钢豪斯特（沈阳）汽车零部件有限公司工商注册登记，本钢豪斯特公司注册资本5000万元，本钢板材和东莞豪斯特公司各出资2500万元（按项目进程分阶段到位）。四是围绕参股公司股权管理，先后对本溪市商业银行、中天证券、欧冶云商、本钢电气、辽能配售电、上海钢加、东北特钢等参股公司董事会、股东会相关议题进行研究、审议，形成审核意见，出具授权委托书后，交给派出董事或股权代表在参股公司董事会、股东会会议上进行表决。五是加强对金融板块经营业务的管理和风险管控。将金融板块各单位的业务按照风险程度分成已完成业务、在操作正常业务、预警业务和逾期业务四类，并对预警、逾期业务进行重点关注；按月将财务公司、容大公司、融资租赁公司的经营情况进行整理汇总上报，为公司决策提供依据。六是2018年2月，按照省国资委要求，积极落实参与组建省健康产业集团相关工作，制定了入股省健康产业集团的方案，明确了纳入的8家医疗机构：本钢总医院、南地医院、胸科医院、南芬医院、歪头山医院、疾控中心、矿业黏土矿卫生所、北营医院。配合省国资委委托的中介机构，完成了对本钢医疗卫生系统各医疗机构的清产核资和资产评估的现场工作，明晰各医疗机构的资产权属。完成了本钢医疗卫生系统所属医疗机构产权关系调整：将北营职工医院划转至本钢总医院，成为其二级子医院；将黏土矿门诊部划转至本钢总医院，成为其分支医疗机构。2018年7月27日，辽宁省健康产业集团完成工商登记，登记显示，本溪钢铁（集团）有限责任公司以本钢医疗卫生系统评估后的净资产38698.38万元入股该集团，占股11.92%。

【资本类投资项目管理工作】 一是对本钢韩国公司增加注册资本事宜，履行报省国资委审批手续，建议授权本钢集团董事会决定本钢韩国公司增资事宜，6月25日获得省国资委批文；二是对本钢招标公司和恒达物流公司申请缴付首期出资事项分别履行了资金申请程序，其中向招标公司缴付首期出资2000万元，向恒达物流公司缴付首期出资100万元；三是针对本钢矿业公司和本钢国贸公司资产负债率过高的情况，为规避融资风险，对矿业公司和国贸公司增资事宜进行了研究，并履行了内部审批手续，其中矿业公司由本钢公司以债转股方式增资60亿元（其中20亿元计入实收资本，40亿元计入资本公积）；国贸公司由本钢集团以货币方式增资70亿元，并通过分次注资的方式操作。

【推进混合所有制改革工作】 按照省国资委下达的2018年经营责任制考核任务，推进混合所有制改革工作列入省国资委对本钢集团的考核指标，本钢集团要完成1户企业直接混改。2018年3月30日，首期工行债转股资金30亿元到账。同日，本钢公司、华泰证券（上海）资产管理有限公司及本钢集团有限公司三方签订了《本溪钢铁（集团）有限责任公司之增资协议》，约定华泰证券资产管理公司以定向资产管理计划项下委托资金对本钢公司进行增资，增资金额30亿元。增资完成后，本钢公司注册资本由536881万元增至629166.88万元。华泰证券资产管理公司持有本钢公司14.67%的股权。2018年4月4日，经本溪华丰会计师事务所验资，出具了本次增资的验资报告（本华会师验字〔2018〕第7号）。6月29日，本钢公司实施首期债转股完成了工商变更登记手续，这标志着2018年本钢集团完成本钢公司直接混合所有制改革任务。推进本钢集团层面的混合所有制改革工作。2018年6月初，由公司主管领导带队组成工作组，对多家大型民营企业进行走访和广泛交流，征求民营企业对本钢集团推进混合所有制改革的意见和建议，也为战略投资者参与本钢集团混合所有制改革创造条件。省国资委将推动本钢集团层面混改列入了辽宁省国企改革的“重头戏”，省国资委和本钢集团分别成立了推进工作组。9 月 6 日和 14 日，省政府常委会和省委常委会分别审议通过了本钢集团混合所有制改革事项，标志着本钢集团层面混合所有制改革进入实施阶段。（刘存友　孙小娟）

审计管理

【概况】 本钢集团审计部在董事长领导下开展审计工作。审计部内设经营审计、投资审计、管理审计三个单元。主要负责离任经济责任审计、工程竣工决算审计、年薪兑现指标完成情况审计和领导安排的专项审计等业务。为满足高质量审计要求、推进审计全覆盖，2018 年 3 月，审计部面向全公司招聘 8 名审计人员。截至 2018 年底，审计部在籍员工 23 人，其中部长 1 人、副部长 1 人、总监 2 人、经营审计 10 人、投资审计 7 人、综合审计 2 人。

【制度建设】 致力于为公司生产经营服务，为管理层决策服务，为企业不断增值服务。持续建立健全内部审计制度，已经建立《本钢集团有限公司内部审计管理制度》《领导干部任前经济责任告知办法》等 10 项内部审计制度，并得到有效执行。实现了审计从源头告知到揭示问题，到后续整改闭环管控。

【年度审计项目完成情况】 2018 年，全年开展审计项目 51 项，其中集团公司领导直接交办或部门委托的专项审计 11 项；年薪兑现指标完成情况审计 1 项（共 34 家）；离任经济责任审计 33 项；重点技改工程投资审计 6 项。审计直接削减压缩现金流 10160. 73 万元；审计发现潜盈金额 1. 77 亿元；提出审计处理意见及建议 175 条；督促被审计单位建立健全各项规章制度 13 项。

省审计厅领导视察三冷轧（陈宝国　摄）

【审计负责的专项工作】 1. 完成省审计厅对本钢集团的绩效考核审计、对省领导的离任审计工作。历时一个月，按照要求，积极组织上报各类材料，保证省厅审计高效开展。借 2 名专业人员配合国家审计署沈阳特派办的专项审计工作，获得来函表扬。2. 上报省巡视报告 107 份，其中揭示审计问题的报告 70 份，提报审计问题 370 个，提出审计处理意见及建议 400 余条，督促被审计单位建立健全各项内控管理制度、流程 58 项，从审计角度将 9 份审计报告中的 31 个问题移交集团公司纪委。

【审计项目管理取得主要成效】 1. 以开展任前告知为依托，以精准审计质量为准绳，以实施后续整改为抓手，实现审计流程大闭合。一是出台干部任前责任告知制度，为新任“一把手”打“预防针”。8 月，审计部出台了《本钢集团有限公司单位负责人任前经济责任告知办法（暂行)》，从促进国有资产保值增值、杜绝新官不理旧账等十二大方面，强化单位负责人在经营管理中的红线意识，前移了责任与监督关口，细化了“严早、严小、严预防”的监督要求，形成“任前告知、离任审计、后续整改”的审计闭环效应，促进新任领导干部加强廉政建设。二是以标准化管理为依托，提升审计精细化管理质量。2018 年的审计项目，在业务审计与财务审计有机融合上有了新实践。在子公司财务收支专项审计过程中，审计人员围绕收入、成本，资金管理，合同管理，物资采购，产品销售，资产、存货管理，薪酬管理，运输费、检修费、修理费、劳务费等主要费用管控等核心业务活动，从业务起点到业务终点全流程梳理审计实务要点，从财务账簿审计延伸至业务管控审计，以更深入的审计视角提升审计深度。在现场审计与数据审计有序衔接上有了新突破。在对外埠公司的专项审计中，审计人员从对实物的定置管理和收发存管理入手，在账账相符审计的基础上，强化对实物盘点、检斤、验质、验量环节的现场审计力度，提升了审计对资金、实物不及时入账，存货或产品因保管不当丢失，资金、存货账外循环等问题的发现能力。为让审计工作有章可循保证审计质量，编写了让新员工可借鉴、快速入门的《本钢标准化审计操作手册》，手册结合各子公司业务流程，控制每一个审计结点，出台审计要点和需要达到的标准模板，强化全员树立精品项目意识，不断提升审计质量。三是进一步实施后续整改审计，实现审计流程大闭合。建立审计问题整改工作台账，以审计查出问题为导向，开展监督检查，对审计报告中反映的问题逐一进行整改督办，进一步实施后续整改审计，同时组织审计整改质量评估，开展问题销号制度。保证审计成果有效应用。开展整改审计回头看，以检查评价被审计单位对审计发现问题所采取的纠正措施及其改进效果，重点落实整改质量评价，有效治理屡审屡犯的顽疾，加快审计成果转化与运用，不断提升审计价值。以机制建设为抓手，通过整改发起、整改实施、整改完成和后续评价四个阶段，强化审计问题整改全流程闭环管理。2. 以促进重点领域权力规范运作为始终，实行审计全覆盖。构建集团内部各层级、各领域、各环节统一高效的审计监督体系，实现审计全覆盖，才能保证监督的震慑力。一是坚持对重要岗位的权力约束的审计全覆盖。2018 年，本钢内部审计聚焦子公司产、供、销、人、财、物全流程风险审计；聚焦集团金融、采购、销售、分公司、参股控股等重点领域审计；聚焦总包工程造价全流程管控审计，为公司监督、管控补齐短板、清除隐患提供了审计支持。以质量、增值为落脚点的专项审计，直面经营管理症结，为集团公司堵塞利益流失贡献了审计力量。通过专项审计，揭示了工程合同索赔、设备验收、工程管理、备件占用、施工资质、大包费用、设备故障、二次包装费计取、销售采买、存货管控、费用使用等方面的问题。提出全公司范畴清产核资的建议。站在全局视角，为集团公司加强管理、堵塞漏洞、防范风险、科学决策提供审计依据。二是坚持对单位领导人经济责任审计全覆盖。首次开展了对香港分公司、腾达公司、包装公司、北钢公司领导的离任审计，同时由对二级子公司离任审计扩大到对其下属子公司领导离任审计。2018 年对矿业公司 5 家子公司、对建设公司 5 家子公司、对北营公司 5 家子公司首次开展离任审计，主动清死角，推动审计全覆盖。3. 以领导关注为首要，突出审计重点，推动领导专项部署高效落实。按主管领导部署，以集团领导关注为首要，开展系列专项审计，要求建立健全各项规章制度 13 项，成效凸显。4. 以增值服务为导向，强化审计反馈和沟通，促进审计发挥更大的作用。一是以典型案例宣贯为契机，加大审计宣传力度，营造良好的审计环境。创新开展审后一课。首次与设备部联动，面向全公司工程设备管理者，以审计面临的新要求及近三年工程审计发现的问题为课题，结合内部审计案例，开展审后一课培训，通过部门与厂际间的互动交流、专业解读，加深了相互认知，促进了工程源头管控，对问题引起重视。二是以实现增值为目标，向工程审计要效益。在工程审计实践中，将工程造价审计与工程管理审计相结合，以工程竣工决算的真实性、合规性审计为基础，以工程管理内控制度执行情况为重点审计内容，从投资计划管理，合同管理，设计管理，施工现场管理，资金管理，材料供应管理，设备采购管理，工程预、决算管理，工程资料档案管理等多个角度拓展了审计思路，对工程建设的全过程开展审计监督，使工程审计内涵更加丰富，全面提升了审计深度。本钢集团开展工程项目投资审计及竣工决算审计直接削减工程造价 4200 万元。5. 以有效协同促进资源共享，构建“大审计”格局，形成监督合力。经济责任审计实践中，审计部与组织部（人力资源部）、纪委（监察部）建立了工作联席会议制度。子公司经营状况审计实践中，审计部与子公司监事会的日常监督检查有机结合，通过与子公司监事会建立的重大事项通报制度，使审计能及时了解子公司日常经营状况。工程审计实践中，通过参加集团早调度会、工程管理专题会等，及时了解工程管理过程中遇到的突出问题和突发事项，并在工程审计中重点加以关注。实现了审计和纪检监察、财务、工程等管理部门的资源共享，增强了监督工作的协同效应，促进审计成果快速转化成管理效益。

（韩　梅　陈道军）

生产管理

【概况】 本钢板材股份有限公司制造部（简称制造部）代行本钢集团管理职能。下设管控中心、标准管理、生产计划、产品设计、原料管理、异议管理、质量监督、运输物流、综合管理 9 个职能单元。主要负责公司月以下生产计划（物料计划、产品资源计划）、生产组织、标准管理、产品设计、质量管理、质量监督、质量考核、异议处理、运输物流等工作。

2018 年，制造部在籍职工 176 人，其中部门级正职 1 人、部门级副职 4 人、单元总监9人，主任业务师21人、专业业务师22人、责任业务师50人，主任工程师4人、专业工程师32人、责任工程师33人，高级职称28人、中级职称96人，党员126名。

【主要指标情况】 2018年，集团公司生铁完成1543.9万吨；转炉钢完成1551.7万吨；电炉钢完成36.8万吨；特钢材完成68万吨；热轧板完成1148.9万吨；一冷轧冷轧板完成183.9万吨；二冷轧冷轧板完成184.9万吨；三冷轧冷轧板完成191.6万吨；线材完成234.2万吨；棒材完成117.3万吨；球墨铸管完成9.2万吨；冶金焦完成642.3万吨；铁矿石完成2237万吨；铁精矿完成764.5万吨；球团矿完成359.6万吨；生灰完成139.8万吨；发电量完成34.5亿千瓦时。

【生产组织管理】 紧紧围绕集团公司生产经营目标，优化生产组织，充分发挥调度指挥、协调作用，科学、高效组织各项生产综合平衡，扎实、稳步推进降本、增效攻关工作。1. 年初以来，板材炼铁厂5号、6号、新1号高炉相继大修，制造部围绕以板材高炉大修为中心的联合检修，落实好各项生产平衡，及时协调解决联检期间厂际间的各类问题，全力为高炉检修创造有利条件。通过炼铁厂自身及相关部门、单位的共同努力，各高炉均顺利完成检修任务并快速达产。其中5号高炉6天之内实现达产达效，日均产量突破5500吨；新1号高炉提前7天完成检修任务，8月平均日产10390吨，创历史最好水平。2. 积极组织好板材炼钢厂及相关工序的高产拉练，每周召开2次会议，落实保产措施，确定各自责任。与设备部联动确定科学合理的定检模型。板材炼钢厂10月创造了6台转炉32327吨、薄板坯连铸9555吨的日产纪录；板材二热轧最高日产达到9729吨，创历史新高。冷轧厂硅钢酸洗机组累计打破班产记录15次，日产记录13次；3号酸轧机组多次打破日产记录，最高日产达到8783吨。3. 落实公司多吃废钢、降铁耗会议精神，创新推进鱼雷罐添加废钢工作，取得了显著成效。全年板材炼钢铁耗完成979.51千克/吨，增加产量9万吨；北营炼钢铁耗完成979千克/吨，增加产量11万吨。北营10月在转炉炉役修的情况下完成铁耗957.2千克/吨，创历史最好水平。4. 贯彻公司3个月消耗内回废钢10万吨要求，督促各单位对内回废钢、渣砣进行加工、上交。于10月末共回收废钢10.98万吨，消耗11万吨，提前一个月完成任务。在废钢价格高点期间减少了外购废钢量，有效降低了生产成本。5. 根据坯料平衡，组织炼钢连一向三热倒运钢坯69万吨，三热年修期间连一、三热钢坯外倒团山总库5.8万吨。组织北营向板材调运钢坯7.8万吨，满足了冷轧备料需求。6. 制定《集团公司防汛工作具体安排》，汛前组织各单位认真开展隐患排查及整改，汛中层层落实责任、制定防范措施，对尾矿库、流经本钢厂区河流等重点部位进行全方位检查，组织开展应急预案演练，实现安全度汛。

【经济运行管理】 通过精心研究策划、科学组织实施，2018年配矿配煤共降低成本2.95亿元，其中配矿2.33亿元，配煤0.62亿元。配矿方面：坚持推进低价料消耗，全年消耗低价料263.60万吨；通过市场分析与研判，协调国贸公司，在市场低价时择机采购17万吨卡粉、10万吨PB块。采购10万吨南非块替代国内球团。配煤方面：持续开展配煤技术研究，合理调整配煤结构，在保证焦炭质量前提下实现经济保供。利用板材高炉年修有利时机，积极组织板材焦化厂焦三车间为北营生产小高炉焦炭 50.57 万吨；跟踪焦煤市场价格，国贸公司以低于国内炼焦煤价格择机采购 9 万吨进口 1/3 焦煤、8.5 万吨进口主焦煤；积极开展低价煤消耗，全年板材公司增加消耗低价煤 50.40 万吨，北营公司增加消耗低价煤 33.94 万吨。

【港途耗管理】 全年港途耗率完成 0.5%，降低金额 7496 万元。其中港耗率为 0.28%，比计划降 0.27%；途耗率为 0.75%，比计划降 0.45%。港耗方面：协调各港口对大宗原燃料场地及排水沟进行清理，加强现场管理，减少港口损耗共计 1000 余吨。督促大连港、丹东港定期对料斗秤进行自检，确保出港数据准确，为港耗数据准确分析提供支持。对丹东港、营口港堆存的 1500 余吨废钢仓底渣土回运、磁选、使用，创效 33 万元。途耗方面：对各矿亏吨重车停留标准进行梳理。全年共计停留 10 次，停留 246 车，涉及亏量 643.33 吨，挽回损失 77 万元；对龙煤、沈煤采用超控制指标不予结算的方式来控制途耗产生。全年共计完成索赔额 640 万元，同比增加 68 万元。

【生产计划】 全年合同下达总量 1500.14 万吨，完成 1481.57 万吨，合同交付率 98.76%。汽车板合同下达 164.21 万吨，完成 163.05 万吨，合同交付率 99.29%。重点品种钢合同下达 188.57 万吨，完成 186.68 万吨。出口合同下达 379.66 万吨，完成 375.19 万吨。充分发挥生产计划集中管理的优势，强化生产计划执行功能，积极推进合同归并生产工作。根据冷轧 5 条镀锌产线不同的产品结构，对其订单进行整合优化，对 DDQV 等家电品种的产能释放，起到了积极的促进作用。全年共计改判无合同坯料 6.9 万吨，有效地降低了坯料库存，减少了资金占用和非计划产品。在炼钢工序，努力做好铁、钢平衡，以保证铁水完全消化；热轧和冷轧工序全力保证各条产线运行稳定，实现稳产高产。通过削减库存指标，加强管理考核等一系列方式方法，使得产成品库存下降 9.9 万吨，减少存货资金占用 2.77 亿元。

【产品设计管理】 2018 年，重点围绕顾客技术、合同评审、质量设计、过程管控几个方面开展工作。1. 以重点合同为切入点着手开展顾客特殊特性识别、建立重点客户档案工作。通过走访、技术交流识别顾客需求，将顾客特殊需求转化为产品质量设计，通过生产过程管控实现质量设计要求，产品质量、服务质量达到顾客满意。2. 围绕炼钢工序炼成率、热轧冷轧工序轧成率开展统计分析，查找影响指标因素、组织立项攻关；围绕热轧、冷轧产品机能窄带控制开展专题攻关工作；围绕汽车板一贯制控制点开展统计分析工作，对影响汽车板产成率的主要因素组织改进攻关；围绕常规产品组织过程能力控制分析，实现产品质量稳定。

【原料质量管理】 严把外购原料质量关，强化制度规范。重新梳理、修订《本钢集团有限公司外购用生产物料质量管理办法》，对管理职责进行重新划分，细化采购、使用过程等方面质量管控。10 月，下发《关于全面取消外购生产用物料让步接收》的通知，对外购生产用物料全面取消让步接收。全年铁前外购煤合计 1357.70 万吨，外购地方铁精矿粉、菱镁石、石灰石等合计 402.89 万吨，对应 5 项质量考核指标均完成考核计划。3 月凯嘉部分批次硫分严重超标，及时做停发处理；9 月沈煤集团煤硫分出现波动，积极与焦化厂进行沟通做好应对措施；

港口回运炼焦煤在卸车时发现有5批次16车表面有积水，组织相关部门查明情况并及时处理。全年共下发黄牌警告70个、停发令20个。2018年外购炼钢用合金辅料入厂检测不符合标准退货63批次，下发整改通知单39次；对外购废钢铁供货商下发整改通知单3次，返13车1船，整改后其供货质量较稳定。重新修订《本钢集团有限公司外购废钢铁质量管理规定》，对外购废钢铁实行采购、监装、验收、储存、加工、配送、使用全过程质量监督。完善合金采购、计量、检验、存储、使用的管理制度。制定了《本钢集团有限公司外购合金管理规定》，明确划分各单位管理职能及工作界限，制造部定期组织盘点储运中心及生产厂合金库存情况，对合金消耗形成动态管理，彻底取代生产厂以领带耗的管理模式。

【工序质量管理】 1. 制定《本钢集团有限公司铁前工序自产物料质量管理实施办法》和《本钢集团有限公司铁前质量预警管理制度》，强化物料生产、存储和使用过程质量管控，提高质量预警能力。将铁精矿粉硫纳入质量管控。5月南芬矿粉硫含量升高，协助开展矿山不同采场硫含量调查分析，现场调样、跟踪抽检171批次。针对铁精矿粉全铁波动问题，组织现场跟踪抽检51批次，调查原因落实责任。关注铁水磷和钛成分变化，组织开展入炉料成分调查分析。2. 为进一步强化质量考核力度，针对不符合质量标准的产品，对责任工序的产量和成本进行考核，对于重大质量问题严格按照追责办法执行。针对影响质量非计划指标完成、占比较高的常规缺陷，制定了《钢后产品质量非计划常规缺陷考核细则》，对各生产厂缺陷占比较大的几类常规缺陷设定周攻关目标，对周质量非计划常规缺陷超攻关目标的工序进行通报、考核。3. 组织对钢后各工序出厂判定流程进行详细梳理，从国贸公司下达合同后质量信息的标注，到生产时严格按照产品判定标准及生产质量信息单，用户对产品质量的特殊需求进行质检判定，一直到产品发货用户使用进行全流程的管控。完善在线表面检查仪判定后的产品检查和包装质量检查，并对产品在运输、吊装、仓储等各环节的质量管理进行详细要求，使本钢产品从订单下达到用户使用的全流程形成有效的质量管控。4. 围绕市场反馈的质量信息，开展质量改进工作，借助“销研产例会”，实现销售系统与研发系统和生产系统的无缝衔接。通过规范的信息反馈流程、质量信息传递等级、响应时间、传递内容要求等，保证市场反馈质量问题、产品认证及新品种开发等工作得到有效落实解决。

【产品质量异议】 针对集团公司内部机构的调整和职责的变化，制定了《本钢集团质量异议技术管控实施细则》，对质量异议的技术认定流程、《技术鉴定报告》的书写、异议样品的检验、驻厂服务代表的信息反馈、专项质量异议小组的管理以及责任归户、整改、考核等做出具体要求和规范规定。实行质量异议和技术服务相结合的工作方式，定期走访，搜集市场最新动态、产品使用情况及客户需求等信息。每周将有代表性的市场信息及各类质量异议通过《每周重点质量异议摘要》等形式及时反馈各工序厂、研究院，要求立即采取相应整改措施，强化产品质量控制，提升产品实物质量。2018年全年认证质量异议总量52624吨，同比增加4%。异议额2741万元，同比增加10%。全年无重大质量异议事故发生。

【质量体系运行】 年初按新版9001和

IATF16949 体系要求，重新编制了手册、程序文件，识别了 27 个 COP/SP/MP 过程，确定了 12 个职能部门的 24 个支持功能，对标准增加的新要求进行了职责划分及培训、指导，按计划开展了两次 VDA6.3 过程审核和 IATF16949：2016 体系内审；并于 5 月下旬通过德国莱茵公司为期 2 周的 IATF16949 体系换版审核。4 月通过了北京国金衡信认证公司的 ISO 9001：2015 转版审核。8 月初通过了劳氏公司为期 5 天的 CE 换证复评和 ISO 9001—2015 转版审核。

【产品质量认证】 2018 年组织完成钢协冶金产品实物质量“金杯奖”、冶金质协品质卓越产品和省名牌产品的申报工作，冷轧无取向电工钢带等 6 个产品获省名牌产品；高碳铬轴承钢获“品质卓越产品”；Cr-Mn-Ti 系列齿轮钢等 5 个产品通过钢协“金杯奖”文审等待答辩；组织完成焦化厂粗苯等 4 个产品生产许可证年度自查工作。6 月至 9 月组织通过了东风日产、上汽外板、沃尔沃汽车用钢、天津丰田汽车用钢、美的镀锌板、印度管线、泰国 TSI 认证等 9 家顾客现场产线认证工作。

【质量改进工作】 完成了第十二期六西格玛项目的跟踪评审工作，组织第十三期六西格玛黑带项目选项工作；在 2017 年度全国质量技术奖励大会暨第十五届全国六西格玛大会上，本钢有 3 个项目获得全国优秀六西格玛项目并受到了表彰。2018 年注册 QC 项目 70 项，4 月组织 124 人进行了 QC 小组组长、推进员和骨干的培训。组织完成 2017 年注册成果评审，共评选出 70 项优秀 QC 项目和 43 个优秀质量信得过班组。

【标准管理】 完善本钢产品标准管理体系，编制《2018 年本钢产品企业标准制修订计划》，对 91 项标准进行制修订。本钢负责起草的《硅铁碳含量的测定　红外线吸收法》等 3 项标准通过国家相关标准化技术委员会审定。对外合作项目“国外标准研究及转化”通过验收；完善公司钢产品国外标准数据库；确定冷热板带产品国外标准查新与跟踪明细；完成《热轧板材产品国外标准汇编》等 3 个汇编的整理、编辑；编制《中外钢牌号表示方法》；完成 30 项试验方法的对比和差异性分析及《国内外试验方法对比手册》编制工作。

【运输管理】 1. 按照集团公司生产经营总要求，克服外部运输不利条件，协调内部各运输环节，坚持“保产优先”的原则，全面完成集团公司运输物流各项主要指标。全年接卸原燃料路局车 53.6 万辆，日均接卸 1468 辆。组织专组调运 5027 组；发送钢材类产品 201638 车、水渣 43692 车、其他类 16935 车，保证了公司产品外发；港口原燃料回运量 1456.03 万吨，日均回运量 3.99 万吨；组织公路运输 2188 万吨，其中板材 1547 万吨、矿业公司 271 万吨、北营公司 370 万吨。2. 按照《本钢集团有限公司爱车工作管理考核办法》多次组织相关单位召开专题会议，强化爱车意识，加强车辆管理，加大宣传、培训和考核，加强对装、卸、运等重要环节和易造成机车车辆损伤的岗位进行监督检查。为实现板材厂区散装物料清洁运输，于 7 月 19 日、9 月 18 日两次召开专题会议，对保证散装物料清洁运输提出了具体要求。共检查散装物料运输车辆 287 台次，处理违规车辆 13 台次（限期整改 10 辆，列入黑名单禁止入厂 3 辆）。下发了《关于开展保产外委运输企业车辆自检自查的通知》，对运输企业检查验收，检查本钢内部运输企业 23 家，考核了 11 家；进行车辆路检路查 63 辆，其中封存整改 8 辆；告知整改 46 辆；完好车辆 9 辆。3. 强化本钢集团铁路费用支付的管理和控制，进一步明确铁路费用支付项目、标准与相关要求，使付费工作标准化、制度化。2018 年铁路运费实际发生为 42 亿元，其中板材公司 9.5 亿元，北营公司 5.3 亿元，矿业公司 1.6 亿元，采购销售等其他单位 25.6 亿元。2018 年公路运输费用实际发生 21172.8 万元，其中板材公司 11398.9 万元，北营公司 4016.8 万元，矿业公司 5641.1 万元，本溪钢铁公司 116 万元，公路运输费用计划执行的准确率达到 95%。4. 强化运输管理职能，深化与铁路的沟通协作，加强路企协作，继续争取路方对本钢集团矿山专组运行、港口物资回运、产成品外发、原燃料运输等方面的运力支持和价格优惠。9 月 12 日，沈阳局铁路集团有限公司董事长单立军到本钢集团访问，双方就友好合作及本钢集团产量运量等方面进行了交流与沟通。11 月 6 日，沈阳局铁路集团有限公司副总经理李玉旦协同沈局营销中心、本溪货运中心到本钢集团访问，双方进一步加强业务上的沟通交流，推进物流的高效运作，探讨更多的合作方式和方法。在巩固路企合作基础上，积极与铁路沟通协调，通过一口价申请运价下浮 12 项，其中包含钢材、水渣、铁矿粉、石灰石和线材等品类，降低铁路运费约 21000 万元。

（阚利志）

设备管理

【概况】 本钢板材股份有限公司设备部（简称设备部）代行集团职能，按集团公司机构调整方案，设备部内部组织架构发生变化，由 7 个处室缩减为 6 个处室，原工程管理处与工程质量监督管理处合并为工程管理及质量监督管理处，并统一将处室名称更换为职能单元，即设备管理职能单元、设备运行管理职能单元、工程计划管理职能单元、工程管理及质量监督管理职能单元、工程设计管理职能单元、工程预算管理职能单元。其中设备管理职能单元、设备运行管理职能单元、工程计划管理职能单元负责集团公司设备基础管理、设备经济运行管理、设备检修管理，以及设备专项相关管理工作。

2018 年年底，设备部在籍人员 81 人，正部级 1 人、副部级 2 人、总监 5 人、高级业务师 1 人、主任业务师 21 人、专业业务师 31 人、责任业务师 20 人。其中男职工 65 人、女职工 16 人、党员 65 人、少数民族 11 人。博士研究生 1 人、硕士研究生 8 人、本科学历 58 人、大专学历 14 人。副高级工程师 34 人、中级工程师 38 人、初级工程师 9 人。

【设备基础管理】 1. 规范规章制度建设，实现设备管理提效。设备部对原 47 个集团规章制度文件进行了全面梳理，由于新增备件计划业务等原因新增制度 8 个，由于制度整合、管理简化等原因精简废除制度 14 个，经梳理整合后制度文件变更为 41 个。2. 结合设备管理评价体系，组织设备 10 个专业成立专项检查组，完成春季（5 月 8 ~ 27 日）、秋季（10 月 22 日 ~ 11 月 8 日）对板材公司、北营公司、矿业公司共计 39 家单位的两次设备大检查工作。2018 年春秋检工作在往年基础上，检查范围更广，评比更科学，专业检查更全面，工作更高效，厂矿通过积极整改，设备运行状态得到提升。3. 集团公司现有点检员 2270 人，通过培训考试，点检员持证上岗率由上年 87% 上升到 99%，点检员理论基础得到夯实。通过多轮的现场检查和指导，点检员标准化作业的情况有所改善。设备部与人力资源管理中心、辽宁冶金职业技术学院协力配合，为点检员量身制定培训课程，开展机械、电气、PLC等专业类培训8项，培训学时474小时，提高了工作技能水平。4. 设备部和规划发展部、财务部、行政管理中心对公司所有房产土地进行清查汇总，经核实集团公司在账房产6458栋，面积676.53万平方米。其中有证房产3106栋，面积410.36万平方米，无证房产3352栋，面积266.17万平方米。

【设备经济运行管理】 1. 全年，重点产线发生设备事故故障223次，同比下降62次，未发生重大设备事故。设备事故故障台时2140小时，同比增加850小时。设备故障高发区域主要集中在北营轧钢厂、板材热轧厂、板材焦化厂、板材一冷轧工序、板材能源总厂等5家单位，其事故故障台时总数为1614小时，占全公司的75%。2. 设备检修费同比增加2.13亿元，增长6.6%。设备检修费完成下达指标。全年下达备件计划20亿元，备件消耗21亿元，备件利库2亿元，完成了计划指标。3. 集团库存备件20.51亿元，利库2.08亿元，完成利库计划指标，超额0.25亿元，其中机旁含移交利库超额0.37亿元，储运中心利库欠额0.12亿元。同时，强化了备件修复、国产化、领新交旧及寿命周期管理等备件基础管理工作，取得了实效。4. 下半年，加大了对设备事故的考核力度，实行了影响生产1小时以上、4小时以上，厂内、设备部组织事故分析的事故分级管理制度，全年考核事故故障112项，对典型事故进行了问责追责。建立了“两次定修无故障”正向激励机制，充分调动一线点检员的工作主动性、积极性。自9月开始，已奖励48家单位、163条产线，嘉奖115万元，设备人员积极性显著提高，研究、解决问题的主动性增强，全集团设备运行质量明显提高。5. 设备部组织各产成品厂不断完善设备功能投入，检查梳理问题，制定整改方案，提高设备精度，减少设备问题对非计划产品的影响。2018年设备影响产品非计划总量14361吨，占比8.25%，比年初制定的攻关目标减少2439吨，同比下降824吨，其中炼钢厂、一冷工序降幅较大，热轧厂、特钢厂设备状态保持较好。

2018年8月7日板材公司新建5号高炉TRT机组投产并网发电（图片由设备部提供）

【设备检修管理】 3月15日~5月4日、6月27日~9月21日，分别完成板材公司两阶段联合检修工作；9月11日~12月3日完成北营公司联合检修工作。三阶段联合检修，共历时220天，完成检修项目14573项，投入人力25900人，共涉及56条主要产线，110多条辅助产线。1. 板材公司第一阶段联检重点解决了新1号高炉炉缸烧穿后耐材强度降低的重大安全隐患，也同步消除了板材炼钢厂转炉炉口法兰变形、1号铸机精度下降、热轧厂1880线轧机运行不稳定、焦化厂1号干熄焦钢甲腐蚀等设备隐患。2. 板材公司第二阶段联合检修以板材炼铁厂6号高炉环保大修、板材炼钢厂2号铸机改造为核心，主要解决了板材炼铁厂6号高炉粉尘排放不达标、炉役后期炉缸热流强度超限的重大安全隐患。对板材炼钢厂2号铸机实施大修改造，以满足高附加值品种钢生产需求。同步实施了3座转炉炉役修、2条热轧线年修、13条主要冷轧线年修等施工项目。3. 北营公司联合检修工作以新1号高炉年修、新2号高炉年修、1780产线年修为核心，完成检修项目3510项。重点消除了2号高炉联络管耐材脱落、转炉烟道漏水、二高线蓄热箱损坏、干熄焦炉耐材破损等重大设备隐患。

【专项管理】 1. 重点开展热缩电缆头更换、电气设备隐患普查、电缆运行安全专项整治等工作。2018年集团公司总计更换热缩电缆头913个，2019年计划再更换1230个，将基本消除电缆头安全隐患。普查1级隐患19项、2级隐患63项、3级隐患215项，并统一部署整改意见。制定19条电缆检查标准，检查出隐患158项，整改98项，不具备整改条件的列出整改规划。2. 选取部分自动化专业设备为突破口，通过开展升级改造、产线承包、外部先进队伍维保等方式，达到降低检修费用的目的。2019年计划针对施耐德PLC系统进行升级改造；以板材炼钢厂为试点，推行UPS产线承包方式，后续逐步推广至其他厂矿；积极推进表检仪维保工作，计划由宝信公司承担，目前技术协议已初步形成。3. 以油品种类优化整合为总体工作方针，开展油品污染控制培训、打破油品独家供货等工作。成立液压润滑管理专家委员会，与鞍钢主体厂矿进行对标，查找不足，改进工作思路。2019年计划建立“本钢企业标准”，为油品招标采购提供技术支持，为下一步油品整合优化、打破独家打下基础。力争2019年油品降耗10%，油品品种及品牌减少10%。4. 积极开展各类专项检查工作，规范集团公司专业管理。包括熔融金属相关设备检查、渣罐专项检查、环保设备专项检查、安全消防设施检查、工业炉窑及建筑物专项防水检查等工作。各单位积极整改，消除缺陷隐患，确保设备设施安全稳定运行。5. 针对炉窑类事故时间较长等情况，从加强故障宣贯、提高重视程度入手，通过检修质量管控、寿命周期管理、管理制度修订等方面，不断提高管理水平。对402座炉窑进行全部评估，筛选出17座炉窑一级隐患炉窑，2座正在进行修复，7座处于报废状态，其余8座已经全部列入2019年整改规划。 （阮凯兴）

工程管理

【概况】 本钢板材股份有限公司设备部（简称设备部）代行集团管理职能，是本钢集团基建技改工程的业务主管部门，负责组织、协调、监管和考核公司基建技改工程全过程管控及实施工作，是各工程项目经理部工程管理工作的监督考核部门和业务指导部门。

主要业务管理单元：工程设计管理单元、工程计划管理单元、工程预算管理单元、工程管理及质量监督管理单元。

【设计管理】 1. 集团公司的前期规划、可行性研究、初步设计阶段规划发展部统一管理，施工图设计阶段由工程设计管理单元组织实施。在前期规划、可研、初步设计阶段，工程设计管理单元全面介入、跟踪、参与确定设计原则、设计规模、建筑红线确认、总图摆布、能源介质平衡及接点位置、配套生活设施建设标准、安全消防能源职业卫生专篇等内容，并严格按照公司批准的初步设计组织开展施工图设计。2018 年组织并完成了板材公司的炼铁厂 5 号高炉喷煤系统工程、炼钢厂 1 号转炉节能环保改造、板材能源总厂配套 7 号高炉 TRT 干法除尘改造、CCPP 发电工程新建煤气柜工程、特钢厂轧机改造工程、炼钢厂新建 8 号单流铸机离线维修间等工程。北营公司 3 号焦炉大修、回转窑改造、一高线高速棒材改造、新建鱼雷罐翻铁机、300、360 平烧结机环保改造、贾选配套北营新建地矿搅拌输送工程、废钢加工仓储工程、北营钢渣处理环保改造及资源综合利用 400 平方米过渡产线、北营解冻库扩容工程等 14 项工程并投产使用。矿业公司露天矿乡村公路迁移、露天矿代家店工业场地、歪矿花岭沟铁矿、歪矿 164 米铁路站场及联络线工程、歪矿 164 米倒装站工程、歪矿尾矿工艺改造、选矿厂新建 65 吨燃煤锅炉等工程。2. 在施工图设计实施阶段，管理重点是设计优化工作，最大限度节省工程投资，从总图布置、工艺方案、设备选型的多个方面开展优化，重点对 5 号高炉节能环保改造工程、特钢电炉升级改造工程、炼钢厂新建 8 号连铸机项目、热轧厂 1700 线完善改造项目、一冷轧改造项目、发电厂 CCPP 发电项目、北营炼钢一区产能置换项目、北营 60 万吨优质高线、露天矿山下工业场地项目进行设计优化。其中总图优化方面，针对设计方案通过建构筑物布置调整、路由优化、功能减项、建筑利旧、结构形式调整等多种方式开展总图优化，措施 29 项、减投资 2 亿元；工艺优化方面，通过工序调整、工艺方案替换、工艺路线调整、参数调整、配置减项等多种方式进行工艺优化，措施 25 项，减投资 3.5 亿元；设备优化方面，通过设备选型优化、设备国产化、设备减项、设备利旧、设备节能选择等多种方式进行设备优化，41 项措施减少投资 2.8 亿万元。2018 年设计优化累计减少投资约 8.3 亿元。

【施工管理】 本钢重点技术改造工程建设基本完成了年度目标计划。2018 年集团公司在建重点改造项目共计 21 项（不含已投产收尾项目），其中板材公司 9 项、北营公司 7 项、矿业公司 4 项、集团子公司 1 项。截至 2018 年底，共完成建安报量 41228 万元，其中板材公司 19921 万元、集团公司 8899 万元、北营公司 12407 万元。在建项目中 9 项工程建成投产，板材炼铁厂 5 号高炉环保大修工程项目等 12 项工程转年建设，施工进度按照公司节点要求推进。

【工程质量管理】 2018 年，监督工程覆盖率达 100%，工程质量验收合格率 100%，重大工程质量事故为零。全年，办理工程质量监督手续 77 项，编制质量监督计划。在工程质量监督巡查、抽检、联检和专项检查过程中共发出工程质量整改通知书 6 份，工程质量罚款单 7 份，罚款 3.62 万元，质量问题全部整改合格。参加单位工程验收 87 项，审核工程质保金返还 129 项，返还金额 10971.46 万元。

【工程预算管理】 围绕提高预算审批质量、

严把建安费用中心工作，想方设法控制建安投资。全年共审批施工单位编报预算15.09亿元，削减额4.12亿元。预算审批准确率达到了98%以上，完成了公司97%的考核标准。

2018年9月19日北营回转窑改造工程投产（图片由设备部提供）

【工程计划管理】 根据集团公司下达的投资计划情况，进行工程实施阶段的计划管理，及时进行投资计划分解及费用归集编号编制；保证在建厂矿资金计划编制的及时性和准确性，体现资金流向的正确性，真正发挥资金对保证工程实施的最大效能；以建安合同年度实施计划推进项目实施，审核过程中注重投资分解质量，重大项目同在建厂矿专题研究落实具体内容和计划时间，并以季度为单位进行调整；及时完成施工单位选择，工程合同发包方式秉承“先内后外、能招不议、应招尽招”的原则择优选择施工队伍；重点改造工程决算工作作为常态化管理进行推进，主要采取两种措施推进项目决算：一是每季度一次项目决算推进大会；二是针对决算推进难度较大的特殊项目召开专题会推进。2018年集团公司共下达重点改造当年投资计划97.8亿元。其中集团公司当年计划投资3.08亿元，板材公司当年计划投资63.2亿元，北营公司当年计划投资20.53亿元，矿业公司当年计划投资10.99亿元。2018年完成投资总额21.57亿元。

【合同招议标管理】 2018年签订合同1858份，合同金额319824万元。其中检修合同1485份，合同金额92468万元；技改合同268份，金额219048万元；专项工程105份，金额8308万元。按照《本钢集团有限公司工程施工议标管理实施细则》进一步规范议标工作，本着公开公平公正的原则确定承包单位，并以合理低价确定合同价格，保障公司投资效益最大化。2018年共组织工程议标801项，计划金额6.85亿元，定标金额6.4亿元，比计划降低0.45亿元，下浮9.75%。（邹　华）

安全管理

【概况】 本钢集团有限公司安全管理监督部（简称安监部）下设综合管理、安全监察、防火监察3个管理单元。2018年年底有职工 15 人，其中部长 1 人、副部长 3 人、总监 3 人。2018 年，本钢集团按照国家、省、市的安全工作部署，坚持以问题为导向，强化全员安全教育培训，强化隐患排查和专项检查，注重安全基础工作建设，强化安全责任落实，安全生产形势总体稳定，实现安全生产较大人身、较大火灾、重大设备事故“三为零”目标。

【安全责任体系建设】 围绕集团公司安全生产工作目标，建立了以各单位行政主要领导为第一责任人，覆盖全集团的安全目标责任体系，向 3 家子公司、29 家直管单位下达了《安全生产目标考核责任书》，各单位将责任目标层层分解到了作业区、班组；集团公司修订完善了安全生产责任制度，制定《领导干部问责追责管理办法（暂行）》，对事故责任领导实施了责任追究；恢复每月安委会办公室例会和安全例会制度，实行《安委会办公室成员部门履职工作联络单》，推进管理部门对重点、难点问题的解决进度，通报集团公司各类安全生产隐患和问题，举一反三，并指导各单位开展好相关排查工作；推行了工程施工和检修项目《安全履职检查记录》，明确业主单位、施工单位各级负责人和管理人员的安全检查频次，强化安全责任落实。

【安全基础管理】 按照省安委会《关于落实企业全员安全生产责任制的实施意见的通知》，修订了集团公司安全生产责任制度，依据《本钢集团有限公司领导干部问责追责管理办法（暂行）》，发生生产安全事故，均按照暂行办法对各级领导干部严肃责任追究。进一步加强工伤事故的报告和认定，对工伤事故的报告、调查处理、级别认定和考核重新进行了明确；对发生典型、重复性事故的单位责令在调度会上做检讨发言。针对皮带防护及红料上皮带防火安全，修订下发了《带式输送机安全管理规定》，规范了皮带运行管理措施。

【安全教育培训】 按照省安委会部署，结合集团公司安全培训实际，制定下发了《本钢集团 2018 年安全生产专题培训方案》，采取集中培训、专题教育、安全会议等方式，实施了全员安全培训。2018 年对主要负责人、安全管理人员、特种作业人员培训 2000 多人次，每周组织 100 名作业长闭卷答题。在全国安全生产月期间举行了厂长、作业长、班组长为组合的大型安全知识竞赛活动；开展了安全器材使用知识、紧急救护知识培训、安全知识竞赛和文艺汇演等活动；开展案例教育等培训 120 余场次、安全技能运动会 30 场；制作 154 块展板在市政府咨询日巡展；邀请国内冶金安全专家对 180 多名主要领导进行培训；组织 1000 多名一线职工听取了安全巡回演讲；在安全生产法宣传周期间，组织 600 余名厂矿干部、职工参加的《爱的宣讲》主题活动；制作并在《本钢新闻》播放 4 期“小曹说安全”专题节目。

【职业健康体系建设】 按照省、市文件要求，结合较大危险因素识别、职业健康安全管理体系运行等工作，认真开展危险源辨识和风险评估管理，推进双重预防机制建设，对识别出的危险源进行了红、橙、黄、蓝四个等级划分。积极推进国家、省、市非煤矿山双控体系示范单位验收工作，矿业公司歪头山铁矿、南芬露天铁矿、南芬选矿厂、石灰石阎家沟小矿分别通过了国家、省、市非煤矿山示范单位审核验收；完成危险化学品企业危险源分级评估及系统录入，按照省、市安监局《危险化学品企业安全风险分级》

《制造业安全生产风险分级监管工作指导办法（试行）的通知》要求，对已识别的危险，正在逐项细化管控措施，明确逐级管理职责，保证危险源措施落实到位。以安全管理体系审核为抓手，强化安全基础管理。集团公司制定下发了《2018 年下半年职业健康安全管理体系滚动审核计划和审核要点》，以国家、省市安全生产法律法规和安全生产制度为审核标准，以落实集团公司各项安全生产专项部署和规定为审核内容，对 14 家单位安全规章制度落实、重大危险源和风险管控、安全隐患排查及整改、领导干部履行安全职责、安全教育培训、职业健康、防火安全管理、事故整改落实等情况进行了全面审核，编制下发审核报告和整改意见 14 份。

【安全生产专项整治工作】 按照省、市相关要求，结合实际下发了《集团公司安全生产重点专项整治工作方案》，并针对整治内容制定了详细的检查表。对各单位消防设施安全、电气安全、厂区道路交通、建筑施工安全、危险化学品、重大危险源、矿山安全等专项整治工作进行了检查。1. 落实各级安全生产巡查问题整改。对年初以来国家应急管理部门、省安委会通报的对全省巡查问题，组织对照排查，逐一落实整改要求；针对在本钢巡查时提出的问题，由专人负责督促逐一整改，同时就类似问题进行了检查。落实国家《关于开展钢铁企业重大生产安全事故隐患排查治理专项行动的通知》要求，制定排查工作方案，细化安全检查表，逐项逐条在全公司开展自检自查工作，共排查出隐患问题 16 项，集团公司已计划投入资金进行整改。2. 强化集团公司设备联合检修安全管理。2018 年，板材公司围绕炼铁新一号高炉和六号高炉为核心组织了大型设备联合检修，北营公司也围绕高炉开展了联合检修工作。在整个联合检修开展期间，所有业主单位能够认真组织开工前安全交底会议，同参检单位一道确认各检修作业项目风险，制定安全保障措施；施工过程中结合作业内容进行有针对性安全喊话；细化停送电等介质停送方案，严格落实联系确认制度；严肃危险介质作业、有限空间作业、动火作业、大型吊装作业等危险作业的审批管理；强化施工现场临边、孔洞防护，开关、电焊机等电气设备接线，各类气瓶防护设施和施工作业人员劳动保护佩戴等检查和考核力度；检修现场安全管理有了较大提升。检修期间，业主单位和施工单位建立履职检查记录，有效推动各级安全职责落实；共同组成联合检查组开展巡回检查，随时发现和消除隐患，及时查处违章行为。积极推进检修安全标准化试点工作，逐步实现检修作业安全管理规范化、标准化。上述措施的贯彻落实，全面提升了联合检修的安全管理水平，实现了联检期间“不伤一个人、不着一把火”的安全管理目标。3. 持续开展反“习惯违章作业和违章指挥”专项治理。制定了 2018 年反“双违”整治工作方案，在 2017 年全面排查、清理“双违”行为基础上，对照“双违”行为清单，从防护措施、电子监控等方面制定了六类控制措施，注重从本质化安全上消除和控制违章行为，并通过培训与考核等手段有效控制“双违”。制定了反“双违”工作方案，定期组织开展专项检查，针对典型违章行为召开分析会，对违章作业危害进行讨论分析，并教育全体职工。组织开展安全知识和安全技能的相关培训，并对违章作业重点人员进行专门教育，上述措施的实施使违章作业行为得到了有效控制。4. 开展防汛安全专项排查。按照集团公司防汛工作的总体部署，对防洪、泄洪及排水等设备、设施进行全面检查，组织专业队伍对采场边坡浮石及时清理，按时完成尾矿库调洪演算，防汛物资及时落实到位，并开展了相关应急演练。集团公司及各单位制定了防汛值班表，以雨为令，领导干部24小时带队值班，加大雨情、水位监测，保证了汛期安全度汛。5. 吸取国内事故教训，举一反三开展排查。吸取“6·5”本溪新龙矿业重大炸药爆炸事故教训，按照集团公司领导指示要求，成立爆炸物品专项整治小组，对炸药及爆破器材生产、储存、运输、使用、采购等全过程管理进行了一次全过程、无死角专项检查。结合国内冶金企业事故教训，开展了煤气设施及管理、钢包滑板维护管理专项排查；对有限空间管理重新进行了梳理，形成新的煤气重点风险设施和有限空间作业管控清单。

【防火安全管理】 2018年持续开展高层建筑、人员密集场所防火安全检查，重点突出消防设施、安全疏散管理、安全用火用电管理的检查；对厂内加油点进行了检查，对存在问题的加油点采取了规范管理措施，制定了固定加油点设置及加油作业规范标准。对集团公司消防设施、高压胶管防火设施、皮带防火设施、电气防火设施、氧气乙炔瓶管理等进行全面排查，共排查电气防火隐患问题515项，排查皮带1293条，液压急停控制装置和系统186个，对氧气乙炔运输、储存、使用管理进行了全面规范。

【安全隐患整改资金投入】 集团公司先后下达安全技术措施和专项隐患整改资金9188万元，用于配备安全用品及防火封堵、安全设施、大客车、煤气管道等隐患整改；投资1.65亿元对板材新一号高炉进行了全面大修，彻底消除事故隐患；发放劳动保护费用5218万元，防暑降温费用1919万元，保健津贴费用2757万元，消防安全、安全宣传及其他安全费1104万元；已组织21672人进行职业健康体检，完成了34个厂矿824个岗位的职业病危害因素检测。

（张国强）

能源管理

【概况】 本钢板材股份有限公司能源环保部（简称能源环保部）代行集团管理职能，下设能源管理单元、能源技术单元、环保管理单元、环保技术单元、监测站。2018年年底，职工总数73人，其中管理岗位8人（部长1人、副部长3人、总监4人）、业务岗位42人、技术岗位12人、操作岗位11人。高级职称21人、中级职称33人、初级职称5人、其他14人。

能源管理职责包括：能源管理制度和考核办法的制（修）订；能源中长期规划及年度计划编制；技术资料档案管理、编制；审查能源措施方案、能源监测计划的制定，参与内部能源价格审核与制订；年度能耗指标制订、实施和考核，能耗指标统计、分析；年度能措项目、合同能源项目可行性论证、实施、评价及节能后评价；能源质量管理及技术检测、能介监测与用能监察；能源综合利用和能源技术的研究推广，节能培训和能源法规、标准的宣贯；公司内能源使用和对外转供能源审批与协调管理；能源使用审核与能源设备运行监察、稽查管理，能源平衡、分配、调配及运行监督；能源事故处理、分析、纠纷裁定；公司外购水、电数量、价格、费用的审核确认与协调管理；对省市能源介质管理部门的协调管理；能源管理体系认证、内审；质量体系、安全体系、环境体系、测量体系及两化融合体系中能源系统的管理和推进工作。

【能耗指标管理】 2018年集团外购能源费用192.1亿元，其中本钢厂区118.3亿元，北营厂区73.8亿元，焦煤占比58.4%、电费22.9%、无烟煤10.6%、焦炭3.9%、烟煤1.9%、动力煤1.8%、汽柴油和水费0.5%。集团水费支出1.07亿元，比计划降低1300万元；电费支出44亿元，比计划降低3.8亿元。集团能源定额比预算降低1.3亿元，同比降低1.7亿元，其中板材降1.4亿元、北营降0.26亿元、矿业降0.06亿元。

【能源介质系统节能】 在节水方面，吨钢耗新水全年完成3.58立方米/吨；对板材DN700生活水管漏点进行了排查处理，月节水14万吨，降水费48万元；板材6号转炉净环冷却塔、1号4号RH新冷却塔建成投产；板材公司部分停运二冷轧除盐水站，由发电厂供二冷轧除盐水，增加回用中水量，外排水量由2500立方米/小时降至1200立方米/小时；板材污水外排口完成调节池施工，9月末开始投加降氨氮药剂；北营完成污水厂截流主干管河内漏点处理，解决5号口溢流问题；板材、北营厂区继续实行生活水夜间降压运行模式，每天减少生活水损失3000吨；两厂区能源总厂开始开展中水深度处理回用项目前期工作。在节电方面，通过信息沟通，充分利用本溪供电公司设备检修11次、板材66千伏线路执行月末检修扫除12次，合理调整申报最大需量3次，降低基本电费757万元；本钢厂区躲峰减少电费支出1735万元。在节气方面，结合两厂区高炉检修，板材停运5号制氧机48天，降成本500万元；北营停运3号制氧机24天，降成本122万元；板材、北营通过氧氮氩增产，对外销售液氧液氮液氩6.81万吨，创效7543.9万元；板材能源总厂完成6号制氧机大修，解决了氩气产量不足问题；板材完成6号、7号制氧机增氮改造项目，小时提高氮气产量3万立方米，缓解了氮气紧张局面，避免了4号、5号制氧机频繁启运，公司联检期间每天节电10万千瓦时。两厂区通过延长回收时间，增加用户使用量，转炉煤气回收分别完成104.3立方米/吨、103.9立方米/吨；加强煤气平衡，板材高炉、焦炉煤气放散率0.75%、0.96%，分别比计划降0.75%、0.24%。在余热利用和增发电方面，板材加强煤气平衡，保障燃气锅炉使用，焦化厂实施蒸氨工艺改造，年节约蒸汽3003万元；加快推进余热利用，循环氨水制冷、汽暖改水暖、8号9号焦炉初冷水利用、新建高温超高压锅炉、一热轧放散蒸汽利用、干熄焦锅炉升压改造、焖渣余热利用、焦化上升管余热、北营三区5号电放散蒸汽改造、板材和北营余热供暖项目等项目部分已经立项、实施、完成，部分正在完善可研材料。

【重点节能工作】 增加自发电量，板材发电厂克服新1号高炉、6号高炉联合检修等不利因素，充分利用富余煤气多发电，发电量累计完成19.37亿千瓦时，比2017年增加10447万千瓦时；5月下旬至6月日发电量持续600万千瓦时以上的高产态势，创历史最好水平；板材烧结和余热发电机组之间实现数据联通共享，为双方优化调整创造了条件，环冷烟温升高，生产连续性加强，发电量完成8760万千瓦时，同比增加1420万千瓦时，其中发电厂余能作业区一烧结发电机组日发电量增加了10万千瓦时，5月平均吨矿发电量16.5千瓦时/吨，达到了国内较好水平；北营公司根据天气情况和煤气系统运行情况及时调整发电运行方式，置换煤气用于效率更高的机组发电，日增加发电量约 50 万千瓦时；北营发电厂发电量累计完成 11.758 亿千瓦时，同比增加 1.8284 亿千瓦时。降低燃料比，2018 年板材、北营两厂区多座高炉炉缸温度升高，实行特护生产并相继大修，因低强度冶炼燃料比较高，通过组织燃料比攻关会，协调解决风温、焦炭质量、入炉品位等方面问题，为高炉降耗创造条件；利用激励手段调动高炉操作和技术人员的积极性，优化高炉操作，在不利条件下尽力降低燃料比；板材 5 号、6 号、新 1 号高炉开炉均实现迅速达产降耗、北营新 1 号炉在特护状态下基本实现了稳产顺行；集团燃料比完成 556 千克，其中板材 545 千克、北营 569 千克。

【利用政策降低成本】 充分利用直购电政策，主动与省、市经信委沟通，使马球、贾矿、热力公司等集团子公司取得了直购电资格，目前集团公司具备直购电资格 13 家单位，总资格电量 34 亿千瓦时。直购电交易电量合计 33.2 亿千瓦时，其中跨省交易 13.8 亿千瓦时，省内交易 19.4 亿千瓦时，平均电价比购供电公司低 1.3 分/千瓦时，减少电费支出 5100 万元。

【节能项目实施】 2018 年完成主要节能项目 14 项，板材能源总厂新 1 号高炉动态无功补偿装置改造，投资 140 万元，年效益 80 万元；三期节能水泵，合同额 1680 万元，年效益 840 万元；板材铁运公司电力机车斩波调速改造，投资 63 万元，年效益 16 万元；板材特钢轧钢及精锻车间照明节能改造，投资 44.5 万元，年效益 25 万元；板材能源总厂制氢车间和加压车间照明改造，投资 29.4 万元，年效益 20 万元；板材废钢厂照明改造，投资 40.6 万元；板材铁运公司 LED 节能灯具改造，投资 39 万元，年效益 18 万元；板材热连轧厂 1700 线厂房及站所室更换节能灯具，投资 46 万元，年效益 28 万元；本钢浦项酸轧机组和精整车间照明改造，投资 73.5 万元，年效益 50 万元；板材发电厂厂房照明节能改造，投资 31.9 万元，年效益 14 万元；板材能源总厂软化水站中间水池扩容改造工程，投资 96 万元；板材计控厂一二级计量仪表更新，投资 240 万元；北营转炉煤气增收项目，投资 498 万元，年效益 660 万元；北营空压机节能改造，合同额 1965 万元，年效益 890 万元。

【基础能源管理】 完善能源日报，实现能源消耗数据日分析，对能源问题及时发现及时解决，提高了能源过程管理的时效性。对低产期各工序能源经济运行进行了全方位的督促检查，有效降低了动力消耗，动力定额比预算降低 2.78 亿元；6 月吨钢综合能耗达到 591 千克，创历史最好水平。开展能源体系建设工作，组织了体系内审，覆盖 30 家单位，完成 3 项不符合和 63 项一般问题的整改；通过了体系外审，审核存在主要问题是：主要耗能、设备设施的工艺技术操作规程执行不到位，部分规程没有结合工艺、设备变化情况及时调整，查出的问题均已整改。完善能源计量工作，板材公司投资 240 万元完善一、二级计量仪表，确保配备率达到 100%，投资 1200 万元完善北营一、二级计量仪表，投资 907 万元完善炼铁、焦化、发电、二冷四家单位的三级计量仪表，为 2019 年按表量核定指标创造条件；对集团一级计量仪表进行了逐点排查，对存在的问题进行了整改；推进本钢能源计量管理提升项目，完成了对自身现状的摸底和识别；配合计控厂完成测量管理体系的建立。在“三供摘转”方面，供暖摘转工作全面完成，完成了田师付和郑家地区居民供暖、歪头山居民和生产区域供暖的摘转；供电摘转歪头山及市区等16个区域预计2019年5月全部完成；供水摘转完成田师付黏土矿、六地区居民供水摘转，歪头山地区摘转已完成协议签订，2019年5月31日完成供水职能移交。

（马广强）

环保管理

【概况】 2018年年底，本钢板材股份有限公司能源环保部（简称能源环保部）代行集团管理职能，职工总数73人，其中管理岗位8人（部长1人、副部长3人、总监4人）、业务岗位42人、技术岗位12人、操作岗位11人。高级职称21人、中级职称33人、初级职称5人、其他14人。

环保管理职责包括：负责建立与完善公司环保管理体系，制定相关规章制度和业务流程。对公司所属单位环保工作进行指导、监督、检查和考核。负责编制公司中长期环保规划和年度环保工作计划。负责公司环境管理体系认证及运行管理工作，定期组织内部评审。负责公司建设项目环境影响评价，督促评审意见落实，组织后续验收工作。负责环保技术推广应用，组织公司环保措施项目的立项审查，督促立项和实施，参与项目实施效果后评价。负责环保法律、法规、标准的宣贯和培训工作。负责公司环保项目外部补助资金的申请，并监督项目实施。负责公司环境应急预案管理，参与突发事故的调查和处置；负责重污染天气应急响应的综合管理。负责公司环境统计、排污许可、环保税和清洁生产审核以及碳排放管理。负责制定公司环境监测计划，负责环保设施运行的监督管理。负责公司危险废物及辐射安全的综合管理。负责公司厂容绿化工作的综合管理。

【环保工程建设】 2018年本钢集团累计投资28.79亿元，开展86项重点节能环保治理工程。实施完成板材炼钢厂1号转炉节能环保改造，板材炼铁厂1号高炉环保改造，板材炼铁厂6号高炉环保改造，北营炼铁厂300、360烧结机环保改造和矿业公司石灰石矿竖窑原料C系统除尘器改造等重点环保治理项目；完成本钢能环智能管理平台建成，部分功能已上线进入试用阶段。

【环评和水保】 环评工作：完成了板材特钢轧机改造初轧机工程、板材6号高炉干法除尘及TRT改造、北营一高线高速棒材改造、北营矿业841作业区锅炉改造、矿业公司新建花岭沟铁矿及南芬主城区燃煤锅炉环保改造（一期）等建设项目环保验收工作；完成了板材发电厂三电车间热电联产改造、板材冷轧高强钢改造及三冷轧热镀锌生产线项目环保验收工作。水保工作：完成了阎家沟石灰石矿、辽阳贾家堡铁矿露天开采、辽阳贾家堡铁矿选矿及马耳岭选矿等4个项目水保验收工作，其水土保持方案通过省水利厅审批。

【环保设施】 2018年本钢集团废气处理设施647台套，其中板材公司177台（套）、北营公司160台（套）、矿业274台（套）、本钢公司32台套、北钢公司4台（套）；大气自动在线监控设施126台套；污染源自动在线监控设施共138套，其中本钢厂区87套、北营厂区51套。

【大气污染防治】 完成了板材炼铁厂1号高炉出铁场、矿槽除尘器褶皱布袋改造、板材发电厂锅炉电袋除尘器及脱硫简易喷氨水装置脱硝、北营炼铁厂烧结机头四电场除尘、烧结机尾布袋除尘器改造等项目。同时对料场料堆周围建设抑尘网、实施苫盖和喷淋等措施，降低其二次扬尘，有效改善了厂区空气质量。

【水污染防治】 2018 年，本钢集团 17 座污水处理站安装完成 12 套在线自动监控设施，通过在线监控和日常水质监测，及时进行水处理系统调整。板材能源总厂污水处理厂外排口新增加药系统，保证了外排水水质稳定达标。

【噪声污染防治】 完成北营发电厂三区噪声治理工程建设，有效降低噪声排放。其他单位采取各种降噪措施，有效控制了噪声扰民事件的发生。

【固体废弃物利用】 回收、外售冶炼废物 8218629.33 吨；外卖、利用粉煤灰 84923.538 吨、锅炉渣 32154.084 吨；外卖处置脱硫石膏 126797.66 吨；外卖锌锭 3056.9 吨；回收利用氧化铁皮 404204.46 吨、无机废水污泥 142690.99 吨、生物脱氮污泥 1933.316 吨、工业粉尘 908389.84 吨；安全处置尾矿 13485766.14 吨，综合利用尾矿 63504 吨。

【环境信访】 积极处理并协调解决各类环境信访事件。上半年对中央环保督查的 15 件信访问题全部完成整改，下半年集中对中央环保督查组“回头看”和东北督查局检查过程中涉及信访的 18 个问题，已经全部按照要求落实整改。

【环境统计】 本钢集团主要污染物排放量：COD 521.60 吨、氨氮 222.94 吨、二氧化硫 9699.74 吨、氮氧化物 24182.12 吨、烟（粉）尘 54959.78 吨。

【环保税】 2018 年本钢集团共缴纳环保税 5354.5966 万元，其中板材公司 2694.5015 万元、北营公司 2302.0132 万元、矿业公司 133.5221 万元、本钢公司 90.7146 万元。

【辐射安全管理】 全年共有放射源 98 枚，其中Ⅲ源 1 枚、Ⅳ源 59 枚、Ⅴ源 38 枚。其中板材公司 46 枚、矿业公司 25 枚、北钢公司 1 枚、北营公司 26 枚。共有射线装置 61 台，其中板材公司 42 台、本钢公司 11 台、北营公司 8 台。

【危险废物管理】 全年共产生废矿物油（HW08 含油泥）3063.803 吨，委托处置 1397.77 吨、储存 1666.033 吨；产生精（蒸）馏残渣（HW11）焦油渣 5406.14 吨，与炼焦煤混合生产型煤，配煤炼焦；脱硫废液 30727.94 吨，全部用于提盐工艺处置；煤焦油 246287 吨，用于深加工生产蒽油、洗油等产品或外卖；废树脂（HW13）委托处置 35.64 吨，累计储存 114.165 吨（含 2017 年储存量）；废定显影液储存 0.2 吨；产生含铬污泥（HW21）334.88 吨，委托处置 365.5 吨（含 2017 年储存量 40 吨），储存 20.105 吨（含 2017 年储存量）；其他废物（HW49）：废蓄电池委托处置 248.97 吨、储存 40.789 吨；废滤布累计储存 283.6 吨；废化学药品包装物累计储存 2.038 吨；废化学药品累计储存 3.784 吨；废墨盒累计储存 0.1 吨；废油桶产生 619.68 吨（处置 578.456 吨，储存 41.224 吨），处置方式为打包压块作为炼钢原料。

【环境管理体系认证】 按照公司推进实施质

量/环境/职业健康安全管理体系整合认证审核工作要求，持续有效地改进环境管理体系。对体系内各单位进行 2018 年质量/环境/职业健康安全管理体系内部审核。经跟踪验证，各单位均能认真分析存在问题，并实施了纠正预防措施，整改基本有效。

【碳排放】 2018 年 3 月完成本钢集团 2016 年度和 2017 年度碳排放核算工作，并于 4 月通过了辽宁省发改委第三方机构现场核查。

【环境监测】 本钢厂区：全年共取得污染源手工监测数据 6333 个，其中烟气点位 172 个，取得监测数据 1842 个；大气降尘点位 27 个，取得监测数据 324 个；厂界噪声监测点位 5 个，取得监测数据 160 个；废水监测点位 20 个，取得监测数据 3660 个；各项临时监测数据 347 个。全年取得环境空气质量自动监测数据 52560 个。北营厂区：固定污染源监测点位 79 个，取得监测数据 642 个；大气降尘点 8 个，取得监测数据 96 个；无组织排放点位 19 个，取得监测数据 152 个；厂界噪声点位 4 个，取得监测数据 128 个；废水常规取样点位 16 个，取得监测数据 17980 个。

【厂容绿化及设施管理】 2018 年本钢集团厂容绿化建设总投资 2119 万元，栽植各类乔木 98560 株，栽植灌木 90982 万株，花灌木 11548 墩，草坪 30300 平方米；完成新建道路 18050 平方米，维修道路及硬质铺装 159120 余平方米，新建及修缮路沿石 4414 余米。全年粉饰厂房及设施 8 万余平方米，清理各类垃圾 110 余车 800 余吨，购买爱卫药品 4 万余元。 （张爱敏　刘娜娜）

营销管理

【概况】 本钢集团公司营销体系承担集团公司各分、子公司生产的各类钢材产品、焦化副产品、液态气体产品以及各类冶金渣、可利用材及废旧物资的市场开发、内外贸销售及售后服务工作；承担集团公司设备、大宗原燃材料的进口采购，以及对外劳务输出、工程承包、技术引进等工作；还承担集团公司海运业务归口管理、销售分（子）公司管理、开展期货业务等工作。本钢营销体系现有职工 560 人，其中国贸公司（含国贸腾达公司）337 人、板材销售中心 193 人、北台大连进出口公司 23 人、本钢浦项销售部 7 人。

营销体系总部设立出口市场销售部、出口计划执行部、进口部、热轧产品销售部、冷轧产品销售部、冷轧专用钢销售部、长材销售部、特殊钢销售部、不锈钢销售部、铸管销售部、营销管理部、商贸部、物流事业部、客户服务部、综合管理部、非钢产品销售部、期货贸易部共 17 个业务职能部门。在上海、广东、江苏、福建、重庆、天津、山东、本溪、沈阳、长春、黑龙江、香港地区、美国、德国、韩国、越南等地设立贸易分公司。

【指标完成】 2018 年国贸公司实现钢材销售 1570.4 万吨，内贸 1164.4 万吨、出口 405.9 万吨；销售收入 605.6 亿元（不含对本浦销售及非钢产品销售），出口创汇 25.3 亿美元；增利 25.69 亿元，其中内贸 18.85 亿元、出口 6.84 亿元。各类产品增利完成情况：热轧产品：增利 7.05 亿元，同比增加 22.40%。冷系产品：增利 8.06 亿元，同比下降 27.12%，其中冷轧卷板增利 4.05 亿元，同比下降 20.43%；镀锌产品增利 2.53 亿元，同比下降 34.46%；酸洗产品增利 1.18 亿元，同比下降 16.90%；冷硬产品增利 1221 万元，同比下降 42.32%；硅钢产品增利 1886 万元，同比下降 59.69%。特钢产品：增利 1.86 亿元，同比下降 22.50%。长材产品：增利 1.88 亿元，同比下降 3.59%。出口产品：增利 6.84 亿元，同比下降 10%。

【价格管理】 及时了解国内外宏观经济状况，分析国内外钢材市场形势，及时掌握钢材市场价格变化，钢厂价格调整情况，定期测算用户盈亏及做好盈亏测算报表和钢厂价格对比报表，为价格政策制定提供科学、准确、合理的参考依据。对本钢生产的各品种钢材进行每日市场价格信息及网站价格信息采集工作，形成各品种市场价格走势基础数据库；通过走访市场、钢厂，定期收集、整理境内外分公司反馈的市场信息，定期编撰《市场行情分析》，为领导决策提供可靠依据。不断完善和夯实价格及信息管理的基础工作。

【品种钢开发】 1. 热轧产品：新开发热轧轴承钢 SNCM220MA 及低温用热轧结构钢 S355ML 两个钢种。2. 冷轧产品：加大技术营销力度，积极参与主机厂新项目、新车型、新产品开发，有效推进了产品认证等相关工作。全年完成认证通过牌号吉利汽车 14 个，上通五菱 16 个，奔驰 15 个，法雷奥 4 个，上海汇众 3 个，通用 2 个，神龙汽车、江铃汽车、富维车轮、威斯特各 1 个，共计 58 个，其中部分产品为首次通过戴姆勒奔驰和上汽通用五菱认证。完成天津丰田、美的集团、海信集团对本浦的产线的审核。新开发钢种 20 个。国贸公司克服产线品种受限及竞争加剧等困难，全年实现汽车板销量 164 万吨，同比增长 1%。3. 特钢产品：2018 年开发低合金超高强度电渣钢 45CrNiMoVA、浙江三基用高标轴承钢 GCr15-J、长城汽车用钢 20CrMnTiH2 等 9 个新品种；开发浙江三基、山东温岭精锻等 4 家新用户；军品 58SiMn115 方获得军方合格供应方资格。4. 长材产品：2018 年发放新钢种 11 个，其中轴承钢 1 个——35Si2Mn；汽车用钢 7 个——SAE1010-BK、BTQ400BK、BGHS380、BGHJ400、BG300BK、BG900BK、BG1000BK，其中 BGHS380 完成实验性订货。低碳拉丝材 3 个——BGLB06-S、BGLB06-N、BGHJ400，实现商务合同批量订货。

【物流管理】 以本钢大物流战略为核心，本着服务销售工作、服务用户，利用资源优势，不断提高物流效率及服务质量，同时有效降低港耗及海运成本。2018 年国贸公司全年共计完成转港产品 1127 万吨，其中内贸产品 727 万吨，出口外贸出口装船量 400 万吨（CFR110 万吨），完成原、燃材料及废钢到港量 1532 万吨。1. 成本方面：在充分保证质量、效率的前提下，利用资源优势，加强同港口谈判力度，优化港口资源分配；强化港耗管理工作；加强铁路运价下浮洽谈；为集团降本增利 1.08 亿元人民币。实现内贸海运价格的模型化，确保价格客观、科学，有效应对航运市场变动导致的物流风险。2. 效率方面：针对辽宁港口货量大幅增长、效率下降的情况，定期评估各启运港效率情况，每月科学分配启运港资源，保证整体转港效率优于同类钢厂。出口 CFR 产品集港至释放提单时间缩短至平均 4 天左右，提高结汇效率。3. 创新工作：物流信息化方面，实现产品标签的全面升级，实现大连港、营口港的扫码出入库工作，提升转港效率。试运行内贸产品集装箱运输，完善流程，为2019年全面推行冷轧产品集装箱运输打好基础。4. 安全方面：全面推行冷轧产品防护垫确保货物安全。同时通过谈判，完成营口铁龙库仓储改造。

【客户服务】 2018年共处理产品异议7084笔，同比增加32%；共处理异议产品总量60491吨，同比增加12%。本钢产品质量投诉的变化与汽车、家电等品种钢订单的逐步增量成正比，表面及板型类质量问题占比较大，用户单笔投诉数量小且地点分散。针对实际状况，国贸公司快速调整工作方向。1. 异议处理：加强制度建设，完善、健全异议处理相关制度；推广客户服务电子商务平台，做到异议处理在线管理；推进异议处理区域化管理，实现区域内人员合理调配；与欧冶积极合作，实现线上处理异议；针对重点直供用户，授权驻厂服务代表现场处理异议。2. 技术服务：协调欧冶《知钢-本钢版》上线，有效提供技术服务支撑；重新修订《本钢国贸公司驻厂服务管理办法》，进一步明确管理职责、工作流程；合理调配驻厂服务人员，重点用户采取个性化服务。通过完善客户服务工作流程、拓展电子商务服务、创新对外服务窗口等措施，进一步加强了异议处理和技术服务两方面工作，大幅缩短异议处理周期，不断提升客户满意度，较好地了解决客户反馈的各种实际问题，赢得了客户的称赞。

【反倾销管理】 及时了解和跟踪本钢出口产品到目的国家的贸易救济案件预警工作，对发起“反倾销、反补贴”及“保障措施”等贸易救济案件是否应诉及时响应，及时与国家商务部、钢铁协会及各涉及的国内同类钢铁企业进行有效的信息交流。组织和协调与案件相关的集团公司各级部门，配合代理律师做好应诉问卷及相应补充问卷的填报和提交工作，推进与案件相关的各项工作顺利进行。组织协调集团公司各相关部门和人员参与实地核查工作，做好核查前的准备和接待工作，推进现场核查工作的一切顺行，确保核查取得圆满效果，为本钢产品出口市场保驾护航。2018年参与反倾销应诉的案件有：马来西亚镀锌反倾销调查、马来西亚热轧/冷轧复审反倾销调查、加拿大耐腐蚀钢反倾销调查；参与中国钢铁协会组织的保障措施调查的案件有：欧盟钢铁保障措施调查，土耳其钢铁保障措施调查，特别是2018年初本钢积极参与应诉了美国发起的，针对中国钢铁国际贸易的337调查，并最终取得美国全面撤诉的重大胜利。

【分公司管理】 加强分公司日常管理和风险防范工作，以“强化责任，细化管理”为方针，制定、修订分公司各项管理制度，从合同、仓储、物流、销售、财务、日常管理等多方面，规范分公司经营活动，完善分公司管理制度。建立境内外分公司周视频工作汇报制度，形成总部与分公司互联互通，及时反馈市场、用户及需要总部解决的问题等方面的信息。分公司根据自身经营特点，并依据相关的管理制度要求，细化分公司内部管理制度，管理制度贯穿分公司全部业务流程，并突出各个流程节点的审核、监管。为有效规避分公司货物仓储风险，2018年分公司45家仓库全部切换到欧冶物流公司监管仓库。2018年分公司累计期货订货571万吨，其中境内分公司452万吨，占内贸订货比重41.05%；境外分公司119万吨，占外贸订货比重28.74%。全年内贸分公司累计实现利润8688万元，同比增长8.18%；

境外公司实现毛利 302 万美元，与 2017 年同期基本持平。分公司现货 2018 年实现电商平台各品种钢材销售 65.57 万吨，相比 2017 年全年销售 4.13 万吨，增长近 15 倍。电商平台用户 1930 家，相比 2017 年 446 家新增加用户 1484 家，增长超过 3 倍。

【风险管控】 按照集团公司的整体工作部署，国贸公司在 2018 年继续强化制度建设，夯实风险管控机制，建立健全管理制度体系，进一步规范了业务流程，明确了职责权限，保障了各项工作有序开展。强化制度建设，制订了议价合同准则及制度，所有议价合同均实现正增利。本年度编制完成了《国贸公司规章制度汇编》，涉及各项业务管理等 105 项制度，并完成职工评价考核制度。此外，国贸公司召开分公司风险防控大会，提高全员风险防范意识，并充分利用第四方物流服务平台（欧冶云仓）加强仓储管理，做到线上跟踪、线下保障，安全监管，安全可靠。利用欧冶云商交易平台实现线上交易，降低交易风险。组织对分公司开展五批次专项巡视，对重点业务及关键岗位覆盖率达到 100%，有效防范经营风险。

【招投标工作和供应商管理】 2018 年，国贸公司进口部通过紧跟市场走势、加强市场研判、强化内部管理和做好沟通协调，不断提高工作效率和工作水平，较好地完成了保供、降本、创效等工作，进口部采购签约总量 116.11 亿元，实现经济运行增利、降低采购成本 4.27 亿元。（贺　聪）

采购管理

【概况】 本钢板材股份有限公司采购中心（简称采购中心）代行集团公司采购管理职能，不断优化采购模式，提升了采购管理水平。

【公开招标】 积极配合招标公司开展公开招标工作，从 2018 年 3 月开始组织全员培训，按照招标公司要求进行采购方案编制等全方位培训，逐步扩大公开招标招标品种，到 8 月，实现全部招标品种的公开招标。同时，拓展供应商开发渠道，引入有竞争力的供应商参与招标，有效降低了采购成本。从 7 月至 11 月末，报招标公司招标案 2580 项，金额 51.3 亿元，占下半年采购总额 72 亿元的 71.25%，占具备招标条件物资采购额 58.65 亿元的 87.47%，完成具备招标条件的 30%~50%招标比例的公司要求。招标公司已完成招标案 1540 项，金额 24.99 亿元。

【对标管理】 按照“走出去、请进来”工作思路，建立了对标管理机制，重点开展了对首钢、鞍钢、东北特钢的废钢定价模式、采购料型及采购价格等方面进行对标。通过对比找出各钢厂之间废钢采购过程中存在的差异，并结合本钢现状制定改进的方案及措施，实现了废钢中标价的显著降低。特别是 2018 年二季度，通过招标方式的改变，与前期磋商降价相比，实现了中标价降幅达到 4.6%，与以前招标方式比较降低成本 2300 万元。

【供应商管理】 结合集团公司机构变化情况，快速调整优化供应商管理流程，实现了职能和业务平稳过渡。按照风险可控、高效、可操作的原则，对原来供应商管理相关办法和制度进行了整合、修订和重新编制，形成了《本钢集团公司供应商管理办法》，同时建立了供应商开发机制，拓展开发渠道和方式，制定了《供应商开发实施细则》《供应商准入实施细则》，为快速引入优质供应商，不断优化供应商结构提供支持；构建开放式供应商准入评审新机制，实施潜在供应商、注册供应商、合格供应商三级管理模式，积极开发引入新的有实力的供应商，为保供降本奠定基础。

【质量管理】 加强质量事前预防和事中管控，实施质量延伸管理，提升了供方质量保证能力和过程质量管理水平，保证集团公司生产顺行和产品质量达标。组织开展专项监督抽查工作，全年对外购产品进行了1255个批次的抽查，其中备件外观质量、生产商资质、材质抽查1119个批次，对异议出现频次较高的劳保、工具类等16个品种开展专项抽查136批次，共发现问题6项，已全部处理；实施质量延伸管理，追踪发生质量异议根源，并对出现异议的供应商加大考核力度，完成了各类物资质量异议的处理工作。全年，针对质量问题进行扣款及索赔共计3802万元，其中大宗原燃料完成结算扣款及质量索赔3759万元；备件辅料与供应商签订扣款协议，扣款金额43万元。另外，受理外购物料异议951笔，处理结案904笔，挽回经济损失3028万元。

【途耗管理】 按照月结算及时反馈、及时索赔的管理思路。按月信息反馈并对重点用户进行走访，组织公司相关部门与山焦、龙煤集团等大型国有煤矿就检斤、化验情况进行跟踪比对和技术交流，敦促对方加强质计量管理，同时采取重车停留制度、预结算制度以及修改合同条款控制水分亏吨等措施全力降低途耗。2018年，港途耗率实际完成0.74%，港途耗金额8881万元。扣除车损因素1.2%，实际港途耗率盈0.40%；港途耗金额盈4581万元，完成途耗索赔640万元。

（张洪雪　孙玉娟）

招标管理

【概况】 本钢招标有限公司（简称招标公司）是由本钢集团有限公司出资设立的全资子公司，于2017年12月15日正式注册成立，注册资本金5000万元，主要负责本钢集团招标采购归口管理和业务实施。招标公司坚持秉持“公开、公正、公平、诚信”的招标原则和“一流服务、一流质量、一流效率、一流信誉”的企业精神，实现全流程“阳光、降本、安全、高效”电子化网上招投标。招标公司下设营运管理部、原燃材料招标部、设备备件招标部、工程招标部、国际招标部、财务室6个部室。2018年年底在籍员工28人，党员19人，全部为全日制大学本科及以上学历，其中高级技术职称8人、中级技术职称17人、国家注册职业（执业）资格8人。

【营运管理】 1. 建立健全本钢集团招标采购管理制度体系，完善业务流程。制定发布《本钢集团有限公司招标采购管理办法》《本钢集团有限公司投标方管理实施办法》《本钢集团有限公司评标专家管理办法》等7项招标采购管理制度；组织编制服务、工程、设备备件、原燃材料、机电产品国际招标采购技术规范5大类、11项；梳理完善《招标公司党员管理工作细则》《招标公司员工管理办法》等内部基础管理性规范文件11项。2. 为建设一支“廉洁高效、能力突出、业务精湛、技术过硬”的高素质招标队伍，通过聘请外部专家授课、组织专业培训、内部业务交流、实践经验总结、熟悉掌握法规等多种形式，开展员工教育培训，提高员工岗位技能；通过发布实施《本钢招标有限公司劳动纪律管理规定》《本钢招标有限公司员工行为规范》等内部运营管理制度，加强员工管理工作；组织全体员工签订《本钢招标有限公司廉洁从业承诺书》，保证招标采购工作公正廉洁，维护招标公司形象。

2018 年 6 月 8 日，“本钢招标采购平台建设项目”项目上线启动仪式（罗浩　摄）

【招标管理】 招标公司按照采购组织要求和工作职责，参与招标采购项目前期策划，受理和审核优化招标采购方案，编制招标采购文件，发布招标采购信息，组建评标/评审委员会，组织开标、评标/评审，编制评标/评审报告，发布中标/成交通知书，处理招标采购异议，归档招标采购资料。截至 2018 年年底，招标公司共接收采购组织招标采购委托 3458 项，计划招标金额 69. 54 亿元；完成采购委托 2265 项，中标金额 32. 1 亿元，降采 2. 02 亿元；转直采 166 项，转直采计划金额 0. 76 亿元。公开采购占比 90. 6%，切实履行招标职责，规范采购行为、降低采购成本的目标初见成效。

【交易平台管理】 为了打造国内一流的电子招投标平台，以实现集团公司规划的公开招标常态化、系统操作程序化、采购环节阳光化的目标，在对国内电子招投标行业充分调研的基础上，开发建设了本钢集团电子招标采购交易平台，已开发完成了公开/邀请招标、公开/邀请询比、直接/谈判采购、公开/邀请竞价、直接采购等 5 类 11 种招标方式。2018 年 5 月 3 日，本钢集团电子招标采购交易平台正式上线运行，实施了本钢集团公司历史上第一单电子招投标业务。持续推进招标平台建设，通过招标平台数据沉淀，提供多维度招标业务数据的统计和分析，将招标平台打造成既是招标采购的业务平台，也是信息集成平台，满足操作层、管理层、决策层的各层级需求。

【评标专家管理】 为保证招标采购工作公正、有序、规范进行，根据《本钢集团有限公司评标专家管理实施办法（暂行）》，招标公司于 2018 年正式组建评标专家库。经过基层单位推荐报名和主管部门审核把关，招标公司资格审核和专业评审，遴选第一批评标专家871人入库。推荐61名具备副高级以上职称的专业技术人员在中国国际招标网注册成为国际招标项目评标专家，为本钢的国际招标项目开展提供技术支撑。对已经入库的专家将定期开展培训，进行动态考核管理，努力打造一支高技能、高素质的评标专家团队。

【投标方管理】 招标公司上线运行以来，努力以公开、公平、公正的招投标环境吸引优质投标方的参与，通过中国公共招标服务平台、中国采购与招标网等平台接口，发布招投标信息，通过信息媒体手段开发招标公司电子导览系统，展示招标公司对外形象。截至2018年年底，新增注册潜在投标方2605家，参与投标2242项次。其中，264家投标方成功中标，转为本钢网内合格供应商。同时，为维护健康有序的投标环境，对投标方的投标行为进行严格的过程监管，共处罚涉嫌串标围标的投标方64家。

（陈　莉　王晓婷）

信息化工作

【概况】 本钢板材股份有限公司信息化中心（简称信息化中心）代行集团公司信息化管理职能，负责信息化综合管理、信息化系统运行和维护、信息化规划及建设、应用软件开发、信息化技术应用等工作，下设综合管理组、应用开发组、系统服务组、信息自动化公司。2018年年底，中心在籍职工186人，其中管理岗19人、技术岗145人，副高级职称48人、中级职称45人。

2018年，信息化中心在保证集团公司生产经营、信息化设备设施稳定运行的基础上，围绕集团信息化发展规划，以建设智能化、数字化本钢，加快信息化技术的实施与应用，提升信息化对提高本钢生产经营水平和管理能力的支撑作用为目标，持续开展系统优化、项目建设工作，致力于用信息化、自动化技术的提升，云环境及大数据服务器的搭建，促进“两化”深度融合。

【网络平台建设】 1. 2018年各网络核心设备运转正常，各设备CPU和内存资源占用情况正常，核心网络全年零故障。截至2018年年底全公司在网计算机共13000余台。全年未发生重大信息安全事件。2. 2018年本钢集团对在线运行8年的高清视频会议系统进行系统升级，包括全部平台设备和30套终端设备及全部软终端。升级改造后，系统的服务质量和稳定性都大大提高。截至2018年年底，本钢集团高清视频会议系统共有视频会议厂级硬终端会场96个。厂矿车间级视频会议软终端会场125个。视频会议系统的使用不但大大提高了工作效率，而且也降低了办公成本。

【主机平台建设】 1. 2018年信息化系统平台整体运行平稳，全年在线运行率达到100%。2. 2018年ERP数据库数据量增长273.3GB数据。3. 本钢白楼存储扩容和OA硬件升级改造项目、本钢核心业务系统资源池升级改造项目，历时6个月，完成了服务器设备的到货、安装和调试、WMWare虚拟化环境的搭建，同时优化调整了现有设备资源，对老旧设备进行了利旧和淘汰，解决了系统资源不足和运行不稳定等问题，使系统响应速度、可扩展性、安全性得到显著提高。4. 本钢云平台管理系统一期工程为本钢电子质量证明书系统、本钢招标平台系统提供系统平台支撑，为自主开发项目和新技术的研究提供系统支撑，提高了系统的硬件部署速度、加快了系统上线周期。

【应用平台建设】 围绕集团物质流、能源流、信息流、美丽本钢以及数字矿山等五大方向，形成本钢集团信息化规划总体目标，按照九个类别进行分类管理提升。结合本钢集团信息化规划三年行动方案、落实未来五年内可实施的信息化项目，从技术上做好信息化系统升级及更新规划，保证现有系统稳定运行的前提下，加大合作开发、加大自主开发比例，2018 年应用平台建设的信息化项目有：1. 本钢电子质量证明书信息管理系统：为解决原质量证明书需要打印、邮寄方式时效性较低、异议处理人工环节多、信息反馈慢等问题，项目历时 5 个月正式上线运行，并于 2018 年 7 月 27 日正式迁移至本钢云平台。实现将“线下”邮寄产品质保书改为“线上”即时打印，用“数字化”服务打通连接用户“最后一公里”，获得用户“点赞”无数，进一步提高了用户的满意度和忠诚度。2. ERP 升级改造项目：为有效解决 ERP 系统反应慢、锁表、大量数据累积无处安放等问题，规避因软件版本低和硬件过于老旧导致的不可控风险点，项目于 2017 年 11 月正式启动，共涉及 3200 个作业，23000 支 jsp 程序的修改优化。在项目执行期间按计划顺利地完成了三次停机任务，分别完成了对主机服务器及中间件版本升级、存储扩容、数据库版本升级，提升了系统硬件资源利用率，解决 IO 瓶颈问题，提高了用户操作响应速度。3. OA 系统升级改造：为满足日常办公需要，搭建本钢集团统一的协同办公系统平台，结合目前业界最先进的平台技术，实现现有 OA 系统所有功能，并将本钢现有系统功能进行升级。结合系统硬件实际情况，达到支持 40000 注册用户、6000 在线用户、2000 并发的应用需求，实现所有流程可实时同步到移动办公系统进行审批作业，并完成相应的业务办理，提升办公效率和管理水平。4. 本钢集团电子招标平台：项目于 2018 年 2 月正式启动，5 月 2 日正式上线运行，10 月 27 日，招标系统整体成功迁移到本钢云平台上运行。该平台的实施适应了本钢招标的业务特点和招标管理要求，实现了物联网、无纸化操作，招标相关信息资源的集中统一管理和信息共享，有效支撑本钢招标公司各个业务环节严密而精细的全流程管控，从而提高工作效率、规范交易行为、提高招标采购效益。5. 本钢集团官方网站：官网升级改版是由党委宣传部、信息化中心自主开发的，经本钢集团党委常委会审议通过，并于 2018 年 4 月 3 日正式上线运行。网站重点改版了官网首页，增加了英文版内容，《今日本钢》电视和本钢集团官方微博、微信等新媒体宣传接口，升级改版后的本钢集团官方网站将全方位展现国际化企业形象及综合实力，有效畅通企业与客户认知渠道，提高企业运营效率，扩大产品影响，提升企业美誉度，成为宣传本钢集团形象的全新平台。6. 备件寿命周期管理：为实现对关键备件精细化管理，延长备件使用寿命，降低检修成本，节省备件费用，减少故障发生，该项目依托 ERP 系统进行流程新增和改造，同时借助 BI 商务智能的软硬件平台，实施开发了对 A 类备件的全过程的跟踪和寿命分析的备件寿命管理系统。2018 年系统推广应用，持续完成各类系统优化工作 32 项，深度优化了各项功能的同时，也实现了对 B 类备件的寿命跟踪和管理。项目的成功实施，规范了备件的上下机及后续全过程管理，增加了检修模型和计划编制的合理性，而且为备件管理的精细化和制度化管理提供了支撑。7. 恒亿公司信息化：根据公司经营决策，采用总承包合同中设备由恒亿公司直接采购，以实现集团内税务优惠的目的，需要在ERP实现板材与恒亿、矿业与恒亿、北营与恒亿等多账套的跨账套操作，经过财务部、设备部、信息化中心多次业务讨论完成方案设计。在不影响现有流程的基础上，完成对ERP工程系统项目模块、合同模块、报支付款流程、报表打印、取数逻辑修改等多项重要功能模块改造。8. 板材外发产副品全流程信息化管控：在制造部、保卫部、计控厂、国贸公司等相关厂矿部门的配合和支持下，实现板材共13家单位51种产副品的全流程管控。ERP线上全过程管控后，每辆车的出厂时间节约1个小时以上，并取消了原有A4纸出门证打印，减少了打印耗材和纸张的消耗，出厂更快捷，极大提升了客户的满意度；同时实现了按车精细管理、按车实时结算，减轻了业务人员工作量，提高了工作效率。9. 北营一高线改造高速棒材产线项目：根据业务部门需要，信息化中心内部销售、质量、生产、财务等多个领域经过多次分析评估，提出在系统中新增产线、库区、产品规范等内容，在一个月时间完成了程序开发及测试工作，实现了三棒材业务的全流程贯通，为三棒材业务的顺利开展提供了信息化的支撑。10. 二冷委托三冷加工流程：为提高本钢板材公司O5汽车板（东风日产、本瑞通等）供货质量，确定二冷委托三冷加工流程，组织销售、质量、生产领域进行程序开发，通过对多产线多制程的智能验证开发，生产跨厂区生产流通的打通，实现本钢汽车板产品跨厂区、跨产线的组织生产模式。11. 港口EDI交互：在完成第一阶段和大连港互通的基础上，应业务需求多次到鲅鱼圈的中铁铁龙库、营口港、辽渔港、大连港进行现场调研和交流，2018年6月1日将该接口系统顺利推广到以上三个港口。为实现现场数据的及时采集和实时存储，保证物流和信息流的统一，建立本钢信息系统与港口信息系统的接口系统，通过接口系统轻松减少手工操作和纸张作业，大力提高物流发货的准确率和效率。12. 特钢年位编码升级：特钢厂ERP系统于2008年上线试运行，根据老的数据编码规则，2018年系统生成的轧制批号与2008年相同，导致轧制序号、试片编号、捆号等编码均与系统现有数据重复。针对此情况，信息化中心经过反复评估论证，制订了新的编码规则和开发方案，加班加点按时完成程序开发与测试工作，保证系统平稳过渡，生产稳定运行。13. 铸管业务全流程ERP线上管理：随着铸管销售模式转变的需要，信息化中心技术人员不断从合同订单的签订、订单确认、结案和发货等多方面进行程序优化，新增加了带款提货的订货方式和甩卷后的发货流程。实现ERP与铸管实际业务有机融合，与铸管产品特点、市场特点相适应，实现铸管售前、售中、售后业务在线上的全流程跟踪和全覆盖。该项目的有效实施提升了工作效率与业务操作的透明化。14. 本钢产品标签优化升级：按照集团公司的整体部署和管理要求，从2018年1月初到3月末历时两个月的时间，完成标签的样板设计、数据采集及软件开发工作。新版标签上线满足设计要求，可以通过标签扫描直接查询钢卷信息，为客户提供便利的查询条件，提升客户的满意度。15. 本钢人力资源网站：为解决本钢人力资源网站系统资源不足、频繁宕机的问题，经过不断努力，克服需求变化等问题，自主开发新系统，实现了校园招聘、社会招聘、内部招聘、技能招聘等多种招聘模式，同时可以支持移动手机招聘的新功能。该项目的实施不仅方便了人力资源管理中心的招聘工作，而且为本钢吸引高素质人才提供了有力支撑。

【信息化管理】 1. 基础管理工作：不断创新内部管理，细化绩效考核机制；建立完善的科学管理机制，规范两化融合管理体系，加强制度建设，促进工作规范化、制度化、科学化。2. 权限管理：2018 年全年共完成 796 份、30 个账套、2 万余人次的 ERP 授权，其中新建系统角色群组 205 个，新建作业操作授权码 2 个，新建恒达物流公司账套 1 个，新建虚拟人员 26 个，新建 ERP 用户 51

7 月 23 日“本钢集团–东北大学校企合作信息化智能技术对接会”召开（王鑫　摄）

人次，确保了申请单位用户的业务操作需求，使 ERP 各系统应用顺畅。按照“四定”工作的部署与推进及《本钢集团有限公司信息化系统用户权限管理规定》，4 月 ~7 月开展了为期四个月的 ERP 权限梳理工作，共清理离职、退休用户 547 人，清理保密权限 1755 项、清理角色群组 7707 项、清理作业操作按钮管控 3569 项。3. 运维项目管理：为确保支撑集团公司生产经营信息化设施的稳定，围绕“抓基础、强基本、重基层”的原则开展运维具体工作，对 20000 余台信息化设备及设施运行状况进行全面梳理。为保障基础设备设施的稳定运行，计划逐年、分批更换老化严重、故障率高的设备。定期巡检和维护，避免故障的发生；对存在的问题进行及时处理和分析，把故障的影响降到最低，截至 2018 年年底信息系统整体无重大生产故障。4. 信息化培训工作：通过对宝钢、太钢、首钢等单位的考察，组织上海宝信、台湾中冠等 50 余位专家与本钢 30 余个部门、厂矿进行了 200 余场的专题论证会，历经 10 余次修改，日趋完善集团信息化发展规划，使之更加符合本钢的实际发展需要；通过邀请钢铁行业内专家，开展智能制造应用与建设研修培训，深入推进两化深度融合，提升了集团信息化建设管理水平；以 OA 系统改造升级为主，组织各部门、单位需求确认、流程梳理等会议 300 余场，完成了对全公司信息化联络员、文书等多种角色 280 余人次、20 余课时的业务流程、上机操作培训；每季度通过视频会议形式进行一次 2 学时的信息安全方面视频培训，内容涉及网络安全法相关内容解读、集团内部与全球高危重点病毒处理、终端防病毒软件日常使用问题处理，参与人员百余人次，收到较好效果；开展 ERP 兼容性升级、成本系统优化、质量一贯制、WPS 办公软件等业务、操作等专题培训 15 次，参训 1500 余人次、100 课时，均实现预期培训效果。5. 人员培养方面："眼睛向内、面向未来，合适定位"，加强专业技术人才队伍建设，有意识地加强不同岗位的技术人才的锻炼和培养，培养出具备较强专业知识的技术人才。畅通各类人才职业通道，打通技术人员、业务人员与管理人员之间的通道，搭建人才成长进步的平台，激发工作积极性。

（马　欢）

企业文化建设

【概况】 2018 年，企业文化建设以加强和改进网络意识形态工作为中心，以企业视觉文化建设、塑造企业形象、展现企业核心竞争力为基础，以创新网络舆情管理、新媒体宣传工作方式方法为重点，不断加强企业形象宣传，提升新时代网络宣传和舆情管控能力，全面提高企业员工整体素质、塑造具有高度社会诚信度和美誉度的良好企业形象，创新网络舆情管理、新媒体宣传工作思路，不断提升网络宣传能力，全面推进企业文化建设向纵深发展。

【企业文化建设】 为进一步夯实本钢企业文化建设基础，根据企业实际将企业文化作用于企业管理和企业生产经营活动之中，充分利用《本钢日报》，本钢门户网站，本钢手机报，本钢办公自动化 OA 系统，本钢官方微博、微信，本钢厂区大屏幕等宣传平台，对本钢企业文化理念和企业文化体系进行全方位、多角度的宣贯。加大企业核心价值观等理念宣传力度，使文化作用于管理实践。采取各种行之有效的传播方式，宣传贯彻集团公司企业文化核心理念，使之成为各级管理者的共同意识，促进综合素质、管理能力和执行能力得到有效提升。在丰富完善企业文化管控制度的基础上，注重员工文化意识的培养，使管理与文化有机融合，以文化促管理，不断提高企业管理水平。为使文化管理融入于企业管理全过程，将企业使命、企业核心价值观等核心理念的灌输，纳入到集团公司管理人员、职工职业技能培训及新入职大学生培训之中，使广大职工自觉成为员工行为准则的践行者，真正将企业文化辐射到集团各个层面，使广大员工充分认识理解本钢企业文化体系的深刻内涵，实现员工价值观念、行为准则与企业所倡导的相统一，成为提升企业管理水平的强大动力，使之成为常态化。

【企业形象塑造】 以塑造企业形象、提升核心竞争力为重点，大力推进具有本钢特色的企业文化建设。按照企业改革发展的实际需要，继续推进集团公司企业标识规范使用工作。在 2017 年 11 月集团官网中文版上线运行的基础上，于 2018 年 3 月完成英文版的搭建及上线运行工作。"以集团官方网站改版升级为重点进一步完善集团企业文化体系"项目，荣获本钢集团年度管理创新成果三等奖。以参加"第十八届中国国际冶金工业展览会""2018 亚洲汽车轻量化展览会"等各项活动为契机，主动宣传展示企业形象，提升本钢集团影响力和知名度，丰富企业形象宣传渠道。本钢集团获"第十八届中国国际冶金工业展览会"最佳组织奖和最佳形象展示奖。下发《本钢集团关于规范各单位视频会议室背景墙复查的通知》，按照"四定"工作后的集团架构，对本钢集团所属单位、部门视频会议室背景墙开展复查工作，督促6家整合单位按规定进行了变更。做好“一带五基地·新时代辽宁再出发”全国重点网络媒体辽宁行活动参观采访及接待工作。组织完成省委宣传部、省国资委宣传部举办的“将改革开放进行到底”辽宁省百姓宣讲活动走进国有企业、走进本钢集团不锈钢丹东公司的首次宣讲活动，省委宣传部、省国资委党委、集团公司领导及不锈钢丹东公司部分职工100多人聆听宣讲，东北新闻网全程直播，辽宁电视台等省级媒体进行了报道。会同国贸公司做好本钢主导产品在国家、世界级重点工程、重大项目、知名建筑等领域应用的调研，为本钢对外宣传、树立企业形象做好基础工作。完成板材冷轧厂、矿业南芬露天矿环境改造、标语确定、实物展品准备、参观通道文化宣传的相关工作。

【新媒体建设】 进一步加强新媒体与传统媒体深度融合，通过网络传递正能量，凝聚向心力。大力推进“本钢新闻”新浪、腾讯微博、微信、本钢手机报等新媒体建设及管理工作，进一步完善新媒体管理运行机制，加强基层单位微信矩阵队伍建设，探索新媒体作用于企业宣传的新方法、新途径，积极营造良好的网络宣传环境。充分利用新媒体宣传快、广、活的优势，通过对集团公司发展成果、改革经验和产品形象推广等方面宣传，拓展了新媒体宣传范围与宣传空间。围绕集团公司生产经营中心工作，进一步加强新媒体在形势任务教育和对外宣传方面的应用，使新媒体宣传的服务功能得到有效发挥。在党的十九大召开及十九大精神宣贯、全国“两会”、集团公司各项重大活动、先进典型宣传、总结推广经验等方面，“本钢手机报”“微博、微信”“OA自动化办公系统”等新媒体平台，形成立体互动式的宣传态势，对企业进行全方位、多角度的宣传，为集团公司树立良好形象提供了有利的舆论支持。本钢新媒体充分利用文字、图片、视频、音频等多种模式，报道推广报纸、电视上的即时新闻和精彩内容。为加强集团公司各单位宣传类载体的管理及使用，避免各类侵权带来的法律纠纷，会同集团法务部开展“网站、微博、微信公众号及视频、平面广告等方面著作权法律风险防范”专题培训。加强新媒体创新采编实践。运用H5技术，把微信“跳一跳”小游戏与本钢集团技能大师新春大拜年活动结合在一起，既满足受众收阅的趣味需求，又将宣传内容呈现到受众眼前，并运用无人机等新兴设备和技术拍摄视频，制作动图，以“影音图文”的微信推送形式讲好一线职工故事，并为资料留存提供珍贵素材。

【网络舆情监控】 进一步加大网络舆情的监督管理力度，丰富完善网络舆情监督、管理、处置的方式方法。围绕中心工作和重大部署，加大网络舆情的监督管理力度，根据集团公司改革发展实际，开展网上正面宣传，唱响主旋律。完善网络舆情监督、管理、处置的方式方法，密切关注网络舆论焦点和热点舆情信息，及时了解掌握涉及集团公司网络舆情，实时做好网络舆情的监控工作，为各级领导了解情况、指导工作、科学决策提供舆情信息支持。及时了解掌握职工思想动态，根据具体情况，有针对性开展疏导职工情绪工作，用正确的舆论导向消除疑虑、释疑解惑，化解矛盾，提高舆论引导能力，掌握网络舆论主动权。按照《领导干部问责追责管理办法（暂行）》要求，起草《本钢集团有限公司舆情管控、企业文化管理环节责任事故问责追责实施细则》，进一步完善《本钢集团有限公司突发网络舆情事件应急预案》等制度文件。按照省委、市委、省国资委党委要求，召开“消除薄熙来、王珉恶劣影响”专项整治工作会议，各单位党委深入贯彻会议精神，对网络书刊音像制品及本钢集团内音像资料等进行全面清理。做好2018年度“网络舆情”应急预案管理和应急演练工作，上报应急演练计划。加强与市公安局网安支队、溪钢分局沟通协调，积极应对网络不良舆论的影响，维护本钢形象。特别做好全国、省、市“两会”，重大节日期间、集团公司“四定”和“巡视”期间网络舆情管控工作。通过有效引导积极化解矛盾，消除网络不良舆论的影响，掌握网络舆论主动权，维护本钢集团企业形象，为企业改革发展提供了良好的网络舆论环境。（王雁南）

子公司监事会建设

【概况】 本钢集团有限公司子公司监事会（简称子公司监事会）主要负责对集团公司所属各子公司董事、高管执行公司职务的行为进行监督，以及对子公司“三重一大”事项及方案的检查监督。下设监事会工作处、第一监事会、第二监事会、第三监事会、第四监事会、第五监事会、第六监事会。2018年年底在籍职工30人，其中正处5人、副处6人、专务6人，主任业务师10人、专业业务师1人、责任业务师2人。

【改革工作】 根据工作需要，年初集团公司充实了监事会工作人员，按业务单位划分为6个分会，业务涵盖本钢集团23家子（分）公司。对监事会工作处内部人员进行调整。对各分会重新进行了分工，明确工作职责，提出工作要求，并不定期召开工作会议，扎实做好基础工作，在组织上、管理上为落实集团公司要求提供有力保证。积极作为，着力参与企业的各项改革。积极参与“四定”工作，自集团公司“四定”工作以来，经常深入到子公司了解情况，及时反馈基层情况，发挥了集团公司领导的参谋和助手作用。

【创新工作】 1. 2018年3月，在本钢宾馆首次召开子公司监事会监事与所有子公司主要负责人的见面会，为进一步开展工作奠定基础。克服了人员变化大、对分管单位情况不熟悉等困难，积极联络各单位，建立工作渠道，实现信息资源共享。2. 继承优良传统，着力工作创新，通过大胆探索，实现了工作模式的转变。一是由事后监督向事前监督转变。以往，监事会对子公司“三重一大”决策知晓的时间较晚，对工作不力。为及时掌握决策情况、提高工作质量，监事会将监督防线前移，首次采用在每月5日前，向各子公司了解上个月班子对“三重一大”的决策及完成情况。全年共收到子公司上报的“三重一大”决策212条，为转变监督形态进行了有益的尝试。二是由自然成长向“传帮带”培养转变。由于进入监事会的新人较多，对业务不熟悉，组织召开监事会工作经验交流会，请3位经验丰富的老监事面对面传授工作经验，提高大家的业务素质。每个分监事会也都进行了学习交流，形成了老人带新人共同提高业务能力的好风气。三是由单一性学习向复合型培训转变。监事会打破固有模式，在年中利用半个月时间，在本钢教育培训中心邀请市委党校专家和集团内部专业业务骨干，对全集团50多名专兼职监事进行半脱产培训，学习国企监事会相关制度，学习生产工艺、财务管理、审计、金融等多方面知识，强化补短板，切实提高综合业务能力。四是由单一报告向多项报告转变。以发现问题为工作导向，启动快速反应机制，打破原来每年一报告的固有模式，变随时发现问题随时报告，引起集团公司领导的高度重视，及时堵塞企业管理漏洞，为集团公司的科学管理做出了贡献。

【国资管控工作】 主动参加子公司组织的经济活动分析会等重要会议，及时了解生产经营情况。深入到厂矿一线实地检查，找不同层级人员谈话，从不同侧面认真听取工作汇报。全年，6个监事会先后深入子公司检查50余次，畅通信息渠道，扩大信息来源，更好地了解情况。召开各种会议。先后举办各单位领导班子成员和财务负责人参加的座谈会30余次，形成子公司2017年工作报告和2018年半年工作报告46份，提出书面建议120多条，对财务、生产经营管理和内部管控中存在的问题，提出了改进意见。检查子公司董事会、经理会会议记录，抽查财务账目等数百页共计100余万字。在监事会全体人员的共同努力下，按时高质量完成了子公司2017年度工作报告。在工作建议中，着重提出需要集团公司决策解决问题2个，需要集团公司职能部门解决问题6个，需要子公司承担、集团公司职能部门协助解决问题2个。这些问题，已得到集团公司主要领导的认可，均已批转到有关部门进行落实办理。此外，监事会还为集团公司提供了《关于丹东不锈钢寻找战略合作伙伴的报告》《关于理顺进口件国内采购业务核算关系报告》等9项专题建议，也得到集团公司领导的批示，有关建议转到部门进行办理。

（律德成）

栏目编辑　　韩友清

本钢年鉴 *2019*

本钢集团

综合管理

董事会办公室

【概况】 董事会办公室是集团公司董事会的日常办事机构，主要负责筹备召开董事会会议及各专门委员会会议，草拟和递交需由董事会出具的文件，负责与董事联络，编制并上报董事会年度工作报告，跟踪董事会决议事项的执行落实情况，强化与省委、省政府及省国资委的日常联络沟通，协助董事会拟订重大方案、制订或修订董事会各项规章制度等。现有董事会办公室主任 1 名。

【主要工作】 一是修订部分规章制度，推进董事会制度高效规范运行。在出台《本钢集团有限公司建立“三议一报告一执行”决策机制实施办法（试行)》的基础上，为更好地发挥董事会决策机制，完善重大事项的报告工作，修订了《本钢集团有限公司董事会议事规则》。二是认真做好董事会的日常运作工作。本钢集团董事会严格按照《中华人民共和国公司法》和《本钢集团有限公司章程》规范运作，重大事项决策、重要人事任免、重要投资项目实施和大额度资金使用等“三重一大”事项，都召开董事会会议，由董事会全体成员集体讨论、审议决策。为确保董事会决策能够及时、准确、有效执行，经理层人员和重要部门主要负责人列席董事会会议。全年共召开董事会会议 15 次，审议议题 85 项，累计形成董事会会议纪要 15 期、董事会决议 20 项。所有董事会决议事项均得到了有效执行。三是科学规划企业长远发展。协助董事会研究并审议通过了《本钢钢铁主业 2018—2022 年发展规划》，推进子规划方案落地，促进钢铁主业高质量发展，完善主要工序配套、绿色发展、智能制造，强化技术研发和人力资源等支撑体系；审议通过了《本钢多元产业规划思路和重点项目计划》，推进钢铁产业链延伸、服务性制造、产城融合领域业务发展，促进产业结构有效调整。按照“聚焦做强核心产业、培育发展新兴产业，混改增活力”的发展原则，提出规划发展思路，重点发展装备制造、物流深加工、资源利用、金融投资等产业及其重点发展项目，提出商业模式和企业管控模式建议。四是做好经理层向董事会的履职报告工作。协调安排集团经理层人员严格执行《本钢集团有限公司章程》《本钢集团总经理办公会议事规则》及“三重一大”决策制度的实施意见，按照各自分工，不定期向集团董事会报告分管工作情况，并完成年度述职。集团总经理代表经营班子向董事会报告了集团年度经营情况。

（李　学）

办公室工作

【概况】 2018 年初，按照集团公司“四定”工作部署，完成了集团公司办公室、应知应会项目部的机构整合和人员定岗定编工作。“四定”后，办公室（党委办公室、董事会办公室、经理办公室合署办公）主要负责本钢集团有限公司的办公室业务工作，代行本溪钢铁（集团）有限责任公司的办公室职能，内设综合处（副总师办公室)、调研室、督查室、机关党委工作处等 2 处 2 室。新增了档案管理、保密管理、年鉴编辑等工作业务。2018 年底，在籍员工 31 人，其中主任 1 人（正部级)、副主任 2 人（正处级)、副处级 2 人，高级业务师 2 人、主任业务师 11 人、专业业务师 6 人、责任业务师7人；研究生学历4人、大学学历25人、大专学历2人。副高级职称7人、中级职称13人、初级职称8人。

【综合工作】 一是加强文电工作。全年，接收上三级文件3096件，印发集团公司文件405件。二是加强用印管理。审核办理各类用印（集团、板材、北钢、本溪钢铁公司）39772枚，满足了集团公司各级机关公务用印需要。三是做好秘书服务。办理各类纸质请示报告8168件，安排各类会议1085次，组织做好来访接待143次。完成国家、省、市领导及重要来宾到本钢视察、调研、巡视、洽谈业务等各项接待工作。四是加强保密工作。调整了保密委员会，健全组织机构，完善人员配备。做好保密检查指导和保密宣传工作，绷紧保密红线，增强保密意识。对各单位涉密人员复印机、扫描仪等办公涉密设备粘贴了保密标识。五是与信息化中心共同推进本钢集团OA办公体系改造升级，12月实现了新系统正式运行。

【调研工作】 一是完成了全国“两会”期间、省委巡视期间、混合所有制改革、上级领导调研本钢期间集团主要领导所需材料及集团汇报材料的起草，完成了一届五次全委会报告及有关材料的起草，完成了集团班子民主生活会、一届三次职代会报告及新年致辞等材料的起草，累计起草各类文字材料300余件、超200万字。二是完成《本钢年鉴》(2018）的编辑和公开出版发行。完成中国钢铁工业协会组织的“改革开放四十周年文献”编写工作。三是加强档案管理，全面修订档案管理8项制度，指导基层做好各项基础工作，加强工程档案管理，推进省档案局“数字档案馆”试点建设，参加国家工业发展历程展览。四是做好信息报送工作，共报送企业信息68期，在省国资委网站企业信息连续排名第一，8条信息被省国资委推荐报送并刊登国务院国资委网站。五是做好重要会议记录和纪要工作。累计完成了党委常委会议纪要33期、董事会会议纪要14期、专题工作会议纪要5期，发布董事会决议16期。加强对本钢集团有限公司、本溪钢铁（集团）有限责任公司的董事会经营决议与融资决议的管理。完成对本钢板材股份有限公司历史文件材料鉴定归档工作。

【督查工作】 2018年初，集团公司调整组织机构设置，在集团公司办公室下设了督查室，主要负责对集团公司重大决策、重要工作部署、重要会议决定事项、集团公司领导交办任务以及人大建议和政协提案等开展督查督办工作。在工作中，建立健全了督查督办工作体系和部门作风测评工作体系，开展了工作纪律专项督查工作，形成了《本钢督查工作专报》。全年接到督查督办任务48项，办结36项，转年和阶段反馈12项。在集团公司范围内设立“服务职工热线”，建立了两级“热线”管理机构，接到职工反映问题28项，办结27项。开展了4次部门作风测评工作。逐步完善工作纪律检查督查管理体系，共组织开展专项检查216次，联合检查31次，检查发现问题116项，发布检查通报32期、工作纪律检查督查月报4期。

【机关工作】 党建工作认真开展了对党的十九大精神的学习传达，推进“两学一做”学习教育扎实开展。认真组织学习习近平总书记在辽宁考察时和在东北振兴座谈会上重要讲话精神。组织完成了总支、支部换届改选，完成了机关党委换届工作。建立日常工作考核制度，开展党员过政治生日活动。工会工作，推进机关职工疗养工作有序开展。建立了职工基本信息统计表和健康疗养登记卡。开展“会员生日慰问、到龄退休职工慰问、重要民俗节日慰问”三项普惠活动。在集团公司“钢铁筑梦·砥砺前行”职工合唱比赛中荣获一等奖。同时，完成集团公司、板材公司两级机关行政事务管理与机关行政后勤业务的平稳交接工作。根据集团公司“四定”后的机构设置及职责划分情况，原集团公司办公室党委工作处和板材公司办公室承担的两级机关行政事务管理、机关行政后勤工作整体移交至本溪钢铁公司行政管理中心。两级机关行政事务和后勤业务主要包括：集团公司印刷费、办公费、业务招待费等13项归口费用管理，本溪钢铁公司产权所辖白楼主楼、副楼、档案馆、十层楼、国贸大楼等楼堂馆所管理，办公用品管理，公务电话费、固定电话费管理，机关行政后勤管理等，以及本钢能源管控中心办公楼14项维保服务工作，本钢板材厂区7个职工停车场管理等。

【基础工作】 2018年，办公室按照“实干担当、诚信规矩、专业精诚、智慧创新”的工作方针，坚持“为集团公司领导、上三级部门、基层单位、职能部门、全体职工服务”的五个服务工作原则，积极打造一支年轻化、专业化、知识化、学习型的服务团队。为提高工作水平和工作效率，实现各处室各岗位工作业务流程化、精细化、标准化、制度化、信息化，办公室成立了基础管理工作领导小组。一是建立工作例会制度。各处室、项目单元PPT汇报；在半年工作总结会议上实现全员PPT汇报，增强了业务交流。二是加强制度体系建设，建立健全“制度、细则、规范”三级制度体系，制定了《本钢集团有限公司建立“三议一报告一执行”决策制度实施办法（试行）》，配套修订了《本钢集团有限公司党委会议事规则》《本钢集团有限公司董事会议事规则》《本钢集团有限公司总经理办公会议事规则》，对集团公司“三重一大”有关制度文件进行了梳理。三是推进流程体系建设。按照实用、效率、优化、协同原则，规范主要业务模块工作流程，对40项业务进行梳理和优化。四是推进标准体系建设。推进应用实施6S管理工具，加强办公环境规范管理。五是推进移动办公平台建设。在新OA平台启用前，应用“钉钉”电子商务办公平台，尝试建立全天候工作沟通机制，实现了在线审批、在线通知、信息传递、考勤等实用功能，为办公室各项工作快速实施提供了支持。

【巡视工作】 2018年，按照集团公司党委工作部署，党委办公室扎实做好中央巡视和省委巡视反馈意见问题的整改落实工作。7月开始，按照省委、省国资委党委的要求和集团公司党委的工作部署，党委办公室认真履行集团公司整改落实工作领导小组办公室的工作职能，组织协调党委工作部门和98家单位党委，全力做好巡视反馈意见整改落实各项工作。进入12月，按照前期整改落实方案部署，各项工作稳步推进。 （韩友清）

法律事务工作

【概况】 根据《本钢集团有限公司关于调整组织机构设置的通知》（本钢董发〔2018〕1号），法律事务部为集团公司职能部门，下设合规管理、案件管理2个职能单元，均按厂矿层级管理。截至2018年底共有人员11人，其中部长1人、副部长1人、职能单元总监2人。主要负责集团公司法治体系建设、法律审核、工商事务管理、商标管理、诉讼仲裁案件管理、外聘律师管理等工作。

【基础管理】 2018年，按照新设置的合规管理单元和案件管理单元，法务部明确了岗位职责和各项业务分工，完善了关联业务的协调配合机制，进一步规范了部内各项工作标准和管理制度。明确了信息管理、档案管理工作标准；建立了法务工作月报制度、案件信息月报制度；规范了法律审核、案件管理、律师选聘等业务流程。

【法律审核】 2018年，法务部深入参与集团重大改革和经营活动，准确识别法律风险，审慎提出法律意见，三项法律审核率实现100%。按集团公司的战略部署，深度参与入股省健康产业集团、混合所有制改革、“三供一业”移交、“BOT”项目，组织收集相关信息，会同律师评估法律风险、审查合同协议，对其中涉及的重要问题提出法律意见和建议。全年共审核各类合同、协议169份，参与招标法律审核63次，审核各类规章制度61项。

【法律案件】 2018年，法务部进一步整合内外部资源，加大依法维权力度。截至2018年12月末，法务部共处理各类诉讼仲裁案件80件，其中新增案件42件，结案46件，成功为集团避免、挽回经济损失17025.75万元。

【工商事务】 2018年，法务部按期完成了集团公司交派的各项重大工商登记工作。完成集团公司、本钢公司、板材公司营业执照年度信息公示工作，组织集团公司下属各单位完成2017年度营业执照信息年度公示工作，指导各单位进行公示信息报告；完成了本钢集团公司修改英文名称章程修订备案工作；完成了本钢公司债转股增资及法定代表人工商变更登记工作；完成了板材公司增加注册资本及变更经营范围工商变更登记工作；完成了本溪钢铁（集团）有限责任公司行政管理中心、北方恒达物流有限公司工商注册工作；指导本溪钢铁（集团）事业发展有限责任公司、本溪新事业发展有限公司办理法定代表人变更；指导矿业公司、国贸公司增加注册资金办理工商变更登记。

【商标管理】 进一步加强商标管理，开展 BEN GANG，BEN GANG， 三个标识的全行业防御注册，申请注册标识92件、产品加项255个。同时启动 BEN GANG 标识的马德里体系注册，及巴基斯坦、马来西亚等16个国家的单一国家注册，使得该标识在全世界范围内117个成员国家领土范围内得到商标保护。同时，对接近到期的 7件老标识进行了续展。

【法律培训】 2018年7月10日~20日，连续第四年开展了四期集团合同管理岗位资格培训。全集团范围合同管理员及委托代理人共计207人参加培训，其中205人通过了结业考试。

【应对反倾销调查】 2018年应对马来西亚、加拿大等国对进口镀锌产品及热轧产品反倾销调查案件三起，参加中国钢铁协会集体应诉欧盟及土耳其钢铁产品保障措施调查案件两起。

（胡　薇）

信访稳定工作

【案件办理】 2018年，本钢集团信访总量显著增加，共受理各类信访事项1598案次，集访118案次、个访1480案次。与2017年相比，2018年全年受理案件总量增加29.3%。其中，信访接待大厅接待信访案件480批次2415人次，占全年案件总量的30%；网上办理信访案件311案，占全年案件总量的19.5%；民心网交办百姓投诉454件，占全年案件总量的28.4%；另外，省市减存控增及上级交办262件，中央第六巡视组要求化解案件21案，扫黑除恶交办案件37案，市长热线共计办理投诉20件，农民工欠薪案件13件。经过集团公司上下共同努力，圆满完成省市交办的信访稳定工作任务，实现了“四个确保”的工作目标，保持了集团公司改革发展平稳可控。案件办理工作稳步推进。上级交办各类案件260案280人次。省“减存控增”交办案件共交办81件，办结77件，其中化解息访46件，化解率57%。市“减存控增”交办案62件，全部办结，其中化解息访15件，化解率24%。截止到2018年9月1日，共办理中央第六巡视组移交案件87件，全部结案并录入信访信息平台，办结率100%。对于综合公司占地职工、大集体两险、北营占地职工问题等涉及群体较大的案件和个别上访老户问题，按照信访局督查意见，以情况汇报和涉法涉诉剥离的形式组织办理。先后多次召开交办信访案件工作协调会，对涉案单位信访案件进行指导、协调、审理和督办，逐案理清办理思路和办结时限。到市去省访和进京非访得到有效控制。超前掌握不稳定信息，全面启动信息收集渠道，对不稳定人员和不稳定群体研究制定切实可行的工作预案，最大限度地减少越级上访。2018年，越级进京访32批次、36人次。其中集访1批次、5人次；个访31批次、31人次（其中非访8批次、8人次）；去省访28批次、35人次（其中集访1批次、6人次，个访27批次、29人次）。风险排查和领导包案工作落实到位。在全公司范围内进行横到边、纵到底的全面清仓排查，共计排查出206案涉及10462人（其中集访65案10321人；个访141案141人）。对排查案件进行梳理、研判后，对132案1965人（其中集访24案1857人；个访108案108人）实施了领导包案。落实五位一体包保责任142案142人次。对于各个渠道受理的信访案件，信访部组织召开各类案件协调会议70余次，积极协调责任单位进行办理，在规定时限内向信访人和交办部门反馈情况，未出现因处置不当引发群体性事件和极端事件。同时，根据集团公司混合所有制改革工作以及厂办大集体改革的安排，配合资本管理部、运营改善部做好社会稳定风险评估前期工作。

【五级书记抓信访工作】 落实“五级书记抓信访”责任制，加强矛盾排查化解，组织开展专项攻坚，确保问题得到妥善处理。按照本溪市“五级书记抓信访”责任考核办法，根据《信访工作责任制实施细则》（辽委办发〔2017〕53号）的相关规定，制定《本钢集团公司“五级书记抓信访”责任考核办法》。其中，本钢信访老户的化解督查工作以及本钢“抓稳定　促和谐”信访矛盾减存控增落实情况，得到市委督查组及市信访局领导的表扬。

【敏感时段维稳工作】 两节、省“两会”、全国“两会”的维稳工作都集中在上半年。经过集团公司上下共同努力、精心组织、协调联动、密切配合，在火车站设卡点进行堵控，同时召开日研判会议，对全公司不稳定因素及问题进行研判。两节、省“两会”、全国“两会”期间，本钢未发生集体访，未发生非正常上访，未发生中央省交办重点人进京上访，未发生进京访“回流”。省“两会”期间处理4案次4人次，配合市里处理案件2案次7人次。全国“两会”期间共计处理12案14人，配合县区处理3案3人。全国“两会”和中央巡视组在省巡视期间，驻在沈阳开展接访和劝返工作，共接谈和劝返9案13人次，配合属地劝返3案5人次。信访维稳工作受到市委市政府充分肯定，并给予书面表扬。在省委巡视组巡视本钢期间，充分发挥分流中心工作组、驻地工作组作用，密切配合，统一行动，积极配合省委巡视组完成来访接待等工作。共计接待和处置来访412人次。其中，巡视组驻地处置242人次，路桥信访分流中心接待来访170人次。未发生大规模集体上访，未发生个人极端事件，未发生非访，未发生因工作不到位引发负面舆论炒作，全面实现了“四个不发生”工作目标。

【重点群体稳控】 针对群体访涉及人员较多，矛盾对立性大、上访情绪激烈的实际，信访部门、溪钢分局、属地县区和责任单位协调联动，及时回应上访群体诉求，多措并举做好重点群体的稳定工作，确保群体性矛盾不失控、不激化、不聚集、不上行。突发事件及重点信访问题得到妥善处理。信访部门积极协调各相关单位，快速反应，积极应对。先后妥善处置到集团公司门前（山上）上访14批次142人次。其中集访7批次131人次、个访7批次11人次。主要反映综合公司聚丰公司职工要求股权量化问题，93、96~98提前退休及退养转退休群体，特殊群体子女就业问题，房地产公司独立院欠款问题，等等。做好到市政府维稳工作，共妥善处置上访50案次115人次，其中个访43案次45人次，集访7案次70人次。特别是“8. 13”大集体群体访的妥善处置，展现出本钢信访战线处置突发事件的能力和战斗力。另外，妥善处理好农民工欠薪上访问题，加大清理农民工欠薪工作力度，加强农民工工资发放监督，协调应急资金，及时妥善处置因拖欠农民工工资问题引发的群体性事件。

【基础管理工作】 加强各项基础建设。落实逐级走访规定，加大“三初”案件办理力度，加强领导干部接访，完善信访档案管理。开展工作台账整理整顿工作，不断充实完善各项管理工作，提升信访工作水平。定期向市信访局报送排查统计表。对已经办理完的信访案件材料进行收集、整理、归档。起草完成信访工作汇报、市信访局等汇报材料。同时，加强攻坚克难、履职尽责的作风建设。通过组织学习习近平总书记就加强和改进人民信访工作作出一系列的重要指示，进一步树立做好信访稳定工作的大局意识和责任意识。通过敏感时段控访、专案攻坚、以案代训等方式，全面提升信访干部政策水平、沟通协调能力和专业知识水平。（王立国）

保卫工作

【概况】 本钢保卫中心（武装信访部）隶属本溪钢铁（集团）有限责任公司，授权行使本钢集团有限公司管理职能，主要负责治安保卫、人民武装、信访接待等工作。中心下设综合管理处、门禁管理处、交巡管理处、来访接待处，信访指导处五个处室，处室下设监控指挥中心、板材警卫大队、东风厂区警卫大队、桥北厂区警卫大队、北营警卫大队、机关警卫大队、板材巡逻防范大队、板材交通管理大队、北营交巡大队、办证中心等13个大队及机关办公室、人力资源室、党群工作室、人防科等10个业务科室。保卫中心现有人员943人，其中：在籍人力资源中心157人，配合溪钢分局工作58人。保卫中心党委下设警卫大队党总支、巡逻防范大队党总支、机关支部等18个党（总）支部，现有党员500人，占职工总数56%。

【机构整合】 按照集团公司“四定”工作总体要求，整合原保卫部、信访部、武装部、办证中心、北营安保中心、矿山保卫处六个部门的工作职能，于2018年初成立保卫中心。整合过程中，中心不断加大融合力度，理顺工作关系，规范制度建设，保证秩序不乱、工作不误，使各项管理职能有效发挥。在“四定”工作过程中，采取理论考试与面试相结合的竞聘方式，完成了中心科级干部的竞聘工作，并对末位干部进行了淘汰，实现了干部队伍的平稳过渡。中心将合并前的30个科级机构，整合调整为23个（其中11个业务科室、12个基层大队），科级机构减少了23%。为进一步理顺程序和严格管理，重新修改完善了《本钢集团公司门禁管理考核办法》《本钢集团有限公司公路运输物资出入厂实施办法》《本钢集团有限公司治安保卫实施办法》《本钢集团道路管理规定》。针对整合之后监控指挥中心监控研判和指挥协调能力建设，重新编制了《监控指挥中心工作职责》，进一步理顺工作流程，明确工作职责。为解决长期以来警员反映比较突出的警服质量问题，中心积极协调相关部门，重新设计和配发了新式警服，并隆重举行换装暨忠诚卫士班授旗仪式，对全体干警进行了一次爱岗敬业的正面教育。通过召开队伍整顿大会，观看“10.26”案件专题片，以反面典型对全体干警进行了遵纪守法教育。

本钢保卫中心换装、忠诚卫士班授旗仪式（张兴阁　摄）

【门禁管理】 进一步优化门禁管控，对物资品类进行重新梳理、界定和归类，进一步完善物资管控流程。严格执行门禁管理制度，对出入厂人员、车辆认真检查、严格控制，对出入厂物资仔细查验，准确核销。全年共核销OA出门证151627张，纠正错误85张，驳回57张；办理设备B类延期出门证295份，考核违规补销出门证21份；核销ERP单据115231张，纠正错误54次；办理紧急出门证125张；检查散装物料车辆11800余台次，整改苫布遮盖不合格车辆2000余台；检查“危化品”运输车辆12058台次，上缴各种罚款11.8万元。全力配合大中修期间生产需求，为公司联合检修开辟“绿色通道”。对外埠施工单位工机具和特种车入厂简化手续，对设备备件到货或出厂维修提供24小时服务。在市区滨河南路因团山桥改造封闭期间，及时与有关部门及单位沟通、协调，合理分流物资走向，确保生产顺行。办证中心全年共计办理人员卡1862张，办理车辆入厂卡11820张。加强公司机关和部门及办公区域警卫工作，严格控制上访和闲杂人员进入办公区域。全年共疏导上访人员193次1134人，协助溪钢分局疏导信访人员79次2291人，拒绝无证入楼1442人次。全年门禁处共查处各类偷盗案件46起，其中移送公安机关24起，拘留人数8人，厂规处理22起。按公司规定处治安罚款27400元。

【厂区治安防控】 严格落实责任区域治安管理责任。开展基层走访活动，听取基层单位意见和建议，调整治安防控重点，落实联动机制。共对16家重点单位、27处重点要害部位进行了走访。制定板材巡逻防范大队治安责任包片包干制，对108处治安防范部位实行巡更、问更、签更，提高巡查效果，达到精准防范。规范制定《检维修工程项目现场治安管理责任书》，与9家施工单位签订22份治安管理责任书，做到全年联检施工现场无案件发生。在2018年两次大型检维修工程和各单位联检工作中，巡防大队出动警力970余人次，现场周边巡查出动车辆518台次，发放治安联系卡80张。全年各厂区巡防大队共计查处各类违规违纪人员550人，其中移交公安机关处理50人，按公司规定处理轻微拿摸企业物资人员145人，未构成案件教育放行147人，清理闲散捡拾人员208人。全年处治安罚款77050元。按照集团公司清缴废钢工作的要求，组织相关警队深入厂矿全面梳理排查，弄清囤积底数，迅速组织清缴，实现应收尽收、应缴尽缴，共计清缴无人认领废钢铁2000余吨。

【厂区交通整治】 强化厂区交通秩序整治。针对厂区内车辆违章行驶较多，严重影响厂区交通秩序的问题，在板材厂区、北营厂区进行交通秩序整治。安排警力进行路面车辆检查，对超速、违章等行为进行查处。全年交通罚款11.48万元。在车辆管理方面，分别开展两次交通安全工作大检查和交通安全宣传月活动，对车管员、安全员、大客车驾驶员进行一次交通安全培训，厂内牌照车辆换发通行证两次，办理厂内车辆通行证600余台。在厂区监控薄弱区域增设监控点位97个，安装测速及抓拍设备10个，进一步完善了各区域安防监控系统。

【综合治理及扫黑除恶工作】 按照市综治办工作要求，制定并下发全年工作安排意见，将扫黑除恶工作重点进行了安排部署，在全公司范围内开展扫黑除恶专项斗争的宣传动员。通过领导班子联席会议学习“扫黑除恶”专项斗争相关文件，召开专题动员会议进行宣传发动。各基层单位共悬挂标语200

余幅，张贴宣传画报1100余张，新闻报道5篇，集团公司下拨专项经费35万元。设立了举报电话和邮箱，在厂区明显部位设立20个举报箱，并在《本钢日报》刊登公告，广泛收集线索。协调公检法机关做好违法犯罪职工的统计核实工作，2018年集团公司共有22名职工被法院判定有罪予以处罚。

【反恐怖防范工作】 制定了《本钢集团公司反恐怖防范重点行业领域工作三年规划》，完善重点要害单位反恐怖防范档案。在全国“两会”及国庆节等重大活动期间，对集团公司确定的103处反恐防范治安重要部位区域进行了抽检，对查出问题全部进行督导整改。组织重点反恐防范单位开展了“反恐宣传月”活动，发放宣传单3000余张，宣传画册600余本，悬挂宣传条幅15幅。省委巡视组进驻本钢巡视期间，抽调专门人员，严格落实各项保卫工作措施，全力做好内部保卫工作，共计出警800人次，为巡视工作顺利开展提供了有效保障。认真落实集团公司关于防御境外势力渗透工作的措施要求，防止境外人员在企业以合法的身份从事非法渗透活动。对通过工作派遣、交流、技改等的境外人员到本钢相关涉外单位进行督导检查，掌控境外人员在厂（矿）区域的各种活动，使境外人员在可控范围之内，并及时将境外人员活动信息上报公安机关。

【营商环境对接】 按照本溪市公安局与本钢集团警企恳谈会议精神，对照《本溪市公安局打造最优环境助力本钢发展十五项举措》，与市局治安支队、巡特警支队、维稳支队、交警支队、国保支队、反恐支队等相关警种开展工作对接，并与溪钢公安分局在前期工作高度融合对接的基础上，就服务本钢、打造最优营商环境制定了更加深入的工作举措。通过工作对接对本钢厂区内外交通标识、重点办公区域治安防范、信访维稳工作等制定了具体工作举措。市局交警支队驻本钢交管大队、本钢车管所已启用，方便本钢职工办理相关业务。 （徐大伟　刘明昊）

离退休职工管理

【概况】 2018年1月，原本钢离退休职工管理处和原本钢人力服务中心整合为本钢退管中心（简称退管中心），对离退休职工承担着直接管理、委托改制企业管理和宏观指导辅线单位管理三种管理模式。截至2018年12月，退管中心管理的离退休和退养职工共计69731人（离休干部217人、退休职工68852人、退养职工662人），其中直接管理25111人，委托管理3060人，宏观管理41560人。退管中心下设16个管理室，其中职能管理室6个，直管管理室10个；在岗职工89人，其中管理岗25人，业务岗53人，操作岗11人；高级职称19人，中级职称27人，初级职称16人。

【落实待遇】 在落实政治待遇方面，坚持订阅报刊制度和阅读文件制度，按规定标准为集团公司离休干部、退休处级干部、高工和联络员订阅《老同志之友》《辽宁老年报》等报纸杂志。坚持定期向老干部情况通报制度，完成集团公司主要领导对部分公司级老领导的走访慰问工作和迎新春座谈会；先后组织公司级老领导春季和秋季健康疗养；配合集团公司召开专门会议向老领导通报集团公司混合所有制改革的进展情况。坚持报告会制度和参观学习制度，定期组织离退休干部党支部学习习近平新时代中国特色社会主义思想，关注本钢的生产经营形势，组织部分离退休干部到毛丰美干部培训基地参加学习体验活动，号召离退休干部为党的事业和本钢发展增添正能量。坚持走访慰问制度，在春节和国庆节期间，退管中心代表集团公司到医院走访慰问了住院的离休干部、新中国成立前参加革命工作的老工人、退休处级干部和困难职工；在“五一”“七一”“八一”节日前夕分别走访慰问了离退休劳模、离退休困难党员、军转干部和荣复转退军人；全年为85名困难退养职工发放了慰问金，送去党的关怀与企业的温暖。在落实生活待遇方面，按时完成离退休职工社保统筹内资金和企业年金等统筹外资金以及退养职工生活费的变更、审核、发放等工作。为退休职工调整了统筹养老金，为部分离休干部、特殊群体退休职工发放了特需经费等统筹外费用；为住院退休职工返还了医保老账户的保险金；与金融机构、集团相关部门协调，把企业年金由过去两个月发放改为按月发放；为离休干部申请调整了护理费标准、发放医疗预付金；协调集团相关部门为异地住院离休干部解决垫付医药费过高问题；根据部分离休干部生活相对困难的实际情况，积极向省委老干部局争取帮扶政策，全年共有9名离休干部得到了省级帮扶。根据集团公司“四定”工作的要求，为退养职工上调了退养生活费，发放了封存工资；全年为214名退养职工办理了退休手续。为直接管理的离退休和退养职工报销2017年取暖费2859.3万元。对离退休职工领取养老金待遇资格进行了认定；对工亡、私亡遗属，精简下放退职职工和退养职工进行了生存认定，实现了本地离退休职工（含遗属）生存认定率100%的工作目标。2018年，本钢集团恢复了健康疗养和健康体检，退管中心积极争取政策，组织了部分离退休干部、退养职工联络员参与健康疗养；安排了离休干部、退休处级干部、离退休劳模和专家进行健康体检，共享企业发展成果，提升了离退休和退养职工的获得感。

【信访维稳】 按照集团公司信访减存控增的工作要求，退管中心开展信访矛盾和不稳定因素排查工作，逐一梳理信访人和上访群体的诉求，坚持每周三召开信访工作会议，定期进行信访形势的分析与报告，注重信访信息的收集与研判。退管中心坚持有访必接制，做好日常信访接待和政策宣传工作，对新出现的个访诉求，本着实事求是的原则，做好政策解释和思想疏导工作，实现群众来信来访处置率100%的工作目标。退管中心从严落实“五位一体”包保责任制，通过采取情感交流、耐心疏导、政策解读等措施，先后完成了“三级两会”、中央巡视组驻辽宁、省委巡视组驻本钢期间和国庆节期间的信访维稳工作任务。在全国“两会”期间，派专人到北京配合集团公司参与维稳工作；接待了17名提前退休和退养转退休的集体上访人员，成功化解了一起在此期间去省进京的越级访行为，本钢离退休和退养职工队伍基本稳定。

【老年大学活动】 2018年，本钢老年大学共开设19门专业课程、26个教学班，招收学员近1700人。为庆祝改革开放40年取得的辉煌成就，展示老年大学学员不忘初心继续前行的精神面貌和多才多艺健康向上的亮丽风采，老年大学举办“首届校园文化艺术节”，相继组织开展了演唱、舞蹈、演讲、朗诵等系列活动。2018年12月，成功举办了“本钢退管中心暨老年大学庆祝改革开放40周年文艺演出”。退管中心支持各类老年文体协会组织开展了老年门球比赛、乒乓球赛、书画展、奇石展、摄影展、送文艺进矿山等文体活动，丰富了离退休和退养职工的文化生活。2018 年 9 月，老年大学接待了沈飞集团离退休职工团队的 45 名代表，交流了活动情况和工作经验；退管中心顺利接收了由退养职工组成的“新乐合唱团”，为老年大学文艺骨干队伍增添了新鲜血液。

【离退休干部党建工作】 结合党中央提出的“两学一做”学习教育常态化制度化的总体要求，退管中心党委将离退休干部党建工作纳入党委工作日程，加强了离退休干部党支部的政治建设、思想建设、组织建设、作风建设和制度建设。党委坚持每季度召开一次党支部书记工作例会，定期对党支部书记和委员进行培训。各支部坚持“三会一课”制度，精心安排学习内容，提前准备学习资料，深入学习习近平新时代中国特色社会主义思想和党的十九大报告、学习新《党章》的修改内容和“新时代辽宁精神”。坚持定期走访慰问和开展各类活动，利用集团公司下拨的党费和慰问金，在春节和“七一”期间走访慰问老党员和困难党员，开展庆祝中国共产党成立 97 周年系列活动，通过召开座谈会、举办知识竞赛、重温入党誓词、学唱红歌《我宣誓》、参观东北抗联史实陈列馆等形式开展活动。2018 年 6 月，在“学习宣传贯彻党的十九大精神”主题征文表彰活动中，退管中心党委荣获“优秀组织奖”，于会忠同志获一等奖，郑文宽同志获三等奖，郑新生和任书云同志获优秀奖。同年 12 月在纪念改革开放 40 周年之际，组织离退休干部党支部开展“走过 40 年”主题书法、摄影、征文展，充分抒发了离退休干部热爱本钢、支持改革的极大热情。坚持《离退休干部党支部创建“五好”党支部考评办法》作为离退休干部党支部制度建设中的一种长效机制，贯彻始终。召开 2018 年度离退休干部党支部总结表彰会，表彰 7 个先进党支部、13 个先进党小组、60 名优秀共产党员；机关离退休干部党总支西芬党支部被退管中心党委推荐为 2018 年集团公司先进党支部。

【爱心志愿者服务工作】 2018 年 6 月，退管中心重新组建了“本钢退管中心爱心志愿者服务队”，定制了志愿者服务队队旗和专用队服，立足日常助老服务和善后服务，制定全年工作计划，继续推进“爱心志愿者服务”工作，秉承优良作风，再塑良好形象。平日里，志愿者们主动到高龄、孤寡、生病、

退管中心组织老年大学学员和部分志愿者到歪头山地区举办送文艺进矿山活动（贺兵　摄）

困难的离退休职工家中，以送学习、送家政、送慰藉、送活动的方式，为他们提供个性化、亲情化服务，实现了离休干部及“[83]·3”人员每半年到访入户服务率100%的工作目标。2018年10月，爱心志愿者服务队联合本钢第二义工总队，以取暖费收缴期间老同志相对集中为契机，在东明办公楼一楼大厅为老同志提供咨询、义务理发、量血压、测血糖等服务。

全年共协助600余名病故离退休职工家属料理后事，做到了送葬到灵前，送去最后一程关怀。2018年退管中心共有1000余人次参与志愿者服务，累计奉献近800小时业余休息时间，为3200余人次老同志提供服务，提升了离退休职工的幸福感，巩固了爱心志愿者服务新品牌。

【内部管理】 一是平稳实现机构整合，两家单位“无缝对接”，2018年底，南地办公区域职工搬迁至东明办公区域，顺利实现合署办公。原财务科隶属关系划归集团公司财务部并更名为财务部驻退管中心财务室，原纪委工作由集团公司第十三派驻纪检组统一归口管理，原两家办公室和行政科整合为综合办公室，原两家政工部（工会、纪委）整合更名为党群工作室，原人力服务中心劳资科更名为人力资源管理室（退养业务管理）。二是按照集团公司统一安排的第二阶段“四定”工作要求，先后完善了内设机构的管理职责，制订岗位说明书，梳理内部规章制度，建立健全绩效考核机制。三是改进工作作风，不断提高服务质量，制定《本钢退管中心加强工作作风考核实施办法》和《退管中心员工行为规范》，在东明、南地、老年大学3个办公区域增设征求意见箱；为方便基层单位工作人员办理退休业务交接，从6月1日起推行“一站式服务”，负责接收近30家基层单位上报的《退休职工年金审批表》《退休审批表》《独生子女补助费审批表》和退休职工档案。四是强化内部管理，降低财务费用，调整退养职工联络员队伍，由原来的41人减少为20人；控制工伤职工转诊陪护差旅费，1～10月在退休工伤职工数量同比增长的前提下仍为集团公司节约资金3.6万元。五是开展业务培训，全年举办5次以安全管理、办公软件使用等为主要内容的员工培训，选派8名同志参加三期本钢干部岗位轮训班。六是认真落实《安全工作责任制》，对工作环境涉及的危险源点进行动态排查监控，争取到集团公司安全隐患项目整改资金18.6万元，对东明办公区域和老年活动中心的雨搭等10余项安全隐患进行整改，消除了安全隐患，实现火灾事故、轻伤事故、交通责任事故“三为零”的工作目标。七是关注民生，职工之家建设成效显著，为食堂购置冰箱、冰柜、桌椅、炉灶，安装排烟设施；为东明办公区域和老年活动中心的警卫室粉刷墙壁，加装保温层；为在职职工活动室铺设地胶、壁纸；为老同志修建东明办公区域门前无障碍通道；在办公区域设立“爱心雨伞”服务站，方便老同志的同时也提升了退管中心尊老、敬老、便民、助民的新形象。（李军英）

档案管理

【概况】 本钢集团办公室负责档案行政管理及业务指导，档案馆负责档案实体保管及提供利用。办公室与档案馆各司其职，相互配合，共同推动本钢集团档案工作持续、健康发展。截至2018年底，共有档案管理人员13人，其中办公室在籍1人、档案馆在籍12人，高级专业职称5人、中级专业职称7人、初级专业职称1人。本钢集团共设有101个档案馆（室），档案全宗150个，专职档案人员148人；共收藏以卷为保管单位档案894410卷、以件为保管单位文书档案350649件、照片47597张、音像档案1737盘、底图852170张、荣誉（实物）档案4455件。其中档案馆收藏以卷为保管单位档案201605卷、以件为保管单位文书档案43963件、照片8179张、音像档案67盘、底图56602张、荣誉（实物）档案716件，档案馆总面积2100平方米，档案库房面积1200平方米。

【档案职责分工调整】 2018年1月，本钢集团实施“四定”改革，将档案行政管理职能与档案实体保管利用职责切割分离，档案馆划归行政管理中心。职责划分：办公室是本钢集团档案工作归口管理部门，主要负责对本钢集团档案工作进行业务指导、监督考核；负责本钢集团档案工作制度、计划制定及组织落实；负责组织推进本钢集团档案信息化建设管理；负责组织档案人员岗位培训、档案验收处置等工作；负责与上级档案行政管理部门业务联系及其交办事项办理。档案馆是本钢集团具有永久、长期保存价值档案的保管利用中心，主要负责本钢集团、板材公司、本钢公司机关各类现行文件材料归档管理工作；负责本钢集团档案信息系统用户管理、数据库建设及在线利用服务；负责对集团公司授权的专业档案、撤销重组单位档案及子公司、基层单位相关档案进行接收保管和利用服务；负责集团公司管理的领导干部及机关部门一般干部人事档案案卷管理及利用服务；协助集团公司办公室做好重点工程档案验收评价及档案信息系统运行绩效考核工作。

【档案资源体系建设】 集团各级档案馆（室）持续改进档案资源建设基础工作。通过加强单位建档、项目建档、健全归档网点，进一步畅通各类专业文件归档渠道，扩展了专业档案归档集中管控范围；通过完善优化档案信息系统功能架构，实现了本钢集团OA系统、ERP系统电子文件集中归档管理；通过加强对外来文件、审批备案、纠纷诉讼、职工民生、重大活动、荣誉照片等账外易散失文件材料的收集归档，提高了归档率、完整率；完成集团档案馆室藏档案统计分类台账数据建账及更新工作，实现了馆室藏档案类别清晰、数量准确。全公司全年共归档各类纸质档案83177卷件、底图517张、照片479张、荣誉（实物）档案42件。其中档案馆共接收归档各类纸质档案材料52539卷件、照片461张、荣誉（实物）档案7件；新增了证照档案、合同档案、书刊档案、电子档案；同时实现了板材公司机关历年按照上市公司管理规定可自行管理的各种会议记录、决议、资产评估报告等重要文件材料的一次性进馆；推动了合同审批、工程合同、贷款合同等不同类别合同档案的有序归档；确保了调转录用、薪资审批、任免奖惩、专业技术职务聘任、工伤、保险、退休、在职人事档案材料等关系职工切身利益的民生档案的完整收集。

【档案系统业务建设】 通过电话解答、线上检查、现场指导、微信QQ问询、远程指导等方式，开展档案业务指导咨询服务1372人次；组织各基层单位开展档案制度修订、档案整理著录规范化、档案统计台账数据变动动态化工作，进一步夯实了档案系统的基础工作；按期完成了本钢集团五项档案统计年报表的数据审核、汇总上报工作；下发了《本钢集团2018年档案工作计划》《关于成立本钢集团档案工作领导小组及档案价值鉴定工作领导小组的通知》《关于调整本钢集团有限公司机关部门兼职档案网络员的通知》，进一步加强档案工作的组织领导，提高档案规范化管理水平。

【档案安全体系建设】 3月以来，集团各级档案馆（室）以省档案局、省国资委“辽宁省省属企业档案业务建设评价”专项工作的开展为契机，以《辽宁省省属企业档案业务建设评价指标》为依据，对各馆室基础业务建设开展了严格的自查，加强档案安全隐患检查整改，部分单位改进了档案安全保管条件，确保档案实体及库房安全。档案馆在原有业务基础良好的前提下，进一步对档案接收、整理、编目、保管、利用等环节进行了规范和完善。集团公司投资90万元进行了档案馆库扩容和消防改造，安装了防火门、视频监控、应急疏散照明，不断完善档案馆设施设备，规范了用电线路，通过电子监控、人工巡查联动的方式创造了更加安全的档案保管环境，确保了档案实体安全；健全了档案利用制度、电子档案和档案信息系统管理制度，强化了档案利用审查程序和电子文件安全管理手段，严格提供合规合法的档案利用服务，确保了档案信息安全。

【档案利用体系建设】 集团各级档案馆室提高服务意识和服务质量，满足各方面的利用需求。2018年，共接待利用48430人次141079件（卷、张）次，本钢集团档案信息系统电子档案点击利用99081人次115552件次，其中行政中心档案馆接待查档利用19811人次29547件（卷、张）次，复印档案资料15700余张，收到来自利用者的档案服务五星好评325份。档案馆将手工检索和网络检索相结合，充分发挥普遍查找、条件检索、专题编研的优势，不断提高档案的查全率、查准率和利用服务效率；倡导全馆职工践行服务公约，增强服务意识，提高服务质量，把“易查难查一样热情，干部群众一样尊重，陌生熟悉一样和气，忙时闲时一样耐心，早来晚来一样接待”的服务标准真正落到了实处。

【重点工程建档验收】 为落实集团公司重点工程竣工验收和后评价制度，集团办公室进一步加强工程项目档案建档指导及验收工作。将公司下发的投资计划分解落实至相关单位，要求其按时反馈并随时跟踪工程进展情况；集团办公室及时了解工程状态，通过业务讲座、实地查验、交工验收会点评等形式，加强对工程在建单位的业务指导，做好工程建档过程指导及交工归档环节的验收审核把关，加强对工程前期立项材料、签订合同材料、竣工验收材料等在建单位形成的重点材料的归档，以维护工程档案的完整、准确、系统，并按期归档，对符合公司相关要求的项目进行档案专项验收。2018年度完成了板材炼铁厂566平方米烧结机烟气脱硫工程、265平方米烧结机大修工程、本钢厂区汽暖改水暖工程（一、二期）等32个工程项目的档案专项验收，其中7个项目做出档案管理后评价意见。

【档案制度修订】 集团公司重视从源头理顺和制度约束角度去强化档案工作的职能作用。为了抓好对国家档案法律法规和行业标准的贯彻落实，维护企业档案业务流程和规章制度的规范、有序和适用，档案部门坚持对工作程序、标准和业务规章进行动态性的修订、补充和完善。2018年，根据集团公司管控要求，完成了7项档案规章制度和业务标准的修订工作。目前，集团公司档案工作从网络建设、文件归档、档案整理、鉴定处置、安全管理等各方面均建立了专项规定和业务标准，推进档案规范化、标准化管理，为规范档案实体管理提供了完备的依据。其中《本钢集团有限公司文件材料归档范围及档案保管期限表》通过辽宁省档案局的备案审查。

【合并重组单位档案清理整合】 根据本钢集团“四定”工作改革的要求，集团部分单位进行了整合。为防止国有资产和档案的流失，加强对档案资源的集中管理及管控，确保企业重组中档案的完整、有效及安全，保证企业经营管理的连续性，特制定《本钢集团合并重组单位档案清理整合方案》，并于4月27日召开专题会议，布置清理整合工作任务，对档案清理整合工作提出时间要求和质量要求，确保重组单位档案流向合理、可控，满足接续利用的要求。涉及的单位均成立工作小组负责此工作。12月集团办公室会同矿业公司、北营公司等子公司档案部门陆续对涉及的11家单位的基础性工作进行检查，开展档案清理整合验收工作。

【档案信息化工作】 集团办公室与档案馆、信息化中心配合，做好档案系统运行管理工作。目前系统各项功能正常运行。本钢集团档案信息化项目作为国家档案局、辽宁省档案局企业电子文件归档试点工作进展良好。截至2018年12月，本钢集团档案信息系统共设置150个全宗节点、439个OA归档节点，归档ERP（采购、销售、生产、质量、工程、设备、人资、财务等八大专业子系统）电子文件表单364种。共归档ERP、OA等前部信息系统电子文件2299万余件，其中ERP电子文件455.4万件、ERP目录表1801.6万余条、文书类电子文件39.6万件、工程合同审批电子文件2.5万件、期刊类电子文件0.01万件；共上传数字化设备图纸6831张；上传照片、荣誉等类电子图片8467张；上传文书、基建设备、科研产品、人事、合同、专题等纸质档案目录42.9万余条。档案馆编制的“本钢集团大事记”“本钢集团组织机构沿革”等编研成果也上传至系统首页，方便了各部门、单位的查询利用；2018年11月，在档案信息系统一二期工程取得初步成效的基础上，借助本钢集团信息化建设稳步发展的良好势头，档案管理信息系统三期项目顺利纳入集团公司2019年信息化投资计划，届时招投标系

本钢集团档案信息化工作获全国企业档案管理创新优秀案例三等奖

统、电子质量证明书系统、财务共享系统中有价值的电子文件亦将实现在线自动归档，档案信息系统将成为涵盖集团公司 OA 系统、ERP 系统、招投标系统等关键业务系统重要数据的数字资源存储利用中心。

【迎接省档案局、国资委检查准备工作】 3 月，省档案局、国资委联合下发文件并召开会议，开展辽宁省属企业档案业务建设评价工作。集团办公室、档案馆相互配合，抓重点、补短板、强弱项，认真对照《辽宁省属企业档案业务建设评价指标》，列出存在问题清单，逐项进行整改。截至 10 月末，整改工作结束，所有检查备案材料准备就绪。

【档案文化交流】 为纪念改革开放 40 周年，国家档案局与工信部共同举办“新中国工业档案文献展”，其中本钢集团推荐的“人参铁”、热连轧厂 1700 生产线轧制的热轧板两件展品亮相展会；在省档案局纪念改革开放 40 周年征文活动中，本钢集团一篇征文获三等奖；在省档案局组织的“学习丁薛祥同志讲话座谈会上”，本钢集团做大会交流发言；本钢集团申报的《两化融合环境下的企业集团电子文件归档管理系统建设》获国家档案局“全国企业档案工作管理创新优秀案例”三等奖；向本溪市博物馆移交原本钢一铁厂、发电厂二电车间历史图纸资料 3611 卷、南芬露天矿历史照片 19 张。（邹丽颖）

行政管理工作

【概况】 根据集团公司整体部署要求，2018 年集团公司组建行政管理中心。行政管理中心由原房产管理中心、档案馆、公车服务中心、集团公司后勤保障业务、集团公司土地及厂（矿）区外房产管理业务、集团公司计生办业务、北京天弘善宾馆 7 个业务单元整合而成，整合后共有在岗职工 481 人，其中管理岗位 74 人。中心机关共设 8 个部室：综合办公室、党群工作（人力资源）室、计划（审核）室、房产土地管理室、维修管理室、房产事务办理室（房产监察大队）、办公后勤保障室、计生办及安全保卫室。中心下设 10 个作业区：南地房产管理所、北地房产管理所、平山房产管理所、彩溪房产管理所、南芬房产管理所、检修车间（110 抢修）、恒宇物业公司、档案馆、公车服务中心及北京天弘善宾馆（2018 年 10 月北京天弘善宾馆划归新实业管理）。

【房产移交】 根据《国务院关于印发加快剥离国有企业办社会职能和解决历史遗留问题工作方案的通知》要求，在 2018 年底，本钢作为国有企业不再担负本钢产权民用房屋的物业管理。12 月 14 日，行政中心代表本钢集团公司与本溪市国资委签订正式房产物业分离移交协议，完成了“物业分离移交”“物业管理权分离移交”“物业资产分离移交”。移交范围包括：住宅 1144 栋（含平房）、74822 户（其中：公产 5115 户、私产 69707 户），建筑面积 400 万平方米（含楼下公建）；单体公建 4 处，建筑面积 0.31 万平方米；楼下公建 152 处，建筑面积 2.83 万平方米；物业用房 36 处，建筑面积 0.77 万平方米。至此标志着本钢集团房产物业移交工作如期完成。行政管理中心涉及房产物业从业职工不在移交范围之内。

【服务制胜】 中心全员树立“以客户为中心”思想，全力打造内外客户满意工程，在服务的各个环节中体现出行政管理中心观念新、作风硬、素质高的一流精神风貌和良好职业操守，杜绝各种因服务引发的上访和投诉事件发生，赢得良好社会口碑。按照集团公司2018年职代会精神，结合自己工作性质和职能要求，建立干部学习培训制度，并以“坚持服务制胜，提升服务质量”活动为载体，把2018年定为“提升服务质量年”，在中心内部全面推广《服务制胜》这本书，并制定了阶段性的学习及实施方案。中心以部室和作业区为单位，采取集体学习与业余自学相结合的方式进行学习，并把学习内容结合到工作实际中，学以致用，促使房产管理、行政后勤、公车服务、档案管理、驻京接待等各个方面的服务水平提高到新的高度。

【成本控制】 行政管理中心承接了很多原集团公司的管理业务，又整合了多个职能单位，业务量繁杂，且不确定因素很多。为了尽快理顺工作程序，中心成立不到一个月的时间里学习、修订、制定每项业务的管理制度，并形成了一套统一的、科学的、高效的管理标准。为了使规章制度具有可行性和操作性，每个制度都充分征求了集团相关部门及主要厂矿的意见。行使集团的行政管理职能，在较短的时间内达到了制度管事、制度管人、制度管钱的科学管理水平。行政管理中心是费用单位，在费用管控上下大力度，专门成立计划（审核）室，使费用的支出与审批分离，形成制约，确保费用支出不浪费、不违规。

【房产土地管理】 行政管理中心代行集团公司土地房产管理职能，从完善基础数据入手，对集团土地房产情况开展普查。积极盘活集团公司闲置房产，租赁创收。2018年，行政管理中心共办理54家单位213份房产出租合同的审批工作，总建筑面积4.31万平方米，涉及租金615.36万元。为盘活公司资产，中心所属的两处闲置车库通过公开招租、相关部门会签、报主管副经理审批后，与承租方签订了房屋租赁合同。按照集团公司的混改工作要求，开展了本钢集团名下土地、厂区外房产的清产核资工作，为本钢的混改工作提供翔实的评估数据。共清查土地322宗，占地面积78平方千米；房产5600栋，建筑面积500万平方米。积极办理63宗10平方千米土地的入账工作。

【房产收费】 继续保持2017年房产收费工作的良好势头，克服一切困难、想尽一切办法，不折不扣地完成了2018年房产收费工作任务。中心建立了培训和激励机制，加强房屋维修大修的工作质量，促进陈欠房费的清缴，尽全力压缩陈欠额度，采取实例教学和经验交流等一些简单直观的培训方式，使职工的收费技能不断提高。适时举办一次大规模的岗位能手评比活动，制定科学、公平、公正的评比规则，并给予优胜者奖励，形成比学赶帮的热潮。全年房管营业收入累计完成2087.8万元，比计划超收724.8万元。

【房产维修】 关注住宅房屋维修大修的工作质量。为了根治屋面防水层风掀，出台了更加严格的工艺流程和施工标准；为了防治上水污染，制定了在几年内彻底更换地沟内铸铁上水管线的计划，改善居民的居住条件，延长维修周期、消除安全隐患、减少投诉赔偿，降低生产成本、减少经济赔偿、促进收费提高。围绕住户反映强烈的热点问题积极开展工作。通过大修根治日常维修无法解决的问题，有效避免因房屋问题引发的上访事件。面对百姓热线、市长热线、民心网、人民网等媒体反映的群众关心问题，中心都做到了迅速反应、快速行动，能解决的问题马上解决，不能解决的问题向住户提供政策依据，消除误解。在百姓热线直播节目中，行政管理中心多次受到百姓的表扬。

【大厦改造】 全力做好物贸大厦改造工程，将此项工程作为重点工作来抓，与集团公司相关部门、辽宁招投标公司、机成造价公司紧密联系，严格控制准入门槛。强化成本意识，主材的选购都是直接到厂家考察，采取公开招标，挤掉了中间商的利润，为集团公司节省大笔的改造资金。在现场管理上注重细节，从材料质量到施工质量严格把关、敢于碰硬，对出现的问题要求供应商或施工方立即整改。截至2018年底，大厦消防改造、配电系统改造、信息化系统改造都按照工期节点有序推进，力争在按集团公司要求的工期全面完成改造任务。

【安全生产】 深化安全教育。加大对职工安全意识和安全操作规范的培训力度，及时发放劳动保护用品，超期服役的工器具都及时更换，加强安全标准化作业的案例教育。提高员工的风险防范意识，避免出现人身伤害和经济损失。落实安全责任，认真学习贯彻关于安全生产工作的重要文件和指示精神，依法履行安全生产主体责任，强化各项管理工作落实。坚持班子成员参加基层班组周一安全活动，坚持一岗双责、党政同责的管理模式。定期安全检查，关注易发生险情的房屋及设施状况，2018年春季瞬间风级大的恶劣天气多发，导致屋面风掀情况频发，发现问题马上处理，避免坠落伤人，对变电所和电梯等特种设备定期巡检。在安全施工协议中确定好相关方的安全责任，加强对外来施工队伍的现场安全管理。

【党建工作】 以学习党的十九大精神为主线，继续扎实推进“两学一做”“不忘初心、牢记使命”和反腐倡廉宣传学习教育，利用各种会议宣传党的思想，引导党员干部职工树立政治意识、责任意识和自律意识，全面加强党的思想建设、组织建设、作风建设和廉政建设，树立行政管理中心新时代共产党员优秀形象。进一步落实基层党建工作责任制，继续深化党支部规范化工作，继续推进“共产党员之家”综合服务阵地建设，充分发挥党组织的战斗堡垒作用和共产党员先锋模范作用，立足本岗，开展以“学条规、提能力、促规范”为抓手的多种竞赛活动，形成“人人学习先进、人人争做先进”的良好工作氛围。严格执行上级关于勤政廉政的有关规定，健全“教育、制度、监督”并重的惩治和预防腐败体系，对重点岗位、重点部门加大监督检查力度，对出现的问题通过追责问责推进各项任务的有效落实，并做到再监督，再检查，持续整改。根据《中国共产党章程》和《中国共产党基层组织选举工作暂行条例》的有关规定，经上级党委批准，于11月9日召开中心第一次党代会，完成党委组建工作。 （李　程）

栏目编辑　李　学

本钢年鉴 *2019*

本钢集团

党群工作

组织工作

【概况】 本钢集团组织工作主要由党委组织部组织实施，主要包括领导班子和干部队伍建设、基层组织建设、党员队伍建设、人才队伍建设、干部监督、出国事务管理等方面工作。截至 2018 年底，本钢集团党委下设直属党委 7 个、基层党委 91 个、党（总）支部 1395 个，共有党员 27671 名。

【履行从严治党主体责任】 成立全面从严治党主体责任领导小组，集团公司领导班子任成员，在本钢集团党委领导下开展工作，领导小组办公室设在组织部。坚持加强党的领导和完善公司治理结构相统一，将党建工作总体要求纳入公司章程，明确国有企业党组织在公司法人治理结构中的法定地位。根据集团公司新的组织架构，按照“四同步、四对接”的要求，重新理顺党组织设置，推进 42 家基层党委完成换届和组建工作，健全党的基层组织。学习贯彻习近平总书记在辽宁考察时和在深入推进东北振兴座谈会上重要讲话精神，制定出台《本钢集团有限公司关于坚持和加强党的全面领导的实施意见》，在企业改革的关键时期，全面加强企业党的建设各项工作。制定印发加强基层党建重点任务三年工作规划（2018—2020），落实《关于加强全省国有企业基层党建工作的意见（试行）》，制定《本钢集团党委关于全面贯彻新时代党的组织路线的实施意见》，为各基层党组织深入做好党建工作提供了坚强的组织保证。

【推进“两学一做”学习教育常态化制度化】 编发“两学一做”学习教育常态化制度化材料汇编和季度学习教育安排，部署推进“两学一做”学习教育工作。举办“本钢集团企业党建大讲堂”，邀请中央党校陈曙光教授、杨丹教授、省委党校赵彦教授等知名专家，围绕“习近平新时代中国特色社会主义思想”“做好国企党建的具体做法”“党的政治建设是党的根本性建设”等 6 个方面课题进行培训。11 月 23 日，本钢集团党委举办“学习贯彻习近平总书记在辽宁考察时和在深入推进东北振兴座谈会上重要讲话精神”专题辅导报告会，邀请辽宁社会科学院梁启东副院长为广大干部职工作专题辅导，本钢集团各级党员干部 1100 多人参加培训。各级党组织也结合本单位实际，开展了多种形式的学习教育活动，使广大党员干部提高了政治觉悟、坚定了政治方向。

【基层党组织建设】 截至 2018 年底，本钢集团下设直属党委 7 家、基层党委 91 家、党总支 98 个、党支部 1295 个，共有党员 27575 名。组织开展党委书记抓基层党建工作述职评议。各级党委分别以“政治性警示性教育”“吸取包宏案件教训”“中央巡视反馈意见整改落实”“省委巡视反馈意见整改落实”等为主题，召开了专题民主生活会和“消除薄熙来、王珉恶劣影响”专题党委会。贯彻中央和省委指示精神，对中央第六巡视组、省委第三巡视组反馈问题中涉及组织工作的 21 项问题进行集中整改，对 98 家基层党委落实整改情况进行督导检查，确保巡视反馈问题全部整改、坚决整改。扎实开展共产党员先锋工程和以“讲奉献、比业绩、创一流”为主题的建功立业活动。全年共设立党员先锋岗 1111 个，组建党员先锋队 458 个、党员创新工作室 99 个，开展技术攻关课题 744 个，提出合理化建议 4033 条，创造经济效益 1.7 亿元。强化党建宣传载体建设，在《本钢日报》“党建阵地”专栏中，全年发稿49期。

【党支部规范化建设】 按照“组织健全、制度完善、运行规范、活动经常、档案齐备、作用突出”的要求，加强党支部规范化建设，评选表彰示范点党支部89个。组织学习贯彻《中国共产党支部工作条例（试行）》，开展“大学习、大检查、大规范、大提升”活动。规范党的组织生活，严格坚持“三会一课”、民主生活会和组织生活会、谈心谈话、民主评议党员、党日、领导干部双重组织生活、请示报告、经常性提醒批评等制度。指导基层党组织建立换届台账，通过召开业务会议、业务培训、现场指导、过程监督等措施，指导基层党支部贯彻换届纪律全覆盖。

【党员队伍建设】 严格做好发展党员工作，全年发展新党员356名。加强党员思想建设，基层党支部开展了以“重实干、强执行、抓落实”为主题的专题研讨。作为省属企业试点单位，组织开展了党员分类管理工作。强化党员信息管理，按照全国党员信息管理工作要求，及时完善党员档案和信息，确保每名党员都纳入党组织有效管理。组织开展纪念建党97周年系列活动，通过新党员宣誓、重温入党誓词、主题党日、在职党员进社区、专题党课等形式多样的活动，进一步强化党员党性教育。各级党组织定期走访慰问困难党员和老党员，送去组织的慰问和关怀，让广大党员充分感受到党组织的温暖。

【省管干部的考核调整】 省委组织部考核组就集团公司领导班子的政治素质、经营业绩、团结协作和作风形象等内容以及领导人员的素质（德、能、勤、绩、廉）等方面的现实表现进行了全面考核。集团公司领导班子和领导人员按照省委组织部要求分别就贯彻执行省委省政府决策部署、完成重点任务、加强党的建设、贯彻落实“三重一大”决策制度、安全生产、廉政建设等方面向省委述职。2018年度新提任省管干部2人、调离1人、退休1人，目前集团公司共有省管干部10人。

【领导干部政治理论和业务培训】 组织集团公司领导班子成员分批次参加了“省管领导干部学习贯彻习近平总书记在辽宁考察时和在深入推进东北振兴座谈会上重要讲话精神专题研讨班”。选派100余名中层领导干部参加企业经营管理人员培训和“企业家大讲堂”培训，进一步拓宽领导干部视野。实施领导干部和优秀年轻干部综合素质提升工程，围绕“学习能力、决策能力、凝聚力、执行力、创新力、公道正派、廉洁自律和为人师表”七种能力建设，开办了本钢MBA培训班，91名管理干部走进课堂，通过内容充实、师资丰富、方式新颖、管理规范、效果突出的培训，学员们开阔了视野、提升了素质、增强了党性、增长了知识和才干。坚持领导干部培训全覆盖、纵深化。全年共组织1142名各级领导干部和专业技术人员进行“干部在线学习”（其中省管干部10人、副处级以上干部652人、专业技术人员480人），累计完成47500学时。

【领导班子和领导干部综合考核评价体系建设】 加强干部考核制度体系建设，制定出台《本钢集团有限公司管理的领导班子和领导干部综合考核评价办法》，搭建全方位、多角度的领导班子和领导干部综合考核评价体系，通过正向、横向、逆向、自上而下、上下结合的方式对领导班子和领导干部进行综合考核评价，评价结果与先进集体和先进个人评先双向互为运用，对排名靠后的领导班子进行调整，对排名靠后的领导干部进行免职、降职、调离。会同运营改善部制定下发了《本钢集团有限公司领导干部问责追责管理办法（暂行）》，在干部中明确工作底线，增强红线意识，持续做好对干部的问责追责工作。

【领导班子配备和领导干部调整】 贯彻新时期好干部标准，坚持德才兼备、以德为先、任人唯贤的选拔任用原则，科学进行领导班子调整和领导干部任用，全年集团公司调整干部8次，交流领导干部762人次。深入贯彻落实国有企业三项制度改革以及省委巡视整改意见，推进干部能上能下。通过建立首席专家、首席工程师以及高级业务师制度，进一步拓宽了各职群人才队伍的上升渠道，实现了部分管理岗位去行政化。坚持“注重人品、注重业绩、注重基层、注重学历”的用人导向，从推进本钢振兴发展大局出发，完善领导干部和人才培养选拔机制，通过公开竞聘大胆选拔人才，不拘一格使用人才。组织完成了招标公司副经理等11个领导干部岗位的公开竞聘工作，选拔5名同志到领导干部岗位挂职锻炼，取得了“赛马选才”的良好效果。

【领导干部日常管理与监督】 夯实干部管理制度体系建设，修订完善本钢集团干部选拔任用管理办法，以制度规范选人用人行为，营造风清气正的选人用人环境。及时更新完善干部名册、干部一览表、干部任免审批表和干部选拔任用纪实文书档案等基础文件，发挥其在工作中的指导和服务功能，充分运用纪实信息加强对干部选拔任用工作的监督检查。建立本钢集团管理的领导班子和领导干部重要情况及信息变化报告制度，加强对重点人员、重要工作、重大事项、重要时期的监督和管理。推进实施领导干部任前、任中、离任审计制度，充分发挥审计权力的监督和制约，让权力在阳光下运行。严格贯彻执行干部监督工作管理规定，利用干部监督举报专线电话和邮箱，规范对领导干部的提醒、函询和监督，明确了各级组织部门的干部监督职能，与纪检监察等部门联动，形成监督合力。共接到各类监督举报9件，办结9件。

【人才队伍建设】 上报市委组织部“党委抓人才项目”1项，人才服务振兴发展优秀成果材料2个，下发了《关于建立高层次人才流出预警机制及报告制度的实施细则》。通过多种渠道加强与企业外部人才机构的合作。与辽宁科技大学就人才引进、培养等方面开展了校企合作对接；接待东北大学博士团一行11人来企业科研交流；组织清华大学等29名重点院校优秀毕业生参加暑期实践活动。严格选拔、积极推荐、关注情感，努力做好专家人才管理工作。推荐2人参加政府特殊津贴专家评选；向省人社厅推荐辽宁省百千万人才工程人才人选18人；组织科技部申报“智汇本溪、聚力振兴”对接项目5个。按照招标公司要求，开展了国际招聘评标专家入库人选推荐和内部招标专家库建设工作。

【乡村振兴战略选派干部情况】 贯彻落实省委关于大规模选派干部到乡村工作决策部署，加强年轻干部挂职锻炼。按照“政治坚定、能力突出、作风过硬、敢于担当、经验丰富、热心为基层服务”的标准，坚持民主推荐、组织考察等干部选用程序，切实把想干事、能干事的优秀干部选派到乡村工作，共分2批、选派20名优秀干部，分别到全省7个县（市）的11个乡（镇）17个村开展工作。建立两级组织部门共同管理、共同考核、共同服务工作机制，通过工作微信群，随时了解和掌握选派干部工作和生活状态，帮助选派干部解决实际困难，得到了两级党委和选派干部的认可。本钢选派干部在所驻乡村踏实工作，以饱满的热情工作在田间地头，通过加强村两委班子建设、走访建档立卡贫困户、积极争取市、县各项扶贫政策等，为所驻乡村的扶贫工作奠定了良好基础，切实把本钢干部优良的工作风貌带到乡村。

【出国事务审批与管理】 执行国家、省外事政策规定，严格规范审批流程，不断提高办事效率，积极服务本钢集团生产经营活动。修订完善《本钢集团因公出国（境）管理办法》，全年共组织因公出国任务35批98人次，所有团组均按计划圆满完成各项工作任务，未出现一起出访团组违反外事纪律、违反有关规定的事件，未发生一起严重涉外事件。从严把关，严格因私出国（境）的办理，强化因私出国（境）制度的执行和落实，切实做好特殊身份人员的动态管理，实现因私出国（境）报撤备人员信息的精准、有效。2018年，本钢集团特殊身份报备人员4604人，共办理因私出国（境）审批209人次。（刘淑玲　吕君超）

宣传工作

【概况】 本钢集团宣传工作主要由党委宣传部、宣传中心组织实施，主要包括落实意识形态工作责任制、思想建设、理论教育、形势任务教育、精神文明建设、对内、对外新闻宣传等方面工作。

【落实意识形态工作】 本钢集团党委认真贯彻落实党中央和省、市委、省国资委党委关于意识形态工作的决策部署及指示精神，积极推进意识形态工作责任落实工作。8月8日，本钢集团党委组织部、宣传部、纪委、办公室等职能部门及各二级单位党委召开意识形态工作责任制推进会，进一步落实《本钢集团有限公司党委意识形态工作责任制实施细则》《本钢集团有限公司党委网络意识形态工作责任制实施细则》《本钢集团有限公司党委网络意识形态工作责任制责任分工方案》，要求各单位党委建立健全意识形态工作组织机构，整合资源，形成合力，确保意识形态工作责任制落实。12月17日，重新修订一系列本钢集团党委意识形态工作相关制度，使意识形态工作制度化、规范化。通过成立本钢集团有限公司党委意识形态工作分析研判小组，加强组织领导，层层传导压力，深入推进本钢集团党委意识形态工作。为了把意识形态工作的领导权、管理权、话语权牢牢掌握在手中，围绕本钢集团各时期改革发展工作重点，特别是围绕“四定”改革，在《本钢日报》、《今日本钢》电视、官方门户网站、OA办公自动化系统、微信、微博等新媒体开设各类专题、专栏，就广大职工关注的重点问题进行详细解答。对外宣传工作围绕企业加快转方式、调结构、提高企业核心竞争力等方面，在省级以上媒体做好新闻宣传，提升了企业对外形象和社会影响力。同时，发挥网络评论员正面舆论导向作用。围绕本钢集团党政中心工作，网络评论员积极开展网上正面宣传，唱响主旋律。对网络涉及的焦点、热点问题，及时撰写有深度、有说服力的文章和言论，进行引导和解疑释惑，充分发挥网络评论员网络“隐性引导”作用。逐步建立全员监管的舆情监控新模式，进一步探索网络舆情管理、应对、处置的方式方法。进一步加大网络舆情的监督管理力度，积极应对不良舆论的影响。开展跟进式职工动态调研，逐级摸清职工思想动态，掌握职工所思所想所盼，听取职工的意愿和诉求，了解职工所关注的热点，及时解疑释惑，为稳定职工队伍、振奋职工精神做好基础性工作。深入开展“崇尚科学、反对邪教、珍爱生命、共享和谐”的社会主义核心价值观教育，重点做好敏感日期间防控接续帮教维稳工作。组织召开本钢宗教工作自查推进工作会议，下发《本钢集团有限公司党委宗教工作自查方案》，对下一步工作提出具体要求和部署，并形成《本钢集团宗教工作自查报告》。此外，在《本钢日报》开辟专栏，宣贯新修订《宗教事务条例》。

【学习型党组织建设】 围绕“深入学习贯彻习近平总书记在辽宁考察时和在深入推进东北振兴座谈会上重要讲话精神，深入学习新修订《中华人民共和国宪法》，新修订《中国共产党纪律处分条例》”等内容，组织本钢集团党委理论学习中心组学习。截至12月末，共组织本钢集团党委理论学习中心组集体学习19次，提高学习的规范性、针对性和实效性。按季度下发《本钢集团党委理论学习中心组学习要点》及《各单位党委理论学习中心组学习情况通报》，指导基层党委理论学习中心组学习，明确阶段性理论学习内容，促进思想观念的转变，不断提高政治理论和政策水平。为了促进习近平总书记重要讲话精神在本钢集团落实落地，制定下发《本钢集团党委关于贯彻落实习近平总书记在辽宁考察时和在深入推进东北振兴座谈会上重要讲话精神实施方案》《本钢集团党委开展“解放思想推动高质量发展大讨论”的实施方案》。以“解放思想推动高质量发展大讨论”为契机，开展“请进来”“走出去”系列学习活动。11月23日，邀请辽宁社会科学院梁启东副院长，为1100多名中层以上领导干部及部分党务工作者，就习近平总书记在辽宁考察时和在深入推进东北振兴座谈会上重要讲话精神等内容做专题辅导。分层次、有侧重地抓好基层党员干部和普通党员学习教育。12月26日，省国资委党委副书记、副主任项鸿林到本钢集团党委进行专题调研，对本钢集团党委开展学习宣传贯彻习近平总书记在辽宁考察时和在深入推进东北振兴座谈会上的重要讲话精神工作的进展情况，开展“解放思想推动高质量发展大讨论”情况，中央、省巡视整改落实情况和深入推进国企党建工作，给予充分肯定。

【宣传思想工作活动】 为了扎实推动习近平新时代中国特色社会主义思想深入人心，持续推进社会主义核心价值观建设，有力服务企业生产经营和改革发展。3月15日，本钢承办中国政治思想研究会冶金企业调研座谈会。中国政研会秘书长吴建春对本钢思想政治工作给予肯定。4月18日，本钢集团党委副书记赵忠民代表本钢集团党委，在“全省学习贯彻习近平新时代中国特色社会主义思想和党的十九大精神座谈会”作交流发言。6月28日，省委召开全省思想政治工作暨“新时代辽宁精神”发布电视电话会议，本钢集团党委书记、董事长陈继壮在主会场参加会议并作经验介绍。12月6日，本钢集团党委书记、董事长陈继壮在辽宁省委理论学习中心组学习主会场，作了题为《解放思想锐意改革奋力开创本钢集团卓越发展新局面》的发言。12月11日，本钢集团党委书记、董事长陈继壮接受新华社辽宁分社专访，发表了《发挥国有企业应有价值 本钢集团以改革创新推动高质量发展》的报道。同时，深入开展党建思想政治工作课题论文征集评选活动，总结推广来自基层的党建思想政治工作经验和做法。6月25日，召开“本钢集团党建思想政治工作研究会学习宣传贯彻党的十九大精神座谈会”，对征集的“学习宣传贯彻党的十九大精神主题征文”论文164篇、散文30篇、诗歌20篇予以表彰。12月25日，对征集的“庆祝改革开放40周年”47家单位111篇论文进行评选，共评选出一等奖6篇、二等奖15篇、三等奖20篇、优秀奖26篇，并推荐6篇优秀论文参加全国冶金政研会举办的“全国冶金行业思想政治工作优秀论文评选”，分别获二等奖1篇、三等奖2篇。以庆祝中国共产党成立97周年为契机，组织召开“本钢集团党委纪念建党97周年座谈会”，回顾党的奋斗历史，结合企业党建工作，展望未来发展蓝图，号召广大党员干部用更加饱满的工作热情为本钢集团的改革发展贡献力量。12月13~14日，2018年中国冶金职工思想政治工作研究会工作年会在马钢召开，本钢集团与会5名同志围绕新形势下企业思想政治工作面临的新情况、新问题与其他冶金企业代表进行交流研讨。

【形势任务教育】 根据本钢集团生产经营实际，深入开展形势任务教育。围绕“四定”工作，下发《围绕“推进‘四定’工作”为主题形势任务教育提纲》，指导各单位党组织深入学习领会“四定”工作，进一步统一思想认识，解疑释惑，让广大干部职工深入了解“四定”工作对企业未来发展的重要意义。同时，利用《本钢日报》、《今日本钢》电视、本钢官方门户网站、OA办公自动化系统、微信、微博等媒体平台，开设专题、专栏，就广大职工关注的重点问题进行详细解答。各基层单位根据本钢集团改革发展形势，结合本单位实际，丰富形势任务教育手段，为稳定职工队伍、振奋职工精神做好基础性工作。借助技术学院的师资资源，开展形势任务教育培训工作，拓展活动的广度与深度，营造“员工能进能出、干部能上能下、工资能高能低”的舆论氛围。

【宣传舆论氛围营造】 以庆祝改革开放40周年为契机，制定《本钢集团党委关于庆祝改革开放40周年活动安排的通知》，指导各基层单位开展结合各自实际的庆祝活动。同时，充分利用各媒体平台，开办专题、专栏，充分展示本钢集团改革开放40周年在引进一流技术装备、产品升级换代、高端人才战略等方面的突出成就。对曾获辽宁省青年科技奖、辽宁省优秀科技工作者及以上荣誉称号的科技人员进行专访，充分体现他们在本钢集团改革开放40周年中做出的贡献。同时，通过《往事如铁》报告文学发行会、各界人士座谈会、“光荣与梦想”本钢职工摄影展等形式，引导广大干部职工不忘初心、牢记使命，将改革开放进行到底。

【新闻宣传概况】 作为本钢集团直属机构，本钢日报社（对外称本钢宣传中心）承担本钢集团新闻宣传任务。主要负责《本钢日报》出版、《今日本钢》电视播出和本钢新媒体宣传、对外宣传，网络舆情监控等工作，接受本钢集团党委宣传部业务指导。2018年，本钢宣传中心下设综合策划室、编辑室（含周末版）、记者室、电视工作室、新媒体工作室等5个内设科级机构。在籍采编人员60人。其中副科（含以上）管理人员11人、其他采编人员49人；中级（含以上）职称34人、初级及无职称26人；女职工31人，中共党员50人。本钢自有媒体包括《本钢日报》、《今日本钢》电视，《本钢手机报》和本钢日报官方微信、本钢日报新浪/腾讯官方微博等新媒体。省（含以上）本钢外宣媒体主要有：辽宁电视台、中央人民广播电台、中央电视台和《辽宁日报》《中国冶金报》《中国工业报》《证券时报》《经济日报》《人民日报》及新华社等。2018年，宣传中心领导班子紧跟本钢集团党委工作部署，坚持以习近平新时代新闻思想为指导，带领采编人员遵循“高快深广新活”新闻采编规律，践行“创新、贴近、融合、鼓劲”新闻宣传要求，传递正能量，激发新活力，确保为本钢集团卓越发展营造良好舆论氛围，出色完成了新闻宣传工作任务，全年除内评好新闻16篇外，还有127件作品分别获省以上好新闻奖。

【四大基本亮点】 一是精准把握，突出重点。2018年以来，先后开设“贯彻落实职代会”“学习贯彻十九大”两个专栏，把握正确舆论导向，组发专栏稿件，配发编者按，第一时间将重大新闻资讯传递给本钢广大干部职工。对落实职代会，本钢集团党委书记、董事长陈继壮参加全国“两会”，贯彻落实十九大精神，“四定”工作等集团重要事件和领导重要活动报道，做到精准把握、反复校核，纠正重大差错及重要规范性提法200余处，有效控制了版面差错率，提高了报纸的质量。二是精心“包装”，“靓”化新闻。报纸编辑通过撰写按语、核心提示、短评，以及配图、增加新闻链接、组织专题等多种形式，对新闻进行重点报道，立体式“包装”，突出新闻主旨，放大新闻效应，体现了编辑思想，使版面更有质感和美感。2018年，编辑撰写按语共计140多篇，组织专题40多期，设计各类专版23个，“包装”各类图片50余幅。三是扩大“本钢外”内容，增强版面“吸引力”。2018年，《本钢日报》在增加“八面来风”专版的基础上，在二版“综合新闻”版、三版“党建阵地”“廉政之风”“安全周刊”“企管纵横”“保卫专刊”等专版上都增加网摘专栏，并结合报道重点，推出辅助性小专题，增加新闻外延，使新闻报道的可读性增强。同时，加强了与内部新闻资源的融合，编辑组织的两个专题和一篇专稿、周末记者的两篇专稿，在微信平台上发布，引起更广泛的反响。四是坚持创新驱动，不断推陈出新。紧密围绕本钢集团宣传工作总体思路，对新媒体微信和微博整体形象进行全新改版升级，将原来的《本钢日报》微信公众号和《本钢日报》微博升级为“本钢集团官方微信公众号”和“本钢集团官方微博”，对微信头尾及微博背景进行了重新设计。改版后的微信公众号整体形象端庄大气，符合大型企业官方信息平台的特点，有力地提升了本钢的企业形象。

【《本钢日报》出版发行】 作为集团党委和行政的机关报，《本钢日报》创刊于1948年12月，立足本钢，面向全国公开发行，国内统一刊号：CN21-0031. 2018年，为对开四版周六刊，分“正刊”“副刊”两大板块。每周一至周五为“正刊”，其中一版本钢要闻，二版本钢综合新闻，三版本钢各类专版，四版时讯聚焦即国内与国际新闻。每周六为都市伴侣专刊即“副刊”，其中一版本钢职工生活要闻，二版文化专版，三版金瀑专版，四版综艺专版。2018年，全年采编和出版298期计1192版，发稿9500余篇计1000余万字。每期发行1.2万份，年总发行358.8万份。(一)重点报道内容:一是坚持正确的舆论导向,时刻牢记"政治家办报",绷紧"安全"这根弦。正确处理好新闻宣传和政治纪律的关系,时刻把新闻"安全"作为头等大事,通过业务学习、理论学习以及谈稿会、早例会等形式,增强采编人员的政治敏感和大局意识,使之具有较强的理解能力和分析判断能力,具有对行业最新动态深刻领会的能力。2018年,记者采写2000余篇稿件,近500幅图片,没有出现舆论导向错误,没发生大的差错。二是明确防范重点,以本钢集团的生产经营中心工作为出发点,坚决做到"帮忙不添乱",报道基调不能跑调走音。对本钢集团召开的重要会议,如每年的职代会、经济分析会、党委工作会议、安全工作会议等,把好每一道关口;对企业的重大决策做好正面、客观地报道,组织开展了2018年设备联合检修等重大主题报道,以及防寒、防暑、防汛,安全生产月、质量月等重要时段,产品研发、质量攻关、节能降耗、扭亏增盈、基础管理、企业文化等重点领域,春节、三八妇女节、劳动节、青年节、教师节、国庆节,环境日、国防宣传日等重大节日的宣传报道工作,使党的路线和政策通过新闻进行解读,及时准确地通过新闻报道与广大读者见面。三是坚持"走转改",沉入基层,深入实际,找准"切入点",让上级领导和职工群众都满意。本着"离基层越近,离真理越近"的原则,2018年,由党员、业务骨干与年轻记者结对子,组成新闻采写小分队,以老带新,以帮促学,团队作战。记者们在一线捕捉了大量鲜活的新闻事实,采写了大量基层现场短新闻,使"走基层一线行"栏目成为品牌栏目。四是加强新闻记者素质建设,努力造就一支"政治强、业务精、纪律严、作风正"的新闻队伍。秉承"抓质量、出精品,打造学习型团队"的理念,坚持组织开展有针对性的业务学习和谈稿会,着力引导和培养记者在专业、专心、专攻方面下工夫,用专业的视角审视新闻,获得好的新闻角度,在最短的时间内选准新闻切入点,不断推出有分量、让业内人士称赞的新闻报道。五是报纸、电视、新媒体"全媒体"联动,对辽宁本钢队参加CBA联赛2017—18赛季的全程赛况以及本钢集团各项赛事活动进行了宣传报道,提振了士气,凝聚起全体本钢人勠力同心创高产的喜人局面。(二)重点专版专栏:开设《学习贯彻十九大,实现本钢新发展》《"四定"进行时》《观察与思考》《一周快评》《现场·最美瞬间》《走基层·一线行》《传承·师带徒》《创新视野》《节能降耗　绿色发展》《本钢人》《本钢工艺常识》《非钢产业在前进》《魅力本钢》《钢城纪事》等专栏,以及《视觉本钢》《时讯聚焦》《企管纵横》《八面来风》《通联之窗》等专版,并与本钢集团党委组织部、安监部、纪委、溪钢分局、本钢保卫部等部门联手开设《党建阵地》《安全周刊》《廉政之窗》《溪钢保卫周刊》等专版。《本钢日报》还发挥新闻资源优势,每周一至周五每日实时更新专供集团门户网站所需图片新闻及其相关文字新闻、OA内网"公司新闻"专栏所需全部稿件。

【《今日本钢》电视】 作为本钢集团党委和行政的机关电视节目,《今日本钢》电视开播于1987年9月。借助本溪电视台综合频道即BXTV-1面向全市播出。《今日本钢》电视为日播节目,即每日播出1期,节目时长10分钟,按新闻(专题)和综述(周末)两大板块播出。其中每周一至周五播出新闻、专题板块,时长各5分钟;周六、周日分别播出综述、周末板块,时长各10分钟。每期节目重播3次，播出时段为每日20：05—20：15首播，22：35—22：45重播，次日11：25—11：35再播。2018年，采编并播出《今日本钢》电视节目1095期次，总时长10950分钟（均含重播、再播）。其中首播365期，约播发稿件1460篇，播发稿件文字量100多万字。（一）重点报道内容：一是栏目设置，创新求变。2018年，电视中心除了加大力度宣传各级、各类先进典型外，还根据不同时期的要求，相继开设了《劳模风采》《强化责任意识　履职尽责担当》《走基层·身边的好党员》《一线职工故事》《矿山高产行》《小曹说安全》等专栏，展现职工吃苦耐劳、默默奉献的工作形象。新闻和专题版块紧紧围绕集团的中心工作开展了有计划、有重点、有深度的宣传报道工作，牢牢把握舆论导向，及时报道重点工作。针对2018年本钢集团设备联合检修工期最长、产线最全、参战单位最多、覆盖范围最广的实际，开设《联检进行时》专栏，从矿山到高炉，从炼钢转炉到保产保供一线，用镜头记录下一个个精彩瞬间，累计发稿80余条，全部报道无任何差错。“周末汇”成为“今日本钢”的一个品牌性的综合新闻类节目，极大满足了本钢职工和市民观众的“浅阅读”要求，使得本钢重要信息更容易被受众接受。伴随着读图时代的来临，大量的新闻图片也通过“周末汇”栏目走上了电视荧屏，成为丰富电视节目形式的手段之一。同时对“印象本钢人”和“钢城大工匠”专栏进行改版，用图片和同期声讲述本钢故事，将新闻触角延伸到最基层，挖掘普通人物的感人故事。二是围绕中心，服务大局。采编人员团结协作，配合默契，确保重要稿件及时保质播出。电视中心2018年着重把工作重点放在提升节目质量上。建立层层把关的审片制度，对节目的整体包装和报道深度都进行了创新改革，音乐、画面、解说词努力做到立体统一。2018年夏季，本溪地区遇到了历史以来少有的高温天气，电视中心及时做好防汛、防暑降温等方面的报道，开设《温馨提示》专栏，向观众介绍了“夏日炎炎防中暑”“立秋时节话养生”。同时，结合本钢集团生产经营工作会议，对各子公司以及基层单位贯彻落实情况进行了集中报道，凝聚起了全员奋力创高产的正能量，展示了本钢人的新形象。三是重点报道，策划先行。为做好纪念改革开放40年本钢集团发展变化的宣传报道活动，陆续推出了《发展印记》《年度记忆》《年度人物》等大型主题系列报道，并制定了新闻采访计划，与《本钢日报》、新媒体同步展开，力求以报道揭示大主题、以宣传展现大时代，全面展示本钢集团改革开放40年来波澜壮阔的发展进程和辉煌成就。本钢集团成为辽宁男篮赞助商之后，电视中心承担起CBA联赛的比赛视频录制和采访工作。四是高举旗帜，加强党建。2018年以来，根据机关党委和中心党总支部署和安排，电视党支部充分发挥战斗堡垒作用，多次组织开展党课学习及党员活动。每名党员充分发挥旗帜引领作用，急难险重任务面前不讲条件，奉献担当。针对年初极端严寒天气，从原燃料保供、运输保产到生产制造统筹协调，陆续播发系列报道，多侧面反映本钢职工勠力同心促发展、攻坚克难战严寒的信心和勇气。春节期间，党员记者深入各基层厂矿、车间和班组体验生活，聆听一线职工期盼，先后采写、播发了一批接地气、有温度的新闻报道。其中《保供巡礼》《我在岗位过大年》等报道，展现了本钢职工爱岗敬业的朴素情怀，受到电视观众和一线职工好评。（二）重点栏目设置：新闻（专题）板块，开设了《落实职代会精神在基层》

《新春走基层》《走基层·最美劳动瞬间》《走基层·身边的好党员》《联检进行时》《钢城先锋》《一线职工故事》《节能降耗降本增效》《记者调查》等专栏。综述（周末）板块，开设了《周末汇》《印象本钢人》《钢城大工匠》《旗帜》《周末故事会》等专栏。（三）重点协作服务：2018 年，电视中心在不影响正常节目制作和采写的情况下，完成多项编辑制作任务。先后为本钢集团“双先”表彰会、“三八”妇女节颁奖晚会、党委中心组学习报告会、“五四”优秀青年座谈会、安全消防演练、领导班子成员专题党课等提供背景资料或专题拍摄，各类会议全程录像 10 余次，完成了资料留存及会议用片的摄制任务，得到集团领导和服务部门的充分肯定。

【新媒体宣传】 本钢新媒体 2011 年 5 月起相继健全设置，播报内容既有原创作品，也有源自《本钢日报》《今日本钢》电视的新闻。新媒体播报周期为周一至周五每日更新，其中《本钢手机报》借助本溪电信微信平台完成播报。2018 年，发布《本钢手机报》223 期、发稿 1115 余条，微信 286 期、发稿 1324 余条，微博发稿 2000 余条。重点工作内容：1. 围绕本钢集团重要活动，探索运用新媒体技术开展宣传活动。在本钢集团大合唱比赛、双先表彰会、辽宁本钢队夺冠、五四表彰会、青年大学生趣味运动会等重要活动中，充分发挥新媒体图、文、影、音一体的平台优势，精心制作了微信推送，让本钢集团的形象广泛传播。春节期间，为做好集团创新技能型人才的宣传，精心策划了“本钢集团技能大师大拜年活动”，通过近半个月的采访和制作，形成了具有新媒体特点的 H5 动画加图文的系列微信推送，以交互式的新媒体表现形式完成与受众的互动，既满足受众娱乐心理，又巧妙地将宣传内容呈现到受众眼前，充分体现了新媒体技术的魅力。“五一”劳动节期间，充分利用新媒体技术优势，推出了认识本钢劳模微信截图有奖活动，将多张普通本钢职工和 9 位本钢全国级模范人物的图片在一起，通过截图的形式与网友互动，让更多的本钢职工认识本钢的劳模。网友对这一活动反映热烈，对弘扬劳模精神，提升本钢企业形象起到了一定的推动作用。为纪念改革开放 40 周年，新媒体特策划了“壮阔东方潮　奋进新时代　庆祝改革开放 40 周年新老照片征集活动”，用身边的故事描绘本钢集团改革开放 40 年变化的宏伟蓝图。2. 突出新媒体互动性强的特点，积极融入本钢集团“四定”工作、党风廉政工作之中。2018 年，新媒体在官方微信公众号上推出了“四定工作留言板”栏目，通过微信平台征集本钢职工对本钢集团推行的“四定”改革的意见和建议，并及时将意见和建议反馈给集团领导及相关部门，为本钢集团领导制定相关制度，出台政策提供参考。同时，利用微信、微博传播速度快，传播范围广的特点，将集团有关“四定”工作的政策解读内容发布出来，起到了释疑解惑的作用，对“四定”工作的顺利推进发挥了一定的作用。新媒体还在官方微信公众号上推出《纪委书记讲纪律》《以案释纪》《扫黑除恶》等栏目，加强党风廉政建设宣传，为本钢集团稳定发展保驾护航。3. 提高新媒体编辑业务能力，鼓励原创撰写。2018 年，新媒体在鼓励编辑原创方面加大了力度，先后创作出“【CBA·本钢】以钢铁力量，助辽宁本钢队夺冠!”“【点赞本钢】太震撼了，谁能想到咱大本钢这些年一直在做这种事”“【加冕封王】钢铁力量铸就辽宁本钢队夺冠之路”“【今日关注】精彩回眸——陈继壮代表参加全国‘两会’期间接受媒体采访侧记”“【点赞本钢】七夕节，听这几对外地大学生夫妻在本钢‘鹊桥相会’的爱情故事”“心语专栏”“【中秋节】嫦娥邀请你加入天庭聊天群啦！快去看看吧！”等原创作品近20篇，提升了新媒体编辑的业务能力和水平。4. 加强新媒体技术和业务研究，认真开展内部培训。重点对“新华社现场云直播平台”和“微信小程序电子报”等专业技术进行了研究，并与市广电局进行了业务对接和培训。对新兴热门设备gopro、无人机等进行研究，将拍摄素材运用到新媒体制作宣传工作中。组织编采人员参加了“著作权法律风险防范专题培训”，确保集团官方微信微博平台依法有效运营，不断提高自身新媒体从业素养。5. 建立无版权问题的图片、动图、视频素材库。重点对本钢集团装备制造、工艺流程图片、视频等素材进行整理，分类使用。2018年，共整理集团及各子公司图片1200余张、美观配图200余张，确保微信推送内容图文并茂。新媒体还注重做好舆情监控工作。一是对重要节假日及“全国两会”等重点时段加大人力投入，集中组织安排新媒体成员及网评员值班、值宿，确保了舆情及时上报，为集团相关部门及领导做好研判、处置，提供第一手信息资料。二是对集团重大突发事件积极开展监控，从源头上避免舆情扩散。三是对基层主要舆情事件进行有效指导，将问题处置在萌芽状态。四是组织召开舆情工作研讨会，结合基层舆情案例对核心舆情人员进行了模拟演练。

【对外宣传】 以树立企业品牌为动力，加大外宣力度，打造本钢高质量发展新形象，以多层面、广角度、立体式外宣态势，着力创新突破品牌影响力、党的建设、销售研发、节能降本等报道。全年在中央电视台、新华社、《人民日报》、辽宁电视台、《辽宁日报》、《中国冶金报》、《辽宁职工报》、《共产党员》党刊等省级以上媒体刊发稿件达157篇，完成集团外宣年度考核指标的261.7%。重点报道内容：一是做好重要节点时期外宣报道。结合“两会”陈继壮代表在京接受各大媒体采访，刊播《做好高质量答卷》《改革按下快进键》等重头稿件。在《中国冶金报》完成专版10版，以及《厉害了，我的高质量本钢》《幸福了，我的钢》等“两会”专版5个。协助完成品牌日特刊、世界环境日绿色钢铁特刊、安全生产月特刊、年中关注特刊、“一带一路”倡议五周年专刊等5期，进一步提升了本钢品牌形象。二是做好思想文化建设外宣报道。突出“红色引擎”引领作用，围绕本钢集团党委宣传思想文化建设总体工作目标，与《共产党员》杂志社合作完成党建报道4篇。采写《“红色引擎”激发企业活力》《“红色引擎”提质增效》等典型经验稿件，在《人民日报》、《中国冶金报》、辽宁电视台、《国企管理》等媒体宣传本钢各级党组织示范引领作用，以“红色引擎”激发企业活力。三是做好企业发展成果外宣报道。围绕市场营销、产品研发、智能制造、绿色发展等主题进行成果宣传。《本钢集团出口创汇同比增加28.8%》《本钢获评为“一带一路”国际合作典范企业》《本钢批量供货世界最宽幅超薄超深冲汽车用钢》《“一带一路”重点管线工程用上“本钢造”》《本钢集团：满目青葱织绿锦，碧水蓝天映钢城》《本钢大规模技改促推绿色发展》等报道，极大拓展了本钢集团综合影响力。

【新闻宣传综合管理】 2018年，在遵循“高、快、深、广、新、活”新闻宣传内在规律的基础上，把“创新、贴近、融合、鼓劲”作为新闻宣传基本要求，不断拓展采编方法手段，切实提高新闻舆论传播力、引导力、影响力和公信力，为全面完成本钢集团新闻宣传工作任务奠定基础。

主要工作：一是以党建工作为引领，统筹全媒体传播优势，坚守新闻宣传主阵地。《本钢日报》开设《学习贯彻十九大》专栏，组发专栏稿件，配发编者按，第一时间将国家、省市及本钢集团党建工作的重大新闻资讯传递给广大干部职工。《今日本钢》电视开设《贯彻十九大》《走基层 · 身边的好党员》专栏，并配合党委宣传部制作《旗帜高扬》“七一”党建专题片。新媒体设置《十九大专题》《党建工作》《党委书记说党建》等系列栏目，宣传本钢集团各级党组织工作成果和经验，并全面及时呈现各单位丰富多彩的迎“七一”活动。组织开展“四定”推进工作相关报道。《本钢日报》相继刊发5篇系列报道、6篇系列评论，阐述“四定”工作根本目的、深远意义，并开设《“四定”政策答疑“直通车”》专栏，对重点、热点问题进行解答。《今日本钢》电视推出《强化责任意识，履职尽责担当》栏目，弘扬责任意识和担当精神。新媒体推出《“四定”工作留言板》和《“四定”改革工具栏》，收集整理职工网上留言并提交相关部门解答，搭建基层职工与专业部门之间沟通桥梁。组织开展纪念改革开放40周年主题报道。策划《纪念改革开放40年主题宣传报道方案》，包括《发展印记》《产线生产工艺、规模巨变》《年度记忆》等系列报道。新媒体还特别策划“壮阔东方潮，奋进新时代——庆祝改革开放40周年”新老照片征集活动，用职工身边故事描绘改革开放40年本钢发展变化。二是以增量提质为抓手，坚定推出绩效考核细则，激发全员工作动力。结合本钢集团“四定”工作要求，推出《本钢宣传中心绩效考核细则》，将部门职责、绩效项目、定额指标、考核方式、奖罚细则等形成制度，细化职工工作任务和质量，激励采编人员多写精品A稿、多编完美A版、多发精彩A视频、多创精美A微信，让优秀采编人员得到实惠、认可和尊重，成为编辑、记者中的佼佼者。三是坚持“三贴近”原则，紧跟本钢集团发展步伐，聚力讲好“本钢故事”。《本钢日报》创新策划方式。特别注重标题制作和消息导语、通讯主架构创新。图片新闻创新完成《视觉本钢》专版及《最美瞬间》《本钢人的一天》等专栏报道任务。通过撰写按语、核心提示、短评和配图、加新闻链接、组织专题等多种形式，对重点报道进行立体“包装”，放大新闻效应。强化视觉冲击力，重要主题、专题报道巧妙利用文图素材进行版式设计，强调版面语言，令人耳目一新。《今日本钢》电视丰富栏目，相继开设《劳模风采》《走基层 · 身边的好党员》《一线职工故事》《矿山高产行》等专栏，挖掘普通人物的感人事迹。新媒体创新采编实践。运用H5技术，把微信“跳一跳”小游戏与本钢集团技能大师新春大拜年活动结合在一起，既满足受众收阅的趣味需求，又将宣传内容呈现到受众眼前。还运用无人机等新兴设备和技术拍摄视频，制作动图，以“影音图文”的微信推送形式讲好一线职工故事，并为资料留存提供珍贵素材。报纸记者组成新闻采写小分队，深入一线采写饱含温度新闻。仅2018年春节期间就采写《新春走基层》报道50余篇。一批批带着泥土味、露珠儿的报道，如《90后姐妹花绽放在乡间小路》《第一书记的“扶贫日记”》《“爽”在身“暖”在心》等，让读者深受感动。四是以素质提升为目标，有效开展内部岗位轮转，精心培养复合型人才。结合本钢集团“四定”工作及岗位培训轮训要求，注重打造一支综合素质高、业务能力强的全复合型采编人才队伍。从2018年2月初开始，分三批派出11名采编人员参加本钢集团为期3个月的综合素质培训。3~10月，共安排9名采编人员进行跨部门轮岗交流。5月末，派出4名业务骨干到武汉大学传媒学院进行专业素质培训。力争用2~3年时间将现有报纸、电视、新媒体采编人员进行一次全面轮岗交流。在创新趋势引领下，通过一系列人才培养手段，努力实现三大媒体深层次融合。报纸、电视、新媒体各有特色、齐头并进，一体发展、全面互动，文图音视共同提升新闻价值，放大传播效果。各部门相互搭台补位，全体采编人员沉下心，俯下身，用一个个有思想、有温度、有品质的作品宣传新时代、记录新本钢，凸显大融合、大发展、大进取融媒体发展新格局。五是以组织建设为保障，夯实党总支基础工作，发挥党员先锋模范作用。中心党总支落实本钢集团党委及机关党委要求，迅速兴起学习贯彻党的十九大精神热潮。总支、支部班子坚持先学一步、学深一层，带头组织专题学习，结合实际开展研讨，全面、系统、深入领会习近平新时代中国特色社会主义思想。各支部政治学习坚持常态化制度化，每名采编人员在线撰写学习笔记，党建理论学习的内容不断充实，氛围更加浓厚。2018年5月，出台《宣传中心党总支开展创建先锋党支部、争当旗帜党员活动落实方案》。开展在职党员进社区活动，50名党员和入党积极分子参与东明社区大党建基础建设，并向困难居民家庭进行爱心捐款。“七一”期间，在全中心开展党的十九大精神和习近平新时代中国特色社会主义思想基本知识竞赛、党内“两先一优”评比、党建基础台账设置检查评比等系列迎庆活动。建党97周年，中心总支书记为全体党员上了党课，激励本钢新闻工作者时刻铭记责任和使命，唱响主旋律，打好主动仗，传播正能量，为推进本钢集团卓越发展奉献聪明才智。

【精神文明建设概况】 本钢集团精神文明建设的主要工作：进一步弘扬社会主义核心价值观，践行“人本、人和，至精、至强”的企业核心价值理念，以贯彻落实《公民道德建设实施纲要》为基本要求，深入开展“创文明单位、建文明班组、做文明职工”（简称“创建做”）和争做“社会公德、职业道德、家庭美德、个人品德”的“四德”职工活动；继续做好道德典型宣传及选树、法治宣传、国防教育、教育转化等工作。

【“创建做”活动】 以践行社会主义核心价值观为重点，紧紧围绕企业生产经营实际，积极探索新时期精神文明建设工作融于企业生产经营实际的有效途径，不断创新丰富、宣传选树本钢精神文明建设“创建做”活动内容和先进典型，推进本钢精神文明建设工作在企业发展中的不断提升。一是在“本溪市精神文明建设表彰暨创建文明城市工作推进大会”上，板材能源总厂荣获“2015—2017年度辽宁省精神文明单位”称号、南地医院荣获“2015—2017年度本溪市精神文明单位标兵”称号，板材冷轧厂等3家单位荣获“2015—2017年度本溪市精神文明单位”称号。二是根据本溪市文明委要求，做好2018—2020年度本溪市、辽宁省精神文明单位创建申报备案制度，本钢集团共有12家单位自荐2018—2020年度本溪市精神文明单位，15家单位自荐辽宁省精神文明单位。三是组织板材能源总厂、南地医院、板材冷轧厂省、市文明单位的50名志愿者于7月11日、13日，分别在市文化宫、中心医院交通岗参加本溪市文明办举行的“我爱本溪·我的家”文明交通志愿服务活动。

【道德典型宣传及选树】 在全公司范围内广泛开展“跟着郭明义学雷锋”争做“四德”职工活动，进一步营造宣传好人、学习好人、崇尚好人、争做好人的良好氛围，选树、宣传、推荐一批自觉践行社会主义核心价值观和本钢核心价值理念，忠诚企业、敬业奉献的先进典型。一是组织做好“本溪好人”“辽宁好人”“学雷锋学郭明义”典型的推荐宣传工作。板材炼铁厂高立波等13名同志荣获“本溪好人”称号。板材储运中心的任枭雄荣获“本溪好人·最美志愿者”称号。板材技术研究院研究员的文小明荣获2018年度“辽宁好人·最美人物”称号。北营炼铁厂的王世明荣获2018年度“辽宁省岗位学雷锋学郭明义标兵”称号。板材发电厂团委荣获2018年度本溪市“雷锋号”。二是组织板材炼钢厂的丁显军、北营铸管公司的董陵军参加由市委宣传部、市文明办共同举行的“本溪好人·2018年度盛典”。三是本溪市文明办于10月24日在辽宁冶金职业技术学院举行2018年度“进企业、进社区、进学校”“‘本溪好人’事迹巡讲报告会”，矿业露天铁矿职工王立仁等5名“辽宁（本溪）好人、道德模范”进行宣讲。四是组织“辽宁好人·身边好人”王立仁、王世明参加省委宣传部、省文明办在鞍钢举办的“辽宁好人”培训班。《本钢日报》周末版对王立仁、王世明进行宣传报道。五是为做好2017年度《本溪好人》书籍编撰工作，按照本溪市文明办的要求，组织基层有关单位做好荣获本溪好人的张成展等4名职工事迹材料、照片征集的补报工作。

【纪念学雷锋活动】 以“爱岗敬业、开拓进取，刻苦钻研、争创一流，艰苦奋斗、厉行节约，勇于创新、甘于奉献，诚实守信、助人为乐”的新时期雷锋精神为主题，进一步传播企业道德建设正能量。在纪念学雷锋活动55周年期间，通过《本钢日报》《今日本钢》电视开辟“春风送暖满钢城”专版、专栏着重进行任枭一等12名荣获本钢“最美青工”“本溪好人”、2017年度“本溪好人”“辽宁好人·身边好人”典型事迹的宣传报道。

【法治宣传】 坚持“依法治企”和“以德治企”相结合，以“‘12·4’国家宪法日暨全国法制宣传日”为契机，进一步推动法治本钢建设宣传教育系列活动的深入开展。一是下发本钢《关于开展2018年“12·4”国家宪法日法治系列宣传活动的通知》，集团党委宣传部、集团法务部通过《本钢日报》开辟“‘12·4’国家宪法日暨全国法制宣传日”专版，以“弘扬宪法精神　建设法治本钢”为主题进行有关吸毒方面的法律法规、警示案例的宣传和对板材铁运公司等8家法治宣传典型的宣传。二是组织板材铁运公司20多名干部职工参加本溪市2018年度“12·4”国家宪法日宣传活动暨“双十佳”评选揭晓仪式，本钢板材铁运公司荣获本溪市2018年度“十佳精品普法宣传成果”先进单位。三是按照本溪市统一部署，12月4日分别在板材铁运公司等单位设立4个分考场，共计120名干部、职工、师生参加了“本溪市国家工作人员宪法法律知识考试”。四是按照本溪市《关于开展宪法学习宣传情况督导检查的通知》要求，形成

《本钢集团关于宪法学习宣传情况的自检自查报告》并上报。五是按照本溪市“关于开展2018年法治宣传月集中宣传活动的通知”要求，同集团法务部联合下发本钢《关于开展2018年法治宣传活动集中宣传活动的通知》，组织基层各单位大力开展以宪法为核心的法治宣传，进一步增强职工法律意识，树立法治理念。六是根据本溪市《关于组织开展“七五”普法依法治市中期督导检查的通知》要求，集团公司法务部、集团党委宣传部联合下发本钢《关于做好迎接本溪市依法治市“七五”普法中期督导检查准备工作的通知》，为迎接省市检查做好基层各单位“七五”普法中期自检自查材料的收集整理以及本钢“七五”普法中期的自检自查准备工作。七是按照本溪市关于开展反非法集资的宣传要求，在《本钢日报》开辟专栏，进行“拒绝高利诱惑，远离非法集资——防范打击非法集资知识问答”的宣贯。八是按照本溪市《关于开展全市法治文艺作品征集活动的通知》和《关于全面加强本溪市普法志愿者队伍建设的通知》要求，同集团法务部联合下发征集法治文艺作品的通知，共向本溪市推荐了57幅（篇）本钢的“法治文艺作品”。同时落实做好本钢板材铁运公司普法志愿者服务队建设。九是配合集团法务部在全体党员、干部中开展了《中华人民共和国刑法》《中华人民共和国治安管理处罚法》等相关法律法规考试。（顾春明　刘发顺　秦　勇）

纪检监察工作

【概况】 本钢集团有限公司党委巡察办与本钢集团有限公司纪委（监察部）合署办公。党委巡察办下设巡察处、综合处；纪委（监察部）下设信访案件管理室、纪检监察室、案件审理室、纪检监察干部监督室、综合督察室和15个派驻纪检监察组。纪委（监察部、巡察办）在籍人员共计65人（不含纪委书记），所有人员均为中共党员。其中纪委副书记（兼任党委巡察办主任、监察部部长）1人、专务1人、处级52人、科级6人、科员和一般工作人员5人。

【党委巡察工作】 经本钢集团党委研究同意，2018年7月组建了党委巡察办。巡察办自组建以来认真贯彻落实集团公司党委对巡察工作的部署要求，以新修订的《中国共产党巡视工作条例》和辽宁省委《关于贯彻〈中国共产党巡视工作条例〉实施办法》为遵循，认真细致做好业务理论学习、建章立制和巡察前期准备工作，为有效开展巡察工作打下了坚实的基础。一是认真学习纪检监察和巡察工作相关业务知识，通过对《中国共产党党内监督条例》《中国共产党问责条例》和《中国共产党巡视工作条例》等内容的学习，进一步明确了巡察工作的内容、目标和方法，为开展巡察工作奠定了坚实的理论基础。二是制定巡察工作相关制度，结合集团实际，研究制定了《本钢集团公司党委巡察工作实施办法（暂行）》等4个工作制度和《本钢集团公司党委巡察工作领导小组办公室工作规则》等14个业务规则，为更好地开展巡察工作，进一步健全和完善党内监督体系，推进落实全面从严治党“两个责任”提供了制度上的保证。三是开展首轮巡察工作，通过对板材公司检化验中心、板材公司储运中心、本钢修建（维检）公司、本钢冶金渣公司等4家单位进行巡察，发现问题线索136条，其中重点人问题线索9条，向集团公司纪委移交问题线索15条，形成整改意见、建议208条。首轮巡察达到了“发现问题、形成震慑”的目的，巡察工作取得明显成效。

【纪检监察体制改革工作】 为进一步推动全面从严治党向基层延伸、向纵深拓展，按照上级纪委不断推进纪检监察体制机制改革的要求，结合集团改革发展实际情况，按照《党章》和《中国共产党党内监督条例》的有关规定，对集团所属设立党委的单位实行纪检监察组织派驻制管理。一是建章立制，2018 年 5 月，结合在北营公司试点的经验，制定了《本钢集团纪检监察组织实行派驻制管理实施办法》，并于 7 月经集团党委常委会讨论原则通过，该《实施办法》对派驻组机构设置、工作关系和职责权限等方面进行了明确，为派驻工作的顺利开展提供了必要的遵循。二是成立派驻纪检监察组，经与集团组织部多次讨论，最终确定成立 15 个派驻纪检监察组，实现对集团 82 家单位的派驻监督全覆盖，8 月 22 日，举行集团纪委派驻纪检组成立揭牌仪式，标志着集团纪委 15 个派驻纪检组正式成立。三是履职尽责，依据党章规定，围绕监督执纪问责，派驻纪检组履行党的纪律检查职能，监督重点对象是驻在单位领导班子及其成员，通过充分发挥“派”的权威和“驻”的优势，着力解决同级监督软、上级监督远的情况，以派驻监督的全覆盖来坚定不移地推动全面从严治党向纵深发展。

【廉洁宣教工作】 2018 年，集团纪委认真落实上级纪委和集团党委的工作部署，强化预防为主的思想，立足教育为先，利用正反两方面教育资源，开展多种形式反腐倡廉教育，促进各级党员干部筑牢思想防线，避免“越底线”“踩红线”，不断推进集团党风廉政建设和反腐倡廉工作向纵深发展。一是组织召开集团纪委一届四次全委（扩大）会议，传达了中央纪委、省、市纪委全会精神，对集团纪检监察工作进行了总结和部署，推进集团全面从严治党向纵深发展。二是组织签订廉洁自律承诺书，组织集团各级领导干部和重点岗位人员签订“廉洁自律承诺书”共计 7587 份，其中领导干部 664 份、重点岗位人员 6923 份。三是加大警示教育力度，组织召开“本钢集团传达省（中）直企业党风廉政建设和反腐败工作会议精神暨典型案例警示教育大会”，向集团所属各单位传达了崔枫林副省长的有关讲话精神及省纪委监察驻省国资委纪检监察组王献耀组长的工作报告，并通报了包宏案的情况。四是开展党风教育，2018 年 9 月 11 日，在辽宁省警示教育基地对 2017 年以来新提任的领导干部和纪检监察干部共计 120 余人开展党风教育，要求大家要按照“信念坚定、为民服务、勤政务实、敢于担当、清正廉洁”的好干部标准严格要求自己，努力做到清正廉洁、勤政高效，兢兢业业干好本职工作。五是组织观看廉政小品小戏，2018 年 8 月 22 日，组织集团公司领导、机关各部室处级以上干部、各单位班子成员、主要科室负责人及重点岗位工作人员近 1000 人观看由铁岭民间艺术团编排的廉政小品小戏，通过喜闻乐见的形式，使反腐倡廉教育更加入脑入心。六是持续加强宣教阵地建设，每周在《本钢日报》上刊发“廉政之声”专版；录制并在“今日本钢”电视专栏播发了《中国共产党纪律处分条例》专题宣教片“纪委书记讲纪律”12 期；组织进行纪检监察理论研讨，征集到纪检监察论文 91 篇，并对其中优秀论文进行了宣讲和表彰。

【纪律审查工作】 在纪律审查工作中，一是集中精力查办违纪违法案件，结合近年来查办有关案件的实际情况，重点查处损害企业利益、侵占职工利益和国有资产流失等方面案件。二是及时受理司法机关移送案件，在以其判决、裁定、决定书和认定的事实为依据的状况下，严格按照党政纪案件的处理程序，在处分的定性、量纪上做出恰当处理。三是以有效提高案件质量为目的，认真审理违纪违法案件，按照“事实清楚、证据确凿、定性准确、处理恰当、手续完备、程序合规”二十四字方针，严把程序关，重点对办案程序和证据材料进行审核，提出审理意见，并负责对审理意见的执行状况进行跟踪检查。四是严把干部选拔任用“党风廉政意见回复”关，及时核查掌握反映领导干部问题线索，实事求是评价干部廉洁情况，为相关部门提供客观准确的考核评定依据，防止干部“带病提拔”“带病上岗”，2018 年，共为集团公司有关部门出具干部廉政审核意见 255 份。2018 年，集团纪委共受理各类举报 596 件（次），立案 110 件，给予党政纪处分 110 人，其中处级及以上干部 35 人、科级干部 42 人、其他人员 33 人。

【党风监督工作】 在党风政风专项治理方面，一是对集团各单位落实中央八项规定精神情况进行严格监督和检查。在元旦、春节、清明节、中秋节、国庆节等特殊时间节点，对集团各单位落实中央“八项规定”精神情况进行检查，重点是领导干部公车私用、公车旅游等行为。二是开展处级干部家属经商办企业情况专项治理工作，对机关各部门和基层各单位上报的领导干部家属办企业问题进行专项检查，对存在问题的有关人员进行了谈话，并即时进行整改。三是开展办公用房和公务用车专项治理工作，按照《关于全省办公用房和公务用车专项治理工作方案》要求，认真对集团所属二级单位、三级单位的所有办公用房和 635 辆公务用车情况进行了的查纠，对存在的问题进行认真整改。四是按照省国资委党委要求，认真组织开展省属企业领导人员廉洁从业专项整治工作，集团班子成员均签订了承诺书，并在一定范围内进行公示。五是开展利用名贵特产类特殊资源谋求私利问题专项整治工作，按照省纪委及省纪委驻省国资委纪检组要求，对集团管控处级以上干部、基层单位领导班子和重点岗位工作人员进行了认真排查。在行政监察方面，一是对集团人员的招聘、晋级工作进行行政监察，监察重点为招聘人员和评委的履职情况。二是强化对招标采购工作的监察，参加集团公司月度采购例会和设备部招标会，针对发现的问题及时提出意见和建议，起到降低采购成本、维护企业利益的作用。三是积极推进集团陈欠款清欠工作，集聚集团公司部门和基层单位的力量，全年清回外部债务资金 1.1 亿元。

【上级交办重点工作】 一是持之以恒落实中央“八项规定”精神，根据省纪委主要领导就集团落实中央“八项规定”精神不到位问题提出的工作要求，按照集团党委的工作安排，组织召开了本钢集团落实中央“八项规定”精神教育大会，并对各单位落实会议要求情况进行了专项检查，将压力向基层传导。二是按照省纪委及本钢集团党委工作部署，完成了中央巡视反馈意见的整改落实工作。三是按照本钢集团党委的工作安排，完成了对省委巡视组的接待、材料报送及巡视反馈意见的整改落实等工作。四是传达省纪委宣传部下发的《忏悔与剖析》警示材料。传达过程中，严格按照省纪委要求，既保证传达到位又保证不失密。五是按照省纪委的要求，继续组织开展“学条规、提能力、促规范”岗位练兵活动，在省纪委

"学、提、促"知识竞赛决赛中，集团选派的业务骨干代表省属企业获得了三等奖（第四名）的好成绩；在省纪委岗位练兵活动知识测试中，集团216名专兼职纪检监察干部成绩都合格通过。

【纪检监察干部队伍建设】 按照习近平总书记"打铁必需自身硬"的要求，集团纪委（监察部、巡察办）抓住能力建设这个关键，加强业务培训，通过"走出去、请进来"，开阔视野，加强交流，不断提高纪检监察干部理论水平和工作能力。一是为适应新体制和新要求，于2018年8月举办了为期20天的纪检干部培训班，邀请市纪委的主要室主任和市委党校知名教授为纪检干部授课，使集团纪检监察干部队伍素质得到了提升。二是集团纪委的五名同志先后被借调到省纪委监委及省纪委监委驻省国资委纪检监察组，参与大要案的办理，拓宽了眼界，提升了能力，带回了经验。（王树新）

统一战线工作

【概况】 本钢集团党委统战部的主要工作职能：深入学习习近平总书记有关统一战线工作的系列重要讲话精神，特别是有关新型政党制度的重要论述，贯彻落实《中国共产党统一战线工作条例（试行）》，宣传、贯彻、落实中央、省、市统战工作会议精神，进一步做好本钢统一战线工作，提出具体意见，在省、市委统战部、省国资委党委以及集团党委的领导下，围绕企业生产经营实际，积极探索新形势下统战工作融于企业生产经营实际的有效途径，夯实基础、丰富载体、创新思路，以凝聚党外各界人士力量为依托，充分调动统战成员积极性，努力发挥统战工作在企业发展中的作用，扎实有效地开展各项工作。负责起草集团党委统战工作计划、总结，制定开展统战工作的方案和措施；负责省、市、区政协委员，党外人大代表的推荐、考核和管理；负责协调指导全公司各民主党派和党外代表人士、党外知识分子以及民族、宗教、对台、侨务等统战相关管理工作；负责宣传贯彻党的统一战线的路线、方针、政策。

【统战工作】 一是12月21日，本钢集团党委召开"庆祝改革开放40周年，解放思想推动高质量发展"各界人士座谈会。7个党派代表及部分党外知识分子、台属、少数民族、基层党委书记等代表，结合本党派、本单位和本岗位工作实际，积极建言献策，共话企业发展。二是调整本钢集团有限公司党委统一战线工作领导小组，下发了《关于调整本钢集团有限公司党委统一战线工作领导小组的通知》（钢委发〔2018〕62号）文件。三是按照《辽宁统一战线》开辟的2018"统战微博"要求，本钢集团党委书记、董事长陈继壮谈统战工作《凝心聚力促发展　服务大局做贡献》的微博文章刊登在《辽宁统一战线》第6期的"基层统战．统战微博"专栏。三是本钢集团党委召开"'四定'推进工作本钢各民主党派、党外人士代表座谈会"。四是在本溪市统战部长会议上，辽宁冶金职业技术学院何新、尹继军等4人撰写的《国有企业青年群体宗教信仰问题研究》获本溪市统战理论政策研究创新成果一等奖；王冠华、丁岩等5人撰写的《新时期国企统战成员思想观念的新情况新问题及对策》获本溪市统战理论政策研究创新成果二等奖；本钢集团党委统战部荣获本溪市"2017年统战信息工作先进单位"三等奖；本钢总医院的代璐荣获本溪市"2017

年度统战信息工作先进个人”称号。五是根据本溪市委统战部《关于开展基层统战工作调研的通知》要求，形成本钢集团统战工作基本情况调研材料。本溪市委统战部副部长刘绍堂一行到本钢进行基层统战工作调研，调研组听取了党委统战部的工作汇报，给予肯定。六是按照本溪市委统战部《关于协助本溪市统战理论研究会做好换届工作的通知》要求，推荐本钢5名专兼职统战干部作为本溪市统战理论研究会新一届会员人选。组织本钢4名统战干部参加本溪市统战理论研究骨干培训班。本钢9名统战干部被推荐为“全市统战宣传信息干部”。2018年共上报统战信息20条。

【政协工作】 一是按照本溪市政协换届要求，完成了本钢38名本溪市政协委员的推荐、考核工作。同时，按照本溪市委统战部、本溪市政协的统一部署，为保证政协本溪市第十三届委员会第一次会议的胜利召开和选举的顺利进行，1月5日组织召开本钢38名本溪市政协委员工作会议。二是组织本钢10名省市政协委员参加7月18日“省委第三巡视组巡视本钢集团有限公司党委工作动员会议”；组织本钢8名省市区政协委员参加8月28日“省委巡视组召开的座谈会”；组织本钢8名市政协委员参加11月16日省委第三巡视组巡视本钢集团党委情况反馈会议。三是按照本溪市委统战部“关于对十二届省政协委员、常委变化情况调查的通知”和“关于对十三届市政协委员、常委变化情况调查的通知”要求，做好本钢3名省政协委员、常委，本钢38名市政协委员、常委的调查工作，并将变化情况说明、《省政协委员、常委名册》和《市政协委员、常委名册》及时上报。四是按照省国资委“省（中）直企业统战工作有关情况统计一、二、三表”的要求，做好本钢省政协委员3人、市政协委员38人、区政协委员36人，共计政协委员77人的汇总上报。同时，组织做好本钢省市区政协委员、省市人大代表（党外）名册的汇总上报。五是本钢籍本溪市政协委员在本溪市十三届一次政协会议上，共有8名政协委员上交提案23件。

【“爱献做”工作】 为凝聚力量，发挥广大统战成员的人才智力优势，为企业改革发展献计出力，集团党委统战部深入贯彻落实《省（中）直企业统一战线“凝心聚力‘十三五’同心同行促振兴”实施方案》，进一步讲形势、讲责任，在广大统战成员中继续深入开展以“凝心聚力‘十三五’同心同行促振兴”为主题的“立项攻关、降本增效、科技创新、履职尽责”承诺活动，不断深化了“爱本钢、献良策、做贡献”系列活动内容。

【各民主党派工作】 一是强化各民主党派自身建设，积极做好民主党派换届工作。4月25日，农工党本钢医疗卫生支部和农工党本钢企业支部成立，本钢总院妇产科副主任张兵、国贸公司物流事业处计划室主任刘志勇分别当选第一届农工党本钢医疗卫生支部和农工党本钢企业支部主任委员。6月8日，民建本钢基层委员会召开民建本钢支部第二次会员大会暨第一届本钢基层委员会成立大会，板材技术研究院资源利用研究所研究员王克当选民建本钢基层委员会第一届委员会主任委员。8月24日，民盟本钢总支召开第七次代表大会，板材冷轧厂赵兴涛当选为民盟本钢总支第七届委员会主任委员。10月26日，民进本钢厂区支部召开换届大会，国贸腾达有限公司信息管理室副主任周昊阳当选新一届支部委员会主任委员。二是为纪念中共中央发布“五一口号”70周年，4月30日，本钢各民主党派基层组织采取多种形式开展纪念活动。三是民建本钢基层委员会、民革本钢支部开展以“不忘合作初心，继续携手前进”为主题的实践活动，组织50多名会员、党员到沈阳“中国工业博物馆”参观学习。民革本钢支部开展以“立足本岗助推工业强市，携手前进深化政治交接”为主题的专题调研活动，组织30多名党员到板材冷轧厂参观学习。致公党本钢综合支部组织召开“解放思想推动高质量发展大讨论”座谈会。四是组织本钢各民主党派有关负责人参加本溪市委统战部举办的“学习贯彻落实习近平总书记在辽宁考察时和在深入推进东北振兴座谈会上的重要讲话精神暨基层组织负责人”培训班；协调组织有关单位的各民主党派后备干部参加本溪市委统战部到延安学习培训。五是协助做好民盟在本钢发展4名新盟员，民建在本钢发展3名新会员，民进在本钢发展2名新会员，民革、九三在本钢各发展1名新党（社）员的考核工作。五是民进会员、辽宁冶金职业技术学院信息工程系副主任于涛荣获“全国青年岗位能手”称号。六是对致公党党员詹宏惟、民建会员郭永全分别当选中国致公党第十五次全国代表大会、中国民主建国会第十一次全国代表大会代表进行报道。

【党外知识分子工作】 一是按照省国资委党委统战部和本溪市委统战部《关于开展2018年度全省党外知识分子建言献策活动的通知》《关于申报2018年全省统战工作实践创新项目的通知》《本溪市委统战部关于申报2018年统战理论研究立项课题的通知》要求，将本钢党外知识分子的3篇建言献策调研课题成果、5篇调研课题、4篇创新项目和3篇立项课题，分别上报给省国资委党委统战部和本溪市委统战部。二是按照本溪市委统战部、省国资委党委统战部转发省委统战部《关于推荐辽宁省党外知识分子联谊会会员、理事人选的通知》要求，推荐刘宏亮等2名无党派人士作为“辽宁省党外知识分子联谊会会员”人选上报市委统战部；推荐刘宏亮为本溪市第十三届青联委员候选人；推荐刘宏亮为“本溪市党外知识分子联谊会会员”。三是按照本溪市委统战部要求，推荐无党派人士、市人大代表、集团招标公司万秀丽担任市党风政风警风特约监督员；推荐本钢2名党外代表人士作为挂职锻炼候选人上报省国资委党委统战部。四是按照本溪市委统战部“关于开展党外代表人士调研工作的通知”要求，认真做好本钢集团党外代表人士的调研，并将本钢98名党外代表人士汇编成“政治安排，实职安排，政治、实职安排”三个名册。五是按照本溪市委统战部、省国资委党委转发省委统战部《关于做好2018年度无党派人士基本信息统计工作的通知》要求，做好本钢无党派人士基本信息的统计。六是组织本钢3名无党派人士参加本溪市委统战部举办的“无党派人士培训班”。七是组织九三学社本钢委员会主委、本溪市党外知识分子联谊会副会长赵晓林参加省委统战部召开的党外知识分子调研座谈会。

【民族工作】 一是按照省国资委党委“关于开展《关于依法治理民族事务促进民族团结的意见》贯彻落实情况自查的通知”要求，形成《本钢集团开展贯彻落实宪法和民族区域自治法自查工作情况总结》。二是北营焦化厂谢克心等满族职工，先后在本溪市区和本溪县开办了“满语公益学习班”。

【宗教工作】 一是按照省国资委要求，做好本钢宗教工作情况的调查摸底工作，形成本钢宗教工作有关问题整改情况说明和《本钢集团开展宗教工作基本情况的调研材料》并上报。二是按照本溪市宗教工作自查动员会议的统一部署，形成《本钢集团宗教工作自查报告》《本钢集团宗教工作自查方案》《本钢宗教工作督查内容清单》等相关整改落实材料上报本溪市委统战部和本溪市宗教工作自查第九督导组。三是组织召开“本钢宗教工作自查推进工作会议”，传达贯彻落实“本溪市宗教工作自查调度会议”精神，对下一步工作提出具体要求和部署。同时，按照“本溪市宗教工作自查动员会议”和“本溪市宗教工作自查调度会议”的统一部署，《本钢日报》开辟专栏进行新修订的《宗教事务条例》宣贯。

【侨务工作】 一是按照本溪市侨联的统一要求，发放100套《中华人民共和国归侨侨眷权益保护法》宣传画给有关单位进行集中宣传。二是按照“本溪市侨联2018—2019年度救助资金发放统计表”，做好本钢统计工作。三是按照本溪市侨联的工作部署，参加本溪市侨联七届五次全委（扩大）会议；组织做好本溪市委统战部（市台办）、本溪市侨联2017年度领导班子民主生活会征求意见等相关工作；做好本溪市侨联推荐“全国侨联系统先进个人”候选人的申报工作。四是推荐1名本钢侨属代表本溪市侨联参加“本溪市统战系统纪念改革开放40周年‘同心杯’乒乓球比赛”，获得团体第二名的好成绩。

【对台工作】 一是按照本溪市委统战部《关于在全市开展台胞身份重新认定工作的通知》要求，做好本钢1名台胞职工身份的重新认定和上报。二是协助本溪市台办做好台湾记者到板材冷轧厂进行采访的接待工作。三是台属、本钢汽运公司职工霍雪洁当选本溪市第五届台湾同胞联合会会长。组织宣传中心记者对霍雪洁当选第十次全国台湾同胞代表大会代表进行采访，并通过《本钢日报》进行了宣传报道。

【本钢各民主党派概况】 本钢集团现有“民革本钢支部、民盟本钢总支、民建本钢委员会、民进本钢总支、农工党本钢支部、致公党本钢支部、九三学社本钢委员会”等7个民主党派。共有基层总支（委员会）、支部（支社）35个，党派成员共623人。

1. 民革本钢支部。民革本钢支部现有党员91人，下设3个支部。一是强化思想建设。全年开展政治理论学习2次，撰写心得体会13篇。充分利用网络，将学习资料上传QQ、微信群，方便广大党员自学，不断提高全体党员的思想政治理论基础，努力做到学政治、讲政治、讲规矩。二是强化组织制度，支部建设不断提升。完成2019年民革本钢厂区支部换届的各项筹备工作，做好后备人才的培养及梯队建设工作。加强党员管理，严格把守入党关，2018年发展新党员1名，发展联系人士1名。做好支部制度梳理，更新《民革本钢厂区支部议事章程》等7项支部规章制度。同时，选派多名同志参加了民革辽宁省委、民革本溪市委、本溪市政协组织的各类培训，全年参加各级培训21人次。三是积极开展业余活动，丰富党员文化生活。4月组织了“感受改革开放成果”参观联谊活动。春节前夕，开展慰问老党员活动，组织中青年党员看望老党员，增强了组织凝聚力。四是认真参政议政，积极参加社会服务活动。3名政协委员通过各种渠道谏言献策积极参政议政，共提交个人提案4份。利用业余时间积极参与社会服务活动，并取得了良好的社会反响。五是立足本岗，建功立业。2018 年全体党员在各自的岗位上尽职尽责，取得了优异的成绩，其中 4 名党员晋升主任工程师，1 名党员由于工作表现突出被提职，1 名党员获得本钢科技进步二等奖。

2. 民盟本钢总支。民盟本钢总支现有盟员 183 人，下设 8 个支部。一是加强理论学习，提高参政素质。认真学习贯彻习近平总书记系列重要讲话精神，组织盟员自主学习，撰写体会文章。在本溪民盟微信公众号上发表 1 篇，获省二等奖 1 篇，获省一等奖 1 篇，顺利完成本溪市 2018 年度统战理论研究课题《新时代民主党派基层组织建设问题研究》。二是加强组织建设，严把入盟质量关。各基层支部通过支部微信群、QQ 群等形式及时传达盟务工作信息，下发盟务学习资料，便于支部成员间沟通与管理。2018 年共发展新盟员 4 名。8 月 24 日，召开总支换届工作会议，选举产生新一届本钢总支支部委员。赵兴涛当选为民盟本钢总支第七届委员会主任委员；单斌、苗辉当选为副主任委员；关永久、闫志刚、朱元芹当选为委员。三是服务社会，奉献爱心。民盟本钢各支部、盟员积极响应民盟本溪市委的号召，积极参与民盟本溪市委“梦源书屋”的运行和管理，积极捐款捐书。积极响应盟市委及社会的公益捐款倡议，积极开展奉献爱心活动。民盟本钢设计院支部通过与本溪市民政局联系，与本钢歪头山铁矿岱峪村对接，为其教堂捐款捐物，并为贫困地区儿童捐书。四是围绕中心，履行职责。依托“两会”平台、积极履行政治协商、参政议政、民主监督的职能，全年共提案 10 余项。积极参与本钢、北营发展建设的调研工作。技术学院朱元芹参加了民盟本溪市委成立的高校基层组织建设调研组，在 2018 年 5～8 月期间参与民盟高校基层组织建设调研活动，并协助撰写了《民盟本溪市委高校基层组织建设调研报告》。五是立足本岗做贡献，积极上进求发展。教鸣领导的 ICU 病房获得了本溪市三八红旗集体的荣誉称号；苗辉被评为本溪市优秀专家，并获 2018 本钢集团先进生产者荣誉称号，其科研立项自制 PORT 在 LESS 中的应用获得了首届本溪市医学科技奖三等奖，在本溪市率先开展了单孔腹腔镜手术等新技术；鲁阳艳指导高职学生参加学院 2018 级职业生涯规划大赛，获一等奖一人、三等奖一人；朱文珊的科研立项《电子产品分析与设计》项目化教学改革研究，在辽宁省职业技术教育学会科研规划项目立项。北营支部一年来共完成设计项目 5 项、科技论文 1 篇、技改项目 15 项、合理化建议 6 篇等。六是支部活动丰富，激发盟员活力。10 月 16 日，民盟本钢总支组织各支部代表参加盟市委举办的参观中国工业博物院活动，进一步增强了凝聚力。

3. 民建本钢支部。民建本钢委员会现有会员 78 人，下设 3 个支部。一是加强组织建设，成立民建本钢委员会。按照民建本溪市委要求，6 月 8 日召开“民建本钢支部第二次会员大会暨民建本钢第一届基层委员会成立大会”，将民建本钢支部和北钢支部合并成立民建本钢基层委员会。选举王克、蔡晓东、邹学清、薛国庆、郭宏、李从曼、陈涛等 7 人为基层组织委员，王克为民建本钢委员会主任委员。二是深入开展学习，坚持把思想建设放在首位。深入学习贯彻中共十九大精神，牢固树立“四个意识”，坚定“四个自信”，积极开展新时代坚持和发展中国特色社会主义学习实践活动。7 月，组织基层委员会主委参加“本溪市各民主党派领导班子、市委委员、后备干部培训班”。12 月，组织基层委员会主委、副主委参加

“全市各民主党派学习贯彻习近平总书记重要讲话精神暨基层组织负责人培训班”。11月组织32名会员参观沈阳中国工业博物馆，开展“纪念改革开放40周年，弘扬辽宁精神，传承工业文明，致力工业强市”主题教育参观活动。三是积极参政议政，发挥监督职能。充分发挥会员中市、区两级政协委员、基层组织委员和职工代表的作用。3名会员分别担任市、区各级特邀参政议政监督员，都能认真履职尽责，积极参加对口单位召开的情况通报会、征求意见会等活动，为民建做好民主监督工作发挥了积极作用。同时充分发挥会员专业技术优势，在本职工作、企业、社会等各个层面积极建言献策，开展成本攻关和提合理化建议活动，在信息化建设、技术设计、产品研发等方面做出了贡献。支部会员通过各级政府、政协组织提提案和建议5件，参与社会调研、视察活动6人次。

4. 民进本钢总支。民进本钢总支现有会员46人，下设3个支部。一是加强政治理论学习。深入学习贯彻习近平新时代中国特色社会主义思想，全面落实“民进中央关于学习贯彻中国共产党第十九次全国代表大会精神的决定”，学习贯彻民进十二大精神和新会章。加强新入会会员的理论培训，选派新会员参加民进本溪市委会组织的新会员培训班、基层统战理论研讨会，提高新会员的理论素质。二是加强组织建设，完成支部换届。10月，民进本钢厂区支部召开会员大会，进行换届工作。选举周昊阳为民进本钢厂区支部主任委员，韩天雪、白刚分别担任副主任委员和支部委员。三是拓宽调查研究渠道，提升参政议政水平。2018年围绕群众关心的热点、难点问题，积极组织政协委员建言献策，提案涉及精神文明、法治建设、城市管理和发展本溪经济等方面，得到了市政府、市有关主管委、局的高度重视。四是活动丰富多彩，凝聚力不断提升。三八节前夕，组织召开迎“三八”座谈活动，积极宣传优秀女会员事迹，激励广大会员在本职岗位和会务工作中“双岗建功”；教师节前夕，开展庆祝教师节“不忘初心　潜心育人”演讲会，通过会员代表讲述自己的故事，诠释了身为民进会员的责任和担当；重阳节之际，医疗卫生支部的会员积极参与民进老会员的走访活动，探望生活有困难的老会员，开展了送医送药活动。

5. 农工党本钢支部。农工党本钢支部现有党员20人，下设2个支部。一是加强支部建设，完善组织架构。遵照《中国农工民主党章程》的规定，农工党本钢医疗卫生支部筹备委员会在农工党本溪市委的领导下于2018年1月正式组建。4月25日，召开农工党本钢医疗卫生支部委员会成立大会，选举产生了农工党本钢医疗卫生支部委员会及主任委员、副主任委员。9月，发展党员2名。二是强化理论学习，提升政治站位。积极组织党员开展“三学一讲”专题讲座；参加农工党本溪市委的“三学一讲”专题研讨会；推荐2人次参加农工党辽宁省委和本溪市委统战部举办的民主党派培训班；参观本溪抗联纪念馆等活动。组织召开了以解读农工党党章、回顾党史为专题的座谈会。通过学习，党员们更加坚定了坚持和完善中国共产党领导的多党合作和政治协商制度的信心。三是积极参政议政，做好社会服务。积极配合农工党本溪市委参政议政专委会的工作，围绕支部工作特点撰写了提案提纲两篇。利用节日期间，走访慰问贫困家庭，开展送温暖活动；派出骨干医务人员参加社会服务专委会的各项活动，受到了市委领导和百姓的一致好评。四是积极参与文体活动。1名党员获得本溪市民主党派第21次统战理论研讨论文三等奖。

6. 致公党本钢支部。致公党本钢支部现有党员 27 人，下设 2 个支部。一是加强政治学习，提高理论水平。深入学习贯彻中共十九大精神和习近平新时代中国特色社会主义思想，认真组织学习贯彻致公党全国十五次代表大会、致公党省委中心组会议、中共本溪市委十二届七次、八次和九次全会、习近平视察东北重要讲话精神。2018 年共组织集体学习和讨论三次，集体观看和收听重要会议视频两次，增进多党合作政治协商初心认识，提高理论水平，提升政治站位。组织参加市委统战部举办的民主党派基层主委培训班一期，进一步学习了中共历史、本溪历史，参观了本溪市民营企业。二是加强自身建设，提升支部凝聚力。利用业余休息时间组织党员开展“重走长征路，传承长征精神”主题健步走等活动，不断提升了支部凝聚力。三是发挥政协委员职能，积极参政议政。致公党本钢综合支部的两名本溪市政协委员、两名区政协委员在 2018 年共形成上报提案 3 份。按照本钢集团党委和致公党本溪市委的要求，深入开展“解放思想推动高质量发展大讨论”，上报致公党本溪市委 9 份建议。四是积极做好社会服务工作。响应致公党省委号召，8 月 20 日积极参与了“致福爱万家，心肺复苏推广”活动。7 月 28 日上午，溪湖区支部联合本钢总医院支部到竖井街道开展义诊活动，义诊人数近百人次，解决社区百姓看病难问题，方便患者，服务百姓。积极参与致公党本溪市委员会与政协本溪市港澳台侨委员会联合举办的海外留学归国人员座谈会，就如何提高自身素质，吸引海外人才与大连医科大学、中国医科大学进行交流，并开展了联谊活动。

7. 九三学社本钢委员会。九三学社本钢委员会现有社员 178 人。一是提高政治站位，加强思想建设。以习近平新时代中国特色社会主义思想为指导，凝聚走中国特色社会主义道路的政治共识；凝聚实现中华民族伟大复兴中国梦的方向共识；凝聚服务“四个着力”、坚定不移深化改革、抢抓机遇创新突破、为把本钢倾力打造成具有世界竞争力的一流企业集团战略布局的实践共识。九三学社全体社员坚持与集团公司党委保持高度的一致性，不断解放思想，大胆创新工作，努力改进党派思想教育方式方法，树立起为集团公司全面深化改革、优化产业结构、提升市场竞争力做贡献的行动自觉。九三社员徐海涛连续三年被评为本钢劳动模范。二是积极参政议政、加强政党协商、凝聚多方智慧。紧紧围绕本溪市委和本钢集团公司的中心工作发挥党派特长，提出了《发展适老产品，培育本溪新的经济增长点》的建议，以及《关于本溪市解放路部分路段管控的几点建议》《规范公共停车位管理》等政协提案。三是九三学社本钢委员会及所属支社组织九三社员积极参加九三学社本溪市委开展的“不忘合作初心，继续携手前行”为主题的各项实践活动，组织九三学社本钢骨干参加九三学社辽宁省委组织的培训班等学习培训教育，加强了自身建设，不断提高了队伍的凝聚力和工作水平。

（秦　勇　王鹏飞）

工会工作

【概况】 本钢集团有限公司工会（简称工会）下设组织民管保障处、劳动经济技术处、女工文体处、财务综合室。2018 年底，共有子公司及所属厂（矿）级工会委员会 85 个、1000 余个作业区级分会、6500 余个工会小组。职工入会率达 99.7%。

【工会组织工作】 加强工会组织建设，召开集团工会一届三次全委会，安排部署2018年工会工作。召开集团工会一届四次全委会，补选集团工会委员会委员，选举集团工会主席；指导基层工会规范组织程序，依法选举，全年共有13家基层单位工会委员会完成换届（组建）工作；继续推进工会目标考核工作，制定下发了《关于继续开展工会目标考核工作的通知》及2018年《工会目标考核内容测评表》。对2017年度基层工会目标考核工作进行了审核评定；举办基层工会主席和工会干部培训班，聘请具有丰富理论和教育实践经验的工会学教授张宝刚，就新时代工会工作以及坚持和完善职代会制度两个方面进行了授课，子公司及所属基层厂矿工会主席、工会副主席200余人参加了培训；扎实做好工会基础数据统计工作，积极推进基层工会组织和工会会员实名制管理工作，2018年10～12月底，共采集录入工会会员9.1万人（含综合公司、四家改制单位）。

【职工民主管理工作】 积极主动参与集团公司混合所有制改革、厂办大集体改革及“四定”等工作，维护职工的合法权益。严格按照《企业民主管理规定》等相关法规，参与制定集团公司混合所有制改革应履行的民主程序方案，在改革过程中积极反映职工的意愿和要求，代表职工提出工会的意见；积极参与集团公司厂办大集体改革，参与改革方案、职工安置方案和有关政策的制定、实施工作，指导相关单位通过厂务公开、职工代表大会等民主制度，依法履行相应的民主程序，切实维护职工合法权益；指导北营医院、黏土矿卫生所履行相关民主程序完成资产、人员划转。召开本钢集团有限公司第一届职代会五次、六次代表团长联席会议，分别审议通过推荐出席2018年全国、省“五一”劳动奖章和工人先锋号名单；召开一届职代会七次代表团长联席会议，审议通过《本钢集团有限公司领导干部问责追责管理办法（试行）》；召开集团公司2019年《集体合同》协商会议，召开一届职代会八次代表团长联席会议和一届三次职代会，签订集团公司2019年《集体合同》。为充分行使职工代表的民主权利，积极为企业发展建言献策，按照集团公司职工代表建议提出、转递、答复、反馈、跟踪落实的闭环式管理流程，集团工会扎实开展职工代表建议和意见的答复处理工作。2018年集体合同执行情况检查过程中，共收集反馈职工代表提出的集团、厂矿级问题150条，各单位和部门给予了认真答复和解决。在集团公司一届三次职代会各代表团讨论期间，共收集职工代表提出的涉及企业管理、作业环境、职工福利和薪酬待遇等十二个方面的49条建议案，整理分类呈报集团公司领导批示后，逐项落实整改。开展2018年职工关心的热点、难点问题问卷调查。共有25452名职工参与答卷，通过问卷分析及时掌握了职工思想动态，为集团公司完善管理措施、制定改革方案提供了参考依据，这项工作为提高民主管理水平，切实维护职工利益，有针对性地提升服务企业、服务职工的工作能力发挥了积极作用。

【工会宣传教育工作】 以习近平新时代中国特色社会主义思想为指导，唱响“中国梦·劳动美”的时代主题，教育广大职工学习贯彻落实习近平新时代中国特色社会主义思想，增强“四个意识”、坚定“四个自信”、自觉做到“两个维护”，切实做到听党话、跟党走。为贯彻落实工会十七大精神，工会十七大代表、集团公司副总经理杨成广系统传达讲解了工会十七大精神，提高了工会干部对工会工作政治性、先进性、群众性时代意义的理解，坚定做好新时代工会工作的信心，增强了新时代工会工作的责任感。全年在省市各类媒体上发表外宣稿件 61 篇；举办“服务振兴发展　服务职工群众——改革开放伴我行”弘扬新时代辽宁精神劳模精神宣讲活动，大力弘扬新时代辽宁精神劳模精神；组织参加省总工会举办“中国梦·劳动美——做新时代的奋斗者”职工演讲比赛，选手王首鹏讲述机电安装公司罗佳全事迹的演讲作品获得一等奖。不断提升“本钢集团工会”和“本钢工会会员服务”两个微信公众号运营质量，为职工打造通俗易懂、方便快捷、喜闻乐见的互动平台，全年推送微信 221 条。举办“诵读传递正能量·争做中国好网民”职工网络正能量诵读比赛，推荐参加全国“网聚职工正能量·争做中国好网民”活动，本钢选送的 11 组作品获得全国奖项。

【工会经济技术工作】 紧紧围绕集团公司生产经营目标，结合企业实际和行业特点，组织开展了以“攻品种、重创新、降成本、促发展”为主题的劳动竞赛。在联合检修期间，围绕三座高炉大修，板材炼铁厂开展的“高炉大修工程开炉一次性成功、按期达产达效”专项劳动竞赛；修建维检公司、机电安装公司开展的“联合检修”专项劳动竞赛；板材炼钢厂、板材热轧厂、板材冷轧厂、北营公司开展的提质降耗增效生产劳动竞赛，为企业生产经营、设备维护发挥了积极的促进作用。组织开展了集团公司 2018 年“工匠杯”职工职业技能大赛，共有 22 个集团 A 级工种的 1500 余名职工参加比赛，开展了“状元是怎样炼成的”系列宣传报道，激发了职工学习技能的热情。代表本溪市参加了全国技能大赛辽宁省选拔赛，获计算机组团体第二名、钳工组团体第三名；参加了省“技师杯”精英挑战赛，获得了钳工组团体第一名的好成绩。组织参加了第九届全国钢铁行业职业技能竞赛，其中两名选手获得了“钢铁行业职工技术能手”称号。召开了 2018 年“工匠杯”职工职业技能竞赛表彰大会，从不同角度宣传了 11 位状元成长成才的经历，弘扬了工匠精神。职工经济技术创新成果取得突破性进展。板材炼铁厂一线职工张守喜，代表辽宁省参加了“海峡两岸职工创新成果展”，并受到全国总工会领导高度赞扬。他的“高炉液压设备维修操作法”获得全国总工会第五届职工创新成果二等奖，这一成果是本钢一线职工在科技创新方面获得的最高奖项，此创新项目获得了参评全国科技进步奖的资格。以加强班组长队伍建设和提升班组长综合素质为目标，持续开展了 12 期优秀班组长培训，共有一线班组长 490 人参加了班组建设、组织凝聚力、班组安全管理等方面的培训。2018 年集团公司获得全国“工人先锋号”1 个、辽宁“五一”奖状 1 个、辽宁“工人先锋号”3 个、辽宁“五一”奖章 6 人、省级劳模创新工作室 1 个、省级职工创新工作室 3 个、本溪“五一”奖状 3 个、本溪“工人先锋号”8 个、本溪“五一”奖章 17 人、“本溪工匠”10 人。

【工会劳动保护工作】 组织开展“安康杯”竞赛。积极配合行政开展“安全生产月”主题活动，与安监部门共同举办了集团公司安全知识竞赛，积极配合行政开展“安全生产月”主题活动，组织动员职工开展“安全隐患随手拍”等群众性隐患排查活动，促进了企业安全生产。集团公司获得省“安康杯”竞赛优秀组织单位，同时获得省优胜班组1个、优秀组织奖1个、先进个人1人；获得市“安康杯”竞赛优胜单位8个、优胜班组10个、优秀组织奖6个、先进个人5人。

【工会生活保障工作】 持续开展中央、省、市、集团专项帮扶救助，依档施助、动态管理，精准发放救助款690余万元；继续开展两节“送温暖”活动，全年各级工会组织送温暖共发放救助款物187万元。做好疗养的组织工作，制定《本钢集团有限公司在岗职工健康疗养暂行规定》，明确责任，强化职工自主管理，全年安排职工疗养9500人，安排集团劳模疗养603人。互助保险标准均由85元/人提升至130元/人，全年共为72428人续保，全年理赔9278人次，理赔金额908.9万元。以本钢工会会员服务卡（工行银行卡）为有效载体，发挥集团采购的优势，实现本钢职工享受在超市、影院、加油、餐饮、旅游、家装、家电等消费过程中的专属优惠。已连续4年开展了职工团购车活动，2018年职工优惠购车306台。发挥职工身心健康发展中心服务职工心理健康的作用，继续开通心理咨询热线，为27人次开展了心理咨询服务，在12期班组长培训班期间，为530人次做了心理健康辅导，为两期后备干部班80人次进行心理健康知识讲座。开办3期职工家庭心理课堂，为70人次做了心理团训解压。

【工会女职工工作】 积极推进女职工巾帼建功主题实践活动，开展本钢集团纪念“三八”妇女节表彰会，举办阳光心理健康讲座。表彰集团15名“三八”红旗标兵、百名“三八”红旗手和50个“三八”红旗集体。深入开展“读书论报、每天学习一小时”活动。结合职工之家建设，适时建立女职工工余活动学习室，成立女职工工余志趣小组，因地制宜地开展好女职工读书学习等文化娱乐活动。根据《女职工劳动保护特别规定》，维护广大女职工的利益，做好女职工“四期”保护工作，为3091人进行了妇女病普查普治；积极参与企业有关政策，法规制定和监督，做到事前参与，事后监督维护；在政策支持下，针对各单位工作环境，更加灵活有效地做好哺乳期女工这一特殊群体的关爱工作。

【职工文体活动】 为庆祝改革开放40周年，组织系列文体活动，促进了职工文化的健康发展，提升了文化活动的思想性。举办“钢铁筑梦砥砺前行”职工合唱大赛和“光荣与梦想”职工摄影展活动，发动广大干部职工用艺术形式讴歌改革开放40年的巨大成就，提升了企业凝聚力；组织参加“庆祝改革开放40周年——服务振兴发展，服务职工群众”全省职工朗诵比赛并获金奖；组织参加“中国梦·劳动美——放歌新时代”全省职工大合唱比赛，获得无伴奏合唱组金奖；举办“庆改革、促振兴”职工长跑比赛和职工气排球比赛；参加由中国企业体育协会组织的全国职工气排球比赛和“五人制”足球比赛，参加第五届全国冶金职工运动会“首钢杯”篮球比赛，参加辽宁省第十三届全运会职工羽毛球、网球、游泳、马拉松、拔河5个项目的比赛，参加2018“辽工振兴杯”全省职工足球比赛，均取得优异成绩。冠名承办辽宁省网球比赛、本溪市围棋甲级联赛，以“本钢杯”形式，进一步提升企业影响力。做好冠名CBA联赛辽宁本钢队的宣传、票务、服务等工作，辽篮队员身披辽宁本钢的战袍，驰骋运动赛场，创造了25场连胜的优异战绩，最终取得CBA联赛2017—2018赛季总冠军。

【工会财务与经审工作】 财务工作强化预算管理，严格按照标准和预算方案支出经费，制定下发相关财务规章制度，为建立工会财务内控体系打好基础；优化经费支出结构，全面推进基层工会职工集体福利保障行动；规范各级工会经费的管理和使用，不断提升工会经费收支管理水平，举办了基层工会财务培训班，邀请省总财务部负责人对《辽宁省基层工会经费收支管理办法实施细则》和《关于规范职工集体福利支出管理的意见》两个文件进行政策解读。强化工会经审，组织特约审计员，配合审计部开展专项审计工作，重点审计了20家基层单位工会经费使用管理工作，对存在问题的单位及时约谈，并明确整改意见。 （肖 林）

共青团工作

【概况】 2018年底，本钢集团有限公司团委（简称团委）有人员3名，其中副处级以上干部2名、责任业务师1名。截至2018年底，有团员1609人。共有直属专业化公司团委5个，副科级以上建制的团委、团（总）支部60个（含专业化公司团委直属单位），基层团（总）支部245个。

【专项职能管理】 集团团委是集团公司团员青年管理部门，主要负责全公司共青团工作的开展，承担着本钢团组织建设、青年思想教育、青工安全、青年文化建设以及青年人才培养等职责。

【青工思想教育】 一是深入开展“青年大学习”主题教育活动。根据上级团组织的文件精神，下发了《本钢共青团实施“青年大学习”行动的方案》，重点通过构建“导学、讲学、研学、比学、践学、督学”六位一体的学习体系，切实提升共青团组织学习的制度化和实效性。活动期间，通过团十八宣讲、团干部素质培训、五四先进青年及优秀高校毕业生培训等活动，营造了青年大学习的氛围，全年集中培训达6次，培训人员500余名。二是深入开展青工形势任务教育。利用本钢团委微信公众号、共青团三级正能量群、QQ群等网络媒体，大力宣传集团公司各个时期会议精神和企业生产经营中心任务，教育引导广大青年职工统一思想，坚定信心，立足岗位，建功立业。三是持续加强共青团宣传阵地建设。进一步充实微信编辑团队力量，优化共青团网络新媒体宣传阵地建设。积极发挥新媒体优势，对党建团建、生产经营、青年风采等方面进行广泛宣传，积极传播正能量。全年共编发各类稿件208篇，不断扩大共青团的吸引力和影响力。

【团组织建设】 一是按照“智慧团建”要求，顺利完成本钢集团基层团组织、团干部及团员信息的录入工作。截至2018年底，集团团委直属团委、团（总）支部60个、基层团（总）支部245个，团组织网络化建设工作完成阶段性任务，更加便捷地利用互联网思维推动团建、青年组织化运作，增强基层团组织对团员、团干部的管理能力。二是召开共青团本钢集团有限公司第一次代表大会。出席本次团代会的代表共计155名，按照会议要求，圆满完成各项议程。选举产生共青团本钢集团有限公司第一届委员会、常务委员会、书记、副书记，进一步完善本钢集团共青团工作的组织机构，夯实组织建设。三是深入开展团干部教育培训、学习交流活动。7月组织基层团干部50余名开展理论培训、经验交流及素质拓展活动，提升了团干部适应新时代发展要求的业务能力和综合素质。

【服务企业生产经营】 一是弘扬雷锋精神，引导青年担当。学雷锋活动月期间，集团团委于3月5日下发学雷锋活动倡议书，号召本钢广大团员青年围绕生产经营、社会公益等方面开展志愿者服务活动。在各级团组织的动员和号召下，共有2000余名青年参与并开展各类志愿服务40余项，在社会上和企业中营造了良好的反响。有两个基层青年志愿者服务阵地获得省级青年志愿者服务基地荣誉称号。二是安全月活动期间，与安监部联合组织开展了“2018年集团公司安全巡回演讲活动”，选拔组建巡讲团、开展演讲技巧培训。先后在板材炼钢厂、北营公司、露天矿、歪头山铁矿连续开展四场巡讲，受众为广大基层职工和安全生产工作者，取得了良好的效果。三是弘扬工匠精神，锻炼青年技能人才。与集团工会、人力资源部联合开展了本钢集团2018年“工匠杯”职工职业技能竞赛暨第三十五届青工技术比武活动，完成了计算机等工种的理论考试及实际操作比赛。

【服务青年成长成才】 一是深入开展纪念“五四运动”活动，选树青年典型。以纪念“五四运动”99周年、建团96周年为契机，开展了2017年度共青团先进集体和先进个人评选活动，通过差额评选、网络新媒体投票等方式对2017年度共青团系统涌现出的先进集体和个人进行评选表彰。5月4日，举办了“‘召唤青春·奋斗远航’本钢集团纪念五四运动99周年表彰晚会”。二是关心关爱高校毕业生群体。8月，集团团委与组织（人力资源）部、人力资源管理中心联合举办了以“青春筑梦　星耀本钢”为主题的2017届高校毕业生表彰暨2018届入职典礼活动。活动中表彰了“学习进步之星”等三类共20名优秀高校毕业生，并为2018届新入职高校毕业生颁发了入职通知书。还举办了三期优秀高校毕业生培训拓展活动，共有80余名毕业生参加培训拓展活动。通过素质拓展培训，拓宽了他们的交友渠道，增进了友谊，提升了高校毕业生的归属感、幸福感。三是丰富青年大学生业余文化生活。集团团委已经连续10年举办了青年大学生趣味运动会。9月以“放飞青春　本向未来”为主题，继续创新活动形式，增加了团队抖音视频展示、VR科技体验、王者荣耀手游现场PK，包括对传统竞赛项目进行了增设，当天活动共有1000余名大学生参加活动，充分展示了本钢广大青年大学生的青春与活力。四是关心服务住宿青工。11月上旬，集团团委到本钢内部六处大学生公寓充分了解掌握大学生住宿条件，对冬季供暖、住宿条件、食堂用餐、大学生活动场所等情况进行了走访调查，对住宿大学生的需求和建议进行了随访和征集，特别对供暖情况持续进行跟踪落实，切实为住宿大学生协调解决实际问题。五是充分服务单身青年。11月，下发《本钢集团单身青年情况调查表》，对本钢单身青年进行统计，共有525名未婚青工登记，并积极策划举办相关的青年联谊活动。

（王鹏飞）

人民武装工作

【概况】 本溪钢铁（集团）有限责任公司人民武装部（简称武装部）代行本钢集团人民武装工作管理职责。2018年底，在籍职工13人，其中正部级1人、正科级2人、副科级1人、科员1人、工人8人。

下设军事科、政工科、人防科、武器装备科。

【国防教育工作】 认真学习贯彻落实省《“十三五”时期辽宁省民兵队伍组建方案》和省民兵调整改革工作会议精神。结合本钢当前“四定”工作实际的展开，把本钢民兵预备役各项军事训练、组织整顿等工作落实、落准、落到位。开展“履行使命，追寻梦想”国防教育征文活动。4月28日，与集团公司党委宣传部共同开展以“国家安全与国防义务”为主题的“全民国防教育宣传日”宣传教育日活动，在《本钢日报》周末版开辟专栏，开展国防教育征文活动；结合“9·18”警报试鸣日搞好人防、民防知识宣传活动；9月30日抽调部分单位50人参加向本溪市烈士丰碑敬献花篮仪式活动。

【民兵参建工作】 发挥民兵预备役组织优势，为实现本钢新的发展做贡献。加强对民兵预备役参建工作的组织领导，坚持“有作为才能发展、有贡献才能生存”的工作思路。组织广大民兵预备役带头承担企业急、难、险、重任务，发挥民兵预备役组织突击队和战斗队作用。努力争取“军事训练当尖兵，生产经营做标兵”，强化使命和责任意识，积极组织发动民兵预备役人员在生产建设、重点工程改造、抢险救灾、扶贫帮困、维护厂区治安等方面发挥作用。做到军事训练同立足岗位、搞好生产，两结合、两促进、两提高。

【战备工作】 积极应对多种安全威胁及突发事件，坚持战备值班，及时修订和完善应急预案，做好在春夏两季防火、防汛，重大节日，敏感时期极易发生安全威胁时段的工作落实。安排民兵预备役战备值班7次。涉及45家单位，落实人员300多人次，均做到命令下达后应急队员通信联得上，人员按规定时间集结到位，预案能落实。

【国防动员】 2018年是民兵调整改革之年，民兵队伍有较大变动，按照军分区、预备役部队、市人防办赋予本钢的编兵任务，做到不混编、不漏编。全公司编组民兵、预备役、人防专业队1995人，其中预备役部队编组814人，基干民兵编组866人，人防专业队315人。重点完成了防空专业、应急分队、医疗救护、运输牵引、工程技术、军地通用物资装备以及供电、供水、粮秣储备保障能力等数据与质量的调查与采集。与集团公司人力资源部门共同完成离退休及在职复转退伍军人信息采集工作，其中在职退役军人10656人、离退休退役军人4293人、军转干部24人。

【军事训练】 2月1日~2月11日，新组建的重点民兵应急队伍参加了本溪军分区组织的第四期重点民兵分队训练，所有应急队伍民兵130人全程封闭训练。7月19~20日，组织庆“八一”系列军事日活动，基层单位武委会领导、武装部长、专武干部、民兵预备役连、排长及骨干共计248人参加轻武器射击比赛活动。8月6~9日，抽调13家单位共计31人配合市应急办、公安局、武警支队等单位“参加辽宁——2018C专项实兵演练”活动；2018年11月22日~2019年1月2日，抽调基干民兵（99人）协助本溪市公安局专案完成看押任务，同时于12月完成军分区赋予基干民兵防空分队训练任务。12月27~29日，完成应急分队（94人）训练任务。

【预备役工作】 3月23日，北部战区预备役新任职团领导干部60余人观摩特钢厂连部正规化建设情况并听取汇报，并对特钢厂等6家单位的预备役应急队伍共计50人进行拉动及部分科目展示。5月28日~6月6日，组织北营公司等10家单位共计49人，在预备役炮兵团训练基地组织入队训练。7月6日~7月10日，预备役炮兵团抽调北营公司等10家编兵单位50人，参加192师在辽阳综合训练基地边境封控指挥所演习，本钢预备役官兵以优异的成绩完成各项训练任务。

【人防工作】 由焦化厂30人组建的人防专业队于3月29日代表本溪市接受省里点验，受到省市人防办领导的高度好评。加强警报器的管理，坚持"三有四无"的标准，使之始终保持良好的战备状态，确保鸣响率达100%。依托《中华人民共和国人防法》维护企业利益，配合政府部门抓好拆迁过程中出现的各种应急突发事件和维稳善后工作，避免群体上访事件的发生。2018年4月4日，本溪市人防办召开本溪市人防工作会议，本钢被评为"先进单位"。从6月开始，陆续对本钢人防工程开展资产核查工作，经多部门反复探讨与论证，对27处人防工程进行资产评估进入固定资产管理，评估总价为14155576.00元。规范了人防工程管理，制定悬挂人防标识牌。9月28日市人防办完成本钢防化防疫专业队训练及考核工作，市人防办主任亲临比武现场并为取得一等奖的队员进行颁奖。完成了集团公司统一进行的固定资产盘点、审计及评估工作。会同本溪市国土资源局同志对本钢武装部所属的土地进行实地查勘。配合行政中心与开发商商谈，对本钢总院防空洞前用地及建筑物进行动迁补偿。11月21日，省国动委、市人防办领导到本钢焦化厂进行人防专业队抽点，共抽点10名队员，从专业素质、年龄结构到精神面貌都受到省市领导高度好评。梳理人防工程出租协议，对3份到期的协议达成上调10%租金的共识，使租金平稳上浮并提前做好申请审批工作，完成人防工程使用协议的续签工作。全年共对外出租人防工程7处，收缴租金212500元。

【优抚工作】 8月1日，集团公司工会杨成广主席走访慰问两名困难退役军人职工，送去慰问金各1000元，表达了党组织关怀和温暖。"八一"节前使用优抚费用60余万元，各单位对1万多名离退、在职复转军人购置了慰问品并及时发放到位。"春节"前夕，集团公司武装部会同集团工会及基层开展各种形式的"献爱心、送温暖"活动，走访慰问困难复转退伍军人325人，慰问金额达274253元，优抚对象发放米2000余斤、面1500余斤、油60余桶，支付费用50余万元。

【武器装备】 按照武器装备器材管理规定，严格落实武器装备物资及各种训练器材的清点、登记入库工作。完善电子账簿、纸制账簿、出入库登记账簿，做到物、账相符。调整改革目前武器装备器材管理模式，把原分人管理库区及物资转变为集中管理，合理安排物资区分类管理。按《集团公司固定资产管理办法》对固定资产物、账进行盘点，对近二十几年有账无物、有账无值物资报公司审计、评估，进行报废处理。建立健全科长值班制度，并对武器库警卫值班人员进行每天查岗登记；对警卫值勤人员进行岗位安全教育，确保武器库连续多年安全管理无事故。

（刘广军）

科协工作

【概况】 2018年底，本钢集团有限公司科学技术协会（简称科协，兼本溪市金属学会办公室），有专职工作人员3人，其中高级技术职称2人、中级职称1人。2018年2月，本钢集团公司进行机构调整，将科协由板材技术中心划归到规划发展部（科技发展部）。本钢集团共74个单位设立科协组织，其中二级子公司科协4个、二级厂矿单位科协70个，专兼职科协干部144人。健全科协分会316个、科协小组517个、专业学组268个。科协会员10675人。

【讲理想比贡献活动】 本钢科协广泛发动和组织科技人员紧紧围绕生产经营建设开展献计献策、提合理化建议、科技攻关、科技承包、技术创新和科技论证等活动，把这些活动作为“讲、比”活动的主要内容狠抓落实。全公司参加“讲、比”活动的科技人员达10200多人次，共立项7255项，已完成4092项，取得了可观的经济效益。2018年，板材技术研究院、板材炼铁厂、板材炼钢厂、板材热轧厂、板材冷轧厂、板材焦化厂、板材发电厂、矿业公司、北营公司等单位，在“讲、比”活动中取得了突出的成就。如：板材技术研究院在开展“讲、比”活动中，科技人员刻苦钻研，开发出处于国际领先水平的热成形钢PHS2000，首次在车身用钢强度领域突破2000MPa，实现超高强热成形钢全球首发；板材热轧厂组织广大科技人员积极开展“讲、比”活动，在《热连轧厂1700线带钢边部质量的工艺技术控制及研究》项目中，经项目组成员共同努力，通过深入研究带钢边部质量缺陷形成机理，通过优化导尺短行程设定、优化出炉温度设定、明确双排除鳞水和活套下表面水投入时机，使带钢边部质量封锁率由之前的0.25%下降到0.10%以下，有效的提高了1700生产线带钢边部质量。

【科技之家建设】 2018年，本钢科协积极组织各厂矿科协进一步加强科技之家建设，以“三个服务”为宗旨，以“四项建设”为重点，以提高“三力”为目标，同时提出了以“党政领导满意、科技人员满意、上级科协满意”为标准和以“五有”为具体要求，全面促进科协工作的指导思想，在全公司科协系统开展了建设科技工作者之家活动。进一步加强了优秀科技人员事迹和科技成果的宣传工作。一年来，为了扩大科协组织的社会影响，树立科协和科技人员的良好形象，各单位科协充分利用各种舆论工具和渠道大力开展了宣传工作。公司科协与本钢新闻中心继续开辟了“创新视野”专栏，开展了有奖征文活动。全年共组织刊发各类稿件85多篇。内容包含了科协工作经验做法、技术创新思想及成果、“讲、比”活动、科普活动、科技攻关、学术交流以及科技人员攻关成果和无私奉献的典型人物等各个方面。2018年5月28日，在“全国科技工作者日”来临之际，本溪市市委副书记王庆东一行，在本钢集团党委副书记赵忠民的陪同下，看望了本钢集团优秀科技工作者代表、技术研究院高级工程师李春诚，并为本钢集团科技工作者送上节日祝福，进一步营造了尊重、关心科技工作者，尊重劳动、尊重知识、尊重人才、尊重创造的良好社会氛围，切实增强广大科技工作者的荣誉感和获得感，进一步激发他们的创造热情。开展了举荐和表彰科技人才工作。经过各级厂矿科协选拔推荐，技术研究院黄健获得了第八届中国金属学会冶金先进青年科技工作者荣誉称号；板材技术研究院黄健、刘宏亮获得了第十一届“辽宁省优秀科技工作者”的荣誉称号；技术研究院文小明获得了“辽宁好人·最美人物”的荣誉称号；在辽宁省科协组织开展的2018年度“优秀创新团队”和“创新标兵”推荐活动中，板材技术研究院刘宏亮博士创新团队被授予“优秀创新团队”称号，刘宏亮被授予“创新标兵”称号。在科技之家建设中，板材能源总厂、板材原料厂、板材储运中心、板材废钢厂、板材热轧厂、采购中心、北钢公司、北营公司等单位都取得了显著的成效。

【学术交流活动】 组织开展了学术论文征评和推荐工作。开展了本钢科协2017年度科技论文的评审工作，经过网上检索查重、初审、初评、复评、终评，评选出一等优秀论文10篇、二等优秀论文30篇、三等优秀论文90篇。组织开展了2018年度本钢科技论文征评活动，共征集论文436篇。组织开展了辽宁省2018年自然科学学术成果奖的论文征集活动，共推荐优秀科技论文96篇，获奖论文23篇，一等奖4篇（本溪市获一等奖4篇）、二等奖6篇、三等奖13篇。组织开展评选2018年辽宁省金属学会优秀科技论文的活动，共推荐优秀科技论文153篇，获奖论文152篇，一等奖15篇、二等奖36篇、三等奖101篇。在第二十五届粤、鲁、冀、晋、川、辽、陕、京、赣、闽十省市金属学会矿业学术交流会上，有8篇论文获奖，其中一等奖2篇、二等奖3篇、三等奖3篇，有1篇论文在学术交流会上进行了宣讲。积极组织参加各层次的学术会议。组织板材炼铁厂、北营炼铁厂等3名科技人员参加了2018年全国炼铁技术会暨炼铁学术年会；组织板材技术研究院2名科技人员参加了中国金属学会薄板坯连铸连轧学术会议；组织板材技术研究院、板材炼钢厂科技人员撰写了“2018年连铸技术交流会”参会文章，其中，研究院2篇、炼钢厂1篇，并组织板材技术研究院、板材炼钢厂2名科技人员参加了交流会；组织板材发电厂、能源环保部2名科技人员参加了全国冶金用水节水与废水综合利用技术研讨会，其中，板材发电厂闫忠文撰写的论文《浅谈电厂提高超滤膜池产水率的方法》被会议秘书处收录，并在研讨会上进行了宣讲；组织板材制造部、板材炼钢厂、板材特钢厂开展了由中国钢铁工业协会、中国金属学会、全联冶金商会、中国废钢铁应用协会联合组织的“我国钢铁行业废钢铁应用情况调查问卷”；组织板材技术研究院、板材炼钢厂2名科技人员参加了2018年连铸技术交流会——第二届连铸技术创新和精细化生产实践交流会；组织板材技术研究院1名科技人员参加了2018年全国炼钢—连铸生产技术会暨连铸学术年会；组织板材炼钢厂、板材热轧厂2名科技人员参加了薄板坯连铸技术交流与开发协会薄板厂厂长及联络员会议；组织板材制造部、板材技术研究院、板材特钢厂3名科技人员参加了国家专业技术人才知识更新工程提质增效、提高全要素生产率推动钢铁行业高效生产2018年高级研修班；组织板材制造部、板材焦化厂2名科技人员参加了第十六届中国炼焦技术及焦炭市场国际大会；组织板材炼铁厂、北营炼铁厂厂长参加了2018年全国炼铁厂厂长座谈会；组织技术研究院1名科技人员参加了2018年（第六届）高强建筑用钢及钢结构应用发展论坛；组织板材炼铁厂、北营炼铁厂、技术研究院3家单位各1人参加了第三届全国钢铁行业“新知识、新技术、新理念”高峰论坛；组织板材冷轧厂、北营焦化厂2

名科技人员参加了由中国设备管理协会冶金行业国际服务中心主办的中国钢铁产业链绿色发展国际峰会；组织板材技术研究院2名科技人员参加了辽宁省第十二届学术年会暨第二届辽宁青年科学家论坛；组织开展了2018年本钢特殊钢学术交流会、2018年本钢炼铁系统学术交流会、2018年本钢炼钢系统学术交流会。由外出参加各种学术会议的科技人员进行回来后的再交流，让更多的科技人员了解了行业的发展状况。

【科学普及活动】 全公司各单位以普及科学知识和技术，传播科学思想和科学方法，弘扬科学精神和科学道德为主要内容，共开展各类科普活动3155次、科普讲座1578次、科普宣传板报941期、科普挂图400多套、科普录像197场次。根据央视十频道《健康之路》创作整理健康科普知识，在《本钢日报》的周末版“健康科普知识”专栏上刊登，每周一期。在《本钢日报》开设了“科普之窗”栏目，每周一期，开展科普宣传。组织全公司51名科技人员开展了创新方法TRIZ培训班。组织技师学院初晓旭参加了第五届辽宁省创新方法国际报告会。本钢科协与板材计控厂科协联合开展了科技论文写作培训班，有63名科技人员参加了培训。组织全公司科技工作者中开展了“弘扬爱国奋斗精神、建功立业新时代”建言献策主题征文活动，共征文86篇，经评选，向本溪市科协推荐31篇。2018年，在开展科普活动中，板材铁运公司、板材信息化中心、板材能源总厂、板材废钢厂、板材原料厂、板材计控厂、本钢恒通公司等单位取得了丰硕的成果。如：板材铁运公司科协为进一步提升专业技术人员综合素质，强化各专业、系统技术人员之间的交流，促进相关专业人员的相互配合，全年组织开展两次“技术交流大讲堂”活动。以集中授课、互动交流等形式相结合的方式，开展了“安全知识”“铁路运输知识”“运输生产工艺改造”等知识培训。板材信息化中心科协以引导科技人员苦练内功、扎实工作、创新增效为目的，开展拜师学艺活动，共有15对师徒结成对子，通过开展拜师学艺活动，营造钻研业务、互帮互助的良好环境，推动青年员工整体素质建设，培养更多爱岗敬业、技术高超的业务骨干，为信息化中心可持续发展奠定人才基础。板材能源总厂科协坚持办好《能源总厂月报》，在《月报》上开设“技术管理小常识”“安全专栏”“科技之光”等专栏，以各车间上报的优秀科技论文内主要内容，筛选出最具实际意义的部分进行刊登，得到了厂部和各车间的一致好评。全年共计出版《能源总厂月报》41期，刊登科技论文40篇。板材废钢厂科协积极参与节能宣传周活动，通过宣传展板、悬挂宣传标语、微信、视频等媒介宣讲普及节能知识，并且在低碳日当天开展了由主管厂长、车间主任及厂级管理人员参加的节能知识讲座，了解节能宣传周及低碳日由来、该厂能源工作现状及节能小常识。

【本溪市金属学会工作】 组织召开了本溪市金属学会第九届会员代表大会，进行了换届改选，选出新一届六位理事，由本钢副总工程师孙东升担任理事长，板材技术研究院院长蒋光炜担任副理事长，规划发展部（科技发展部）副部长王忠东担任秘书长。大会有85名代表参加，由蒋光炜主持，张贵玉副总经理致辞，第八届秘书长邹天来做了工作报告，孙东升作了今后金属学会工作重点的报告，本溪市科协主席李静军作了重要讲话。完成了本溪市金属学会年检工作。

【院士专家工作站认证工作】 组织公司人力资源部、财务部、科技发展部、板材技术研究院相关人员召开了关于2018年院士专家工作站认证工作的会议，对认证内容进行了安排部署，按期完成了网上填报工作，并顺利通过了认证。 （田 宏）

保密工作

【概况】 本钢集团有限公司保密委员会主要负责依照保密法律、法规和规章制度开展集团公司保密工作，制订实施集团公司保密工作规章制度和工作计划等工作。集团公司保密委员会办公室下设在本钢集团办公室，负责集团公司保密管理日常工作。

【组织建设】 年初，本钢集团以党委文件形式下发了《本钢集团2018年保密工作要点》，对全年保密工作进行了明确，并指导各单位开展保密工作。调整充实了本钢集团保密工作委员会，修改完善了保密委员会及保密办公室工作职责，切实把保密工作职责落到实处。

【宣传教育】 为了进一步增强领导干部、涉密人员和机关、单位工作人员保密法治意识和保密能力，集团公司保密办开展了保密法制宣传教育活动。为使活动宣传得到较好效果，集团公司保密办创新活动方式，为各涉密单位制作了保密宣传展板和保密宣传单，要求各单位涉密人员在收取文件时要详细阅读展板内容，时刻绷紧保密红线，增强保密意识。

【日常管理】 为做好集团公司保密日常管理工作，集团公司保密办要求各单位接收国家秘密文件信息资料时，要由专人领取；在传阅时，要明确传阅范围、传阅方式和保密纪律，传阅完毕后及时收回存档。同时，保密办定期开展国家涉密文件集中销毁工作，根据涉密文件清理收缴相关规定，对2017年下发的涉密文件进行了收缴，共收缴涉密文件1080份，并进行集中销毁。

【保密检查】 为了及时发现涉密人员计算机工作中存在问题，集团公司保密办要求各单位对涉及国家秘密文件、信息、资料进行梳理检查，并对照检查目录进行全面自查，发现的问题和薄弱环节要及时整改，共计24家单位上报《保密工作自查情况统计表》。同时安排专人对8家单位46台计算机19000余份文件进行了保密抽查，共发现问题4项，现已全部整改。 （邹成星）

机关党委工作

【党委工作】 1. 集团公司“四定”改革以后，顺利完成了原板材机关党委与集团机关党委的整合，迅速夯实机关党委基层组织工作基础。2. 按照集团公司党委要求，组织召开机关第十四次党代会，选举产生了新一届机关委员会委员7名、书记1名。3. 积极推进党支部规范化建设，以“不忘初心、牢记使命，创建先锋党支部，争当旗帜党员”为主题开展建功立业活动评比，将基本组织制度、支部具体工作与活动评比有机结合，促进了机关党委各项工作的深入开展。4. 严格落实“三会一课”制度，认真组织完成政治性警示教育、吸取包宏案件教训等专题民主生活会3次，完成关于“清除薄熙来、王珉恶劣影响”专题组织生活会1次，根据省国资委《关于基层党支部专题组织生活会抽查存在问题反馈和整改的通知》要求，组织各总支、支部进行全面整改。结合集团公司党委“两学一做”学习教育常态化建设要求，强化党支部组织建设，指导各总支、支部坚持“就近就便、量力而行、注重实效”原则，结合部门实际工作特点开展党建活动。财务部党总支荣获2018年省中直企业先进党组织，代表本钢集团到省国资委进行了经验介绍。5. 在全机关范围内开展“创新创效提合理化建议”活动，引导、鼓励、激发机关广大党员带头攻坚克难，开展管理创新与科技攻关，有效助推机关管理水平的提升和生产经营任务目标的完成。

【群团工作】 1. 创新开展三项普惠活动。开展了贯穿全年的会员生日慰问和到龄退休职工慰问活动；在全机关范围内开展了形式多样的会员春游、秋游活动，职工参与度达到90%以上；开展了机关春节、端午节职工节日慰问活动。普惠活动的开展，增强了职工的归属感、获得感和幸福感。2. 扎实开展帮扶救助送温暖服务职工活动。全年走访慰问了机关8名困难职工和重大病职工，送去慰问金共4500元；慰问会员去世、会员直系亲属去世职工14名，送去慰问金共6100元。积极组织机关职工参与疗养，机关劳模及职工疗养32个批次127人次。3. 丰富机关职工文化生活。1月16日在集团公司“钢铁筑梦·砥砺前行”职工合唱比赛中，集团机关合唱队荣获一等奖，同时获得了小合唱优胜奖、优秀单位组织奖。6月在集团公司首届气排球比赛中获得第四名。举办了庆“三八”妇女节女职工插花知识讲座和女职工插花作品展，机关22个分会60名女职工代表参加了活动，赢得了机关女职工好评。4. 共青团工作，加强对青年大学生的培养，在2018年的集团公司团委先进集体和先进个人的评先表彰工作中，机关青年职工分别荣获集团公司“五四”奖章1人、大学生创业成才标兵1人、优秀团干部1人、优秀团员1人、优秀名誉团员1人。5. 加强民兵预备役建设，建立本钢民兵应急分队快速集结机制。顺利完成2018年编兵整组及复转军人统计工作。 （张 新）

栏目编辑 金一嘉

本钢年鉴 *2019*

本钢集团

钢铁主业

本钢板材股份有限公司

【概况】 本钢板材股份有限公司（简称板材公司）是本钢集团有限公司所属的国有控股钢铁主业上市公司（股票简称：本钢板材，股票代码：000761、200761），注册资本3875371532元。截至2018年12月末，总资产596.33亿元，固定资产239.24亿元，净资产191.26亿元。公司下设办公室（党委办公室、董事会办公室）、规划发展部（科技发展部）、运营改善部、人力资源部（组织部）、财务部、制造部、设备部、能源环保部、资本管理部、审计部、法律事务部、安全管理监督部、企业文化部（宣传部、统战部、团委）、纪委（监察部）、工会15个职能部门；采购中心、销售中心、技术研究院（技术中心）、信息化中心等4个直属单位；炼铁厂、炼钢厂、热连轧厂、冷轧厂（本钢浦项）、特殊钢厂、焦化厂、发电厂、铁运公司、能源总厂、原料厂、废钢加工厂、计控厂、检化验中心、储运中心、辽阳球团公司15个厂矿级单位。在职员工18436人，其中生产人员14922人、销售人员193人、财务人员143人、技术人员1466人、行政人员1712人。博士11人、硕士335人、本科学历3463人、大专学历5375人、中专高中技校学历9252人。

【主要经营指标】 2018年，板材公司生产生铁848.74万吨，同比降低2.21%；粗钢896.03万吨，同比增长0.89%；热轧板1148.94万吨，同比降低3.45%；冷轧板560.53万吨，同比增长3%；特钢68.01万吨，同比降低6.06%。2018年实现营业收入501.82亿元，同比增长23.88%；实现利润10.54亿元，同比降低44.99%，其中净利润10.36亿元，同比降低35.61%；实现利税32.15亿元，同比增长29.69%。安全生产较大人身事故、较大火灾事故、重大设备事故实现“三为零”。

【公司规范运作】 在公司董事会领导下，围绕公司治理、三会运作等方面开展工作。在内部治理方面，严格按照《中华人民共和国公司法》《中华人民共和国证券法》《上市公司治理准则》《股票上市规则》《上市公司规范运作指引》规定，修订了《公司章程》，制定了《期货管理办法》，完善公司内部治理制度。在会议组织方面，积极做好股东大会、董事会及监事会的会议组织和筹备工作。全年共召开董事会7次、监事会4次、股东大会1次，审议事项包括董事会报告、监事会报告、定期报告、年度投资框架计划、内部控制自我评价报告等。在报告议案编撰和信息披露方面，在董事会秘书领导下，组织相关部门开展工作，保证了定期报告及各项临时公告的顺利披露，全年编撰定期报告4份，各项议案共计80余项，披露文件380余件。在投资者关系管理方面，认真贯彻执行监管部门要求，利用交易所投资者互动平台、股东大会、投资者来访、证券行业会议、现场参观、电子邮件、电话沟通、媒体采访报道等形式，耐心细致回答投资者提出的各种问题，解除疑虑，宣传公司理念，增强了投资者投资本钢板材的信心。在资本运作方面，积极做好非公开发行股票的发行工作，募集资金约40亿元人民币；并完成非公开发行新股登记及上市工作，签署募集资金三方协议，保证了募集资金合法合规使用，同时，协助集团完成股权补充质押及解除质押工作和股份增持工作。

【管理创新工作】 在机构管理方面，根据《本钢集团“四定”工作指导意见》对板材公司组织机构设置进行优化调整。在管理创新方面，获本钢集团管理创新成果 18 项，其中一等奖 3 项、二等奖 7 项、三等奖 8 项，荣获中钢协冶金企业管理现代化创新成果三等奖 1 项；辽宁省企业管理进步成果一等奖 1 项、二等奖 1 项。发电厂的《以信息自动化技术为核心的发电能效分析与设备状态检修管理创新》被评为辽宁省企业管理创新成果一等奖。在制度管理方面，对板材公司各项制度进行管理、统计，共审核发布规章制度 13 个（其中修订下发 6 个，新下发 7 个），废止 7 个制度，现行有效规章制度共 232 个。在体系管理方面，组织完成质量、环境、职业健康安全、能源、两化融合管理体系外审工作，通过第三方认证机构审核并获得了国家颁发的质量/职业健康安全/能源/两化融合管理体系认证板材公司分证书。

【科技创新工作】 结合集团总体发展战略规划，加快推进科技创新体系建设和科技体制改革，推动研发、应用、创效的有机结合。通过开展产学研合作，加速了科技成果向现实生产力的转化，推动了本钢产品不断提档升级。全年共开发新产品 39 项。其中，冷成型用淬火配分钢 QP980 各项性能指标满足国标要求，填补了本钢在淬火配分钢研究领域空白；X80 低温高韧性热轧管线钢具备了工业试制条件；低铁损 50BW470 产品具备了批量生产能力，实物质量处于国内先进水平；高速工具钢 DS120 的研发打破了外国钢材对带锯用钢的市场垄断。完成冷轧、镀锌等产品认证 56 个牌号，用户涵盖奔驰、宝马、通用、日产、福特、菲亚特、雷诺等全球知名品牌，标志着本钢具备了向世界一流汽车企业供货的资质和能力。开展公司级重点科技项目 56 项，涉及面广、技术复杂、研制开发难度大，其中“电炉炼钢石墨压球替代生铁（铁水）工艺技术研究”“热轧 1700 毫米机组供冷轧高强双相钢轧制工艺研究”“转炉智能炼钢系统的研发”“热轧酸洗板 BR600/780HE 研制开发”等 16 个项目达到项目目标，取得了明显成效，大大降低了生产成本、优化了工艺技术参数，提升了科技创新能力。研发平台建设方面，成功加入耐蚀钢产业技术创新战略联盟及中国汽车工程学会，为企业耐蚀钢及汽车用钢生产、技术进步、质量提升搭建技术创新和支撑平台。全年 200 件专利获国家知识产权局受理，其中 45 件专利获国家局授权。“本钢板材股份有限公司”获得“中国知识产权优势企业”荣誉称号。

【营销采购工作】 营销管理工作，进一步加强价格管理，及时了解国内外宏观经济状况，分析国内外钢材市场形势，掌握钢材市场价格变化，为价格政策制定提供科学、准确、合理的参考依据；构建本钢各品种产品的市场价格走势基础数据库，积极走访市场、各钢厂，不断完善和夯实价格及信息管理的基础工作。加大冷轧产品技术营销力度，积极参与主机厂新项目、新车型、新产品开发，有效推进了产品认证等相关工作，其中部分产品为首次通过戴姆勒奔驰和上汽通用五菱认证。大力推进电商销售，提升产品增利水平，板材类产品全部实行欧冶电商平台单件竞价销售，在电商单件竞价销售模式下，销售政策更加透明，有效避免了销售端的效益流失。采购管理工作，进一步优化采购管理模式，在保生产、保运行的同时，通过资源开发、择机采购、价格管控、资金管控等措施，完成了焦煤、无烟煤、地方矿粉、废钢以及热镀锌等五大品种经济运行降本目标，有效降低采购成本。加强供应商动态管理，创新管理理念，促进充分竞争，强化供应商开发、准入及考核评价工作。严格物料验收管理，针对料场接卸条件、检化验周期等工作实际，对采购物料执行取消让步接收，提高了采购物资质量水平。

【生产运行工作】 按照习近平总书记关于推动经济高质量发展的要求，广大干部职工强化技术攻关，不断挖潜增效，推动生产效率大幅提升，部分品种产量以及日产、班产纪录连续刷新。板材新1号高炉8月平均日产达到10390吨。板材炼钢厂10月创造了6台转炉32327吨、薄板坯连铸9555吨的日产纪录。板材热连轧厂2300毫米生产线最高日产量达到18798吨。上述一系列指标均创出历史最好水平。具体工作中，各相关部门和单位全力推进增产、降耗、增效工作，企业生产运营水平不断提升。一是进一步优化生产组织，充分发挥调度指挥、协调作用，科学高效组织各项生产综合平衡，扎实稳步推进降本增效攻关工作。二是开展以板材高炉大修为中心的联合检修，各高炉均顺利完成检修任务并快速达产。其中，5号高炉6天之内实现达产达效，日均产量突破5500吨；新1号高炉提前7天完成检修任务。三是落实集团公司多吃废钢、降铁耗会议精神，取得了显著成效，全年板材炼钢铁耗完成979.51千克/吨，增加产量9万吨。四是严把外购原料质量关，强化制度规范，并加强工序质量管理，强化物料生产、存储和使用过程质量管控，提高质量预警能力。五是按照生产经营总要求，克服外部运输不利条件，协调内部各运输环节，坚持“保产优先”的原则，全面完成运输物流各项主要指标。六是各保供单位积极优化运行方式，强化设备维护管理，全力促进生产顺行，实现了各种介质的稳定供应，做到了“零影响、零故障”。

【党群工作】 公司上下各级党组织坚持加强党的领导，扎实推进“两学一做”学习教育常态化制度化，推动党组织领导核心和政治核心作用组织化、制度化、具体化的工作要求，切实担负起牵头抓总的责任，抓好党员干部队伍建设和管理，发挥群团组织工作优势，凝聚职工力量，推进公司和谐健康发展。一是加强基层党支部建设，实施“固本强基工程”，深入推进“共产党员之家”和“新时代工人讲习所”等阵地建设，深入开展建功立业活动和“共产党员先锋工程”。二是加强党员队伍建设，巩固“两学一做”学习教育常态化、制度化，建设“党务干部先锋”和“优秀人才先锋”。三是完善党的组织生活制度，各级党委领导班子召开政治性警示教育专题民主生活会，组织广大党员以“重实干、强执行、抓落实”为主题开展专题研讨。四是深入贯彻落实党的十九大精神以及习近平总书记在辽宁考察时和在深入推进东北振兴座谈会上重要讲话精神，按照集团公司党委要求，组织开展“解放思想推动高质量发展大讨论”，大兴调查研究、求真务实之风。五是进一步落实意识形态工作责任制，有针对性地开展党委理论学习中心组学习和形势任务教育活动，深化中国特色社会主义教育，弘扬践行“新时代辽宁精神”。

【社会责任】 坚持向安全和环保要效益，完善管理制度和责任制，深化职业健康安全管理体系和环保管理责任体系，创建绿色安全的生产经营环境。在安全管理工作中，认真贯彻省委、省政府关于安全生产重要部署，全面完善和落实各级安全生产责任制。深刻吸取“6·5”本溪龙新矿业重大炸药爆炸等事故教训，高度重视国务院、省、市巡察和检查问题整改，以问题为导向，大力开展隐患排查，深入推进工程、检维修安全管理和反“习惯性违章作业和违章指挥”专项整治工作。强化安全基础管理，开展职业健康安全管理体系滚动审核，实施危险源评估分级管控，加大安全教育培训力度，采取多种形式开展全员安全培训。在环保管理工作中，积极适应国家环保政策新要求，明确环境保护工作责任，通过强化环保设施稳定运行、落实污染物稳定达标排放、完善自动在线监测设施等措施，实现产污环节排污可控。严格按照国家标准和政策要求，扎实开展第二次污染源普查清查、钢铁行业排污许可证申领、碳排放核查、建设项目环评环保验收等工作。（金一嘉）

炼铁厂

【概况】 本钢板材股份有限公司炼铁厂（简称板材炼铁厂）现有职工 2179 人，其中管理人员 52 人、业务人员 53 人、技术人员 139 人，高级职称 37 人、中级职称 223 人、初级职称 161 人。全厂主要设备包括 4 座炼铁高炉（5 号高炉炉容 2600 立方米，6 号、7 号高炉炉容 2850 立方米；新 1 号高炉炉容 4350 立方米。）两台 265 平方米烧结机，1 台 360 平方米烧结机，1 台 566 平方米烧结机，8 台煤粉中速磨，两台铸铁机。主要产品为炼钢生铁，副产品主要有高炉水渣、高炉煤气等。

【指标情况】 全年生铁产量完成 848.74 万吨，烧结矿产量完成 1249.09 万吨，入炉焦比实现 365 千克/吨，喷煤比实现 125.4 千克/吨，高炉风温实现 1118℃，燃料比为 545 千克/吨，一级品率为 87.48%。

【安全管理】 认真吸取 2017 年新 1 号高炉炉缸烧穿事故教训，将实现新 1 号高炉、六号高炉安全停炉检修作为 2018 安全生产的重点。严格按照高炉炉缸维护预案控制，并在炉缸增设深度电偶、浅表电偶、贴皮电偶、热流强度监控等手段，组织应急疏散演练，保证风险处于可控状态，实现了高炉安全顺利过渡到检修状态。全面落实安全生产责任制，采取厂领导分片包干、安全教育培训、开展专项检查、周通报月总结考核、推行作业区安全管理自检互检、设备联检联合检查等形式，强化安全基础管理，并重点抓好反“三违”等工作落实。全年共收集、辨识习惯性违章 700 多条，查出各类事故隐患和问题 310 项，由厂领导亲自督办，所有事故隐患和问题全部得到解决。结合钢铁企业连续发生重大煤气生产安全事故，炼铁厂专门成立了煤气管理小组，实现了规范统一操作管理。针对煤粉作业区六、七炉制粉工艺出口含氧量超标具有火灾爆炸风险的隐患，反复研究制定整改方案，进行专项整治，消除了风险。在五号高炉、新 1 号高炉、六号高炉大修中实行 24 小时全程监护、检查、考核，及时进行安全提示、纠正违章，确保各项检修任务安全顺利完成。

【生产经营】 高炉系统。检修后的各高炉开炉全部一次成功并稳定顺行，五号高炉开炉后日产生铁稳定在 5500 吨以上；新 1 号高炉开炉后快速达产达效，从 5 月 16 日开始，日均生铁产量持续突破 10000 吨，8 月平均日产 10390 吨，创出历史最好水平；七号高炉合理调整高炉操作制度，控制好压差，不断提高煤气利用率，9月日平生铁产量创出7026吨的好水平；六号高炉检修后生铁产量迅速提升。烧结系统以“提质降耗、满足高炉需求”为宗旨，坚持“稳定水碳、厚平慢转、严控终点”的操作方针，重点提高烧结矿质量，为高炉生产提供优质原料。积极维护好设备状态，全力做好优质保供。在满足高炉需要的同时，在北营公司烧结机检修期间备料烧结矿62.32万吨。煤粉、铸铁、原料运输、水渣、防尘等供辅系统立足“零影响、零故障”方针，严细管理，强化服务，实现了安全保供。此外，物料平衡、能源介质管控、运输保障及生产调度指挥等方面，克服各种困难，积极组织协调，为生产稳定顺行创造了有利条件。

【设备管理】 五号高炉由于公司高层领导果断决策，于2017年12月及时停炉检修，避免了重大安全事故的发生。针对施工中发现的炉底碳砖侵蚀严重超出预料的实际情况，及时调整检修方案，克服冬季施工、适逢春节等不利因素，采取搭建高炉平台临时“温室大棚”、炉内安装热幕等举措，有效保证了施工安全、进度和质量，历经77天检修开炉一次成功并快速达产达效。新1号高炉3月16日开始进行环保改造，用时48天11小时10分钟完成检修任务，比计划工期提前6天12小时50分告竣，为国内同类型高炉改造建设的“第一速度”。创造了放残铁最好、扒炉耗时最短、开炉出铁最顺利等多项历史记录，为国内同类型高炉改造建设积累了丰厚经验。六号高炉7月2日开始停炉进行环保改造，共用时65天14小时，比计划工期提前4天10小时。高炉一代炉龄为13年9个月，单位炉容产铁量达到10760吨/立方米，创国内同类型高炉先进水平。从2017年8月～2018年9月，炼铁厂以“能早投产一分钟，绝不拖延60秒”的拼搏精神，历经13个月时间对全厂四座高炉全部进行了环保大修改造，均实现了安全优质高效经济检修、开炉一次成功快速达产达效的目标，为实现高炉长期安全稳定、持续高产低耗奠定了坚实的设备基础。坚持强化设备基础管理，全年累计查出隐患186项，处理126项，其余暂时不具备处理条件的，确定了整改措施、整改期限和责任人，制定了事故应急预案。2018年备件利库47万元，外委修复备件降成本1244万元，自修修复降成本1046万元，机旁库库存同比降低1145万元。此外，新五号高炉节能环保改造工程高效推进，开展拆除还建原3、4号高炉筛分楼、制粉楼、高道。新五号高炉配套项目制粉喷吹系统7月3日开工建设。新五号高炉节能环保改造工程一期工程9月招标结束，计划工期20个月。

【企业管理】 积极稳妥推进“四定”工作。按照集团公司总体部署，机构实现了大幅削减，标准化设置。内设机构由11个科室、12个车间，调整为机关五室一部、12个作业区，机构压减比例为22%。按照公司要求撤销了全厂32个工段。清理人员50人，全部充实到变电所、皮带、胶接、软水、除尘、点检等操作岗位。全面提升基础管理水平。积极推进文明生产管理和工作纪律督查工作，重点加强了经营管理的过程考核，对安全管理、产量成本、设备操作、劳动纪律等情况进行检查考核，对出现的各种事故和影响，层层落实管理责任，重点考核整改措施责任人职责的落实情况。对公司通报和基层反映问题，明确整改时间和考核意见。坚持问题导向，深入查找制度漏洞、管理短板，并在制度的规范执行上加强管理考核。

突出抓好专项管理考核。成立全厂炉前技师小组和炉前管工负责小组，对全厂炉前铁口维护和高炉水系统等工作实行集中专业化管理，成效显著。持续强化环保管理，以迎接国家环保督察为契机，重点对除尘设施、感官污染源、废水排放、噪声源点、危废固废以及散装物料运输进行专项整治和考核，厂区环境大为改观，全年外运除尘灰、落地生灰450余吨，外排建筑、生产垃圾600余车。此外，圆满完成全厂职工健康体检工作。注重开展培训提高职工素质，全年参加公司各类培训班12个、培训153人次，厂内培训开班96个、培训4505人次，职工培训率210.86%。

【党建工作】 在全厂范围内开展了“端正态度、落实责任”大讨论活动，全厂党员中开展了“我的铁厂我的家，我是党员十带头”活动，打造出与实现各项生产经营、改革管理任务相适应的党员干部职工队伍。认真学习贯彻党的十九大精神，扎实开展“党员戴牌亮身份，大修高产比技能，安全生产做贡献”党员建功立业活动，严格落实“三会一课”、民主评议、组织生活会、主题党日等党员教育管理制度，推进“两学一做”学习教育制度化常态化，形成了覆盖全厂的党建工作微信群，建立了炼铁厂新时代工人讲习所和13个“共产党员之家”综合服务阵地，成功召开了厂第十五次党代会。厂工会坚持三个服务宗旨，重点围绕大修改造推进群众性经济技术创新活动，有针对性开展了各类专项竞赛、指标攻关和现场立功等活动，成效明显。职工技能大赛和劳模创新工作室成果显著，效能监察工作持续深入。此外，宣传统战、团委、科协、治安综合治理、武装、信访维稳、计划生育、档案管理等都发挥各自优势，确保了企业稳定和谐。

（孔　涛）

炼钢厂

【概况】 本钢板材股份有限公司炼钢厂（简称板材炼钢厂）截至2018年底，全厂共有在籍职工2069人，其中生产（操作）人员1874人、技术人员110人、业务人员39人、管理人员46人。主要拥有7台铁水预处理站、7台转炉、5台RH真空精炼装置、1台AHF化学升温装置、5台LF钢包精炼炉、2台1600毫米双流板坯连铸机、2台1750毫米薄板坯铸机、1台矩形坯连铸机、1台2300毫米单流板坯连铸机、1台1900毫米双流板坯连铸机、1台铸坯表面火焰清理机等具有国际先进水平的技术装备。可生产汽车板用钢、石油管线钢、电工硅钢、集装箱用钢、冷轧深冲钢等10余个系列、600多个钢种。全年共产钢859.21万吨，其中1号、2号铸机完成318.76万吨，3号、4号铸机完成148.26万吨，5号铸机完成36.3万吨，6号、7号铸机完成355.89万吨。2018年比预算降低成本673万元，实现了全工序负能炼钢。

【安全管理】 板材炼钢厂将安全管理作为开展工作的重中之重，注重落实和实效。一是强化安全培训和反事故演练，持续推进安全网格化管理、安全三项承包管理、相关方管理等重点工作，并在2017年7个安全专业组的基础上，增加了厂房屋面专业小组，确保各项安全基础工作扎实有效开展。二是全面开展反习惯性违章作业和违章指挥治理活动，强化安全隐患排查整治，有效防范了安全生产事故的发生。三是强化联合检修、技改工程的安全管控，确保了各项检维修及技改工程安全顺利完成。

【生产管理】 生产方面，提产攻关效果显著。2018年以来，由于铁水供应不均衡，高产主要集中在5、6月和9月以后两个时段。期间，板材炼钢厂实现了以铁定产，未造成铁水落地或高炉减风情况，5月7日~5月31日实现日平产量27671吨，6月1日~27日日平产量28900吨，9月10日至9月30日日平产量28000吨，10月日平产量28308吨，2018年10月14日创造了6台转炉32327吨的日产最好水平。多措并举，确保稳产高产。一是开展老系统7、3、2号转炉大流量供氧、缩短冶炼周期攻关，2018年炼钢系统供氧流量达到3.6万立方米/小时，供氧时间小于15分钟，回收系统风机转数提高到1300转/分，老系统转炉基本实现炉机匹配。二是大力开展了铸机提拉速和铸机在线调宽工作，实现了铸机产能的大幅度提高。三是大力提升薄板坯连铸产能，薄板坯铸坯厚度由72毫米调整成85毫米，薄板坯连铸日平产能由5000吨提升到2018年的7000吨，并于2018年10月22日创造了10024吨的日产记录。

【成本管理】 2018年成本比预算降低673万元。一是采取鱼雷罐加配废钢、提高废钢单斗装入量等措施，2018年铁耗达到979.5千克/吨。其中11月铁耗达到965.28千克/吨，创历史最好水平。二是深入开展对标挖潜，大力推进主要成本指标的攻关工作。其中合金消耗取得较大成绩，2018年合金成本实际完成132.61元/吨钢，比预计降低0.215元/吨钢。三是强化能源管理，2018年综合工序能耗指标完成-0.04千克标煤/吨钢，比计划（2.2千克标煤/吨钢）降低2.24千克标煤/吨钢，总能源成本降低2335.56万元。

【品种质量】 品种质量方面。一是品种钢生产成绩斐然，2018年共生产RH钢385.17万吨，占总产量的44.8%，较好地完成了公司下达的各项品种生产任务。二是保证铸机状态，全力推进汽车板一贯制生产，采取保证铸坯清理深度、提高机清热过率、钢包顶渣改质等措施，实现了东风日产、上汽、菲亚特等高端汽车板质量控制整体稳定。2018年不良品率完成0.60%，对比考核指标（0.62%）降低0.02%，与2017年同期降低0.04%。

【设备管理】 设备管理工作稳步提升。一是开展全厂“优秀点检员”及“二次定修无故障”月评比活动，强化设备故障管理，保证了设备的安全稳定运行。二是胜利完成了两次设备联合检修工作，实施了转炉、铸机、精炼及吊车系统1319项检修项目，全力推进日产2.95万吨填平补齐项目，为稳产高产奠定了坚实的基础。三是积极开展进口备件国产转化，推进备件修旧利废，降低设备成本。

【改造工程】 改造工程方面，2号铸机改造历时58天胜利竣工，2018年低碳含硼钢实现100%热过，二冷水悬浮物由改造前的15毫克/升降为9毫克/升，显著提高了铸机精度及板坯质量。1号转炉改造工程处于设备安装阶段，预计2019年1月初竣工投产。4~6号转炉环保改造目前浊环水系统水池和二次除尘系统设备安装如期进行。1号RH改造正在进行真空系统和冷却水系统离线部分的施工，预计在2019年4月全面组织施工。8号单流板坯铸机工程离检维修区建设已全面施工，铸机本体设备国际招标稳步推进。

【环保工作】 结合中央环保督察回头看，做好废气、废水、固体废物等专项环保整治工作，保证环保设备达标运行，最大限度地控制了厂区感官污染。同时，推进铁水预处理除尘设备改造、精整火清机环保除尘改造如期完工。积极开展禁烟工作，推进文明生产综合整治工作，生产现场、岗位环境、厂容厂貌得到了较大改观。

【科技创新】 2018 年以来共设立技术创新项目 321 项，其中工艺 43 项、设备 278 项，实现主要技术骨干、点检骨干全覆盖。5 号炉滑板挡渣已经全面推进，使用效果良好。4 号 LF 炉钢车斜轨道改造进一步提高了浇铸跨吊车作业率，为高产创造有利条件。“转炉出钢碳粉脱氧工艺研究”为国内炼钢行业创新技术项目，既减少铝消耗，又减少夹杂，进一步纯净了钢水。“超低碳 O5 板、RH 路径 O3 板顶渣改渣”项目也取得较好成效。

【信息自动化】 不断优化转炉吹炼智能控制系统，2018 年转炉系统在氧枪、加料、副枪、合金、吹氩、溅渣、关键数据报警、炉次冶炼后评价等主要工艺环节均已实现智能控制，该项自主研发技术已经走在了全行业的前沿。此外，原料系统自主编程的一键式铁水成分预报系统已投入生产运行，标准装入量自动计算控制系统程序编制已经完成，目前正在进行生产试运行阶段，下一步将为原料工序装入量稳定控制做出精准指导。

【体系审核】 积极开展体系认证准备工作，对二方模拟审核及时总结经验，针对不足立即整改，积极做好质量认证工作，接受了莱茵公司、沃尔沃、宝马等多家公司的认证审核，确保质量体系的长期有效运行。促进了质量管理水平的进一步提升。

【党群工作】 一是充分利用中心组政治理论学习、支书微课堂等载体，继续深入推进党的十九大精神学习宣传贯彻。同时，开展了重走抗联路、邀请党校教授上党课等活动，切实用先进思想武装头脑、指导实践。二是不断夯实党建工作基础，继续深入推进“两学一做”学习教育常态化制度化，强化“党员示范岗”“党员责任区”建设，落实“三会一课”、民主生活会、主题党日等基本制度，贯彻全面从严治党各项要求。三是做好形势与任务教育，充分发挥本钢炼钢微

板材炼钢厂代表队夺得首届集团公司气排球比赛冠军（杨镇　摄）

信公众订阅号的宣传作用，围绕联合检修、安全活动月、廉政建设等工作开展宣传报道，树立了炼钢厂的良好形象，凝聚了职工的力量和智慧。四是抓好信访稳定、综合治理、治安保卫、网络舆情等工作，认真受理各类诉求，确保了厂区政治稳定和治安安定。五是改善服务职工机制，积极解决职工在就餐、洗浴、停车等方面遇到的困难。同时，实施了慰问困难职工、给职工送生日礼包等暖心举措。此外，积极组织书画摄影班、登山比赛、五人制足球等活动，进一步丰富了广大职工的文体生活。　（郑第科）

热连轧厂

【概况】 本钢板材股份有限公司热连轧厂（简称板材热连轧厂）现有职工总数 1204 人，其中管理人员 44 名、专业技术人员 142 名、业务人员 36 名、生产操作人员 982 名、高级专业技术职称 35 名、中级专业技术职称人员 178 名、初级专业技术职称人员 225 名。厂下设有 5 个管理室、12 个作业区（含公司划回的质量检查作业区）、1 个改造项目部（一热轧完善改造项目部），党委下设 2 个党总支、16 个党支部，党员 521 名，党员占职工总数 42.5%。主要设备有 3 条轧制线，其中 1700 生产线有 4 台加热炉、3 架荒轧机、7 架精轧机、3 台卷板机；1880 短流程生产线有 2 台辊底式加热炉、2 架荒轧机、5 架精轧机、2 台地下卷取机；2300 生产线有 4 座步进式加热炉、1 架定宽压力机、2 架荒轧机、7 架精轧机、3 台卷取机等；厂还有 1 套 1700 平整分卷机组、1 套 2250 平整分卷机组。主要产品为热轧板。2018 年，热轧产品缴库 825.24 万吨，比计划超产 13.3 万吨。单位综合变动加工成本 177.58 元/吨，比预算降低 9.74 元/吨，总成本降低 8007 万元。全厂实现重大安全事故“三为零”。

【生产管理】 优化结构，争创高产，产量任务全面完成，汽车板产量增幅显著。2018 年，热轧卷板缴库量 825.24 万吨，比计划超产 13.3 万吨。热轧品种钢（不含 DC01、Q235B）累产 617.53 万吨，占总产量的 74.8%。其中供冷轧汽车板产量 178.6 万吨，占总产量 21.6%，同比增加 25.8 万吨。充分匹配三条产线资源，抓紧时机创高产。5 月、6 月，铁厂新 1 号高炉年修结束后，厂迅即进入高产状态，双月轧出量 151.67 万吨，超计划 0.96 万吨。9 月，厂三条产线相继年修结束，共同发力，全月轧出 72.33 万吨，超计划产量 5.57 万吨。其中一热轧两台加热炉生产最高日产量达 10807 吨。10 月，全月轧出 88.27 万吨（创历史第四高月产），其中二热轧月产量突破 20 万吨，单日最高产量 9729 吨，创近八年新高。10 月、11 月，三热轧连续两个月轧出量突破 40 万吨大关，其中，11 月 28 日当天日产 18798 吨，刷新了 2012 年 2 月 29 日创下的 18035 吨日产最高纪录。积极开展劳动竞赛。厂共拿出 45.4 万元，奖励一线成效突出的关键岗位，激发了职工的积极性。卡钢次数同比减少 78 次，降幅 41.5%；废品块数同比较少 91 块，降幅 21.7%。其中，2300 生产线丁大班创连续 150 天无卡钢生产纪录，1700 线自 2017 年 10 月～2018 年 7 月期间在薄规格（$H \leq 2.5$ 毫米）生产中未出现卡钢事故。在应急预案管理方面。厂新增加《1700 线荒轧区域甩架应急预案》《1700 线精轧机甩架指导》《1880 线生产叫停管理规定》《2300 线单台仪表测厚或测宽期间生产组织应急预案》等多个生产应急预案。还将历年生产事故典型案例制作成事故档案，组织操作人员进行学习。2018 年全年无人为操作事故发生。

【质量管理】 强化管控，重点激励，产品质量稳中有升，重点产品广泛通过高端用户的准入认证。2018 年产品不良品率 0.22%，相比 0.40%考核目标降低 0.18%；产品非计划率 0.18%，相比 0.25% 攻关目标降低 0.07%；厂顺利通过 IATF16949 换证及 ISO 9001 质量 \ 安全环境职业健康 \ 能源 \ “两化”融合五体系审核；通过中石油、中海油、欧盟 CE、东风日产、上汽乘用车、印度管线钢、出口马来西亚、泰国 TIS 等国内外重点用户或机构的产品认证工作。广泛开展立项攻关活动。各作业区依据《热轧厂攻关办法》共结题 20 个攻关项目。厂评出二等奖 7 项、三等奖 7 项、四等奖 4 项、五等奖 2 项，合计奖励 20.1 万元，有力地激发广大职工的攻关热情。针对“四定”后组织机构、职能的变化，及时制定或修订了 8 个管理体系作业文件（《热连轧厂影响产品质量的工艺设备标准》《热连轧厂产量质量缺陷图谱及调控措施》《影响产品质量的工艺设备故障期间生产组织应急预案》《热连轧厂产品质量管理责任制》《热连轧厂影响产品质量的主要工艺设备、备件名录》等），保证了生产工艺有效执行和产品质量稳定控制。同时，组织专业人员对新修订的“标准”和“要求”进行解读，让职工了解“为什么”，知道“怎样办”，使培训达到了预期效果。在工艺制度检查方面，每周对各产线工艺制度执行情况、工艺设备状态、钢卷库实物质量等开展专项检查，对检查中存在的问题项下发整改通知单，并进行整改效果验证，形成闭环管理。

【设备管理】 强化基础，推动创新，设备热停和检修时间实现双降，技改工作稳步推进。一是编制完善点检作业指导书 207 份，实现产线设备全覆盖；二是设备管理履职检查实现月考核、季评价，对维保单位也以半月为周期进行履职检查，有效提升了维保效果。三是对新修订的《检维修联系确认制》进行了宣贯和督导，确保三条产线检维修作业安全；四是按照新修订《设备事故故障管理办法》，重新编制《热连轧厂设备事故故障台账》，形成“PDCA”闭环管理。五是全面完成一热轧蒸汽余热利用改造工程、完成了厂房及站所室照明更换节能灯具项目。六是对辖区内临时用地进行自查整改，组织职工清理板坯库、排水沟、绿化带，使厂房周边环境焕然一新。对一热轧 8 号门附近厂房墙面、天窗进行修复更换，对主轧线屋顶进行清理；对三热轧参观大厅及门斗进行修复美化，对厂房天窗进行通风降温改造。在板加区、粗轧区、精轧区和卷取区开展的设备稳定运行攻关效果显著。6～12 月，累计嘉奖 22.6 万元。攻关后设备热停时间月均 63.84 小时，同比 2017 年 65 小时下降 1.82%，环比 3～5 月月均 68.83 小时下降 7.25%。从 5 月开始的点检员绩效评价管理，有效激励点检员队伍的工作热情。全年设备计划检修时间 1378 小时，实际 1278 小时，比计划减少 100 小时。能源消耗方面，综合煤气、综合电耗分别降低了 0.04 吉焦/吨、0.74 千瓦时/吨。1700 线、1880 线分别降低 2.08 千克标准煤/吨、11.84 千克标准煤/吨，2300 线工序能耗增加了 2.9 千克标准煤/吨，全年能源成本比预算降低 4701 万元。环保管理方面，完成了排污许可证的申领工作、顺利通过中央环保督察回头看工作，开展全国第二次污染源普查工作。在备件管理方面。厂自修备件 970.83 万元，累计超额完成 84.16 万元。对轧辊、磨床、液压缸、胶管及卷板设备相关三年消耗进行了统计，为2019年功能承包备件工作积累了基础数据。厂积极推进1700线技改工程。成立了1700线完善改造项目部，组建了六个改造职能组。目前已完成F1、F6、F7IGCT改造；表面质量检查仪升级完善、精轧机CVC、新增万能磨床、精轧仪表更新改造完成招标工作。

【安全管理】 巡查督促，专项整治，安全技术和硬防护措施有效落实。新编制了《热连轧厂安全防火重点部位及防控措施》《热连轧厂设备防火技术规范》，重新梳理补充了岗位安全标准化作业卡，在现场安装安全监控探头、安全护栏、防护网、防护罩等硬防护措施，有效避免了安全事故的发生。在安全专项检查工作中，发现液压系统、电缆及电缆桥架等部位的安全防火隐患185项，煤气安全问题4项，电气设施防火安全问题17项，均已下达整改通知单并进行整改；及时纠正违章作业和违章行为253项；排查相关方615名特种作业人员持证上岗情况，均持证上岗。重点开展设备年修期间的安全检查工作。按照业主负责制原则，厂组成联合检查组，对检修现场进行24小时检查，发现安全隐患立即要求相关单位进行整改，实现了“零事故，零伤害”的目标，完成了全员培训和考试工作。全年实现重大人身、设备、火灾事故“三为零”，千人负伤率低于2‰。

【党群工作】 提升效能，弘扬先进，营造了团结向上的工作氛围。厂部和厂党委按照公司的统一安排，按期完成了“四定”工作第一阶段任务。组织机构取消分厂制，改为作业区级制，完成管理岗、业务岗、技术岗的首次定员工作。积极推荐和树立先进典型，并为职工施展才华搭建平台。郭鹏、于浩、王福刚获“本溪工匠”称号，并获得市“五一”劳动奖章；郭丰、徐林哲被授予“本溪好人”称号。还开展了“三热轧投产十周年荣誉职工”评选活动；承办了集团公司轧钢工技术比武大赛（厂职工包揽了比赛的前六名）；厂工会组织生产劳动竞赛，每月奖励职工200余人次。在关心职工生活方面，为基层班组更了换微波炉，发放了风扇、冰柜；慰问年修和暑期高温中的岗位职工、生活困难职工、外地大学生职工；举办了“三热轧杯”职工乒乓球、篮球、羽毛球比赛；开展职工书法、绘画、摄影、春联、剪纸活动，为职工配置了健身器材。

（刘彦东）

冷轧厂

【概况】 2018年，按照集团公司实行“四定”，推进“大厂制”改革的总体思路，将原本钢板材冷轧薄板厂、本钢浦项冷轧有限责任公司和本钢板材三冷轧厂整合组成本钢板材股份有限公司冷轧厂（简称冷轧厂）。截至2018年底，冷轧厂拥有职工总数2522人（在籍职工2072人、人力资源中心450人）。其中，研究生学历46人、全日制本科学历317人，高级职称70人、中级职称284人。下设6个管理科室、25个作业区。党委下设26个党支部，共有党员854人，占职工总数的34%。拥有酸轧联合机组、罩式退火、连续退火、热镀锌、电镀锌、彩涂、热轧酸洗和硅钢连退等29条生产线。主要生产冷轧板卷、热镀锌卷、电镀锌卷、彩涂卷、酸洗卷、冷硬卷和硅钢卷七大类产品，广泛应用于汽车制造、家电、石油化工和建筑等行业。2018年，冷轧厂克服资源不足、品种钢和薄窄规格产品大幅增加等诸多不利因素，主要生产经营指标与2017年同期相比全面提高，“大厂制”改革初见成效。全年完成总产量560.53万吨，同比增产16.32万吨，增长3%；生产汽车板166.16万吨，同比增产18.85万吨，增长13%；全厂综合不良品率为2.56%，完成计划目标；安全生产实现“三为零”目标；累计降低工序成本3070.66万元。

【安全管理】 认真贯彻落实国务院安委会、省市政府安全生产电视电话会议以及集团公司安全工作会议精神，坚持“安全第一”的理念不动摇，全力提高各级安全管理人员的工作敏感性和工作标准，以完善现场防护为基础、以吸取事故教训为镜鉴、以提升全员安全意识和技能为保障，扎实推进全厂“本质化”安全持续向纵深发展。深化职业健康安全管理体系运行，开展安全纪律整顿，突出关键时期和重点区域的管控。强化安全检查与考核，全年由厂领导带队组织开展各类专项检查22次，共排查出安全隐患799项，已整改771项，计划整改28项，并对286项问题进行了考核，有效夯实了全厂安全管控基础。此外，三冷工序酸轧作业区获得全国钢铁行业“最佳青年安全监督岗”称号。

【生产管理】 以“瓶颈”机组为突破口，合理优化资源调配，统一生产节奏，推进规模化生产，实现产量、品种双提升。全厂各机组累计打破班产纪录20次、日产纪录18次、月产纪录6次，7条机组创造新的年产纪录。10月，全厂完成总产量52.77万吨，创历史新高。其中三冷工序完成月产量19.03万吨，实现达产水平。注重新品种研发，部分产品填补了行业和本钢的生产“空白”。全球首发PHS2000高强度热成型钢，并实现了热成型钢系列产品的大批量生产供货；成功试制电镀锌TRIP780产品，成为国内首家具备该品种供货能力的厂家；顺利完成QP980冷轧超高强钢的试制工作，成为国内第二家具备该钢种生产能力的企业。

【汽车板生产】 以满足用户需求为宗旨，以全力打造“本钢冷轧”优质品牌为目标，不断提升产品实物质量和对用户的专业化服务水平，汽车板订单同比显著增加。全年镀锌外板同比增产1.39万吨，是2017年同期的5倍；冷轧外板比2017年同期增加0.47万吨，同比提高24%。其中，供菲亚特外板9400吨，获得用户肯定。同时，外板生产窗口期由2个班次提升到5天，具备批次生产4000吨外板的能力，且合格率达到93%，同比提升17%；实现神龙汽车0.8毫米×2115毫米宽板合同的大批量稳定生产；完成江铃汽车0.7毫米×2050毫米高深冲级别O5宽薄板的试制和供货；实现规格1.8毫米×1648毫米镀锌高强钢H380LAD+Z的稳定供货，并出口德国宝马公司。

【技术质量管理】 以“高质量”发展为主题，将质量作为生产组织的核心，本着“内降产品非计划率，外控较大质量异议”的工作重点，落实体系规范、坚持换位思考、严格过程控制，在汽车外板、高强钢和薄窄规格产品同比增加50%以上的情况下，针对重点用户进行个性化管理，建立内部判定标准规范，严把出厂质量关，全年异议量和赔偿额同比均有下降。厂家认证及体系认证稳步推进。陆续通过上汽、东风乘用车和日产/丰田等汽车厂的现场审核；5号镀锌机组通过德国宝马全球采购部门的初步审核；完成供奔驰冷轧、热镀锌及电镀锌共计6个钢种32个规格的产品认证，标志着本钢冷轧产品正式进入戴姆勒供应商平台。同时，顺利通过IATF16949体系换版审核。此外，获得国家发明专利3项；有9篇科技论文被国家级杂志和行业大会收录；获得全国优秀六西格玛项目2项；QC项目获得冶金行业一等奖1项、二等奖1项，辽宁省一等奖1项、三等奖2项；冷轧DC01和B170P/B210P/B250P产品通过冶金实物质量“金杯奖”复评；本钢牌热轧酸洗板、本钢牌冷轧无取向电工钢带荣获辽宁省名牌产品；本浦工序酸轧乙班获2018年冶金行业质量信得过班组，连退丙班获得2018年辽宁省质量信得过班组。

【设备管理】 以大冷轧平台为依托，打造专业化的技术队伍、建立规范化的管理模式、实施精细化的控制手段，结合三个工序的生产运行特点，在保稳定运行的基础上，围绕恢复设备功能和提高设备精度开展技术攻关，设备运行总体平稳可控。其中，1号镀锌机组实现连续无故障运行17天，且故障停机次数同比降低40%；2号酸轧机组连续无故障运行达到6天，3天无故障运行达12次，同比增加1倍；3号、4号镀锌机组连续无故障运行天数达到23天以上，实现锌锅辊更换周期内无停机运行。顺利完成冷轧厂有史以来时间最长、跨度最大、检修项目最多的设备年修工作。历经58天，合计实施检修项目2602项，恢复设备功能和精度58项。其中2号酸轧机组年修后未发生过一起焊缝断带问题，大幅提升了机组的有效作业率，为提产增效创造了有利条件。深入落实厂备件辅料专题推进会要求，梳理管理漏洞、提高现有库存利用率、有效减少资金占用。一冷和本浦工序两级利库合计5843.32万元，超额完成计划目标。

【能源环保管理】 高度重视，召开班子专题会讨论确定经济运行方案和解决环保专项问题，切实提升了工作标准和效率。通过严格执行经济运行方案、对标各产线工艺参数等措施，全厂总能耗合计降低3117万元。全面落实“绿水青山就是金山银山”的工作理念，在强化源头治理的同时，将加大环保设施投入与改造作为重点，抓住硅钢连退含铬废水、硅钢酸再生等关键环节，问题处置更加快速有效。废水、废气、噪声等污染物实现达标排放；固体废物与危险废物合理处置率达100%。此外，深入贯彻集团公司文明生产有关要求，结合冷轧实际，从围绕汽车板等高端产品对生产环境需求以及承担展示本钢企业形象重任两方面出发，明确标准，快速行动，一冷和本浦工序的部分区域环境得到较大改善。

【技改工作】 秉持“深度交流、节约投资”的理念，精心组织、统筹安排，按照计划目标稳步推进三个工序的技改工程工作。根据投资计划持续优化改造方案，科学利旧，将有限的资金花在刀刃上。其中一冷工序改造合计优化措施27项，节省投资9240万元。1号酸轧机组升级改造、新建平整机、新建酸再生以及新建重卷和老重卷改造等项目均已进入到设备采购阶段；1号镀锌机组改造完成第一轮技术谈判；新建高磁感无取向硅钢项目正在对可研报告进行审查。本浦工序提质改善工程按计划有序推进。高强钢涂层机组建设已经全面启动商务流程。

【人才管理】 以充分发挥大冷轧整合后的人才优势、塑造“本钢冷轧”品牌、创建一流冷轧企业为目的，组建五个专业化管控小组和三个协作攻关小组，并组织召开厂科技创新、技术进步推进会，为那些各专业技术能手和高校毕业生提供大显身手的舞台，引导广大职工立足岗位成长成才，全力打造冷轧自己的专家团队。跨工序、跨区域的联合攻关取得实效，有效解决了5号镀锌机组生产加磷高强系列产品的露钢缺陷，3号酸轧机组厚度波动、板型不良等重点难点问题。此外，冷轧厂站在企业发展大局，克服自身人才紧缺的实际困难，为公司输送各类优秀人才26名。

【党群工作】 充分发挥党组织的政治核心作用，为企业发展提供了重要政治保证。一是把学习贯彻落实党的十九大精神和习近平新时代中国特色社会主义思想作为长期坚持的政治任务，建立"党群工作网""共产党员之家""讲习所"，有效提升党员的学习质量。全年厂党委理论中心组学习12次，累计30余学时；基层党支部合计开展理论学习350余次、700多学时。二是发挥党组织先锋模范作用，为企业持续稳定发展注入生机与活力。结合生产实际，组织开展27项党建项目、25项共产党员工程和"瓶颈"机组劳动竞赛，有效促进各项经营指标的全面提升。三是将严抓干部担当作为引领企业生产经营工作的"风向标"。坚持党管干部原则，认真贯彻习总书记20字好干部标准和集团公司"四个注重"的用人导向，制定科级干部管理办法和问责制度，推行KPI和MBO双轨制的绩效考核机制，将生产经营指标和工作完成效果与干部的收入、聘任相结合，进一步增强干部履职尽责的意识和能力，为冷轧厂的持续发展提供源动力。四是发挥群团工作优势，凝聚企业发展合力。通过组织"三八"和"五四"表彰、职工篮球赛、"安康杯"环厂跑、青年环保志愿行、单身青年联谊会，建立"本钢冷轧E家人"微信公众平台等方式，消除了区域间的距离感，增强了大冷轧的凝聚力。五是以温暖工程为主线，致力于解决职工群众关心的重点、难点问题。全年探望生病职工60人、救济困难职工23人，累计发放慰问金5.64万元；组织北戴河疗养29人、汤沟疗养323人；奖励中高考子女23人，发放金秋助学金8000元；夏季将西瓜、饮料和绿豆汤等防暑降温用品送到生产现场，年修期间为参战人员购买方便面、香肠等食品，合计投入4.66万元，赢得了广大职工群众的一致好评。六是强化党风廉政建设，营造风清气正的生产经营氛围。实行厂领导班子分片承包责任制，组织全厂科级干部和风险岗位535人签订了《廉洁自律承诺书》，并开展知识答题、主题参观等形式多样的廉政教育活动，取得良好效果。围绕肃清薄熙来、王珉恶劣影响和汲取包宏案深刻教训，组织两级班子召开专题民主生活会，对照查摆党员领导干部存在的"四风"问题，强化知责担责意识，将中央八项规定精神落到实处。

（薛乃斌）

本钢浦项公司

【概况】 本钢浦项冷轧有限责任公司简称本钢浦项。2018年是本钢浦项向高端汽车板生产企业大步迈进的重要一年。按照集团公司"大厂制"总体部署，树立新观念、制定新措施、取得新成效。截至2018年底，本钢浦项职工总数634人（在籍职工580人、人力资源中心54人）。其中，研究生学历17人、本科学历人275人，高级职称32人、中级职称79人。下设7个管理科室、9个作业区。党委下设10个党支部，共有党员193人，占职工总数的30.44%。拥有酸轧机组、连退机组、镀锌机组等7条主要生产线，本钢浦项采用"一贯制"生产技术，结合当今世界先进的装备技术水平，致力于高档汽车板和家电板的生产。2018 年，本钢浦项克服资源不足、薄窄规格产品大幅增加的困难，完成总产量 183.5 万吨，同比增加 6 万吨。销售汽车板 61.99 万吨，同比增加 1.37 万吨，增长 2.26%；销售出口合同 44.99 万吨，同比增加 6.42 万吨，增长 16.65%。实现销售收入 73.84 亿元，同比增长 7.36%，盈利 1304 万元。全年累计降低工序成本 869 万元，安全生产实现“三为零”目标。

【安全管理】 严格落实安全生产责任制，强化安全生产履职检查，成立四个安全专业领导小组，每月对安全工作进行检查、评价和考核。扎实开展反“习惯性违章作业和违章指挥”排查整治活动，规范各级人员安全行为。本着“预防为主”的工作原则，就排查出的 194 项习惯性违章问题，有针对性地制定安全管控措施，并进一步规范了安全标准化作业卡。以安全生产标准化工作为载体，全面开展安全生产专项检查工作。由厂领导带队组织开展了冬季、春季安全大检查工作，包括机械传动部位、人员聚集场所消防安全等 22 次专项检查，发现安全隐患 267 项，并全部整改完毕。结合企业实际，编制下发《安全事故案例汇编》，通过建立安全“微培训”平台以及开展“安全事故回头看”和“事故案例”大讨论等活动，促进全员安全意识和安全技能的有效提升。

【生产管理】 狠抓生产运行管理，转变生产组织模式。按照合同组织生产，科学调配物料平衡，推进规模化生产。根据合同结构，充分发挥生产管制中心的日常监管和协调作用，切实强化生产过程状态监控、异常应对制度实施和预先检查管理，加快问题处理的响应速度，有效减少故障时间，提高生产稳定性。定期开展工艺纪律大检查，提高机组产能和产品质量，全面推进标准化作业卡整理整顿工作，对操作规程和工艺规程进行严格的修改完善，切实强化操作细节管理。酸轧机组实现日产 7435 吨，月产 17.3 万吨，创近三年来生产纪录。2 号镀锌机组创造 3.67 万吨的月产记录，超月设计水平 6500 吨；电镀锌机组产量同比提高 2.47 万吨；重卷机组接连刷新月产记录。

【汽车板生产】 2018 年，热镀锌外板首次供货超过 1 万吨，达到 1.4 万吨，出口菲亚特外板 9800 吨，同比增加 400%。冷轧产品初步实现了为上汽等中高档汽车用户批量供货的目标，月订货量在 2800 吨以上。同时，外板生产窗口期由 2 个班次提升到 5 天，具备批次生产 4000 吨外板的能力，且合格率达到 93%，同比提升 17%。完成供奔驰冷轧、热镀锌及电镀锌共计 6 个钢种 32 个规格的产品认证，标志着本钢浦项产品正式进入戴姆勒供应商平台。电镀锌 TRIP780 产品试制成功并通过神龙汽车认证，成为国内首家具备 TRIP800 电镀锌产品供货能力的厂家，荣获观致汽车技术卓越奖。

【技术质量管理】 2018 年，本钢浦项圆满完成 IATF16949 体系换版审核工作。完成上汽乘用车、东风乘用车、日产等重点汽车厂家的现场审核工作。电镀锌产品质量明显提升。先后对专家提出的 132 项问题进行改善，实物质量提升较快，下半年表面异议率下降至 0.16%，较上半年降低 75%以上。自行组织生产磷化产品 1000 吨，且出口合同合格率达到 93%以上，同比提高 8%。在汽车外板、高强钢和薄窄规格产品同比增加 50%以上的情况下，针对重点用户进行个性化管理，建立内部判定标准规范，严把出厂质量关，实现重点用户异议量同比下降。

【设备管理】 通过深入优化“点检二维码”平台和严格执行故障报告管理制度，有效提升了点检质量和设备管理水平。全厂4条主要机组的设备综合有效可开动率为92.21%，比计划提高1.3%。科学编排检修计划，积极完善检修模型，严格履行标准化作业程序，切实提高检修计划执行率和检修质量。顺利完成设备年修工作，实施检修项目846项，重点解决了酸轧机组焊缝质量不良等问题，实现了“保安全，保质量，保工期，经济检修”的总目标。梳理管理漏洞、提高现有库存利用率、有效减少资金占用。机旁和储运两级利库合计2115.4万元，完成计划目标。发挥人员潜能，修旧利废降成本。组织厂内技术人员自修备件63项222件，节余成本约200.1万元。将报废中间辊改制工作辊30根，节约成本380万元。

【能源环保管理】 牢固确立“经济效益”与“社会效益”双赢的环保理念，严格执行经济运行方案、对标各产线工艺参数等措施，电能消耗降低费用418.44万元、精氮消耗降低费用139.94万元。受汽车板、品种钢及薄窄规格产品产量大幅增加影响，全厂总能耗略有超支。推进节能减排，发展绿色钢铁，加大能源环保管理力度，采取每月抽查和定期检查相结合的方式，进行总结点评。废水、废气、噪声等污染物实现达标排放，固体废物与危险废物合理处置率100%。环境管理目标和排污税创历史最好水平。

【人才管理】 本钢浦项把培养“技能全面，身心健康，具有一流素质，充满创业激情，满足企业战略发展要求的自主型员工队伍”作为人才战略目标，倡导不断学习，努力实践，持续提高人才队伍建设，使人才梯队结构日臻完善。坚持人才培养梯队化、发展宽带化的人才工作方针，不断加强人才队伍建设，提升全员素质。巧用“人才引擎”驱动提质增效，培养一批高超技能水平、丰富实践经验、忠于岗位职守的“工匠”型技能人才队伍，使企业“软实力”不断提升。启动“专业化管理小组”活动，以服务生产需求为宗旨，将技术难题攻关和技能人才培养融为一体，致力于培养国内外响当当的专业技术人才。结合培养职工兼岗作业能力总体方向，全年共组织培训32项，参加培训446人次。开展了以不同岗位人员的操作技能提升培训和安全技能提升培训，做好“传，帮，带”的内部培训16项，368人次参加。进一步严格把关参加集团公司培训项目和人员的必要性与实效性，参加集团公司举办的管理、技术、操作、特种作业持证上岗等培训11项，参加76人次。

【党群工作】 坚持把党群工作融入到生产经营管理各环节，推动党群工作与生产经营管理深度融合。党委组织搭建党员学习教育平台，深入开展形势任务教育活动，党组织在完善“三会一课”、党员教育管理、民主生活会等制度的基础上，还建立党员公开承诺制、制定并施行《党支部工作目标管理考核办法》，制作了党支部基础工作看板，开展达标竞赛，层层建立责任制，一级带一级，把工作落到实处。在发挥厂长、党委书记信箱、座谈会、合理化建议等传统模块作用的同时，利用网络这个新媒体平台的特点和优势，借“信息化之翼”积极推进思想政治工作创新，建立了“本钢冷轧党群网”，“冷轧E家人”微信群等联络平台使党建工作科学化、一体化、透明化，促进了党建工作迈向新台阶。围绕纪念建党 97 周年开展系列主题活动，通过开展主题党课、重温入党誓词、形势任务教育、党员义务劳动、慰问困难党员和参观辽宁反腐倡廉教育基地来纪念党的生日。全年开展党建项目 36 项、设立共产党员工程 28 项，基层党支部战斗堡垒和党员模范带头作用得到充分发挥。组织全厂科级干部和风险岗位 153 人签订了《廉洁自律承诺书》，并开展知识答题、主题参观等形式多样的廉政教育活动，取得良好效果。为广泛调动职工积极性，围绕科学生产、产量质量双提升、设备稳定运行持续开展工作，工会全年组织“安康杯”和“提产提质，降耗增效”等劳动竞赛活动，全面完成生产经营任务。本钢浦项冷轧连退作业区被授予“2018 年全国工人先锋号”荣誉称号。2018 年发放救济费 1.04 万元，为职工购买豆油、大米、白面共计 17.39 万元。在除夕、中秋等重要节日，为当班职工和不能回家过节的外地单身大学生购买礼物、年夜饭和水果等物品，共计发生费用 9435 元，让他们感受到组织的关怀和大家庭的温暖。组织青年志愿者开展学习雷锋活动，团委举办单身青年联谊会，为青年安心、安居提供帮助。积极支持工会建立“温暖工程基金”，为工会投入温暖基金 2 万元。

（金　进）

本钢浦项冷轧连退作业区“2018 年全国工人先锋号”（金进　摄）

特钢厂

【概况】 2018 年底，本钢板材股份有限公司特殊钢厂（简称板材特钢厂）在岗员工 1724 人。其中，管理岗 39 人、业务岗 46 人、技术岗 119 人、操作岗 1520 人。全厂主要设备包括 50 吨交流电弧炉 2 座，50 吨 LF 精炼炉 2 座，50 吨 VD 精炼真空炉 1 座，*R*15 米 3 机 3 流方坯铸机 1 台；ϕ800 毫米/ϕ650 毫米轧机 1 套。主要产品以轴承钢和齿轮钢为主，生产优质特殊钢钢锭、方坯和优质特殊钢棒线材。

【生产管理】 以市场为导向，坚持效益优先原则，立足集团大局，提高外部资源统筹能力，全力扩大优质产量供给，稳产高产的能力显著增强。积极稳定全废钢和兑铁水的两种冶炼模式，实际铁耗完成 198.42 千克/吨，实现全废钢冶炼 2225 炉，为全年电炉钢高产稳产奠定坚实基础；组产科学优化，班产、日产记录多次刷新，创造单浇次全废钢冶炼碳结钢 21 炉、轴承钢 20 炉、日产 1615 吨的历史新纪录。中包快换成功率达到 100%，为增产降本创造了良好条件。平均热送热装率达到 26.3%，创历史新高。轧机综合成材率完成 94.98%，同比提高 0.2%；累计降低热停 71.13 小时，保持了较好的生产势头。不断优化工艺路径，工序周期管理能力有效提升。全年完成电炉钢 36.82 万吨，同比增加 2.95 万吨，增长 8.72%；在实施在线改造的前提下，完成特钢材 68 万吨，完成全年计划的 97.15%。以打造月产 5000 吨精品材为切入点，完善以符合用户要求向稳定为中心转变的质量体系，强化工艺设备功能投入，提升单体设备质量保证能力，全面推进标准化操作和工艺纪律管理，过程管控能力和产品质量有效提高。全年主要质量指标不良品率完成 0.26%，比考核指标降低 0.06%；内控合格率 96.25%，比考核指标提高 3.25%，同比提高 0.52%；外部质量异议损失 1.98 元/吨；轴承钢氧含量 7.39×10^{-6}；齿轮钢氧含量 12.2×10^{-6}；非金属夹杂物一次检验合格率 99.92%，同比提高 0.01%。技术创新有效实施。3 个 QC 项目获省级以上奖励，2 个班组获得省质量信得过班组。1 项专利获实用新型授权，9 项获发明专利授权。“本钢牌中碳合金结构钢”和“本钢牌汽车齿轮用钢”被授予辽宁名牌产品称号。产品开发深入推进。高级优质轴承钢 GCr15-J 具备供浙江三基的生产能力，首次成功加入 SKF、TIMKEN 等世界十大轴承制造企业的材料供应链；DS120 工艺试验获得成功，在成功开发宝马汽车零部件的基础上，打破了国外钢材对带锯用钢的市场垄断，6 项新开发品种实现稳定供货，产品创效能力持续提升。

【挖潜攻关】 在全厂推进 16 项挖潜攻关项目，其中工艺类 5 项、成本类 7 项、设备类 1 项、管理类 3 项。通过持续攻关，指标水平有效提升，整体经营持续好转。全年预计成本总额比预算降低 4446.3 万元，比考核指标降低 14446.3 万元。定额指标降低 4177 万元，可控费用降低 269.3 万元。全年，定额消耗钢铁料完成 1102.2 千克/吨；冶炼电完成 477.9 千瓦时/吨，比预算降低 49 千瓦时/吨；石墨压球代替生铁工艺取得大幅突破，降低成本 1167.3 万元。

【设备管理】 按季度扎实开展设备技术状况评估和设备定级检查工作，形成评估报告 696 份，完成设备定级 132 台套，整改设备隐患 18 项，春秋检被公司评为优秀单位。加强岗位点检培训、考核、试点推进等工作，“操检合一”有效推进；制定专业点检培训计划、考评制度、激励机制，专业点检主观能动性大幅提高；建立精密点检台账，“三位一体”点检管理体系不断完善；积极推进手机点检系统，实现智能化点检的突破。围绕设备因素影响产品非计划，加大设备功能投入和精度控制，主体设备功能投入率 100%，恢复功能缺陷 11 项，强化工艺设施 22 项，恢复了超声波探伤机功能，新增了轧钢产线轮廓仪，有效提高了轧制精度在线控制能力。以定修模型为基础、以设备运行状况和点检为依据，科学制定定修计划，强化定修模型的执行率。加强备件全寿命管控力度，认真推进消耗指标分解、重点设备关键备件储备、备件修复、备件利库、“领新交旧”等工作，备件管理水平不断提升。三年以上备件可利库441万元，修复备件节约602万元，备件国产化节约65万元，机旁库上机率达到95%。强化能源环保管理体系建立，低产状态下的经济运行方案有效落实，重点环境污染排放点有效治理，厂容环境大幅改善。

【技术改造】 主动对标高质量发展要求，全力研究轧线功能完善改造和电炉升级改造等技改项目。为最大限度减少在线改造对产品市场造成的影响，大棒一期工程分三次过渡，第一次和第二次过渡分别于5月7日和8月8日完成，主要实施了运输过渡辊道、2号台搬迁、抽211柱、BD轧机的主机列（牌坊中心线）辊道过渡、1号主电室施工等工程。第三次总停机将于2019年年初开始，工期35天，主要完成设备基础施工、设备安装和调试。一期工程完成后，将具备年产80万吨大棒材的生产能力。二期小棒分线改造工程正在进行关键设备的采购，完成主体设备减定径机组议标、细化小棒成套设备招标采购技术方案和新建加热炉招标资料等工作，计划于2019年进行加热炉建设、小棒改造过渡施工和线外项目施工。电炉升级改造工程于4月10日正式立项，目前已经完成了“三通一平”方案和两台电炉成套设备的招标，2019年3月进行厂房土方开挖，配套设备采购、设备基础、厂区道路、主体设备、公共辅助设备等子项将按计划推进，2020年4月末，进行热负荷试车。

【安全管理】 全面强化安全发展理念，切实落实“党政同责、一岗双责、齐抓共管”。结合技改工程和生产特点，强化安全生产主体责任落实。以安全大例会为载体，优化专业检查组，提高安全管控能力。注重计划性和实效性，全面提升安全教育培训质量。强化应急演练、注重抓好事故隐患检查考核、整改落实，安全形势稳定可控。全年组织专项检查50余次，查出问题2696项；组织应急演练100余次；辨识危险源点529项；下达整改指令书30余份；整改各类隐患1000余项，安全生产实现“三为零”。

【深化改革】 持续推进工作纪律整顿工作，强化基础管理。制定《特钢厂推进工作纪律的实施方案》，加大检查督查力度，实施周总结、周汇报、周通报，理职责、理条线、理制度，全面从严执行工作程序。厂各系统每周开展检查督查，形成问题清单，强化整改落实。各系统着力完善管理制度，切实提高管理水平。安全系统梳理规章制度37部，生产技术系统梳理规章制度82部，设备系统梳理制度6大类，人资系统修订制度3部。着重推进人事变革，职工队伍稳定，效率提升。深入推进“一岗多能”、技师培养等举措，职工业务能力不断提升。切实落实“吃空饷”专项整治，建立健全有关制度，劳动关系和薪酬支付管理更加科学。积极推进以“四定”为主线的体制机制改革，整个实施过程平稳有序，实现了机构改革和日常工作两不误、两促进，为生产经营和重大工程改造的有序开展提供了坚强保证。正科级压减33%，副科级压减59%，共计压减46%，“宽带”薪酬体系和晋升渠道主体框架基本确立。制定《特钢厂领导干部问责追责管理办法》，认真开展集团部门工作作风评比，人事效率和工作作风持续改善。

【党群工作】 厂党委以加强党的基础建设为主线，以“学报告、谈体会”为主题，通过开展知识竞赛、党课宣讲等活动，深入贯彻党的十九大精神。全面加强领导班子建设，强化中心组理论学习，深入贯彻习近平总书记在辽宁考察时和在深入推进东北振兴座谈会上重要讲话精神。提高政治站位，强化中央第六巡视组巡视反馈问题整改。深化党员队伍管理，强化形势任务教育，加强宣传力度，统一职工思想，传递正能量，弘扬践行“新时代辽宁精神”，各级党组织的政治核心作用和全体共产党员的先锋模范作用有效发挥。从严落实“两个责任”，着力用好监督执纪“四种形态”中的第一种形态，加强日常管理和监督。通过廉政教育、警示教育、廉政约谈、物料管理流程梳理、效能监察等形式多样的途径，强化党的组织纪律和政治纪律。以生产经营为中心，积极开展群众性创新创效活动，围绕重点工序产量提升组织专项竞赛，取得良好效果。劳模创新工作室、班组建设有效推进，在集团公司2018年“工匠杯”职工职业技能竞赛中，特钢厂荣获优秀组织单位，杨江等6名职工荣获“职业技术能手”称号，“郭建军劳模创新工作室”被命名为“辽宁省职工创新工作室”。以“关心人”为出发点，启动全员疗养和全员体检工作；坚持为职工谋福利，职工月均工资增加300元以上；坚持为职工送清凉、送温暖、办实事，有效开展扶贫帮困等工作，全年发放救济金37500元、粮油73份。共青团、信访维稳、综合治理、武装、科协、计划生育等组织积极开展工作，创造了良好的经营环境。 （黎 伟）

焦化厂

【概况】 2018年底，本钢板材股份有限公司焦化厂（简称板材焦化厂），共有职工1245人。其中管理、业务、技术岗位155人，生产操作岗位1090人，中共党员439人。具有中、高级专业技术职务任职资格109人。下设6个职能室、11个作业区。固定资产原值45.35亿元，净值20.21亿元。主要设备：8座焦炉、5套干熄焦装置、3套煤气净化装置、2套焦油精制装置等。全年设计生产能力480万吨。2018年，生产焦炭459万吨，其中：冶金焦产量393万吨，冶金焦率85.64%。焦油产量15.67万吨，同比增长1.5万吨。粗苯产量4.15万吨，同比增长0.65万吨。焦油精制率98.32%，同比增长0.03%。全年全焦单位成本完成1357.07元/吨，配煤单位成本完成1247.59元/吨。

【安全管理】 全年认真贯彻落实集团公司安委会各项会议精神，全面落实安全生产责任制。同时继续在经济责任制中实施全员100元安全考核奖，实现覆盖安全生产全过程。规范厂级安委会、作业区安委会、班组安全活动等基础工作，落实班组班班讲、作业区每周检查、厂长每月抽查的“事事有人管、落实有时限”的循环式安全管理体系模式。同时，深入开展反习惯性违章作业和违章指挥行为的整治工作，重新梳理、分类、评估违章行为172项。对照岗位安全操作规程、安全标准化作业卡，完善标准化作业卡16个。全年先后开展电气、焊工作业安全培训，消防安全培训，相关方安全培训，煤气作业安全培训，危险源辨识管控培训等，增强全员全责任意识。全年共查处整改厂级安全隐患5项，作业区级安全隐患713项。全年审批动火9079项，其中特级896项、一级8183项，查出并纠正现场违章问题28项。实施危险源管控“零”容忍，全厂323

处危险源全部处于受控状态，实现全厂重大安全生产事故“四为零”，千人负伤率为3.2‰。

【生产管理】 2018年，焦化厂克服了环保压力、四大车设备状态不稳定等不利因素，全年狠抓操作岗位工艺纪律、质量等关口工作，较好完成了各项产品的产量和质量指标。全年共生产焦炭459万吨，特别是11月创造出日产冶金焦10926吨的高产记录。全年焦油精制作业区深加工焦油15.67万吨，实现自产焦油全精制。全年焦炉生产K总系数稳定增长，全厂冶金焦率85.64%。焦炭M40完成89.29%，同比上升0.11%；M10完成5.73%，同比降低0.14%；CSR完成67.50%，同比上升1.21%；CRI完成21.65%，同比降低1.21%；焦油收率2.66%，同比增长0.17%；粗苯收率0.70%，同比增长0.08%；焦油精制率98.32%，同比增长0.03%，各项指标稳步上升。全焦工序定额成本1835.01元/吨，比预算1843.2元/吨降低8.19元/吨，成本累计降低3436.67万元；同比降低36.43元/吨，成本降低15275.1万元。

【技术质量管理】 全年以稳定焦炭质量、煤气质量和降低炼焦成本为主要核心任务。从上料、配煤、炼焦、干熄焦等环节严抓管控，保证产品质量稳定。对原料煤进厂全程管控，从跟踪质检样到货场货位抽查样，从槽下样到配合煤样全过程化验管控，保证配煤准确度。全年检查入厂煤样1580多个、配合煤样180多个、槽下煤样2200多个，配合煤和贫瘦煤粉碎后细度监控440余次。优化用煤结构，降低配煤成本，全年先后优化调整配煤比66次。同时加大外发化工产品质量抽检力度，保持产品质量稳定受控。2018年，外供焦炭质量综合合格率96.69%，硫铵一级品率99%，工业萘一级品率、粗苯合格率、煤沥青合格率均达100%。

【设备管理】 以优化点检、维保队伍建设为抓手，制定了焦化厂设备设施维保考核细则。修改焦化厂设备管理制度34个，完善点检标准1268个。尤其对备件验收管理制度进行重新完善，实现全部点检人员的主动点检和精密点检。坚持隐患排查制度化，坚持月度、季度周期性检查。每次大中修工作前定制细化方案，实现“修则全，改则到位”，并开展年修后评价工作。全年贯彻公司清仓利库会议精神，年初确定清仓降库20%的目标，已降低库存462.39万元。全年根据废钢高价位形势，拆除闲置管路和设施，积极推进废钢切割及保运工作，超额完成计划1479.62吨。同时合理利用丹东不锈钢公司自产废次白钢材68.46吨，对厂内干熄焦作业区、净化作业区易腐蚀的管路进行白钢保温等。

【技改工程管理】 2018年，先后完成了脱硫脱硝项目特许经营协议和技术协议审核会签，焦化厂VOCS尾气治理设计结合、汽改水项目（全部图纸已设计完成）、焦四上升管余热利用项目、焦四膨胀节改砌砖项目（设计完成）、净化一作业区硫氨改造工程阶段等。根据“业主负责制”，重新修订了技改及专项工程的立项、论证、施工管理细则，对工程的各个节点落实时间及责任人，明确责任、严肃考核。硫铵改造工程2018年8月29日投产，煤气指标基本达标50毫克/立方米以下。二环凉水架2018年初投入运行，老换凉水架改造。同时配煤作业区选择性粉碎、焦三7号炉源头自动控硝改造、焦二新增炉门修理站等各项改造项目都在稳步实施。

新硫铵工程施工现场（赵东辉　摄）

【环保工作】 重点治理焦炉无组织排放和地面站放灰的烟尘治理，各作业区成立烟尘治理推进工作小组，定期召开问题分析及整改措施推进会议，梳理相关设备问题并制定详细整改计划。全年焦炉作业区更换拉条 10 余根、看火孔底座 30 余个、蓄热室风墙抵抗墙 210 余面、砖煤气道喷浆 110 余孔、清透死火道 10 余个、陶瓷焊补炉墙 40 余面，各类焦炉烟尘治理项目 184 项。同时净化二、三作业区班子成员，生产技术、设备管理室及厂领导自 5 月开始每周五、周六召开废水深度处理专题推进会，最终实现两套生物脱氮系统的稳定运行。设备管理室强化对危废物品和焦粉运输过程的监管，完善各槽区围堰，避免储槽溢流、跑冒等事故的发生。完善应急防范设施，规范危险废物的存放和处理，防止二次污染，降低环境风险。全年焦化厂大力实施文明生产厂容环境整治，清理工程垃圾约 5000 吨、生活垃圾及余土约 2100 吨，为环境治理打下坚实基础。

【党群工作】 党建引领全面，坚持“两学一做”学习教育常态化制度化，严格落实“三会一课”、党日活动等有效载体，提高党员干部政治站位。聚焦生产经营中心工作推进“共产党员先锋工程”，深入开展“亮身份、强素质、争先锋、做表率”党员建功立业主题实践活动，激发党员争先夺优意识，发挥模范带头作用。持续抓好党风廉政建设，深入开展形势任务教育。通过形势任务教育和谈心谈话教育解决观念问题，引导全厂职工明晰我们面临的困难、任务、机遇和责任，目标一致、上下联动。体恤民生，凝聚力量，全心全意为职工办实事、办好事。建立健全困难职工档案及帮扶工作，把职工关心的洗澡、休息、就餐等问题纳入工作议程，对全厂职工休息室、更衣室、浴池进行安全隐患排查整改，得到职工们一致好评。在职工中开展安全隐患举报活动，共举报安全隐患 21 项，并且全部得到整改。在全厂范围内开展“安康杯”安全生产竞赛活动、在炼焦作业区开展“战高温、出满勤”活动，开展职工技能竞赛，激励职工工作热情和积极性。力争做大做强群团组织，

发挥群团作用。通过每月一次的文体活动和竞赛评比等形式，提高全体职工在工作中的积极性。（赵东辉）

发电厂

【概况】 2018年底，本钢板材股份有限公司发电厂（简称板材发电厂）有在籍职工1180人，其中：生产操作人员1042人、管理人员84人、专业技术人员54人。具有高级技术职称14人、中级技术职称83人、初级技术职称53人。厂内设6个工作室、8个作业区。党委下设1个总支、11个分支部、47个党小组，党员423人。拥有固定资产原值22.23亿元，净值10.77亿元。主要设备：锅炉13台（包括燃煤锅炉4台、全燃煤气锅炉4台、煤气煤粉混烧锅炉1台、蒸汽余热锅炉4台）、发电机15台、鼓风机5台（包括电鼓2台、汽鼓3台）。主要产品为风、蒸汽、电、除盐水、余热水。全年完成发电量19.39亿千瓦时，首次突破19亿千瓦时大关，超预算计划8933万千瓦时，日最高发电量达658万千瓦时，年、日发电量均创历史最好水平。能源介质生产全面满足公司生产需要，其中：供风量957万千立方米，供热量1339万吉焦，外供水量376万吨；全厂成本比公司年初计划降低成本2283.56万元，超额完成全年降成本任务。

【生产组织】 一是严格按照生产经营目标，对产量、能源、成本等指标进行消化分解，强化岗位操作及日常点检，加强绩效考核和责任追究。二是充分利用能效平台调整运行方式，制定多烧煤气的奖励办法，多烧煤气，降低动力煤消耗。三是每周对各作业区进行生产点评，日发电计划的执行准确率达95%以上，同时增加日峰谷用电指标监视，增加班组峰谷指标评比，调动了职工生产调整的积极性。四是开展提高自发电量和减少电费支出的攻关，控制上网电量。从公司大局着眼，统筹协调煤气、自产蒸汽、干熄焦蒸汽、上网电量的平衡工作，在保供的前提下，全面落实低产状态下的经济运行方案，最大限度组织多发电。全年汽鼓风量、电鼓风量、外供热量、外供水等主要产量指标均满足用户需求。

【安全管理】 坚持以人为本的安全理念，狠抓安全生产责任制落实。全年实现人身重伤以上事故为零、重大设备事故为零、火灾事故为零目标。一是开展安全隐患专项检查工作，共发现各类隐患314项，全部整改落实。二是进一步规范煤气安全管理，对煤气设施进行隐患排查，特别是26号锅炉煤气盲板阀问题得到彻底解决，保证了职工免受煤气伤害的危险。三是深入开展“反习惯性违章作业和违章指挥”工作，对排查出的习惯性违章行为进行分类，对“可增加现场安全防护设施”和“降低作业人员操作难度”的项目按时间节点完成。四是积极开展职业安全管理体系工作，完成对4号、5号干熄焦余能利用工程，三电热电联产改造项目和CCPP工程的安全和职业卫生预评价。

【能源成本指标管理】 全年能源消耗指标实现六降两平三超。一是通过使用能效管理平台实时采集指标数据，实时监控重点耗能设备运行，合理安排运行方式，以降低生产成本；二是将经济核算平台作为结算依据，创新指标分析方法，开展以调度系统为龙头的班组产量和指标竞赛；三是充分调动职工学习技术、精细操作的积极性，进一步完善指标管理责任体系，全面提升岗位人员成本意识，规范操作纪律。四是加强能源成本控制，重点在节电、节煤、节汽、节水方面加大考核力度和技术改造力度；五是对全厂所有三级计量仪表进行排查，并根据生产需要新增13块三级计量仪表，对全厂二级计量表计重新优化梳理。

【设备环保管理】 一是加强设备基础管理，利用能效平台全面提升设备管理水平，降低设备故障率，全年设备可开动率比计划提高了0.47%，故障停机率比计划降低了0.27‰。二是全年完成工程检修项目65项，6号鼓风机提效改造工程顺利实现达产达效；24号机年修提前4天完成所有检修项目；22号炉省煤器更换解决主要设备隐患，保证环保达标；高压作业区1号水塔大修排除重点安全隐患，提高运行效率，所有检修项目均安全保质按期完成。三是环保工作严格按照排污许可证的要求依法排污，并为燃气炉安装在线监测设施，对重环作业区环保设施运行监督与检查，保证各项环保指标达标排放。2018年，电厂认真研究工艺，提高生产效率，并提高核算技能，全面完成了公司下达的全年排污税指标，电厂实际缴纳排污税额比计划指标少缴267万元，为公司节省了资金。

【技改工程】 一是CCPP发电工程。组织与CCPP工程燃机主机备选供货商“日本三菱”和“上海电气（意大利安萨尔多）”两家展开了技术协议谈判。电厂精心制定策略，精密策划，在同等条件基础上，设备与行业同款产品采购价降低了10%，为公司节约资金6000万元。在上海电气中标后，完成技术协议正式稿的签订，同时配合国贸公司与上海电气进行商务合同谈判；对CCPP建设场地绿化带进行移栽，协调解决本钢电气公司炉料分公司搬迁相关问题；CCPP项目已完成主机设备招标及总图布置方案，与各设计院交流总包技术附件。二是老三电拆除工作。积极组织三电拆除过渡工程现场协调，对施工现场废土等建筑废弃物和废钢进行外运。原三电电气厂房、汽机厂房、电除尘主控楼已拆除完毕，锅炉厂房除10号炉外也已拆除完，截至2018年底已完成工程总量的90%。

【经营管理】 强化人资管理，企业科学管理能力不断提高。一是电厂结合“四定”，逐步完成定岗定薪工作，进一步完善定编定责，组织开展了半年干部考核工作，充分挖掘和使用专业资源，培养一支勤奋敬业、专业全面、能力突出的高素质的干部队伍。二是大力加强两级机关作风建设和劳动纪律管理，全年开展干部作风建设检查36次、劳动纪律检查45次，并继续开展清理整顿劳动合同专项工作。三是全年自办各类培训班74个，2467人次参加培训。大力开展兼工种培训，鼓励跨工种学习技术，共有30对职工签订了师徒合同。四是加强对奖金分配的管理，在奖金分配上向一线倾斜，在指标考核上，完善了考核体系，真正发挥绩效考核作用。五是积极推进能效平台建设，为进一步拓展能效平台使用范围，引入设备模块和单机单炉经济诊断模块，进行机组炉组数据采集以及数据监控程序的设计开发。发电厂管理成果《以信息自动化技术为核心的发电能效分析与设备状态检修管理创新》获2017年度中钢协管理进步成果三等奖、辽宁省管理进步成果一等奖、本钢集团管理进步成果一等奖。

【党群工作】 一是筑牢党建基础工作，推行党支部基础管理“五本账”；二是以服务党员为基础，高质量打造“共产党员之家”，为党员提供一个集组织生活、党员活动、党员教育及党建资料查阅等功能为一体的党建工作多功能平台；三是组织党员以“党员责任区”为载体，开展形式多样的生产实践，共组织突击奉献活动 80 余次，改善了电厂环境；四是积极开展党纪党规学习及党员干部廉洁自律教育活动，与全厂 42 名区域副职以上及专业工程师、专业业务师以上人员签订《廉洁自律承诺书》，分两批组织副科级以上干部到辽宁省廉洁教育基地接受廉政教育；五是做好群团工作。工会组织开展“反事故演习”优秀案例评选活动，完成“双增双节”竞赛指标攻关项目 23 项，降成本 782 万元，参加公司“钢铁筑梦　砥砺前行”大合唱比赛，荣获团体三等奖、优秀组织单位奖、小合唱三等奖全部三个奖项。共青团组织扎实推进“一学一做”教育实践活动，组织诵读雷锋日记等学雷锋系列活动，在全厂青年团员中开展“青年大学习”活动。发电厂团委荣获本溪市优秀青年志愿服务团队、本钢红旗团委标兵等荣誉称号。

（姜　涛）

市优秀青年志愿服务团队板材发电厂团委志愿活动，为华夏小学铺设篮球场（林林　摄）

铁运公司

【概况】 2018 年底，本钢板材股份有限公司铁运公司（简称板材铁运）有在籍职工 1720 人，其中管理岗 43 人、技术岗 61 人、业务岗 49 人、操作岗 1567 人；下设 5 个科室、12 个基层单位。固定资产原值 9.8 亿元，净值 2.3 亿元。主要设备：内燃机车 55 台，电力机车 22 台，铁道车辆 1020 辆，铁道线路 249 千米，电力架线 144 千米，信号楼 13 座，道岔 929 组，其中电动道岔 852 组。2018 年，铁运公司完成运输量 5620.4 万吨，货物周转量 84181.4 万吨千米，路局车在矿一次停时 18.01 小时。设备故障停机率 0.36‰，机车工序能耗 1.01 千克/吨，吨钢耗柴油 0.40 千克/吨，吨钢耗电 1.1 千瓦时/吨。

【安全管理】 一是持续推进“党政同责、一岗双责、谁主管、谁负责”的安全管理责任体系建设。二是健全完善管理制度，严格落实安全生产主体责任，重新修订《铁运公司安全生产责任制》及时调整安全生产防火和工伤管理委员会。三是深入开展“反三违”专项排查整治，保持高压态势不放松，“劳操两律”监督检查，形成了常态化制度化检查机制。四是有序组织职工进行职业卫生健康体检，层层落实安全防火相关责任，顺利通过了职业健康安全管理体系运行的内外部审核。五是重新梳理完善安全作业标准，大力推进学用新《技规》及安全教育培训工作。六是 2018 年 8 月 23 日，三冷轧成品 2 库门前无人看守道口发生了一起铁路交通事故，铁运公司上下统一思想、深刻反思，从严制定整改措施，使安全生产的被动局面迅速扭转。截至年底，有序开展车辆运输、特种设备、铁路道口等 14 个类别的专项整治，累计签订施工安全协议 36 项，排查整治各类安全隐患 288 项，防止各类事故 67 起，现存 162 项危险源全部处于可控状态。

【运输组织】 一是两级调度系统充分发挥高效协调指挥作用，强化各运输环节的有序衔接和车辆周转，全面完成了大宗原燃料接卸和产品外发的运输组织工作。全年接入原燃料总车数 347624 辆，外发主要产品总车数 150274 辆。二是妥善应对生产节奏变化，合理制定车组方案，高质量完成了高炉休风，主体设备检修、冬储接卸等不同时期的厂内物料运输平衡和保产保供任务。三是持续强化现场管理，制定现场常态化检查制度，全年累计检查整改各类问题 81 项，协调处理现场安全隐患 32 项。四是严格执行安全准入、施工确认等相关制度，在保证运输生产平稳顺行的基础上，完成了 27 项施工配合工作。五是统筹车辆调运计划，有效降低运输成本，月均节约临时机车 3 台，全年降低外部铁运运费 456.3 万元，实现外货收入 130 万元。

【设备管理】 一是梳理完善主体设备点检标准，扩大点检定修范围，强化外委、维保监管考核，持续加强机车、车辆、铁路线路等重点保产设备的点检及日常检修维护，全面提升设备设施保障能力。二是严格执行物料全流程管控，加强机旁库管理，全部实现了“领新交旧”。三是开展两大机车、铁道车辆、信号、电器等设备设施的技术状态评估，为科学检修提供基础依据。四是对 9 台内燃机车监控系统进行了安装，整备了新进路局车 150 台，并投入运用，完成了新购鱼雷罐的组装调试和验收，以及场南变压器更换、LED 照明灯改造、渣南二道交渡大修等工作。五是对能源介质转供情况进行全面普查梳理，外转供能源全部实现了准确计量结算，风、水、电、汽消耗指标全面完成，顺利通过了能源体系的内外部审核。六是全面推进无人值守道口工程建设，2018 年底已开通 22 处，投入试运行。

【“四定”工作】 按照集团公司总体部署，强力推进“四定”工作。在“四定”第一阶段工作中，精减机构设置，压缩管理层级。将原“板材运输部”更名为“板材铁运公司”。作业区级机构由 22 个减少到 17 个，减少 23%，其中机关职能科室减少 50%，管理岗位减少 29%。重新规范了管理、技术、业务三大职群岗位名称，取消了原作业区级内设机构。重新修订了各项管理配套文件，逐步提升了企业运行效率。在“四定”第二阶段工作中，明确职责定位，精干岗位设置。完成了岗位说明书设计、岗档评定、基础信息确认相关工作。结合各级岗位实际人员配置情况，制定了实施方案，稳妥有序组织推进。

【经营管理】 一是精细成本核算，严控成本费用，通过开展对标挖潜、降本增效各项措施，全年可控成本费用指标同比降低1137万元。二是加强人力资源配置工作，分别到辽宁轨道交通职业学院、本钢技校等多家专业院校进行招聘工作，引进新员工42人，缓解了重点岗位缺员矛盾。三是以“培训提高年”为抓手，以提高整体员工劳动技能为目的，以学习新《技规》为主要手段，外聘铁路工务专家开展培训授课30人次，委派5名同志到铁路工务段进行了代培实习，开展内部各类培训13490人次。四是强化治安综合治理，积极宣贯“扫黑除恶”“反恐防范”“预防电信诈骗”，组织开展“普法面对面”送法进站段活动，积极推动了平安企业建设。五是贯彻落实“五级书记抓信访”工作机制，压实信访维稳责任。扎实做好三级“两会”“省巡视组进驻期间”等政治敏感时段的维稳工作，切实维护了企业和谐稳定的生产经营秩序。

【党群工作】 紧密围绕企业安全运输保产中心任务，全面推进从严治党、深化企业改革、推进机构调整、完善细化管理的各项举措，夯实党建基础工作。一是严格党内政治生活制度，党委班子成员以身作则，带头做表率，以“两学一做”学习教育为主线，过好“双重”组织生活，全年开展了4次专题民主生活会，并围绕消除薄熙来、王珉恶劣影响召开了1次专题组织生活会。二是主动对标新形势新要求，以两个“一以贯之”为原则，制定并贯彻执行了“三重一大”事项集体决策制度，全面推行了“三议一报告一执行”工作程序。三是加强党员干部教育监督，全年结合“四定”工作，累计调整干部岗位65人次。四是将党风廉政教育和纪律提醒贯彻始终，充分运用“四种形态”抓早抓小、教育监督，开展岗前谈话13人次、廉政从业谈话39人次。五是开展“共产党员之家”综合服务阵地建设，全面铺开支部规范化建设。六是健全党员关怀激励机制，评选旗帜党员100余人次，慰问困难党员77人次。发展了8名组织对象，完成了10名预备党员转正工作。七是按照中央和省委巡视反馈的问题，对号入座，找准“症结”，照单抓药，销号整改。截至年底，查摆出的21问题见底归零，全部整改。八是以党建带群建，发挥群团组织积极作用。全年工会、共青团、科协、武装、关工委结合各自特点，充分发挥桥梁和纽带作用，切实增强了企业的凝聚力和向心力。

（李浩源）

能源总厂

【概况】 2018年底，本钢板材股份有限公司能源总厂（简称能源总厂）职工总数1607人（包含人力资源职工289人）。其中，管理岗57人、业务岗56人、技术岗123人、生产操作岗1371，研究生学历12人、本科学历234人，副高级职称42人、中级职称181人、初级职称142人，高级技师7人、技师171人。下设有6个管理室、16个作业区、109个班组。党委下设19个党支部、77个党小组，党员630名。主要设备：变压器83台、电缆回路381条、电缆总长343.76千米、架空线路70条、铁塔77基座、固定电话包括窄带用户9617门、宽带用户576门、中继电路63个、核心交换机2台、制氧机组4台、16.5万立方米曼型高炉煤气柜 1 座、10 万立方米曼型焦炉煤气柜 1 座、8 万立方米威金斯型转炉煤气柜 2 座、4 套 TRT 发电机组、3 套 PSA 制氢系统、主体直供水泵 255 台、污水系统环保设备设施 185 台、供水管网 300 千米、下水管网 40 千米。固定资产原值 44.86 亿元，净值 14.16 亿元。

2018 年能源总厂主要经济技术指标完成情况表

指标	单位	完成情况
供电损失率	%	1.75
上网电量	万千瓦时	2043
高炉煤气放散率	%	0.75
焦炉煤气损失率	%	0.96
转炉煤气回收	m^3/t	104.3
TRT 发电	亿千瓦时	2.638
氧氮电耗	$kW \cdot h/m^3$	0.436
吨钢耗新水	t	4.10

【安全管理】 建立以厂领导为第一责任人，覆盖全厂的安全目标责任体系，制定《安全生产目标考核责任书》，将责任目标层层分解到作业区、班组，实行工程施工和检修项目《安全履职检查记录》，明确业主单位、施工单位负责人和管理人员的安全检查次数，强化安全责任落实。大力开展氧气防火安全、煤气安全管理、电气安全管理等一系列的隐患整治与排查工作。通过进行隐患大排查，监督整改，落实防范措施，检查整改效果，完善安全标准，真正实施“PDCA”工作方法。同时，认真开展全国第十七个安全生产月活动，组织启动仪式、防护面具佩戴竞赛、消防知识培训、事故案例学习等活动，给全厂配发 137 套急救药箱。在公司举办的安全知识竞赛活动中，总厂取得第三名的好成绩。此外，两座煤气柜、三座液氧储罐等重大危险源得到有效控制，完成煤气柜的消防检测，液氧充装完善监控系统，处理煤气管网隐患投入资金 700 多万元，使煤气管网处于安全可控状态。

【生产运行】 作为集团公司的能源介质单位，能源总厂始终把“满足本钢集团用户生产需求”作为工作宗旨，围绕生产各个工序，不断强化能源介质平衡和设备精细化管理，全力以赴提升企业保产保供服务水平。一是根据公司生产节奏和检修计划，提前制定经济合理的生产运行方式和能源介质平衡计划，调度系统严格执行各项生产指令和计划，满足公司生产用能需要，为各产线生产稳定顺行创造最为有利的外部条件。二是应对厂内外突发生产事故有的放矢，积极发挥调度系统生产指挥核心作用，根据有关预案及时采取应对措施，避免突发生产事故对主体产线生产造成影响。三是克服设备陈旧老化和备用手段不足等缺陷，深挖内部潜力，利用定检定修机会消除设备隐患，及时调整设备运行状态，采取有效措施，应对由于外部来源煤气质量较差、部分用户排水超标超量、7 号制氧机空压机故障停运等不利因素，保证公司生产稳定顺行。四是针对各高炉大修、定检以及公司其他产线联检，总厂各专业提前制定有关作业方案、预案，精心指挥，合理组织，安全顺利完成 5 号、新 1 号、6 号高炉大修和联检期间各类能源介质的停送以及水系统清淤、介质管道过渡等重要作业，特别是高炉配套设备设施大修后重新进行调试考核以满足生产需求。

【设备管理】 不断提高设备精细管理水平，高效完成污水 V 滤系统年度检修项目；6 号高炉、7 号高炉下水改造项目；5 号制氧机检修及 7 号制氧机回装工作，同步推进 6

号、7号机增氮改造系统施工项目，并出色完成供歪矿DN900工业水管破裂、三连铸RH浊环系统回水管漏点等设备抢修作业。同时，开展电气室、仪控室防水隐患排查、电缆隐患排查、煤气管道隐患排查和防小动物隐患排查等工作。

【降本增效】 总厂各专业制定科学合理的经济运行方案，在保证生产稳定顺行的前提下，全面实施节能降耗方案和措施，确保完成各项能耗指标。燃气专业对煤气供需采用动态平衡管理手段，严格控制主管压力，定期组织对流量孔板进行吹扫确保计量准确，调度每天对当天指标进行全面分析，高、焦炉煤气放散率，转炉煤气回收率指标完成较好，做到应收尽收。氧气专业充分利用6号、7号制氧机前期临时性增氮改造项目和8号制氧机氮气提产等技术手段，确保在不运行4号制氧机的前提下保产，每天可节电约10万千瓦时。供水专业积极调整水系统运行方式并及时查找处理生活水管漏点，将3号、4号、5号转炉软化水供水系统由运行1台160千瓦水泵机组和1台90千瓦水泵机组的方式优化调整为运行2台90千瓦水泵机组，节约电量43万千瓦时，再采用特殊测漏手段发现厂区生活水管网几处泄漏点，漏点处理完毕后每小时可节水185吨左右，每天减少水费支出约1.5万元。供电专业在保证安全供电的前提下，通过建立厂矿之间和专业之间完整的信息沟通渠道，针对公司各产线检修情况合理安排运行方式，利用能源中心计量实时数据，建立不同状态下的经济运行模式，每月两次对线路功率因数预测，调整补偿装置的投入，以及各站所值班人员监视负荷变化情况，及时反馈到调度进行调整等措施，最大程度实现全公司合理和经济用电。

【工程建设】 2018年，重点技改、专项工程任务十分繁重，按照确保安全、确保质量、确保工期、确保抢修的总体要求，围绕解决生产难题、技术进步、节能减排等方面，克服困难组织施工，保证公司重点工程的用能需求。对重点项目实行日例会制度，对相关技术、改造、施工平衡难题做到“日清、日结”，确保各项工期顺利完成。经过不懈努力，5号高炉和6号高炉大修配套TRT及减压阀组改造工程、新一炉节能改造、歪变直流及变压器改造、CCPP气柜改造、七炉干法除尘改造、制氧机增氮改造、8号铸机配套维检办公楼动迁工程、焦炉煤气放散塔迁移改造等工程有序进行，按工期顺利完成投入生产或进入冬季施工。其中6号高炉TRT及减压阀组改造工程，当年建设、当年达产，按期实现TRT煤气发电，为公司节约能源、增收达效做出重大贡献。

【环保工作】 总厂在迎检期间，积极配合能源环保部做好污染源排查和氨氮源头治理工作，形成厂内制度文件《能源总厂关于落实中央环保督察回头看工作实施方案工作的通知》《能源总厂关于污水管控的制度及措施》和补充方案。对板材厂区、东风厂区废水实现超污水处理能力全部回收，最大程度做到不溢流及达标排放。管理室与作业区形成联动机制，周期性做好泵站来水重点用户采样化验工作，V滤出口增设加药措施，确保外排氨氮达标。水封井建设工作缩短工期并投入使用，污水吸污车24小时连续吸污作业，最大程度对水封污水做到应收尽收。环保迎检参战人员昼夜对厂区各个排口加密检查，发现问题及时启动预案。化验人员对外排水质加密检测，根据数据变化情况及时调整外排水质，确保外排水质稳定达标满足迎检要求。随着高炉干法除尘、综合废水预处理等控制工程的施工及立项实施，届时可实现总排口的达标排放。

【党群工作】 围绕总厂4个党员责任区、16个党员示范岗，引领各基层党组织开展“党旗在我心中、党员身边无事故”建功立业活动。各责任区、示范岗均建立工作机构、制定工作计划及目标，各党支部在每月党群例会上对本单位活动开展情况进行汇报，总厂党委在次月党代表视察中进行“回头看”，形成工作闭环，活动的开展为总厂安全生产创造条件。总厂党委制定并下发“七一”系列活动方案，党史知识答题、爱国主义教育主题参观、专题组织生活会等活动的开展，增强党员的自豪感与模范意识，丰富党员活动的内容。此外，开展“党员之家”建设工作，为党员提供交流、学习、互动的场所，为提升总厂党建工作水平，提供有力保障。（南　萍　邹儒家）

原料厂

【概况】 2018年底，本钢板材股份有限公司原料厂（简称板材原料厂）有在籍职工832人、常年顶岗劳务355人，在籍职工中管理岗位28人、业务岗位30人、技术岗位29人、生产操作岗位745人，具有本科学历61人、研究生学历4人，高级职称11人、中级职称47人、初级职称63人。板材原料厂下设5个职能室、5个作业区、47个班组。党委下设6个党支部、26个党小组，有303名党员。主要设备：翻车机10台，堆取料机18台，解冻库17座，门吊4台、吊车22台、推土机23台、装载机15台、抓料机9台、挖掘机5台，皮带机278条，皮带累计长度为75千米。2018年，原料厂全面完成各项经济指标，实现了“安全和谐，优质保供”总目标，全年共组织翻卸车28.86万辆，装车1.82万辆，周转物料3995万吨。

【安全管理】 原料厂始终坚持安全和谐发展理念，各职能室按照“一岗双责”要求，结合工作实际每月上报“四个清单”。各作业区每月召开一次安全例会，认真贯彻落实上级部门及厂部工作要求，厂领导班子成员认真履职，按时参加承包单位会议，确保全厂安全工作有序开展。围绕煤气管理、运输带运行、设备安全防护、检维修现场安全、安全联系制和确实制落实、动火证办理等重点工作，深入开展安全专项检查，并提出考核意见和整改建议，确保了检查工作落到实处。积极开展班组长安全教育培训活动，将安全管理突出的班组、维保单位及劳务单位“请上来”，在全厂范围内进行经验介绍，实现班组安全管理全员借鉴、全厂共享，全年共开展9次培训活动。制定《严格禁止的不安全行为考核标准》，组织全厂职工深入学习49条不安全行为，明确安全红线，不断增强全员自我安全防范意识。持续完善相关方管理台账，进一步强化区域管理，健全作业区监管、考核机制，确保双方工作安全。以“细化管理，注重实效”为主题，制定厂安全月活动方案，围绕“五态管理、安全联系制、安全确认制、相关方管理、安全隐患排查整治”等内容，积极开展厂领导、作业长、班组长上讲台活动。各作业区采取研讨会、专题会等形式，学习宣传有关安全生产法律法规，讨论分析事故案例，进一步增强了职工安全意识。

【生产管理】 充分发挥服务、协调、指挥、管理职能，科学合理组织生产，实现了物料及时翻卸、高效有序供应，特别是面对一季度极端严寒天气，及时启动生产应急预案，两级班子带头值班值宿，深入一线、靠前指挥，发动全厂力量抢翻卸、保供料，既保证了路局车辆的有序接卸周转，又确保了下道工序的生产需求。根据集团公司物料总体平衡要求，全力组织接卸烧结矿 61.6 万吨，外发北营 59.6 万吨，启用二电及北重料场储存焦炭，共落地焦炭 12.8 万吨，外发北营 6 万吨，为实现集团公司内部资源共享做出积极贡献。炼铁厂三烧结检修期间，主动与制造部、炼铁厂沟通，调整精矿库和混匀库配料方案，将部分铁皮和尘泥干粉直接汽运到原料三作业区配入混匀料，同时接卸炼铁厂烧结返矿进行配料，通过阶段性布料的方式组织生产，圆满完成一烧作业区的混匀料保供任务。针对炼焦煤发车不均衡造成储煤一作业区场地库存偏低的实际，积极协调制造部、铁运公司增加储煤一作业区翻车数量，并加大储煤二作业区往储煤一作业区的回煤量，确保焦化厂炼焦煤供应。根据全厂生产实际情况完善修订经济运行方案，特别是在炼铁厂一烧间断生产期间，混匀库全部在“谷”时进行布料，取得良好效果，4 月原料三作业区“峰谷”比达 0.75，创历史最好水平。

【设备管理】 根据设备定修模型，科学制定全年设备检修计划，坚持每周与生产协调，积极做好设备计划检修工作，全年共完成 142 项计划检修任务，计划执行率 100%，全面做好设备联合检修工作，科学制定计划、细致落实项目、合理组织施工，确保 750 个计划检修项目顺利完成，全厂实现设备稳定运行。继续加强设备基础管理，对三大规程、四大标准进行梳理和修订，完善点检计划和路线图，岗位点检和专业点检责任心进一步增强，由于点检到位、处理及时，避免了 8 起设备事故的发生。继续做好减速机打小盖检查工作，及时处理减速机隐患 5 项，为全厂生产顺行提供保障。继续开展设备隐患排查活动，对隐患档案分级管理，按月、季度制定整改计划，全年共排查设备隐患 75 项，全部整改完毕，设备故障率较 2017 年同期下降 18.6%，确保设备运行稳定。继续做好皮带系统无人值守项目施工，原料二、原料三、储煤二作业区改造项目陆续完成，为逐步建设自动化、智能化、现代化料场奠定了基础。完成原料三作业区自动消防设施改造，消除了电气楼消防安全隐患。

【防寒防汛】 年初，对储煤二作业区郑家河淤泥进行了彻底清理，确保排水畅通。汛期前，积极制定防汛应急预案，明确物料单堆存放标准，切实防止塌堆现象发生，积极组织防汛物资，确保汛期前所有物资到位，并完成了料场所有排水沟清淤工作，确保各部位排水畅通。汛期，在郑家河设立观测点，进行全天监测，在翻车机、变电所、库房等重点部位准备好防汛沙袋，对各部位泵坑指定监护人，做到定期清淤、及时抽水，全厂实现安全度汛。为应对冬季生产困难，结合往年经验，各职能室积极梳理冬季生产存在的问题，列出问题清单、制定整改方案、积极落实责任人，全面做好冬季生产准备工作。入冬前，全面做好解冻库排查整顿和解冻库人员上岗前操作培训，完成所有设备年修、检维修和防寒保温工作，并科学制定冬储计划，完成了 13 个料堆、共计 64 万吨物料封堆工作，为全面打赢冬季生产攻坚战奠定了坚实基础。

【质量管理】 为确保物料供应质量，积极做好落地烧结矿、焦炭的筛分工作，全年共组织筛分烧结矿 3 万吨，筛分焦炭 1.1 万吨，对高炉顺行起到了积极作用。全面做好露天物料冻块剥离和碾压工作，最大程度减少冻块对下道工序的质量影响。加强炼焦煤质量管理，煤区需要更换煤种时，设专人对清堆工作进行验收、监督，确保在频繁清堆更换煤种的情况下回煤质量稳定。各作业区严格执行杂质杂物捡拾管理制度，并将杂物集中存放，全年共捡拾杂物530吨，为确保下道工序质量稳定做出积极贡献。

【环保管理】 继续深入落实"环保设备运行等同于主体设备"的理念，完善环保设施点检定修制，每周对除尘设施进行检查、通报、考核，发现问题立即整改，全年检查处理除尘设施运行问题45项，保证了除尘设施稳定运行、达标排放。新建团山料场喷淋系统，增加25个喷头，确保喷淋全覆盖。更换原料三作业区ABC料场腐蚀管道，恢复该区域喷淋，料场扬尘得到有效抑制。中央环保督察回头看期间，各作业区克服人员少、任务重的实际困难，党员干部带头做好料堆苫盖工作，共苫盖102个料堆，苫盖面积达50万平方米，抑尘效果显著。

料场喷淋抑制扬尘（赵志刚　摄）

【降本增效】 进一步加强费用管理，细化考核指标，完善考核办法，积极做好月经济运行分析，认真总结费用完成情况，分析超、降原因，确保全面完成各项费用指标。强化经济运行管理，重点加强能源性费用管控，落实电费、煤气费管控措施。电费管控方面，继续完善工艺系统，降低运输皮带的空转率，全年物料输送率较2017年提高2.5%，节约电费200万元；制定躲峰生产措施，联合下道工序共同实施躲峰生产方案，全年用电峰谷比完成0.98，较2017年降低0.01，节约电费70万元。煤气费管控方面，根据天气情况实行阶梯性停库，减少解冻库燃烧室保温时间，同时，加强解冻库日常操作管理，严格执行解冻库各项操作制度，合理控制温度和送风时间，确保完成全年费用计划指标。加强场耗管理，强化与检化验、计控部门的协调，形成联动机制，在原燃料入厂水分、计量以及内部撒落物料回收等方面加大管理力度，全年场耗率为0.27%，比2017年同期降低0.17%，减少物料损耗2.14万吨，创历史最好水平，为公司有效降低港途耗做出积极贡献。

【党群工作】 按照《党章》和《中国共产党基层组织选举工作暂行条例》规定，9月指导各党支部完成换届选举工作，10月成功召开了厂首届党代会，选举产生第一届党委委员，为开创党建工作新局面奠定了坚实基础。为适应新形势、新任务、新要求，完成了“党员之家”阵地建设，各党支部书记在全体党员和职工群众中开展讲党课活动，组织广大党员以“重实干、强执行、抓落实”为主题开展专题研讨，深入开展了以“坚定发展信心、凝聚发展力量、积极应对挑战、持续稳健发展”为主题的形势任务教育活动，使全体党员干部和职工群众更加认清形势、全力做好本职工作，为企业发展凝心聚力、提振精气神，确保原料厂和谐稳定发展。厂工会积极开展专项生产劳动竞赛、技术比武、技术革新和修旧利废评选等活动，为顺利完成生产经营任务助力。认真履行帮扶职能，建立健全帮扶体系，关心职工生活，开展为职工送温暖、送清凉活动，组织职工参加公司疗养，继续为职工办理综合住院医疗互助保障。开展了以“舒展身心、团结向上、和谐共进、快乐工作”为主题的趣味运动会及羽毛球、篮球比赛，进一步增强职工凝聚力，激发职工工作热情。

（刘清恒）

废钢厂

【概况】 本钢板材股份有限公司废钢厂（处）（简称板材废钢厂）为公司双重职能单位，是本钢板材股份有限公司下属主体厂矿之一。主要承担板材公司炼钢生产需要废钢铁的接收、加工、仓储、供应工作及公司内部废钢铁回收管理。共有两个厂区，分别位于兴安白石主厂区和特钢分厂区。现有职工246人，其中操作岗人员204人、管理岗人员16人、技术岗人员6人、业务岗人员20人，下设5个职能室和3个作业区。主要生产设备37台，其中废钢打包机1台、液压抓钢机14台、桥式起重机17台、龙门起重机5台。生产工艺为火焰切割和打包压块、精料加工。固定资产原值23528.08万元，净值11116.62万元。2018年，废钢铁调入量137.33万吨，其中：外购88.93万吨，内部回收48.4万吨；废钢铁供应量133.46万吨，其中：供应炼钢厂99.21万吨，供应特钢厂28.46万吨，其他5.79万吨；综合能耗0.86千克标煤/吨。

【安全管理】 一是以明确责任、堵塞漏洞为切入点，通过组织各部门逐级逐层签订《2018年安全生产目标责任状》，将安全工作目标层层分解落实到每个岗位。二是为做好新增生产任务鱼雷罐配加废钢工作，根据作业特点制定下发了《鱼雷罐配加废钢安全管理办法（暂行)》和《鱼雷罐配加废钢安全技术操作规程（暂行)》，规范作业行为，同时根据鱼雷罐配加废钢作业现场环境，完善其安全措施，确保了鱼雷罐配加废钢作业安全顺行。三是以“全面落实企业安全生产主体责任”为主题开展2018年“安全生产月”活动。“安全生产月”期间制作安全展板6块，利用《本钢日报》、《废钢之声》、LED大屏幕等宣传媒体，宣传报道废钢厂有关开展安全活动方面的内容。同时根据年初制定的安全培训工作计划，通过安全活动、安全学习、安全培训等多种形式积极开展全员安全培训教育工作。全年共组织各级各类人员参加培训1588余人次。四是结合2018年“零事故，零伤害”安全管理方案，认真组织开展节日期间、全国“两会”期间安全生产工作，春季安全防火、职业卫生综合大检查，危险介质和大客车交通运输安全等专项检查整治工作。全年共查出隐患73项，现已整改完毕70项，因备件原因3项问题暂未整改。五是继续深入开展反“习惯性违章作业及违章指挥”排查整治工作。制定下发了《关于开展第三轮反“习惯性违章作业和违章指挥”排查整治工作方案》，组织自下而上查找问题、分析问题，并不断完善措施，有效杜绝习惯性违章作业行为。六是严抓废钢厂设施完善改造工程项目安全管理，严格审核施工单位资质，组织办理安全协议、安全准入证，并对施工过程进行安全监管。

【生产组织】 一是为做好高产期的直配料工作，提前安排承运单位增加运输车辆投入和料斗制作，公司进入高产期后，钢产量大幅提高，厂领导班子高度重视，带领部门负责人开展24小时保产值班值宿工作。同时克服人员匮乏、设备老化严重、生产改造同步进行、加工能力不足等不利因素，结合生产实际，制定了详细的保产方案，合理匹配料型供应，全面实现了优质保供“零影响”。全年供应量比计划超产14.97万吨，同时创造了建厂以来日供直配料斗139斗、日装卸量1.38万吨的历史最高纪录。二是积极响应公司多吃废钢号召，组织实施鱼雷罐加废钢工作，为使鱼雷罐加废钢工作有序运行，及时与各相关单位联系确认，反复研究制定加料方案，通过制定安全措施，科学合理确定加料场地，制作加料专用平台等一系列措施，于9月15日正式实施鱼雷罐加废钢作业。全年为北倒加废钢8221吨，南倒加废钢3449吨。三是根据公司排定的铁厂高炉与钢厂转炉检维修计划，积极与炼钢厂沟通，制定合理科学的废钢料斗配料方案，满足炼钢厂需求。全年为7号转炉累计供应9465斗，20.39万吨；其他转炉累计供应26460斗，55.25万吨。四是通过推行兼工种作业、加强出枪率检查、提升切割效率等一系列措施，有效地提高加工量，减少无效场存，提升合格废钢比例，为公司节省外采资金约6380万元（按2200元/吨测算，不含税）。全年切割废钢8.46万吨，超计划完成2.9万吨；加工打包压块4.49万吨；加工废油桶2.9万个。五是利用炼铁厂新1号高炉检修、钢厂低产期间，组织承运单位对直供车、牵引车、平板车辆进行更新、维修及保养，保证高炉复产后运输车辆正常运行。六是加大内部废钢铁回收力度，深入各生产厂矿掌握废钢铁分布情况，积极帮助、协调、解决回收工作中的实际问题，努力做到应收尽收。

【设备管理】 一是认真组织开展点检定修工作，结合设备实际状况，合理编制定修计划，对主要生产设备进行维修，确保了设备设施稳定运行。全年共组织设备检修229台次，其中定修184台次、抢修45台次。二是根据设备点检定修实施情况，进一步完善专业点检员考核办法，量化点检员工作任务，强化设备系统人员履职能力，实行周检查、月考核、季度评比，推进了设备基础管理水平提升。三是全力推进废钢厂设施完善改造工程项目施工。全年已完成采暖改造工程、网络监控系统改造工程、抓钢机直流起重电磁铁及控制装置安装工程、天车秤改造工程以及6号、7号场地地面硬化工程；完成了800吨剪切机配套设施电缆桥架施工；完成了拆包机、悬臂吊电气设备安装调试工作；完成了32吨吊设备本体的安装工程。四是进一步加强能源管控，将全年指标分解到各作业区、班组及个人，编制了2018年能源工作计划、能源绩效考核办法、经济运行方案等，使能源工作层层有人管、处处有落实。五是积极推进测量体系认证工作，组织建立健全各项管理制度、测量体系台账、记录完善工作，对部分仪表没有编码、测量任务不明确、部分内容不规范和统计范围不全面等问题进行整改，全厂共计辨识出测量监测点位261项，其中重点监测B类点位17项。

【成本管理】 每季度召开经济活动分析会，对各项产量和成本指标的完成情况进行分析，确保完成各项预算指标。全年成本考核指标实际比计划降低78.44万元。一是通过科学合理安排内外部废钢卸车场地，减少废钢二次倒运，严格按照制度使用另派车、另派车使用效率最大化等一系列措施，有效降低公路运费支出。二是结合生产实际情况，制定《低产条件下经济运行方案》，通过大力开展躲峰生产，严格执行设备躲峰用电作业，有效降低能源消耗。三是结合现场实际，合理安排物料采购计划，对库存量较大的物料禁止上报采购计划，同时严格管控费用指标，杜绝错报、误报和重复提报物料计划，避免物料积压及合理使用费用指标。四是鼓励各作业区修旧利废，对可修复的、可再利用的进行自主修复，并达到使用标准，有效减少新品备件采购频次。

【基础管理】 一是稳步推进“四定”工作，进一步深化企业改革，创新工作思路，按照公司规定步骤有序开展“四定”工作，成立工作领导小组、制定工作方案，以稳妥、快速、准确、有序的原则，确保了“四定”工作全面推进。二是随着生产任务逐渐加重，结合我厂人员匮乏实际情况，通过调研征求建议方式，将原四班二运转调整为四班三运转倒班模式，有效地缓解了生产压力。三是全面做好两节、两会信访工作，明确了信访维稳工作目标要求，安排专人在火车站进行稳控值班，与重点人员所在社区及民警进行对接，杜绝了越级上访事件发生。四是全力做好护厂防盗工作，加强各个厂区的治安防范，驱逐外来人员，维护厂区治安秩序。特别是节日期间，增加治安巡逻次数，加大治安巡逻范围，加强治安防范力度，有效杜绝了物资流失。

【党群工作】 围绕生产经营，开展扎实有效的党建活动，充分发挥优秀党员的引领示范作用，让职工充分感受到了企业的温暖，有效地增强了凝聚力和向心力。一是持续推进“两学一做”学习教育，严格执行“三会一课”制度，严格履行党委书记抓党建第一责任人的职责，每月厂党委组织上党课。二是坚持民主集中制和重大事项集体决策制，严格遵守“集体讨论、民主集中、会议决定”的议事原则。组织开展“党员先锋岗”评选活动，真正做到了“亮身份、做表率、争优秀”，厂党委每月根据党员考核情况进行一次评选。三是有效地激励全体职工继续发扬开拓精神，为公司高产期间生产提供助力，全面推进了党员队伍建设。四是厂纪委组织开展了废钢厂党风廉政警示月系列活动，不断提升党员干部的廉洁意识；厂工会重视关心职工生活，职工生日当天为其准备精美的生日贺卡和生日面。在炎热夏季，为做好职工防暑降温，按时发放西瓜，每天准备绿豆汤。

（乔京伟）

计控厂

【概况】 2018年底，本钢板材股份有限公司计控厂（简称板材计控厂）有在籍职工393人、人力资源派工60人，合计453人。其中，管理岗21人、业务岗10人、专业技术岗69人、生产操作岗353人，研究生学历13人、本科学历99人，副高级职称17人、中级职称101人、初级职称64人。高级技师9人、工人技师42人、助理技师6人。下设6个职能室、7个作业区、42个班组。党委下设1个总支、7个党支部，党员181名。主要设备：在线维护仪表总量80000余台套。拥有大型轨道衡18台、大型汽车衡13台、平台秤58台、皮带秤17台、配料秤12台、吊钩秤3台、天车秤6台。按固定资产类别划分：传导设备5台套、动力设备3台、工业建筑物35座、运输设备4台、冶金专用设备17台、自动化控制及仪器仪表622台。固定资产原值12640.8961万元，净值4307.3662万元。2018年，设备可开动率99.47%；生产工艺仪表运行率98.21%，生产工艺仪表完好率99.42%，计量仪表运行率100%，仪表记录中断率0.036%；轨道衡运行率99.82%，轨道衡完好率100%；事故故障停机率3%；计量检测率100%，计量检测准确率100%；继电保护正确动作率100%；计量器具周检计划完成率100%。

【生产组织】 加强生产运行及设备基础管理，落实设备点巡检制度，健全现场设备故障快速响应机制，通过持续开展重点设备技术状态评估，深化维护区域承包等手段和措施，全面完成了在线仪控设备维护、电力系统试验以及物资检斤等保产保供任务。全年组织较大仪控系统故障抢修8起；衡器故障抢修97次；板材公司、矿业公司和北营公司电力系统故障抢修试验200余次；南芬地区、歪头山铁矿、贾家堡铁矿、丹东不锈钢、马耳岭球团大停电作业6次；继电保护试验2460套，高压绝保试验13200件，防雷接地测试1649点；标准计量器具检定4716台（件）。各类衡器设备检定108台次；标定各类衡器设备1181台次；全年共完成公司外进外发及内部转移物料检斤5780万吨，皮带秤检斤近918万吨。公司下达变动费用考核指标2049.18万元，实际发生1961.66万元，降低费用指标87.52万元。积极开展修旧利废工作，完成设备备件自修42件，创效益37.32万元。

【计量管理】 通过完善管理流程和管理制度，更新改造计量设备，加强计量数据监管等措施，实现按表按秤计量结算，为公司成本核算工作奠定了基础。计量设施改造方面，全年新安装一、二级计量仪表18台，另有47点一、二级计量表实现联网数据传输；组织实施小管径生活水计量系统改造，实现公司小管径生活水计量数据实时上传。计量数据监管方面，强化数据实时分析，通过月度能源介质消耗量变化，及时发现介质管网存在的问题，为公司节能降耗提供计量数据支持。通过开展数据比对分析，先后发现一冷、特钢、环保工程公司及兴安等区域生活水管网泄漏问题。特钢区域管网漏点处理后，东芬生活水总表瞬时量下降180立方米/小时，年为公司节约生活水费用约544万元。计量职能履行方面，加强合金料计量管理，堵塞漏洞。通过对合金料入厂流程进行梳理，重新修订《外进合金料计量管理办法》，实现合金料从入厂到入库存储全过程的有效管控。组织开展集团公司对外涉费一级能源计量仪表排查工作，累计排查水、电、风、气等对外涉费计量仪表879点，并完成计量仪表现场抽查和校验工作。组织开展本钢测量管理体系认证工作，历时8个月时间，于11月初通过认证机构外审。

【安全管理】 全年实现安全生产“三为零”工作目标。不断完善安全制度，健全安全生产责任体系，加强各级领导干部安全履职情况督察，有效落实“党政同责、一岗双责、齐抓共管”要求。深化安全生产标准化建设，层层签订安全生产责任状，严格落实安全生产激励约束机制，安全生产的各个环节纳入制度化、规范化管理。加大安全监督和检查力度，有效开展隐患排查与整改，全年共开展防火、特殊防护设施、劳动保护佩戴安全专项检查7次，开展日常安全检查20次，下发隐患（问题）整改通知单13份，查出各类隐患（问题）17项，已全部整改。考核通报问题13次，组织完成现场防火封堵8处。采取各种形式开展安全教育培训工作，组织对110名管理、业务、技术岗位人员开展安全知识培训和闭卷考试，全年职工安全教育培训率达100%。

【设备管理】 组织开展了集团范围内控制系统联锁保护排查工作，集团内部共有控制系统联锁保护799套，完成615套重要联锁保护系统测试，26套重要控制系统存在缺陷，整改18套，确保了控制系统联锁保护可靠动作。加强设备故障管理，建立《计控厂设备事故、故障统计分析表》、典型事故分析档案，便于查找设备隐患，降低故障率。规范点检工作流程，设备完好率、设备运行率等指标达到公司考核标准。开展重点设备技术状态评估，完成部分年久老化、超周期运行重点仪表设备更新工作。积极推行仪表通用化工作，组织对公司内部超声波流量计进行调研，完成基础论证，超声波流量计通用化已具备实施条件。

【重点项目】 全年组织完成南芬站前动态轨道衡设备检修，焦三干熄焦综合气体分析仪设备检修，6号高炉和新1号高炉煤气分析仪表设备检修，三级计量（流体量）网络设备检修，一、二级计量仪表更新（含小管径生活水计量改造），5号高炉环保大修工程动迁还建计控厂配套等重点项目，总投资624.78万元。完成转年项目一项：老800吨鱼雷罐轨道衡2号秤基础及设备整体检修。

【检修工程】 完成新1号高炉和6号高炉两次大型联合检修工程仪控系统的检修任务，前后历时共120天，累计作业项目620项，整改设备隐患8项，实现经济检修，节省备件费用共55万元。组织修复高炉炉缸电偶110支，安装炉缸浅表电偶60点，有效解决了高炉温度监控难题。

【技术管理】 按照公司计量、能源管理两网融合需求，整合电能三级计量信息管理系统，提升和改进了数据查询、统计、监控等功能。制订了《板材计控厂技术协议管理实施办法》，加强技术协议管理，规范了技术协议流程。积极开展防雷知识等各项专业技术培训，收到较好的效果。

【质量管理】 QC项目《降低特钢厂联合泵站CAN3000仪表监控系统故障率》《能源管控系统采集站自动巡检功能开发》获得冶金行业一等奖；QC项目《降低24号发电机电液控制系统的故障率》获得省质协三等奖。

【人力资源管理】 完成“四定”第一阶段工

作，厂内机构规范为6个职能室和7个作业区。公司核定管理岗25个、业务岗17个、技术岗73个、高级操作岗位36个，平稳实现了机构调整后人员的整合及岗位平移工作。加强干部队伍管理，加大考核力度，实施正向激励，调动了干部队伍工作积极性。加强劳动纪律管理，组织开展了工作纪律专项整治工作，职工遵守劳动纪律自觉性有所提高。深入开展劳动合同清理整顿，组织开展了“吃空饷”问题专项整治工作，取得预期效果。

【党群工作】 强化党建引领作用，切实推进企业党建工作。坚持以学习党的十九大精神以及习近平总书记在辽宁考察时和在深入推进东北振兴座谈会上重要讲话精神为主线，广泛开展“解放思想推动高质量发展大讨论”活动，激发全体干部职工的积极性、主动性和创造性。持续开展“两学一做”常态化教育，不断加强组织建设，积极创新党建活动载体，通过共产党员先锋工程、党员突击队等各种形式的建功立业活动，提升党员队伍整体素质，推动企业党建工作与生产经营深度融合。坚持抓经常、经常抓，不断探索形势任务教育的新方法、新途径，通过组织全体干部职工学习陈继壮董事长在公司职代会、经济工作会议上的讲话精神，鼓舞职工干劲，凝聚职工力量；坚持高标准、高质量要求，组织召开五次班子专题民主生活会，按照省委第三巡视组巡视反馈意见，严格对照检查，认真按要求整改落实。坚持强基础、补短板，积极推进基层支部“三会一课”等基础工作落实，进一步规范支部管理，强化基层支部战斗堡垒作用的发挥。坚持重教育、重实效的原则，开展重点岗位风险防范工作，定期梳理风险点，制订防范措施，加强岗位风险管控，较好地履行了党委主体责任。全年安排职工疗养140名、劳模疗养2名。实施精准帮扶，持续开展两节“送温暖”、夏季“送清凉”等活动，为基层班组配备洗衣机、冰柜、电风扇等生活设施，增强了职工凝聚力和向心力。组织职工开展登山、徒步走等健身活动，丰富了职工业余文化生活。关心青年职工成长，加强思想教育和引导，积极为青年职工成长、成才搭建平台。全面完成全国“两会”、省委巡视组巡视期间信访维稳任务，保证了企业正常的生产经营秩序。（谢登洋）

检化验中心

【概况】 2018年初，原板材质量管理中心和原北营质量管理中心合并成立板材检化验中心。原板材质量管理中心将负责炼钢、热轧、冷轧、特钢的质量检查业务分别划归所在厂管理，其他业务保留。板材检化验中心作为板材公司的二级厂矿，主要负责板材和北营两个厂区的理化检验及铁前质量检查、判定工作。2018年底，本钢板材检化验中心有在籍职工总数1206人（含协力派工人员82人），其中管理人员52人、业务人员41人、技术人员52人、生产操作人员1061人，副高级以上职称14人、中级职称108人、初级职称143人；设有5个管理室、17个作业区。

【检化验管理】 为规范检化验中心采制化工作的管理，保证检测结果准确可靠，制定《质量抽查、样品比对及过程监督跟踪管理规定》，全年抽查/比对矿粉、煤焦、合金、冷热板、线材等13类品种900余批次。为配合公司港途耗工作的有效开展，重点对煤、进口矿砂水分检测进行对标并制定《水分对标工作方案》，全年比对分析煤、矿砂水分80批次。积极推进全面取消让步验收工作，于2018年10月1日起取消81个品种外购原燃辅料让步验收，办理退货1340吨。开展技术创新工作，开发完成ICP法检测入炉原燃料有害元素、ICP法检测电渣钢、X-荧光光谱法测定烧结矿（球团矿）Zn含量、X-荧光光谱法测定炉渣Ti含量共4项新方法。尤其ICP法检测电渣钢试运行以来，检测能力由4.7批/日提升至11批/日，彻底扭转了电渣钢检测能力不足的局面，保证了电渣钢检测及时率。

【实验室认可体系运行】 2月对整合后实验室认可管理体系所涉及的质量手册、程序文件、质量记录、技术记录及相关作业文件进行修改与完善，3~4月开展实验室认可体系内审和管理评审活动，申报实验室认可能力验证项目16项，检测结果一次性满意率100%，7月通过中国合格评定认可委员会现场评审的复评审核。同时，配合五体系、IATF16949、美的、东风日产、天津丰田、CE、泰国TISI、上海汽车、沃尔沃等10多家厂商完成了现场审核，共整改14项问题。

【设备管理】 设备管理室对板材及北营两厂区业务进行了深度融合，创新设备管理模式，认真梳理设备管理规章制度，修改完善设备管理工作标准、流程，通过相同业务的对接和对标弥补了相互不足，整体工作围绕采制化设备“保运行、零影响、降成本”的工作目标开展，全年中心设备故障率为0.18‰，比2017年同期下降0.16‰。全年组织作业区继续开展修旧利废、小改小革以及备件国产化等工作，共计34项，节约检修资金约45万元。制定合理的费用管控措施，使各项费用都处于可控状态，保证了资金合理使用。2018年，公司为检化验中心投资5300.4万元，用于配合炼钢厂缩短冶炼周期在检化验中心炼钢检验作业区的两个分析区域上快速分析系统；在检化验中心硅钢检验楼新建油品检验室，用于对冷轧工序生产、设备用油、原料及辅料入厂和使用过程进行跟踪监测；为加强外购废钢合金的质量管理，新建检化验中心废钢验质监控管理平台，以及购置回转窑配套化验设备、冷轧高强钢工程配套检化验设备等，这些项目和设备的投入将极大地提高本钢检化验系统整体检测能力，更好地服务于生产。

【安全管理】 持续推进职业健康安全管理体系建设，全力推动安全生产标准化达标活动，确保检化验中心生产伤亡事故、火灾事故、一般设备事故“三为零”目标的顺利实现。全面落实安全生产责任制，坚持落实领导干部安全承包制度，定期开展安全生产大检查、安全专项检查、作业区和班组自检自查，对检查中发现的隐患和问题认真落实整改时间、整改措施及整改责任人，按时进行隐患复查，实行闭环管理，为岗位员工作业安全提供保障。持续开展反“双违”活动。各作业区一把手负责认真组织排查工作中常见的违章指挥、违章作业行为，制定控制措施力争彻底根除“双违”行为。为了提高基层安全管理人员的业务能力和素质，不断提高作业区安全管理工作水平，中心通过“检化验中心安全员微信平台”等交流方式对作业区安全员进行思想教育和业务培训，让安全员的业务能力和业务素质得到稳步提高。建立健全安全生产事故应急救援体系，定期开展应急培训和应急演练，对培训和演练效果进行评估，不断完善应急预案，增强预案的实用性，一线职工处理突发事件的能力不断得到提升。

【党群工作】 以习近平新时代中国特色社会主义思想和党的十九大精神为指导，紧密围绕检化验工作积极发挥党组织的领导核心和政治核心作用，把方向、管大局、保落实，切实履行党委的主体责任和监督责任，为检化验中心的改革、发展、稳定保驾护航。落实管党治党责任，中心党委紧紧围绕检化验工作，不断加强自身建设，坚持“围绕检化验工作抓党建，抓好党建促进检化验工作”的总体思路，把思想政治建设放在首位，通过理论中心组集中学习、党员干部自学、上党课、观影像资料等形式，牢固树立“四个意识”，坚定“四个自信”，切实做到“两个维护”。严格执行八项组织生活制度，严肃党的组织生活，通过“三会一课”锤炼党性，通过“两学一做”做实党支部的党员学习教育主体作用。立足“严、实、紧”，做好“学、做、改”，推进“两学一做”常态化制度化。集团公司党委首轮巡察工作开展后，中心党委认真配合做好相关工作，确保公司党委巡察工作顺利开展。强化党风廉政建设，中心党委认真履行党委全面从严治党主体责任，严格落实“一岗双责”，切实加强作风建设，认真落实廉洁自律各项规定，切实抓好职责范围内落实中央“八项规定”精神和纠正“四风”等专项工作。加大对“关键岗位”和“关键环节”的廉洁从业教育，强化管理到位，不留死角，做到早发现、早提醒、早纠正。对中心新聘任管理、业务、技术干部进行了两次廉洁从业谈话教育。围绕外购物料检化验工作适时开展廉洁从业工作，对工作现场操作纪律进行不定期抽查。广泛开展形势任务教育，中心党委紧紧围绕企业的改革发展稳定和检化验工作实际，广泛开展形势任务教育和内外宣传工作，发出好声音，传播正能量，提振精气神。11 月，全面加强对“保证外购生产用物料质量数据真实、准确、及时”工作的宣传力度，《本钢日报》、“今日本钢”对此项工作分别作了报道。发挥群团组织作用，中心工会积极组织开展班组建设、合理化建议、技术比武、送温暖等活动；承办本钢第二十一届职工技能大赛暨第三十五届青工技术比武全铁分析工技能大赛；维护职工合法权益，职工住院互助医疗保险共为 193 名职工理赔 252913 元。团委开展了以“携手雷锋日　青春志愿行”为主题的学雷锋志愿服务活动等。科协有 2 篇论文被评为公司三等奖，5 篇论文在省金属学会论文评选中获奖。 （吉冰海）

储运中心

【概况】 集团公司 2018 年 1 月 29 日委托板材公司储运中心对北营公司的储运业务和矿业公司的储运业务统一管理。原板材储运中心、北营储运中心和矿业储运中心合并成新的板材储运中心。2018 年底，板材储运中心有职工 947 人，其中管理岗 44 人、业务岗 103 人、技术岗 16 人、操作岗 784 人，具有副高级职称 3 人、中级职称 89 人、初级职称 74 人。拥有固定资产原值 31986. 77 万元，净值 15330. 81 万元。主要设备有起重机、叉车、锅炉、电梯、汽车吊等。负责板材公司、北营公司、矿业公司各厂矿大宗原燃料、小原料、辅料及备件的验收、仓储、配送工作及集团公司物资回收工作。下设综合办公室、党群工作室、物资管理室、安全管理室、设备管理室、物资回收室 6 个职能管理室和本溪备件作业区、歪头山备件作业区、辅料作业区、辅料直拨作业区、合金耐材作业区、供油作业区、生产检修作业区、油料作业区、通用件作业区、合金作业区、专用件作业区、露天作业区、歪矿作业区、选矿作业区、石矿作业区 15 个作业区。2018 年，储运中心备件、辅料及小原料实现累计收入 97.83 亿元，发出 98.77 亿元。存货资金占用 18.4 亿元，与 2017 年同期相比下降了 0.94 亿元。完成废旧物资回收额 11497 万元，超额完成计划指标 4446 万元。完成废钢铁回收 69.4 吨。板材变动费用实际发生 1872.08 万元，比预算降低 346.74 万元。全年实现保供零影响。

【质量验收管理】 严格按照公司要求，贯彻落实各项物料验收的相关规定和制度。进一步强化合金料收发存管理，严格执行公司规范合金料使用管理具体要求，取消了 81 个品种物料让步接收，加大合金料验收管理力度，对成分不合、手续不合标准的严禁流入生产领域。组织开展了“质量宣传月”活动，着重开展了以“查标准执行、查计量检测记录、查物料仓储质量、查质量损失、查质量意识”为主要内容的“五查”活动，进一步促进了质量验收工作扎实开展。2018 年合计上报采购中心验收异议 747 笔，涉及金额 16163.24 万元，共处理异议退、换、补、赔 1565.4 万元，扣皮重总计 3662.88 万元。

【仓储配送】 坚持以保产保供为主线，一是机构整合后，新储运中心迅速完成了板材、北营、矿业三个账套物料日收发统计数据整合，每日召开中心早视频生产调度会议，实现了三个储运中心物料管理的快速融合。二是规划仓储布局，整顿库容库貌，使仓储管理得到了进一步的提升。按照 VDA 审核提出的具体要求，对三个区域的库区物料进行规范摆放，增设物料隔离区，对到货物料进行组批管理，落实先进先出原则。清理库区环境，定时对各作业区的库房环境进行检查和通报，促进了仓储标准化的落实，使各作业区仓储管理水平得到进一步的提升。以保产保供为主线，强化调度室生产指挥职能，完善调度日报，准确反映物料收发情况。积极组织三个区域对突发事故抢修及公司大规模设备联检期间物料的保供工作。有效完成物料配送任务。全年累计配送出库物料 30424 台次。

【物资回收】 强力推进“领新交旧”工作，制定了“领新交旧”操作流程，规范厂矿交旧日报模版，进一步规范非正常入库、绿色通道线下发放物料的管理。严格备件“领新交旧”管理制度，对在规定周期内未及时完成备件“领新交旧”的厂矿，按照设备部要求，停止对其新品备件发放。不断加强下机物料管理，深入现场，盘活库存，做好“应收尽收”工作。同时，盘点库存品种和数量，通过对废旧物资库存的有效分析，实现了科学销售，为公司增创效益做出了贡献。

【安全设备能源】 一是重新调整并下发《成立储运中心安委会和各级领导分片承包作业区》的通知，按照承包区域开展安全履职工作。强化危险源辨识与控制管理，实现动态管理。自下而上开展“零事故，零伤亡”管理方案建立，对每个人、每个岗位、每台设备、班组、作业区存在的风险制定防范措施。持续开展反“习惯性违章作业和违章指挥”排查整治工作，开展有限空间摸底调研和吊车护栏走台隐患排查工作，最大限度内消除人的不安全行为和事故隐患。二是加强检查力度，杜绝跑冒滴漏现象发生。按照公司部署做好中央环保督查“回头看”迎检工作。三是完成与矿业公司炸药厂交接硝酸铵接卸及北营区域车辆划拨工作，明确了双方职责。向公司相关部门提出新建合金库方案、库房增设定点验收和安全保卫监控点位方案、配送车辆增设监控和行车记录仪方案。做好各项设备设施的检维修工作及工程项目建设等。

【基础工作】 新储运成立后，以安全生产、保产保供、队伍稳定为前提，中心班子成员明确分工，按照“四定”工作安排，经过多次调研，对新储运中心各管理室、作业区机构及工作职责进行了明确。开展了三个区域人员及薪酬方面的调研，全面掌握人员信息，为“四定”工作推进奠定基础。开展了全面的职工个人信息重新确认普查工作。并对大专以上职工 ERP 信息不符人员在系统中进行了重新修改和完善。开展劳动合同清理工作，共办理退休人员 63 人，解除劳动合同 7 人，清理整顿重新上岗 15 人。有计划地组织各种形式的职工培训教育，提高职工技术水平和工作能力。储运中心自主办班 28 场次，培训人数 540 人次。

【党群工作】 一是开展学习和教育活动，学习党的十九大精神和新修订的《党章》。按季度根据集团公司的学习安排对各支部的学习进行指导。二是创新开展适合储运特点的全体党员参与的“五好五带头”活动。三是随着储运整合工作推进，起草和下发了基层党支部组建及补选支部委员的通知和方案。完成了全国党员信息系统三个区域人员合并工作。同时优化党小组设置，减少管理层级。四是加大典型人物的宣传，加强青年后备人才选拔、培养和困难党员的帮扶工作。五是廉政教育时时提醒。开展了落实中央八项规定精神成果和整治“四风”工作，加强廉洁从业教育，组织管理人员、党员及重点岗位人员签订廉洁自律承诺书，组织并参加集团公司纪委业务知识测试答题活动。六是深入基层走访，了解各支部的党建工作情况和热点问题，将矛盾及时化解在基层。全年中心两级工会走访慰问临时困难、住院职工及去世职工家属 146 人次。在全中心范围内继续开展在职职工住院医疗互助保障计划，共计参保 986 人，全年共计支付职工住院医疗互助保险费 131 人次。七是开展丰富的文体活动。“七一”期间各支部以多种形式的活动为党的生日献礼，中心开展了“板材储运中心纪念建党 97 周年主题活动”，党员代表进行了入党宣誓等活动。全年开展了“安康杯”及“节约增效、节能减排”劳动竞赛活动、举办中心职工徒步走比赛活动等，同时积极参加公司举办的各项文体活动，并获得奖项。 （王远航）

辽阳球团公司

【概况】 本钢板材辽阳球团有限责任公司（简称辽阳球团公司）现有职工 530 人、管理人员 18 人、业务人员 27 人、技术人员 14 人；有原料、焙烧、除尘三大作业区、5 个职能科室；党员 144 人、5 个党支部。2018 年，生产优质球团矿 206.28 万吨，超公司计划 2.15 万吨；质量合格率累计为 97.8%，球团矿抗压强度 2264N/球，全铁品位 65.11%，名列全国大中型矿山球团企业第二位，创近五年最好水平。全年完成产值 2.49 亿元，利润 35.26 万元，降低成本 734.86 万元。

【生产管理】 强化生产工艺操作，科学合理组织生产，全面落实各项保产措施，抓住影响产品质量和产量的难点，认真组织质量攻关和技术提高，优化了造球岗位的操作方法，提高筛分效率和链箅机布料的均匀性，对内严格管理，加强考核，保证球团产量，质量稳中有升。组织有关专业人员到外地球团厂进行考察，学习先进经验。制定下发了《马耳岭球团厂合理化建议管理办法》，征集30多项合理化建议，上报《降低脱硫石膏含水率的实践》科技论文1篇。向公司申报《企业提高制度建设科学化水平》管理进步成果1项。《工艺技术规程》和《技术操作规程》全部修订完成。

【设备管理】 深化设备基础管理，实施精密点检，提前预知设备的劣化缺陷，加强设备管理考核，完善岗位一表化标准，明确职责，实现设备管理规范化、标准化、制度化。注重设备改造和小改小革，提高设备运行的稳定性，设备故障影响明显降低。开展设备专业知识培训，管理人员、点检员业务能力不断提升。完善定修模型，设备检修实现全过程管控，不断提高检修效率，实现设备经济稳定运行，设备各项技术经济指标明显提高。全年定修4次，共计完成1934项，完成率100%。

【安全、环保、6S】 树立“党政同责、一岗双责、履职问责”理念，强化红线意识，履行主体责任，深化安全基础管理，全面落实安全生产责任制。加大了对“三违”行为的检查和整治力度，狠抓措施落实，细化岗位危险源辨识，全面提升了安全生产管理水平。修订完善安全管理制度17项，开展安全专项检查、火灾隐患排查治理工作等专项检查18次，整改安全隐患312项，整改率95%。开展全员安全教育培训，全面提升了职工的安全意识。安全管理基础工作进一步夯实，有效堵塞了安全管理漏洞。完成《本钢板材辽阳球团有限责任公司突发环境事件应急预案》的编制，建立和完善了突发环境事件应急体系。完成在线监测设备的比对和固体废物网上申报工作。脱硫设备运行良好，脱硫效率达到95%以上，有效地减少了污染物排放量，各项环保指标均达标排放，其中二氧化硫、粉尘实现超低排放，排放浓度低于标准值的50%。每周检查厂区、室内、室外环境卫生，实行奖优罚劣，厂容厂貌有了明显的改观。全年共种植苗木16550株，推进了花园式工厂的建设。

【降本增效】 根据2018年降成本指标，制定降成本措施，重点围绕煤耗、电耗、土耗、油耗开展攻关。通过采取降低热能损失、提高操作标准、精确控温等措施，有效降低生产煤的用量和柴油用量。采取优化膨润土配方、提高高压辊磨机滚压效果等多项措施，降低了成本。与膨润土厂家共同研究，优化复合膨润土配方。先后进行了四次工业试验，按生产需求调整出最合理的配比方案，在保证生球与球团矿质量的前提下，少加膨润土。新配方的实施与使用，大大降低了膨润土消耗，创近4年来最好水平。全年可少采购膨润土4000余吨，节约采购资金320万元以上。加强标准成本管理，在实际工作中，精打细算，严格控制各项费用支出，有效降低了成本。将成本指标分解到各车间、部门，做到人人身上有指标，月核算、月分析、月考核，进一步提高了全体职工的成本意识。

【质量管理】 坚持执行铁精矿指标预警制度，精确配料、精细造球、精心操作。合理调整干湿料配比，进一步对三大主机的操作参数进行优化，有效保证了成品质量指标完成。严格成品球团质量考核办法，每日坚持对成品球团矿和干球进行抽样检测，发现问题及时进行调整。重点做好高压辊磨工艺参数对铁精矿质量影响的相关技术指导工作，保证第一时间掌握其对铁精矿加工后的相关变化，全程跟踪原料铁精矿的使用情况。采取调整膨润土配比量、改进造球盘等措施，实现了质量稳中有升。

【党群工作】 深入学习贯彻习近平新时代中国特色社会主义思想和党的十九大精神。用党的创新理论武装党员干部群众头脑，以思想政治建设凝心聚力。把握学习教育导向，抓好思想理论武装，坚持问题导向，注重学以致用。严肃党内政治生活，加强党性教育。以新时代党的建设总要求为指针，认真履行党建主体责任。依法完成组建党委工作。组织召开党员大会，成功选举出中共本钢板材辽阳球团有限责任公司委员会。增强领导核心、政治核心作用，强化党委班子自身建设。增强战斗堡垒作用，强化基层党支部建设。深化党建与厂中心工作的有机融合。围绕生产经营，以开展“我是党员我带头活动”为载体，广泛开展党内“建功立业”主题实践活动。组织开展了创优质高产、修旧利废等建功立业活动，创效 241 万元。加强党风廉政建设，为厂健康可持续发展提供有力保障。落实主体责任，增强党员干部自觉意识、廉洁意识、责任意识。把握意识形态的政治引领，践行社会主义核心价值观，弘扬辽宁精神。以高度的政治责任感落实省委巡视组巡视反馈意见整改工作。坚持正确的舆论导向，为生产经营建设营造健康向上的工作氛围。注重有效管理，强化干部人才队伍建设和干部考核，落实干部人才培养措施，注重后备干部及人才队伍建设。按照开展“四定”工作的总体要求，形成调整方案，重新清理厂干部定员；对点检岗位实行考试、考核、竞聘上岗；通过内部挖潜优化人员 22 人，涉及 6 个岗位，进一步优化了人力资源。通过调研取消 24 小时作业，实行四班二运转。发挥工会组织力促生产。组织工会开展班组标准化、劳模创新工作室建设，开展劳动竞赛、职工技术比武等活动，激发职工学技术强本领，促进了厂生产经营绩效的提升。送温暖、聚人心增添动力。走访慰问救助困难职工 19 人次，发放救助款物合计 1.15 万元、捐款 2.905 万元。组织厂团委开展青工“学技术、讲安全”，进一步拓宽了党委联系青年、凝聚青年、培养青年成长的有效途径。做好全厂职工和周边稳定工作，实现了“四个不发生”和“五个坚决防止”的工作目标。稳步推进科协、信访、计生、武装、保卫等工作。深入开展治安隐患整治，扎实开展扫黑除恶专项斗争，促进了厂生产经营有序发展。

（苑　巍）

技术研究院

【概况】 2018 年底，本钢板材股份有限公司技术研究院（简称技术研究院）共有职工 161 人，其中管理人员 19 人、专业技术人员 119 人、生产操作人员 23 人，博士学位研究生 7 人、硕士学位研究生 49 人，副高级以上职称 77 人、中级技术职称 42 人。

【产品研发】 2018 年，研究院着力开展新产品研发工作，共开发新产品 39 项，其中包括《冷成型用镀锌双相钢 DP780+Z》等 17 项汽车应用新产品的研制开发；《硅钢 35BW550 研发》《低铁损 50BW470 研发》等 6 项家电产品的开发；《1700MPa 高强防弹用钢 BGFD》等 10 项工程结构用新产品的研发；《非调质机械结构用钢 F45MnVS》等 6 项特钢产品的研发。冷成型用镀锌双相钢 DP780+Z 实现自主设计研发，经中试和现场工业试制力学性能满足标准，并通过了神龙汽车的认证；热镀锌低合金高强钢 HC250/450DPD+Z 镀锌产品累计生产供货 267 吨，产品力学性能和表面质量均达到标准要求；本钢首次开发的生产轿车（乘用车）齿轮用钢 20CrMnTiH2 完成了工业生产试制，各项检验项目达到技术指标要求，具备国产轿车（乘用车）CrMnTi 系齿轮用钢生产能力，实现了轿车（乘用车）齿轮用钢开发的新突破；高级优质轴承钢 GCr15 经过工艺优化检验结果满足协议要求，用户使用良好，已具备稳定生产高级优质轴承钢 GCr15 的能力；高速工具钢 DS120 为双金属带锯背材打破了外国钢材对带锯用钢的市场垄断。为适应汽车车轮钢轻量化市场开发需要，研发了本钢拳头产品车轮用双向钢 RS590/DP590，在兴民钢圈、齐鲁轮业及济宁骏达等车轮制造企业得到了广泛应用，共生产 8500 吨，各项力学性能优异，性能合格率 100%，目前此钢种独家供货兴民钢圈和齐鲁轮业。

【技术攻关】 成功开展二热轧短流程供冷轧热成形钢 PHS1500 的攻关试验，已经完成首次生产，产品质量良好，通过该工艺改进将显著降低热成形钢生产成本，提高产品竞争力。“冷轧低合金高强钢 HC420LA 力学性能稳定生产技术攻关”已使产品力学性能合格率由 75%提高至 95%以上。上汽冷轧外板开发项目在全公司范围内成立了质量提升组、体系管理组、料片组等八个工作组，按 VDA 要求进行各项工作推进，68 项审核问题现已完成 60 项整改，产品质量得到极大控制。通过攻关，本钢浦项冷轧外板生产 2.63 万吨，合格率为 88.7%，其中普通外板生产 22463.5 吨，合格率为 93.21%，完成计划合格率 90.5%攻关目标。

【认证工作】 研究院按照项目制进行管理，明确责任人，每周召开院内产品认证项目例会，研究和推进各个认证项目的实施。2018 年，共启动认证项目 29 项，认证成功 11 项，研究院完成相关工作，等待用户反馈的项目有 13 项，正在进行的项目有 5 项。认证成功 11 项（奔驰重卡、通用汽车泛亚认证、华晨汽车、重庆至信、凯龙新能源、一汽集团、长春英利、沃尔沃重装备认证、吉利、法雷奥、江铃汽车），其中奔驰重卡 H6 新车型认证工作开展以来，技术研究院与奔驰汽车进行了多次技术交流，做了大量细致而卓有成效的工作，按照节点计划，向奔驰公司提供了各项技术数据和料片，15 个牌号、32 个规格的产品通过了认证，本钢被纳入奔驰汽车供应商名录，这标志着本钢具备了向世界一流汽车企业的供货能力，具有里程碑意义。首批 4 个泛亚认证钢种（CR180B2、CR590T/340Y - DP、镀锌 CR420LA、CR590T/340Y - DP 产品）已全部通过认证并获得认证证书。年底共有 20 个牌号通过通用泛亚全球认证，涵盖软钢系列、加磷高强钢系列、低合金高强钢以及双相钢等。

【科研管理】 2018 年，研究院承担的科研项目共 74 项，其中公司级项目 29 项、院级项目 45 项。在 29 个公司级项目中，包含 9 个质量攻关项目和 20 个产品研发项目，其中热镀锌、电镀锌和高端冷轧汽车板表面质量攻关等 9 个项目，经过研究、试制和不断调整，产成率较 2017 年有了很大程度的提升，达到预期目标。产品研发项目也按照研发进度分别完成了基础研究、实验室试验、现场试制方案确定等前期研发工作，按节点计划顺利推进。45 项院级项目也正在按照预计项目进度实施。共有 15 项科技项目参加了科学技术成果鉴定，其中省级鉴定项目 5 项、公司级鉴定项目 10 项，申报省科技进步奖 8 项，申报专利 10 项，获得权利授权 5 项。在“2018 年辽宁省自然科学学术成果奖”的申报工作中，组织论文 27 篇。其中《两相区退火温度对 DP 钢组织性能的影响》《热轧厚规格 X80 管线钢静态再结晶过程和冷速对组织与性能的影响》两篇论文获一等奖；《汽车板表面粗糙度对磷化膜性能的影响》《钢带运行速度对 TRIP 钢组织和性能的影响》两篇论文获二等奖；《高强韧性齿轮钢 16CrNi4 的试制》《540MPa 级高强度热轧酸洗板的研制开发》《冷轧无取向硅钢 50BW470 生产实践》《石灰质组合坩埚对裂纹的抑制作用》《本钢高品质汽车外板生产现状及表面质量控制》《连退工艺对烘烤硬化钢 CR180B2 力学性能的影响》《将钢渣磨选成钢渣精矿粉减少有害元素磷带入量的探讨》七篇论文获三等奖。向国家认可委申报 CNAS 能力验证计划 11 项，其中物理 4 项、耐火 1 项、化学分析 2 项、煤焦 4 项。“金属材料板材室温拉伸试验”“煤炭焦化指标分析”“煤的发热量的测定”“钢中非金属夹杂物含量的测定”等四项已通过认证。在铁焦工艺研究和铁前原料稳定等八个研究方向上，开展了研究检验工作。“本钢球团工艺技术研究”为公司决策提供了一些参考依据，也使得本钢各球团厂的统一工艺质量标准研究工作迈上了新台阶。针对公司“分析高炉失常原因，把案例做成教科书”工作，技术研究院组织制造部、炼铁厂等厂矿完成高炉破损调查案例的编写，并将《板材 5 号高炉炉缸侵蚀技术分析》《板材炼铁厂 7 号高炉炉况失常成因及恢复》《北营炼铁厂新 2 号高炉 2018 年炉况分析》《板材 1 号高炉炉缸烧穿事故分析》等四篇技术分析报告作为典型案例。完成《电感耦合等子体原子发射光谱法测定铬铁、硅铬中磷、铝、钛、铜、锰、钙含量》国家标准的起草。为充分发挥汽车板实验室设备功能，继续开展材料的基础性能数据、应力应变曲线、成形极限曲线、高速应力应变曲线、扩孔率、焊接工艺参数窗口、疲劳特性曲线和仿真用材数据卡等数据库建设，打造可供车厂检索材料信息的服务平台。目前应用及检测技术研究所已经具备独立完成焊接性能试验、胶粘性能试验、涂装性能试验、低周疲劳性能试验和高速拉伸性能试验的能力，在国内同行业处于先进水平。此外，广泛开展了高速拉伸性能试验、低周疲劳性能试验、涂装性能试验等应用技术试验工作，为先期介入工作的有序开展创造了条件。在 2017—2018 年度国家级技术中心评定中，本钢技术中心评价良好，全国排名 210 名，钢铁行业排在武钢、鞍钢之前，列第 9 位，与上一次评价相比，评定分值提高了 18.5 分，整体提高了 755 名。经过努力，“本溪钢铁（集团）有限责任公司技术中心”已经更名为“本钢集团有限公司技术中心”，使享受国家级技术中心优惠政策的范围扩大到了整个集团公司。

【基础管理】 按照集团公司要求，建立了安全管理机构、完善了管理制度，认真履行安全管理主体责任，将各项管理指标和工作任务层层分解。按照上级要求，坚持制度落实、监管落实、检查落实，重点开展了反习惯性违章作业、电气设备设施防火排查隐患治理、煤气安全管理整治等多项专项整治工作，安全隐患整改达标率 100%，现有危险源109项均处于可控状态。在制度管理上，进一步强化了制度建设。技术研究院成立后，首先进行了领导干部的职责分工，有针对性地在科研生产、产品开发、理化检验、中试、安全设备管理、劳动纪律管理等方面先后制定出台了“技术研究院2018年安全生产工作方针”“技术研究院理化检验送样管理办法”“技术研究院劳动纪律管理考核办法”等近30个管理与考核办法，明确了岗位职责和管理考核内容，细化了步骤，量化了目标，并对各个岗位、各个环节的基础工作进行了清理和整顿，使得技术研究院各项基础管理处在有条不紊的运行当中；开展了工作写实制度，以科研工作量、完成业绩、贡献大小为基础，实行了经济责任制的二次分配制度，打破了平均主义。在设备管理上，进一步加大了基础设施维护力度，确保了研发设备功能正常运行；汽车板二期工程引进的32台套设备已全部就位，并已陆续开展工作，目前该项目处于总结验收阶段。技术研究院有国内外设备近700台，固定资产原值达1.33亿元，均处于可控状态。在体系建设上，通过了质量、环境、职业健康、两化融合和能源管理体系的内审和外审，并通过了IATF16949的换版审核，取得了新版IATF16949的认证证书。按要求建立制定了测量管理体系框架和相关文件，顺利通过了内审，目前正在逐步完善体系相关内容，迎接下一步的外审。科技情报工作为产品开发和奔驰重卡认证等项目做了大量的英文、德文、日文翻译工作，收集行业信息64条、收集科技文献摘要56条、收集热点关注论文15篇、翻译外文摘要19篇，为产品研发提供了有价值的科技信息，已发布四期《本钢科技信息简报》。

【“四定”工作】 首先成立了“四定”工作小组，在公开、公正、公平的前提下，深入调研，听取多方意见，详细制定了“四定”方案，明确了组织架构、岗位职责、岗位竞聘条件和薪酬体系标准，在全体职工共同努力下，顺利完成了技术岗、业务岗、管理岗岗位竞聘工作。在第二阶段，结合技术研究院薪酬体系改革后各职群特点，确定了岗位工作年限认定原则，并对学历、职称、技能资格、工作年限等信息进行了调整和认定，先后出台了《本钢板材技术研究院高技能岗位设置及聘任管理办法》《本钢板材技术研究院高级操作岗位招聘管理办法》，并在民主管理监督下实现了有效运行。目前，技术研究院“四定”工作圆满结束，受到公司有关部门的认可。

【党群工作】 技术研究院自2018年3月组建以来，领导班子积极作为，建立6个党支部，认真开展党委工作。严格执行党的组织生活。坚持落实“三会一课”、谈心谈话、民主评议、民主生活会和组织生活会等组织生活制度，切实提高党委班子民主生活会、党支部组织生活会质量，并按集团公司党委要求，在10月30日召开了技术研究院党员大会。技术研究院党委创新工作方法，创新党员教育管理和党支部书记培训，通过建立支部微信群、QQ群，推广“互联网+党建”等做法，拓展党建工作新模式，利用新媒体平台，使党员群众在“微时间”中受教育，增强学习教育的感染力、凝聚力。制定了技术研究院《关于参加集团公司职工疗养相关要求的通知》，保证此项工作平稳顺利进行。从6月开始，共安排39名普通职工、3名劳动模范和党员标兵参加疗养。积极为青年的成长成材搭建平台，在集团公司2018年度五四表彰大会上，技术研究院青年荣获优秀青年标兵、大学生创业成材标兵称号，高强钢组荣获精英团队称号。在“辽宁好人·最美人物”推选活动中，文小明获此殊荣，本溪市仅此一名当选。技术研究院2018年度荣获“第八届中国金属学会冶金先进青年科技工作者”称号1人、“第十一届辽宁省优秀科技工作者”荣誉称号2人、荣获本溪市“五一”奖章1人。开展全方位的廉洁预防教育，强化对党员干部特别是领导干部的教育，注重将廉洁教育向关键岗位、重点岗位、重要人员等领域拓展延伸，不断增强教育的针对性和时效性。组织领导班子及重点岗位人员25人签订了廉洁自律承诺书，做到了一级抓一级的层层落实。同时，将《关于进一步重申有关纪律要求严格落实中央八项规定精神的通知》等各类文件实行三级传达，增强了教育的针对性和时效性。

（宋宪伟）

包装公司

【概况】 2018年底，本钢板材股份有限公司包装公司（简称包装公司）在籍职工28人，其中：管理岗11人、业务岗7人、技术岗1人、操作岗9人。设立4个职能科室、5个作业区，负责特钢厂、热连轧厂、一冷轧厂、本钢浦项和三冷轧厂的产品包装管理业务。2018年，完成冷轧产品包装量552.97万吨；热轧产品包装量247.37万吨；特钢产品包装量47.45万吨。全年完成包装量847.78万吨。

【成本工作】 成本指标是板材包装公司工作重点之一，年初公司给定的考核指标为吨钢消耗指标，分为材料费用和人工费用两部分。包装公司将指标分解到每条产线、每道工序中。通过严格材料入厂检验、严格包装材料使用制度、严格仓储管理以及推进新型包装材料的使用、包装方式等手段，使包装降成本工作取得了较好效果。2018年度包装材料费用29753.38万元，剔除材料价格上涨因素实际降低成本约634.47万元；全年人工费用部分降低714.66万元，完成全年成本目标。

【质量管理】 严格执行包装材料验收及使用过程中抽检的监督管理，严格执行年度抽检及性能检测计划，2018年共发现10批次不合格材料，避免使用不合格包装材料；对产品包装质量形成各作业区和技术质量科两级检查制度，厂内包装不合格率明显下降，由上年度每月平均4.17%，下降到2.01%，降幅51.80%；积极推进新的本钢产品包装标识，规范了标识中英文全称、字体大小和颜色、两侧新增开卷方向等要求，有效提升了本钢产品包装的辨识度及品牌形象；集港产品包装破损原残率明显下降，2017年月均103件，包装公司按集团公司领导要求从11月介入装封车监管，本月原残率降为71件，降幅为31%；包装公司主动承担到港包装原残的修复工作，每月派遣人员修复包装累计141件；完成集团公司下达的各项任务指标。根据包装公司2018年“质量月”活动安排，包装公司在冷轧包装产线开展了首届“本钢包装操作技能比武大赛”。旨在推进包装作业人员标准化包装操作，提升包装操作技巧，激励包装操作能手和包装技能团队。通过技能比武大赛，在包装操作人员中形成了学标准、论技能、比干劲的热情，同时也增加了团队协作的凝聚力。

【文明生产及6S管理】 实现“轻伤及以上事故为零、火灾事故为零”的安全生产管理目标。按照“材料摆放整齐、作业规范有序、环境干净整洁”6S 管理工作要求，每周对各作业区现场作业环境进行检查，发现和整改 6S 管理问题 130 多项。通过持续的强化管理，包装现场初步形成了整洁有序的局面。

【新包装公司组建准备工作】 保障各产品厂包装业务管理工作及稳定提升包装质量的同时，按集团公司要求介入装封车监管，大幅降低了产品抵港原残率，取得阶段性效果。围绕集团公司要求包装公司“做强、做大”的发展规划，包装公司在发展方向、管理模式及架构、阶段目标设定等方面积极开展工作，结合“四定”工作紧密配合公司部门认真梳理、细化新包装公司方案并积极推进落实。 （孙科峰）

丹东不锈钢公司

【概况】 本钢不锈钢冷轧丹东有限责任公司（简称不锈钢丹东公司）现有人员总数 361 人，其中正式员工 259 人、劳务人员 102 人（其中劳务派遣人员 9 人、业务大包人员 93 人）；硕士毕业生 7 人、本科毕业生 95 人、专科毕业生 128 人；党员 100 人。共设立了 6 个科室和 4 个作业区。6 个科室分别是综合办公室、党群工作室、生产技术室、设备管理室、安全管理室、财务室，其中财务室人员由集团公司派驻。4 个作业区分别是轧钢作业区、退火作业区、精整作业区、公辅作业区。产品品种：以 304、301、309S、310、316、316L、321 为代表的 AISI300 系和以 430、409、409L、410、410S 代表的 AISI400 系的不锈钢冷轧产品，表面为 2B/2D，带钢厚度 0.20～3.0 毫米，带钢宽度 970～1320 毫米。主要工艺设备包括：1 条准备机组、2 台 20 辊森吉米尔轧机、1 条冷带酸洗退火机组、1 条平整机组、1 条重卷拉矫机组和磨辊间设备及起重运输设备等。

【安全管理】 按照“一岗双责，党政同责，失职追责”的要求，进一步修订完善了《不锈钢公司安全生产责任制》，并将安全生产责任层层落实到基层操作岗位。积极开展安全隐患排查整治工作。成立了 5 个安全生产专项检查小组，全年针对安全用电、消防设施、起重设备、6S 管理等方面开展了 53 次专项检查，共查出安全隐患 183 项，并已全部落实整改。按照职业健康安全管理体系规范要求，辨识出各作业岗位中三、四、五级危险源共计 506 项，对所有区域危险介质、危险作业、危险部位的管控实现了全覆盖。强化了检修作业安全管理，进行全过程监督管控。针对动火作业、煤气作业、高空作业、受限空间作业等危险作业项目，严格落实了执行审批和监护制度，实现了全程重点管控。积极开展全员安全教育培训工作。按照《辽宁省开展全员安全培训教育通知》要求，制定了安全教育培训方案，全年开展教育培训、实际演练、现场处置等安全活动共计 24 场次，参与人员 1100 人次。同时，按照集团公司要求，积极开展“登讲台，讲安全”活动，有效提高了不锈钢全体干部职工的安全意识和管理意识。通过上述安全工作的开展，2018 年实现了安全生产“三为零”的目标。

【生产组织】 全年产量为 10.08 万吨。从 10 月开始，每天根据各机组生产状态、产品规格，现场检修等情况编制日计划、班计划，达到了生产组织精细化管理，能更真实地反映各机组实际生产情况。调度室加强了对各机组热停的管控和考核力度，出现故障停机及时组织相关人员到场处理，并在现场监督，缩短了故障处理时间。重卷机组拉矫机功能恢复后，在板形返修量大幅度减少的基础上，又制定下发了《关于减少重卷返修品的操作指导意见》，要求各工序严把质量关，准确将表面质量缺陷标记在质检卡上，从而减少了重卷机组因翻面产生的返修量。11月产量实现了13284吨，发货量达到了13509吨，已经具备了年产15万吨的生产能力，为实现2019年的产量目标奠定了坚实的基础。

【降成本工作】 通过提高产量，摊薄了固定费用。全年比2017年提高产量1.54万吨，降低固定费用吨钢106元。大力推进辅料和备件国产化工作。开展了陶瓷纤维片、轧制油和轧制油滤芯的国产化工作，全年可节省成本16.55万元。在不锈钢公司与国贸公司物流事业处的共同努力下，8月开始大幅度降低了集装箱运输价格，全年可降低海运费88.97万元。细化分解能源动力指标，制定下发了《待机停电考核管理办法》和《燃气用量管理规定》两项制度，并严格监督执行。10月能源成本实现了394.4元/吨，比预算456.9元/吨降低了62.5元/吨，达到了历史最好水平。混酸酸洗APU系统的功能恢复、提高成材率、公辅降药剂成本、轧辊使用管理优化等降成本攻关都取得了明显效果。加强了物流跟踪管理。从合同投料生产到用户提货结算，全流程跟踪不锈钢产品物流情况，及时掌握资金回款情况。在产品销售方面，进一步加大出口产品比例，大幅提高韩国出口销售量，全年共出口34560吨不锈钢冷轧产品，占总产量的33.0%，同比例提高了22.9%，增加效益1834万元。通过持续对标挖潜，细化分解成本指标，落实责任，加强管理，单位成本呈现显著下降趋势。全年完全成本实现1548.09元/吨，比2017年降低了452.77元/吨，降低幅度22.62%。其中，变动成本957.62元/吨，比2017年降低了373.78元/吨，降低幅度28.07%。通过强化生产经营过程管控，聚焦资金流管理，进一步加大了海外市场开发力度，实现了经济效益最大化。

【设备管理】 修订完善了四大标准。组织四个作业区，根据五条生产机组及四套主要公辅设备的技术特性，通过增补设备检查点、调整设备检查周期、优化设备检查方法，系统优化了机械流体、电气仪表、工业炉等专业的设备管理四大标准，共计修订了100多项次，进一步夯实了设备基础管理。加强日常点检管理。通过规范点检作业时间、点检频次及点检作业内容，要求各作业区在点检区域内设置点检记录本，点检员在每天点检时填写记录，杜绝了伪造点检记录的现象；同时，开展设备点检执行情况专项检查工作，对点检工作的现场执行及各项内业记录，每天以抽查的方式进行检查督促，每周通报考评，有效提高了点检工作质量和管理水平。加强检修质量管理。对各检修项目方案编制、资材准备、施工力量平衡、工期控制、质量验收等工作进行优化，将检修过程中安全、质量、工期的管理责任落实到点检员，并进行了后评价，总结分析经验教训，不断提高检修质量。修旧利废工作。制定了《修旧利废管理制度》，完善了经济责任制中相应的奖励政策，充分调动全体员工修旧利废工作积极性，2018年，完成了平整机组故障下机的IGBT修旧工作，通过对逆变器进行单件分解、检查、测试，组成了一套完好的IGBT，直接节省备件费约32万元。干部职工主动发挥聪明才智，小改小革工作取得大效益。轧机挤干辊改制为铜辊，并实现了自主磨削，降低了挤干辊修复费用及备件成本；重卷拉矫机转向辊由钢辊改为衬胶辊，减少了重卷压坑缺陷数量，延长了换辊周期；优化退火废板和样板自动剪切功能，有效减少了切损，提高了产品成材率。另外，目前正准备进行的退火机组入口吸盘吊气源改造项目已经完成相关方案的制定，实施后不仅可以减少空压机负荷，实现供气平衡稳定，同时可以降低现场噪声，改善作业环境。通过上述工作的开展，为提高产量、质量，降低成本提供了有力保证。全年设备开动率达到了 97.66%，故障率控制在 1.53%以下，作业率比 2017 年大幅提升，设备稳定运行上了一个新台阶，保证了全年 10 万吨产量任务的完成。

【质量优化】 通过强化质量管理，加强全员质量意识教育，严把出厂产品质量关，质量指标和产品实物质量明显提高，并树立了良好的市场口碑。目前出口产品已受到韩国市场的普遍认可，用户认为我厂的薄规格产品质量水平已好于甬金、宏旺等国内大型不锈钢生产企业，为“本钢牌”产品在国际上树立了良好的市场口碑。另外，已经开展的 14 项技术攻关工作，解决了一些制约产量、质量、成本的难点问题。其中 7 项攻关项目已经完成，并全部达到预期目标。以市场反馈问题为导向，以质量体系标准化管理为基础，加强各工序质量管控，对产生的质量缺陷进行归户，加大了质量管理考核力度。加强工艺纪律管理，定期对各工序工艺执行情况进行检查，发现问题，及时分析并制定相关纠正措施，并限期整改。提高产品实物质量方面，陶瓷纤维片国产化的成功，从根本上解决了炉辊压坑问题，同时降低了成本；重卷拉矫功能的恢复投入，既大幅度减少了板形缺陷返修量，又提高了板形质量，将出厂产品不平度控制在 4 毫米之内。

【品种研发】 为提高产品盈利空间，向品种和规格要效益。2018 年上半年与宁波伊斯曼公司以带料加工方式合作开发 304 和 301 两个钢种的 3/4H 硬态产品，该产品目前已完成试制，产品力学性能和表面质量均满足用户需求。开展轧机减道次攻关，已实现 1.15 毫米及以下厚度规格缩减 1~2 轧制道次；优化焊接工艺、提高冷线焊缝质量攻关，取消人工补焊，极大地提高了生产效率。

【人事管理】 结合“四定”工作，内设机构由原来 12 个缩减合并为 9 个，将原生产部和技术质量部合并，增强了生产和技术质量工作的紧密结合；取消物流作业区和质检作业区，由职能部门进行管理，提升了管理效率。选拔 14 名年轻技术骨干聘为专业工程师，为专业技术人才打开了职业上升渠道。全年培训共计 478 课时，累计参加人员 1970 人次。除了按计划完成全年培训任务外，还重点要求各单位领导和技术专责走上讲台，针对产量、质量、成本进行专题培训，提升岗位技能。激励职工主动提升职业技能等级，更好地服务于生产一线。此外，组织开展了特种作业培训、复审和取证工作，全年共计 99 名职工成功取证，确保了特种作业人员 100%执证上岗。按集团公司统一部署，在常年劳务派遣职工中，通过笔试、面试、业绩考核，招聘了 18 名符合录取条件的劳务派遣人员转为不锈钢丹东公司正式职工，弥补了人员的不足。制定下发《本钢不锈钢冷轧丹东有限责任公司职工行为规范》，约束规范职工行为；严肃劳动纪律管理，将严重违反劳动纪律的人员及时予以清退，对连续旷工 15 天以上的 7 名职工解除了劳动合同；加强干部管理，制定下发了《本钢不锈钢丹东公司作业区级管理人员工作责任事故问责追责管理办法》；督办关于生产、设备、质量、成本等 15 项重点工作，使重点问题得到及时有效解决。

【党群工作】 按照集团公司党委要求，2018 年深入学习贯彻落实了党的十九大精神，并按照“两学一做”学习教育文件要求，全年常态化深入各科室和作业区，开展“两学一做”学习教育。坚持党委中心组每月集体讨论学习，持续开展“两先一优”全年考核评比活动，组织全体党员开展了“走进大梨树、学习毛丰美”和“为党旗争光，做合格党员”签字等活动。全年共发展预备党员 4 名，转正 1 名。承办“改革开放四十周年”辽宁省百姓宣讲走进本钢活动，在辽宁电视台、东北新闻网等进行直播，取得良好效果。开展了辽宁省警企共建活动，对打黑除恶做出正面的宣传。全年，通过不锈钢微信平台发表稿件共计 1440 篇，其中原创稿件 270 篇，出色完成了 2018 年宣传工作。在党风廉政建设方面，邀请省法院、丹东市中级人民法院专家为全体职工开展法律知识专题讲座；邀请本钢集团公司纪委领导为全体职工开展落实中央“八项规定”，反腐倡廉专题讲座，通过整理近年来查处的典型案例，用身边事教育身边人，形成了强烈的震慑效果，为我们敲响了警钟。组织开展了不锈钢劳动竞赛、承办集团工会天车大赛集训，组织职工疗养等活动。开展了职工排球争霸赛、中秋慰问演出、夏季“送清凉”、青年大学生座谈会以及学雷锋大清扫等活动。组织青年大学生积极参加集团公司运动会，并取得了较好的成绩，展现了不锈钢职工的风采。积极参与了集团公司青年职工评比活动，两名青工荣获集团公司第一届最美青工称号；荣获了全国钢铁行业“青安杯”竞赛最佳青年安全监督岗岗长称号。通过这些活动的开展，极大地丰富了不锈钢公司广大干部职工的业余文化生活，增强了员工对企业的向心力。（曾 铮）

栏目编辑　李 学

本溪北营钢铁（集团）股份有限公司

【概况】 本溪北营钢铁（集团）股份有限公司（简称北营公司）是以钢铁冶炼及钢材轧制加工为主的大型钢铁联合企业，隶属于本钢集团有限公司。北营公司下设22个基层单位，其中生产单位13个、直属单位2个，公司机关设有职能部室12个。截至2018年底，北营公司在职员工19623人，其中管理岗人员622人、业务岗人员932人、技术岗人员482人。职工文化结构：初中（含技校）10926人、高中（含中专）2926人、大专4195人、本科1491人、研究生85人。固定资产原值368.68亿元，净值249.43亿元。主要设备包括高炉5座、转炉7座、焦炉8座，轧钢生产线7条、铸管离心机14台。

【指标情况】 北营公司2018年完成生铁695万吨，同比下降15万吨，减少2.1%；钢坯690万吨，同比增加3万吨，增长0.4%；钢材675万吨，同比增加37万吨，增长2.7%（其中：棒材122万吨，同比增加25万吨，增长26%；线材233万吨，同比增加18万吨，增长8%；板材320万吨，同比持平）；冶金焦249万吨，同比增加15万吨，增长6.8%；发电量15.5亿千瓦时，同比增加9200万千瓦时，增长6.3%；铸管按合同组织生产9.3万吨。实现销售收入249亿元，同比增加12亿元，增长5.06%；实现利润2.8亿元。

【重点工程】 2018年，北营公司共有重点技改及专项工程67项，其中重点技改26项，已开工16项；专项工程41项，已开工14项。一高线高速棒材改造、焦化厂3号焦炉大修、新建鱼雷罐翻铁机工程等主要重点项目均提前完成，取得较好效果。北营一高线高速棒材改造工程总投资1.34亿元，于9月26日热负荷试车成功，10月19日正式投产，该生产线的建成有利于实现产线与产品规格的科学合理分工，进一步提高棒材产量和质量。北营焦化厂3号焦炉大修工程总投资8000万元，于8月20日投产，比计划提前10天，9月1日就实现达产，预计年可实现经济效益1.28亿元。北营新建鱼雷罐翻铁机工程于8月3日投入使用，比计划提前27天，日翻铁能力1800吨，确保北营公司在炼钢炉役期间的顺利接铁。北营铁运公司解冻库扩建工程于6月20日开工，10月26日点火烘炉，比计划提前5天，解决了北营公司冬季生产原燃料解冻能力不足的问题，为冬季卸车创造了有利条件。

【生产组织】 2018年，炼铁系统生产出现较大波动。新1号高炉因炉缸温度升高，从2月13日开始实施特护，尽管公司上下一心，严格落实特护措施，实现了新1号高炉安全生产，但产量偏低，1~11月，日均6625吨。新2号高炉受高炉铁料和操作等因素影响，从4月开始波动，生产一度失常，4~9月，日均只有6870吨。小高炉因大量配吃落地料，前9个月日均产量1724吨。10月，公司完成了以大高炉为核心的联合检修，并进一步强化精细化、标准化操作及外围保产保供措施，炼铁生产逐步走出困境，产量提升明显，新2号高炉剔除检修影响，日均超过7600吨，小高炉在上海美匡公司和北营公司的相互协作下，实现了取长补短，日均提升到1805吨。10月，扣除检修时间，生铁日均达到2万吨，创出当年最好水平，比前9个月增加1100吨/日。炼钢系统通过优化生产工艺、调整生产节奏、落实鱼雷罐加废钢等一系列有效措施，成功实现了钢坯产量的逆势增长。在炼钢二区2号转炉炉役期间，采取单班精准激励，持续提高冶炼效率，钢坯产量有11天超过1.8万吨，连续刷新炼钢二区炉役期间日产最高记录。8月24日，北营公司创造性地提出在鱼雷罐中加废钢，在炼钢厂、冶金渣公司、铸管公司、铁运公司、公运公司和炼铁厂的紧密协作下，提产效果明显，炼钢系统累计增加钢坯产量14.2万吨，仅鱼雷罐加废钢一项就增加钢坯产量5万吨。全年炼钢增产实现创效1.04亿元。轧钢系统紧跟市场需求，抓住时机，调整产线，稳定设备运行，实现钢材产量持续提升。11月，轧钢日产多次突破2.3万吨，创近几年来最好水平，11月22日，轧钢日产创造了2.55万吨的历史新纪录。60万吨高速棒材投产后，全力投入调试生产，11月22日产量突破1000吨，为长材增产提供了强劲动力。全年长材累计超产34万吨，为公司创效2.25亿元。炼焦系统采取严抓配煤准确度，缩短结焦时间，减少生产操作故障等有力措施提产保质，充分利用3号焦炉投产达产的有利契机，将焦炭日产稳定在7500吨以上水平。发电系统根据煤气运行情况，科学调整负荷，9月1日创造了日发电586万千瓦时的最高纪录，全年实现发电15.5亿千瓦时，实现增效5000万元。

【降本增效】 北营公司坚持以效益为中心，采取多种措施大力推进降耗增效，全面助推公司效益持续提升。1. 开展降铁耗攻关降低炼钢成本。通过持续开展少渣炼钢、工艺优化、菱镁石替代等措施，1~7月，实现铁耗987.5千克/吨，比计划降低26.5千克/吨。8月以来，通过加大炼钢降耗控制和实施鱼雷罐加废钢，铁耗进一步降低，在10月24日创出吨钢铁耗928.1千克的历史最好水平。全年实现铁耗978千克/吨，比计划降低36千克/吨，同比降低31千克/吨。2. 开展降合金消耗攻关，降低产品成本。在满足产品性能和客户需求的情况下，通过炼轧工艺联动适当降低合金加入量。尤其是进入10月，钒氮合金价格暴涨且难以采购，内贸螺纹钢合金吨钢成本上涨了110~140元，公司及时成立联合技术组，针对钒氮合金替代工作开展攻关，并取得初步成功，实现了螺纹钢HRB400E不同规格吨钢降成本85~118元。3. 加强生产运行费用管控，降低定额消耗，全年降低运营承包费550万元，降低生产定额消耗1.3亿元。4. 推进经济配煤配矿降低炼铁成本。通过优化配煤结构、开发新煤种等措施，全年降低配煤成本2160万元；通过配加西非、杨迪、硼镁粉等低价料，全年实现增效3984万元。5. 优化电力系统运行方式，大力降低电费支出。通过采取调整变电所运行方式、及时投切电容器、落实峰谷用电制度、实施变频节电项目等措施，节约电费7000万元；积极争取和落实直购电政策，减少电费支出2700万元。

【设备管理】 适时调整设备管理思路，扭转设备事故故障多发局面。针对设备事故较多的实际情况，北营公司在5月19日召开中层以上干部大会，专题研究设备系统管理问题，牢固树立“事故是最大浪费”的理念，形成全员参与、全面从严管理的设备工作思路，加强操作规程及制度的贯彻落实，设立设备保产专项奖，强化责任落实，实现精准激励，设备管理水平日渐提升。加强标准化操作，狠抓设备日常运维和三级点检，推行设备精细化管理，消除设备隐患。1~8月累计发生事故37起、故障130起。9月以来，通过深入贯彻“振奋精神、加强责任心、提高技能”的管理理念，加强点检人员业务培训，加大激励考核力度，实施两次定修区间无故障管理，9~12 月，发生事故 9 起、故障 16 起，较前 8 个月有明显好转，设备事故故障得到有效控制。强化定修和联合检修，提升设备维护水平，为稳产高产提供了保障。从修订模型、强化平衡、狠抓实效、创新考评四个环节细化定修管理，全年定修计划 537 项，实际完成 510 项，完成率 94.9%，重点设备可开动率比计划提高 1.8%。

【调结构提质量】 年初，针对板材效益高于长材的市场格局，加强对板坯和 1780 生产线的管控，以热轧板为中心组织生产。下半年，针对长材需求旺盛、效益超越板材的情况，加强对方坯和棒线材生产的组织和协调，制定了以长材为中心的生产策略，在保证线材产能充分释放的情况下，全力做好棒材提产工作。强化质量管理和认证工作，提升产品市场形象。加强过程控制，严肃工艺纪律，加大产品出厂检查力度，全年实现不良品率 0.21%，比计划降低 0.19%。开展汽车板和帘线钢 VDA6.3 过程审核，通过了螺纹钢 CARES 产品认证和建筑材生产许可证扩证等认证工作，为公司产品提供了更加广阔的市场空间。加强产品研发和储备，促进产品提档升级。坚持创新驱动，开发和储备新产品，全年共开发出 17 个新产品，其中热轧盘条 15 个、板材 2 个。

【节能环保】 强化能源管控，降低能源消耗。结合生产运行和现场实际，切实做好能源介质平衡工作，严格控制能源消耗，提高资源利用率。全年吨钢综合能耗 640 千克，比计划降低 6 千克；吨钢耗新水 2.9 吨，比计划降低 0.3 吨；氧气放散率 0.9%，比计划降低 1%；转炉煤气回收 103 立方米/吨，比计划多回收 8 立方米/吨。推进环保问题整改，提升厂区环境质量。北营公司与各基层单位签订环保工作责任状，建立节假日、周末值班及夜间抽查制度，落实环保设施运行管理、污染源达标排放、厂区环境监测等工作，有效提升环保管理水平。每月开展厂容环境互评，全力推进问题整改；开展料场环境、运输车辆、卫生死角的清理整顿；将炼钢沉泥改用火车运输，厂区目视效果明显提升。全年实现环保设施运行率 98.39%，自行监测数据发布率 95%以上，限期整改指令完成率 100%。全年北营厂区空气质量良以上 293 天，优良率 80%，同比提升 6 个百分点。

【安全管理】 落实责任，贯彻全面从严抓安全理念。针对“2+3”生产模式下的安全生产实际，强化安全标准化操作，推行安全管理正激励，落实“全面从严抓安全”措施，事故伤害总起数同比下降 29%，安全生产形势总体稳定。强化培训，提高全员安全意识。开展以岗位风险分析、反违章辨识和现场实操为重点的安全教育培训，抓好特种作业、新上岗安全员、各单位管理人员安全专项培训，全年组织培训 7 万人次。开展专项整治，狠抓风险防范。加强安全值班值宿和领导带班工作，落实安全专项整治措施，加强风险辨识双控、联合检修、鱼雷罐加废钢作业及隐患排查等方面的安全管控，消除安全隐患。

【推进“四定”优化考核】 坚决贯彻集团要求，全面高效完成“四定”工作。目前，公司设置职能部门 12 个、生产单位 13 家、直属单位 2 家。处级机构由 40 个整合为 27 个，缩减了 32%；科级机构由 318 个整合为

257个，缩减了19%；管理、业务、技术岗实际配备人数比集团核定数降低了0.5%。通过深入推进劳动合同清查、“吃空饷”问题专项整治，加强劳动纪律管理等工作，有180人重新上岗，有效缓解部分岗位人员紧缺的局面。强化公司考核机制，完善多层次考核体系。根据公司发展需要调整绩效考核办法，通过增设“设备管理奖”，将公司各类单项工作任务纳入相关单位绩效考核，建立绩效考核例会制度等措施，进一步规范奖励流程，确保考核公正公平。各职能部室积极履职，严格落实专业管理考核办法，按月对本系统内的工作情况进行评比。公司考核小组按季度对各单位和部室的任务完成情况进行考核、排名和通报，有效激发了干部职工热情。

【党群工作】 北营公司党委围绕生产经营中心工作，深入学习贯彻党的十九大精神，严格落实党委主体责任，推进“两学一做”学习教育常态化、制度化。抓好中心组理论学习，定期开展集中学习研讨，严明政治纪律和组织规矩，增强党员干部的理论素养，用理论指导实践工作。加强干部管理考核与监督，以问题为导向，以绩效为重点，强化管理责任落实，增强干部责任意识与担当意识。深入开展繁星工程评比活动和样板工程选树工作，努力发掘党员干部和职工中的闪光点，带动和促进公司和谐发展、科学发展，将党建研究成果转化为生产力。抓好“三会一课”、组织生活会、民主生活会和基层党委换届等党建基础工作，确保党建工作扎实有序开展。定期开展职工思想动态调研，了解职工热点、难点，解决实际问题，凝聚职工力量，为企业持续稳健发展提供坚强的政治思想保证。跟踪报道企业改革发展成果，为公司生产经营营造良好舆论氛围。工会系统广泛开展全员参与的劳动竞赛，组织开展了提产降耗增效、优质配餐、优化住宿环境构建和谐公寓等劳动竞赛，充分激发职工爱岗敬业精神。积极组织参加职工职业技能竞赛，提升职工学技术的热情。加强与职工的密切联系，切实维护职工合法权益，构建和谐劳动关系。开展丰富多彩的文体活动，举行了“焦化杯”职工篮球赛，组织职工参加集团公司合唱比赛和排球比赛等活动，营造健康向上、充满活力的环境氛围。积极开展扶贫帮困，累计为困难职工发放帮扶资金和生活物资57万余元，体现了企业温暖。保障和改善民生，提高职工幸福指数。进一步完善职工供餐服务，对厂区饮用水管线进行改造，修缮职工宿舍，改善职工生产生活条件；新建两个职工停车场，为2432台职工私家车解决了停车难等通勤问题。此外，治安保卫、信访维稳、共青团、武装、科协、退休管理等工作也紧紧围绕企业需要，积极发挥自身作用，为企业改革发展做出了应有的贡献。 （杨　野）

炼铁厂

【概况】 2018年底，本钢集团本溪北营钢铁（集团）股份有限公司炼铁厂（简称炼铁厂），共有职工3384人（包含在籍3235人、化肥协力62人、建设协力87人）；其中大专、本科以上学历为848人；各类专业技术人员为436人（初级348人、中级84人、副高级4人）；管理岗人员51人、技术岗人员76人、业务岗人员89人、操作岗人员3168人；下设5个管理室、14个作业区。全厂主要设备包括5座炼铁高炉（9号、10号、11号高炉容积为530立方米，新1炉、新2炉高炉容积为2850立方米），300平方米、360平方米、400平方米烧结机各1台，75万吨球团系统生产线2套；设备系统全年可开动率达到97.37%；固定资产总值152.89亿元，净值125.26亿元。主要产品有炼钢生铁、烧结矿、球团矿，副产品主要有高炉水渣、高炉煤气、脱硫石膏等。

【主要指标完成情况】 2018年，炼铁厂全年生铁产量完成694.50万吨，铁水合格率100%，高炉有效利用系数2.382吨每立方米每天；烧结矿产量完成895.71万吨，入炉焦比实现423.06千克/吨，喷煤比139.55千克/吨，烧结矿品位稳定率100%，烧结矿合格率99.63%，烧结有效作业率95.87%；球团产量完成153.69万吨，球团抗压强度2443N/个球；TRT发电量26135.08万千瓦时。

【成本管理】 一是落实厂内成本管理制度的相关工作，深入现场与各级人员沟通，掌控成本消耗动态信息，查找影响成本损耗存在的问题，及时协调解决或上报处理。二是监管成本结算，对未能结算或集中结算项目，做好预提、待摊等工作，确保当期成本的准确性。三是根据当期市场价格及铁原料、燃料的实际配比，准确测算工序间的联动成本。评估各品种物料的经济性，为经济配矿、优化燃料结构提供依据，降低生产成本。四是认真开展旬分析、月总结，查找成本超支的项目并分析原因，及时制定整改措施，降低对成本的影响。五是全面推进“日清日结”工作，实现企业效益最大化。根据集团公司全面推进“日清日结”工作的要求，结合厂成本管理工作的实际，在“日成本、旬分析、月总结”管理的基础上，全面实行“日清日结”。

【生产管理】 2018年年初，炼铁厂新1号高炉的炉缸耐材局部温度超高，严重威胁安全生产。集团公司组织成立了特护小组，采取减少富氧，配加钒钛矿护炉，区域压浆，增加电偶等一系列技术措施，保证了炉缸的安全运行，高炉日产稳定在6500～6700吨水平。新2号高炉在年初炉况出现波动，经过调整布料制度，优化操作参数，10月开始高炉处于稳定状态，高炉产量提高到7800吨/天。6月1日慧安公司开始介入小高炉技术操作，初期操作思路与原有操作存在较大的改变，提富氧，提风温，缩风口面积等动作比较大，炉况一时出现波动，各高炉设备适应能力也承受了比较大的压力，故障率有所上升，休风、减风操作频繁。随着慧安公司技术人员对高炉的熟悉和炉况进程的掌控越来越好，6月下旬，各高炉炉况很快得到恢复，并实现了顺行高产。烧结生产以保质量为前提，在质量满足高炉生产的情况下兼顾提高烧结产量，特别是300平方米烧结、360平方米烧结环保改造大修期间，提前攒料30万吨，保证高炉物料结构的稳定，为高炉稳产奠定基础。

【设备管理】 持续强化“点检定修、预防维修、预知维护、操修结合”的设备管理理念，以从严抓设备安全管理、深化设备管理、提高设备运转率为目标，积极推进设备系统全方位管理和6S管理，确保主体设备稳定高效运行。2018年全年安排高炉区域计划检修18次、烧结区域计划检修30次、球团区域计划检修7次，先后投入检修力量9000余人次，设备系统精心组织，保质保量完成各项检修任务，全年高炉休风率为1.75%，烧结机有效作业率为95.87%。炼铁厂积极开展修旧利废，降本增效活动，专门制定了修旧利废专项奖励办法，2018年自修备件总计626件，节约667.16万元。

2018 年计划资金总计 9700.5 万元，其中年修计划 7 项投资 5630 万元，检维修计划 35 项投资 4070.5 万元，全部得到实施。

【环保管理】 2018 年结合相关环保法律法规对涉及环保管理、危险废物管理、放射源管理、料场管理等制度进行了规范，同时完成了环境突发事件应急预案的备案和排污许可证的申领工作。根据申办排污许可证和国家超低排放相关要求，全年制定环保提标改造项目 21 项。利用 300 平方米、360 平方米烧结大修机会，投资 5613 万元将 2 台烧结机机尾的电除尘改造为袋式除尘器，同时对 2 台烧结机头电除尘进行了大修改造。

【安全消防管理】 1. 结合实际情况，重新制定并下发了《北营炼铁厂安全管理考核（奖励）细则》，加大厂级各类安全检查、考核力度，对明显隐患、人员违章、安全事故采取零容忍考核。2. 组织各单位开展平台孔洞及防护措施专项排查整改工作，共计发现问题 565 项，并全部整改。3. 积极组织推进操作标准化工作的开展，按照公司统一要求，组织对岗位安全操作标准化作业指导卡进行修订和完善 612 项；组织开展作业指导卡、PPT 作业图解理论培训 1592 人次，现场机旁实际操作培训 1305 人次。4. 开展新 1 号高炉炉缸烧穿事故厂级应急预案演练，增强了各作业区、机关各管理室以及外单位等相关人员在事故状态下的应急操作、处置和自救能力。5. 根据集团公司、北营公司下发的《今冬明春火灾隐患专项治理工作实施方案》的工作要求，制订了具体方案，重点针对粉尘涉爆、动火作业、消防控制室、皮带防火、电气防火等方面开展了专项检查。

【技术管理】 2018 年初，新 1 号高炉炉缸侧壁电偶温度持续升高，监控电偶 TE171002 点最高达到 997℃，为确保高炉安全生产，3 月高炉进入特护状态。为优化烧结球团配矿，炼铁厂成立配矿小组，专门开展经济配矿工作，通过分析综合市场资源量、价格、生产需求等因素，开展经济配矿计算，确定矿粉资源需求。烧结工序开展了用价格较低的超特粉代替塞拉利昂粉，保证了低价矿的稳定使用，降低烧结配矿成本。球团工序通过对东洋粉和普通周边粉基本性能分析测算，在 4 月初，采用东洋粉代替普通周边粉，球团品位升高到 63.8%，同时改善了球团的冶金性能。

【科技质量成果】 2018 年炼铁厂申报的科技成果，“高炉水渣转鼓过滤系统改造”获本钢集团科技进步奖一等奖；“北营大高炉安全经济快速休复风技术研究与应用”获本钢集团科技进步奖三等奖。开展的六西格玛项目，“降低新 1 高炉燃料比”获本钢优秀六西格玛二等奖并荣获全国六西格玛优秀项目奖。开展的 QC 小组活动，“提高烧结矿 FeO 含量稳定率”“提高新 2 号高炉喷煤比”均获冶金行业优秀 QC 项目一等奖。新 1 炉作业区生产二班被评为辽宁省质量信得过班组荣誉称号。全年征集科技论文 22 篇，《北营 400 平方米烧结节能环保生产实践》在 2018 年中国国际钢铁大会发表并交流；《北营新 1 号高炉大喷吹技术实践》等 7 篇论文在 2018 年全国炼铁生产技术会暨炼铁学术年会发表。

【人资与培训管理】 2018 年 2 月依据《北营公司“四定”工作实施指导意见》，组织机构由 7 科 1 室调整为 5 室：人力资源科、核算管理科并入综合办公室，更名为综合办公室；技术管理科并入生产管理科，更名为生产技术室；环保管理职能从安全管理科划出，并入设备管理科，更名为设备管理室；安全管理科更名为安全管理室；党群工作科更名为党群工作室。同时将原218名管理人员分别调整至管理、业务、技术岗位。2018年培训教育工作以转岗培训为基础，以全员操作规程培训为重点，结合上级主管部门和体系认证对培训工作的要求，以及各单位生产需要按照计划组织实施。2018年共完成189人次转岗培训工作；组织开办了高炉操作规程等92个培训班，培训24000余人次。

【党群工作】 1. 根据省委巡视组和公司党委对党建工作要求，厂党委进一步夯实工作基础，着重对各党支部工作进行了检查指导，对不足之处及时予以整改。2. 深入贯彻炼铁厂党委“繁星工程”评比方案，指导各党支部开展活动，并要求各党支部结合自身实际，打造本支部特点的样板工程。3. 结合“全面从严抓安全”工作要求，组织党群系统进行“炼铁厂党群组织助力生产经营开展安全检查工作”等主题活动。4. 抓基层支部建设，促进党支部和党员先进性教育的充分发挥，炼铁厂党委把党建工作下移，严格落实“三会一课”制度，以支部工作为重点，以党员责任区“两保六无”、党员先锋岗等主题活动为抓手，充分发挥支部、党员的战斗堡垒和模范作用。5. 炼铁厂党委每月深入基层收集员工思想动态，形成报告，对职工提出的疑问当面给予解答，为职工解决实实在在的问题30余项，确保了生产安全稳定顺行。6. 厂党委宣传部门围绕全厂的各项工作主线，结合实际，突出重点，把握全局，内聚合力，外树形象。通过《本溪日报》《本钢日报》《今日本钢》等主流杂志、媒体积极向外展示炼铁厂的风采。7. 以生产工作为中心，以“工会建家”为载体，加强自身组织建设，突出“维护、参与、建设、教育”的职能，开展建设职工之家活动。8. 厂工会成功承办本钢集团有限公司第二十一届职工技能大赛暨第三十五届青工技术比武高炉炉前工的技能大赛，王文生获得炉前工技术比武状元。9. “孙世家劳模创新工作室”有2项国家专利正在申报中；佟明海劳模创新工作室在2018年10月升级为“辽宁省劳模创新工作室”。两个劳模工作室共有21项成果、2项专利，充分发挥了先进典型的示范导向作用。10. 在落实公司“全面从严抓安全”工作中，引导团员青年认真落实安全责任，炼铁厂团委获得了全国钢铁行业“青安杯”竞赛先进集体荣誉称号。

（毛金凤）

炼钢厂

【概况】 2018年，本溪北营钢铁（集团）股份有限公司炼钢厂（简称北营炼钢厂）下设5室、15个作业区。在岗员工2793人，其中管理人员54人、业务人员87人、技术人员64人、生产操作人员2588人。具有初级职称340人、中级职称92人、副高级职称2人；技师41人、高级技师3人。2018年，北营炼钢厂拥有固定资产原值5114031335.41元，净值2857346249.61元。拥有主体设备50吨顶底复吹转炉4座、120吨顶底复吹转炉3座、板坯连铸机3台、方坯连铸机6台、900吨混铁炉1座、1300吨混铁炉1座、40吨-LF精炼炉2座、120吨-LF精炼炉2座、RH精炼炉1座、转炉副枪装置3套、铁水预处理系统3套、40吨单线双工位倒罐站1座、135吨双线双工位倒罐站1座。

【主要经济技术指标】 2018年，北营炼钢厂共计生产钢坯 692.56 万吨，其中方坯 356.09 万吨、板坯 336.47 万吨；钢铁料消耗完成 1088.5 千克每吨；铁耗完成 979.5 千克/吨，通过降低铁耗实现增产 10.77 万吨；电耗完成 57.71 千瓦时/吨，节约电费 929 万元；合金消耗完成 141.18 元/吨，降低消耗 3522 万元；全年较年初预算目标降低成本 6988 万元。

【生产组织】 1.2018 年，接铁成为北营炼钢厂首要任务。为保证接铁任务两区开足马力，满负荷生产，克服转炉铸机计划检修排布、降铁耗等诸多困难，全年完成钢产量 692.56 万吨，生产组织以方坯为主时老区 21.53 万吨/月，平均 6945 吨/天，最高月产方坯 37.79 万吨。2. 根据集团公司要求，北营炼钢厂制定了降铁耗攻关方案，开展降低转炉系统温度损耗攻关，加大废钢配比，在废钢斗配满的前提下，转炉终点温度仍有富余，在鱼雷罐内加配废钢。经过全员努力，铁水耗指标完成 979.5 千克/吨，对比计划目标 995 千克/吨，降低 15.5 千克/吨，实现增产 11 万吨。3. 2018 年是新区炉役年，是对生产组织最大的考验，既要保证年修计划执行，又要保证年修期间接铁。在此双重压力下，北营炼钢厂制定了详细的接铁、炉役检修方案，确保炉役期间生产最大限度的接铁。新区炉役检修期间单班平均生产 35 炉，平均日产 11126 吨；老区班产 96 炉，平均班产 7522 吨，炉役期间日接铁最高达 19317 吨，创历史最好水平，过程运行稳定可控，为全公司铁钢系统平衡做出巨大贡献。4. 针对下半年新区 2 号、3 号转炉、老区 3 号转炉炉役工作，炼钢厂通过开展劳动竞赛活动，先后达产 18200 吨、18500 吨、18602 吨、18800 吨，连破纪录，创历史最好水平；老区方坯持续在日产 7600 吨，达近几年新高。5. 炼钢厂新区生产以高附加值品种钢为主，在保证轧线供料的基础上，顺利完成公司下达的品种钢生产任务，并制定了一保冷轧供料、二保出口计划，三保内贸品种的生产组织原则，保证了品种的按期交货。2018 年新区方坯品种钢完成 64.35 万吨，板坯品种钢完成 193.13 万吨，品种钢比例占新区总产量的 56.74%。

【科技质量管理】 2018 年北营炼钢厂继续紧密围绕新产品开发、挖潜降耗、提升产品质量等开展工作，通过各项工作有序开展，完成公司制定的各项经济和技术指标。重点围绕品种开发及质量稳定开展工作。2018 年北营炼钢厂新增了 163 个 GK 钢种，其中开发新品种 8 个系列、44 余个牌号，开发成功率 100%。通过新产品的开发和增利品种的产量扩大，品种结构更趋优化合理，高附加值产品的比例提高，市场竞争力增强。围绕挖潜降耗开展工作。为全面完成北营公司降耗及品种增利目标，北营炼钢厂进一步挖掘内部潜力，降低生产成本，并结合生产实际情况，制定“降低转炉白灰消耗”“转炉复吹工艺攻关”“降低 RH 铝粒消耗攻关”“降低铁耗攻关”“提高重点品种练成率攻关”“提高铸坯质量攻关”等挖潜降耗攻关方案，出色地完成北营公司 2018 年成本指标。日常质量管理工作。为提高过程质量控制水平、成分控制水平及铸坯质量，降低非计划产品总量和成本损失，北营炼钢厂制定了《北营炼钢厂重点品种炼成率考核制度》等相关规定，加强过程质量监控力度和日常检查力度，使各岗位操作水平得到了较大提高，缺陷铸坯和非计划产量大幅下降。质量管理体系认证工作。为提高质量管理水平，做好整车厂质量认证工作，北营炼钢厂大力推进 TS16949 向 IATF16949 转版准备工作。

2018年IATF16949质量管理体系年度审核，莱茵公司审核人员主要对我厂客户反馈过程、绩效指标达成情况、工艺质量控制过程等进行审核，最终顺利通过审核。同步北营炼钢厂完成了CE产品认证审核、ISO 9000质量体系审核以及螺纹钢扩径等审核工作。

【安全保障】 2018年，北营炼钢厂实现全年人身伤亡、重大伤害、重大火灾事故、重大交通事故为零；特种作业人员持证上岗率达100%。开展“安全技能提升年”活动，进一步提升全员安全素质。广泛开展危险源辨识，制作岗位危险源辨识看板，制定和实施有效的管控措施，有效预防事故发生；进一步强化班组安全管理，努力打造“自主型、技能型、安全型”班组，真正实现“要我安全”向“我要安全”的转变；变安全教育为安全培训，提升全员安全素质，将历年典型事故案例进行分类汇编印刷成册，发放到每名职工学习研读；充分利用《安全周刊》宣传平台，定期识别安全教育培训需求，制定并实施安全教育培训计划。建立安全预警系统，构建量化管理、系统思考、超前预防的管理体系。将安全管理关口前移，将事故发生后应急为主的管理模式转变为事前的隐患监控、预防为主的管理模式；全面分析安全生产管理要素，对可能发生的危险进行预报，最大限度地消除事故发生概率，降低事故后果的严重程度，改变以往的定性评价，缺乏定量的评判手段，做出科学、综合、定量的评判。坚持安全生产综合治理，构建现场受控的本质安全体系。结合炼钢厂生产实际，坚持“层层分解，责任到人”的原则，对2017年安全管理考核细则进行调整。新的考核细则更严格、精细，对违章行为及隐患管理提高考核标准；根据生产操作、工程建设、检维修、维护保养等作业的特点，全面开展作业前风险分析；严格危险作业许可管理，对动火作业、受限空间作业、临时用电作业、高处作业等执行危险作业许可和工作票制度，同时继续强化对维修联系确认制的执行。截至2018年12月31日，北营炼钢厂实现安全生产3308天。

【环保减排】 2018年，环保工作以履职督查为抓手，切实抓好环保、厂容、绿化等各项管理工作。全面提升防污、治污能力和环保现场管理水平，厂区环境质量有了显著改善。做好污染设施管理，炼钢厂现有污染防治设施共计40套，其中大气污染防治设施33套，废水处理设施7套，运行率、完好率、达标率均达到设计要求。加强操作标准化、危废管理管理，注重厂容、绿化及道路清扫管理工作。

【设备管理】 2018年，北营炼钢厂持续推进设备基础和运行管理工作，合理组织设备系统维护，尤其是5月开展“设备保产攻坚”活动以来，推行全员设备管理考核机制、加大设备事故故障考核力度、强化设备保产奖罚结合管理，设备工况不断提高，实现了设备平稳运行。1. 按计划完成转炉、连铸机、弗卡斯窑等14个主体产线设备年修项目；防寒防汛、吊车修理、环保设备维修等检维修项目19项，按照集团公司要求完成决算手续；维保项目10项，均按要求执行维保工作；主体设备计划定修528次，实际完成504次检修，执行率95.45%。2. 结合北营公司设备系统手机APP现场扫码点检工作的开展，北营炼钢厂认真梳理、完善了设备树及设备点检标准数据的编制工作，并对点检标准中的点检分工进行重新明确，新区的设备树编码已导入系统，连铸二作业区点检标准已导入系统，并已完成核查工作。

【技改工程】 2018 年，北营炼钢厂炼钢一区产能置换项目，成立专项工作组负责前期二铁场地拆迁工作，总体工艺方案集团公司审核完成，设计招标已公布；新区提效改造，主要包括方坯增流改造、板坯铸机增设在线调宽功能、RH 精炼炉改造和新建 LF 精炼炉等项目，土建开始施工，施工图设计陆续进行，部分设备到货；北营炼钢二区钢包热修位搬迁改造，将现有钢包倾翻机及简易修砌位搬迁浇铸跨，拆除及安装天车本体设备改造，同步改造区域内介质管线等，设计委托已上报集团公司，开展设计；北营炼钢二区转炉一次除尘改造，对炼钢二区转炉一次除尘系统进行改造及部分外网配套改造，改造后转炉烟气放散含尘量可达到国家排放标准≤40 毫克/立方米。项目已公开招标，履行招标公示。

【降本增效】 2018 年，北营炼钢厂推出了“四一制”考核激励，完善了“日考核”管理制度，形成了“事事有人负责”的良好局面。深入开展降低成本工作，全年较预算实现降耗 6988 万元。主要利用菱镁石替代白云石、系统温度攻关等为核心的降低铁耗攻关、合金料优化攻关、煤气回收、钢坯热送等经济运行攻关。其中钢坯电耗继续优化，全年降低成本 929 万元；钢铁料结构优化降低成本 1710 万元；强化工艺创新，利用“生铁补炉”“低碱度渣钢种优化”等措施降低耐材消耗 1100 万元；煤气回收降低成本 681 万元。

【治安保卫】 为夯实厂区治安防范管理工作，全面提升治安保卫能力，有效遏制偷盗案件的发生，北营炼钢厂对重点部位要害岗位开展治安防范检查，即加强了监控设施的投入和完善；对重点人员进行管控，对职工班中和班后生活状态进行了掌控；开展扫黑除恶宣传工作；对各类应急和处理进行培训；加强治安防盗管理工作，全年隐患排查 76 项、考核 42 项，76 项整改完毕。

【6S 管理】 北营炼钢厂本着“推行 6S 管理为载体，努力带动区域安全、生产、设备管理，提高员工素质、提高工作效率，降低生产消耗”的总体工作思路，推行提高员工综合素养的专项培训活动，全面提高各项管理工作水平。全年共检查问题通报 1561 项，并全部落实整改。

【人资与薪酬】 一是按照集团公司“四定”工作方案的总体部署，以《北营公司四定工作实施指导意见》为工作方向，结合实际情况，北营炼钢厂核减机构，精简管理人员，对组织机构进行了调整，对管理、技术、业务职群岗位进行合理编制。撤销生产区层级，职能科室进行合并后，将原有 8 个科室、1 个生产区、15 个作业区，调整为 5 室、15 个作业区；按照生产管理实际需要，结合大学生职业生涯规划晋升以及人才储备等，确定管理岗定员 49 人、业务岗 93 人、技术岗 85 人，各职群人数、职能和业务情况均按公司“四定”要求设置，同时制定各职级岗位聘任方案。二是比照板材公司对操作岗岗级进行重新测评，并依据“同一公司、同一薪酬制度”，结合现岗位工种的实际情况及现有技能工资情况，开展与板材炼钢厂岗薪对标工作，测评出新岗级。此次共调整 196 个岗位、1350 人，确保“四定”薪酬工作稳步进行，职工权益得到保障，圆满完成“四定”阶段性工作。

【党群工作】 北营炼钢厂党委创新实施“目标承诺”实践活动，要求开好民主生活会和组织生活会，做好民主评议党员工作；开展“奋斗迹　炼钢情”书画作品征集活动，丰富党员、职工群众的业务文化生活。将安全工作融入到党建日常工作中，推行“党支部责任区制度”，先后组织大型党日清扫活动4次，党员参与党日活动达2400余人次；依托内刊《活力炼钢》开展形势任务教育工作，统一思想认识，关注职工思想动态，做好网络舆情监管，引导职工舆论导向，充分发挥合力作用。开展“风清气正过双节”廉政思想专题教育，组织违规违纪典型案例警示学习和警示案例预防职务犯罪教育活动，并要求中层管理人员撰写观后感；宣贯公司关于落实中央“八项规定”等会议精神内容，落实领导干部婚丧嫁娶等重大事项报告制度，组织全体党员签订遵守中央八项规定承诺书，全厂中层干部和重点岗位人员622人签订廉政责任状。为青年大学生职工建立专项档案，长远规划大学生的职业生涯，建立“师带徒”关系，月考评评比机制，鼓励大学生积极参与各项活动，厂工会在全厂范围内开展“四一制”“安康杯”劳动竞赛等活动，促进了北营炼钢厂各项经济技术指标的高效完成。（杨丽颖）

轧钢厂

【概况】 本溪北营钢铁（集团）股份有限公司轧钢厂（简称北营轧钢厂）下设5个管理室、14个作业区，2018年底有在籍职工2752人，其中大专、本科以上学历629人，管理和技术人员195人；获得初、中级以上职称538人，获得副高级以上职称5人；享受本钢集团技术津贴32人。北营轧钢厂党委下设3个直属党总支、21个基层党支部、50个党小组，在籍党员625人、共青团员97人。2018年，北营轧钢厂紧紧围绕公司下达的生产经营目标，以“提产降耗、提质增效”为中心工作，充分调动广大干部职工的工作积极性，先后克服了产线品种调整频繁、岗位操作人员紧缺等诸多困难，通过优化绩效考核、稳定生产运行，严抓设备管控，制定提产方案，落实保产措施等有效手段，迅速扭转了前期安全生产的被动局面，实现了钢材总量的稳步增长和经济运行指标的持续提升，企业呈现出优质高效、稳定和谐、蓬勃向上的良好发展态势。全年生产钢材675万吨，对比2017年增加37万吨，同比提升5.8%。完成增利品种501万吨，占总产量的74.2%；完成出口产品152万吨，占总产量的22.5%。成本挖潜、成材率、作业率、合同兑现率等各项经济运行指标均超额完成公司计划，企业发展质量得到显著提高。

【安全消防管理】 全面贯彻和落实北营公司2018年安全生产工作重点措施，持续贯彻“全面从严抓安全”理念，以夯实安全基础管理工作为主线，以严抓责任落实、严抓安全教育培训、严抓违章作业行为、严抓隐患治理、加强消防基础管理为重点，提升安全管理能力和水平，预防各类事故的发生，实现安全管理工作的自主性管理，确保了企业安全生产稳定顺行。2018年轧钢厂千人负伤率3.27‰，安全培训率100%，职业健康体检率100%。组织开展危害因素重新辨识、综合评估工作；全面推进起重设备、电气、煤气、消防等安全专项检查工作；逐级签订安全生产责任状，确保安全责任到位、安全投入到位、安全培训到位、安全管理到位、应急救援到位。消防工作始终坚持预防为主，防消结合原则，落实消防安全责任制，不断提升消防安全管理水平。组织开展对厂级各类消防规章制度、消防设备设施管理台账进行补充完善，组织开展煤气泄漏、火灾救援、细水雾自动喷淋等应急救援演练活动6次，坚决遏制火灾事故发生。

【生产管理】 根据北营公司2018年生产经营计划，以“增产增效”的管理理念组织生产，以强化生产过程管理，提升轧材产量；强化现场基础管理，降低生产成本；强化操作岗位培训，提高操作技能；强化监督服务意识，提升现场管理水平为原则，圆满完成了公司给定的产量任务。优化产线分工，综合考虑各线检修、钢种规格更换频繁及工艺件组织、轧辊准备、坯料供应等因素，合理制定各线生产任务，将产能释放最大化。各级调度系统实施“一贯制管理”，对生产动态处理、提前介入、稳定运行，实现管理能力全面提升。在调度系统协调组织生产过程中，以安全生产为原则，及时与总调、能源调度等单位协调，及时了解炼铁、炼钢、焦化等单位生产运行状况，掌握煤气、水、电等能源介质供应情况，提前做好预判，降低外部影响。细化生产计划排布跟踪流程，明确各层级管控职责，形成闭环管理，实现合同兑现率100%。保证生产稳定顺行，实现企业利润最大化。

【设备管理】 根据2018年北营公司“彻底扭转设备管理被动局面坚决打赢保产攻坚战”工作要求，以保证设备“安全、稳定、经济”运行为目标，加强设备基础管理及设备运行状态管控，扎实推进点检定修工作落实，深入开展降本增效、能源降耗、环保达标等工作。通过设备系统专业化管理和标准化运行，点检定修质量得到有效提升，解决了制约产能发挥和产品质量的诸多设备隐患，为完成全年产量目标奠定了基础，也为下步工作开展积累了丰富的经验。2018年，轧钢厂日历作业率、设备开动率较2017年分别同比提高1.02%和1.14%；设备利用率和设备故障用时均较好地完成了公司下达指标。全年实现吨钢成本40.07元，利库2707.81万元。坚持以“保护优先、预防为主、综合治理、公众参与、损害担责”为原则，严抓环保管理工作。开展环保日常监察、煤气水封排查、危险废物管理、环保设施运行及环保综合性检查，进一步落实环保责任制，作业环境得到有效改善，积极配合上级有关部门开展各项专项整治活动，环境治理效果明显。

【工程改造】 全力推进高速棒改造工程和60万吨新高线项目建设。历时14个月，高速棒材生产线于2018年10月19日热负荷试车，生产运行稳定，棒材产品各项指标和性能均符合国标要求。高速棒的建成投产，使轧钢厂棒材产品序列结构更加丰富，小规格增利产品得到了进一步拓展，棒材产品实现了从“量”到“质”的蜕变和升华，形成了独一无二的市场竞争优势和深入人心的品牌效应。以“安全、优质、高效、低耗”为工作原则，圆满完成了1780线以及棒材、线材六条生产线的年修组织工作，实现了各产线年修安全事故为“零”、检修质量“优”、项目进度“高效”、成本资金“低耗”的总体目标。在线设备精度在年修中得到了最大程度的恢复，产品控制精度得到全面提升，产品实物质量得以保障。各产线年修工作的顺利开展，为轧钢厂2018年生产经营目标的超额完成，以及2019年设备系统稳定运行奠定了坚实的基础。

【技术管理】 为有效地对影响产品质量问题进行管控，修订专业质量管理办法，明确了责任部门和监督部门，确保各个质量关键点得到有效管控，保证产品质量稳定。2018年不良品指标实际完成0.07%，对比计划指标降低0.08%。全年共组织技术质量攻关项目9项，用以推进工艺优化和产品品质的提升工作，主要涉及产品表面质量、工艺技术、卷型、组织性能等方面，均取得良好效果。全年质量异议吨钢理赔指标实际完成0.24元，较计划指标节约0.01元。顺利通过莱茵公司IATF16949体系外审及北营公司质量体系内审等体系和产品审核共计7次。全年开发新牌号10个，其中线材7个、板材3个，延伸了产品链条，实现了三冷料质量稳定供货，拓展了盈利空间，客户反馈良好。全年上报科技成果两项、科技项目四项、管理成果两项、本钢集团六西格玛项目三等奖两项，棒材作业区二棒生产丙班获得冶金行业质量信得过班组称号。轧钢厂科协注重发挥科技人才积极作用，不断发现人才，培养人才，推进企业科技进步，全年共征集科技论文35篇，开展技术攻关13项，征集合理化建议160项，征集“讲比”立项11项，为企业创造经济效益424余万元。

【降本增效】 优化生产组织，加强指标管控，强化物流管理，落实清仓利库，实施技术改造，挖掘全员潜力，广泛开展提产提质挖潜降耗攻关、修旧利废、征集合理化建议等活动，持续降低生产成本，稳步提升企业经济运行水平。全年节约成本近200万元，其中能源成本同比降低1.04元/吨，折合降698万元；钢坯成本同比降低3.5元/吨，折合降2346万元；运费成本同比降低0.43元/吨，折合降288万元。

【党群工作】 北营轧钢厂党委围绕生产经营中心工作，深入学习贯彻党的十九大精神，严格落实党委主体责任，不断推进“两学一做”学习教育常态化、制度化。通过认真推进“三会一课”、组织生活会、民主生活会和党委换届等党建基础工作，确保了党建工作在企业落地生根、扎实开展。通过深入开展“繁星工程”评比和“样板工程”选树，切实将党组织的政治核心作用和党员的先锋模范作用落实到企业生产经营之中，不断提高了广大党员的责任感、荣誉感和使命感，带动和促进企业和谐发展、科学发展。通过深入开展形势任务教育，宣传企业亮点工作及员工模范典型，有效调动了一线职工的工作积极性，为企业开展生产经营工作创造了良好的舆论氛围。创建“北营轧钢”微信公众平台，利用新媒体、新手段适应时代新发展，使全厂干部职工在第一时间掌握企业大政方针和工作思路，了解企业生产经营工作现状和当前形势任务。通过采取支部书记日走访和思想动态定期反馈制度，开通了企业与职工沟通交流渠道，使管理层准确掌握了一线职工的思想动态，及时解决了职工反映的热点、难点问题，有效化解了干群矛盾，为企业营造出了风清气正的良好政治生态。工会系统积极组织全员参与劳动竞赛活动，充分激发职工爱岗敬业精神。不断加强与职工的密切联系，切实维护了职工合法权益，构建了健康和谐的劳动关系。组织承办职工职业技能大赛，获得“加热工技术比武”前三名的好成绩，切实增强了企业职工特别是广大青工学习技术，钻研业务的积极性和主动性。全员疗养、职工医疗互助、高温岗送清凉、职工代表安全巡视、困难职工帮扶、爱心基金救助等一系列活动扎实有效地开展，为企业生产经营注入了新活力，增添了源动力。共青团组织在工作中加大了对团员青年的思想教育工作，不断提高他们的业务素质和安全自我防护能力，扎实开展了“青年安全示范岗”“青年义务劳动”等一系列活动，使青工在企业生产经营工作中发挥了生力军和突击队作用。王力群、王新民、毛亮等同志分别荣获本钢集团“青年五四奖章”“大学毕业生创业成才标兵”“最美青工”等荣誉称号。科协、武装等群团组织也进一步强化了自身建设，圆满完成了上级交办的各项工作任务，在生产经营工作中发挥了积极作用，为企业改革发展做出了应有的贡献。（张　丹）

焦化厂

【概况】 2018 年底，本溪北营钢铁（集团）股份有限公司焦化厂（简称焦化厂），下设 5 室、12 个作业区；在籍职工 1564 人，其中管理岗 40 人、业务岗 51 人、技术岗 52 人、操作岗 1421 人。全日制研究生学历 1 人、本科学历 71 人、大专学历 127 人，副高级职称 5 人、中级职称 54 人、初级职称 171 人，技师 49 人、助理技师 5 人。焦化厂党委下设党总支 2 个、直属党支部 11 个，中共党员 487 名、共青团员 46 人。主要设备包括 8 座焦炉及配置干熄焦装置、除尘地面站设施、煤气处理系统和污水处理系统。

【指标情况】 全年生产焦炭 292.95 万吨、焦油 8.61 万吨、粗苯 2.27 万吨、硫铵 2.52 万吨、干熄焦产气 149.29 万吨、外供焦炉煤气 78391.1 万立方米、焦炭热强度 67.69%，稳定率达 98.88%；全年焦炭可控成本较公司目标计划多降 800 万元。

【生产组织】 以提产增效为目标，以“吨焦必争、吨焦不失”的原则，顺应焦煤市场现状，多举措提产增效。立足原始设计对各项参数论证研讨，在保证焦炭质量的前提下，通过加强标准化操作，缩短结焦时间，深挖焦炉产能。严抓焦煤卸车、上料和配煤管理，确保配煤准确率达到 99%以上。充分利用焦炉检修时间处理日常设备隐患，加强炉温管控及炉体维护，确保焦炭单炉量达标。自 3 号焦炉复产后，焦炭日产达 7500 吨以上，打破 2013 年 7241 吨的历史最好记录，并持续保持良好的生产势头，有效缓解焦炭外购压力。

【降本增效】 围绕《北营焦化厂降本增效攻关方案》，开展全方位、全工序、全流程降本增效工作。在降低配煤成本方面，充分利用小焦炉实验，进一步优化配煤结构；针对炼焦煤资源紧缺的状况，与国贸、采购中心合作，寻找和开发新资源，实施煤种替代，择机采购进口博茨主焦煤 4 万吨，代替 1/3 焦煤 2 组；增配性价比较高的山煤高硫瘦煤、东曲贫瘦煤代替白壁关高硫瘦煤和红阳贫瘦；加大配吃焦油渣型煤量等措施降低配煤成本，全年降低配煤成本约 1900 万元。在废水处理药剂管控方面，严格执行厂制定的加药制度。在能源介质消耗方面，合理控制生产工艺中的蒸汽、氮气消耗，实施“避峰就谷”生产，杜绝“跑、冒、滴、漏”现象。在备件、材料消耗方面，不断扩大自修范围和利库力度，有效降低了资金占用。通过采取各种有效措施，全年焦炭可控成本较公司目标计划多降800万元。

【安全工作】 强化责任制落实。坚持以落实安全生产责任制为中心，严格按照“党政同责、一岗双责、齐抓共管、失职追责”的管理要求，制订切实可行的安全生产管理工作方案，建立风险分级管控、隐患排查、网格化管理等体系，严格执行全员安全责任制、安全重奖重罚的“反三违”奖励办法和安全专项奖考核办法，全员安全生产责任得到有效落实。强化安全培训。领导干部率先垂范，上讲台讲解安全知识和以往案例，积极开展危险源辨识竞赛、安全术语“你比我猜”、安全演讲等多形式安全活动，切实调动全员参与安全管理的积极性，提高了安全素质和责任意识。全年共开展各类安全培训19次，培训特种作业人员277人，对45个相关方培训347人次；针对焦炉地下室、油库、粗苯、鼓风机、脱硫等区域应急演练、现场处置演练36次；对接触职业危害岗位的1232名员工进行职业健康体检。建立安全生产微信群，加强夜间安全生产管理，努力营造良好的安全生产氛围。强化风险防范。持续做好隐患排查治理和“反三违”“安全随手拍”等活动的同时，开展了“盖板、走梯、走台、护栏和房屋顶”专项检查。全年共查出各类安全隐患803项，已整改588项，计划整改215项。在动火、受限空间、介质、抽堵盲板、高处作业方面制订了严格管理规定和保证措施。严格执行相关方安全准入制度，明确“小业主负责制”，对作业前的安全教育、交底、危险辨识、告知及作业过程全天候监督等做出明确要求，确保安全投入有效实施。

【环保工作】 落实国家环保政策新要求，以办理排污许可证和环保税费改革为契机，2018年共缴纳环保税2826240.39元。投资约280万元，安装12台在线监测设备，实现了颗粒物、二氧化硫及氮氧化物的排放浓度实时监控，保证精准核算污染物排放量，满足排污许可证要求。建立网格化管理体系和环保管理台账，将全厂所有环保设备设施明确到班组、责任人，实现环保设备设施“人机对位”。加大投入解决老大难问题，利用3号焦炉复产的机会，投资约800万元新建布袋除尘器，彻底解决二区运焦通廊及筛焦楼无除尘设施、扬尘严重、感观污染严重问题。投资200万元进行陶瓷焊补，解决二、三区炉体破损导致烟囱冒烟的问题。投资约2800万元进行焦炉炉体检修。投资约500万元用于检维修项目，逐步改善现场环境。不断提升厂区环境质量，成立设备、能源环保、安全专项小组检查生产现场卫生、工程施工现场遗留垃圾、库房备件材料摆放、岗室及休息室物品摆放等，生产现场环境有较大改观，文明生产秩序井然，为员工营造了良好的工作环境。

【设备管理】 为彻底扭转设备管理被动局面，针对焦化厂设备基础管理薄弱，设备状态失修严重的实际，制定了设备系统管理攻关方案，明确了“重大设备事故为零，定修执行率100%，设备故障台时降低20%，做好设备系统三项重点工作”的“0123”工作目标。通过设备包机到人、加强三级点检、完善设备润滑管理体系及执行设备保产专项奖等一系列强有力的措施，圆满完成了既定工作目标，为生产稳定运行奠定了坚实基础。

【检维修工程】 37项检维修项目全部完成，全年检维修项目共计投入5424万元，完成了初冷器检修、煤气管道更换等检维修项目，共37项。其中，初冷器检修消除煤气温度高导致鼓风机停机重大隐患；三区煤气管道更换消除煤气泄漏重大安全隐患；脱硫检修确保煤气硫化氢合格，为下道工序创造条件；一区消火车、大车轨道检修为生产稳定运行奠定基础；三区阀体更换、集气管包补消除感官污染，确保顺利通过环保督察；二、三区焦炉提产改造，进一步为提升焦炭产量及改善炉体环保感官污染创造条件。3号焦炉提前复产达产创效，自3月起，焦化厂举全厂之力积极组织人员，抽调17人24小时跟踪，严把质量关，严格按工期网络计划组织3号炉复产工程项目施工，使停产三年之久的3号焦炉比计划工期提前10天投产，于9月1日迅速实现达产。

【“四定”工作】 焦化厂积极、稳妥、有序开展“定岗、定编、定责、定薪”四定工作，作业区由12个合并成11个，业务管理室由8个合并成5个，管理岗由50人减到35人，完成两级机关人员调整工作。同时，为缓解人员紧缺，对岗位设置进行认真梳理，实施皮带岗位无人值守，达到人员最大优化。此外，制定了《焦化厂事故责任追究管理办法》，从安全、环保、生产、设备、工程、质量等多方面对各级管理人员开展追责问责，在全厂上下开展了“八个反对、八个提倡”工作作风整顿活动，不断加强干部队伍建设。

【党建工作】 围绕生产经营开展党建工作，落实党委主体责任，深入学习贯彻党的十九大精神，推进“两学一做”学习教育常态化制度化。严格执行“三会一课”制度，抓好组织生活会、民主生活会，确保党建工作扎实有序开展。深入开展繁星工程评比活动，努力发掘党员干部和职工中的闪光点，通过繁星传承，把党建研究成果转化为生产力。实行支部书记日走访制度，开展职工思想动态调研，了解职工热点、难点，为职工解决实际问题，凝聚职工力量，为企业持续稳健发展提供坚强的政治、思想保证。努力帮扶困难党员、困难职工，不让一名职工掉队。完善职代会、厂务公开等企业民主管理制度，拓宽民主管理渠道。围绕企业中心工作，承办了集团职工职业技能竞赛之“四大车”工种技术比武活动和“焦化杯”职工篮球赛。引领职工创新开展群众性经济技术工作，使工会、共青团、科协等群团组织的桥梁和纽带作用得到了较好发挥。2018年，焦化厂党政工青各线战线共涌现出6个先进集体，同时获得了“焦化杯”职工篮球赛男子第一名、女子第二名的好成绩。

（吴　蕾）

铸管公司

【概况】 本溪北台铸管股份有限公司（简称铸管公司）是由北营钢铁（集团）股份有限公司、中国信达资产管理股份有限公司、长春燃气股份有限公司、中国三冶集团有限公司和天津五矿进出口有限公司五家股东组成的股份有限公司，主要经营球墨铸铁管及配套管件的制造、销售安装等。公司注册资本52789.866万元，已形成年产50万吨生产能力，是国内目前同行业设备最先进、规模最大、产品规格最齐全的球墨铸铁管生产厂家之一，已成为中国第二位、世界第四位大型现代化球墨铸铁管生产企业。2018年底，铸管公司下设12个科室（含销售4个）、3个作业区，有职工848人，女职工27人，党员253人。其中大专以上学历212人、大专以下学历636人，初级职称86人、中级职称40人、副高级职称5人，技师28人、高级技师1人。

2018年，铸管公司完成产量9.2万吨，完成铸铁7.4万吨，完成销售9.2万吨，全年足额提取折旧，完成报表利润加折旧800万元，综合合格率完成96.13%，安全生产实现较大人身、火灾和设备事故“三为零”。

【产品销售】 强化市场观念，转变经营策略，向市场要效益抓效益。一是以效益为中心，对合同分类处置。对前期已签订未执行的合同，重新进行效益评估，争取效益最大化。二是全力贯彻集团公司决策，落实全款模式签订合同。积极转变观念，实现赊销向代理、无款向有款转变，针对赊销和分期付款等存在潜在风险的项目，积极寻求代理商垫资合作模式，将赊销订单转化为有款订单。新签订的6.9万余吨合同全部为有款合同。三是加大市场开发力度，完善项目责任制。加强对重点项目、大口径管项目、出口合同的跟踪，明确责任人，确保项目持续跟进。北京DN2400顶管、哈尔滨DN1600管项目按计划顺利实施，出口塞浦路斯、孟加拉国、卡塔尔合同顺利签订。

【生产组织】 在铸铁生产方面，铸管公司树立“铸铁第一、大局为重”的观念，确保钢铁链条稳定顺行，始终把上级领导关于保铸铁的指示精神不折不扣落到实处。2018年铸铁改造后，坚持边试产、边消缺、边调整，1~12月共翻铁7.4万吨，日产最高达2253.95吨，保证了全年下炉役阶段的翻铁工作。在认真落实鱼雷罐化废钢工作方面，利用鱼雷罐化废钢是上级领导提出的一项新举措，对降铁耗工作意义深远。铸管公司高度重视，在无经验、无借鉴工艺的情况下，从铸管生产线临时调配天车工、熔炼工增加操作人员力量，通过改造天车、自制作业平台等措施提高作业效率，经过不断完善，鱼雷罐化废钢工作取得预期效果。截至12月，累计化废钢1.53万吨，创造效益1000余万元。在铸管生产组织方面，一是强化生产前准备管理。加强交接班的管理与考核，强调开机前各分项准备完成时限，明确任务及责任人，提高了单机的有效生产时间。二是克服严重缺员困难。动员管理干部及骨干适时加班，保证了铸段、铸铁的正常生产。在保证特殊合同时段，骨干人员利用空班时间加班，保证合同按期交货。三是克服工程改造与生产交叉困难。2018年，铸铁改造与厂房盖更换工程给生产组织带来很大难度，通过实施周协调会制度，即时调整计划，把影响因素降到最低，实现工程工期、合同交货两不误。四是强化过程质量管理。对生产过程出现的质量问题，严格追究，落实责任，有力促进实物质量稳步提升。其中DN150以下口径管合格率提高3%，大口径管椭圆管率由1%降低到0.4%。

【设备管理】 抓改造、严考核，全面提高设备管理水平。一是积极开展设备本土化改造。针对设备落后的现状，着眼现有条件，对大管产线5道主要工序进行本土化改造。利用2个月时间完成了特大管衬层机设备的设计审核工作，项目完成后，将极大提高特大口径铸管的衬层质量，年节省成本30多万元。二是全面从严抓设备管理。积极落实“5·19”会议精神，围绕“彻底扭转设备管理被动局面，坚决打赢设备保产攻坚战”，按厂级、作业区（管理室）、岗位，推行三级点检定修管理。以完善设备纪律为契机，实施设备精准考核，当天出现设备故障，次日必须落实到人，从而提高设备管理的实效性。三是全员参与技改工程管理。克服酷暑高温天气的不利影响，同比计划工期提前20天完成铸铁机的建成投产，确保炼钢转炉检修按时进行。

【产品质量】 在质量管理过程中，一是严控表面质量，持续开展工序质量考核，上道工序必须为下道工序负责，全力做好重点质量岗位的监控，卡住质量“咽喉”，坚决执行工序间自检、互检，提高工序间产品交接质量，提高辅助岗位操作水平。二是加大责任追究力度，对出现的质量问题采取倒查方式，从源头查找质量漏洞，问题出现在哪个环节、哪个人，都一查到底，严格处罚。三是公司继续在研发、拓展新品种下功夫，最大程度地缓解普通品种方面的恶性市场竞争。继续保持公司在球管防腐技术、自锚管、大口径管和污水管的行业领先优势的同时，进一步丰富品种结构，适时引导市场，不断提升产品创效能力，深度挖掘在产品档次、高附加值产品比例、产品盈利水平方面的巨大潜力。新开发的北京 DN2400 顶管、哈尔滨 DN1600 管均实现了当期销售。

【党群工作】 2018 年，北营铸管公司党委深入贯彻落实习近平总书记党建工作重要讲话精神和从严治党的总要求，以强化主体责任、夯实党建基础、完善党建制度、发挥政治引领、服务中心工作为重点，全面开展党建活动，团结带领广大党员、干部、员工进一步克服困难，迎难而上，充分发挥了党组织的政治核心作用、战斗堡垒作用和党员的先锋模范作用，有力地推动了各项工作的开展。1. 优化组织机构，捋顺工作流程，务求方便实效。一是对党支部的党小组进行了优化，强化了党小组作用发挥。打破原有党小组设置局限，由原来纵班调整为横班，党小组长必须由作业区支委班子成员担任，进而使党小组活动更加灵活，党小组会议更加高效，党建工作真正得到落实；二是对机关支部组织机构进行了优化，强化机关党支部建设和加强机关党员队伍的管理。2. 明确主体责任，完善工作制度，确保规范运行。一是制定下发《党委委员参与党建工作任务和要求》，对公司党委委员参加双重组织生活、党建联系点的任务和要求进行了重新明确，党委委员带头进到各支部开座谈会、讲党课。同时，要求党委委员对所在支部和党建联系点支部的党建工作进行指导和监督。二是制定下发《党支部委员职责分工及考核细则》，对支部工作进行了分工，进一步明确了支部书记、组织委员、宣传委员的岗位职责，同时制订了考核细则，强化了基层支委成员的职责，进一步夯实基层党支部建设。三是公司党委制定下发了《党支部党建日常工作规范》，对党建活动、会议程序、发展党员和换届选举等主要党建内容进行了重新规范，明确具体要求和流程，进一步规范了党委、党支部、党小组活动记录，明确了党日活动内容和要求。3. 强化履职尽责，抓好责任落实，改进工作作风。一是加强对党员干部的思想政治工作教育，增强看齐意识、责任意识和担当精神。党委负责同志根据公司管理中存在的问题和不足，利用一周时间分别与各作业区班子、生产管理、技术质量管理、设备管理和安全管理部门负责人谈心谈话，交流管理经验，理顺工作流程，改进工作方法，提高工作效率，激发工作热情。二是为改进领导干部工作作风，促进领导干部勇于担当、主动作为，该公司党委下发了《领导干部改进工作作风方案》，要求管理干部要经常开展走访调研、服务协调、监督管理工作，为作业区解决实际问题。三是加大问责管理，制定下发了《作业区级领导干部问责追责实施细则》，对领导干部因工作安排失当或管理失误，对生产、产品质量、设备运行等造成较大影响的，进行问责追责并给予不同额度的罚款。4. 创新党建载体，丰富党建平台，体现党建价值。一是以完善班组长职责化管理工作为切入点，就安全、质量、设备、6S、成本等重点管理内容对班组长职责进行了优化，做到职责到人，考核到人。班组长负责日常监督考核，抓标准化操作和工艺纪律执行，党小组长负责定期对班组长职责化履职情况进行监督考核，支部书记对党小组长抓职责化工作进行监督，最终形成一级抓一级的职责化考核体系。二是率先将职责化到人理念深深根植于设备管理系统，建立厂级领导包片责任，管理室（作业区）明确包区域责任，岗位操作与专业点检明确具体设备点位责任，制订人机对位表，实现责任与故障点“一对一”，实现一旦出现问题，立刻找到责任人。三是以繁星工程评比为契机，探索打造特色星级班组，为党员职工提供发展环境和成长土壤，让党员发挥所长，主动成长，通过示范带动作用，使每个党员和员工都成为一颗耀眼的明星和能量之源，把繁星工程由被动评比到主动争创，变党员被动管理到自我约束，充分发挥党支部的战斗堡垒和党员的模范作用。（许永春）

矿业公司

【概况】 2018 年年底，本溪北营钢铁（集团）股份有限公司矿业公司（简称矿业公司）有正式职工 1134 人、劳务工 30 人，党员 275 人，其中管理人员 40 人，高级职称 3 人、中级职称 31 人、初级职称 69 人、技师 58 人、高级技师 2 人。下设 5 个管理室、11 个作业区。公司主要设备有四立铲、潜孔钻、挖掘机、推土机、运矿车辆、液压旋回破碎机、对辊式破碎机、静电除尘器和 800 吨环保回转窑、陶瓷过滤机等。固定资产原值 6.2 亿元，净值 2.1 亿元。主要生产石灰粉、熔剂石、生石灰等产品。

北营矿业公司资源储备雄厚，由石灰石矿、铁矿、选矿三个区域组成，石灰石矿矿岩穿孔爆破后，石灰石矿矿石由运矿车辆运输到机加，经旋回破碎和二次破碎系统破碎筛分后，产出三个粒级产品，50~80 毫米粒级石灰石供弗卡斯窑，30~50 毫米粒级石灰石供 2018 年建成的 800 吨环保回转窑生产生石灰，30 毫米以下粒级石灰石破碎成石灰粉供炼铁烧结。铁矿露天开采结束后，组建 3 条磁选生产线对排土场进行矿石回收，目前铁矿处于筹备露采转地采接续阶段。选矿贾选过滤系统保证贾矿矿粉的过滤工作。2018 年全年指标完成情况：完成铁精粉 29 万吨，石灰粉 76 万吨，30~90 毫米窑石 42 万吨，成本照比目标一计划降低 881 万元，安全无较大事故。

【生产组织】 强化生产组织，确保矿石供应和满足下道工序对石矿溶剂的需求。充分利用冬季边坡相对稳定的有利时机，研究制定了张家沟采场南部开采方案和安全保证措施，组织对张家沟采场强采和储备矿石。通过科学、合理地安排采掘部位、采掘顺序、境界内临时道路等，按照阶段性计划实施日落实、日督导工作方式，同时制定了提产奖励的激励政策，最大化利用张家沟采场可采矿量，多储备矿石 64 万吨，确保地矿扩建工程顺利投产前贾矿两个系列的正常生产。成立自捡矿磁选队伍，制作安装 3 条磁选生产线，对排土场矿石进行磁选回收。优化石矿生产作息时间，制定机加系统提产奖励政策，强化生产过程中的指挥、协调、监督、服务和生产信息的传递工作，平衡上下工序衔接及产品的外发，对生产中出现的问题紧密跟踪、落实，提高石灰粉等熔剂产量，满足了北营“2+3”高炉生产模式对石灰粉等熔剂用量的需求。

【设备工程管理】 严抓设备点检定修，开展设备状态评估，强化责任落实，保证设备稳定运行。全面推动岗位点检与维修专业点检相结合，对设备点检标准、润滑标准进行梳理，细化了岗位点检、维修点检、专业点检职责，明确点检范围、点检内容、点检周期、点检路线；开展设备状态评估、设备劣化分析，合理制定设备检修计划和上报备件计划，保证设备不失修，不“带病”运行；制定设备管理区域承包方案，建立厂级、作业区级机台承包责任奖罚制度，做到机台承包责任到人，确保设备稳定运行。全面参与工程管理，保证工程质量和进度。全面参与石矿二次破碎、回转窑和地矿扩建工程项目管理。二次破碎工程于6月25日进行对接；地矿扩建工程比计划工期提前一周完成设备的安装和试车工作，7月末一次性对接成功，保证贾矿两个系列正常运转；800吨生灰回转窑工程照比工期提前40天，于9月19日进行点火烘窑。此外，积极做好渣选、尾矿库扩容和大张北铁矿地采等新项目的前期各项准备工作，为工程开工建设创造有利条件。

【环保管理】 通过对环保设施运行的监督检查工作，确保现场粉尘排放达标；强化环境治理，大力整治矿区环境，对部分场地、道路进行了地面硬化，对部分区域进行植树绿化，对破碎间的产尘点进行了封堵和湿式降尘，对料场进行了苫盖，制定了道路洒水标准，有效减少料场、堆场、道路的二次扬尘，矿区环境显著改善。

【安全管理】 夯实安全基础管理，强化管控，逐步提升安全管理水平。深入开展全面从严抓安全工作，广泛发动全体员工开展“查隐患、反三违”活动，共查出隐患186项，全部完成整改。加强张家沟采场边坡重点部位安全专项管控，针对张家沟采场南部恢复开采，制定详细的安全保产措施；铁矿停产后，对采场内电铲、潜孔钻等大型机械设备撤离和搬迁，并安排专人负责安全监督工作。组织相关人员对各项操作规程及标准化作业卡进行修订理顺，共修订完善安全规程36项65条、标准化作业卡27项31条。开展铁路道口安全通行教育，开展3期12课时公司管理人员培训，2期8课时作业区岗位人员培训。落实“一岗双责”，制定了《矿业公司安全生产检查制度》，实行包片管理，公司班子成员、作业区、科室及班组长定期安全生产责任区检查，及时发现、消除安全隐患和危险因素。

【综合管理】 优化机构和岗位设置，推进“四定”工作。严格落实集团和北营公司“四定”工作方案，进一步优化和调整组织机构，减少作业区级机构4个，缩减18%；规范机构称谓、职能室业务设置和人员编制，管理岗、业务岗、技术岗定员120人，现员114人。推进“定薪”工作，做好学历、职称、岗位测评和岗档评定等基础信息收集和确认工作，推进宽带薪酬方案实施，完成“四定”阶段性工作。做好厂内治安综合治理工作，为安全生产保驾护航。加强重点部位、岗位的防控措施，铁选停产后对重点道路进行了封堵，对门卫、设备厂房等部位和区域安装了摄像头，并配置更值人员进行巡视；制定劳动纪律、安全纪律、生产工艺操作纪律和设备管理纪律的管理制度，细化对工作纪律检查方式、检查周期等规定，对检查出的问题实行闭环管理，明确责任人并落实整改，为公司的安全生产提供了有力保障。

【党群工作】 坚持以人为本，充分发挥党组织作用，提高员工凝聚力。深入学习贯彻落实党的十九大精神，将形式任务教育和“两学一做”教育工作常态化制度化。夯实党建基础工作，开展职工思想动态调研。每名班子成员联系2个基层单位，每月一次与员工面对面交流，了解员工思想动态。党群科每季度深入班组进行调研，将职工反映的问题分类汇总，提交党政领导协调解决，全年解决职工反映的问题5项。开展繁星工程评比活动和“筑堡垒、创佳绩、争先锋”样板工程的创建，工作遵循“民主”和“集中”相互兼顾的原则，在星级员工的评比过程中，各党支部民主推荐候选人，公司党委根据日常表现确定最终人选；推进党风廉政建设，提高廉洁自律意识，把反腐倡廉工作放在首位来抓，在制定全年工作计划时将反腐工作纳入到党建工作计划中，对科级以上领导干部及重点岗位人员进行廉政教育谈话，签订廉洁自律承诺书共170份。积极开展送温暖活动，为困难职工排忧解难，夏季开展了为一线职工送清凉活动，购买西瓜、绿豆、白糖等防暑降温品。开展班组劳动竞赛和“立足岗位学技术，提高能力做贡献”职工技术比武活动，极大提高员工的积极性。组织职工参加集团开展的安全随手拍、安全短视频活动，促进职工从“要我安全”到“我要安全”的观念转变。开展女职工趣味活动、羽毛球、徒步走、爬山等多种活动，丰富职工的业余文化生活。（栾立吉）

冶金渣公司

【概况】 本溪北营钢铁（集团）股份有限公司冶金渣公司（简称冶金渣公司）主要负责北营炼铁厂产生的水渣的外发、倒运及现场管理工作；对北营公司内部废钢组织回收切割加工及外部采购的废钢仓储、倒运；对运输铁水的鱼雷罐进行倒渣处理；对炼钢厂钢渣焖制回收加工处理，回收的含铁物料供炼钢厂、炼铁厂使用。负责北营部分厂区和北台街道居民区的冬季供暖热源调控管理。

北营冶金渣公司位于原三铁厂办公楼，在北营厂区内有工作场所（地）8处，占地面积9.6万平方米，其中建筑面积0.48万平方米；现已具备年外发水渣250万吨、加工处理钢渣100万吨、处理脱硫渣20万吨、废钢储存和加工处理20万吨、冬季供暖80万平方米的综合能力。公司设置生产技术室、设备管理室、安全管理室、综合办公室、党群工作室等5个管理室，废钢作业区、干渣作业区、焖渣作业区、回收作业区等4个作业区。2018年底，有员工388人，其中中级职称8人、初级职称32人，专业二级技师3人、高级技术等级52人、中级54人、初级128人。公司拥有固定资产6434.50万元，其中房屋构筑物5379.02万元，机械设备1055.47万元。

【经营管理】 2018年，冶金渣公司在北营公司的领导下，克服重重压力，坚定信心，以“保产保供保外发、保质保量保顺行”为中心，开拓创新，强化管理，实现生产组织、降本增效、设备管理及工程建设等重点工作稳中有升的良好局面，较好地完成了北营公司下达的工作任务。主要产品指标：供钢、铁厂物料共计74.22万吨；全年废钢吞吐量136.12万吨，比2017年同期增长47.2%；全年切割废钢6.53万吨，比2017年同期增长93.42%；加工钢渣100.83万吨，提取含铁物料58.4万吨，含铁物料比2017年同期增长6.77%；外发水渣270.95万吨；提供冬季供暖面积70万平方米。利润指标：全年计划利润523万元，实际完成814万元，超额完成利润291万元。

【生产组织】 由于废钢需求量增加、水渣集港、焖渣及磁选回收改造等工作任务的加重，针对设备老化、人员短缺、工艺落后、安全隐患较多、生产受阻等诸多因素，积极主动想办法，通过强化生产、安全、工艺、设备升级改造、尾渣质量控制，实现了生产工作的平稳顺行。生产技术室在生产指挥、协调、监督及考核等管理上起到了至关重要的作用，在生产过程中精心组织，准确下达指令，及时发现生产运行中存在的问题，并有针对性地给予解决。废钢仓储工程顺利竣工，使废钢物料的综合加工存储能力得到了进一步提升。钢渣处理环保改造及资源综合利用400平方米过渡产线已经投产，增设提纯线，日产粒钢100吨，为北营公司创造经济效益51.9万元。积极响应集团公司“炼钢工序、多吃废钢、提高产量”工作要求，自8月27日鱼雷罐开始加注废钢，全年加注废钢2.54万吨，其中外进废钢1.82万吨、北营压块0.27万吨、切割废钢0.15万吨、轧钢废钢0.24万吨、粒钢0.06万吨，为北营公司创造效益约1247万元。

【安全管理】 在安全工作方面，北营冶金渣公司始终坚持“零事故、零伤害”的安全理念和目标。2018年废钢作业区发生了一起灼伤事故。虽然属于轻伤事故，但也暴露了安全管理中一些问题，为了吸取教训，公司重点围绕以下几个方面开展安全生产工作。一是夯实安全管理基础工作，强化对《中华人民共和国安全生产法》的宣贯工作，规范“班前会”“周五安全活动”等记录。二是着力开展各类专项检查、隐患排查整治工作。分别开展了春季防火专项检查，机械传动、转动部位、介质管道专项检查、安全大检查、冬季防火等检查活动。检查由公司领导带队，各职能管理室参加，公司检查隐患（问题）共计143项，均得到整改和有效控制。三是针对废钢封闭物、爆炸物管理情况。严格按照《冶金渣公司废钢爆炸物、封闭物管理规定》要求，加强从废钢入场到切割直至装车出厂的过程监管，杜绝爆炸物、封闭物流入到炼钢工序，作业现场设置了封闭物存放点、账物清楚、责任到人、管控到位。通过上下努力，职工安全意识得到增强，现场规范操作，安全工作有了改观。

【设备管理】 修订设备管理制度，加大处罚力度，坚持设备管理工作的检查与讲评，增强设备管理人员和操作人员的责任心，促进日常的设备管理与保养工作，全面提高设备技术状况，提高现场管理水平。一是认真组织开展设备检查活动，坚持当班巡检设备检查，及时发现整改问题，消除设备隐患，保证设备完好状态。二是根据季节变化和设备运行状况适时安排设备定修工作，做到定修计划准确，定修用时合理，同时确保定修质量，保证设备定修周期内无故障，稳定运行。三是加强技术培训，提高操作人员技术素质。积极组织参加公司举办的各类设备培训，通过培训使操作人员具备岗位技能和技术素质。紧紧围绕以点检定修为核心的设备管理理念，加强专业点检、岗位点检及维修点检，提升设备点检质量，通过培训来提高专业点检员及岗位点检人员的点检技能，合理组织开展维修人员技术比武，提升维修人员整体能力。设备管理方面：公司事故故障停机率、设备完好率、设备可开动率均完成指标，无影响生产事故。检维修项目方面：冶金渣公司 2018 年检维修项目共计 6 项，已完成。工程项目方面：废钢加工仓储工程 3 月 7 日钢结构开始施工，已经投入生产。北营钢渣处理环保改造及资源综合利用工程，设计院已完成初设方案，计划于 2019 年 3 月组织施工。400 平方米过渡产线 9 月 28 日已联动试车，已投产。环保工作方面：加大对新《中华人民共和国环境保护法》及配套规章的宣贯，提升全员环保意识，强化日常环保监督考核，各类污染物排放得到有效控制。实现 2018 年冶金渣公司环境目标，仓库泄漏失火或爆炸发生率为 0；危废的有效处置率 100%；除尘运行率 100%；电耗不超 0.176 千瓦时/吨渣，全部达标的好成绩。

【党群工作】 加强思想政治建设，党建工作创新发展。一是坚持和完善中心组学习制度。持续深入贯彻习近平新时代中国特色社会主义思想和党的十九大精神。全年共学习 14 次，集中学习了中央“八项规定”、新时代辽宁精神解读、郑德荣同志先进事迹、纪检案例等，通过学习提高了党员干部思想认识水平。二是党委班子按上级要求召开了 5 次专题民主生活会。通过联系公司工作和自身工作实际，认真查找自身存在问题，深入剖析思想根源，提出具体整改措施。三是召开了 2018 年度重点岗位从业人员廉洁从业集体谈话专题会议，党委与作业区级管理人员及重点岗位人员签订了廉洁自律承诺书 151 份。四是扎实开展“繁星工程”和“样板工程”活动，充分发挥党组织和党员的战斗堡垒和先锋模范作用。2018 年共评比出星级党员 8 人、星级员工 8 人、星级党支部 4 个。干渣作业区党支部“强党建　促生产　创效益”样板工程，荣获北营公司优秀样板工程。

（刘有方）

公运公司

【概况】 本溪北营钢铁（集团）股份有限公司公运公司（简称公运公司），承担北营公司生产物料公路运输、职工通勤、公务用车、厂内服务车和驻在车服务任务。资产总额 2.038 亿元，净值 0.522 亿元，各种运输车辆及工程机械 775 台，运行 584 台。2018 年，公司下设 5 个科室、7 个作业区，在职职工总数 1099 人。公司党委下设 8 个党支部、25 个党小组，292 名党员。2018 年完成货运量 3156 万吨，货物周转量 35645 亿吨公里，行驶里程 2725 万公里，通勤客车运行 26.5 万趟次，客运量 1458 多万人次，全年成本消耗 1.46 亿元（含工资），利润 2905.73 万元；重大人身、火灾、设备、交通事故为零。

【安全管理】 1. 强化安全生产监管主体地位，加强安全“一把手工程”建设，严格履行安全生产责任，层层签订安全生产目标责任书，实行安全生产目标考核，增强干部安全管理责任落实。严格贯彻“全面从严抓安全”工作理念，以管理问题为导向，严格事故问责，严守“四不放过”原则，严格按照《公运公司 2018 年经济责任制》和《公运公司责任事故考核规定》《安全专项奖考核细则》，加大责任追究和经济考核，提高作业区安全管理责任意识。严格履行安全生产职责，层层签订安全生产责任书，将道路运输、检维修安全生产责任落实到车、到人和各个操作层面，实行安全责任全覆盖。2. 树立“安全无小事、抓小、抓早”思想，深化“两个作业现场”的隐患排查，按照“排查要认真、整治要坚决、成果要巩固、杜绝新隐患”要求，对检查发现的问题按通报、整改、复查闭环管理。严格执行安全联系、确认、监护制度，对于交叉作业、侵线作业安排专人监护，对于无监护人、无安全保证措施和隐患未排除的坚决禁止作业，将事故关口向事前、事中预防转移，防患于未然，减少事故发生。3. 以安全生产三要素（人、车、现场）为抓手，强化“人”的安全培训教育和安全监管，严格“六态”确认；加强重点路段车辆运行纠违，检查与监管相结合；认真开展反“三违”检查，对严重违章驾驶员实行下岗培训学习，并实地上线纠违，让违章驾驶员深知安全的重要性，提高遵章守纪和规范操作意识。强化“车”的本质化安全，对运行车辆电器线路、举升系统、制动系统全面排查，掌握运行状况。大力开展“现场”隐患排查，开展“安全生产大排查大整治”活动，对作业现场照明、交叉作业、高空坠落、热源火险、道路交通、仓储、起重、危险品运输、客车安全等进行“地毯式”安全检查和隐患排查，并督导整改，消除现场安全隐患；加强隐患检查、整改，将检查出的隐患问题实行通报、考核、整改、复检闭环管理，消除根源隐患，确保了安全生产稳定顺行。

【设备管理】 1. 制定《车辆及工程机械运行操作点检管理规定》，进一步明确管理者、维修人员、驾驶人员责任，严格按照《公运公司专业点检员（设备员）管理考核制度》落实设备点检责任，加强管理考核，保证车辆运行性能。共完成点检 26895 台次；完成一级维护作业 6780 台次、二级维护作业 1248 台次；完成检修计划 336 台次，检修计划实现率 98.55%；车辆完好率达 95.78%，为生产组织提供了设备保障。2. 加强对车况较差、故障率偏高车辆的组织维修，采取双休日不休息、延时加班、内部抽调调整维修人员、专人跟踪落实检修进度等措施，保证生产用车需求；按照《检维修安全管理规定》，加强维修安全管理，明确了维修、监护、主修、副修责任，把重心放在现场维修过程的管控上，严格落实“三检制”，实行日查、记录、签字确认制，保证检维修安全。3. 加强设备故障事前防范和检查，将“三检制”列入班前会必讲内容，做到行车前、行车中、收车后检查，消除车辆安全隐患，杜绝“带病车”上线，做好现场监护、现场隐患检查与处理，保证车辆的安全性能；按照“彻底解决设备管理被动局面，坚决打赢保产攻坚战”工作要求，实行三级包保制度，即公司班子成员包保作业区、作业区班子成员包保班组、班组人员包保到单车，明确各层级管理职责，严格落实设备点检定修及设备事故、故障管理，提高车辆技术状况，降低设备故障率，保证了生产用车和安全运行、经济运行。

【生产组织】 根据北营公司“提产增效”要求，强化调度指令畅通，优化生产运力和保岗作业机制，加强生产现场运行管理，加强厂际间沟通协调，每日两次沟通主体保岗单位，提前预测生产任务量，建立快速反应机制，第一时间处理影响装卸车问题，提高作业效率。精心组织重点保岗部位生产，采取白班司机延时，倒班司机上副班，每日专人现场跟踪等措施，解决车辆不足、车况差等困难，实现废钢保供、钢坯运输零影响，累计运输废钢 66.94 万吨；运输钢坯 296.54 万吨、日均 9755 吨。合理协调组织，完成焦炭、巴西粉卸车，400平方米石灰粉、一铁场地矿粉、铸管场地生铁、炼铁厂水干渣及石膏运输等临时任务。按照矿山回转窑恢复生产工艺要求，提前进行实地察看生产工艺、运输线路，制定了生石灰运输方案，对生产用车进行车况恢复、试运行，为尽快适应机械生产工艺奠定了坚实基础。

【成本管理】 树立经济运行意识，把降本增效工作指标落实到每个环节，将指标完成情况与绩效挂钩。精细生产组织，采取运输返带物料提高作业效率，降低运输成本，对燃油进行日统计、月分析，根据运输任务及时制定经济运行线路，严格控制油料消耗，全年节约油耗26.99万升。结合车辆及工程机械实际运行特点，制定《公运公司2018年检修费用管控措施》，将指标分解到设备管理室、各作业区及班组，每一项检修费用消耗及管控从设备管理室到各作业区落实到具体责任人，实现降本增效层级管理。严格安全管控，将车辆门路检、设备点检和驾驶员“三检制”与公司日常检查、随时抽查相结合，加强事前防范，消除车辆安全隐患，杜绝“带病车”上线，杜绝和减少事故，降低费用，保证了成本攻关指标的顺利完成。

【环保管理】 将环保工作提上管理议事日程，制定《公运公司2018年环保工作责任制》《公运公司环境卫生、6S管理及环保管控综合整治方案》，实行考核制和问责制并行，与日常生产、设备、安全、6S管理管理相融合，通过集中整治、多方联动等措施，狠抓环境管理死角、车辆装载管控、环保设施恢复、车容车貌整治，每天督导检查，形成常态化管理。同时细化管理标准，严格落实责任，对检查亮点进行奖励，对曝光点进行考核，全员环保管理意识得到有效提升。

【综合治理】 加强人员的遵纪守法和治安防范意识教育，按照《公运公司治安保卫管理考核办法》《公运公司劳动纪律管理考核办法》《公运公司车辆运行管理考核规定》《公运公司社会治安综合治理考核办法》加强联防、联检，每月定期检查，对重点人、重点岗位、边远岗位进行重点检查，及时整改隐患，保证了良好的工作环境和职工队伍的稳定。

【党群工作】 1. 公司党委围绕生产经营中心工作，深入学习贯彻党的十九大精神，严格落实党委主体责任，推进“两学一做”学习教育常态化、制度化。抓好中心组理论学习，定期开展集中学习研讨，严明政治纪律和组织规矩，增强党员干部的理论素养，用理论指导实践工作。加强干部管理考核与监督，以问题为导向，以绩效为重点，强化管理责任落实，增强干部责任意识与担当意识。深入开展繁星工程评比活动，努力发掘党员干部和职工中的闪光点，带动和促进公司和谐发展。对副科级以上中层管理干部、两级机关管理人员实行民主测评制和督导考核制，每月召开干部大会，全面、准确地点评干部的工作表现和业绩，对措施执行、落实不到位的干部进行约谈，激励管理干部更好地履行岗位职责。公司党委着眼于新形势新任务，把促进生产经营的成效作为检验样板工程的标准，使党建工作走出“务虚”状态，真正发挥政治优势为生产经营稳定顺行保驾护航。用监督责任聚集中心任务，严肃监督执纪问责，进一步增强党员干部的担当意识和责任意识，使党建工作与生产经营工作互促互进、融为一体，目标明确、职责清楚、标准统一、考核有据。开展“挖潜降

耗 降本增效 保产保供优质服务”劳动竞赛，进一步调动全体党员工作积极性、主动性，激活党员队伍，助力生产经营。2. 工会系统加强职工维权机制建设，深化民主管理和厂务公开，广泛开展主题劳动竞赛活动，创造了显著效益。扎实推进“帮扶”体系建设和“送温暖”等活动，增强了职工归属感和幸福感。3. 充分发挥青年团员生力军和突击队作用，发挥民主党派和统战成员智力优势，为公司生产发展贡献力量；围绕公司技术创新，强化科技之家建设，为科技人员发挥作用搭建平台；积极开展民兵预备役参建工作，不断开创武装工作新局面。

（禚晓霞）

铁运公司

【概况】 本溪北营钢铁（集团）股份有限公司铁运公司（简称铁运公司）是北营公司的辅助生产单位，主要承担北营公司进厂大宗原燃料接入、厂内物料倒运、铁水调运、产品外发的铁路运输任务。现有正式员工1042人，其中管理岗位人员30人、业务岗位人员20人、技术岗位人员25人、操作岗位人员967人，中专以上学历345人，初级职称以上人员189人，技师以上人员6人，初级技能以上人员808人，党员245人，共青团员14人。下设生产技术室、安全管理室、设备管理室、党群工作室、综合办公室等5个管理室，机务、内燃、车辆、工务、电务、机车检修、原料站、炼铁站、炼钢站、道口、调度室等11个作业区。固定资产8.84亿元，净值5.53亿元。主要设备：GK_{1C}型内燃机车15台、GK_{D1A}型内燃机车20台、DF_{10D}型内燃机车6台。普通车辆257台（辆）、320吨鱼雷罐车33台、75吨铁水罐车80台（辆）、11立方米钢渣车12辆、NS0632型63吨伸缩臂式内燃起重吊车1台、柳工CLG906D型履带式液压挖掘机1台。2018年运输量2828.6万吨，局车一次作业时间16.4小时/车，全年重大人身、生产、设备、火灾、交通事故为零，渣铁罐正点率、高炉供料及时率、局车周转率均达100%。

【安全管理】 2018年公司深入贯彻国家安全生产法律法规，牢固树立“零事故，零伤害”和“一岗双责”安全管理理念，全面落实安全生产责任制和安全生产标准化工作。加大了对“三违”行为的检查和整治力度，实行隐患整改项目制管理，狠抓措施落实，细化岗位风险辨识，构建企业安全文化，全面提升公司安全生产管理水平。按照年初制定的安全培训计划，全年组织开展了“安全生产责任制”“进站作业安全规定”“特种作业安全操作”“职业卫生”等培训，全面提升了各级人员的安全管理能力。认真开展新入厂、转岗人员及特种作业人员的办证培训工作。2018年对142名劳务工、49名转岗正式工和4名定向实习生进行了安全教育培训，实现三级教育培训100%。2018年修订了各级人员安全生产责任制和安全技术操作规程，完善了标准化作业卡和安全管理制度。为规范铁运公司相关方和劳务工的安全管理工作，全年下达了9项安全管理监督指令书，督促其履行安全协议内容，及时整改违章行为，加强对作业人员的安全管理，防止发生事故。在反违章安全管理方面，加大管控员工违章行为，组织制定了《铁运公司反违章安全管理规定》，并严格按照规定对员工作业进行违章检查，全年共查处各类违章违纪行为278人次。为消除安全隐患，降低事故风险，达到安全隐患闭环管理的要求，定期组织开展隐患排查。通过隐患排查，对查出的不能立即整改的安全隐患，实施“隐患登记”“类别整理”“信息发布”“性质分析”“实施整改”“整改进度反馈”“验证复查”“确认销号”等环节。以保证“整改措施、责任、资金、时限和预案”等五到位，2018年共查处隐患35处，整改35处，主要有火灾隐患、违规用电、起重隐患、煤气介质等隐患，整改率100%。另外，公司通过安全监督管理群调动全员隐患排查，各区域排查隐患及时上报，公司协调北营相关单位处理相关隐患问题18项，内部整改隐患15项，有效的提高了全员安全隐患排查能力。

【生产技术管理】 铁运公司根据北营生产模式变化情况，及时调整和优化铁路运输生产组织方案，制定完善《产品火车外发生产组织管理规定》《货场配卸车管理规定》《小高炉铁次调整保产措施》等管理制度，确保原燃料进厂、产品外发及时，高炉供料和渣铁罐调配正点，2018年运输保产工作实现“零影响”。在接交车组织方面，通过与铁路部门实行“预确报”制度，路企信息实现共享，确保局车周转及时。在铁水运输组织方面，通过加强与铁厂、钢厂、铸管、总调的信息沟通，及时了解、掌握铁厂接铁情况、钢厂翻铁进度，打好运输保产提前量，科学、高效组织铁水罐配罐、调运工作，鱼雷罐周转率不断提高，最高时到达3.3次/日。在产品外发组织方面，通过加强与运管部及生产单位的信息沟通，根据日承认车计划及各单位生产及库存情况，合理组织各装车线配车工作，保证了产品外发及时，产品外发最高达到331辆/日。

【设备管理】 2018年，结合集团春秋检要求制定并下发了《北营铁运公司设备春、秋检实施方案》，并组织了专题会布置推进工作。2018年春秋两季自查各类缺陷及隐患85项，整改率100%，为公司设备安全运行提供了有力保障。信息系统上线以来，职能和业务分工已发生较大变化，为确保岗位交接信息系统正常运行，根据业务分工重新编制《铁运公司信息系统操作手册》。根据各系统操作人员业务情况，重新梳理ERP系统权限，并调整权限216项。开展了铁运公司网络设备隐患排查工作，对11处网络设备进行拆机除尘，远程备份网管交换机数据。设备管理室运用级联的方式，完成了H3C 3628光口交换机的上机切换工作。根据集团公司软件正版化工作安排，完成WPS软件安装运行工作，清查Adobe软件计算机，趋势杀毒软件安装率100%。及时完成上级部门交办的临时工作。信息化运行方面，铁运公司信息化系统运行平稳，数据传输顺畅。顺利完成了设备ERP系统、OA系统的升级使用工作。设备ERP系统停机立案100%挂接工单，停机立案审核率100%完成，工单结案率、异动比率、停机立案挂接工单等考核指标100%完成，检修模型已规划97.58%，检修模型覆盖率98.56%，下机入库空白率1%，下机入库异动确认比率93.9%，完成公司考核指标。清仓利库工作，全年完成上交备件出库22.99万元，消耗机旁库内老库存备件6.54万元，材料25.64万元。全年铁运公司储运库内备件库存减少0.5万元，上交储运备件利库22.99万元，机旁库备件利库10.56万元，综合利库33.55万元，完成累计利库指标。截至12月铁运公司共计开展“自修自改”项目16项，节约资金34.6万元，公司级QC技术攻关1项，节约资金4.8万元，加上各作业区每个月开展的修旧利废活动130.88万元，2018年共计完成节约资金40.22万元。

【成本管理】 将2018年成本费用指标全部分解到公司班子成员、科室、作业区、班组、机台，制定挖潜增效方案，落实具体工作措施，完善成本管控工作制度，坚持周成本工作会议及月成本分析制度，细化管理、精准管控，全年实现降成本305万元。

【工程建设】 北营解冻库扩容项目于2018年6月27日开始建设，并于2018年10月25日投入试运行。北营铁运公司道口无人值守工程于2018年2月1日开始建设，并月2018年6月30日投入试运行。2018年检维修工程共计10项，检修合同额共计1177.0253万元，已全部完成合同决算工作。

【党群工作】 在班子建设方面，学习习近平新时代中国特色社会主义思想和党的十九大精神等内容，做到思想上始终清醒，政治上始终坚定，作风上始终务实。日常工作和党内生活中，凡涉及"三重一大"方面事项，能够召开党委会集体研究决定。班子成员围绕各自分管工作，经常深入联系点作业区进行调查、走访，帮助职工解决实际问题。在党组织和党员队伍建设方面，根据党支部建设工作实际，制定了党支部规范化标准，开展了规范化建设培训，从"三会一课"组织生活开展、主题党日等方面，强化了党支部组织生活的规范性。通过开展"繁星点点照亮北营"繁星工程评比、党员安全示范岗、党员承诺践诺等主题活动，使党支部战斗堡垒和党员先锋模范作用得到进一步突显。在廉洁自律方面，与管理室、作业区签订《党风廉政建设责任书》的基础上，组织重点岗位人员签订了《廉洁自律承诺书》，组织全体党员签订了《贯彻落实中央八项规定承诺书》，重要节日前均组织各级党员干部进行廉政教育，党员婚丧喜庆等事宜按要求进行报备谈话。在形势任务教育方面，通过参加班前会、员工大会等，向员工宣传本钢集团形势任务，传递压力，通过与员工深入交流，了解员工所思所想，帮助解决生产生活困难。在思想政治工作方面，采取正面教育、个别谈心、经理意见箱、现场办公会等形式听取员工在生产、生活中存在的困难和意见，及时给予解决和反馈。在治安综合治理方面，公司年初与五家外来施工单位签订了治安保卫责任状，对进厂的外来施工人员身份信息到平北派出所进行了核实，确认无案底、无网逃后方可办理入厂，确保了人员的稳定。制作横幅大力宣传扫黑除恶专项斗争，定期开展扫黑除恶专项培训。在做好职工通勤、配餐、洗澡、防暑降温等后勤保障工作基础上，通过周五"零报告"以及月职工思想动态分析等形式，掌握职工思想动态，了解职工队伍整体状况，发现问题及时解决。党政工团各级组织利用各种形式加大对困难群体的帮扶力度，对困难职工家庭进行走访。全年帮扶困难党员、困难职工34人。在文化生活方面，组织开展了登山比赛、职工篮球赛和青年志愿者服务、民兵预备役政治学习、合理化建议征集、技术交流等活动。 （王　健）

原料厂

【概况】 2018年底，本溪北营钢铁（集团）股份有限公司原料厂（简称原料厂）下设5室5作业区。在籍职工764人，其中管理岗22人、技术岗7人、业务岗23人、生产操作岗位712人，具有副高级职称1人、中级职称11人、初级职称44人；常年顶岗劳务84人。原料厂下辖一次料场5座，主要担负大宗原燃料受卸、储存和为高炉、烧结、焦化供料的生产任务，主要设备有翻车机4台、双螺旋单侧卸料机2台、天车3台、除尘器7台、斗轮堆取料机6台、皮带95条，皮带累计1.5万延长米。

【主要指标情况】 2018年，完成卸车量1202.09万吨，供料量1231.13吨，年吞吐量2433.22万吨；全年降低成本136.89万元，全面完成北营公司考核指标。

【安全工作】 原料厂围绕全年重点安全工作任务，切实履行安全生产主体责任，以全面从严抓安全为核心，严格落实各项安全管控措施，实现了安全生产“零事故、零伤害”目标。一是深入开展反“习惯性违章作业和违章指挥”排查整治工作，全年共查出“三违”问题304项，安全隐患405项，均已整改完毕；二是严格落实消防防范措施，加强动火作业的安全管理，做好“四位一体”消防巡查管控，全年共计发现消防隐患34项，均已整改完毕；三是扎实有效开展各类安全培训、演练活动，全年共计1700余人次参加的各类安全培训；四是开展了“安全微信大讲堂”“安全知识问答”“安全漫画征集”等活动，通过“原料之声”微信群进行安全宣讲，引领员工提升安全技能，增强安全意识。

【生产组织】 炼铁高产，原料先行。为确保生产顺行，原料厂牢固树立全局一盘棋思想，突出执行生产计划的严肃性，多措并举、精准调度，有效组织卸、储、供生产链，优质高效完成提产保供任务。从严格执行标准化作业，优化料场货位，实现原燃料集中有效管理，再到提早动手，科学谋划防汛、防寒方案，加强值班值宿，确保汛期和冬季生产顺利平稳，为高炉、烧结、焦化稳产创造良好条件。2018年，全厂干部员工抗严寒、战高温，众志成城，克服生产设备老化严重、货场物料反复苫盖以及输送焦粉粉尘大等不利因素的影响，圆满实现了“保产保供零影响”目标，10月13日更是创造了日卸681车的记录。全年完成原燃料吞吐总量2433万吨，清理地皮混合料4000余吨，火车受卸计划执行率达100%。

【成本管控】 2018年，原料厂眼睛向内，细化成本费用，深度挖潜降耗，将降本增效工作落到实处。加强岗位标准化操作，科学排定检修计划，提高检修质量，提高备件质量的精细化管理，降低故障率和检修成本；加强能源介质基础管理，严防跑、冒、滴、漏，采取避峰就谷生产，有效控制改善能源介质的浪费；坚持抓大不放小原则，扎实开展修旧利废、以旧换新，通过对设备系统自行改造，延长设备使用寿命，全年各类物资以旧换新率达95%以上。全年实际完成成本7241.76万元，对比目标一降成本136.89万元。

【设备管理】 2018年，原料厂全面落实公司“5·19”设备保产会议精神，推进设备管理标准化，全面加强点检定修，对设备进行解体点检或重点检查，有效解决了平时不易发现的隐性故障，提高设备稳定运转率。全面实施“五位一体”设备包机到人管理，严格执行岗位点检卡制度，明确职责，加大问责、考核和故障发生后的举一反三，对故障和事故进行台账式管理，降低了故障重复发生，设备稳定运行率大幅提高，为生产顺行提供有力保障。

【工程管理】 2018年，原料厂先后完成了通廊上盖修复、2号斗轮取料机大修等12项检维修项目，特别是皮带机无人值守改造工程，投资1273万元，历时工期6个多月，实现了皮带机岗位集中控制、现场故障自动报警、轻度皮带跑偏故障可自动调整等功能，为逐步实现岗位巡岗的生产模式奠定了基础。

【技改创新】 紧密围绕创新引领，从工具自制、技术工艺革新，再到设备自改自修，充分发挥“劳模创新工作室”的技术力量，全年先后完成了“斗轮机安装加热取料斗”改造等7项技改项目，创效近670多万元，有针对性地解决生产中出现的技术难题。同时，小改小革等创新领域也取得了较为丰硕的成果，既给安全生产带来了技术保证，又为生产顺行保驾护航。2018年，原料厂“劳模创新工作室”被授予本钢集团大师工作站，12月5日，被省总工会授予“辽宁省职工创新工作室”。持续倡导全员创新，进一步拓宽合理化建议的征集渠道，采取网络征集、现场收集相结合的方式，全年共收集合理化建议132条，被采纳建议65条，已发放奖金7980元，创效近百万元，调动了员工爱企兴企的工作热情。

【职工培训】 以承办集团堆取料机司机职业技能大赛为契机，配套开展翻车机等重点岗位的厂内技术比武和师带徒等活动，将现场培训转到劳模创新工作室和皮带机培训基地进行，有计划、有组织、有重点、有检查，全面开展职工技能培训工作。全年完成38个大项、262学时，累计2139人次培训，较好地提升了员工学习的积极性和培训的实效性，使员工技能水平得到显著提升；持续推行“师带徒”活动，2018年共结成师徒对子28对，全部通过考核验收，下发奖励资金9800元，助力了职工成长成才。

【环保管理】 2018年，原料厂牢固树立绿色发展理念，环保工作与生产任务并重，加强了文明生产建设，强化自主管理，抓住关键点采取措施，开展厂容厂貌环境整治工作。加强对进出料场车辆车轮冲洗管理，严格管控洒料现象；投入上千人次对物料进行全覆盖，苫盖面积达16.8万平方米；保证除尘设施与主体生产设施同步检修同步运行；开展作业区间厂容环境互检和日常抽检，环保水平得到全面提升。

【治安保卫】 夯实厂区治安防范管理工作，为增强员工法制观念，开展了员工法律法规知识巡回宣讲和考试活动，下发普法专刊《法制在线》引导员工知法、学法、懂法，通过员工身边人的“警示教育”来警醒广大员工要引以为戒，警钟长鸣。对节假日等重点时段，加强治安巡查和检查，确保了企业资材安全。全年开展人员稳定、矛盾纠纷排查共计371次，无矛盾纠纷事件发生，治安稳定可控。

【党建工作】 原料厂党委坚持以服务生产经营为中心，继续以“两服务两抓两带”为全年党建工作思路，以“建区、创岗、争星”为抓手，扎扎实实开展了“两学一做”学习教育、加强“共产党员之家”阵地建设、深入开展党员“一带三”活动、开展典型事迹宣讲唱响学先进争做先进活动，将先进典型的主要事迹和照片通过橱窗、微信平台进行展示，充分发挥党建工作的优势；强化考核监督，进一步完善干部考评机制；强化党风廉政建设，提高党员干部拒腐防变能力，为企业健康发展提供了坚强的政治保证和组织保证。

【群团工作】 工会、共青团等群团组织围绕企业生产工作，广泛开展“技术比武、岗位练兵”、劳模创新室、师带徒、“安康杯”“劳动竞赛”等生产实践活动，为生产稳定顺行做出了积极贡献；“精准扶贫”“全民疗养”“医疗互助”和“送温暖”等主题活动，受到了广大职工的一致好评；团总支为充分发挥团支部生力军和突击队作用，成立了阳光服务志愿队，创建了青年安全示范岗，增强了青年职工干事创业的使命感和荣誉感；举办“劳动美-原料情——争做新时代献身原料的奋斗者”演讲比赛，以“星级员工”的先进事迹为蓝本，创新开展“身边人讲述身边故事”活动，大力宣传基层员工中的闪光点，发出原料好声音。在集团和北营工会的大力支持下，圆满完成了本钢集团 2018 年“工匠杯”堆取料机职业技能大赛的承办工作，大赛历时 3 个月，共有 56 名选手参赛。通过此次大赛，树立了企业形象，锻炼了职工队伍，提振了职工自信心，激发了大家学习技能的热情，有效促进了职工技能水平的提高和技能人才队伍的建设，在全厂掀起了学技术、比技能的热潮。

（丁　明）

发电厂

【概况】 本溪北营钢铁（集团）股份有限公司发电厂（简称发电厂）是热电联产型企业自备电厂，主要任务是向北营公司内部各单位及三冷轧提供蒸汽和电力能源，是北营公司辅助生产单位。2018 年，拥有职工总数 809 人，其中具有中专学历 42 人、大专学历 124 人、本科以上学历 38 人。各类专业技术人员 100 人，其中初、中、高级职称人数分别为 69 人、29 人、2 人，工程系列 82 人，经济系列 1 人，政工系列 7 人，统计系列 1 人，执业资格系列 5 人。下设五科一室、五个作业区。拥有固定资产原值 11.299 亿元、净值 7.82 亿元。主体设备：汽轮发电机组 14 台、燃气锅炉 15 台、干熄焦余热锅炉 4 台、烧结余热锅炉 3 台，装机总容量为 26.9 万千瓦，锅炉产汽总容量为 1369 吨。

【主要经济技术指标】 全年计划发电量为 131000 万千瓦时，实际完成发电量 132017 万千瓦时，完成计划的 100.77%。全年实现超额降成本 500 万元。

【生产组织】 2018 年，发电厂在新老班子交替、“四定”工作全面推进的特定条件下，外部全力实现“保产、保供、零影响”，内部狠抓产量提升，高效利用炼铁工序“2+3”生产模式，克服高炉炉况不稳、煤气波动较大和内部机炉启停切换频繁、安全风险增大等不利因素，根据能源介质的变化情况，积极与上级职能部门沟通协调，及时调整生产运行方式，优先组织三电高效机组发电，并在高炉临时检修时段协调一电和二电运行方式，确保了三电的连续运转，发挥出高压蒸汽发电高效率作用，并于 3 月底实现了三电区域的四炉三机全运转。7 月以后，该厂又充分利用外部有利的生产条件，合理安排组织生产，各区域实现最佳运行方式，生产连续攀升。9 月 9 日，该厂创下全厂日发电 506 万千瓦时的建厂以来最好水平，并于 9 月 1 日~10 日期间保持平均日发电 474 万千瓦时的近年最高值。年度发电总量和最高单日发电量均刷新历史纪录。

【成本管理】 发电厂以“找问题、堵漏洞、增效益”为工作出发点，全工序、全流程、全方位开展挖潜降耗工作。一是认真梳理影响发电成本的项目，在水、电等大宗能耗上做文章。重点管控好水封、集水池、射水箱溢流以及风机冷却水和集水池排污，并根据天气转暖的实际情况，及时下令将各区域防寒溢流全部切断，有效地控制了工业水消耗，全年工业水单耗降低 0.0002 吨/千瓦时；强化给水泵、锅炉风机、循环泵、冷却塔风机的经济运行，根据运行方式改变情况和机组实际运行参数，严格优化启停时间和冷却设备运行台数，实现厂用电率降低，年约节电 600 万千瓦时。二是加强水处理药剂管理，合理使用降消耗。根据水质变化，科学使用和控制药剂投放量与频次，保证在符合各项工艺参数指标的范围内，降低药剂消耗，节约生产成本。三是落实成本责任的层级管理，将成本的管理落实到工序成本点上，并把成本指标具体转化为技经指标加以考核，落实考核责任区域和责任人，同时发挥正向激励作用，开展各成本中心的流动红旗评先活动，全年用于成本专项奖励资金达 8 万元，极大调动了基层成本管控的自主性和能动性。

【设备管理】 发电厂将设备管理提升到管安全的高度加以重视。一是利用“四定”之机，修订完善《北营发电厂点检定修实施办法》等 15 项制度，另新编制下发《北营发电厂电气设备管理制度》及《北营发电厂主控运行管理制度》2 项文件，使得各项管理做到有章可循，制度更新紧跟设备管理步伐。二是加强设备点巡检工作，筑牢设备管理第一防线。以岗位点巡检为重要依托，严格落实点检标准（质量、部位、频次），自 5 月下旬各作业区点检人员开始值班值宿，一直延续到 8 月，极大地提高了点检工作质量和效率，并成功避免了多起事故发生。三是合理安排设备检修，减少设备停运时间，尽可能将内部检修融入到公司联检中，降低单独停产检修造成的发电量损失。对于设备薄弱环节，积极采取管理和技术措施，及时完成了老化严重的四电 2 号干熄炉过热器出口弯管的更换工作，最大限度延长过热器运行周期，保证了设备生产稳定和任务指标的按时完成。

【安全管理】 发电厂始终坚持“全面从严抓安全”，严格履行“一岗双责”和“管专业就要管安全”的主体责任和监督责任。紧紧围绕集团公司、北营公司安全生产工作重点，深入开展煤气等危险介质检查整治、电气专项整治以及持续开展百日攻坚和安全生产重点工作专项整治等各项工作。全年各类隐患检查共计查出隐患 763 项，已整改 708 项，列入整改计划 55 项，并采取临时防范措施使隐患处于可控状态。同时对检查出的安全隐患开展“回头看”，实行安全闭环管理。扎实有效开展安全教育培训工作，领导干部带头上安全课，厂领导班子成员亲自上讲台讲政治导向和安全理念。强化特殊时段安全管控，在春节、“两会”、“十一”等重大节日和活动期间，严格管控危险作业，提升危险作业管理级别，注重对检修作业现场、重大操作安全管控，各级安全管理人员认真履责，现场监查安措落实情况，使得各项检修作业和重大操作都顺利完成。加强领导干部值班值宿工作，特殊时段每天安排 2 人负责厂级安全值班，对班前会、交接班、检维修现场、重点部位、介质管线以及防坠物、防火、防煤气中毒等安全管控情况开展履职检查，确保安全生产形势稳定。结合工作纪律检查，严查深纠违章行为，持续深入开展反习惯性作业和习惯性指挥专项整治工作。强化风险辨识和全过程安全管理，积极推进工程安全、职业卫生、消防“三同时”等项工作，广大职工安全意识逐步增强，规避风险能力大幅提高，实现了事故“五为零”。

【环保管理】 2018年，发电厂在处理烟气排放物毫无经验可循、环保工作压力巨大的情况下，不等不靠，主动通过聘请专家指导和到其他厂家实地考察等办法，摸索和积累工作经验方法，并于9月果断地在燃气锅炉上加设简易喷淋装置，采取喷烧尿素的技术手段降低烟气中的氮氧化合物含量，使得氮氧化物超标现象得到大幅度减少，解决了环保达标的燃眉之急。针对二电区域二氧化硫始终超标问题，该厂下大力气沿着管线逐一进行排查，最终彻底查清问题根源，消除了二氧化硫超标的突出问题，有效缓解了环保压力。同时，该厂还加强危废管理，全年废水排放合格率100%，固体废弃物排放合格率100%。

【文明生产】 2018年，发电厂强力推进文明生产管理工作。按照公司推进文明生产规划指导意见，本着“因地制宜、因域施策”的方针，大张旗鼓开展厂区美化亮化工程。全厂共实施文明生产改造项目317项，涵盖设施修缮、老旧亮化、地面修补、固废清理、墙面粉刷、道路铺垫等方面，很多项目的开展全部依靠职工自己动手，义务劳动、自筹和利用废旧材料，为厂节约资金的同时，更有效地改善了现有工作环境。全年在公司文明生产厂容环境互检评比活动中6次取得优胜，成为北营公司文明生产工作的排头兵。

【党群工作】 2018年，发电厂党委按照公司党委的各项工作部署，紧密围绕发电厂生产经营工作实际开展各项党建工作，努力发挥党组织的政治核心作用。一是深入学习党的十九大精神，将其固化在工作中。根据《发电厂党委学习宣传贯彻党的十九大精神工作方案》，每月制订并下发党委中心组学习计划和支部学习计划，对十九大报告内容进行了提炼，利用宣传板报、办公自动化下发了十九大辅导百题，组织副科级干部学习并进行了测试，于6月组织开展了以“学习十九大”为主题的十九大知识竞赛活动。召开以“围绕政治性警示教育”、包宏案件教训为主题的专题民主生活会，以《关于省（中）直企业基层党组织围绕消除薄熙来、王珉恶劣影响召开专题组织生活会的通知》为主题的组织生活会，进行对照检查发言，相互之间开展批评与自我批评，保证会议质量，提高党性认识，促进作风转变。二是夯实党建基础，确保党建工作稳步推进。制订下发《北营发电厂2018年党支部目标管理考核方案》，通过月考核评比，不断提升党支部的创新力、凝聚力和战斗力，充分发挥党支部的政治核心作用和战斗堡垒作用。继续按照评比标准进行繁星工程评比，对星级员工进行广泛宣传，使全体职工学有方向，赶有目标。三是完善考核机制，严格按照北营发电厂干部考核实施办法对在职中层干部进行考核和管理。制订下发了《北营发电厂2018年中层领导干部考评方案》，将原半年考评调整为月度考评，对连续3个月排名最后的将予以解聘处理。厂党群工作室时刻督导中层干部各项工作落实情况，并将督导结果纳入到干部考核之中，这种办法的实施在很大程度上调动了广大中层干部的工作积极性，增加了考核的透明度，使考核工作更加合理、公平、公正。四是加强党风廉政教育，筑牢拒腐防变之墙。厂党委本着一级抓一级、一级管控一级、一级负责一级的原则，进行层层落实，并完善了廉政档案和廉洁谈话等制度，推进党风廉政建设制度化、规范化。党委组织班子成员及广大党员干部学习“贪者之戒”——抚顺市原市长栾庆伟腐败案件、辽宁铁法能源包宏案件等案例，从腐败案件中汲取教训、深刻反思，强化廉洁自律，筑牢思想道德防线，守信法规纪律底线。五是全力确保职工队伍稳定，为生产经营工作提供保障。厂党委始终坚持以做思想工作为重点及时了解、掌握员工的思想动态，使厂各项工作能有针对性、有目的的开展，定期向一线干部、职工征求对公司各项管理工作的建议和意见，畅通言路，及时消除不稳定因素，保证职工上班心齐气顺，更好为企业服务。六是加强宣传工作，完善宣传制度。根据北营公司新闻宣传工作调整，进一步完善《发电厂新闻宣传管理办法》，进一步理顺对外宣传工作程序，规范稿件的格式要求；每月下发新闻宣传工作要点，每周一早例会提出周新闻宣传点，确保周有重点、月有看点。将《发电月刊》内刊版面进行创新，对厂各项工作的闪光点进行广泛宣传，增强干部职工的信心，为完成2018年各项工作目标提供良好的舆论氛围和精神支撑。截至12月末，共在《钢铁通讯》《本钢日报》《新闻在线》等宣传媒体上发表新闻稿件200余篇。 （韩立伟）

计控厂

【概况】 本溪北营钢铁（集团）股份有限公司计控厂（简称计控厂）2018年底有职工总数241人，其中管理岗位14人、业务岗位14人、技术岗位3人、操作岗位210人。硕士学历1人、本科学历7人、大专学历64人；具有副高级职称2人、中级职称7人、初级职称36人；下设4个管理室、3个作业区、16个班组；党委下设4个党支部，共59名党员。计控厂主要负责北营公司进出厂物资、厂际间倒运物资、工序产品、外发产品的检斤，所有计量器具的检定以及各类能源介质的计量工作。现有轨道衡11台、汽车衡12台、钢卷秤2台、液压升降秤8台、皮带秤11台；固定资产原值6681万元，净值4382万元。

【安全管理】 全面从严抓安全工作。认真落实安全生产责任制，紧紧围绕《北营计控厂2018年安全生产工作管理方案》，层层落实安全责任，坚持“一岗双责、党政同责、失职追责”及“管专业，必须管安全”的原则，以全面推进班组安全标准化建设为抓手，坚持干部履职，深入现场指导。开展反违章作业专项整治工作，落实《2018年反习惯性违章作业工作方案》，修订19项安全操作规程和22项标准化作业卡，按6个分类标准编制了反违章辨识清单。加强厂级安全管理人员、特种作业人员办证培训工作，共37人参加培训办证考试并一次性通过。定期组织安全演练和培训，全年开展安全演练7次，开展厂级安全教育培训20次，培训1563人次；每月编辑安全电子月刊，加大宣传力度，使员工安全意识和安全技能得到提升，有效地保障了2018年安全工作的顺利开展，实现了人身、生产、设备事故“三为零”。

【降本增效】 计控厂深入开展提质增效、降本增效、挖潜降耗、修旧利废活动，以成本管控攻关组为基本单元，全力推进成本日核算、旬分析、月总结工作，严把成本关，保证成本目标管控到位，2018年全年可控成本计划指标507.25万元，实际完成483.81

万元，节约成本23.45万元，可控成本指标降低率达4.6%。检维修费用中，日常生产维护费用节省14.75万元；检维修工程费用节省10.32万元。

【设备管理】 加强设备基础管理工作。通过岗位、维修、专业点检人员按周期开展点检工作，保障设备稳定运行，使所属计量设备在国家、省、市技术监督部门的周期检定中全部一次性合格。2018年12月9日，检定室通过了本溪市质量技术监督局计量标准考核，并取得了相应资质证书。

【能源仪表管理】 加大能源介质计量管控力度，保证在线使用率，完善能源日报台账，制定能措项目流程，加强外供电能计量管理，确保计量数据准确。积极推进2018年北营公司一、二级计量扩充完善工程，截止到2018年底需配置一二级能源介质流量计473套，已配置299套，配置率为63.2%；能源介质计量数据进入计量网221套。

【计量工作】 2018年，计控厂物料检斤率100%，完成进厂物资检斤2277万吨、出厂物资检斤998万吨、厂内倒运物资检斤806万吨；完成计量器具计划内检定14601台（件）、计划外检定861台（件）。重新修订《北营公司物资计量管理规定》《2018计控厂生产应急预案》《计控厂关于计量系统检斤信息补入管理办法》等规章制度，完善计量管理。坚持每月由北营公司财务部、设备部、计控厂共同对检斤网数据进行抽查，确保计量系统数据与上传ERP系统数据一致，有效的保证了计量数据的准确率。

【人资管理】 按照“四定”工作要求，初步完成管理、业务、技术岗位配置的薪酬改革工作，通过加强对生产、设备、计量、劳纪管理以及文明生产、工作纪律检查等措施，不断建立健全管理制度，规范员工行为，提升员工素养。进一步规范职工薪资及岗位管理，通过开展专项普调、岗位评定、区域承包等措施，提高员工收入。加强培训管理，提高职工素质，2018年全年开展培训32次，参培人数540人次。

【推进体系认证管理】 推进各项体系工作。组织内审员对北营公司24家部室及单位进行内审，共抽样检查了32个测量过程、300多台测量设备、16份工艺技术文件、12份测量不确定度报告，从计量确认、溯源性等方面提出了27个问题，开具了5个不符合项报告。组织责任部门对不符合项及问题项进行整改，并对整改情况进行跟踪。

【党群工作】 2018年，是全面贯彻落实党的十九大精神的开局之年，计控厂党委围绕2018年生产经营目标，持续加强和改进企业党建工作，充分发挥党组织的领导核心和政治核心作用，健全和完善党内政治生活，不断创新载体，加强基层政治、思想、组织、作风、制度、反腐倡廉建设，有效发挥党委把方向、管大局、保落实的作用，引领各项工作任务的顺利完成。全年发展新党员2名、转正3名，党组织、党员达标率100%。一是全面落实从严治党要求，严肃党内政治生活。领导班子每月开展中心组集中学习，认真开展专题民主生活会，查找突出问题，进行对照检查。各支部结合实际工作开展学习，做到真学、真懂、真信、真用。全面落实“三重一大”要求，健全党组织议事决策机制，保证上级重大部署不折不扣地贯彻执行。二是夯实基础工作，加强组织建设。认真落实“两学一做”学习教育常态化制度化；认真落实省委第三巡视组反馈整改意见，积极对照查找问题并落实整改。重新修订《计控厂党委议事规则》等11项制度，进一步规范基层党组织建设。三是抓好党建工作。牢固树立“四个意识”，坚定“四个自信”，做到“两个维护”。推进繁星工程和样板工程，夯实党建基础，提高党建活动水平。积极开展计控厂“五种人”党建特色活动，丰富党建活动载体。四是开展“支部规范化建设”，夯实基层组织建设，党组织、党员达标率100%；推进“共产党员先锋工程”“在职党员进社区”“党员活动日”，发挥基层党组织战斗堡垒作用和党员先锋模范作用情况，为企业的生产经营助力。五是加强干部队伍管理，认真落实党管人才原则，打造忠诚、干净、干实事的干部队伍。每季度对干部考核，增强干部爱岗敬业、履职尽责的责任心和能力。落实科级干部重大事项报告制度和干部谈话制度。加大人才培训、选拔、使用力度，用业绩和事实说话。六是落实党委的主体责任和纪委的监督责任，扎实推进党风廉政建设。重点岗位实行轮岗制度，对重点人员、重要岗位、重要时段、重要事情紧盯严管，用制度流程规范工作行为，杜绝损害企业利益的行为。开展“反四风”，落实八项规定精神，开展各类案件的警示教育汲取教训，将廉政工作落到实处。党风廉政建设成效显著，员工队伍稳定，全年未发生一起违法、违纪案件和上访事件。七是加强形势任务教育，做好正确的舆论导向。充分发挥工会、团委、科协、武装、统战组织的作用，以人为本，知民情、懂民意、解民忧，做好困难职工、困难党员的帮扶工作，凝聚员工力量，为企业的和谐发展提供保障。

（李艳东）

能源总厂

【概况】 本溪北营钢铁（集团）股份有限公司能源总厂（简称能源总厂）是北营公司为进一步强化能源管控，实施能源专业化管理，于2018年1月23日将下辖的动力厂、制氧厂、燃气厂合并组建成立的，是集供电、变电、供水、污水处理、制氧、制氮、制氩、转供煤气、空压风及影像为一体的综合辅助生产单位，围绕钢铁生产链各环节、各工序做好有力的能源供应与支撑。能源总厂下设5室、12个作业区。2018年有在职员工1062人，其中管理岗44人、业务岗47人、技术岗19人、操作岗952人；硕士学历3人、本科学历66人；副高级职称1人、中级职称51人、初级职称163人、技师24人，党员303名。主要工艺设备有：主变压器25台、高压柜1348面、高压线路杆塔143座、水泵152台，制氧机5套、气体存储器16座（总容量达7930立方米）、液体储槽13座（总容量9550立方米），煤气柜4座、电除尘8座、煤气加压机29台、空压机23台、脱硫塔9座、脱奈塔6座，以及6千伏架空线路共17条，导线共63根（总长约110910米），电缆回路共169个，419条电缆（总长357741米），全力承担着北营公司风、水、电、气等能源介质的安全供应。拥有固定资产总值28.15亿元，净值18.75亿元。全年氧气放散率计划指标1.9%，实际完成0.72%，降低1.18%；液体销售实际完成30028吨，超计划6028吨；气体单耗计划0.4472千瓦时/立方米，实际完成0.4431千瓦时/立方米，降低0.0041千瓦时/立方米；发电量计划131594万千瓦时，实际完成132017万千瓦时，超计划423万千瓦时；力率电费完成奖励 454.03 万元，超计划 214.03 万元；转炉煤气回收率实际完成炼钢一区吨钢 109 立方米、二区吨钢 101 立方米。

【安全管控】 加强管理，完善制度建设。作为一级要害岗位，能源总厂针对六个重大危险源点的实际运行情况落实管控：一是制定《能源总厂安全岗位责任制》，明确各级人员的安全管理职责，时刻打好安全管理攻坚战，在落实安全生产“五同时”的基础上，兼顾岗位员工工作环境的“五确认”，履行班前会的落实工作，强化员工的安全意识，杜绝“三违”现象的发生，做好转岗培训、安全培训工作。二是以规章制度为依托，完善各类安全工作的编制。全年共完成安全生产管理制度编制共 93 项、全员安全生产目标责任制共 1109 项、职业卫生管理制度编制共 13 项、消防管理制度编制共 29 项；完成安全操作规程编制 398 项，汇编三大系统五年安全事故案例，作为警示借鉴。三是做好专项排查，及时处理安全隐患。全年组织开展各类安全专项排查 10 次，包括全国“两会”期间安全专项排查、煤气专项排查、电气安全、氧气瓶乙炔瓶安全使用、电动三轮车、夏季高温防火、秋冬安全大检查等共计 817 项，全部整改完毕。四是全面完善供电系统防火封堵。组织人员做好动力系统 1 号~9 号总降压变电所内部消防安全评估，完成 1 号、3 号、4 号、5 号、6 号总降压变电所防火封堵。做好制氧系统 6000 制氧机组的整体防火封堵施工和燃气系统空压站、煤气加压站的供电系统的防火封堵，对北营公司督办的 33 项安全隐患全部实施完成。

【生产运行】 紧密围绕生产实际，优化生产指挥、精化组织生产，确保能源介质保产保供“零影响”目标。全年共陆续下发了《能源总厂生产调度管理制度》《能源总厂联系确认制度》等 21 项管理制度、37 项设备管理规定，完善 11 个专业类台账档案，逐层规范了工艺规程及工艺纪律，保证了生产组织、设备维保有章可依、有据可循。同时，全面推进电、水、氧气、煤气专业系统的深度融合。在供电方面，集合全厂专业力量跨区域开展设备巡视点检，对用电负荷较大的时段和设备进行重点看护排查，对查出 64 项隐患积极落实整改。在供水方面，加大同板材能源总厂对标，制定保水“零影响”工作预案，积极消除设备隐患，落实各项保产措施，加大年久渗漏管网改造和污水净化设备维修，保障供水稳定，管网畅通。在煤气系统方面，加强与前端及后续工艺链条用户联系，调度系统及专业人员勤联系、勤调整、勤观察，确保各煤气用户压力合格、热值稳定，供气顺行。在制氧系统方面，强化计划指令的执行力，及时调整机组运行方式，充分发挥后勤保障系统作用，保障氧、氮、氩气平稳供应。

【设备管理】 秉承“彻底扭转设备管理被动局面，坚决打赢保产攻坚战”的目标，依据北营公司要求制定了适合本厂设备实际的《能源总厂设备系统管理制度》，立足于企业特点将管理分为三大系统（动力系统、燃气系统、制氧系统），分层分片逐级落实设备管理措施，建立人机结合的联动机制，设立三级点检机制，根据各系统不同特点，重点对制氧设备设施、介质管网、仪控连锁保护、煤气柜设施、重点机械设备五项进行全面的排查整治。同时，完善设备计划检修，坚持周点检和日常检查相结合制度，扎实开展好春季、秋季设备大检查，切实保证设备运行处于良好状态。全年完成各项检修 352

项，发现解决较大设备隐患135项，如及时处理5号变电所户外电抗器未封闭易进小动物隐患，北钢5~8号线下方树木超高与线路放电隐患，组织对电缆头改造234个冷缩头、对二钢变电所进线电缆新建桥架150米，新敷设电缆1200米，并对电缆进行迁移，组织对四烧结、五烧结变电所电缆进行对调。

【技改工程】 按照“安全、优质、高效、低耗”的总体要求，围绕破解生产难题、技术进步、节能减排等方面，克服困难组织施工，保证了重点工程的用能需求。全年完成了焦炉煤气放散工程、三千二制氧机拆除工程、3号变电所Ⅱ段主变恢复工程、三区八万立方米转炉煤气增收工程、双四百空压站节能改造工程、三万五制氧机还建工程、六千制氧机组防火封堵工程、5号变7号变防火系统改造工程、1780加压站煤气热值分析工程、十万立方米煤气柜拆除工程等工程。

【降本增效】 全年累计为公司降成本达344.47万元。从细节指标入手，制定切实可行的节能降耗措施，根据《能源总厂成本管控实施方案》，将成本费用指标全部细化分解，以制氧、燃气、动力系统多个成本小组管控为依托，以成本日核算为基础，完善成本管控制度，坚持月成本分析制度，细化管理、精准管控，人机合一。采取制定检修平衡，降低高炉煤气放散率；科学调配、规范操作，合理投运补偿装置，提高功率因数，年度获得力率电费奖励达400余万元；合理调整制氧机运行方式，将6000机组3号氮透压缩35000机组多余氮气，降低气体消耗，全年电费降低417万元。同时本厂《降低5号制氧机单位气体耗电量》项目，获中国质量协会2018年度质量技术优秀六西格玛项目奖。群策群力，科学调整，不断强化设备实施的稳定运行，实现环保工作常态化、制度化、科学化的管理。此外，优化资源，推进兼岗缩编工作，降低人资成本，提高工作效率。

【人力资源管理】 根据公司步调稳步推进“四定”工作，加快组织机构及人员整合。做好厂班子成员的科学分工，按照“条块式”管理模式保障各专业系统稳定；根据公司构架优化组织机构，整合14科为5室，整合13个作业区为12个作业区，缩编科级机构10个；加强劳动合同清理整治工作，全面排查劳动合同履行情况，整顿考勤管理制度，在多处岗位、作业区安装考勤机，与考勤记录挂钩，提高职工的出勤率和工作效率。开展岗位评价、岗档认定，五次实施薪酬测算，最大限度保障人资、薪酬为生产服务。扎实开展中层干部绩效考核工作，按照德能勤绩要求实施业务考评，不断加强中层干部对本厂文化认同度，不断提高“至精”“至强”的工作作风。

【党群工作】 深入推进“两学一做”学习教育常态化制度化。制订详细的“两学一做”学习教育工作方案。在“学”上，通过上党课、专题研讨等形式，引导和督促全体党员干部学习党章党规等制度，学懂会用。在“做”上，认真开展“党员亮身份”“党员先锋工程”等建功立业活动。全年，上报有价值的合理化建议175条，被采纳合理化建议数量108条，创造经济价值27万元；上缴废钢1567.52吨，修旧利废自主完成320项，节约资金350万元。以“繁星工程”“样板工程”为主线，开展主题活动，充分发挥支部的战斗堡垒和党员的先锋模范作用。在“繁星工程”上，围绕安全生产、挖潜降耗、技术改造等工作，制订下发方案，开展评比活动，全年评比出星级党支部8个、星级党员48名和星级员工48名，奖励金额36800元，鼓励了先进，带动了整个工作开展。在“样板工程”上，以“北营样板”空压作业区党支部党员“一带三”为载体，干部为职工解决问题117项，抬高敷设二钢存水电缆沟内电缆1200米。充分发挥党员的先锋模范带头作用。加强党员队伍建设，规范党的组织生活。严格坚持“三会一课”、民主生活会、组织生活会、民主评议党员、党日、领导干部双重组织生活、重大事项报告等制度。从严做好组织发展工作，全年发展新党员8名，培养发展对象8名。组织召开了能源总厂第一次党员代表大会，完成组建选举工作。积极开展诗歌朗诵比赛、党建知识竞赛等活动，陶冶了职工情操，增加了职工工作热情。加强党风廉政建设，认真落实中央“八项规定”，41名领导干部重新填写个人有关事项报告表、签订承诺书。对214名重点岗位人员范围进行重新界定和统计，并签订廉洁自律承诺书工作。定期开展反腐倡廉警示教育活动，强化党员干部红线意识和底线意识，时刻保持自重、自警、自省。大力抓好宣传工作。2018年，在《本钢日报》发表宣传稿件72篇，在北营公司《党员风采》发表稿件7篇，出版厂内部刊物《能源之声》七期，共计发表稿件193篇。通过广泛内外宣传，助力了生产经营，展现了能源总厂与时俱进、开拓创新的企业理念，为能源总厂外塑形象提供了强有力的思想保证、精神动力和舆论支持。充分发挥群团组织作用。重点开展精准帮扶，救助困难职工22人，发放困难救助金44万元。广泛地组织开展“职工建家”、“安康杯”劳动竞赛、技术比武、提合理化建议、职工登山、羽毛球比赛、篮球比赛、职工疗养等活动工作；武装上充分发挥民兵作用；团委重点开展“青安岗”、大学生运动会等活动，为企业安全发展做贡献。2018年，厂团委还被评为“本钢集团五四红旗团委标兵”“全国钢铁行业优秀青年安全监督示范岗”。

（张　净）

生活服务中心

【概况】 2018年底，本溪北营钢铁（集团）股份有限公司生活服务中心（简称生活服务中心）职工总数455人。其中中专以上学历114人，具有高级职称2人、中级职称12人、初级职称26人。下设5个室、5个作业区，即综合办公室、党群工作室、生产安全室、设备管理室、食堂管理室，环卫作业区、维修作业区、土建作业区、综合作业区、食堂作业区。主要承担北营厂区绿化美化，厂区道路维修维护、保洁，公辅设施维修维护，防汛防寒及临时性工程施工、外委工程管理，职工午餐制作配送，大学生宿舍管理，本钢集团、北营公司机关后勤保障服务，公司外转供能源收费及公司部分行政业务职能。2018年，成本费用计划目标3913.58万元，实际发生管理费用3880.25万元，同计划指标相比降低33.33万元。

【安全管理】 完善制度建设，制定下发《生活服务中心2018年安全生产管理工作措施》等管理制度43个；加强安全培训，采用集中培训与作业区自培相结合的方式，有针对性地开展安全平培训教育工作，全年共计开展各类理论和现场操作培训70余次，培训1600人次；认真落实领导干部安全履职检查，有针对性地开展各种日常、专项和季节性安全生产检查。1～10月开展各类安全隐患检查 78 次，发现安全隐患 460 项，已完成整改；落实人员密集场所防范措施，遏制火灾事故发生，同时针对重点部位进行消防应急预案演练，提高人员疏散逃生能力。通过一年的努力，安全生产局面得到了较大改观，实现了“零事故，零伤亡”的安全工作目标。

【设备管理】 牢固树立“只有安全，设备才能运行，只有安全，设备才能检修”的安全理念，建立健全设备系统安全规章制度，对安全设施整改实行 PDCA 闭环管理，确保设备安全运行；完善设备台账、抓好设备点检定修及维护保养，提高设备可开动率；确立三级点检架构，加强对三级点检的检查和考核，保障维修质量的提升和设备的使用寿命；加强对重点设备的日常检查及隐患排查，重点排查车辆、设备润滑、电气线路以及煤气介质等方面，发现隐患 267 项，已完成整改。制定下发了《设备区域承包方案》，实行设备承包奖励机制，做到奖罚分明，极大地调动了全员设备管理的积极性，有效提升设备管理水平，确保车辆、设备安全、稳定运行。

【治安综治管理】 不断完善“三防”建设，在大学生公寓和各食堂新增加摄像头 53 个，监控点位不断扩大；强化库房、备品备件及作业现场物资管理，积极清除被盗源点；严格按照反恐工作要求和标准，做好重点要害部位、人员密集场所的治安反恐工作；全面贯彻落实中央“扫黑除恶”相关工作，通过悬挂条幅、书写板报、召开班前会、专题会等做好宣传。同时，通过制作张贴宣传单、专题学习展板、职工微信平台等形成全员学习“扫黑除恶”知识的良好局面，将“扫黑除恶”工作落到实处。全年无一例偷盗案件发生。

【道路清扫管控】 生活服务中心承担的北营厂区道路清扫面积约 83 万平方米。2018 年，中心实行了厂区道路清扫包片制度，此举有效提升了厂区道路清扫效果。要求道路清扫人员在负责道路清扫、撒料清扫的同时，还负责道路两侧绿化带中白色垃圾清理及路牙石、人行道板损坏上报等工作，每月末对道路清扫情况进行评比，奖优罚劣，提高职工工作积极性，确保厂区道路清扫效果的明显提升。同时，加大机械清扫力度，6 台清扫车结成 3 对互保对子，每天早 7 点至晚 5 点进行清扫作业，有效治理厂区扬尘。全年共清运厂区生活垃圾和道路清扫垃圾 2.2 万吨，针对车辆违章带泥、撒料等现象下发整改通知单及曝光污染严重的违章行为 2000 余次。

【道路维修及绿化美化】 本着先重点参观路线，后主要道路的原则开展带路维修施工，全年铺设（修补）厂区沥青混凝土路面 13 万平方米，与外委相比，可为公司节约道路维修费用 754 万元；积极配合集团环保部，做好北营厂区绿化项目计划的申报、合同签订、施工车辆、人员、苗木组织入厂及现场验收等事宜，确保厂区绿化树木栽植工作顺利进行。完成了厂区草坪、树木、模纹等绿化带的修剪、拔草、浇水、施肥、病虫害防治等养护管理工作，确保绿化带植被正常生长。同时，为了配合停车场建设，在 1 号检查站、3 号检查站移植大型树木 30 棵、黄杨 5000 棵，平整绿化场地 1000 余平方米。

【厂容治理及设施维修】 为确保厂区内公辅设施正常运行使用，延长设施使用寿命，降低维修成本，保障良好的工作环境，中心积极做好厂区公辅设施维修维护及所辖办公区域上下水、电器线路等日常维修工作。共修复厂区各路段道路两侧路牙石 925 延长米、铺设人行道板 571 平方米；粉刷桥梁及墙体 9600 平方米、清洗护栏 3000 米；修复护栏 894 米；排洪沟清淤 650 米；修复截水沟排水井篦 100 延长米；清理单行线排水槽 86 个、下水井 67 个；公共浴池脚踏阀门维修 480 个；拆卸、粉刷、安装暖气片 1750 片、管件 5500 余个，更换供暖管道 1925 米。同时，完成所辖区域办公楼上下水维修 720 余次，电器电路、灯具维修 240 余次及厂区宣传牌匾、临时火车站日常维修、维护。

【职工配餐】 在配餐质量管理上，通过把好食品原材料质量关，落实“师带徒”人才队伍建设，开展优质配餐专项劳动竞赛活动，生产加工坚持规范化、标准化操作，听取就餐代表意见建议等，使配餐质量、服务质量、环境卫生等方面得到较好提升，得到了广大就餐职工的肯定；为进一步改善食堂就餐环境，提高职工食堂基础设施标准，对职工食堂进行了重新修缮，极大地改善了就餐环境和作业环境；根据本溪市食品药品监督管理局和本钢卫生防疫站关于在全市和本钢餐饮单位推进“明厨亮灶”工程工作要求，中心根据文件精神及各食堂现状，选用“视频厨房”，目前，北营公司和山上宾馆、北营宾馆共 8 家食堂的“明厨亮灶”视频安装调试工作已完成，并全部投入使用，让食品安全“看得见”；针对非洲猪瘟疫情，及时启动应急预案，要求猪肉供货商第一时间调整远离疫区的供货厂家，提供质检及动物合格证明，并要求供货商出具质量承诺书，保证肉品品质，确保职工吃得放心、吃得安心。全年窗口供餐 300 万份，为大学生提供一元自助早餐 6384 份，除夕慰问餐制作配送 7959 份，为在岗职工熬制防暑绿豆汤 90189 份。

【工程施工及外委工程管理】 为确保厂区各项防汛防寒、临时工程、检维修外委工程施工以及公共设施维修维护工作按时保质保量完成，生活服务中心在工程安全管理、质量管理、成本控制和施工进度等方面严格把关，在保障工程质量的前提下确保各流程按时间节点正常推进。全年共完成厂区防汛、防寒及各项临时工程、外委工程施工 200 余项；作为北营公司外委工程业主单位，完成北营公司下半年设备设施隐患整改、北营公司设施安全隐患整改修缮、北营宾馆消防管路修缮等检维修外委工程共计 33 项，工程总造价 1110 万元。

【民生工程建设】 为有效落实好集团公司安排的“民心工程”，切实为广大员工服好务，生活服务中心结合实际情况，全力投入停车场建设、大学生公寓和食堂改造、供暖设备设施更新与检修等重点民生工作，确保北营公司员工住得好、睡得暖、吃得饱，上班不为停车忧心，确保安心工作，无后顾之忧。生活服务中心对北营公司 4 个门卫周边环境进行了调查分析研究，利用 1 号、3 号检查站仅有的土地资源，合理规划车辆停车位，解决职工上下班停车难的问题。自 3 月起在 1 号站、3 号站修建停车场，并于 6 月投入使用。两个停车场占地面积 15980 平方米，设停车位 526 个，配套设施齐全，停车场整齐划一，已办理准入车辆 2470 台，同时，修建 4 个摩托车停车场地，占地面积 500 平方米，切实解决了职工停车难的问题；为改善大学生住宿条件、提高职工食堂基础设施标准，对大学生公寓及食堂进行了重新修缮。目前，大学生公寓外墙保温、卫生间改造及三食堂墙壁砖镶嵌、水磨石地面铺设、墙体粉刷、天棚吊顶等已完成，并于12月中旬恢复使用。经过修缮，食堂较以前宽敞明亮，职工就餐环境显著提升；大学生公寓新增620片散热片、3个热风幕，实现房间温度19℃以上，改善了大学生住宿条件。

【行政管理】 以“三服务、三满意”为工作目标，强调优质服务，全力做好北营公司各办公区域上下水、电器设备等日常维修工作。为了给新入住42名大学生创造良好的居住环境，中心对3号楼5层22个房间进行了整理，提前配备好了床、更衣箱、窗帘等，并重新更换了坐便、洗手盆等设施，确保住宿环境干净整洁。同时，对大学生公寓进行了重新修缮，有效改善大学生住宿条件。强化收费管理，保证各项能源费用应收尽收，全年收缴各项能源费用共计3325万元，实现全年费用收缴率100%；职工住房取暖费登记、签证、审批及报销2.4万户，资金总额3400万元；山上宾馆配餐、洗浴、供暖、室内外保洁、绿化、宾馆、会议室、设施维修维护等工作落实到位，为集团公司机关工作人员提供良好的办公环境。同时，坚持以市场为导向，全面开展北营宾馆营销工作，实现了年底“盈亏平”的工作目标。

【党群工作】 紧紧围绕中心经济责任制指标，以安全稳定为重点，团结和带领党员干部职工，以“繁星点点　照亮北营”暨繁星工程和“筑堡垒、创佳绩、争先锋”样板工程为抓手，充分发挥党组织战斗堡垒作用和党员先锋模范作用，夯实党建工作基础，全力打造“三服务、三满意”工程，促进各项生产任务的顺利完成。1. 落实党委主体责任方面：班子成员坚持每月一次理论中心组学习；先后围绕政治性警示教育等主题，召开了六次民主生活会；到分管支部讲党课和调研；持续坚持民主集中制原则，对“三重一大”事项召开党委会或班子会集体研究决定，召开党委会38次；通过强化19名副科级以上干部考核和后备干部10人的动态管理，对班长及责任业务师以上人员实行问责追责等，加强党员干部管理，切实发挥表率作用；通过多种形式向党员干部及职工层层宣贯中央八项规定精神及集团纪律要求；与6个党支部签订《党风廉政建设责任书》，与123名重点岗位人员签订《廉洁自律承诺书》；严格婚丧喜庆等事宜报备管理，落实领导班子落实“三个一”包片检查工作和监督。2. 夯实党建基础方面：将158名党员划分为六种类型分类管理，发挥岗位特点和优势，为中心改革与发展献计献策；在电工、焊工等12个工种开展师带徒活动，签订师徒协议20对，实行跨工种培训；对困难党员建立台账动态管理，精准实施帮扶；及时做好积极分子、新发展党员、退休及调转党员组织接转、新老两套信息系统库管理维护；按标准及时、足额收缴党费，党费证及党费收缴簿准确填写，确保党费收缴规范管理；党群工作室每月对支部三会一课、党员管理、会议记录等进行检查指导，夯实党支部规范化建设。3. “繁星工程”等主题活动开展情况：细化“繁星工程”评选方案，从三季度新增“安全之星”，全年评选星级党支部4个、星级党员36个、星级员工36个、安全之星2个，奖励金额25300元；选树食堂作业区党支部为中心“服务职工群众党建样板工程”；组织党员骨干在厂区环境综合整治、矿山道路清淤、职工配餐等工作中，将学习郑德荣等7

名同志先进事迹转化为圆满完成工作任务的强劲动力；“七一”前夕，党支部书记、劳动模范等先进人物为所在支部党员讲党课。4. 发挥群团组织自身作用：中心工会承办“优质配餐服务”劳动竞赛、“优化住宿环境、构建和谐公寓”专项劳动竞赛，创建“劳模创新工作室”，为“三服务、三满意”工作目标的实现加油助力。团支部深入开展“青年安全生产示范岗”活动；参加本钢集团第十届大学生趣味运动会 VR 体验中取得第一名的好成绩。以深化“两学一做”学习教育为主线，以安全稳定为重点，以党风廉政建设为保障，积极开展“繁星工程”和“样板工程”，团结和带领党员干部职工，为圆满完成全年各项工作任务提供了强有力的政治保障。领导班子团结有力，打造务实奋进的干部队伍。班子成员勤于沟通，分工协作、勇于担当，整体管理水平得到质的提升；坚持落实民主集中制，落实《北营公司党委议事规则》；干部管理考核上，按照《中层干部综合考评细则》，横向纵向全方位考评，通过压担子等形式对后备干部进行培养考核；理顺职工关注的热点难点问题，稳定职工队伍。通过早调会、党员大会、板报、走访、座谈、问询等形式，将钢铁企业形势和北营启动“2+3”生产模式层层传达对职工关心的热点难点问题高度关注，力所能及当场解决；将“繁星点点”工程贯穿全年党建工作的始终，发掘党员干部和职工的闪光点。评选星级党支部 4 个、星级党员 10 个、星级员工 9 个，并予以奖励；加强重点岗位人员监管，从思想到行动上筑牢拒腐防变的思想道德防线；群团组织积极开展班组建设、岗位练兵、劳动竞赛、技术比武、工会幸福小家建设等活动，提升员工岗位操作技能和服务本领，助力“三服务、三满意”工作目标的实现。（王翠波）

退管中心

【概况】 北营退管中心成立于 2008 年 3 月，2018 年“四定”工作机构改革后下设 6 个管理室，2018 年，在岗员工 59 人，其中管理岗 13 人（专务 4 人）、业务岗 12 人、技术岗 21 人、操作岗 13 人。

【主要指标】 2018 年，北营退管中心承担落实离退休职工、离岗职工和生活费人员以及工伤职工的管理政策，紧密围绕服务职工、信访稳定和费用管控三项重点工作，精准服务、精准扶贫，确保队伍稳定；加强费用管控，确保费用不超支。

【行政工作】 1. 信访稳定工作。退管中心始终把职工队伍稳定工作作为第一工作要务，坚持常抓不懈。特别是在 2018 年“两节”“两会”“十一”国庆、中央第六巡视驻辽及辽宁省委巡视组驻本钢期间，中心全体人员紧密配合，超前工作，不辞辛苦进行值班值守，安排专人稳控重点信访人员，结合“五位一体”稳控包保责任制度，重点案件实行领导包案，确保包保到位，较好地完成了全年的信访工作任务，连续 5 年实现进京访为零，去省到市未发生重大及有影响的信访事件，为北营公司的发展提供强力的稳定环境保障。全年共接待登记来访共 40 案批次，计 183 人次，其中集访 9 批次，计 123 人次，个访 31 案次，计 58 人次；民心网交办案件 13 件，实为 9 案，重复案件 3 案；市长投诉热线交办案件 3 件；中央第六巡视组交办案件 5 件；本钢“抓稳定　促和谐”信访矛盾减存控增工作共交办案件 2 次，计 6 案，其中履行信访答复程序 1 案；省督办案件1件；涉关农民工欠薪案件1件。2. 深入开展劳动合同清理整治工作。按集团公司和北营公司劳动合同清理整治工作要求，2018年继续针对中心离岗人员实际情况，对离岗人员进行深入清理。全年共清理152人，其中上岗61人、办理保留劳动关系12人、办理解除劳动合同10人、死亡9人、办理退休60人，停发工资800多人次。3. 提高占地退休（职）人员生活待遇工作。根据《关于适当提高原本钢全民占地招工退休（职）人员生活待遇办法的通知》文件，对占地退休人员共核查档案200余卷，认定符合提高待遇人员共174人。经测算月增加额3956元，另外对2017年度以前占地退休2067人的待遇进行了调整，月增加待遇额60408元。4. 大额医保收取工作。2018年大额补充医疗保险收取工作移交至我中心以来，我们积极对退休职工宣贯收费标准和报销政策，2018年电话通知5800多人，共收取6001人，金额219318元。5. 取暖费审核报销工作。年初对2017年底收取的退休职工取暖费发票进行审核，最终合格报销6786户，金额共计974万元。6. 培训工作。2018年完成职工培训和考试共计4378人次，组织2673人次上机考试。其中：特种作业（特种设备）人员培训2302人，特种作业人员上机考试及笔试2409人，质量技术监督局特种设备人员培训402人，新入厂人员安全培训214人，公共类培训399人，业务能力培训120人。

【安全管理】 北营退管中心始终坚持“安全第一、预防为主”的工作方针，积极开展各项工作，确保了全年安全工作目标的顺利实现。全面开展安全大检查活动，从劳动纪律、安全规章制度落实、防火防盗、行车安全等各个方面进行深入细致地排查，一旦发现隐患，立即进行整改，坚决将不安全因素消灭在萌芽状态中，从而杜绝了安全事故的发生，让员工真正做到“我会安全、快乐劳动”。

【党群工作】 北营退管中心党委现有党员181名，其中在岗党员39名、离岗党员142名。党委下设四个党支部。2018年，退管中心党委紧紧围绕全年工作目标，以习近平新时代中国特色社会主义思想为指导，继续深入学习贯彻党的十九大精神，推进“两学一做”学习教育常态化制度化，使全体党员牢固树立“四个意识”，切实改进党员干部工作作风，对照中央和省委巡视组反馈意见，加大全面从严治党力度，推动各项制度的完善和落实，为全年各项工作任务和目标的顺利完成提供了强大的精神动力和思想、政治以及组织保证。 （肖　扬）

栏目编辑　金一嘉

本溪钢铁（集团）矿业有限责任公司

【概况】 本溪钢铁（集团）矿业有限责任公司（简称矿业公司）组建于1995年12月28日，是本钢集团公司的全资子公司，是本钢主要原料生产基地。截至2018年底，在籍职工9346人、在岗职工9069人，其中技术人员328人、管理人员382人、业务人员521人、操作及检修人员7838人。公司下属10个单位：南芬露天铁矿、歪头山铁矿、南芬选矿厂、石灰石矿、辽阳球团公司、贾家堡铁矿、炸药厂、设备修造厂、汽车运输分公司、黏土矿。公司管理设备1621台（套），其中主体设备409台（套），拥有固定资产原值95.83亿元，净值45.04亿元。

【指标情况】 1. 主要产品产量：铁精矿736.9万吨，超产23.9万吨；球团矿206.3万吨，超产3.3万吨；生石灰104.1万吨，满足集团生产需求。2. 成本指标：全年变动成本比预算降低4300万元，超额完成全年成本预算指标，其中主要工序定额成本降低2661万元、可控费用降低1639万元。3. 主要产品质量：铁精矿品位67.04%，铁精矿稳定率89.64%。其中南芬选矿厂铁精矿品位67.5%，铁精矿稳定率91.11%；歪头山矿铁精矿品位68.05%，铁精矿稳定率86.16%；活性灰CaO含量90.56%，粉灰稳定率96.27%。球团矿合格率97.8%。

【安全管理】 推进非煤矿山双重预防机制建设，歪矿、露天矿、选矿厂、石矿分别通过国家、省、市三个层级的达标验收。全年实现重伤、工亡、重大设备、重大火灾、重大交通责任事故“五为零”目标，安全绩效为近三年最好水平。

【生产管理】 坚持以满足集团公司生产需要为中心，在2018年钢铁市场向好的形势下，深入挖掘内部潜力，积极配合集团公司钢铁增产，在三次调整增产计划的前提下，科学规划、高效组织，圆满完成全年产量目标。露天矿完成铁矿石1263万吨，满足选矿生产需求，岩石7450万吨，超产40万吨；选矿厂完成铁精矿415.3万吨，超产0.3万吨；歪矿完成铁精矿180万吨，超产20.1万吨，岩石1781万吨，超产21万吨；贾矿完成铁精矿121.6万吨，超产3.6万吨，岩石605万吨，超产2万吨；马球完成球团矿206万吨，超产2万吨；石矿生灰104万吨，满足钢铁生产需要；黏土矿石灰石粉8万吨；炸药厂克服各种不利因素影响，积极采取措施保证矿山生产对炸药品种和数量的需要；修造厂、汽运分公司以服务主线为宗旨，克服缺少机加技工和车辆老化等困难，全面完成设备检修及各项运输任务。南球留守组多方协调，扎实推进南球复产工作。

【设备管理】 强化设备点检工作，点检队伍得到完善，点检员技能水平大幅提升，涌现出矿业十佳点检员等一大批优秀点检员。开展30余项隐患专项整治，设备故障同比降低20%。设备检修全年投入4.4亿元，专项投入4800万元，解决较大设备隐患45项。检修项目完成达到100%。重点检修工期得到优化，为生产赢得宝贵时间。开展备件修复，节约备件费支出7000余万元，同比增加300万元。物资全流程指标达到历史最好水平，领新交旧达到100%，全寿命周期管理取得较大进展，备件使用寿命实现数字化管控。全年设备总成件补充 1.1 亿元，老旧设备 72 项得到更新改造，为矿业公司生产经营增添新动力。

【财务管理】 针对变动成本考核的新变化，制定切实可行的节费降耗措施，强化责任落实，全年降低变动成本 4300 万元。按照集团公司清产核资专项工作统一部署，历时近 3 月时间，圆满完成资产盘点、审计、评估工作；将排土场、尾矿库可回收利用资源纳入评估范围，有效盘活存量资产。优化资本结构，在集团公司指导运作下实施债转股，公司的资产负债率由 98%降到 69%。持续开展外部债权清欠工作，对外部债权进行细致确认和清理，共清回外欠款 23.55 万元。根据公司运营情况，及时调整优化考核方案，确保绩效考核公平公正，充分发挥正向激励作用。设立安全专项和能耗专项奖励制度，做到“点对点”精准奖励。

【能源管理】 夯实能源基础管理，能源消耗及考核管理更趋精细。主体车间实现班组、机台能耗与岗位工人绩效挂勾，降耗效果显著。分档设定节能攻关目标，实施激励机制，全年能源定额成本降低 1000 万元。充分利用直购电政策，完成 7.5 亿千瓦时直购电交易，节约电费支出 1000 万元。

【技术管理】 按照工序服从原则建立配矿模型，严抓采场配矿管理，强化全过程质量管控，实现了铁精矿“质量达标、持续稳定”的目标；加强工艺纪律管理，公司成立工艺纪律联合检查组，发现问题及时督促整改，全年共发现及整改问题 212 项，有效促进生产顺行。公司主要产品铁精矿、球团矿质量均完成计划，球团矿全铁品位指标完成 65.10%，创近五年最好水平。铁精矿、球团矿品位指标名列全国大中型矿山前列，歪矿铁精矿品位（68.05%）名列第一位，南芬选矿厂铁精矿品位（67.60%）名列第三位，马球球团矿品位（65.10%）名列第二位。

【环保管理】 完成南芬露天矿采场等四个水保方案变更，水土保持补偿费较 2017 年降低 3500 万元以上；多方协调，积极推进，取得了新建花岭沟铁矿、南芬选矿厂 65 吨燃煤锅炉项目环评批复；在为期一个月的迎接中央环保督察“回头看”工作中，全面组织、精心部署，全方位检查督查，实现矿业公司在督察期间无一起感官污染和环保事故发生，特别是南芬露天矿和石灰石矿，采场道路扬尘治理工作完成较好；全年种植各类苗木 36000 余株、草坪 6300 余平方米，成活率达 90%以上，实现矿山绿色发展。

【人力资源管理】 以“四定”为标志的三项制度改革核心工作取得阶段性成果。全公司机构缩减 66 个，副处级以上领导人员缩减 21 名，原科级及以下管理、业务、技术岗位人员缩减 112 名，实现机构设置优化、管理层级压缩、干部队伍精干的目标。在人力资源方面，增补在籍职工 106 人、协力职工 148 人，使多年困扰矿业公司人员不足的问题得到一定缓解，解决了生产岗位顶岗人员严重不足的燃眉之急。在职工培训方面，按集团新的管理模式要求，积极组织参加特种作业和公共类专业培训 291 人次，爆破作业、设备润滑、班组长安全管理等有针对性的个性化培训 4383 人次，初步达到了提升岗位操作技能，提高工作效率的目的。争取本溪市失业保险支持参保职工提升职业技能奖励扶持政策，鼓励职工学技术，职工申领奖励金 16.5 万元。在劳动纪律整治方面，公司上下以检查工作纪律为契机，进一步加强劳动组织管理和劳动纪律检查力度。按要求签订“承诺书”，制定下发实施方案，组织各单位开展自检自查，保证了“吃空饷”专项整治工作的有效落实。

【重点工程建设】 2018 年矿业公司固定资产投资计划 10.5 亿元，安排 51 项工程开工建设。其中露天矿采场排水、歪矿 116 米铁路运输系统及贾矿精矿搅拌槽等 20 项工程竣工投产。

【后备矿山开发】 取得露天矿 2 号土场 70 万平方米土地使用权。集中力量，多方协调，完成了徐家堡子铁矿采矿证办理和明山石灰石矿采矿权正式延续；露天矿、歪矿、贾家堡铁矿矿权延续及花红沟、永安铁矿探矿权转让等工作正在有序推进；完成花红沟铁矿钻探 2000 米，资源潜力巨大。

2018 年 6 月 13 日矿业公司班子专题民主生活会情景（刘佳　摄）

【党群工作】 1. 加强政治理论学习。公司党委提高政治站位，强化责任担当，在学懂弄通做实政治理论教育上下功夫。围绕公司生产经营实际，自觉用新思想、新观点、新举措指导矿山生产实践。2. 落实“省委巡视反馈意见”整改工作。针对省委巡视组指出的问题，照单全收，逐项逐条整改落实，切实把巡视反馈的问题整改到位并取得阶段性成果。3. 持续夯实党建工作基础。按照集团党委要求，先后五次组织各级党委召开班子民主生活会。组织各单位党委，在主体作业区、主要生产工艺岗位选树至少一个基础工作扎实、工作业绩突出、战斗堡垒作用坚强的支部为工作旗帜，以点带面，全面推动支部建设。对公司所属 13 个基层党委进行党建基础工作检查，检查结果在党委书记例会上进行点评通报，促进了党建基础工作再上新台阶。组织开展上党课、新老党员宣誓、党内建功立业等活动，走访慰问困难党员，增强了组织的凝聚力和战斗力。公司所属 13 个党委完成换届。4. 加强班子建设，全面提高干部管理工作水平。制定“矿业公司部门工作作风考核办法”，每季度对机关部门工作业绩和服务意识进行考评，促进了工作作风转变，提高了服务水平。5. 发挥宣传媒介的导向作用，塑造企业良好形象。

通过报纸、电视新闻、矿业风采微信等多种平台，大力宣传公司生产经营工作中涌现出的先进典型和工作经验。在广大职工中营造崇尚先进、学习先进、争当先进的良好氛围。全年在《本钢日报》等新闻媒体发表新闻稿件490篇，“矿业风采”微信平台发布稿件81篇。积极参加集团公司党委开展的“学习宣传贯彻党的十九大精神”主题征文活动，荣获论文和诗歌作品一等奖1篇、二等奖2篇、三等奖1篇、优秀奖3篇。6. 扎实做好稳定工作。各级党组织认真贯彻落实《信访条例》，围绕热点问题和不稳定因素，积极妥善做好上访职工、周边居民的政策解答和释惑工作，全年接待各类上访112件次、653人次，实现敏感时期精准控访，促进了企业和谐稳定。7. 发挥群团组织作用，凝聚力量共建和谐企业。工会系统开展各种形式的劳动竞赛、创新工作室、班组建设、职工技术比武等活动，为生产经营营造良好氛围；推进创新工作室的建设，成立创新工作室20个，取得60项创新成果；评选矿业公司示范班组2个，标杆班组15个；举办第八届职工技能（钳工）大赛，承办集团公司5个A级工种技能大赛，展现了矿山优秀工人的风采；做好困难职工帮扶工作，发放救助款35万元。共青团开展了“青安杯”竞赛等适合青年特点的活动，发挥了青年生力军作用，7个基层单位团委被集团公司团委授予红旗团委等荣誉称号。科协、综合治理等各方面工作都取得了显著成绩，为公司发展和稳定做出积极贡献。

（刘　佳）

南芬露天铁矿

【概况】 本溪钢铁（集团）矿业有限责任公司南芬露天铁矿（简称南芬露天铁矿）现有职工总数1855人，其中管理岗位31人、技术岗位81人、业务岗位55人、生产操作岗位1658人。下设8个职能室、13个作业区。2018年底，固定资产原值28亿元，净值8.69亿元。全年，发出矿石1259万吨，满足选矿厂生产需求；剥岩7450万吨，较公司计划超产40万吨，比2017年同期增产1430余万吨；安全实现“五为零”；变动总成本降低750万元。

【生产组织】 协调科学组织，保证矿石生产。详细制定推采计划，科学调整出矿部位，合理搭配不同品位矿石。配合公司开展硫含量跟踪采样，以检测结果为依据，指导生产配矿，实现矿石产量、质量均衡稳定，合格率达100%。合理布置采场道路，形成上扩第二分条与382岩石站及矽石山358水平运输道路；对2号路进行加宽，优化岩石流向，缩短运距，为生产创造条件。制定并实施了382岩石站延长使用方案，弥补运输能力缺口，实现经济排岩。强化大车装载量管理，新建4个抓拍监控点，取得明显效果。

【安全管理】 实现安全生产“五为零”，消灭轻伤事故，创建矿以来安全最佳绩效。露天矿被评为“双重预防机制”省级试点单位。坚持制度管理，完善安全制度27项，重新梳理132个班组履职承包网络，逐级签订责任状。突出引导教育，开展“走出去、学回来”安全交流、较大危险源管控措施演讲等主题安全活动，邀请霍尼韦尔等跨国公司来矿开展“体感”式安全特色教育5场，举办应急演练11次，职工安全教育率达100%。注重风险管控。自主完成土场评审工作，并形成《排土场安全评估报告》上报公司备案，节省评审费用90余万元。采场、边坡、爆破、行车、电气等较大危险源均处于动态管理、可控状态。强化隐患排查，开展“春、秋检”“大车防火”“采场用电”等综合、专项检查，整改不符合2121项。加强行车管理，安装弯道报警系统12处，大小车防碰撞雷达系统86套，加宽5号路并增加照明设施，清查厂内无牌车辆105台。深化职业病管理。健全职业卫生档案，坚持血压测量等基础工作，维护职工从业健康。及时公布粉尘浓度，完成粉尘岗位普查，组织660名职工进行职业健康体检，健康监护率、粉尘合格率等指标均完成计划。加强相关方安全监管，严把相关方入厂资质关，落实业主区域负责制，强化施工现场管理，查处、督促整改安全不符合项35项。

【设备管理】 引进南昌凯马KY310B牙轮钻一台、小松WD600-6胶轮推土机一台。扎实推进检修维护工作，完成10台主体设备的大修；开展点检员考核体系完善、专业点检和岗位点检考评等工作，提高设备点检定修水平，实现设备运行稳定，可开动率比计划提高7.09%，故障停机率比计划降低7.6‰，春、秋两检取得矿业公司第一名。夯实设备基础管理，提高备件计划准确率，强化ERP全流程管控，工单规划率、覆盖率、结案率均达到公司要求。加大修旧利废力度，自修复备件213项、1549件，节约额1199万元。探索工作新思路，推行设备重点部位油样检测、分析工作，实现发动机平均使用寿命超出规定标准500小时，电动轮比规定标准延长1000小时。

【成本管控】 强化制度管控，结合公司考核模式变化的实际制定考核方案，规范基层管理制度，对作业区、职能室实行双向考核，形成统筹规划、分点落实、人人有责的管理局面。严格执行集团公司《控制非生产性费用支出》文件精神，各项非生产性费用支出均有效控制在预算范围内。针对生产工序中消耗较大的环节，制定降本措施，推行单机台考核、优化铲车比、现场交接班等措施20余项，极大降低了生产过程中的无功消耗。全年通过各类措施降低成本消耗900余万元。

【重点工程】 乡村公路迁移工程，2018年3月5日进点复工，按节点推进工程，完成挖运土石方48万立方米，挡墙砌筑9210立方米，实现全线路面贯通，路基全部形成，路面垫层完成碎石铺垫工序。山下工业场地建设，完成综合厂厂房动迁，下山道路矿内填方、穿凿、爆破、电铲作业区搬迁，6千伏供电线路动迁，农电线路动迁议标等工作。采场排水工程，铺设排水管5590米，架设供电线路1200米，并按期竣工投入使用，保证了汛期的安全生产顺行。二号土场治理项目，排土工艺和治理方案基本完成，并进一步优化施工道路布置工艺。后备矿山建设。组织完成徐家堡子铁矿占用储量登记工作，已领取采矿证原件。

【管理技术创新】 根据上级要求，结合矿山实际抓住“四定”核心，优化机构及干部队伍，将原矿属28个部门、单位缩减至21个，并按要求配置岗位，干部队伍得到进一步优化。狠抓工作纪律、工作作风整治，开展工作纪律系统检查，下发处理通报12期。提高考勤技管水平，引进刷脸考勤机，对12处网点进行考勤，上线“钉钉”办公系统，实现考勤线上管理。以科技攻关提高生产能力，开展《降低牙轮钻机故障率》六西格玛项目攻关及 QC 题目研究等工作，为矿山生产提供技术支撑。积极征集合理化建议，共征集到采矿、安全、环保等六方面合理化建议 19 项，经研究筛选，其中 12 项已经开始实施。强化爆破管理，严格检测新进起爆器材及现场混装炸药质量，加强穿区孔网参数检查、爆区装药设计审查，加强技术员培训，开展爆区评比，从技术和管理上提高爆破质量。

【环保工作】 注重矿区环境保护。开展厂容绿化整治，栽种各类树木 850 株，栽植各种草花 8200 盆，更新草坪 500 平方米，对矿一号公路绿化带修剪 3600 延长米。强化生活区降尘，清运一号公路两侧积土、杂物 800 多吨，道路防尘洒水 1000 余车，改善矿区生活环境。自筹资金开展青山工程建设，完成 5 号土场绿化 150 余亩。加大环保管控力度，对环保设施运行情况、锅炉排放情况以及采场、公路防尘和矿石装车、卸灰二次污染防治措施落实情况实行检查考核，持续监督。强化危废管理，建立健全危险废物处置台账，重新修订应急预案并组织演练，实现危险废物管理规范化、标准化。

【党群工作】 强化作风建设，贯彻落实党的十九大精神，深入开展肃清“薄熙来、王珉恶劣影响”“扫黑除恶”“学‘双规’知识竞赛”等专题活动。扎实做好形势任务教育，制作、下发形势任务宣传片，营造拼搏奋进的积极氛围。开展“八比八争做”等党内活动，党员义务献工 600 余个，修旧利废创造价值 300 余万元；组织“检修明星”立功竞赛、“黄金季节创高产先锋机台评比”劳动竞赛以及“岗位能手评比”等活动；对“回收土场矿石监察”等项目进行效能监察，助推生产经营。深化扶贫帮困工作。完善困难职工档案，开展系列帮扶活动，累计投入救助、慰问资金约 16 万元。走访困难党员 33 人，发放慰问金 2.27 万元。以职工需求为导向开展工作。完成 8 个配餐点设备设施的更新、维护及配餐菜品丰富工作。为职工休息室添置空调、被褥等设备设施。组织夏季送清凉等系列活动。完成了 2136 名职工的健康体检的组织工作。强化精神文明建设，大力弘扬“辽宁精神”，倡导“工匠精神”、劳模精神，树立精神风向标。注重舆论宣传，在《本钢日报》等媒体发表稿件 131 篇、视频 45 个，矿业风采微信平台发布微信 8 篇。丰富职工业余生活，参加、举办各类文体活动 10 余项。2018 年 4 月，本溪钢铁（集团）矿业有限责任公司南芬露天铁矿爆破车间爆破班被辽宁省总工会授予“辽宁工人先锋号”荣誉称号。

（陈　亮）

歪头山铁矿

【概况】 本溪钢铁（集团）矿业有限责任公司歪头山铁矿（简称歪头山铁矿）2018 年有在籍职工 2357 人，其中生产操作人员 2201 人、专业技术人员 83 人、管理人员 73 人；下设 8 个科室、16 个作业区。固定资产原值 21.72 亿元，净值 10.06 亿元。2018 年采剥总量完成 2345 万吨，其中矿石 563 万吨、岩石 1782 万吨，尤其扩帮量完成 878 万吨，创扩帮以来最好水平；铁精矿计划 180 万吨，实际完成 200 万吨，在矿源不足的条件，全面实现超产 20 万吨，为公司降低原料成本做出了贡献；精矿品位 68.16%，位居行业前列；铁精矿单位成本实现 471.7 元/吨，低于计划指标 1.69 元/吨，全年降成本达 338 万元。

【安全管理】 深入推进矿山风险分级管控和隐患排查"双重"预防工作，在辨识评估、管控治理等方面取得阶段性成果，省安监局6月8日在歪矿召开全省双重预防机制建设会议，歪矿作为国家级试点单位做经验介绍并得到推广。切实贯彻职业健康管理体系要求，对办公场所松动的"头顶灯"进行加固和更换；细化安全"包保履职"工作，明确责任、传导压力、全员参与的安全管理体系发挥出应有的作用；大力开展"双反""双控"活动，除日常巡检外，开展特种设备、行车、高空作业等专业性检查35次，查出并整改安全隐患1265项。高度重视危险源的治理工作，尾矿库完成汛期调洪演算、冬季集中放矿、排洪沟清理、尾矿库副坝反滤层压坡、新增浸润线、位移观测等预防治理工作；采场实施高、陡坡降坡、浮石清理4处，铁路运输信号道口改造19处，重要路段安装夜光警示牌，关键路口安装照明灯；选矿环节实施皮带传动系统防护升级等，全年累计消除各类危险源达186处，实现重伤以上事故"三为零"的控制目标。

【生产组织】 重新制定经济责任制考核方案，并督促各作业区完善各项考核规定，实现奖金与产量、质量挂钩，增加了职工收入，提高了职工生产积极性，为全年超产注入了内生动力；加快生产节奏，以视频会议方式代替集中开会，现场解决各个作业区的生产难题，显著降低了部门与作业区的推诿现象，有力促进了采、运、选等各个生产工序间的衔接。采场坚持"采剥并举，剥离先行"原则，确保其技术条件处于合理状态。重点组织二期扩帮工作，克服困难，在12月底冰冻前拆除152站及其联络线11000米，释放了扩帮岩石和下盘矿石生产作业空间，保证剥采比完成；积极组织爆破作业，克服因采矿证办理延误及炸药供应不足等不利因素，组织职工节假日加班实施穿凿爆破，在撵回欠产同时实现超产，增加了采场矿石和岩石储爆量；全力组织采场底部台阶开沟，完成开拓工程300米，增加开拓矿量350万吨；全力组织混入岩石中的矿石回收工作，新增一条回收线，累计土场回收矿石121万吨，为精矿超产打下坚实基础。优化机车、汽车运输工艺，结合新建矿石164米铁路站场，实施了马选矿石倒装站台、土场回收站台、恢复146倒装站生产等保产措施，矿石和岩石全面实现了超产。紧盯采场116米破碎系统上矿工作，合理配车，均衡给矿，全年上矿380万吨，设备作业率和上矿量均创历年最好水平。选矿工序组织实施磁选柱、细筛工艺优化改造、尾矿扫选工艺迁移改造、干堆浓缩底流泵提升至40%攻关、190米重板给料机生产优化等技术改造，铁精矿实现质量稳定、产量超产达20万吨。

【设备管理】 夯实设备基础管理，制定、完善各项规章制度7项，重点推进"设备管理区域承包""岗位点检承包"和"专业点检承包"等工作，16个作业区均细化设备岗检、点检考核职责，矿用汽车、电机车、电铲、牙轮、球磨机故障率较上年有显著降低。抓住影响生产的关键环节，加大投入，破除地方居民阻挠，集中全矿检修力量，困扰多年的1号尾矿管路完成更换700米；强调联合检修的工作效率，全年4次联合检修中，选矿磁选柱400管及阀门更换、马选5段磁选给矿管更换接引等627项工作全部提前完成任务，为及时恢复生产赢得时间。严抓设备大年修工作，完成自翻车临修1000余台次，电铲定修20余台次，牙轮定修10余台次，球磨机定修213台次，有力地保证了设备状况的完好率；另外选矿自球磨机集中控制系统、门禁车辆管理系统、GPS 指挥系统均实现升级和改造；采场内铁路道口安装了自动报警装置，缩短了等车实际，保证了扩帮部位汽车作业率；对生产用水和生活用水混入管道进行改造；协调和协助热力公司完成职工饮用水源清理；为生产一线职工购置饮水车等，优化和改造职工饮用水系统，提高了饮水质量，为职工身心健康提供了保障；矿区内在取暖、照明、安全隐患方面进行了改造，改善了职工生产生活环境，解决了一批多年想解决而未解决的问题。

【成本管控】 树立“效益第一”的经营理念，以不换脑筋就换人的魄力，强力推进降本增效工作。瞄准同行业先进指标，采取提高设备效率，优化爆破工艺，降低炸药单耗，加大轮胎修复力度，不断优化行车路径，坚持汽车采场内交接班和油罐车移动加油等措施，全年降低能源和定额成本累计降低 106 万元。加强管理，严格费用支出，仅电机修理费一项全年降 160 万元。重视设备修旧利废工作，完成电机车主轴瓦、抱轴轴承、电铲斗臂、钻杆等修复 2227 件，创效 1500 余万元；设备国产化取得较大进步，其中 10 米电铲铲斗国产化单件即可节约采购费 47 万元；回收废旧物资折合 54 万元；紧跟集团公司生产需要步伐，克服时间紧、任务重等困难，实现上交废旧钢铁 3112 吨，超公司计划 2112 吨，为公司增产做出积极贡献。

【重点工程】 完成了 164 米站及其联络线铁路及 104 米铁路桥工程建设，12 月主采场新铁路环线运输系统全面通车运行；164 米倒装站台完成矿仓主体结构及两侧挡墙的土建施工，为工程在 2019 年下半年投产创造有利条件。尾矿库工艺改造完成回水塔加高，在干堆排放国家未批复前，临时保证了尾矿正常排放和铁精矿正常生产；泄洪塔及其管路施工完成 500 米；花岭沟地下开采工程完成主副井工业厂区临建施工，全面具备掘进开工条件；采场北部边坡治理工程完成毛石挡墙施工及削坡整形工作，确保了采场北部环线铁路的边坡稳定；选矿高压室异地建设主体结构及厂房窗户维修全面完成。

【人力资源管理】 全矿各单位安装了“人脸识别”考勤系统，结合该系统深入开展“劳动合同管理专项整治”工作，有效控制了迟到早退、上花班、不上班问题的发生，同时工伤、私病长休人员陆续返回岗位上班，困扰矿山多年的历史性难题得到了有效解决，对于规范管理、提高工作效率具有非常积极的意义和价值。认真贯彻落实集团公司“四定”工作方案，优化劳动组织结构，精简管理层级，管理科室由原先的 12 个缩减至 8 个，管理岗人员由原 87 名缩减至 70 名；建立垂直管理方式，作业区的“段长”管理层次全部取消，部分作业区的二级调度取消，释放出的人员充实到生产岗位，提高工作效率的同时缓解了部分一线生产岗位短缺问题；实施机关集中办公措施，扭转了不良工作作风，提高了工作效率，减少了“三机”费用支出。在薪酬分配方面，严格执行公司制定的各项奖金管理规定，充分发挥经济责任制的“杠杆”作用，使职工的收入联生产、联工时、联工作量，多劳多得，充分调动广大职工的生产积极性，有效推动矿山的稳定高效生产。

【环保工作】 牢固树立“绿水青山就是金山银山”的理念，不断完善责任制，认真落实各项环保措施，出色完成“辽宁省尾矿库综合治理项目”验收工作，争取国家资金 173 万元。完成三水泵站事故池建设、2 号小河渗水坝，以及除尘器的改造工作，实施尾矿库主、副坝的防尘网铺设、干滩喷洒新型扬尘抑制，重视坝上喷淋设施、设备的各项维护工作。坚持公路洒水常态化，有效抑制二次扬尘。继续开展青山工程三期的苗木养护和补植等工作，2018 年全年新增矿区绿化面积 5 万多平方米，栽植苗木 12 万余株，大力开展生产区域的环境卫生清理工作，为矿山文明生产营造良好氛围。

【党群工作】 矿党委以党的十九大精神和习近平新时代中国特色社会主义思想为指引，全面开展“解放思想推动高质量发展大讨论”活动，认真落实省委巡视反馈意见整改工作，扎实开展党委理论学习和中心组学习活动。紧紧以矿山生产经营为中心，在全矿开展“设岗、划区、建队、立项”党内建功立业活动。矿党委采取举办预防职务犯罪警示教育讲座、签订廉洁自律书、致管理人员家属一封信等措施，有效促进了党员领导干部廉洁自律意识的提升和工作作风的转变。矿党委高度重视人才培养，关心大学生生活，对大学生公寓进行维修改造，改善居住环境和生活条件，让大学生安心扎根矿山建设。工会开展劳动竞赛、技术比武、岗位练兵等活动，举办“铁山杯”职工篮球比赛，开展为基层班组职工配置风扇、应急药箱等活动；共青团开展青工拜师学艺活动，组建爱心团队帮助弱势群体，使广大职工切实感受到关爱和温暖，武装、保卫、信访、法律事务等群团组织充分发挥各自职能，促进了矿山和谐、稳定、健康发展。

（李德才）

南芬选矿厂

【概况】 本溪钢铁（集团）有限责任公司南芬选矿厂（简称南芬选矿厂）下设 7 个职能室、10 个作业区；有在籍职工总数 1546 人，其中操作人员 1377 人、管理干部和专业技术人员 169 人，高级职称 18 人、中级职称 82 人。2018 年底，固定资产原值 21.32 亿元，净值 9.77 亿元，主要产品为铁精矿。2018 年，选矿厂铁矿石处理量完成 1262.30 万吨，铁精矿产量完成 414.37 万吨，铁精矿单位成本完成 423.78 元/吨，实现销售收入 21.74 亿元。精矿品位完成 67.47%，金属回收率实现 77.16%，工序能耗完成 5.51 千克标煤/吨。实现了安全生产目标。职工违法率为零。工业废水废气排放处理率为 100%。2018 年度被集团公司授予先进党委和先进单位荣誉称号。

【生产组织】 坚持以粒度为纲，强化矿石分运和分选，通过运输保来矿，粗、中、细碎保粒度，选别保质量、提收率，精尾、动力、维修保运行，科学合理组织生产，在保证质量的前提下实现产量和收率最大化。强化调度生产指挥职能，开展工序间一条龙竞赛，加大调度系统对各工序的协调及检查考核。统筹安排设备计划修，提高设备作业率。严肃工艺操作纪律，确保碎矿粒度和选别指标达到工艺标准。强化装车管理，装车净载重合格率达到历史最好水平。结合季节特点做好防寒、防汛、尾矿库冬季蓄水等工作，有力地促进了生产顺行。

【技术工艺改造】 重点实施四选筛下脱水槽改造、大选合理匹配矿浆改造、三磨工艺完善，提高金属回收率；通过开展五选、红矿磁精槽及方箱改造、五环水平衡改造，以及发挥四选小块干选作用，为稳产高产创造了条件。

【质量管理】 全面加强质量管理，在四大选安装矿浆采样器，提高检化验频次，完善铁精矿质量预案，较好地完成了公司下达的质量指标。六西格玛、QC 小组等质量管理工作也位居公司前列。

【安全管理】 按照两级公司和厂安委会的工作方针，开展了以“双反”教育为核心的全员安全教育。以参加省级“双重预防机制建设”试点单位为契机，建立了较为完善、有效的风险分级管控和隐患排查治理体系。坚持安全专项检查和日常检查相结合，深化作业区内部绩效考核管理，全年作业区自查整改隐患项目 1998 项，厂安委会查出并整改隐患项目 1259 项，实现闭环管理。完善了电气、皮带机、梯子、围栏等安全防护设施，加强联系确认制的检查考核及相关方管理，安全管理水平进一步提升。积极开展粉尘治理工作，逐步实施中、细碎新型除尘器改造，有效改善了现场作业环境。暑期针对高温天气，为电力机车安装空调、为重点岗位配发电风扇，为一线职工送清凉饮料等，有效缓解了持续高温给生产带来的不利影响。完成头顶库治理工作，争取国家配套资金 227.9 万元。完成卧龙沟尾矿库安全生产许可证办理和小庙儿沟尾矿库闭库评价工作。全年实现较大设备事故、一般火灾事故、重伤以上人身事故“三为零”的目标。

辽宁省安全生产监督管理局领导视察卧龙沟尾矿库（吕志刚　摄）

【设备管理】 通过不断强化设备基础管理，完善设备技术状态，有效地保证了设备安全、经济、平稳运行，为生产创造有利条件。通过点检员竞聘上岗和持续培训，使点检员素质得到普遍提高，保证了设备点检定修的有效执行；设备春、秋季停机检修共完成机械项目 582 项，电气项目 176 项，使设备技术状态得到进一步提升，有效地降低了设备故障率，为生产赢得时间；设备技术状态评估 11 项检修项目，目前已全部实施完成，消除了设备安全隐患；通过加强物料全流程管控，严格执行物料全寿命跟踪管理及领新交旧工作，保证了物资的合理使用；严格执行相关方管理、联系确认制、受限空间等检修安全管理规定，确保了设备检修作业安全；全面落实年初制定的 35 项设备增产降耗措施，实现降低成本 1570 余万元。通过强化各项设备基础管理工作，全年，球磨机作业率完成95.73%，比计划提高2.73%；设备可开动率完成98.10%，比计划提高0.67%；故障停机率完成0.35‰，比计划降低0.07‰，全面完成了各项设备技术指标。

【重点工程】 加快推进重点技改及检维修项目建设步伐，组织完成五选小块干选、二尾3号回水塔封堵、精尾二泵站电气综合保护改造、粗碎高压室改造和新建65吨锅炉土建基础施工等重点工程项目，为选矿厂持续发展提供了动力；进入四季度，为确保精矿产量、质量和安全生产，适应2019年增产需求，选矿厂克服了人员少、工期紧、任务重、资金短缺等困难，组织发动全厂作业区的生产操作人员和检修技术骨干，对制约生产的重点设备、设施进行全面整修和技术改造，通过近三个多月的抢修，共完成重点设备、设施扩大修和技术改造18项，另有6项正在实施，将有效提高设备、设施技术状况，保证设备安全稳定运行，为2019年全面完成生产任务创造了条件。

【降本增效】 各主管部门及作业区全力以赴落实年初制定的九项增利措施，共创效益1243万元。通过对北山与主采场矿石分运、分碎、分选，“三碎”联合降粒度，“多碎少磨”等措施降低消耗99万元；利库完成217万元；开展修旧利废节约资金300万元；二尾回收坝下渗水、提高环水利用率、减少新水消耗263万立方米，增效131万元；清理三五选磨矿下部积货创效32万元；四大选技术改造增加铁精矿2210吨，增效110万元；71号皮带小块干选抛尾7.5万吨，减少成本消耗151万元；回收废钢铁1300吨，增利188万元；废旧物资回收15万元。

【人资管理】 按照集团公司“四定”工作总体要求，快速稳妥推进工作。机构压缩29%，管理干部减少19%，精简了干部队伍。大力推进人力资源优化，通过粗碎电气操检合一、选别自控室人员整合、动力班组合并、细碎检修任务外包、补充协力人员等方式，一定程度缓解了操作岗位严重缺员的矛盾。按照两级公司要求，全面开展工作纪律检查、劳动合同清理及“吃空饷”整治工作。全厂范围内实施电子考勤，一线职工劳动纪律及管理人员工作作风得到进一步加强。

【能源管理】 坚持向能源管理要效益，通过完善规章制度，推进三级计量网络建设，落实能源攻关措施，推进单机台考核与经济责任制挂钩，科学指挥生产用水和躲峰运行等措施，全年，精矿电单耗完成96.69千瓦时/吨，新水单耗完成2.41吨/吨，其余各项能耗指标也均完成考核计划，能源管理效果显著。

【党群工作】 各级党组织以党的十九大精神和习近平新时代中国特色社会主义思想为指引，严格执行从严治党新要求，认真贯彻落实习近平总书记在辽宁考察和深入推进东北振兴座谈会上的重要讲话精神。围绕生产经营中心，深入开展以“亮身份、强素质、当先锋”为主题的建功立业活动。扎实开展“不忘初心、牢记使命”主题教育活动。严肃“三会一课”制度，推进“两学一做”学习教育常态化制度化。提高政治站位，认真组织召开专题民主生活会和组织生活会，领导班子成员带头上党课，层层传导政治责任。召开党代会，增补党委委员，完善了班子建设。举办党支部书记和党小组长培训班，提升了党建工作水平。以“四定”工作为契机，形成干部能上能下的竞争机制，调整干部69人次。2018年，喜逢选矿百年华诞，厂党委开展了以“百年选矿，逐梦前行”为主题的系列活动，通过系列活动展现百年选矿发展成就感和职工获得感。加强意识形态工作，扎实开展宣传和企业文化建设工作。全年在《本钢日报》发稿 110 篇，《今日本钢》发稿 12 篇，印发《选矿工作信息》12 期 3400 份，发送“魅力选矿”微信 424 条。加强党风廉政建设和反腐倡廉宣传教育，积极落实中央“八项规定”精神，严肃党内政治生活，组织党员领导干部和重点岗位人员签订“廉洁自律承诺书”68 份，有效发挥了效能监察作用。开设选矿大讲堂，重点培训班组长以上管理人员，增强了业务水平和担当尽责意识，增添了干部职工奉献企业的动力。召开了十九届一次会员代表大会暨十五届一次职工代表大会。恢复职工健康体检，参检人数 1778 人，组织 235 人参加职工疗养。对困难职工实现了精准扶贫。扎实推进星级班组及劳模创新工作室建设。选派技术骨干刘正楠代表集团公司参加辽宁省职业技能精英挑战赛，获得了钳工组团体第一名、个人第七名的好成绩。选矿拔河队在省全运会 680 公斤级比赛中获得金牌。选矿厂爱心志愿者服务队发挥正能量作用，树立了选矿厂良好形象。加强重大节假日信访维稳和武装保卫工作；预备役参建效果突出；共青团组织以“学习、创新、发展”为主线开展活动；科协组织开展合理化建议活动，创造了良好的经济效益；为离退休人员做好服务工作，维护了职工队伍的和谐稳定。（王学思）

石灰石矿

【概况】 2018 年底，本溪钢铁（集团）矿业有限责任公司石灰石矿（简称石灰石矿）固定资产原值 6.04 亿元；员工 1032 人；共设置主体作业区 10 个、机关职能室 9 个；主要设备包括 600 吨/天回转窑 2 座、500 吨/天套筒窑 1 座、300 吨/天套筒窑 1 座、280 立方米竖窑 1 座、250 立方米竖窑 4 座、YQ150A 潜孔钻机 7 台、WD-400 等型号挖掘机 14 台、BZK3530 等型号自卸式载重汽车 26 辆等；主导产品有成品石灰石、成品生石灰、活性石灰。

2018 年，完成采剥总量 498.66 万吨、石灰石原矿 274.42 万吨、生石灰总量 104.12 万吨；生石灰稳定率 96.24%，活性灰 CaO 稳定率均值 90.06%，均高于公司考核计划；成本降低 920 万元；安全生产实现“五为零”；粉尘达标排放，污染因子合格率达 100%。

【生产组织】 科学组织生产，保证钢铁需求。根据钢铁生产对石灰石、生灰需求，科学动态组织生产，按照月计划、周平衡、日调整的生产模式，加大对两矿区和九座炉窑生产情况跟踪力度，全面适应集团公司高产拉练节奏。全年完成明山矿区原矿 129.14 万吨、阎家沟原矿 145.28 万吨；发出生灰总量 104.12 万吨，实现保供钢铁零影响的目标。

【设备管理】 紧紧把握钢铁联检、设备春秋季大检查等契机，全力强化设备基础管理工作。着重强化日常检查和专项检查，充分发挥岗位点检第一道防线作用，共消除隐患 300 余项，设备三率指标高标准完成。修旧利废工作成效明显，完成全年修旧指标的 127%，降低了运行成本。出色完成年初计划的四座炉窑大修工作。大修累计用时 189 天，完成检修 350 余项，较预算节约 140 余万元。其中，1 号套筒窑大修周期为 5 年，实际已运行10年。由于长周期运行，窑内部分结构件已破损严重，为后续大修工作增加了难度。大修组织克服了工期紧、耐材种类多、加工周期长、工程技术人员经验少、图纸资料不全、检修过程中材料到位不及时、新增项目频发、施工队伍安全管理意识淡薄、砌筑质量需要24小时实时跟踪等诸多困难，取得较好成果。此外，将大修过程中所有基础材料、基础数据梳理备案，为该窑后续大修工作提供了准确的技术资料。

【安全管理】 从安全基础工作入手，开展专项检查49次，共查处隐患5275项，有效遏制事故发生。深入细致地做好安全教育和培训工作，全年累计培训4983人次，职工安全素养明显提高，违章现象呈直线下降。持续强化危险源网格化管理，开展要害岗位危险源点排查工作，签订危险源及风险管控安全责任书，明确责任人和考核办法，确保全矿31项危险源每天处于受检、可控状态。

【降本增效】 迅速适应两级公司新考核方式变化，合理调整管理目标和考核目标，对照国内同行业先进水平，结合近几年总结积累的经验，制定具体降成本措施。特别是在降低焦炭消耗方面，建立焦耗配比模型，结合每座窑矿石粒度，实行分级入窑，生产过程中按矿石粒度变化及时调整焦炭配比。同时，调整风量与产量的匹配关系，有效控制窑顶温度和灰温，使矿石得到充分预热、煅烧和冷却，达到降低焦耗的目的，受到矿业公司的表扬和奖励。通过一系列措施有效落实，累计降低成本920万元。推行经济运行、低产运行方案，加强能源指标过程管控，针对煤气、焦炭等占比较重指标，实行日结算、周分析的管控模式，全年煤气单耗、焦炭单耗、冶金灰耗电等11项指标均能完成考核计划，且较上年同期呈下降趋势。

【环保管理】 认真领会国家环保税法等政策法规，结合目前排污现状，多次与市环保局、本溪县环保局进行交涉，仔细确认合理缴税明细。2018年，环保税缴纳金额为3.55万元，较上年同期排污费缴纳金额节约95.63万元。制定实施详细的环保预防管控措施，在线监测数据传输效率达100%，全面实现达标排放。

【人力资源管理】 完成集团公司第一轮“四定”工作任务，实现管理机构缩减43%，管理岗干部缩减53%，形成了机构精简、责任明确、工作高效的管理态势。

【质量管理】 强化落实集团质量工作方针，提高生产各环节预判能力，加强流程的监督和管控力度，准确掌握客户反馈质量情况，采取切实可行的有效措施，实现活性灰CaO含量90.06%，粉灰稳定率96.24%，为钢铁生产提供优质辅料。

【工程管理】 完成白灰作业区C系统除尘器改造和碎矿作业区卸矿仓抑尘工程，改善职工操作环境；完成部分炉窑燃烧器改造更换工程，降低运行成本；完成安防视频监控工程，部分岗位资源得以优化。

【技术管理】 完成《工艺技术规程》和《技术操作规程》正式版编写工作，印刷、发放、培训、考试、检查等相关工作正有序推进；共征集合理化建议61项、科技论文9篇，完成专利3项。成功申办了本溪市级“技能大师工作站”。将生产技术攻关、新技术开发及应用与技能人才培养有机结合起来，让更多一线员工突破自我，成为高技术人才，为企业后续发展提供强有力的技术支撑。

【党建工作】 加强领导班子、干部和党员队伍建设，将学习习近平新时代中国特色社会主义思想和党的十九大精神作为当前和今后一个时期首要政治任务，为全面完成各项生产经营任务提供坚强的思想和组织保证。动员全体干部职工认清形势，充分发挥积极性和创造性。工会以经济效益为中心，开展“劳动竞赛”“安康杯”竞赛和技术比武，提升职工学习热情；以人为本，救助困难职工 199 人；广泛开展文体活动，“石矿新星”足球队获得中国足球民间争霸赛本溪赛区第一名的好成绩。共青团开展有益青工健康发展的各类活动和竞赛，丰富了青工业余文化生活，被集团团委授予“‘五四’红旗团委”称号。科协深入开展“讲理想、比贡献”活动，引导技术人员发挥作用，为矿山发展做出贡献。信访稳定领导小组不惜牺牲个人时间，出色完成“两会”等重要敏感时期的接访工作，营造和谐稳定良好发展局面。（许子朋）

辽阳贾家堡铁矿有限责任公司

【概况】 2018 年底，本溪钢铁（集团）矿业辽阳贾家堡铁矿有限责任公司（简称贾家堡铁矿）在籍职工 377 人，其中生产操作人员 308 人、技术人员 18 人、管理人员 22 人、业务人员 29 人；党员 136 人。下设 5 个管理室、4 个作业区。公司管理设备 213 台（套），其中主体设备 126 台（套），固定资产原值 132187.98 万元，净值 123864.8 万元。2018 年，贾家堡铁矿完成采剥总量 1034.05 万吨，其中矿石 428.81 万吨、岩石 605.24 万吨；完成铁精矿产量 121.56 万吨，超考核计划 3.56 万吨，超设计能力 6.56 万吨；精矿品位 63.78%，超计划 0.78%；质量合格率完成 97.7%，超计划 7.7%；铁精矿计划单位成本 395.70 元/吨，实际完成 382 元/吨，总成本比计划降低 1664.8 万元。

【安全管理】 构建全员参与的安全管理体系，推进危险源网格化管理，明确安全职责，月、季领导安全履职检查形成常态化。细化安全生产规章制度，强化全员安全教育培训，有效提高了全员安全意识和防范能力。编制安全生产综合应急预案，顺利通过省安监局评审备案；同时积极推进贾矿安全现状评价工作，迎接省安监局、市安监局对贾矿安全生产现状评审，顺利完成安全生产许可证换证工作。加强隐患整治闭环管理，排查安全隐患 145 项，整改率达到 100%，5 项较大危险源和 12 项一般危险源全部处于受控状态。吸取安全事故教训，加强对边坡、土场、爆破、道路车辆、高压设备、电气防火封堵、自动消防报警终端、消防设施器材、电缆沟等重点区域的专项检查，及时消除安全隐患。开展“反习惯违章作业及违章指挥”专项排查，排查出 45 项问题，并制定措施加强管控。在尾矿主泵站高压管道、阀门设置高压安全提示，主厂房、皮带、采场道路等重点部位安装防护栏，增设警示标志和照明等，实现本质化安全。雨季，加强对排土场、采场雨前、雨中、雨后检查，防患于未然，极端恶劣天气情况下，及时转移排土场下方剩余 4 户村民，避免发生人身伤害事故。按照业主负责制和区域负责制的要求，强化检维修相关方安全监管。全年实现轻伤以上人身事故、重大设备事故、重大火灾事故及行车事故“三为零”。

【生产组织】 科学合理组织日常生产，保证全矿生产长周期平稳顺行。通过多次与属地政府沟通协调，以及采取调整采掘计划、择机爆破、增加爆破频次、调整出矿部位等措施，全力推进采场矿岩生产，矿岩储量逐步提高，采场技术状态逐步恢复；加强预裂爆破设计和施工管理，半壁孔率达80%以上，有效保证预裂爆破效果；针对贾矿碎矿中、细碎处理能力不足，加强爆区设计优化爆破参数，采用“以爆代碎”方法，提高爆破质量，降低爆区矿石块度，为提高碎矿作业处理能力提供有力保障；采取“以破代磨”方法，改善破碎效果，提高磨机能力。通过钻孔取样，科学制作配矿模型，根据生产实际调整矿石配比和抛废比例，稳定矿石性质，提高入磨品位，降低选比，实现金属回收率、铁精矿产量的最大化；调整完善工艺技术规程，加大检化验频次，控制精矿输送浓度、流量，送到北营铁精矿品位满足公司要求，2018年精矿稳定率由2017年的97.12%提高至97.7%。持续加强生产操作管理，实现岗位操作的规范化、标准化，降低生产小耽误对产量的影响，提高生产效率；通过加强厂际间沟通协调，做好计划停车的组织工作，合理安排设备检修时间，主动调整运行方式，消化停车检修、故障等因素的影响，提高磨机作业率。精心组织雨季防汛和冬季防寒等保障工作。在汛期前组织对全矿的排水沟渠进行清理，保证汛期排水通畅；完善排土场日常检查监测台账并加强雨季排土场平整度、作业面反坡度、日常沉降、监测等方面监管力度，确保排土场安全稳定。在入冬前提前储备炉灰、岩石细料和

本溪市、辽阳市公安机关优化营商环境服务本钢发展会商会议在贾矿召开（韩红雨　摄）

大盐，安排专业工程车辆和人员，随时组织对通勤道路和采场运输道路进行除雪防滑作业；自主修复各厂房供暖设施，保障冬季生产。以实现安全文明生产为目标，贾矿成立领导小组、联合检查组、专项检查组，制定了工作实施方案、检查路线图、重点检查项目，对检查出的问题立行立改，共组织16次矿级检查，亮点工作22项，不符合项173项，已经全部整改完毕。2018年贾矿完成精矿产量121.56万吨，为建矿以来历史新高。

【设备管理】 夯实设备基础管理，积极推进两级公司要求的阶段性设备基础管理工作。完善设备管理制度，制定下发设备管理文件，实现设备管理的规范化、制度化；备件ABC分类、寿命跟踪软件预警系统的使用，为进一步优化库存结构、盘活备件资金创造有利条件；不断完善操修管理制度，充分利用操修合一制度的优势，缩短检修时间，提高设备作业率；加强设备点检定修，确保主体设备平稳运行。精心安排设备定修计划，重点完成颚式破碎机、圆锥破碎机、磨机衬板更换及球磨机轴瓦检修等重点检修项目，实施检修计划347项，计划完成率100%。优化检修工期提高检修效率，比计划减少114小时。开展设备技术状态评估及时消除隐患，设备事故故障率0.15‰，比计划降低4.35‰。积极推进技术改造和课题攻关，切实提高了设备技术状况。对磨选系统球磨机轴瓦重新加工安装，解决了轴瓦球面接触中心线偏移、两侧油膜厚度不一致的问题，消除设备隐患。不断深化能源管理，节能降耗成果显著。优化工艺参数合理加球，在不影响球磨机工作效率的基础上，减少钢球的加球量，使钢球配比更加合理，降低球磨机的实际运行功率，达到降电耗的目的。

【工程管理】 根据集团公司审计部提出的贾矿工程存在的34项问题，专门组建了贾矿工作小组。小组工程管理人员秉承实事求是的原则通过现场实测、还原施工过程、核对预算、查找技术档案、查会议纪要、查施工记录等方式对未施工的项目和重复计取的费用进行削减和扣回，对工程管理问题进行了解释和答复，经过近3个月的调查、分析已经形成答复意见，并上报集团公司审计部。8月完成贾家堡铁矿开采及配套选矿尾矿管道输送（2号隧洞出口127号点至管线237号点）建安工程决算工作。影响贾矿1号、2号合同决算的30余项工程遗留问题，如道路换填、拱形护坡处理、120平台道路处理、2号门卫基础填充、生产水泵站基础换填、碎矿休息室设计补充等，已与两级公司协商解决。贾矿尾矿管输3号合同在施工期间发生了现场签证、误工降效等问题已经解决，正在办理合同增补手续。贾家堡铁矿新建精矿搅拌槽工程，解决了自2014年7月投产以来，铁精矿稳定率波动大，影响下游工序（北营过滤、造球）的稳定运行的问题，完成公司目标计划，铁精矿（62%≤品位≤64%）稳定率达到90%以上，确保了北营公司球团和高炉生产顺行，为矿业公司全年完成铁精矿产量做出了突出贡献。

【矿权办理】 400万吨采矿证：8月取得省国土资源厅划定矿区范围延续批复后全力推进采矿证办理各项工作。探矿证：省国土资源厅6月向辽阳市国土局和本溪市国土局分别下达《探矿权受理调查函》。辽阳市国土局已核实完成并复函省国土厅，本溪市受青山规划等因素制约正在逐项落实。

【环保管理】 全面贯彻落实《中华人民共和国环境保护法》，严格执行环保监管部门的各项环保措施，顺利通过国家环保督察组检查。采取除尘罐车回收和矿浆搅拌站输送方式，彻底解决了除尘灰外排二次扬尘问题，每年可回收除尘灰1.5万吨，多产3500吨精矿，创造价值210万元；主厂房B跨加隔尘隔湿板，原矿仓、废石、干选、中细碎、颚式破碎机、皮带下料口8处喷淋设施改造与安装等实施技术改造，除尘效果显著，生产岗位环境明显改善；锅炉烟气采用双碱法脱硫工艺，确保了锅炉烟气排放达标，脱硫效率达90%以上，杜绝环境污染；划分责任区开展日常环境清理，全矿职工平整绿化场地6000多平方米，种植苗木3万余株，全矿职工生活环境焕然一新。

【财务管理】 坚持眼睛向内，采取提高磨机效率、增加精矿产量、减少运距、提高磨机作业率、降低定额消耗等九项措施，实现生产成本大幅降低。全年总成本累计降低1664.8万元；实现盈利4763万元，全年上缴税费9890万元。

【党群工作】 深入开展“两学一做”专题教育，积极推进学习教育的规范化制度化，严格落实“三会一课”、民主生活会和组织生活会、民主评议党员、党员固定活动日等党的组织生活制度。深入学习贯彻习近平总书记在辽宁考察时和在深入推进东北振兴座谈会上重要讲话精神。结合矿党委实际，大力开展“解放思想推动高质量发展大讨论”，以“大讨论”激发工作动力，以工作绩效检验“大讨论”成果，切实把贯彻落实习总书记讲话精神转化为推动贾矿发展的强大动力。创新形式开展纪念建党97周年系列活动，组织百名党员学习习近平新时代中国特色社会主义思想、党的十九大和全国两会精神，并开展竞赛答题活动。开展高校毕业生职业生涯规划，帮助毕业生有计划地实现职业发展目标。贯彻从严治党要求，全面加强党风建设。严格贯彻落实中央“八项规定”精神，严格规范党员干部婚丧喜庆及禁止操办升学宴等相关要求，加强元旦、春节、清明节、端午节等重大节日纪律要求，确保节日期间风清气正。工会持续开展“班组小课堂”活动，为职工技术交流岗位练兵搭建平台。在班组建设中选矿作业区生产四班被评为“矿业公司示范班组”，并荣获“本溪市工人先锋号”；开展送温暖活动，对困难住院职工进行走访慰问，同时，在全矿职工中开展过生日送祝福、送生日蛋糕活动，已为396名过生日的职工送去祝福；在7、8月高温酷暑天气期间，深入现场为一线职工送清凉，中午在职工食堂持续发放羊汤、绿豆汤、酸梅汤等防暑食品，得到全体职工一致赞誉和上级公司的支持与肯定。以“不忘初心跟党走、立足岗位做贡献”为主题，开展35岁以下外地大学生座谈会，关心大学生的工作和生活，增加了外地大学生对贾矿的融入感和归属感。

（刘焕诚）

矿产品厂

【概况】 2018年底，本溪钢铁（集团）矿业有限责任公司矿产品厂（简称矿产品厂）职工留守总数5人，包含1人支农。矿产品厂拥有一条年设计生产能力200万吨的链箅机—回转窑球团生产线，于2015年11月23日关停，2018年处于停产留守状态。

【安全管理】 根据停产后制定的安全管理工作方案，对停产厂房的治安防范设施进行检查，在各重点部位、路口设置巡更器进行巡查。严格执行门禁管理规定，加大出门车辆检查力度，确保停产后资材不流失。对存在安全隐患的基础设施建筑物进行排查与整改。

【设备运行】 2018本溪钢铁（集团）矿业有限责任公司与本溪钢铁（集团）机械制造有限责任公司签订《生产运行承包合同》，由矿机修承包矿产品厂部分设备存续运行。运行2台2吨燃气蒸汽锅炉，为周边6家本钢内部全民企业提供冬季供暖和日常洗浴，实现保供零影响。

【留守工作】 按照两级公司要求，积极推进南芬球团项目建设工作。与辽宁省环境规划院有限公司签订该项目环评合同。完成南芬球团项目环境影响评价第一次信息公示。委托中冶北方（大连）工程技术有限公司承担该项目环保改造设计工作。先后与全国六家设计单位接触，完成南芬球团工艺改造方案及脱硫脱硝改造方案的对比工作。完成辅助车辆维保、监控系统维保、土建防水维修、电机维修、厂设备维护检修、燃煤锅炉检修等六个检修工程的决算挂账工作。

（杨志坚）

设备修造厂

【概况】 本溪钢铁（集团）矿业有限责任公司设备修造厂（简称设备修造厂）下设党群工作室、综合办公室、安全管理室、设备管理室、生产技术室5个科室和工矿、电修、修加、汽修、备件、检修、机修、运修8个作业区。2018年底在籍548人，其中在岗529人、退养1人、长病休11人、保留劳动关系6人，见习岗1人。

2018年，固定资产原值13913427.54元；设备617台，其中机床213台，开动率75%；起吊设备62台；封存设备20台，可用设备581台，不可用待报废设备36台。2018年机加、电修、修旧产值考核计划为1900万元，实际完成2060.66万元。年修考核计划142台，实际完成148台。整修、碎修、临修考核计划166台，实际完成212台。推土机维保碎修完成616台次，电铲维保碎修完成325台次，牙轮钻机维保碎修完成182台次。实现安全生产“五为零”目标。

【生产管理】 2018年，设备修造厂在两级公司的领导下，严格按照矿业公司计划会议确定的目标任务开展工作。全年机加、电修、修旧产值考核计划为1900万元，实际完成2060.66万元，超考核计划160.66万元。年修考核计划142台，实际完成148台，超考核计划6台。其中电机车12台、自翻车136台。整修、碎修、临修考核计划166台，实际完成212台，超考核计划46台，其中电铲整修18台、牙轮钻机整修18台、推土机整修24台、发动机大修7台、挖掘机1台、电机车临修144台。推土机维保碎修完成616台次；电铲维保碎修完成325台次；牙轮钻机维保碎修完成182台次。协助主体厂矿大停车抢修5次，参加抢修49人次。全年为主体抢修设备、制作加工备件、维保碎修、临时性急活加班269天，出勤3429人次，保证了主体厂矿生产需求。为了拓展检维修项目，重新启动了350电机中修项目和

2000E 发动机测功试验台。向矿业公司申报合理化建议 18 项，立项 4 项，3 项获矿业公司级鼓励奖。

【安全管理】 2018 年，设备修造厂安全管理部门认真贯彻两级公司安全工作重要部署，严格按照“强化管理，细化考核，量化评比”原则，在安全管理上点对点、面对面，对各个作业区安全管理工作进行月度排名，对问题进行点评通报，使安全管理工作从平面管理向纵深管理转变，着重突出问题导向，强化了事前预防。与 7 个作业区签订《安全目标承包责任书》，实施领导干部安全责任分片承包管理。从冬季五防、履职检查、职业健康等九个方面开展隐患大排查，共查处整改隐患 80 余项。严把准入关，加大施工现场、交叉作业联系确认安全监管及考核力度，严格审核相关方 17 项准入。开具 3 份《安全准入证》，查出隐患十余项，全部限期及时整改完毕。2018 年按阶段、分专业开展了 15 项专项检查，查出不符合项 110 余项，整改率 100%。全年开展排查习惯性违章作业及违章指挥行为，逐人、逐岗位、逐项目进行排查，确保排查的全面性、准确性，并以班组为单位形成排查清单。全年完成管理人员安全责任制考试 71 人次，职工安全规程考试 520 人次。更新题库 100 多项内容，其他各项特殊工种专项安全培训共计 32 人次。

【设备管理】 2018 年，全厂设备 415 台，可用设备 387 台、封存设备 20 台、待报废设备 8 台，设备运行状态良好。设备开动率完成 92%，比上年提高 4%；故障停机率完成 5‰，完好率完成 90%，比上年降低 2%。检修费全年计划 746.45 万元，其中备件费 100 万元、检修材料费 560 万元、施工费 80 万元、检测费 6.45 万元。修理费全年消耗 706.97 万元，其中备件费 95.32 万元、检修材料费 543.28 万元、施工费 63.85 万元、检测费 4.52 万元，检修消耗费用全部完成计划指标。2018 年检测起重机 20 台，压力容器 1 台（安全阀 3 个），氧气、乙炔、压力表 271 块，一氧化碳报警器 6 个，千分尺（游标卡尺）138 件，均按要求进行定期检测，检测合格率 100%。

【能源环保】 2018 年，设备修造厂用电量为 189 万千瓦时，汽油 16.03 吨，柴油 16.41 吨，焦炭购进 75.66 吨。各单位能按照能源工作计划开展工作，高耗能设备能够按照要求躲峰运行，同时为全厂各作业区更换安装了节能灯具，有效节约能源消耗。2018 年完成三级计量电表和超声波流量计的安装，安装超声波流量计 7 块、电表 7 块。上交废钢 221 吨，超额完成了矿业公司下达的 100 吨任务指标，为本钢的整体生产做出了贡献。各作业区紧紧围绕第 30 个爱国卫生活动月“关注小环境，共享大健康”的主题，通过 LED 电子显示屏，用各种方式宣传爱国卫生知识和爱国卫生常识。进行了 2018 年度的环保应急演练和废油泄漏演练。

【成本管理】 针对 2018 年成本考核指标实际情况，在上半年重新修订了成本考核制度。认真抓好月度分析，严格审查采购项目申报。及时做好跟踪确认，杜绝了违规与不合理上报物料情况的发生。严格按照相关规定要求按日记账，按月结账，做到日清月结。收入资金及时存入银行，不坐支；资金支出坚持领导一支笔，500 元以上必须领导签批，坚持收支两条线，没有发生一笔错账，保证了生产的需要。2018 年计划考核费用 1207.9 万元，累计实际发生 1148.77 万元，累计降低 59.13 万元。累计降低项目：非定额非修理辅料定额；能源性费用；安全费用。

【综合管理】 2018 年，设备修造厂从转变两级机关工作作风抓起，从规范职工日常工作管起，在机关和具备人脸考勤系统的 6 个单位上线了 9 套人脸考勤系统，实现智能考核整体覆盖，加强职工日常行为规范和劳动纪律管理。按照公司“四定”工作要求，讨论通过了干部调整方案，根据公司管理岗、业务岗、技术岗编制数，本着规范管理、精干高效、发挥优势的原则对管理及技术人员做岗位分工调整。组织 23 名职工参加了集团公司 2018 年技能鉴定理论考试，承办了矿业公司 2018 年技能鉴定天车工实际操作考试，完成修加作业区“周亚臣大师工作站”晋级集团公司大师工作站的申报工作。成立了民生舆情工作小组，制定了信访稳定工作“五个必须”原则，开通了民意诉求通道。全年接待来访事件 6 起，都有针对性地进行了解答，圆满解决，促进了企业和谐稳定。

【党群工作】 2018 年，厂党委坚持深入贯彻党的十九大精神和习近平总书记系列重要讲话精神，树立“四个意识”，增强“四个自信”，坚定“两个维护”，全面夯实思想政治基础。全年安排党委理论学习中心组学习 36 次，编辑下发学习资料 30 多万字。组织全厂 9 个支部开展了“迎接建党 96 周年从严治党主题党课观摩评选活动”。开展了民主评议党员工作，共评出优秀党员 35 名、合格党员 165 名。梳理出存在共性的整改意见建议 10 条，制定整改措施 8 条。根据两级公司统一部署，完成厂党委换届。按照集团公司党委要求，成立巡视整改工作领导小组，共梳理出问题 7 项，制定整改措施 9 项，制定制度 8 项，整改率 100%。组织召开“吸取包宏案警示教育专题民主生活会、政治性警示性教育、中央巡视组反馈意见专题民主生活会”等五次专题民主生活会。加强意识形态工作，重点强化网络舆情和职工群众意识形态安全管理，加强反邪教宣传教育工作，牢牢把握意识形态工作主动权。工会组织“双增双节”项目完成 26 项 960 件，创造价值 103 万元。“两节”期间，共走访帮扶困难职工 128 人次，发放帮扶款 79870 元；为一线职工送清凉购买多种清凉饮料等防暑降温用品用经费 4 万余元。为全厂 565 名职工办理了医疗互助保险，保险金额 7.345 万元；2018 年共有 95 名住院职工得到住院理赔，理赔金额 8 万元。2018 年，共印发《修造简报》30 期发表各类宣传稿件 300 多篇，在《本溪日报》《本钢日报》发表稿件 194 篇。 （李文斌）

汽车运输分公司

【概况】 2018 年底，本溪钢铁（集团）矿业有限责任公司汽车运输分公司（简称汽运分公司）下设 4 个科室、5 个作业区。职工总数 352 人，其中在岗 343 人、保留劳动关系 3 人、退养 6 人，男职工 331 人、女职工 21 人，管理岗 19 人、业务岗 15 人、专业技术岗 5 人、操作岗 304 人，副高级职称 1 人、中级职称 15 人、初级职称 21 人、技师 13 人、助理技师 12 人；中共党员 142 人。主要装备：运行车辆 220 台，其中客车 57 台，吊车 16 台，粉物料运输（罐）车 9 台，铲车、挖掘机、推土机等工程机械 11 台，货车 127 台。2018 年，完成产值 3496 万元，成本4747万元，实现安全生产“六为零”，保产保供服务零影响。

【生产管理】 牢固树立大局意识，积极克服人力资源紧张、设备老化及季节变化对运输服务工作的不利影响，深入开展现场调研，数次召开保产协调会，全力组织运输生产服务，竭力满足矿山生产用车需求，确保职工通勤、两灰运输、小块干选、燃油供给、重点设备检修等矿山生产工作稳定顺行。妥善应对马选职工反映的“客车通勤”问题，党政班子和主管领导带队深入开展调研，拿出具体整改措施，及时向集团公司督察室进行情况反馈，并结合司乘双方权利和义务起草印制《致矿山乘车职工的一封公开信》150份，张贴至每台客车和矿山主要通勤站点，积极争取用户和乘车职工的支持和理解，进一步提升运输服务质量。汛期在保证常规生产服务的同时，组织人员、车辆进驻尾矿库驻守，保证了库区在数次强降雨中安全度汛。入冬后以雪为令，积极做好防滑验道工作，在强降雪造成公交停运期间，自行组织客车接送矿山职工通勤。紧跟集团公司生产拉练节奏，强化指挥，精心组织，为板材厂区两灰供给运输日平均运量达1041.62吨，创近年来最好水平，为集团公司稳产高产提供了有力保障。

【安全管理】 认真落实领导干部安全包保履职工作，强化较大以上安全风险管控，吸取本钢汽运客车火灾和本溪龙新矿业“6·5”爆炸等事故教训，结合运输生产实际，召开专项会议，制定21项重点安全隐患排查表，由班子成员带队深入作业区、班组，对60余台客车进行逐台逐项检查，提高客车安全运行质量。分公司实行的乘车代表签字制度得到安监部肯定，并在集团公司范围内推广。持续开展反“习惯性违章作业和违章指挥”工作，强化全员安全生产意识，落实岗位责任制，规范安全操作行为，组织对32个岗位900余人次进行安全风险告知签字确认和安全规程闭卷考试。加强职工情绪管理，关注职工岗前“五态”，杜绝“带病”上岗。召开司机家属和客车班长座谈会，下发致全体客车驾驶员及家属公开信77份，用亲情筑牢安全防线。加强安全教育培训，观看安全行车教育警示片，邀请南芬交警对45名管理人员、行车班长和危货车驾驶员进行专题培训。组织参加安全管理人员安全知识竞赛、安全文艺汇演，开展安全应急演练等活动，夯实安全基础工作。加大检查力度和频次，结合6S管理推进全面文明生产工作，加强作业区周边、检修现场、库房、危废区域、职工休息室等安全环境卫生整治。全年组织开展安全行车、设备、电气、防火、环保综合大检查35次，查出和整改隐患770多项。作业区认真落实安全责任，强化安全管理，为分公司全年安全平稳顺行奠定坚实的基础。厂内车辆检车合格率达99%，受到上级设备管理部门的表扬。

【设备管理】 以推行“红旗设备”评比为契机，不断强化设备运行管理，严格执行和落实各项设备检查制度，全年开展“门检”“月（季）检”和“专检”等检查9.4万余台次，完成设备二级保养580台次，开展设备大修7台次，重点设备维保执行率100%，全年运行设备可开动率达96.3%。加强设备基础管理，结合车辆作业环境差、老化磨损加快的实际，组织设备管理、点检维护和检修人员专项培训，提高设备自维能力和自修质量，杜绝设备欠修失修现象，提升设备完好率。加强备件、材料计划上报和执行，跟进督促、严把质量，提高计划实现率，压缩供货周期，确保重点急需物料到货，减少车辆维修待件停机时间，满足生产运行需要。积极与矿业公司沟通协调，制定总额达2410万元的三年设备购置计划。加快设备招标、技术协议起草、合同签署等相关手续办理速度，设备到货，计划执行率、实现率在矿业公司名列前茅。加大基础设施改造。完成机关办公楼和歪头山车队供暖维修近5000平方米，更换检修间和停车库大门9扇。各作业区在无专业电工的情况下，多方协调兄弟单位对老化线路、配电柜进行维修更换，消除隐患。

【成本管理】 完善细化各项费用管理措施。开展“降本增效”攻关，报废陈旧老化设备24台。加强跑冒滴漏治理和燃油防盗措施落实。每月做好单车消耗情况分析，不断提高核算精准度，全年节约汽柴油160吨。加强废旧物资回收。完善基础台账，强化闭环管理，坚持应收尽收，全年上交旧轮胎921条、电瓶30块、废机油1吨；积极协调兄弟单位做好废钢铁切割分解，累计上交废钢46.2吨，超额完成上交任务120%。深入开展修旧利废工作。严格落实《修旧利废工作方案及考核标准》，克服连年自然减员、技术断层等困难，针对设备老化、检修频繁等问题，深挖潜力，不等不靠，以提高旧件使用价值和利用率为目标，不断拓展修旧利废的深度和广度，提升修旧质量、延长使用周期。全年完成修旧利废2690件，节约备件费36.7万元。

【人力资源管理】 开展劳动合同清理和“吃空饷”专项治理。签订两级“承诺书”，制定下发实施方案，认真组织开展自检自查，进一步规范劳动用工行为，实行电子、文本双重考勤，完善去向留言制度，严格请销假制度，清理长病休2人，积极争取定向实习生4人。稳步推进“四定”工作。紧跟两级公司“四定”工作步伐，完成岗级评定测算和新增学历、职称、技能鉴定ERP信息申报。在矿业公司指导下制定各职群竞（选）聘方案和实施细则，为拓宽职工晋升渠道、有序推进“四定”第二段工作奠定基础。加强工作纪律整顿。成立工作领导小组，制定检查工作方案，通过OA、微信和会议等形式把公司工作纪律方案、文件及会议精神宣传贯彻落实到班组。规范作业区班组工作纪律检查、教育系列台账，统一发放书立、文件夹、卷盒，形成工作纪律管理制度化、标准化。开展专项检查42次、联合检查16次，发现问题20余项全部得到整改，进一步提高工作效率和服务质量。组织参加公司党的理论知识、安全管理、设备点检等培训150余人次。通过领导干部上讲台、先进人物讲技术等形式组织开展车辆防火、设备点检维护、换季安全行车等有针对性的个性化内部培训1890人次，有效提升职工岗位操作技能和工作效率。

【党群工作】 深入贯彻落实党的十九大精神以及习近平总书记在辽宁考察时和在深入推进东北振兴座谈会上重要讲话精神，坚持“两学一做”学习教育常态化制度化，开展“解放思想推动高质量发展大讨论”。按时完成分公司党委和工会换届。组织党委和各支部领导班子召开政治性警示教育专题民主生活会和组织生活会，提高政治站位。加强意识形态工作。以新时代中国特色社会主义思想为引领，开展党委中心组理论学习和形势任务教育。“七·一”期间开展建功立业

“戴党徽，亮身份”等活动，设立共产党员先锋岗29个。组织全体党员开展学习毛丰美，践行“新时代辽宁精神”系列活动。广大党员干部和团员青年围绕运输生产服务中心，开展文明生产现场环境卫生大整治和厂区清理落地灰等活动，共清除杂草面积4000余平方米，垃圾、杂物近2吨。深化反腐倡廉教育。推进落实全面从严治党“两个责任”，重点岗位人员签订“廉洁自律承诺书”21份。围绕中央八项规定精神落实情况开展党风政风专项治理和整治，处理职工群众反映的问题5件，处罚相关责任人8人次。新闻宣传力度进一步加大。制定《矿业汽运分公司宣传工作管理办法》，增强宣传积极性，在《本钢日报》《冶金安全报》和“本钢新闻”“矿业风采”微信公众号发表稿件102篇，3篇论文获集团公司和冶金行业工会奖项。落实民生工程，暑期多部门协同，四次开展送清凉，把矿泉水、冰棍、西瓜等清凉饮料送到作业区、班组、岗位和机台。安排职工疗养7批次62人，完成职工健康体检355人次；二次报销医疗费73人次，理赔金额7万余元；发放救助款物1.2万元，慰问和救助职工52人次。组织职工徒步行、“羽毛球赛”、迎新春书画摄影展，丰富职工业余文化生活。加强内部矛盾化解，接待职工来信来访57人次，全部妥善处理，为和谐企业建设做出了积极贡献。

（李　洪）

矿业公司炸药厂

【概况】 本溪钢铁（集团）矿业有限责任公司炸药厂（简称炸药厂）现有职工207人，其中生产操作人员180人、管理岗13人、业务岗7人、技术岗7人，高级职称2人、中级职称14人；党员82人。下设5个科室、2个作业区，分布在南芬露天矿和歪头山矿。拥有特种混装炸药车11台。主要为南芬露天矿、歪头山矿、石灰石矿、贾家堡铁矿、阎家沟矿提供爆破所需炸药生产。2018年完成爆破量12093万吨，完成炸药量3.82万吨。主要费用指标全面完成计划；安全生产实现了“五为零”。

【安全管理】 继续完善安全生产责任体系，狠抓主体责任落实，提升基层作业区、班组安全管理水平。完善安全教育题库，建立安全教育培训档案；认真吸取“6·5”思山岭铁矿爆炸事故教训，开展民爆安全大检查，顺利通过辽宁省安委会督查组、省市工信委及专家对我厂专项安全检查；全年开展了春秋季安全大检查和民爆安全专项检查共48次，发现并整改隐患问题269项，下发PPT通报22期。

【生产组织】 面对“6·5”思山岭爆炸事故、产量高位运行等困难，全厂干部职工不等不靠，克服困难，通过双休日出勤、延时加班等方式满足矿山爆破需求，全年累计双休日出勤30次，延时加班116次；全力组织好硝酸铵的铁路运输和二次倒运工作；狠抓两作业区生产工艺全流程管控，特别是生产线定员、成品药轻拿轻放等管理；做好文明生产检查落实，对两个作业区的生产现场、库房、班组休息室及锅炉房等部位进4次专项检查，下发3期专项通报。

【炸药质量】 严格按照《工艺技术规程》加强炸药全过程质量控制，从原材料计量和检测入手，加强地面站和生产线各种半成品的质量检测与控制，做好爆区现场乳化炸药发泡和密度的检测；与南京理工大学共同开展了“乳化炸药质量检测与控制研究”科研项目，为解决以往乳化炸药生产过程中无法进行质量检测的问题进行了有益的尝试和探索。一年来，炸药质量正常稳定，满足了矿山生产需求。

【设备管理】 完善设备管理制度，坚持周检点和日常检查相结合制度，扎实开展好春季、秋季设备大检查，确保了设备安全稳定运行。强化民爆专用设备管理，聘请石家庄晓进机械厂、山西惠丰和湖南金能公司技术人员，对民爆专用设备进行技术状况诊断和现场技术培训，保证了民爆专用设备安全、稳定运行；坚持民爆设备安全联锁装置试验，保证炸药生产的本质化安全。

【人力资源】 按照公司安排部署，稳步推进“四定”工作第二阶段的岗档评定、薪酬奖励等工作；全面做好工作纪律检查督查工作，强化各项工作纪律的自检自查力度；抓好“吃空饷”专项整顿工作，全面推进电子考勤，加大作业区劳动纪律管理台账、班组考勤、病事假管理检查，完善机关人员因工作外出记录制度；继续做好劳动纪律检查，全年共检查 45 次，其中晚间检查 12 次，考核 1200 元。

【党群工作】 1. 深入贯彻落实党的十九大精神、习近平新时代中国特色社会主义思想、习近平总书记在辽宁考察时和在深入推进东北振兴座谈会上重要讲话精神，牢固树立“四个意识”，坚定“四个自信”，做到“两个维护”，全面开展“解放思想推动高质量发展大讨论”，塑造求真务实的工作作风。2. 提高政治站位，按照省委巡视组巡视反馈指出的问题，不打折扣，坚决整改，逐条进行整改落实。3. 坚持厂党委中心组理论学习制度，落实意识形态工作责任制，开展形势任务教育；组织召开“政治性警示教育”等专题民主生活会 5 次，形成思想合力。4. 按照公司党委部署，完成了厂党委、厂工会的换届改选。5. 巩固“两学一做”学习教育常态化制度化，充分发挥党支部战斗堡垒作用和共产党员的先锋模范带头作用。6. 切实开展了党风廉政教育，特别是对“两节”“十一”“升学宴”等敏感问题，加大自检、自查工作力度，保证了党员队伍的纯洁性。7. 厂工会围绕生产经营工作，积极开展了生产竞赛、双增双节、毽球比赛等活动；有 27 名同志参加了健康疗养，感受到了组织的关怀和温暖。 （侯明辉）

黏土矿

【概况】 2018 年底，本溪钢铁（集团）矿业有限责任公司黏土矿（简称黏土矿）有在职职工 302 人，其中退养职工 22 人，另有离退休人员 1040 人。下设生产技术室、安全管理室、设备管理室、综合办公室（含退管）、党群工作室、综合厂室、善后办公室 7 个职能室；粉磨作业区、水暖作业区、炼铁厂协力作业一区、炼铁厂协力作业二区 4 个作业区。有党员 130 人，设置 7 个党支部。

【生产管理】 坚持以满足集团公司生产需要为中心，按照保供零影响的原则，科学组织、多措并举、节能降耗、提质增效。2018 年生产脱硫剂 7.75 万吨，比 2017 年略有增长，出厂产品质量合格率 100%，均满足公司需求，做到了生产发出零影响。2018 年公司只考核黏土矿变动费用成本，全年变动费用计划指标 301.58 万元，实际完成

269.81万元，全年比计划指标降低31.77万元。

【设备管理】 按集团公司设备评价体系的要求，建立和完善了设备管理体系和组织构架，统一工作标准，明确管理责任，定期组织培训、检查，为规范化、常态化管理奠定了基础。整改了变压器安全防护设施；更换线路损坏门杆和线杆等，消除了多年存在的重大供电设施安全隐患；更换9.5米磨机故障减速机等，消除设备隐患；整治和亮化了锅炉房、变电所等重点要害岗位的生产作业环境。认真执行点检定修制，每月依据定修计划组织检修工作，使设备技术状态得到了进一步提升，提高了设备完好率和可开动率，降低了故障停机率，实现了连续5个月零故障稳定运行的历史最好水平。

【安全管理】 转变管理理念，实现安全生产“五为零”目标。一是加强全员安全管理指导，有效提升管理人员和职工的安全管理理念。组织干部职工进行安全责任制、联系确认、全员安全生产知识教育培训及考试。建立以职工、班组、作业区岗位隐患自检自查、抓整改，矿检查各级人员履职情况的管理模式，逐级传导管理压力，强化绩效考核，促进安全管理落到实处。全年组织各类安全检查58次，共检查出安全隐患173项，全部整改完成。二是结合高温雨季特点，开展有针对性的专项检查，先后开展了电气、防雷、防洪、防汛专项检查，并对主体设备温度进行时时检测，消除潜在隐患，确保了高温雨季生产安全。三是认真吸取公司事故教训，针对皮带防护设施，平台护栏，钢斜梯等进行专项排查。对生产区域所有皮带机安装声光报警、启动警铃、延时启动、皮带跑偏报警、拉绳开关紧急停车等安全防护设施，对平台护栏、钢斜梯不符合标准的隐患按计划进行整改。

【队伍建设】 以“四定”为契机，工作纪律整顿取得新成效，三项制度改革取得阶段性成果。全矿机构缩减10个，科级及以下管理人员调整缩减6名，实现机构设置优化，干部队伍精干的目标。在劳动纪律整治方面，全矿上下进一步加强劳动纪律检查力度。按照矿业公司关于强制推行“刷脸”考勤与纸板考勤并行的工作要求，制定了黏土矿电子考勤“刷脸”管理办法，考核范围全覆盖，增强了考勤的透明度和便利性，工作纪律有了明显改善。

【6S管理】 美化亮化矿区环境。全矿干部职工积极参与环境整治工作，利用工余时间清理环境。绿化草坪400余平方米，植树200余株，清理河渠400米，护路植被1000米，清理、治理作业区生产环境2000平方米。编制了矿山三年绿化复垦规划。

【机构划转】 积极稳妥推进了卫生所和“三供一业”划转工作。落实《矿业公司粘土矿卫生所人员划转及安置方案》，6月，顺利完成了卫生所划转本钢总院工作。“三供一热”的划转工作按照集团公司安排，矿家属住宅区供暖、供水划转政府管理于年底完成。物业的划转将于2019年3月前完成。

【党群工作】 紧紧围绕矿山生产经营中心，深入贯彻落实党的十九大精神，持续开展“两学一做”学习教育，充分发挥党建工作在企业改革发展中的引领作用。2018年，完成了黏土矿党委、工会换届选举工作，选举出了新一届党委和工会领导班子，为党群工作正常开展提供了坚实组织保障。党委坚持开展理论中心组学习，完善党建基础工作，严格按上级要求召开专题民主生活会，认真贯彻落实中央八项规定精神等纪律要求，营造了风清气正的良好氛围。工会积极开展班组建设，投入2万多元改善职工工作和休息环境；开展困难职工帮扶、送清凉、职工疗养以及职工“徒步走”文体活动等，增强企业凝聚力。（宫学锋）

栏目编辑　　韩友清

本钢年鉴 2019

本钢集团

多元产业

本钢集团国际经济贸易有限公司

【概况】 本钢集团国际经济贸易有限公司(简称国贸公司) 现有职工 337 人 (含腾达公司), 承担本钢集团生产的各类钢铁产品、焦化产品、气体产品、各类钢铁副产品的国内外销售及设备、大宗原燃材料的进口采购, 以及对外劳务输出、工程承包、技术引进等工作; 还承担集团公司海运业务归口管理、反倾销等贸易救济案件的预警、组织与协调等工作。

下设综合管理部、进口部、出口市场销售部、出口计划执行部、商贸部、物流事业部、非钢产品销售部、长材销售部、铸管销售部、不锈钢销售部 10 个内设机构; 在天津、本溪设立 2 个加工配送公司; 在本溪设立国贸腾达公司、在大连设立北营大连进出口公司, 分别在在上海、广东、江苏、福建、山东、沈阳、长春、黑龙江、香港地区、欧洲、美洲、韩国、越南设立分公司。

【出口工作】 根据国际市场区域价格不同, 将资源量科学地放到价格高的区域市场, 全年实现出口产品 405 万吨, 出口创汇 25.39 亿美元。2018 年由于中国国内市场价格持续走高, 热轧产品出口量相对减少, 在保证 MOU 客户、越南、印度、巴基斯坦传统份额的同时, 在总数量减少的情况下也保持了市场的相对数量, 稳定了长期客户, 实现了出口效益最大化; 并新开发了印尼、中东等市场。汽车板出口形成以欧洲市场镀锌汽车板为主, 墨西哥、土耳其中东市场以冷轧汽车板为辅, 其他市场冷轧、镀锌汽车板联合开发的新局面, 全年出口汽车板 21 万吨。

本钢集团与印尼品种线客户签约 2019 年供货协议合影 (史海鸣　摄)

【进口工作】 2018 年完成进口大宗原料采购总量 1407 万吨, 采购总金额 104 亿元。转销进口矿 131 万吨, 贸易额 7650 万美元, 毛利润 824 万元人民币, 与 2017 年同期相比, 贸易利润增长 38%。完成重点采购项目: 1. 板材发电厂 CCPP 发电工程; 2. 特钢电炉和减定径项目; 3. 板材炼铁厂 6 号高炉环保大修工程; 4. 板材炼钢厂工序完善配套项目；5. 板材热轧厂和北营轧钢厂磨床项目。组织北营进出口公司顺利通过海关 AEO 一般认证核查，使本钢国贸公司成为海关总署全国首批、大连关区首家以企业财务公司进行担保并开展“汇总缴税”业务的试点单位。组织参加 2018 年 11 月召开的首届中国国际进口博览会，在博览会上与法孚、西马克、达涅利、卡特彼勒及淡水河谷 5 家公司签订合作意向书，积极提高企业影响力。

【非钢产品销售】 全年共销售非钢产品 818 万吨，销售收入 20.4 亿元，在销量减少 2.18%的情况下销售收入增加 45%，销售收入创历史新高。在实现“保产”要求的同时，通过集港水渣的发运，改变了水渣倒运销售的不利局面，实现水渣销售收入由 2017 年的 2.16 亿元上涨到 2018 年的 5.48 亿元，增幅达 153.7%。同时将全部气体产品、所有外销废旧物资及部分化产品、部分冶金渣产品投放到电商平台销售，并对气体进行择机销售，使氧气销售价格达到历史最高，为公司节约成本增创效益做出贡献。

【铸管销售】 2018 年国贸公司继续坚定推进铸管销售模式转变，全年新签订铸管合同 9.17 万吨，有款订单比例 100%，实现了历史性转变。在此期间，为提高有款合同比例，国贸公司对分公司加大正向激励力度并取得较好效果。国内分公司订货量由 2017 年的 0.69 万吨提高到 1.5 万吨，同比增加 117.5%；出口销售部、韩国公司铸管销售实现零突破，全年共签订铸管合同 0.29 万吨。

【调坯轧材】 2018 年调坯轧材业务共计完成业务量 17.57 万吨，实现销售收入 6.92 亿元，实现利润 2435 万元。开拓了北满特钢方坯采购渠道，板坯采购保证了三热轧开轧过渡料需求。

【电商销售工作】 2018 年国贸公司借助欧冶云商线上线下平台，就电商平台交易、仓库货物监管、客户服务、物流园建设等方面取得较大进展。全年在电商平台竞价销售量为 64.45 万吨，比 2017 年增长近 15 倍，电商平台用户 1930 家，其中：非计划产品销售 35 万吨，与 2017 年线下销售相比增利 2709 万元。2018 年 2 月开始非钢产品电商平台的在线销售，通过欧冶云商的化工宝和循环宝实现非钢产品销量 123.55 万吨，增利 7718 万元。

【党群工作】 一是加强理论学习，坚定政治立场。把学习贯彻习近平新时代中国特色社会主义思想和党的十九大精神作为首要政治任务，始终在思想上政治上行动上同以习近平同志为核心的党中央保持高度一致。2018 年召开专题研讨、专题党课、中心组学习会共 19 次，促进班子成员政治理论水平、政治业务素质的有效提升。开展政治性警示教育、吸取包宏案件教训、中央和省委巡视反馈意见整改落实专题民主生活会，召开围绕消除薄熙来、王珉恶劣影响专题党委会、组织生活会，毫不懈怠筑牢理想信念、毫不动摇维护核心权威、毫不含糊站稳政治立场。二是严格落实责任制，着力提高党建质量。认真落实全面从严治党主体责任，履行党委书记第一责任人职责，党委其他成员结合分工抓好职责范围内的党建工作。抓好中央和省委巡视、集团公司党委巡察整改落实，逐层逐级明确牵头负责人，上下联动、加强统筹，有序有力有效推进整改任务，逐条逐项抓好整改落实，建立健全常态长效机制，取得了阶段性成效。三是加强基层党支部规范化建设，夯实基层堡垒。依据国贸公司行政职能机构的设置和党员分布情况，及时合理调整基层党组织设置，对基层党组织进行优化调整，调整后国贸公司党委下设1个党总支、31个党支部、50个党小组，实现党组织和党的工作全覆盖。不断创新党建活动载体，认真落实“三会一课”，抓好党建阵地建设，加强“共产党员之家”建设。开展党建工作专项检查并指导基层支委班子抓好党支部规范化建设，同时把意识形态工作纳入党支部目标管理，确保意识形态工作责任制的落实。2018年接收6名优秀同志为中共预备党员，批准8名预备党员按期转为中共正式党员。四是坚持创新引领，强化驻外党组织建设。针对国贸公司点多、面广、人员高度分散的特点，尤其是海外公司存在时差、人员精干、工作压力大的特点，推广“互联网+党建”、建立“党建工作群”等做法，拓展党建工作新模式，改变和解决传统模式下开展活动所造成的“时间受限、地点统一、形式单一”的矛盾。根据国贸业务特点，组织开展销售之星评选、英语大赛等活动，以推优、竞赛等方式推动基层组织参与活动的积极性和能动性，切实提升组织力，增强政治功能。（史姗姗）

本钢板材股份有限公司采购中心

【概况】 本钢板材股份有限公司采购中心（简称采购中心）代行集团职能，主要负责集团公司生产、基建、技改所需大宗原燃料、设备备件、辅料等物资的采购经营工作。2018年采购中心在籍职工236人；下设焦煤、燃煤、原料、矿粉废钢、金属建材、电气化工、生产备件、工程设备8个专业采购部，计划管理、供应商管理、质量监督管理、技术商情、财务结算、综合管理6个管理部。

【采购经营指标】 2018年，完成了焦煤、无烟煤、地方矿粉、废钢以及热镀锌等五大品种经济运行降本目标，全年实现经济运行降本5亿元；质量指标、途耗指标、库存指标全部完成公司考核指标；保产、保供实现“零影响”。

【保产保供工作】 1. 重点物资掌控力度显著增强。一是在煤炭方面，稳定供货渠道，提高国矿掌控力度。加大与国有矿山合作力度，年初，与龙煤、山焦以及神华等各大国矿签订长期合作协议提前锁定炼焦煤、无烟煤资源量1106万吨，同时，与各铁路局和矿方签订产、运、需三方互保协议，确保了煤炭连续稳定供货。不断开发新资源、新煤种，成功引进了“山焦国发”和“中煤华利”炼焦煤新资源，并新增了阳泉曲两渡、兑镇贺西混煤等10个新煤种，为焦炉稳定顺行提供有力保障；面对环保限产、铁路运力不足以及龙煤矿区减产等诸多困难，通过创新水、陆联运模式，改变了煤炭铁路单一运输方式，实现了煤炭连续稳定供应，确保了公司生产稳定顺行。二是在矿粉方面，加大地矿资源开发，确保高炉稳产顺行。根据内外贸铁精矿市场价格走势研判，结合两厂区高炉生产消耗，加大地方矿粉采购力度。并依托协议户制度，不断开发周边新资源，先后引进3家有主体矿山、选厂的供应商，全年实现采购地矿366万吨，为公司高炉生产顺行奠定基础。特别是面对9月集团公司全面提产，地矿消耗增加的同时，与地矿冬储增量叠加，地矿保供迎来前所未有的困难，采购中心快速制定了详细保供方案，通过增加锁定协议户资源、择机采购、定量定价采购，同周边钢厂达成错位冬储协议等措施，完成了生产、冬储地矿保供任务。三是在废钢方面，规范采购标准，提升质量保障能力。围绕公司不断降低铁耗提产增效，废钢月需求急剧增加到 20 万吨，废钢保供压力巨大。通过重新梳理完善了废钢的采购标准，进行品种细化、增加，减少了废钢资源的流失。同时，加大废钢资源开发力度，全年引入 21 家具备供货条件供应商，为保质保量地满足不断增长的废钢需求提供保障。2. 备件辅料采购全过程管控成果突出。一是在重点工程技改项目上，围绕集团公司在 2020 年实现 2000 万吨钢产量相继开工的重点技改工程项目，积极组织人员到制造厂，通过催监造加强设备质量和工期控制，保证了重点设备按需到货，同时密切跟踪工程现场问题的处理并开展技术服务，第一时间掌握现场信息，协调制造厂，保证了现场的设备安装、调试的需求。二是在设备复产项目上，按照集团公司提产能总体要求，先后实现了北营 60 万吨高速棒材改造、3 号焦炉大修以及板材炼钢厂 1 号转炉改造等 108 项技改工程和专项设备的按期到货，保证了工程进度，为公司提产增效奠定基础。特别是北营 60 万吨高速棒材改造项目，分三次历经 24 天到制造厂进行催监造，掌握设备制造进度。另外，安排专人跟踪厂矿现场土建施工进度和需用设备时间，每周针对设备制造进度及存在问题形成周报及时通报项目部，保证了设备安装节点进度要求，为快速投产奠定基础。三是在联合检修项目上，根据公司对联合检修的总体部署，围绕 2018 年公司三个阶段联合检修，工作前移，提前策划，与厂矿积极配合，详细制定了保供方案。以板材新 1 号高炉、6 号高炉大修以及北营 1780 轧线为核心三个阶段的联合检修，实行了“双周”例会制度推进，逐项落实跟踪资材计划、合同以及到货全过程，按阶段组织到货。另外，加强了检修备件制造过程及上机前质量跟踪落实，确保了检修质量；对检修现场临时急需的辅料备件，采取“绿色通道”组织到货，保障了联检进度，确保了 2018 年联合检修顺利完成。3. 应急抢修及危化品等物资保障能力明显提升。一是在应急抢修物资方面，围绕公司发生各类生产事故，采购中心及时到达现场，与厂矿跟踪落实事故情况，按照“应急通道”进货方式，组织抢修过程中急需用料，保证了公司最短时间恢复生产。先后完成了板材焦化厂焦四车间煤塔电气室火灾事故、一冷轧硅钢产线电缆以及北营轧钢三高线高压柜触头烧毁等突发事故抢修所需资材供应。二是在危化品物资方面，为保证春运、全国“两会”等重大节日期间易制毒危险品的供应，制定了特殊时期易制毒危险品的保供措施，完成了盐酸、液碱、硝酸铵等易燃、易爆、易制毒危化品提前备料，满足了节日期间生产正常使用，完成了保产任务。三是在防汛、防寒等物资方面，按照公司 2018 年防汛总体部署，建立了防汛应急预案，在汛期来临之前保证了编织袋、锹、镐、潜水泵等防汛物资全部到货，同时对常用防汛物资组织供应商进行合理储备，建立了防汛物资供应商联络表，实现了汛期时物资及时供应。

【降本增效工作】 1. 资源开发。围绕两厂区铁前工序，积极配合公司推进降低配煤比、配矿比攻关工作，加大了大宗品种资源开发力度，开发了山西地区锦瑞焦煤、金庄肥煤等 3 个低价煤种以及引入硼镁粉替代地矿，改变用料结构，增加低价品种的使用配比，全年实现降本3.89亿元。2. 择机采购。通过洞察采购物资上游资源、下游需求的市场动态，加强商情研判，合理利用采购窗口期，全年在煤炭、废钢、铁合金及汽柴油等品种上进行24次择机采购，全年实现择机降本4140万元。3. 价格管控。加强市场研判，为了实现大宗品种采购价格在相对科学、合理的区间内运行，把握市场的主动性，实现了严格价格管控降低成本。通过争取到焦作无烟煤每月发运量5万吨，量价优惠30元/吨以及争取阳泉10元/吨的最大户优惠，全年实现降本2788万元。4. 资金管控。根据公司的资金情况，结合对货款的结算方式不同，灵活运用资金政策，与煤炭各国矿争取款价优惠，结合煤炭各矿务局资源、发运等实际情况，优化付款形式，节约财务费用，全年实现降本1213万元。另外，积极配合公司推进对外支付本钢电票136亿元。

【专项经营工作】 1. 加大供应商开发。以推进竞争不充分品种的供应商开发入手，不断开发有竞争力的合格供方，通过欧冶平台、与鞍钢对标、招标平台和主动开放等多种渠道实现开发引入新供应商603家。组织开展了独家、二家竞争不充分品种供应商开发，完成了解决独家供货品种167项；解决两家供货品种157项。组织开展了备件八码扩项工作，解决独家二家153项。组织集中引入优淘供应商212家。2. 取消物料让步接收工作。为了进一步提高采购物资质量水平，严格按照集团公司采购物料取消让步接收的要求，全力推进取消物料让步接收专项工作。对采购物料开展全面梳理，共梳理出涉及取消让步接收采购物料品种86个，针对料场接卸条件、检化验周期等工作实际，除煤炭类5个品种暂缓执行外，其余81个品种已正式执行取消让步接收。通过严格的质量管控，2018年大宗物料采购合格率达到历史最好水平。3. 积极推进“四定”工作。进一步优化选人用人方式方法，拓展人才的成长空间和上升渠道。按照集团公司“四定”工作总体部署，2月完成了第一阶段的机构设置和人员聘任工作。5月完成了与设备部备件需求计划业务交接；6月完成试验料业务与公司相关部门的业务交割。4. 不断优化队伍建设。以抓好职工队伍教育和管理为重点，制定了提高业务人员成本分析能力及议价能力和员工行为规范培训计划，先后完成了进口废钢采购业务培训，新ERP系统和OA系统、公文写作知识等培训工作。另外，规范了采购中心员工着装及劳动保护用品佩戴管理，进一步修订《采购中心劳动纪律管理办法》，并依据办法进行了定期检查、通报、考核。

【党建群团工作】 1. 不断加强党建工作。按照集团公司党委的工作部署，以学习贯彻党的十九大精神为主线，深入贯彻落实习近平新时代中国特色社会主义思想，加大党委理论学习中心组学习力度，每月组织不少于两次副处级以上领导干部集中学习，不断强化领导干部理论水平。把全面从严治党切实落实到每个支部、落实到每名党员，完成了党支部划分及党支部委员的改选等工作。组织召开纪念建党97周年及建功立业表彰大会，组织新党员宣誓、老党员重温入党誓词活动，对在“保供降本”工作中建功立业的模范共产党员责任区、模范共产党员应急先锋队、模范共产党员先锋岗进行了表彰。2. 严肃党内政治生活。按照集团公司党委要求，严肃党内政治生活，先后组织召开了2017年度党员领导干部民主生活会，围绕政治性警示教育专题民主生活会，吸取包宏案件教训专题民主生活会，围绕消除薄熙来、王珉恶劣影响专题组织民主生活会以及中央巡视反馈意见整改落实专题民主生活会，使党员领导干部受到深刻的思想洗礼、党性锻炼和法纪教育，切实增强“四个意识”和“四个自信”。3. 开展廉洁教育工作。加强“一岗双责”意识，用“身边事”教育“身边人”，发挥典型案例的警示教育作用。2月8日，组织召开中心廉洁教育大会，邀请集团公司纪委领导为中心授课，结合发生在身边的案例，提高廉洁意识、规范职业行为。先后在元旦、春节、清明节、端午节、中秋以及国庆前，进行节前廉洁教育提醒，发布了致供应商的廉洁公开信，避免违反“四风”问题反弹回潮。深入贯彻落实中央“八项规定”精神，先后五次下发通知，组织各支部学习中纪委、省纪委、市纪委和集团公司纪委关于违反中央“八项规定”精神典型问题通报，检查了各支部学习情况和学习记录。组织管理岗人员学习《中华人民共和国监察法》，参加纪检干部岗位练兵答题和业务知识测试。按时完成每期廉政专刊撰稿资料和纪检论文的上报，获得优秀组织单位奖。4. 全力开展群团工作。各群团组织积极发挥桥梁纽带作用，紧紧围绕采购经营开展工作。工会组织开展了劳动竞赛活动，全年评选出16个“明星团队”、24名“岗位之星”，并制作展板进行宣传；按照公司工会统一部署，组织17批次149名职工及7批次14名劳模参加健康疗养；完成了采购中心员工住院医疗保障二次理赔及员工的维权工作，切实让职工感受到企业温暖和关爱。信访、科协、共青团等系统围绕中心经营工作，积极创新工作方式，有力促进了采购中心各项工作的平稳运行。

（张洪雪　孙玉娟）

本钢集团财务有限公司

【概况】 2018年，本钢集团财务有限公司（简称财务公司）积极贯彻落实集团公司高质量发展战略，推进创新发展，深化金融服务，强化风险管控，全面完成各项经营管理工作任务。公司年度资产总额171.8亿元，负债139.73亿元，所有者权益32.07亿元；全年实现营业收入1.05亿元，利润总额0.56亿元，全年缴纳税金0.31亿元，实现外部创利及节约费用3.09亿元。公司不断规范基础管理，强化风险防控，不良资产率、不良贷款率、资本充足率、流动性比率、担保比例等主要监管指标满足行业监管要求；全年保持无治安案件、无安全事故、无消防事故、无金融案件的稳定局面。

公司下设综合管理部、信贷部、结算营业部、风险管理部、审计稽核部、计划财务部6个部门，2018年底有在籍职工28人。

【结算业务】 2018年，公司已开户成员单位数100个，各类日常业务结算账户达到123个，扩大了归集资金和提供服务的范围。全年吸收存款总额2024.47亿元，同比增加640.4亿元，同比增幅46.27%；日均吸收存款86.07亿元，同比增加19.7亿元，同比增幅29.68%。年底银行账户开户数量为25个，其中直联银行6个。银行存款日均达27.97亿元，同比增加4.58亿元，同比增幅19.58%。2018年，公司树立高质量服务的核心理念，充分发挥公司作为资金结算中心、金融服务中心的功能作用，结算业务量达到了历史最高水平。截至2018年底，代理支付业务25516笔，共计598.37亿元，分别同比增加4985笔和69.16亿元；资金回拨业务3081笔，共计1301.05亿元，分别同比增加134笔和460.44亿元；内部结算业务6590笔，共计3532.36亿元，分别同比增加401笔和989.14亿元；结算业务总量42920笔，共计8190.25亿元，分别同比增加6237笔和290.06亿元，同比增幅分别为17%和3.67%。

【信贷业务】 2018年，公司坚持依托集团、服务集团的经营方针和积极审慎的信贷政策，紧密结合集团公司资金形势和成员单位融资需求，开展各类信贷业务。年底公司各项贷款余额140.36亿元，同比增长25.59亿元，增幅22.30%；其中流动资金贷款139.8亿元，贴现余额0.56亿元。

【票据业务】 2018年公司加大本钢财票的宣传介绍力度，增强授信保障措施，促进了本钢财票的推广速度、范围与支付比例。全年累计签发财票总额达164亿元，同比增加127亿元，增幅350%，年底余额达89.90亿元，同比增加60.86亿元，增幅209.57%。为保证公司财票贴现渠道通畅，减少客户持票疑虑，公司在全面推广财票的同时，积极与多家银行开展财票保贴授信合作，包括工商银行、兴业银行、招商银行、盛京银行、浙商银行、本溪银行、朝阳银行、交通银行等，年底各银行对公司提供可用授信总额达41亿元，同比增加28亿元，增幅215.38%。2018年9月7日，本钢财务公司自主电票系统上线，直连电票系统正式上线运行，标志着本钢财务公司业务发展进入了一个新的阶段。

【保函业务】 2018年公司积极推进保函业务并丰富保函品种，截至2018年底，公司各类保函业务余额31752.53万元，同比增加28580.76万元，增幅901.10%，为集团公司节约财务费用1549万元。2018年海关总署实施新一代电子支付政策，公司向海关部门提报实施关税总担保申请，根据海关总署税管函〔2018〕132号的批复，批准公司为本钢集团所属成员单位在大连关区的进出口业务提供海关税收担保，公司也成为全国首批海关事务担保试点的两家财务公司之一。

【风险管控】 2018年，公司坚定树立集团整体利益观念，坚持把规范管理、管控风险作为保障长远、健康、稳定发展的第一要务，实行创新发展与规范管理两个轮子齐头并进。一是不断强化“三会一层”为主体的法人治理结构，完善基本治理制度，定期召开股东会、董事会、监事会，决策公司“三重一大”事项。根据公司章程，全年股东会审议通过重大事项决议9项；董事会审议通过重大事项决议15项；监事会审议通过重大事项决议13项。高管层通过行政例会制度，决策公司经营管理重大事项，确保集团公司的方针政策、董事会各项决议、公司经营计划的贯彻落实。二是坚持“制度先行”管理模式，不断完善制度建设，实现常抓常新，顺势而为，集中组织制度梳理，共完善各项规章制度、操作流程22项，将重要的、常用的、最新的行业管理政策法规汇编成册，规范引导公司经营管理工作。三是积极开展内部稽核检查工作，全年开展19个稽核项目，充分发挥公司“第三道防线”作用，确保公司各项业务在监管部门的监督指导下正常开展，全年无重大问题发生，无风险案件发生。

【职工队伍建设】 为了不断提高经营管理水平，促进公司健康、持续、稳定发展，公司坚持内外结合原则，加强员工培训工作，提高业务素质。2018 年，利用每周例行学习培训时间组织全员进行业务常识、政策法规、创新理念、系统操作等内容的培训 13 期。全年选派高管和骨干员工外出培训 7 期，受训 13 人次，赴外地同行业考察和交流 14 人次，提高了员工队伍的业务素养，充实了人智实力。

【党建工作】 2018 年，公司党支部坚持学习贯彻习近平总书记系列重要讲话精神、党的十九大精神，引导广大党员干部不断增强“四个意识”，坚定“四个自信”，做到“两个维护”，认真贯彻执行集团公司党委的各项工作部署，加强学习，改进作风，充分发挥党支部的战斗堡垒作用和共产党员的先锋模范作用，影响和带动全体员工积极工作，营造了良好的工作氛围。（张　旭）

辽宁恒亿融资租赁有限公司

【概况】 辽宁恒亿融资租赁有限公司（简称恒亿公司）是经辽宁省外经贸厅批准成立的辽宁省内首家外商投资融资租赁公司，由本钢集团有限公司及本钢集团香港有限公司于 2014 年 9 月 9 日共同出资设立，公司注册资本 3.5 亿美元。经营范围包括融资租赁业务、租赁业务、向国内外购买租赁财产、租赁财产的残值处理及维修、租赁交易咨询和担保。公司下设综合管理部、财务部、业务部、风险稽核部四个职能部门，公司董事会项下设立风险评审委员会专门机构，主要负责公司租赁业务的风险控制和评估工作。2018 年底在籍人员 16 人，其中，本科学历 12 人，中级职称 3 人。

【经营情况】 截至 2018 年 12 月末，融资租赁合同余额为 172.69 亿元，其中，直接租赁合同余额为 0.64 亿元，已结清合同额为 9.925 亿元，租赁业务不良率为零；总资产为 177.57 亿元，所有者权益为 10.79 亿元，实现营业收入 7.98 亿元，实现利润 1.54 亿元，超出全年考核计划 40%。

【直接租赁业务情况】 根据财政部与国家税务总局下发的财税〔2016〕36 号文件，恒亿公司不断创新业务模式，充分发挥租赁业务的“抵税效应”。根据集团公司目前采购流程设计了直接租赁业务模式，联合战略规划部等部门制定并下发了直租业务管理办法，规范直租业务流程，提高直租业务效率。根据直租业对 ERP 系统的需要，在财务部、信息化中心、采购中心、储运中心等部门单位的配合下，完成 KP 系统（工程项目管理系统）、MP 系统（采购管理系统）安装上线测试后运行顺畅。截至 2018 年底累计签订的直租业务合同金额约 1 亿元，可实现收益约 532 万元，签订采购合同待签订租赁合同金额约 12 亿元，直租业务额度逐渐增加。

【财务管理】 2018 年，公司以集团公司整体利益为出发点，为了节约集团公司现金流支出，公司进行降低所得税的方案设计，通过与集团内部成员单位债务重组实现合理规避所得税约 2115 万元。

【风险管控】 2018 年，公司坚持把风险管控作为公司高质量、可持续发展的重中之重，将风险管控机制贯穿到经营管理的各方位，将风险防控意识强化到每名在籍员工。根据直接租赁业务开展的必要性，公司重新对售后性融资租赁和直接租赁的业务范围进行界定，根据业务性质的特殊性重新梳理下发了相关业务制度。公司不断强化“三会一层”为主体的法人治理结构，完善公司基本治理制度，定期召开董事会、监事会，决策公司“三重一大”事项及公司经营管理重大事项，确保集团公司的方针政策、董事会各项决议、公司经营计划的贯彻落实。

【人才培养】 公司本着人才培养和队伍建设是企业永续经营的基本前提，为构建稳定、持续、高效的员工职业生涯发展通道，通过对企业人力资源的现状的评估，找出企业未来人才培养的需要，将其作为员工队伍建设的重点导向。围绕企业的规章制度、财税常识、新生金融产品、资本市场趋势和国家政策解读等内容，积极推进内部交流学习，参加租赁业务方面相关协会培训。

【党建工作】 恒亿公司党支部结合“两学一做”，不断探索创新，紧密围绕集团公司中心任务开展各项党建工作，深入学习习近平总书记在辽宁考察时和在深入推进东北振兴座谈会上重要讲话精神，用基本内涵、精髓要义和实践要求武装头脑、指导实践，2018年公司党支部召开了四次专题民主生活会，深刻查找自身存在的不足和问题，有针对性地制定整改措施，明确今后工作和学习努力的方向，确保将学习成果切实转化为工作的动力，切实推动本钢集团融资租赁业务高质量发展。 （王　鹏）

辽宁恒基资产经营管理有限公司

【概况】 辽宁恒基资产经营管理有限公司（简称恒基公司）主要负责对本钢集团授权的部分对外投资产权、股权和外埠经营性房产的经营和管理，2018 年底有在职员工 13 人，下设综合管理、经营管理、财务 3 个科室。

【扎实推进闲置资产处置工作】 一是组织完成了深圳本钢工贸公司股权转让实体权利交割工作。按照省国资委的批复意见和集团公司董事会议的要求，在集团公司相关部门的协助配合下，依法依规开展了深圳工贸公司的清产核资、委托第三方审计、评估、员工安置等股权转让相关工作。2018 年 1 月 4 日，经过大连产权交易电子网络平台竞价，深圳福田桥诚投资公司以 4.6229 亿元最高价赢得标的，成为承接方。恒基公司会同大连产权交易所赴深圳与承接方进行了股权转让的证照交接、财务交接、实物、档案交接、工商变更等实体权利交接工作，股权转让全款进入集团公司财务账户。二是按照集团公司党政联席会议的安排和要求，将原深圳市工贸公司管理的闲置四套房产确权到本钢公司名下，并通过诉讼方式将被他人占用的其中两套住宅依法收回。三是原余姚本钢模锻厂存在风险隐患，无法对该厂进行清算，协调法院重新进行了查封，配合法院对闲置设备、存料进行了司法拍卖，拍卖价值收益 80 万元（评估为 20 万元）；由于当时房产、土地标段按评估价未能征集到竞买方流拍，现已将房产、土地（房产 471.83 平方米，土地 3285.67 平方米）确权到本溪钢铁（集团）有限责任公司名下。

【广州本钢工贸房产确权过户】 按照法律规定和集团公司董事会决议，恒基公司对广州市海珠区本钢工贸公司快速清算、注销，并向广州市天河区不动产中心提报确权材料和手续，理顺各种关系，申请免缴了土地增值税和减免契税（契税 216025.32 元），历时 10 个月，将“广州市海珠区本钢工贸公司”名下天河区员村百合路 28 号 1～7 层（2540.93 平方米）过户到本溪钢铁（集团）有限责任公司名下，避免了价值总额近亿元的房产减值风险。

【有序规范开展僵尸企业退出】 按照省国资委和集团公司董事会要求，全力推进僵尸企业的退出工作。恒基公司按相关破产程序要求，积极向集团公司相关部门提供本钢丹东钢管有限公司、本溪富乐多制管有限公司相关材料，完成了僵尸企业（含本钢大连耐火材料公司）退出所需费用的初步测算，并每旬向集团公司进行汇报。积极配合并协助外审会计师事务所进行审计、盘点，历时 4 个月出具了最终审计报告。本溪市中级人民法院已经受理本溪富乐多制管公司破产立案。本钢丹东钢管公司破产立案正在配合集团公司法务部与法院协调。

【集团公司混改所涉及尽职尽责调查】 按照集团公司的要求，完成了恒基公司本部和下辖 22 家控股、参股公司企业营业执照、公司章程等股权投资项目尽职调查的资料信息上报并多次核查工作，提供资料 2000 多张。帮助相关部门对原本溪钢铁公司、本溪钢铁（集团）有限责任公司的分、子公司的约 30 家相关单位进行逐一查询、核对。配合完成集团公司清产核资审计及评估工作。

【外埠房产管理】 一是原海口办事处移交至恒基公司的海口海孚大厦 10 户住宅房产，由于年久失修，存在安全隐患，恒基公司经请示集团公司后，清退承租业户，制订修缮方案，委托集团公司设备部进行工程预算，最大限度降低维修工程造价，已完成修葺改造，通过公开招租方式实现整体出租。二是大连市中山区房产由于租户在 2018 年 4 月到期没有缴纳租金，恒基公司多次催要无果，故向大连市中山区法院提起诉讼，维护本钢权益，现判决本钢胜诉。三是珲春房产停租事宜。针对珲春房产没有消防手续问题，恒基公司会同集团公司相关部门共同研究，及时终止出租，避免了因该处房产出租发生安全隐患而引起的一系列问题。

【控股参股公司监管】 一是规范和完善大河实业公司的法人治理结构。2017 年 11 月 13 日夜间，大河公司小商品城发生火灾（后经公安部门认定为刑事案件，人为纵火导致），给部分经营业户造成一定损失。事发后，市政府和本钢集团高度重视，政府多次召开专题会议对火灾善后工作进行安排布置，恒基公司（受集团公司委托持有大河公司出资股权）会同平山区政府（大河公司另一个持股股东），要求大河公司按照市政府要求，组织协调相关部门妥善处理火灾善后的评估、定损、维稳等相关工作。同时，协助大河公司按照市政府要求完善了法人治理结构，严格按照公司法和公司章程规范管理和运作。二是积极配合北京中联钢电子商务公司整体股权转让工作，密切关注正在经营中的深圳冶金矿山联合公司和本溪高新钻具公司运营情况，本溪高新钻具公司和深圳冶金矿山联合公司分红款已经汇入恒基公司账户。针对参股公司海南冶金矿山联合公司在清算过程中出现的问题，积极与鞍钢矿业、攀钢矿业等国有股东保持密切沟通，积极建议相对控股股东召集召开临时股东会，罢免清算组长，向法院申请清算事宜和司法审计，现海口法院已经立案。

【党建工作】 恒基公司党支部每月定期组织

全体党员深入开展学习《党章》、习近平总书记系列重要讲话精神等理论学习活动，要求全体党员以深入学习党的第十九大精神为契机，不断提高政治理论素养和业务能力，推进公司各项工作不断迈向新的台阶。

（东　风）

辽宁恒汇商业保理有限公司

【概况】 辽宁恒汇商业保理有限公司（简称恒汇公司）是经辽宁省国资委批准，由本钢集团有限公司出资设立的全资子公司。2017年11月22日公司注册成立，注册资本10亿元人民币，注册地点位于中国（辽宁）自由贸易试验区沈阳片区，日常经营场所位于本溪市东明路10号本钢集团金融中心。

2018年，公司坚持依托集团、服务集团的经营方针和积极审慎的业务政策，紧密结合集团公司资金形势，开展业务。公司全年解决上游客户贴现需求30笔，累计金额2.1亿元。

【经营管理】 根据《商业保理公司管理办法》等相关规定，公司在开业初期和未来发展中可以经营以下业务：以受让应收账款的方式提供贸易融资；应收账款的收付结算、管理与催收；销售分户账管理；与本公司商业保理业务相关的信用风险担保；资信调查与评估；相关咨询服务。

【主要职能】 公司把防范金融风险作为经营管理的红线，在严控风险的基础上努力拓展业务品种，完善自身业务职能。首先，助力推广本钢财务公司电票和成员单位商票的发展，缓解集团资金压力，同时降低集团财务费用支出。其次，通过保理公司增加本钢集团融资渠道，再保理、ABS等业务模式将成为本钢集团一个新的融资平台。另外，利用集团公司闲置资金，在市场价格的不同窗口期（月末、季末、年底）进行收票，投资套利，实现资金增值。

【内部控制情况】 公司自成立以来坚持“稳健经营、科学发展”的经营方针，以确保公司持续、快速、健康发展。公司内控制度和风险管理方面的重点主要在以下两方面：首先，业务控制管理方面。公司根据国家有关部门规定，制定了《保理业务管理办法》《综合授信管理办法》《利率管理办法》等业务管理办法，建立了评审和业务相分离、分级审批的保理融资业务管理体系。公司制订了《业务评审委员会议事规则》，对业务评审委员会的人员构成、职责及议事规则等做出明确规定。公司建立了完整的业务档案，包括申请、调查、评审委员会审批记录、业务合同等，并定期进行稽核检查。其次，风险管理控制方面。公司制定了《风险管理办法》等风险管理制度，建立了统一领导、独立监控、贯穿过程、量化指标、综合考核、奖惩分明的风险管控体系。公司实行全面风险管理战略，以服务为核心，通过在公司管理的各个环节和经营过程中执行风险管理基本流程，培育良好的风险管理文化，建立健全风险管理体系，建立风险管理的识别、计量、监测和控制机制，包括风险管理策略、风险理财措施、风险管理的组织职能体系、风险管理信息系统和内部控制系统，从而有效控制信用风险、操作风险、市场风险、流动性风险等。

（董　磊）

辽宁容大投资有限公司

【概况】 辽宁容大投资有限公司（简称容大

公司）成立于2009年8月，是本钢金融板块的重要组成部分，是本溪市唯一一家集投资、典当、担保、物流和经济信息服务为一体的综合性准金融机构。公司注册资本5.5亿元人民币。公司全资或控股子公司有辽宁容大担保有限公司、辽宁容大典当有限责任公司、辽宁容大物流有限公司和辽宁容大经济信息服务有限公司。容大公司主营短期融资业务、中小企业贷款业务、银行贷款担保业务、本钢上游应收账款质押典当业务、本钢集团财务公司电票质押典当业务等业务品种。公司下设业务一部、业务二部、业务三部、业务四部、风险合规部、资产管理部、计划财务部和综合管理部。在籍职工38人，其中管理岗33人、操作岗5人。

2018年是容大公司“保生存　谋效益　强清收　稳发展”的一年，紧密围绕公司“0123”的经营目标，坚持以提升运营质量为中心，全面强化风险防控，深入开拓金融市场，全力推进清收清欠，公司各项经营管理工作平稳有序开展。全年实现考核利润995.75万元，全年新增业务“零”风险；全年清回资产及资金3731万元；全年无安全、消防、重大事故发生。

【市场开发】 深入挖掘本钢上游客户需求，全面推广本钢集团财务公司电票质押典当业务，通过召开容大公司与本溪部分小微企业合作恳谈会，出台优惠政策，进一步密切了与本钢上游近200户小微企业的联系。加大本钢上游应收账款典当业务操作力度。为进一步拓展本溪区域市场，服务区域实体经济发展，主动与本溪市工商联对接，签署金融服务战略合作框架协议，推动金融资本与中小微企业的深度融合。加大对低风险业务的操作力度，针对资金市场偏紧，银行考核侧重日均存款为主的需求，着力开发银行日均存款业务和时点存款业务，公开竞价、择优匹配存款需求。选定与本钢有密切合作关系的银行作为资金过桥业务的合作银行，开发新客户资源；同时，整合优化营销部门设置和职能，充实营销团队力量，打造专业化的营销团队。在营销布局方面，探索“走出去”的发展道路，完成沈阳办公营业场所装修布置，组建业务营销团队并逐步探索业务营销模式。在营销激励方面，分解指标落实到人，绩效考核直观立体，鼓励全员营销。在营销策略方面，按照“大企业、小银行”的营销思路，主动营销大型集团客户，重点对接中小型商业银行，注重行业信息沟通交流，开展互惠合作。

【项目清收】 容大公司及时果断采取法律风险代理方式推进四川内江世高置业项目破产重整。容大公司与金杜律师事务所并行不悖地开展工作，组织专人专项负责，按照“总体谋划、统筹协调、全程跟踪、定期研判、提前预警、管控风险、确保成功”的总体思路，有序推进内江世高项目破产重整。期间重点协调处置内江市国土局诉讼案、施工企业工程款及优先受偿案，化解破产重整干扰，评估遴选投资人，共商破产重整计划，与法院共同组织召开债权人会议等，均取得了预期效果；而且，避免了内江市政府收回土地，避免了容大公司被追究大股东的法律责任，避免了执行中重大风险传导，为公司清回了资金8000万元（其中6000万元为2019年1月回款）。另外，公司逾期项目清收工作全面推进，多点开花。全年结案3件，有10件取得显著进展，成功清回东方证券拍卖执行款1731万元。有效应对宏辉铜业项目质押物仓储费等案件，避免经济损失105万元。

【风险防控】 进一步理顺和完善管理制度，

对公司现有的3大类别7个系统共计72项制度进行了梳理归类，并在此基础上完成《容大公司规章制度汇编（2018年内部版）》的定稿工作。通过制度流程的修订和完善，使容大公司的制度体系趋于完善，实现了风险防控有章可循，业务经营有规可依，有力地提升了公司全面风险防控能力。严格落实省委第三巡视组反馈意见和有关要求，在办公用房、公务用车等方面立行立改，针对突出问题专项整改，针对共性问题强化源头治理和长效机制建设。

【专项工作】 根据集团公司统一安排部署，严格履行投资核决程序，经容大公司董事会同意，北钢公司董事会批准，报本溪市国资委备案，容大公司购买6.1亿元本钢板材股份有限公司非公开发行股票的集合信托（其中容大公司使用自营资金1.65亿元）。在本次购买中容大公司不摆困难，不讲条件，全力参与定增，圆满完成任务。

【综合管理】 按照集团公司“四定”工作整体部署和北钢公司指导意见，结合容大公司实际，并借鉴同行业人力资源管理经验，坚持优化人力资源配备与激发企业内生动力相结合的原则，稳妥推进容大公司2018年内部岗位全员双向选择竞聘工作。针对公司每个岗位制定《岗位说明书》，明确任职条件、岗位职责、任期指标和任期薪酬等内容。按照民主决策程序研究通过并开展实施内部公开双向选择竞聘工作。实现干部职工能上能下、工资收入能增能减，激发全员的竞争意识和忧患意识，提高全员的工作积极性。坚持周例会沟通机制，密切公司中高层之间的工作沟通，提高工作效率。加强资金计划编制和执行管理，进一步提高资金使用效率。开展职工劳动纪律整顿和日常管理。

【执纪问责】 辽宁省纪委驻省国资委纪检组和本钢集团纪委通过对容大公司历史逾期项目的情况调查和问询谈话，发现逾期项目普遍存在投资风险意识淡薄、金融工作经验不足、企业发展战略不清晰、市场定位不准确、盲目决策、盲目投资以及相关人员不正确履行职责等问题。根据干部管理权限，本钢集团纪委和北钢公司纪委对容大公司部分前任和在任领导干部、公司中层及以下管理人员进行追责问责，给予相应纪律处分和组织处理，并严格贯彻落实《本钢集团有限公司受党纪政纪处分人员薪酬待遇的规定》等相关文件要求。以案为鉴，警示教育公司全体员工，进一步夯实全员的遵规守纪意识和廉洁自律意识。

【党建工作】 全面推进党支部标准化建设，贯彻落实“三会一课”制度，深入开展学习型党组织创建和主题党日活动。适时开展批评和自我批评，按程序召开专题民主生活会和组织生活会。按照集团党委统一安排部署，将党建工作要求写入公司章程，明确公司党支部在公司法人治理结构中的法定地位。在决策程序上，公司党支部讨论研究作为董事会、经理层决策重大问题的前置程序。扎实开展“解放思想推动高质量发展大讨论”活动，进一步统一思想、凝聚共识、群策群力，为公司高质量发展奠定了坚实的思想政治行动基础。进一步落实意识形态工作责任制，有针对性地开展中心组学习和形势任务教育，坚持每月安排1~2次内容丰富的全员集中学习，内容涵盖思想政治、金融税务、规章制度、法律常识等方面。

【民主福祉】 全年职工薪酬保持连续增长，薪酬增幅与公司发展效益同步，薪酬水平与本钢金融板块其他单位相适应。全年职工带薪休假率达到98%。保障职工民主权利，对涉及职工利益的重大决策均通过职代会研究讨论决定。开展职工专项体检筛查，参加职工医疗互助保障，主动解决职工停车难和饮水质量问题，录制公司宣传片展现企业职工精神风貌。通过开展解放思想大讨论、征集合理化建议、送清凉、职工健康疗养、趣味登山等活动，有力地增强企业职工凝聚力和向心力。 （陈利军）

本溪钢铁（集团）有限责任公司

【概况】 本溪钢铁（集团）有限责任公司（简称本溪钢铁公司）是本钢集团有限公司所属的全资子公司。公司设有党委会、董事会、监事会和经理层，下设办公室（党委办公室、董事会办公室、机关党委）、组织部（人力资源部）、规划发展部（科技发展部）、运营改善部、安全管理监督部、资本管理部、财务部、审计部、法律事务部、工会、纪委（监察部）、宣传部（统战部、企业文化部、团委）等12个职能部门，保卫中心（武装信访部）、行政管理中心、退管中心（老干部办）等3个直属单位。下辖修建（维检）公司、机械制造公司、建设公司、信息自动化公司、恒通公司、恒泰公司、房地产开发公司、新实业公司、冶金渣公司、热力开发公司、职业技术学院、本钢总医院、包装公司等全资子公司和本钢板材股份有限公司等控股子公司以及参股公司。2018年底有在籍职工18703人（其中女职工4151人），在岗职工16368人（其中女职工3866人）。在岗职工中，管理岗857人、业务岗1441人、技术岗3035人、操作岗11035人。在管理岗中，年薪制正职51人、年薪制副职60人、部门正职11人、部门副职12人、职能负责人28人、区域正职469人、区域副职226人。在业务岗中，高级业务师3人、主任业务师161人、专业业务师273人、责任业务师1004人。

机械制造有限责任公司

【概况】 本溪钢铁（集团）机械制造有限责任公司（简称机械制造公司）是本溪钢铁（集团）有限责任公司所属的全资子公司。下设综合办公室、人力资源（党群工作）部、经营技术部、财务部、销售部、采购部等六个管理和业务部室；下辖第一机修厂、矿山机修厂、第三机修厂三家专业生产厂，以及本溪爱科液压密封有限公司（独资）、本溪威尔堆焊制造公司（合资）。主要从事矿山、冶金、焦耐、水泥、运输、化工、塑料等行业所需设备及备品备件的加工制作和修复。2018年底有在籍职工1947人；在岗职工1798人，其中管理岗71人、业务岗143人、技术岗79人。拥有固定资产原值39098万元，净值5719.97万元。2018年，机械制造公司实现销售收入3.91亿元，利润实现184.68万元。

【市场开拓】 立足于服务本钢，在继续做好备品备件生产的同时，盯紧集团的新建改建工程，第一机修厂先后承制了本钢6号炉冷却壁、360烧结台车、环冷机改造、北营冷床四大重点工程项目，全面保障了本钢主体产线保产增产目标的实现。全面完成各维保项目和联检项目，公司实现检修收入1800万元。巩固与国内大型机械制造企业的业务联系，分别与中冶京诚、湖南中冶长天、河北华力等企业开展技术与生产合作；同时，将在本钢使用较为成熟的台车、箅条等产品，向国内部分钢铁企业开展营销工作，与凌钢签订的合同由13.25万元增加到105.81万元，承揽量增长了8倍；与安阳钢铁签订的合同增长了84%；与东北特钢签订的合同增长了23%。全年仅外部市场工程项目销售同比增加2800万元。2018年10月正式成为安阳钢铁公司战略合作伙伴，今后重点将在高炉设备备件方面形成长期供货。

【生产运行】 优化生产与销售衔接流程，试行“工程号”及“配套小号”的精细化，将产品销售计划与生产组织计划融合为一体。科学统筹配置生产资源，重点加强配套环节的生产组织，促进多项目交叉作业。在本钢6号炉冷却壁、360烧结台车、环冷机改造、北营冷床四大重点工程项目交叉生产期间，对制约生产的瓶颈精准定位、共同解决，依靠网络化节点管理，仅4个多月就实现了四大重点工程项目全部陆续产成交付。针对本钢内部备件需求的周期性变化，对集团常耗产品实施了预投工作，平均预投产品产值3000万元以上，并根据当月实际合同进行生产计划调整和补充，基本杜绝了产能闲置，实现生产组织节奏的连续性和稳定性，保证了每月产品产值计划的均衡性。创造了日产烧结台车2台和高炉冷却壁6块的新纪录。2018年公司总产值实际完成3.9亿元，同比增加6000万元，为上年同期的118.2%。特钢产业链铸钢项目产能释放作用逐步显现，全年完成94炉次、4000余吨钢水浇注量，铸件产品质量始终保持稳定，有力地保障了市场竞争优势。

【管理创新】 通过与本钢信息自动化公司的协作，先后完成了架构设计和业务模块建立与整合，并于5月实现了销售、工艺、生产、质检、采购仓储五大子系统的全流程信息化平台试运行。目前从合同签订下达到工艺编制，从物料采购、仓储调配到生产在制及报竣入库，初步实现了全部业务流程的信息化平台流转与跟踪，促进了各生产要素的集约化管理。信息化平台的建设与使用，压缩了企业管理时空，提升了各业务间的衔接效率，夯实了绩效考核。严格按照集团部署开展“四定”工作，公司机构压缩比例25%，精减两级机关管理人员63人。撤并、组合、兼岗、重新梳理操作岗位，推进岗位优化配置，分类推进不顶岗人员劳动合同清理，调整到操作岗30人，调整到技术岗27人，全面完成了“四定”第一阶段各项工作任务。完成了常年劳务工招聘工作，公司共有170名常年劳务工通过笔试、面试和实操等环节，签订劳动合同成为公司正式员工，充分体现了对历史负责、对职工负责的企业责任感。

【技术进步】 2018年完成16项新产品研发工作，并陆续投入正式生产，全年实现新产品产值2000万元。其中自主设计制造的远通公司钢铁料破碎机主轴、锤头、衬板等产品超过预期使用寿命，单品实现销售收入102万元。采用提高锰元素含量及微合金化处理、适合水韧处理工艺等措施，将选矿HPT 300轧臼壁、破碎壁的使用寿命提高8~10天（原平均20天）。爱科公司接转垫片产品已正式通过集团采购中心验收，填补了集团公司该产品生产空白。经过矿山机修厂、一机修厂与经营技术部共同努力，成功申报了“295B斗结构优化”“炉箅条生产工艺”两项实用新型专利，为提升企业技术能力，积攒发展后劲夯实了基础。通过与外部企业的合作制造，已掌握消失模造型及负压浇注技术与工艺，在极短时间内解决了热风炉箅子、烧结台车作业效率和产品质量提升等问题。酯硬化改性水玻璃砂和废钢加增碳剂生产球墨铸铁等新工艺已投入实际应用，工艺完善度和产品覆盖范围正在持续增加，降成本、提质量、促环保的作用正在逐步显现。

【安全工作】 全面强化现场检查与隐患治理。全年重新制定标准，对所属三厂危险源重新进行了辨识，目前全公司危险源辨识数量已达 973 项，较上年可控危险源数量增加了 280 项。同时将危险源日常管理按照三级负责制落实到了厂、作业区和班组，每一个危险源都明确了管理责任人和管控方式。开展了生产现场安全警示标识、职业危害告知的补充工作，共计增加 300 块标识、告知牌，并进行了现场确认和合规性审核。编制了《机械制造公司 2018 年安全检查计划》，重点针对月、季度专项安全检查设定了 28 项检查重点和 64 个具体检查内容。相继实施了电气、煤气、皮带机等 12 个方面的公司范围专项检查。公司及各单位排查各类隐患 863 项，完成整改 845 项，隐患排查总量为近五年最高。全面落实年度安全培训工作，组织四期公司级安全培训，参培人员达到 160 余人次。同时公司、厂、作业区、班组四级联动，在历时两个半月时间里，分别对四大职群 1800 余人次开展了不同内容的安全培训。落实集团公司的培训计划，先后参加特种作业资质、电气操作、煤气作业、班组长、作业长等多个工种岗位专项培训。

【党建工作】 坚持以党的建设引领企业改革发展，以认真开展党委中心组学习和民主生活会为重点，认真抓好两级领导班子和干部队伍的政治理论学习，全面落实党支部“三会一课”制度，顺利实施了两级党委及下属支部换届工作，抓好党内实践和群众性生产实践的经常性活动，全面提升党员队伍和职工队伍的凝聚力、战斗力。以《本钢日报》《机械风采》为载体，编发各类新闻稿件、宣传材料 100 余篇。全面加强党风廉政建设，处理举报案件 2 例，对存在问题的相关责任人进行了严肃处理，其中给予开除党籍、撤职 1 人，党内警告处分 1 人。全面做好群团工作，工会、团委、武装部围绕生产经营中心工作，认真组织开展了主题鲜明、载体多样的劳动竞赛和岗位立功活动。加强了对特困职工帮扶的工作力度，发放救济款、物合计 31.9 万余元，救助 309 人次。

（张维峰）

修建（维检）公司

【概况】 本溪钢铁（集团）修建有限责任公司是本钢全资子公司，与本钢设备维护检修中心合署办公，简称修建（维检）公司，是集冶金设备大中修、定修、小修、生产设备维护、钢结构件制作、运输和吊装为一体的大型综合专业化公司，具有国家冶炼工程施工总承包一级资质。公司在籍职工总数 3780 人，其中，修建方向在籍职工总数 1159 人、维检方向在籍职工总数 2621 人，管理岗 102 人、业务岗 173 人、技术岗 72 人，具有正高级职称 1 人、副高级职称 38 人、中级职称 193 人、初级职称 187 人，高级技师 19 人、技师 595 人。公司下设 8 个处（部、科）室，29 个队（站、厂）、作业区。公司党委下设 15 个党总支、96 个党支部、214 个党小组，共有党员 1512 名。公司拥有德国产 250 吨吊车、美国产林肯焊机、数控切割机、卷板机、千吨压力机等一系列施工设备。公司固定资产原值

12534.23 万元，净值 1525.11 万元，其中，修建方向固定资产原值 8333.89 万元，净值 1080.48 万元。维检方向固定资产原值 4200.34 万元，净值 444.63 万元。

2018 年，公司实现各项收入 5.2 亿元，其中，修建方向 3 亿元，比计划增加了 2000 万元；维检方向 2.2 亿元，与计划持平。全年实现利润 53 万元，比计划增加了 13 万元。可控费用发生 1432 万元，比计划降低了 1 万元。企业资产负债率为 86%，同比持平。企业国有资产保值增值率为 101%，实现了保值增值。实现了保产“零影响”。公司获得了本溪市先进集体、辽宁省“五一”劳动奖状等荣誉。

【检维修管理】 公司积极配合各生产厂开展保产、保运行工作，共完成设备定检 1096 次，定检完成率 100%。完成板材联检 4518 项，北营联检 587 项。在巡检中发现并及时处理设备隐患 974 项，完成各类抢修 332 次。完成技改工程 26 项。在各项检维修和技改工作中，公司加强质量管理，完善管理制度、落实管理责任、严肃检查考核，严格遵守集团公司设备检修和建设安装工艺技术规程，严格执行施工质量标准，实现了责任质量事故为零的目标。在检修方面，公司较好地完成了板材炼铁厂 5 号高炉大修、北营焦化厂干熄焦年修等一系列定检及联检工作。在板材炼铁厂 5 号高炉大修工作中，公司以集团公司生产大局为重，各级领导靠前指挥，参战职工连续倒班作业，优化施工方案，克服种种困难，比计划工期提前 36 个小时完成任务，为高炉快速恢复生产创造了条件，得到了集团公司的表扬。在维保和抢修方面，公司针对集团公司服务保产会议提出的意见和建议，召开了服务保产工作专题会，认真落实维护保产措施和考核制度，严格执行三级巡检制度，进一步提升了服务保产水平，实现了年度无责任设备事故的目标。公司不断提升抢修效率，迅速完成了板材热轧厂 2300 生产线 F6 机架、北营氧气厂 5 号制氧机等抢修任务，确保了生产厂快速恢复生产。特别是在板材炼钢厂的 6 号铸机和 4 号转炉抢修等工作中，受到了集团公司领导表扬。

【技改工程管理】 认真做好技改工程开工前的施工组织设计，并制订出科学合理的施工进度网络图。在施工过程中，不断提高工程组织与科学管理水平，努力克服施工环境恶劣等实际困难，按照集团公司制订的工期节点，较好地完成了能源总厂污水处理加药池改造、板材发电厂老三电拆除、新 5 号 TRT 厂房建设、轧辊厂房拆除、北营焦化厂二区水管道改造、北营燃气厂 2 万立煤气柜拆除等一系列工作任务。

【安全管理】 修订完善了安全生产责任制，围绕“零事故、零伤害”的安全生产工作目标，建立了“党政同责、一岗双责、失职追责”安全管理责任体系。制定了《安全互联互保专项考核规定》，建立了职工横向互保，管理人员、领导干部纵向联保的责任体系。认真开展了安全月系列活动，组织了安全大检查，共进行各类专项安全检查 16 次，解决各类安全隐患 60 余项。公司在规范劳务用工安全管理的同时，为全部长期劳务人员投保了意外伤害保险，提高了安全风险保障能力。

【市场开发】 公司采取发挥专业优势与强强联合、技术合作的方式，不断拓展多元化经营领域，全年共实现产值 2086 万元，进一步优化了公司的产业结构。公司以实现“走出去”战略为目标，积极拓展本钢内外部市场。继续做好轧辊和泵类修复、皮带机和搅拌槽等成套设备制作以及工具贸易等成型项目，市场得到进一步巩固并逐步扩大。承揽了矿业储运中心库房的防水修缮等项目。公司开发的高炉冲渣换热水配送项目，全年累计送水 14.2 万吨，实现产值 369 万元。结合国家“一带一路”倡议，承揽了沈阳盛道交建科技公司沥青罐制安项目，成为了公司长期稳定的经济增长点。

【企业管理】 在经营管理上，一是加强合同、预算和决算管理，为公司实现年度产值目标奠定了坚实的基础。二是强化资金管控，制订了《资金支出管理办法》，严控非生产性支出，确保了资金流顺畅。三是严格执行招（议）标管理制度，全年共完成招（议）标 103 项，节约资金 181.72 万元。四是认真贯彻经济责任制考核方案，强力推进班组核算，促进了职工工作效率的提升。五是对公司债权债务进行了认真清理、核对及清欠，取得了较好效果。六是增加固定资产投入，购进了 1 台数控切割机和 4 台轻卡车，提升了公司装备水平。在人力资源和组织机构管理上，一是完成了“四定”第一阶段工作。完成了 90 名管理职群、57 名业务职群的选聘以及 124 名业务职群、71 名技术职群的岗位平移工作，对 42 名科级干部进行了岗位调整，并完成了薪酬对接。机关职能部门由 14 个合并为 8 个，工段由 80 个调整为 70 个维护专区，班组由 447 个压缩为 369 个。二是周密部署，克服困难，积极稳妥地完成了劳务派遣技校生的招录工作。三是做好高校毕业生的招录和培养工作。新招录大学生 3 人，1 名见习大学生被集团公司评为“学习专研”之星。四是做好技术职称管理工作。全年有 17 人通过了工程系列初、中级理论考试，有 22 人晋级为技师，有 19 人晋级为高级技师。公司推荐辽宁省大工匠邢伟申报了国务院政府特殊津贴高技能人才候选人。五是开展了 PLC 操作、特种作业、岗位技能、预算管理、职业健康安全等一系列培训工作，全年参加培训人员达 3587 人次。发挥大师工作站作用，安排 10 名驻站大师各带 1 名徒弟。组织开展了技术比武活动，6 个基层单位组织了 11 项技术比武，共有 211 人参加比赛，有 51 人获奖。六是规范劳动用工管理，清理整顿劳动合同，开展了“吃空饷”专项整治工作。七是加强劳务管理，共审减不合理劳务费支出 16.5 万元。八是强化了工艺纪律、安全纪律、劳动纪律管理工作，职工队伍遵章守纪意识不断增强。

【保障职工利益】 公司克服历史包袱沉重和资金极度紧张的困难，千方百计保障了修建方向职工当期工资等各类资金的足额按期发放，并补缴了以前年度陈欠养老保险 150 万元。投入 134 万元，完成了发电作业区热化工段等单位的房屋、浴池修缮以及机械化站等单位的屋面防水工作。为一线班组新配置了微波炉 18 台、洗衣机 14 台、冰柜 15 台、电风扇 15 台，改善了职工的生活休息条件。

【党群工作】 2018 年，修建（维检）公司党委坚持认真学习贯彻落实党的十九大会议精神和习近平总书记系列重要讲话精神，努力推进企业党建工作，扎实组织开展“两学一做”学习教育，将行政工作的难点作为党委工作的重点，努力践行党委职责，各项工作取得了一定成效，全面完成了集团公司下达的年度经营目标任务。特别是迎接了集团公司党委第三巡察组对公司党委的巡察，对于巡察组反馈的问题，公司党委做到照单全收、立行立改、挂图作战、落实责任，有力地促进了公司党建和生产经营工作更加规范有序，体现出了党委的政治核心作用。1. 组织工作。第一，建章立制，加强基层党组织建设。积极探索新形势下党建工作的新途径、新方法，围绕中心、服务大局，拓宽领域、强化功能，促进基层党组织建设制度化、规范化。第二，突出党管干部原则，不断加强两级班子和干部队伍建设。一是抓好公司两级班子思想政治建设，牢固树立“四个意识”，坚定“四个自信”，坚决做到“两个维护”。二是加强班子民主集中制建设，坚持“三重一大”事项由班子会集体决策。三是开展“两学一做”学习教育，抓好两级班子和干部队伍作风建设，求真务实，深入基层，深入现场，密切了党群、干群关系。第三，召开了本钢修建（维检）公司第一次党代会，选举产生了第一届党委委员。第四，结合机构调整，对公司直属24个党总支、支部进行了改补选，健全了各党总支、支部的班子。第五，加强党员队伍建设。一是坚持加强党员教育与管理。党员参加活动和受教育面达100%。二是加强入党积极分子队伍建设，全年共有98人递交入党申请书，共发展新党员19名。第六，开展主题实践活动。一是稳步推进“两学一做”学习教育常态化制度化。二是组织开展了十九大理论知识竞赛活动，并通过微信订阅号对十九大报告视频等进行了系列转载，进一步强化了党员干部的政治理论基础。三是坚持以人为本，开展建功立业活动，增加党组织的亲和力，切实为党员职工办好事、办实事。各级党组织共建立共产党员工程76个，组织党员突击会战75次，党员义务献工4284个，建立党员安全监督岗（责任区）106个，避免人身伤亡事故22次，排除设备事故隐患19件，为提前工期献良策44件，为创优质工程提合理化建议96件，充分发挥了党支部战斗堡垒作用和共产党员的先锋模范作用。积极开展困难党员慰问工作，各基层党总支、支部结成帮扶对子71个，解决困难党员、群众实际困难99件，支出慰问金、救济物品价值44500元，69名困难党员受到帮助。开展了迎接建党97周年系列活动，通过党史教育、党员义务献工、党员重温入党誓词、唱红歌、诵红诗等活动，让党员牢记宗旨，坚定信念，发挥作用。2. 宣传工作。第一，着力抓好理论武装，用习近平新时代中国特色社会主义思想武装头脑、指导实践、推动工作。公司党委集中学习了党的十九大精神、习近平总书记系列重要讲话精神。公司党委高度重视新时代辽宁精神宣贯工作，推动新时代辽宁精神到基层、进班组。公司党委理论学习中心组学习12次，各级党组织专题学习30余次，参加人数达1500余人次。第二，着力抓好舆论引导，不断提高新闻舆论传播力，凝聚正能量。公司全年微信工作群上共发表图片新闻536篇，公司刊发17期微信订阅号。在《本钢日报》上共发表文字、图片新闻41篇。在本钢新闻电视节目中录制播放公司人物专访5期，本溪电视台播放公司宣传片2期。第三，落实意识形态工作责任制，确保各单位党组织负责人为第一责任人，实行意识形态工作报告责任制，纳入年终考核。加强阵地建设，为15家基层单位制作安装了十九大精神、党员权利义务、支部建设等展板。3. 党风廉政建设。加强党员干部队伍党风廉政建设和反腐倡廉教育。组织了“清风杯”知识竞赛活动，作业区级以上党员干部均签订了《廉政承诺书》。严格执行中央八项规定，坚决杜绝“四风”现象反弹。深入开展好政治性警示教育，切实增强了推动全面从严治党和反腐败斗争的政治自觉、思想自觉和行动自觉。4. 群团工作。公司各级群团组织紧密围绕中心经营任务，扎实有效开展工作，有力促进了生产经营任务的完成。工会开展了夏季送清凉活动，为全体工会会员发放健康枕，共计支出25万元。组织参加集团公司健康疗养197人、劳模健康疗养29人。走访困难及住院职工446人次。开展了炼铁厂5号高炉大修等立功竞赛活动，对52个集体和214名职工进行了奖励。深入施工现场慰问，为参战职工送去了羊汤、西瓜、牛奶、面包等慰问品。举办了职工羽毛球等比赛，丰富了职工的文化生活。共青团组织了“优秀学习型青年团队创建活动”。武装部开展了“兵字号”活动，在设备抢修、抗洪抢险中发挥了重要作用。科协开展了科技论文征集活动，共征集84篇论文，评出1等奖5篇、二等奖17篇、三等奖40篇。信访维稳、法律事务、综合治理、离退休管理等方面工作也为公司改革发展做出了应有的贡献。

（彰大勇）

建设有限责任公司

【企业概况】 本溪钢铁（集团）建设有限责任公司（简称建设公司）是本钢全资子公司，公司下设一建公司、二建公司、三建公司、矿建公司、机电公司、路桥公司、天宇消防公司、高级装修公司、检测公司等子公司和建筑工程分公司、矿山实业分公司、金属结构分公司、协力分公司、设备供销分公司、混凝土分公司、市场经营分公司、青海分公司、抚顺分公司等专业化分公司。拥有国家建设部颁发的总承包资质，涵盖建筑工程、矿山工程、冶金工程、机电安装工程、市政工程、水利水电工程、公路工程等总承包资质。专业承包资质涵盖：钢结构工程、土石方工程、建筑装修装饰工程、消防工程、建筑智能化工程、起重设备安装工程、环保工程、交通工程、桥梁工程、隧道工程、公路路基工程、公路路面工程等专业承包资质。

2018年底，公司净资产2.43亿元，注册资本3.2亿元。在籍职工3971人，其中在岗管理人员218人、业务人员365人、操作人员2443人、专业工程技术人员207人；退休、退养职工6803人。具有国家一级注册建造师89人、二级注册建造师137人；注册安全师19人；具有高级职称108人、中级职称477人、初级职称286人；高级技师17人、技师233人、助理技师114人。

【指标情况】 2018年，面对复杂严峻的市场形势和艰巨繁重的深化改革任务，建设公司在本钢集团公司的坚强领导和大力支持下，砥砺奋进、攻坚克难，全年完成产值12.7亿元，计划对比增加3.7亿元，同比增加1.9亿元；其中外部产值完成3.16亿元，同比增加2100万元，完成集团公司考核目标。签订合同557份，合同额8.6亿元，其中外部合同54份，合同额2亿元；利润亏损4297万元，计划对比减亏2202万元，同比减亏3165万元；支付工资额1.84亿元，同比增加2948.89万元，职工平均工资4.41万元，同比平均增长0.91万元（含保险、公积金）。

【管控运营】 1. 强化工程项目全维度管理，通过转变经营模式，强化动态管控、项目督查、专项整改工作职能，全面提升工程项目管理水平。以北营一高线高速棒改造、板材炼钢厂1号转炉、板材特钢轧机改造等工程为标志，强力执行《现场文明施工管理办法》，重新规划设置施工现场“五牌一图”，对现场围挡、门垛、材料堆放、施工人员劳动用品佩戴提出明确要求，树立了良好市场形象；强力推进《项目经理负责制实施办法》，成立与工程相对应的项目部，全面实施简政放权，实现真正意义上的责、权、利相统一，促进工程项目管理规范化、标准化、科学化。2. 科技创新、管理创效取得丰硕成果。2018 年出版了《建设公司论文集（第二卷）》，收录技术类论文 57 篇、管理类论文 27 篇、科研成果获奖 11 项、专利成果 18 项、工程建设工法 19 项。通过省级企业技术中心年审评价，取得省级工法 3 项，荣获本钢科技进步 3 等奖一项；完成《工程建设施工企业质量管理规范》(GB/T 50430—2017) 分层次转化，组织参加专题培训和职能部门管理业务对口对接，促进了管理体系与企业管理深度融合。3. 突出项目督查职能，规范工作流程，管控经营状态，确保在建项目规范运行。针对企业管理的突出问题和薄弱环节，重点对工程转包、挂靠、设备材料采购使用、劳务费管理、工程预决算、工资发放等方面进行督查督导，严肃追责问责。完成重整单位清产核资、青海分公司整体划拨账物审计和部分在建项目督查，取得扎实工作成果。4. 安全管理主体责任得以落实。强力推行“全面管控，区域负责”安全管理体制，强化领导干部带头履职尽责，安全管理水平得到有效提升。全年共查出安全隐患 379 项，下达《安全隐患整改指令书》27 份，职工千人负伤率控制指标 3‰，实现重伤事故、火灾事故、环境污染事故为零；吸取重大事故教训，对安全防护设施进行全面的专项排查，提升安全生产履职能力；制定《安全生产专题培训工作方案》，推行《安全履职记录》；启动安全生产约谈程序，直击问题督促整改；强化环境保护红线意识，开展环保专项排查整治工作。5. 推进财务管理制度建设，突出监督服务职能，注重细节、落实措施，为企业经营目标实现提供制度保障。资金管理实行“放管服”相结合，简政放权，重点监督、防范风险。清欠回收工程款 1173 万元，有效缓解建设公司资金困难局面。此外，成本管理、会计核算、清产核资、“僵尸企业”处置等项工作进展顺利。6. 人力资源管理突出特色，强力推进“四定”工作，压减管理层级，优化薪酬结构，实施动态管理，拓展晋升通道，完善岗位绩效体系和业绩评价办法，基本彰显出企业管理活动中最活跃、最积极的因素。

2018 年 8 月 3 日，建设有限责任公司抚顺分公司落户东洲区洽谈会在抚顺中小企业创业园区召开（戴红伟 摄）

【企业改革】 一是按照项目管理和市场化需求设定职能部门及机构。一建、二建、三建关停留守，实行资产、债务及人员重组，遏制了经济效益持续下滑趋势；组建项目管理部，实行项目管理、施工计划、工程技术质量统筹管理；组建项目督查部，突出项目跟踪，实施过程监督和审计，管控项目经营状态，确保项目规范运行；组建建筑工程分公司，突出管理型企业特点，按照方向明确、机制灵活、管理规范的现代企业管理要求，全面实施工程项目制管理，努力培育自主经营能力，实现新机制、新动能、新绩效良好开局；组建市场经营分公司，实现市场开发、预算业务统筹管理，全面推进三冷轧，贾矿，北营料场，板材炼钢 2、3 号转炉等工程预算审批和工程决算工作，降低预算编制经济损失，提高工作效率；组建协力分公司，实行操作岗和富余人员动态管理，输送协力人员 1200 余人，促进劳动资源的有效利用；“僵尸企业”处置作为建设公司深化改革的重要内容，在账物盘点、清产核资及人员安置等方面取得重大突破，现已进入实质性的攻坚阶段；实现退休、退养人员统一管理，保证当期职工工资、保险和退休、退养人员费用无拖欠。二是全力拓展外部市场，通过“夯实基础，优化机制，拓展领域，突破重点，积极参与”等措施，促使多元协调发展局面基本形成，市场开发取得了新进展。注册成立青海分公司，承揽青海省海东市公路建设、甘肃省张掖市城市基础设施、湿地配套、西北太凤高速公路等建设项目，累计外揽工程量达 8000 余万元；同辽宁省交通建设投资集团下属单位辽宁省交通规划设计院、公路桥梁诊治技术交通运输行业研发中心研究合作，利用双方优势和现有资源，以金属结构分公司为主体，研究、开发桥梁钢结构、安全防护等工程项目，完成朝阳地区六官营子桥制作安装，得到省交通厅、交投集团桥梁专家高度评价，拓展了合作共赢新领域；抚顺分公司也有所建树，顺利实现与抚顺市政府的工作对接，召开了开发建设洽谈会，完成抚顺市东洲区交警办公楼装修、东洲区公安办公楼改造及装饰装修工程，工程进度、质量及施工形象得到广泛赞誉，为开启抚顺周边市场创造了良好条件。

【党群工作】 一是不断丰富职工物质文化生活，维护职工“政治权、发展权、生活权、文化权”，保障职工切身利益；持续开展“送温暖、送关爱”等活动，全年走访慰问职工 1369 人次；持续开展金秋温暖助学活动，45 名困难职工子女得到温暖、普惠救助；全年补发工资 1514.47 万元，补缴养老保险 637.54 万元，补发职工取暖费 807.18 万元；基本完成年初承诺，维护了企业良好形象。二是扎实推进“两学一做”学习教育活动常态长效，全面落实从严治党、意识形态、党风廉政建设主体责任。通过召开民主生活会、组织生活会和中心组专题研讨集中学习，及时宣贯中央及上级党委决策部署；通过召开“劳模座谈会”“青年典型事迹报告会”，观看纪录片《永远的长征》《百年沧桑——从东亚病夫到民族复兴》等主题视频党课，开展“庆七一”合唱文艺汇演、“大学生联谊会”等活动，大力推行“以诚求成，和舟共赢”的企业文化理念；工会组织充分发挥纽带和桥梁作用，服务企业、服务职工，推动工会工作创新发展；注重做好共青团、统战、科协、武装、保卫等工作，在信访稳定、安全协管、教育培训、企业文化建设等工作中切实发挥各自作用，努力维护企业和谐稳定。（高新丽）

辽宁恒通冶金装备制造有限公司

【概况】 辽宁恒通冶金装备制造有限公司（简称恒通公司）是生产轧辊及铸铁异型件的制造企业，承担着本钢及其他大型轧钢企业所需各种轧辊等备件生产和开发的主要任务。公司下设生产部、技术质量部、设备部、采购部、财务部、销售部、综合部7个职能科室，热轧辊作业区、冷轧辊作业区、加工作业区、维检作业区4个作业区。截至2018年底，公司有职工374人（女职工58名），其中管理人员21人、业务人员21人、工程技术人员29人、生产操作人员282人、退养职工18人、长病休职工1人，专业技术高级职称6人、中级职称44人、初级职称44人，工人技师15人、助理技师15人。

2018年公司固定资产原值为45771.19万元，净值为39370.76万元。固定资产总数量为722台（套、条、座），建筑面积60012平方米。2018年实现销售收入2.156亿元，比预算增加7560万元，增长54%，与上年同期相比增加5174万元，增长31.58%；实现利润661万元，比预算增加461万元，增长231%，与上年同期相比增加292万元，增长79.13%。全员劳动生产率实现57.65万元/(人·年)。

【科学有序组织生产】 一是根据市场价格走势研判，明确“产量就是效益”的生产经营理念，坚持以生产稳定顺行为基础，以增加大中型中板、大型高铬钢等规格轧辊为工作重点，组织外委轧辊粗车、半精车；协调处理轧辊热处理瓶颈，科学协调组织生产。11月，热轧辊作业区完成轧辊毛坯148支，产量1592.47吨，加工作业区完成轧辊成品132支，产量1432.31吨，分别打破月产最高记录，企业发展质量显著提升。截至年底，生产轧辊毛坯1646支，增长8.29%；产量16881吨，增长13.5%。生产轧辊成品1535支，增长12.7%；产量15906吨，增长19.18%。二是认真贯彻集团公司安全生产重要部署，加强安全生产管理制度和安全责任体系建设，强化对领导干部履行安全管理责任的监督检查。强化安全培训，参加各层次安全教育培训职工达360多人次，实现职工安全培训全覆盖。深入开展安全隐患大排查及专业性检查、专项整治工作，共检查整改隐患问题50余项，下发隐患整改通知书37份，安全绩效考核1.5万元。强化重大危险源及各类事故风险管控，安全生产形势总体稳定。三是以迎接中央、省市环保督察为契机，坚持环保管理和环保治理并重，以减少直接外排污染物为核心，落实环保设施等同主体设备的管理要求，富士中频炉烟尘捕集系统全面投入运行，烟气捕集率达到99%，企业环保治理工作有了质的提升。

【推进质量攻关产品研发】 一是坚持以“精优工艺”为前提，持续开展高铬铁、高镍铬钼轧辊辊身硬度符合性质量攻关，从热处理工艺、辊身加工余量、轧辊成型后冷却速度控制等多方面采取措施，促进产品质量的持续提升；二是实现改进型轧辊工作层材质设计多样化，适应不同轧机需要的耐磨型轧辊、抗事故型轧辊的制造技术积累日趋完善；三是持续推进新产品研发，高速钢轧辊实现铸造合格率95.02%，成功试制出湘潭大型中板辊、平整机轧辊、本钢2300线大型高铬钢轧辊，稳步推进大型高铬钢及高速钢轧辊差温热处理工艺改进；四是全面落实质量管理监督制度，产品质量水平实现稳步提升，全年轧辊质量铸造合格率达到95.93%以上，比计划提高1.93%；五是以规范现场管理为前提，公司全面完善并严格执行相关制度及记录，质量、环境、职业健康安全三体系顺利通过国家换版外审并获得证书。

【市场开发卓有成效】 坚持以“求实诚信、超值服务”为经营核心，以打造“本钢品牌”为工作重点，在满足集团内部需求同时，大力开发外部市场份额。抢抓市场机遇，与美国联合电钢公司达成了双方技术及商务长期合作意向，签订了首批18只高铬铁轧辊出口南美的合同，本钢牌轧辊将真正走向国际市场；全年加大产品销售力度，新开发直供用户7家；科学合理定价，实现产销率100%。完成了沙钢集团、福建台塑不锈钢供应商资格审定并签订合同；与河南安阳签订战略合作协议，被南京钢铁授予“优秀供应商”。积极做好售后跟踪服务，选派专人对本钢内部四条热轧线的轧辊使用数据每月进行采集并提供现场技术服务，并外请探伤专家到现场与客户共同对实物进行检测验收，获得用户认可。据统计，2018年累计承揽合同总额23704万元（不含税）。其中外部新合同15037万元（不含税），同比增长41.51%；外部回款累计13323万元，回款率84.93%。营销业绩再创历史新高。

【深入开展降本降耗】 在保证产品质量的前提下，用“废钢铁+增碳剂”替代“高价生铁”组织进行轧辊生产，降低成本160余万元。充分利用直购电优惠政策，全年直购电交易电量完成3784万度，减少电费支出58万元。实施夜间开炉躲峰用电，节约费用226万元，持续为生产成本降低做贡献。加大对外招标采购，物资、备件采购等先后召开招标会10余次，全面降低成本费用150余万元。通过持续加大废旧轧辊资源的循环利用、关键岗位对标挖潜、车工刀具综合考核管理以及降低非生产性费用支出等措施，全年降低定额及可控费用成本可达500万元以上，取得显著成效。

【确保设备稳定顺行】 坚持以“精控设备”为目标，强化设备精准稳定运行管理，持续做好设备点检定修和设备故障预知性维修工作，通过修旧利废，降低备件及修理费直接成本40余万元。扎实做好MES系统整改推进工作，系统整体运行稳定，生产数据反馈准确。全年设备检修部门利用节假日及生产间隙时段，做好设备点检及预知维修，完成设备检修计划123项，完成率100%；设备故障停机率控制在0.74‰，总停机率为0.74‰，开动率为99.86%，满足生产需求，为增产、提质、降本创造了条件。

【持续做好人力资源管理】 按照集团公司部署，强力推进“四定”工作，公司机构层级由4级减少为3级，精简机构1个；公司科级干部职数减少26%，管理业务人员减少28.57%；基本建立“去行政化”宽带薪酬体系，“四定”工作深层次的影响和作用正在逐步得到体现。广开渠道招揽符合企业发展需要的各类人才，在高校毕业生招聘方面，转变招聘方式为全年随时招聘，并落实安家费政策，招聘高校及高职专毕业生13人；重视后备人才培养，持续推行高校毕业生职业生涯规划，一批年轻人在工作实践中迅速成长起来；采取外委培训、自行组织培训等多种方式相结合的形式，组织开展培训，全年共有260多人次参加培训，支付培训费用8.4万元，进一步提升员工队伍整体素质。

【重点项目扎实推进】 结合自身实际，与北京中冶京诚合作完成《恒通公司二期工程项目》可研报告，获集团公司审批后，二期热轧辊工程于3月15日正式启动。截至年底，露天跨已经投入使用，30吨离心机、热处理窑4台以及龙门吊已完成安装调试，交付使用；公司通过自筹资金完成投资1533万元。此外，支承辊项目持续推进，全年成功修复5支支承辊，成功改制5支锻钢支承辊，本钢内外部锻钢支承辊循环使用步入良性循环轨道。

【党的建设不断加强】 1. 公司党委全面落实管党治党主体责任，严格执行《辽宁恒通公司党委议事规则》，严格执行“三重一大”决策机制，全面参与企业重大决策；突出党组织核心地位，通过修改公司章程明确党组织在公司法人治理结构中的核心地位；扎实推进“两学一做”学习教育，举办党的十九大精神专题辅导、预防职务犯罪专题讲座；持续推进共产党员先锋工程，党员责任区、党员示范岗创建工作深入落实，在坚持标准不降低、程序不减少、考核不放松的前提下，实现全体党员“在区、上岗”的目标，公司绝大多数党员的作用突出明显；顺利组织召开中共辽宁恒通公司党员大会，10月26日在党员大会上选举出辽宁恒通公司党委第一届委员会，形成了新一届坚强的党委班子。2. 公司党委深入学习贯彻落实党的十九大精神以及习近平总书记在辽宁考察时和在深入推进东北振兴座谈会上重要讲话精神，结合企业实际形成一系列有针对性的落实方案和细化措施，全面开展“解放思想推动高质量发展大讨论”。落实意识形态工作责任制，有针对性地开展党委理论学习中心组学习和形势任务教育活动，弘扬践行“新时代辽宁精神”，积极开展庆祝改革开放40周年系列活动，有效提振了广大干部职工干事创业的信心和士气。公司党委每月定期召开政工例会，及时有效指导基层支部党群工作；严格执行《党支部考核细则》，按月实施考核，考核结果直接与支部书记本人年终考核挂钩，实现党建工作与生产经营工作同步推进、同步考核。3. 贯彻落实《公司关于落实党风廉政建设党委主体责任纪委监督责任的实施细则（试行）》《恒通公司干部追责问责管理办法（试行）》等制度，严格执行谈话谈心、诫勉谈话、离任审计、个人重大事项报告等管理制度。2月2日，公司进行党风廉政建设集体约谈，“三管六外”重点岗位人员共计54人全部签订廉洁自律承诺书；明确领导干部“一岗双责”的责任担当，强化合同签订、备件及物资采购的管理监督。2018年审核各类经济合同380余份，防范了“经济风险”，保护了企业利益。4. 公司党委全力支持群团组织围绕企业中心工作独立自主开展活动。全面坚持和完善职工代表大会制度，召开了辽宁恒通公司二届二次会员（职工）代表大会；认真组织开展“眼睛向内挖潜力，全面发力增效益”劳动竞赛及合理化建议征集和“安康杯”活动；组织员工参加医疗互助保险，扎实推进帮扶体系建设，分类施策、精准帮扶，全年累计发放各级专项帮扶资金6200多元，下发慰问物品折合人民币2000多元。启动全员疗养工作，全年安排职工疗养87人。持续开展金秋温暖助学及外地单身大学生慰问等多种形式的活动，为2010—2017年招录的毕业生补发安家费共10万余元。

（徐洪国）

辽宁恒泰重机有限公司

【概况】 辽宁恒泰重机有限公司（简称恒泰公司）是本溪钢铁（集团）有限责任公司一级子公司，是集研发、设计、制造、安装、大中修为一体的起重运输机械设备制造企业。拥有国家A级特种设备（起重机械）制造许可和A级特种设备（起重机械）安装改造维修许可及建筑业起重设备安装工程专业承包一级资质、钢结构工程专业承包三级资质；具有电磁搅拌装置及成套设备的销售与维修，机械式停车设备制造、安装、维修，起重机安全监控和起重机设备安全保护装置、定子异常失电保护装置和单片机控制产品的设计制造维修销售资质；拥有省级技术中心和市级研发中心。

2018年底拥有职工623人，在籍职工370人，在籍职工中管理岗位44人、技术岗位22人、操作岗位304人，副高级职称4人、中级职称41人、初级职称26人，高级技师1人、技师18人、助理技师5人。公司下设6个职能室和5个作业区。公司党委下设6个党支部，共有党员85名。2018年全年实现收入6873万元，同比增加2992万元；实现利润-740万元，同比减亏443万元；上缴税金297万元；治安综合治理及计划生育工作等项均完成上级考核指标；安全生产实现“四为零”。

【市场销售】 2018年，恒泰公司积极研判市场变化，抢抓钢铁市场回暖和集团12大重点项目改造建设机遇，围绕客户需求，积极调整销售策略，加快市场销售步伐。对内以保障主线平稳运行为天职，主动参与新建工程前期准备，进一步巩固内部市场检修、维保市场合同份额；持续推进起重机备品备件零库存工作，备品备件签约量实现稳步提升；制作项目市场大额合同订单有效缓解了全年的生产经营压力，实现了北营炼钢厂240吨铸造吊制作、北营轧钢厂（12.5+12.5）吨4台吊车制作、板材炼钢厂7台铁水车和32/5吨吊车制作等合同的独家议标。对外积极走访市场，加强同客户的交流，提升服务质量，成功获取了龙新矿业钢结构制作、本溪福耀玻璃电葫芦吊、悬臂吊、单梁吊制作、辽阳宏昌重工天车拆除、鞍钢铁路运输设备公司吊车制作、吊车大修、司机室改造等新合同；抚顺特钢备件、东北特钢备件合同额提升。与天津铁厂、邢台轧辊公司、迁钢、敬业钢铁、唐山国丰钢铁、五矿营口、中冶长沙院、中冶武汉院、北京明诚、中冶赛迪、中冶京诚等客户巩固了合作关系。全年共签订合同额8594.27万元，与2017年相比实现翻倍增长，其中内部8202.27万元，外部392万元。

【生产组织】 狠抓生产组织工作，以保合同工期为中心，针对北营炼钢厂240吨铸造起重机制作、板材炼铁厂360吨铁水车制作等重点项目，公司班子成员带队全过程“一对一”进行项目管理，利用周末交换值班的方式，深入一线，靠前指挥，保证平均每周至少召开一次生产经营会，确保快速有效地解决施工中发生的各项问题。各部门、作业区树立“一盘棋”思想，紧密配合，通力合作，生产部门积极发挥组织协调关键作用，严格执行工期计划，提前布置复杂的工序，及时控制制约及影响工期的隐在因素；研发部门加快设计出图节奏，立足现场实际改进设计图纸，调整产品制作工艺，有效促进了研发设计与生产组织的深度融合；营销部门积极组织备品备件的采购，保证采购件的按期回厂，积极协调施工进度和出厂运输等问题；结构作业区打破工种限制、部分工种实现兼工种作业，加班加点地完成了各项制作任务，其中七台铁水运输车的制作项目刷新了制作周期记录。针对维保、检修、安装、备件制作等项目，机电作业区、储运作业区、总装作业区克服生产组织高峰期人员不足、活源集中、现场场地条件制约等不利因素，科学组织生产，合理安排人员，实现了集团公司主体设备的安全稳定运行。

【三项制度改革】 进一步深化三项制度改革，有序推进“四定”工作，将机关7个部门合并为6个职能室，重新整合部分作业区业务，管理效率和执行效率明显提升；在连续两年精简机关人员的基础上，又减少机关管理岗6人，精干了两级机关队伍。薪酬管理方面，再次实现工资普调，实现人均涨薪331元，有效激发了广大职工的工作热情。员工管理方面，平稳推进了将113名常年优秀劳务员工招聘为正式员工工作，降低了企业用工风险，为企业的发展增添了人才力量。公司还积极推进劳动纪律管理与检查、“吃空饷”专项整治工作，并针对检查出的问题，积极整改落实，切实改变了全体职工的工作作风，为全面推动企业改革发展创造了良好条件。

【科技成果】 坚持科技创新驱动，完成了省级企业技术中心运行评价，完成了企业各类特殊设备资质换证。2018年2月，成功获得了基于单片机实现的电机定子异常失电保护装置国家专利，填补了起重机安全保护性能的一项技术空白。积极推动智能化生产线改造，提升工艺水平，新购自动化焊接设备，既提高了产品质量和工作效率，又压缩了人力成本，为推动公司向高端智能化制造企业发展奠定坚实基础。

【安全管理】 重新调整领导干部安全生产分片承包，压实各级领导干部管理责任，坚持“零事故、零伤害”工作理念，与各基层单位签订了安全生产目标考核责任书，实现安全生产“四为零”。加强现场安全督查，加强跟进安全管理措施的具体落实，实现安全隐患排查工作常态化，确保安全责任到位、安全管理到位，进一步提高安全管理水平。强化“春节”“两会”期间安全生产管控，实现重大敏感时期生产稳定顺行。深入开展监督检查工作与专项检查，全年共开展各类检查40余次，发现隐患37项，全部整改完成，各项危险源均处于可控状态。积极开展应急预案演练，在结构作业区组织一次通勤大客车自燃逃生演练活动，提升了通勤职工、客车司机的应急处置能力和自救能力。狠抓职工安全教育培训工作，组织班组长、安全员等重点岗位多措并举开展各类安全培训，全年培训1267人次，实现职工安全培训全覆盖。

【财务管理】 财务管理作为企业管理工作的核心，“横向到底、纵向到边”层层分解落实各项指标，为实现全年产值目标提供保证。坚持以经济效益为中心，严把合同质量关；严格控制采购成本、分包成本；科学合理地进行生产进度规划；全面控制各项费用支出，从源头上采取有力控制措施，力争实现企业效益最大化。精细预算管理，严格归口费用管理，把有限的资金投入到生产组织中，保证资金高效使用；眼睛向内，挖掘降本潜力，通过行业比价对标、充分利用原库存钢材等方式降低采购成本141.9万元；积极组织回款，全年累计回款9251万元；加强历史清欠，共清回历史遗留款201万元，在一定程度上缓解了资金压力，有效降低了资金风险。

【质量管理】 重视质量管理工作，顺利通过辽宁省安全科学研究院的质量体系换证审核工作。重新完善了公司质量管理办法，严格把控产品进出口质量关和过程控制，重点控制施工过程和备品备件质量，加大检查力度，将不合格产品坚决返厂处理，严格避免质量管理工作因工期原因做出让步妥协。通过一系列措施的实施，各级管理人员和职工的质量意识明显提高。全年共进行过程检查36次，组织吊车终检20次，备件出厂检验16次。

【人力资源管理】 借鉴集团公司MBA管理班先进的培训模式，公司在冶金技术学院举办了骨干员工素质提升培训，聘请优秀教师为公司骨干员工进行党章、执行力、财务等相关知识培训，既提高了业务水平，又提高了综合素质，增强了企业人才动力。为规避法律风险，提高职工风险防范意识，组织全体党员干部参加《刑法》《中华人民共和国治安管理处罚法》法律知识学习与考试，有效提升了全体党员干部的法律素质。坚持开展技能培训工作，全年共支出培训经费82528.38元。共参加集团公司培训11项，参训人数787人次，实现职工参训率100%。

【党群工作】 1. 加强党建工作。围绕生产经营中心工作，深入推进“两学一做”学习教育常态化、制度化机制。深入开展党的十九大精神学习教育，充分利用微信平台、党委中心组学习、微党课等方式，强化全体党员的学习；增强了党员的政治素质。加强党组织建设，加强党的领导，顺利完成恒泰公司第一届党委的组建。2. 加强党风廉政建设。加强对党员干部廉洁自律教育，组织全体党员干部和重点岗位人员签订廉洁从业承诺书，参观本钢警示案例展，观看《迷失的坐标》警示教育纪录片，观看铁岭民间艺术团编排的廉政小品小戏。组织公司7名有子女升学的党员干部填报了《党员子女升学情况事宜报告表》，提高了党员干部的廉洁自律意识，营造了企业风清气正的工作氛围。3. 群团组织开展“安康杯”竞赛、网上练兵等活动，调动了职工工作热情，凝聚了推动企业发展的强大合力。4. 关心职工群众生活。公司工会全年共发放救济款9300元；对父母去世职工和退休职工发放慰问金7920元；为20名因病住院职工发放医疗理赔保险金15800元；组织安排职工疗养81人次。改善桥头办公楼和浴池环境，进一步提高职工福利待遇，为职工增设早餐，新购通勤大客车，这些措施的实施切实体现了企业的人文关怀，提升了职工的满意度。

（王　红）

信息自动化有限责任公司

【概况】 本溪钢铁（集团）信息自动化有限责任公司（简称信息自动化公司）成立于2003年11月27日，是本钢集团公司全资子公司，受信息化中心统一管理，注册资本金5000万元。担负着本钢集团信息化、自动化、智能化系统运行维护、技改工程和新建工程等任务，是集团公司信息化、自动化设备稳定运行的保障单位，集团公司信息化、自动化技术和人才的支持、储备单位，集团公司生产经营、企业管理各类信息化和自动化项目的研发、实施单位，集团公司对外经营创收的高科技公司，是国家级高新技术企业，辽宁省计算机“双软”认证企业，辽宁省省级企业技术中心。

2018年年底，公司有在籍员工140人，专业技术人员109人，其中高级职称20人、中级职称39人，中高级职称人员占技术人员总数的54.13%。2018年实现合同承揽17862万元，销售收入13200万元，利润890万元，签订外部合同1603.5万元，承揽、收入、利润主要经营指标全部实现20%以上的增长。

【保产保供】 信息自动化公司把为集团公司生产经营服务作为首要任务，主动承担事故抢修、紧急工作和重点工程建设任务。2018年成功完成冷轧厂酸轧火灾事故通信光缆抢修、二冷轧检化验系统宕机故障、164铁路运输系统生产过渡、北营新一号高炉特护和三冷多媒体工程等急难险重工作，保障能力明显提高。依据集团公司生产经营的需求，在中心统筹组织下，顺利完成了本钢招标平台、电子质量证明书、产品标签优化升级、环保在线监测、板材焦化厂无人值守、连轧线下辊道项目、特钢改造电气过渡工程、炼钢1号转炉等重点工程项目，这些项目的建设有效地支撑了集团公司生产和经营各项工作，为集团公司带来了可观的经济效益，更带来了显著的社会效益。

【市场开发】 面对日趋激烈的市场竞争环境，信息自动化公司始终坚持以技术进步为支撑，积极主动输出技术和成熟产品，内外部市场领域都取得了新突破。内部市场结合集团公司2018—2020年重点工程项目规划，围绕生产和管理实际需求，组织各专业主动与业主开展技术交流，为厂矿和部门提供项目策划和设计方案共计90余份，签订技改合同66份，覆盖集团各分子公司20多个厂矿。通过技术提升实现了轧制领域和机加行业的市场突破，承接了特钢小棒线变频改造、二热轧加热炉、下线辊道等多个轧钢厂项目和机总的信息化项目。通过成熟技术的推广，无人值守技术在成功应用于原料系统的基础上，进一步扩展到焦化、矿山、发电、运输、计量等领域，为各厂矿减少人员补充、提高生产效率创造了条件，同时更广泛地树立了自身的品牌形象。外部市场成功承揽了中科软数据中心项目、鲅鱼圈工委绩效考评系统、淮钢690立高炉PLC系统、越南和发榕橘钢铁公司四座1000立高炉PLC系统等外埠项目，合同总额1603.5万元。越南高炉项目是信息自动化公司首个境外项目，外部市场销售工作有了新的突破。通过库区管理和行车定位技术应用方面的成果，吸引了包钢自动化公司到本钢进行考察交流，初步达成合作意向；河北敬业钢铁公司慕名来访，对皮带无人值守项目进行了考察，技术储备不断在本钢外部开花结果。

【技术创新】 信息自动化公司始终注重科技研发工作，全年投入研发费用665.43万元，全年设立无人值守控制系统、标签机器人、机总信息化系统、发电能效系统等研发项目7项，其中无人值守控制系统项目和机总信息化项目已成功投入使用；《基于耗能企业大数据深度挖掘的能效优化系统》被列为集团公司重点科技项目、辽宁省企业技术创新重点计划项目；《皮带无人值守控制系统》获得2018年“振兴杯”辽宁青年工业设计大赛优秀产品设计奖；推荐《私有云信息安全方案的设计与实践》等3篇科技论文参加第十届国际钢铁大会的交流活动。企业信用等级由A级升为AA级；成功申报为本溪唯一、辽宁省23家“企业上云”综合服务商之一；已有3项照明外观设计成功取得国家版权局外观专利权，实现了专利权“零”的突破。

【降本增效】 持续向采购端和施工端要效益，信息自动化公司全面推进了公开招标工作，成为首家在集团公司招标平台采购的子公司，2018 年组织平台招标 61 项，合同金额 1099.94 万元。推进网络采购取得成效，与京东签订了战略合作协议，延长了付款账期；与西门子、联想、海康卫视、华为等品牌厂商签订了年度框架协议，获得了价格优惠政策。新引进施工队伍 13 家，扩大了选择范围，提高了竞争；按月度组织单项工程成本核算工作，工程成本得到有效控制。全年累计节约资材采购和外委施工资金 758.37 万元。

【基础管理】 信息化中心成立后，信息自动化公司围绕管理、运维、建设、经营四个中心职责，从内部管理和生产经营两个层面对原有规章制度进行了重新梳理，制定了合规经营、杜绝转包挂靠等规章制度 33 项。同时围绕工程项目评价、项目方案评审和项目报价评审工作，先后下发了管理办法，进一步规范了公司在工程、质量和采购等方面的管理。积极推进“四定”工作，对管理、业务、技术三个职群进行了岗位设定，规划了每名员工的职业生涯通道。多渠道招纳符合中心发展需要的各类人才，全年招聘高校毕业生 3 人，形成就业意向 8 人，通过严格的综合考评、笔试、面试等环节择优录取 66 名常年劳务人员，人才队伍得到补充。通过加强资金监管，规范资金预算的申报、审批和执行流程，实现了收支平衡、略有结余的目标。资金使用效率显著提高，全年实现资金周转 3.8 次，资金周转率同比提高 7%。通过梳理债权债务，加快历史问题处理，清理江苏亚视照明等历史预付款 142.99 万元，清缴辽宁金自天正等历史欠款共计 450.27 万元，外部应收款与年初相比降低 506.7 万元，降低 43.35%。内外部债权询函率达到 100%，资产负债率处于 56%的历史较好水平。可控费用同比降低 33.95 万元。深入研究国家新的税费政策，在享受高新企业所得税减免 10%基础上，再实现上年度研发费用 50%加计扣除，共计减免税费 119.85 万元。全面贯彻集团公司安全生产工作部署，新增《信息安全管理规定》《信息安全管理程序》等信息安全管理相关制度文件 24 项，重新制订完善《安全生产责任制》等各层级安全制度文件 54 项。开展“党政同责”“一岗双责”安全生产责任制落实工作，全年组织专项检查 147 次。开展各层级安全教育、案例分析、信息安全培训 93 次，培训人员达 769 人次。举办全员安全考试、安全知识竞赛、消防演练、电梯逃生演练等活动，提升了员工安全生产意识。

【党群工作】 信息化中心成立以来，坚持把党建工作融入生产经营，发挥党组织的政治优势，为全面完成“四大”职能任务奠定思想基础，把加强党的领导和完善公司治理统一起来，将党建工作写入公司章程，完成了六个基层党支部换届选举工作，实现了党务活动、党务经费和党员信息的统一管理。选举产生了中共板材信息化中心委员会，使党委“把方向、管大局、保落实”职能作用得到进一步发挥。全年修订完善党建制度 14 个，开展党支部工作实务培训、“三会一课”实战演练等工作。按党员分类管理要求，组织技术岗党员开展“矩阵式”党小组活动，成立党员课题攻关小组 6 个，开展攻关立项 4 项，创造经济效益 230 余万元。以改革开放 40 周年和信息自动化公司成立

15周年为契机，开展职工征文、书画摄影、诗文朗诵等活动。通过专题会、展板、视频、微信公众号等载体，宣传集团公司政策、振奋精神、鼓舞士气；借助《本钢日报》、“今日本钢”等媒体，宣传中心成立以来取得的成绩、先进典型和经验做法。全年更新微信公众号37期，刊发各类新闻报道60余篇，“今日本钢”播发电视新闻5篇。中心工会承办并组织参加了本钢集团公司“工匠杯”计算机程序设计技能竞赛，取得9名职工进入前10名的成绩。为169名职工办理了职工医疗互助保险，帮助6名职工办理保险理赔3266元。对困难职工走访慰问，共发放慰问金4830元。组建职工兴趣协会7个，开展群众性文体活动，营造了中心团结奋进的和谐氛围。中心行政和党委分获集团公司2018年度先进集体和先进党委荣誉称号。2018年信息自动化公司获得了本溪市“五一”劳动奖状荣誉。

（王大鹏）

新实业发展有限责任公司

【概况】 本钢新实业发展有限责任公司（简称新实业公司）为本钢集团公司下属公司。公司机关设有综合办公室、党群人力资源（组织）室、生产设备室、经营计划室、财务室、安全环保室、采购室七个科室；所属单位有东风湖钢铁资源利用公司、回收分公司、劳动防护分公司、焦化分公司、铁路分公司、机电安装公司、广告分公司、环保绿化分公司、汽水厂、生活服务分公司、瑞丰分公司、瑞丰商贸公司、物业分公司、幼教管理中心、本钢金山宾馆、中石油（本溪）本钢油气销售有限公司16个下属单位。全公司共有在籍职工1638人，其中在岗职工1407人、退养及保留劳动关系（不在岗）职工231人。全部退休职工2377人。在职中具有高级职称职工44人、中级职称108人、初级职称89人。

主要产品有炼钢辅料、炼钢生铁、炼钢炉料、烧结配料、金属制品、铸造件、渣罐涂料、氧化锌粉、钝化镁粉、劳动防护工装、特种作业防护用品、防尘滤袋、五金制品、印刷制品、工业水处理剂等。拥有完整的汽水和冰果生产流水线。工业服务主要有公路运输、设备维修、工业管道清洗、厂容绿化、计器仪表安装维保、电力通信的安装维保、废旧材料回收加工、工程设备维修等。城市服务主要有厂区职工生活服务、办公用品销售、媒体广告宣传、职工公寓物业管理、宾馆餐饮住宿及会议接待、幼儿管护及教育等。

【指标完成情况】 2018年完成产品：炼钢生铁及铸件2.75万吨、增碳剂9549吨、尘泥干粉31万吨、脱锌回收料3万吨、氧化锌粉3671吨、钝化镁粉5686吨、水处理药剂10220吨、职业工装7.8万件套、汽车运输收入2255万元、机电安装工程收入1558万元、印刷及传媒收入970万元。实现销售收入5.5812亿元，利润116万元，销售收入、利润均完成全年预算指标。职工收入同比增长14%。

【主要装备情况】 截至2018年底拥有的主要装备：加工各类含铁料产品生产线三条，沉泥烘干设备有直径1.8米×25米回转窑一条，脱锌设备直径2.8米×40米回转窑二条，大型振动筛8台，压球机器10台，加工能力为尘泥干粉20万吨/年，低品位含铁料18万吨/年。水冷长炉龄无炉衬热风冲天炉2座，中频感应熔炼炉和保温炉2台，年产炼钢生铁 3.5 万吨，铸造件 5000 吨。钝化镁粉生产线一条，年产炼钢脱硫用钝化镁粉 6000 吨。五金制品加工生产线一条，主要设备有开平纵剪切机组一套、冲床 20 台套、剪板机 10 台、电镀喷漆线一条、电控退火炉 1 台，年产五金制品 2 万吨。工业水处理药剂生产线一条，年加工各类水剂产品 5000 吨。纸板印刷生产线一条，主要设备有四色胶印印刷机组一套、不干胶制品生产机组一套、剪纸机组一套、黑白印刷机组等。大型工程运输铲装设备 70 余台套，主要包括 XG916 型装载机 10 台、12 吨以上货车 60 台、WZY42-5 型抓料机 1 台、履带式挖掘机 4 台，年创运输工程产值 3000 万元。工业厂房 20 座，总建筑面积 25 万平方米。

【强化管理提升】 1. 为保证生产经营规范发展，着力从财务管控、资金出口等方面入手，重新制定并下发《本钢新实业公司关于规范资金计划审批权限及流程的通知》，明确了费用归口部门的管理职责，细化管理规定。2. 机关各部门重新梳理了管理职责，充分发挥服务、管理、监督、指导的职能。各分公司强化了生产工艺纪律和设备管理纪律的现场监督检查，认真清查了账外资产、账外物资情况，明确管理及要求。针对外委运输情况进行筛查，完善物料收发检斤核对机制，避免运输途中易缺失风险。3. 规范劳务用工管理，制定劳务用工薪酬管理原则和劳务用工审批、管控。从 2018 年 1 月开始规定各分公司不再负责代发劳务人员工资，由派遣公司将所有劳务用工工资直接打入银行卡，消除隐患和风险。通过考试、面试，考核无异议完成 99 名劳务青工的转正。4. 新成立采购招标室，以公开竞聘方式在公司内部择优招聘 2 名采购室人员。年内，共计招标近 30 余次，包括原材料采购、工程、运输、销售 100 余品种类别，涉及金额 3820 万元。采购类、运输、加工类合同与上年同期比较，降低费用 536 万元。

【多元创新发展】 新实业公司围绕服务钢铁主业，先后研发了铝渣球、铁粒球等新产品，得到炼钢厂认可，为大批量生产奠定基础。铁源传媒分公司为工商银行本溪分行拍摄制作的宣传片获得工行总部全国预赛第一名的好成绩，得到客户的充分认可；针对当今新媒体不断发展，先后与火山、抖音等媒体平台签订本溪市代理协议。中石油合资公司在采购中心润滑油招标中，两类产品中标，实现零的突破。2018 款商务棉服、机关棉服、棉风衣在款式和面料上都得到职工认可。东风湖分公司通过环保改造解决小沟铁厂废气排放问题，并达到国家环境保护标准。回收分公司通过更新设备，盘活了库存滞留钝化渣料。焦化分公司焦化深水处理和二冷废水站经过艰苦努力调整通过国家环保组检查。

【基础工作】 1. 明确全年安全生产的指导方针和管理职责。完善职业卫生档案，适时开展职业危害岗位安全告知工作，进一步夯实“八本账”等安全基础管理工作。强化食品安全管理工作，多次开展食品卫生专项检查，坚决杜绝存放和使用超期食品。人员聚集场所开展应急救援、消防疏散演练，提高职工消防安全意识，增强事故救援及处置能力。2. 坚持以经济效益为中心，明确责任落实绩效，合理分解经营指标。根据各分、子公司经营范围及当前市场形势，降低经营风险，较好地完成了全年经营指标。3. 对部分公司分子公司库存商品、存货进行核对，详细检查了出入库管理制度执行情况。按要求加强工程管理，梳理工程审批、管理流程，监督管理工程合同签订、成本预测、效益测算、工程方案拟定、实施。4. 做好本钢后勤服务工作。坚持推进“6T”管理工作，巩固服务理念。节日期间免费供餐9400余份。物业分公司按照惯例为无法回家的单身青年提供了免费可口的年夜饭。生活服务分公司为春节期间仍坚守在新一号高炉抢修的宝冶员工及家属提供小灶烹饪，食材精挑细选，充分地展示本钢人的热情与真诚。5. 本钢宾馆始终本着“宾客至上、质量第一”宗旨，积极推进城市窗口服务工作，站稳脚跟、增加收益。本钢冰果对口味进行改良后，得到消费者好评。

【党群工作】 1. 加强党建工作，思想引领党务工作。以建党97周年为契机，党委书记带头“学习党的理论、做合格党员”讲党课，自上而下掀起学习热潮，基层党员积极撰写论文，并评选出优秀文章19篇。2. 发挥模范带头作用，开展“党员承诺”“党员突击队”“党员先锋岗”“党员文明服务窗口”“党员责任区”等活动，攻坚克难促生产。在《本溪日报》《本溪晚报》《本钢日报》“本钢新闻”电视栏目、“本钢新闻”微信平台发布稿件56篇。3. 加大反腐倡廉教育和法纪知识普及力度，畅通职工监督渠道，不断筑牢党员干部“不敢腐”“不想腐”的思想防线。4. 全年公司党政班子及基层领导共计走访困难职工51人次，发放救济金23840元。工会组织开展“安康杯”竞赛，为基层单位选拔人才、拉练技能提供资金支持。鹏程分公司渣罐涂料班再次荣获集团先进班组。积极参加大型文体竞赛，同时组织职工健身走、摄影、书法大赛和读书活动，新实业公司合唱团在集团公司合唱大赛中获得大合唱组二等奖，小合唱组一等奖。9月28日代表本溪市赴大连参加辽宁省总工会组织的“服务振兴发展，服务职工群众，庆祝改革开放40周年——放歌新时代”辽宁省职工合唱大赛，获得专业组无伴奏合唱金奖。团委组织青年志愿者参加了农场、幼教、食堂环境建设义务劳动，开展“青安杯”活动。科协组织企业科技人员撰写论文，营造良好科技氛围。（金艳琪）

冶金渣有限责任公司

【概况】 本溪钢铁（集团）冶金渣有限责任公司（简称冶金渣公司）主要承担本钢炼铁、炼钢过程中产生的冶金渣加工处理及综合利用职能。截至2018年底，下设炼钢协力、钢渣、热焖、磁选、加工、检修6个作业区；本溪金路汽车运输有限责任公司、本溪华源建筑材料有限责任公司、辽宁矿渣微粉有限责任公司3个独立经营子公司。在籍职工447人。党委下设11个党支部，党员225人。公司总资产69868万元，固定资产原值49010万元，净值28343万元。

2018年，冶金渣公司实现收入18800万元，超计划1532万元，实现利润2460万元，超计划722万元。安全生产实现了重伤以上责任事故、火灾事故、较大设备事故、交通安全责任事故、职业危害事故“五为零”目标。

【安全管理】 全面落实安全生产责任制，强化安全各项基础管理工作。两级领导班子成员分别承包各作业区、各班组，参加作业区安全大会及班前会，安全生产工作目标层层分解落实到位。对公司《消防安全管理制度》等28项安全管理制度进行了修订完善，加强安全教育培训，举办了安全事故隐患排查培训、应急管理知识培训等12期安全教育培训班，累计培训人数600余人次。深入开展安全专项检查工作，狠抓安全隐患整改落实。持续开展 27 项安全专项检查和 6 项安全隐患排查专项整治活动。对危险源实行分级管控、动态管理。

【环保工作】 做好环保工作，提高管理标准，做好现场物料堆放场地抑尘控尘措施，对生产作业现场的料堆进行增补苫盖 2.5 万平方米；增加两台洒水车洒水频次，由原来 3 次/日增加到 6 次/日，控制现场扬尘；按照集团公司要求，制定迎接中央环保督察“回头看”实施方案，对重点区域厂容环境等进行自检自查和整改。

【保产工作】 紧跟集团公司生产节奏，紧抓“保产、保供”两条主线，优化生产作业流程，细化生产运行管理规定，充分利用钢渣热焖和热泼两条生产线，提高翻罐效率，确保各类钢渣的及时翻排；不断加大含铁料回收力度，重点做好集团公司“多吃废钢，降低铁耗”工作，各相关职能室、作业区多次召开专题会议落实具体措施，眼睛向内，积极发掘自身潜力，同时，通过增加切割和落锤班次、延长作业时间、加大倒运速度，增加切割力量等多项举措，加大钢坨加工量，在公司上下的共同努力下，共清理含钢坨 1921 个，回收废钢铁 6000 余吨，渣铁 13500 吨，完成了集团公司重点工作任务。

【设备管理】 修订细化 17 项管理制度，建立和完善了设备基础管理标准化台账。按计划开展设备专业点检工作，岗位操作人员与检修人员共同参与，做好日常的设备检查和维护保养。利用中午时间检查铲车、汽车、大客车等设备，发现设备存在问题 939 项，全部整改完成。组织 120 名岗位点检人员考试，督促熟知点检部位，提高了岗位点检水平。通过强化设备管理，备件、辅料费用比计划降低 265 万元。完成二、三级计量管理，加强数据统计、分析，实现对油、电、水、氧等能源介质等进行有效管控，重点加强高能耗设备用电管理，完成躲峰生产方案，每周对两个区域变电所峰谷比进行通报，及时反映各产线躲峰生产方案的执行情况，峰谷比同比降低 0.049，比计划降低电费 60 万元。

【成本管理】 严格按照下达的预算成本指标分解落实到作业区和子公司，每月进行经济活动分析，对各项成本费用进行对比分析，找出超降原因，为下一步生产经营提供依据。加大对可控成本的分析和考核力度，结合归口管理部门下发的各项制度严格审核，严格把关，全年可控费用比计划降低 200 万元。积极开展资产清查工作，对本部和子公司的货币资金进行全面清查，对存货、房产、土地等资产进行盘点。按计划分阶段开展清欠工作，全年清理陈欠款 531 万元。积极做好 2017 年度企业所得税汇算工作，收集大量备案资料，申报工作圆满完成，共减免所得税 377 万元。

【项目研发及建设】 以为炼钢、烧结生产提供合格产品为目标，立足冶金渣资源综合利用和企业长远发展，积极推进产品研发工作。公司先后与本钢集团主管部门、设计院对钢渣处理工艺进行考察，吸取经验，为本钢设计院进行钢渣环保改造及资源综合利用项目初步设计提供依据，并多次组织相关人员对初步设计进行讨论，提出改进意见。目前该项目初步设计已通过集团公司审查，预计 2020 年 3 月开始施工，年底建成投产。

【合资公司管理】 提高合资公司的经济运营

能力，降低经营风险为目标，加强对合资公司的管理管控。规范合资公司管理，加强对标挖潜、成本管控工作，提高经济运营能力。

【人力资源管理】 根据集团公司“四定”工作实施细则，对组织机构进行优化，合并、撤销作业区级机构2个。对管理、业务、技术岗位进行了严格核定，经集团公司人资部门审核后确定各岗位定员，共减少管理、业务、技术岗位7个，根据集团指导意见，完成了“四定”第一阶段岗位设置和薪酬调整等各项基础工作。按集团公司常年劳务用工招聘的相关指导意见，制定冶金渣公司合同制员工招聘实施方案，通过笔试、面试、业绩考核、体检等招聘程序，完成了50名正信人力资源公司常年劳务工招聘入职工作，拓宽了用工渠道，有效缓解了在职职工人员老化问题。根据集团公司要求全面开展工作纪律专项整治，共开展专业检查、联合检查、互检共83次，共下发检查督查通报18期，按规定对相关违纪人员及负管理责任人员予以考核。通过开展劳动合同履行管理专项整治、全员考勤机考勤、劳动纪律月检查、月通报、月考核、加强病休人员管理等，提高了岗位出勤率和工作效率。

【治安防范】 落实治安防范风险防范措施，加大巡检力度，堵塞漏洞，营造良好的治安环境。加强职工法制教育，加强日常检查及夜间巡查工作，严防资材的流失和被盗。坚持齐抓共管，加强技防建设。保卫室、党群工作室、生产技术室利用视频监控系统对重点部位实时监控，通过GPS系统检查含铁料运输车辆的运行轨迹。每月下发两期管控情况通报，及时整改存在的问题。

【党群工作】 坚持党建工作制度，推进“两学一做”学习教育常态化制度化，继续开展党支部目标管理、精神文明创建、主题建功立业等活动，发挥了党员的先锋模范作用；积极开展主题健步走、重温入党誓词、党的知识竞赛答题、“正确应对压力，提升正能量”心理讲座等纪念建党97周年系列活动，提升了基层党建工作水平。加强宣传思想工作，扎实开展理论学习，注重形势任务教育，发挥公司简报、微信群等阵地作用，加强对意识形态管理工作的领导，重视信访维稳工作，及时掌握职工思想动态，进一步做好答疑解惑，坚定职工发展信心；重点做好高产期间保产保供和集团公司级先进人物的宣传工作，统一思想、鼓舞士气，打造公司良好形象。深入贯彻落实中央八项规定精神，加强节日期间党风廉政教育，持续开展纠风工作，邀请上级纪委领导为党员干部做警示教育报告；完善监督制度，开展效能监察和综合督察工作，重点对尾渣外销付货现场、磁选粉付货现场、废旧物资回收、废耐火材料付货等进行跟踪监察，发现问题及时整改。发挥群团组织作用，重新修订班组建设考核办法，结合生产实际开展了“安康杯”竞赛、“安全隐患随手拍”活动、职工技能大赛暨青工技术比武、拜师学艺、“大干四个月，为实现全年保产保供降本增效目标做贡献”等群众性技术创新活动，为企业改革发展做出了应有的贡献。积极开展扶贫帮困工作，全年走访困难党员41人次、老党员2人次，共计发放慰问金2.05万元，救助困难职工64人次，发放救济款5.05万元，解决了困难职工的燃眉之急。不断改善职工生产环境，为一线职工配备了各种生活小电器，解决了饮水和吃饭等问题。及时化解矛盾纠纷，确保了全国两会等重要时期的安全稳定。

（翟利彬）

辽宁冶金职业技术学院

【概况】 辽宁冶金职业技术学院（简称职业技术学院）是经辽宁省人民政府批准、教育部备案的省属全日制普通高等学校，2010 年实现首届招生。学院在职职工 489 人。本科学历及以上职工 315 人，中级职称 177 人、副高级及以上职称 140 人。2018 年学院积极谋求新的发展机遇和努力创新思路，全面贯彻党的十九大精神和习总书记系列重要讲话精神，牢固树立创新发展理念，抓好顶层设计，逐步建设现代大学治理体系，完善内部治理结构和管理体制机制改革，顺应现代职业教育发展趋势，符合经济社会发展需要，为实现特色职业院校建设目标、强化集团教育培训基地和本钢党校职能奠定坚实的基础。

【教学工作】 1. 及时调整专业建设思路，贴近市场需求。新增汽车车身维修技术、信息安全与管理、大数据技术与应用、机械制造与自动化（增材制造技术方向）等 4 个高职专业，推进电气自动化技术专业现代学徒制试点。2. 根据本钢集团有限公司关于 2018 年校企合作订单培养工作要求，学院于 2018 年秋季招收中、高职本钢订单班共计 12 个专业、17 个班级。通过与企业专家和工程技术人员共同制定人才培养方案和课程体系，力求满足企业岗位需求设置课程，对接岗位职责设计教学内容。开设本钢企业文化宣讲课程，不断提高学生对于本钢的认知度和荣誉感，形成“我以本钢为傲、本钢以我为荣”的努力学习氛围。学院聘请 16 位企业专家入校授课，各系部安排专业带头人和骨干教师承担本钢订单班的教学任务，严格按照教学计划实施理论和实训教学，确保教育教学质量优异。学院利用企业内部的技能大师工作站、劳模创新工作室和职工培训中心等培训资源，校企一体、双师共育完成本钢高素质技术技能型人才培养工程。3. 深入推进课程与教学改革。建立教学资源库，

在 2018 年 8 月 29 日结束的“2018‘一带一路’暨金砖国家技能发展与技术创新大赛”暨首届工业结构优化设计及其增材制造大赛总决赛中，机电系学生姜志达、袁晗超、耿聪阳组成的“钢之韵”代表队获二等奖，获奖学生与指导教师在现场合影（张喆　摄）

开发校本教材，完成《电路分析与应用》等校本教材和教学资源库13项，建立试题库和多元化的考核评价，将学生课堂表现和学习过程纳入学生成绩考核。4. 加强校内实训基地建设。利用政府专项资金积极进行实训基地建设，生产性焊接实训基地建设项目通过验收，完成钢铁生产认知系统实训室、冷轧仿真实训室等实训基地建设，钢材检测实验室填补了实验教学的空白。学院与安徽容知公司签订“设备故障诊断工作站”合作协议，设备故障诊断技术服务工作迈出了坚实的一步。5. 加强教学管理制度建设，制定学院《教学工作委员会章程》《学术委员会章程》等7个文件，规范指导学院的教学工作，全面提升教学质量。6. 教科研成果喜人。学院首次获得省级教学成果一等奖2项、二等奖1项，3个课题通过集团公司管理进步项目立项。教师在省级以上刊物发表教育科研论文17篇。7. 技能大赛成绩优异。洪宗海获全国教师职业能力大赛三等奖，李雅男、李冰获省级教师职业能力大赛一等奖、二等奖；李林林、孙海峰分别获省级技师杯钳工赛项第三名、第四名，时永贵、高峰获省级技师杯维修电工赛项第四名、第九名；徐莹获省级信息化大赛二等奖。在“一带一路”技能大赛工业结构优化设计赛项中，学院多人获得二等奖、三等奖。学院成功举办第五届技能节，组织教研活动展示、教师课堂教学和说课大赛，促进了教师教学水平的提升。

【学生工作】 1. 学院坚持立德树人，促进学生全面健康成长。以《关于加强和改进新形势下高校思想政治工作的意见》为指导，开展学生思想政治教育、辅导员（班主任）队伍建设、学生资助、征兵等工作，提高学生教育管理工作的整体水平。组织校内外实践、网络团课、大讲堂等活动，培养学生高雅情操。组织篮球赛、羽毛球赛、乒乓球赛，丰富学生的业余文化生活。2018年高职学生获奖助学金74.4万元，中职学生获助学金、免学费73.835万元。2. 学生在各类大赛中再创佳绩。青马红色理论社团获辽宁省青少年思想引领优秀团队；姜志达等11名同学分别获“一带一路”暨金砖国家技能发展与技术创新大赛增材制造赛项团体二等奖和创新创业赛项团体三等奖、优秀奖，沈光曦同学获省级技能大赛高职组英语口语赛项三等奖，王胜杰等10名学生获“本钢三好学生”荣誉称号，姜志达获“践行工匠精神先进个人”优秀奖，赵国港获“中国大学生自强之星”提名奖，高照林获“践行社会主义核心价值观先进个人”荣誉称号。

【招生就业工作】 1. 学院加大招生工作力度，深入省内进行全方位、多层次、有重点的招生宣传，招生工作有明显改善。积极开展校企联合办学，先后与中软国际、中嘉博众等教育部协同育人协作单位共建专业，共同招生，形成合力。2018年高职报到943人，中职招生752人，其中校企合作专业招生289人，新生报到人数为历年之最。招生工作取得全面胜利，为学院的可持续发展奠定了基础。2. 加强就业宣传，拓宽就业渠道。为本钢集团择优推荐256名中高职毕业生，组织专场招聘会32场，高职学生就业（含升学）863人，就业率96.23%（2017年同期95.49%），位于省内同类院校前列；中职就业率97.2%（含升学及自谋职业），比2017年同期提高近2个百分点，就业工作呈现喜人局面。

【培训工作】 学院的培训管理工作始终把服务作为工作的重点，树立服务理念，强化服务功能，把满足培训需求、满足学员的需要作为我们开展培训工作的出发点和落脚点。秉承“质量、服务、创新”的培训宗旨，坚持服务走进培训课堂，走进实训现场的理念，做好各项培训工作。本钢党校举办两期本钢集团 MBA 干部培训班、三期岗位轮训班，得到了集团主管部门和学员的高度认可。根据安全培训资质审核备案的新要求，学院在本钢厂矿建立了生产型实训基地，充实了现场经验丰富的兼职教师队伍，提升了安全培训水平。企业培训部全年收入突破 1000 万元，实现计划完成率 100%、满意率 100%的工作目标。继续教育学院不断创新办学方式和方法，以经营的理念去开拓市场，取得较好成效，继续教育学院全年实现收入 418 万元。

【技术服务工作】 1. 生产技术服务工作全年保持平稳，经济效益上升显著，实训三厂预计累计全年实现收入 4300 万元，同比增长 500 万元，完成全年计划的 116%。实训三厂以市场需求为导向，以技术创新和管理创新为动力，顺应集团公司工程、备件计划管理模式和采购管理需求，及时调整工作方式，确保信息畅通，为全年工作奠定了坚实基础。实习厂在学院企业培训部的支持下，积极开发外部市场，通过政府招标方式，承制吉林电子信息职业技术学院“冶金煤气作业安全技术仿真实验台”1 套，合同含税金额 14.5 万元，这个项目填补了实习厂近年外部市场产品收入的空白，目前正在申报国家专利，为今后继续拓展市场奠定坚实基础。实习厂（亿通管业）全年实现销售收入 3300 万元，实际比计划增加 300 万元，完成全年计划的 110%，比上年同期增加 281 万元。2. 高远公司重点围绕计量系统组织开展工作，扩大经营范围，提高自主生存能力。完成本钢计控厂计量系统、北营计量系统等运行维护及检修，成立了面向“中国制造 2025”和工业 4.0 的计量能源软件研发小组、基于“互联网+”模式的特种作业培训系统研发小组，为打造新型互联网培训模式奠定了技术基础；同时积极开发拓展新的软件产品，为学院开发研制了特殊工种培训网络教学系统；下一步，将继续开发建立学院和集团公司的培训教学平台，为解决培训多年来的工学矛盾奠定基础。高远公司全年实现销售收入 1000 万元，实际比计划同比增加 250 万元，完成全年计划的 142%。

【安全工作】 紧紧围绕“创建平安单位，构建和谐校园”的宗旨，不断加强和完善管理工作，明确职责，全面落实安全生产责任制，加大校园安全保卫工作力度，健全、完善学院安全管理基础工作。持续开展“查隐患、反三违”工作，提升安全管理水平，提高全员安全意识；加强学院人员密集场所用电安全、防火安全等管理工作；保证全院全年人身伤亡事故、一般火灾事故、较大设备事故“三为零”，实现“零事故、零伤害”的安全工作目标。

【管理工作】 1. 积极树立“服务全院，师生满意”的思想。年内充分利用国家对职业教育的建设投资政策，组织实施完成了学院宿舍楼卫生间、墙体改造，多功能大厅防水改造，学院主校区门楼改造，主校区楼顶亮化改造，主校区食堂后厨改造、主校区路面改造及路灯改造、雅士居公寓大厅防水改造等。国家投资 2000 万元的产教融合项目即两栋综合实训楼建设主体工程已进入验收阶段。以上项目的完成，极大地改善了学院的办学条件，进一步彰显学院的办学实力，极大地推动职业教育产教深度融合和办学质量的不断提升。2. 学院积极筹措，提前开展2018年中、高职招生工作，利用校园网、微信平台、宣传广告等各种渠道全力做好招生宣传工作。强化单独招生工作力度，及时调整招生政策。积极开展校企联合办学，实现共同招生，形成招生合力。3. 进一步优化已有的办公系统平台，CRP数字化校园平台实现移动端升级，同时大力推进集团公司原有OA办公系统的升级工作，积极组织培训新OA办公系统的使用，充分发挥了信息技术对管理服务的支撑作用。4. 根据集团公司“四定”工作的有关精神，学院优化机构，按需设岗，定岗定责。学院内设机构由34个调整为27个，科级指数降低23%，管理人员减少22.5%。5. 扎实抓好重点时期、重点人群的信访稳定工作，离退休、校企公司职工队伍保持稳定，营造了安定祥和的良好发展局面。

【党建工作】 1. 全面落实管党治党的主体责任，建立健全学院党委会和院长办公会议事决策机制，将学院重大决策、干部任免、项目投资决策、大额资金使用等“三重一大”问题的监督纳入党委的统一领导，使党组织发挥作用组织化、制度化、具体化，保障学院快速稳定科学发展。2. 推进“两学一做”学习教育常态化制度化。落实好党委理论学习中心组学习，组织广大党员持续深入学习贯彻维护《党章》，深入学习贯彻习近平新时代中国特色社会主义思想和党的十九大精神，不断增强“四个意识”，坚定“四个自信”，实现党员教育管理经常化和党的基层组织生活常态化，把全面从严治党要求切实落实到每个支部，落实到每名党员。严格落实意识形态工作责任制，制定《中共辽宁职业技术学院委员会意识形态工作责任制工作细则》，建立由书记担任组长的意识形态工作领导小组，召开专题会议三次，及时研判意识形态领域风险点，对师生中的倾向性苗头性问题有针对性地进行引导，作出工作安排。

（张　喆）

房地产开发有限责任公司

【概况】 本溪钢铁（集团）房地产开发有限责任公司（简称房地产公司）是本钢集团全资子公司。注册资金5亿元。是一家集规划设计、房产开发、建筑施工、产品生产、矿山开采加工及房产物业管理为一体的多产业、综合性房地产开发企业，具有国家房地产开发三级资质、房屋建筑安装施工二级资质、规划设计乙级资质及房产物业管理三级资质。2018年底有在籍职工295人，其中在岗职工175人、不在岗120人（其中内部退养职工111人），离退休职工815人。下设综合办公室、党群工作室、人力资源（组织）室、财务管理室、开发管理室、合约预算室、工程技术室、计划管理室8个科室，好佳物业公司、好佳建筑公司、好佳建筑设计院、微细粉公司、海口公司、经营分公司、清欠办、炉料公司8家分子公司。2018年房地产公司实现销售收入13311万元，实现利润－3717万元。实现安全生产“三为零”。

【深化改革】 认真贯彻落实集团公司“四定”指导意见，结合房地产公司实际，精简机构和岗位设置，通过选聘、竞聘，实现优者上、劣者下；分流机关人员至基层单位；重设薪酬体系，加强干部和绩效考核，充分发挥薪酬激励与约束作用，提升企业运营效率。加强劳务用工管理，开展了劳务工摸底清查工作，进一步规范劳动用工管理。

【主业开发】 2018年房地产市场的形势依然严峻，合理规划各开发项目进度，有效降低开发风险。千金嘉合园二期工程取得项目用地批准书，完成主体工程招标工作，编制完成施工进度计划及施工资金需求，施工单位已经进入施工阶段。加强合作开发项目管理，海口铂金华府项目2018年收回合作收益1000万元。

【经营管理】 按照集团公司清产核资工作的总体部署，配合完成清产核资工作，完成存货、固定资产清查和盘点。健全房资台账，已对公司所辖144万平方米房产管理区域进行全面排查。促进存量房销售，全年共实现销售收入2704万元，其中销售现金收入662万元，抹账与法判收入1827万元，房产租赁收入115万元，停车场收入76万元。制定《本钢房地产开发公司清欠工作管理暂行规定》，明确各清欠任务和激励办法，责任落实到人，班子成员与清欠任务直接挂钩，分片包干。全年清欠办、电力稽查、房产监察收罚没款154万元，全年清查清欠追回房款279.3万元，清房64套，折合金额849万元，合计总价值1128万元。

【积极稳妥处理历史遗留问题】 1. 积极稳妥化解动迁安置矛盾，回迁安置动迁户25户，货币安置千金地区三证及两证动迁户55户。千金、南芬、泉涌和溪湖等地区的租房费发放工作，发放金额200万元。2. 溪湖东山101号、109号楼完成复工收尾工作。3. 加快证照办理，完成溪湖东山棚户区、南芬南山棚户区、南芬仕和园小区、南芬94号95号楼、千金一组团、千金二组团、千金八组团、平东园小区、和平新村小区、泰运人家小区的产权测绘。4. 和平新村、香溪园产权大照办理完毕。5. 泉涌、东山、独立苑、香溪园项目个人产权证全年受理手续1400份，办理个人产权证800户。切实做好信访维稳工作：全年共受理网上信件46件，办结率90%。市长热线受理85件，办理回复率90%。省交办信访积案23件，办结率100%；行风热线全年126件，办结率90%；民心网180件，回复率100%；省巡视组到本钢巡视期间交本钢办信访事项6案，办结5件；百日攻坚交办17案，办结率90%。积极应对法律案件：积极采取措施，保障资金安全，保护优良资产不被强制执行。2018年共接收诉讼案件51件，其中已起诉未判决案件27件，涉案金额约5.2亿元；已判决执行案件16件，涉案金额约5487万元；已判决未执行案件8件，涉案金额约217万元，案件减损约9595万元。完成执行案件10件，涉案金额约1000万元。

【多元产业协同发展】 各分子公司结合当前的市场发展形势及自身条件，充分发挥主动性、积极性，确保收益最大化。好佳建筑公司积极寻求活源，完成集团检化验中心维修改造工程50多万元，完成千金项目中标，标的额6000万元。好佳物业公司加大物业收费力度，抓好物业服务，全年实现物业收费626万元。炉料分公司充分研究原料市场行情，把握时机，全年销售收入9472万元，利润309万元。炉料分公司积极服务本钢厂矿，增加供应脱氧剂供应份额，全年完成生产销售脱氧剂6526吨，实现收入8917万元、净利润175万元。

【党群工作】 切实履行管党治党主体责任，持续推进“两学一做”学习教育常态化，定期开展党委中心组学习，组织党员干部学习党的十九大报告、习近平新时代中国特色社会主义思想和习总书记系列讲话精神。先后召开了房地产公司领导班子 2017 年度民主生活会及政治性警示教育、包宏案件教训、中央巡视反馈、省委巡视反馈意见整改专题民主生活会，各党支部也组织党员“七一”重温入党誓词，组织全体党员干部系统学习《党章》《中国共产党党内监督条例》《中国共产党纪律处分条例》，组织区域正职干部和重要岗位人员签订了《廉洁自律承诺书》，明确了各级领导的监督责任。发挥工会组织联系职工的桥梁纽带作用，拓宽民主管理渠道；推进温暖工程建设，严格按照标准提高扶贫帮困的精准度和实效性，切实解决职工的实际困难；根据上级安排分批组织了职工健康疗养，丰富职工文体活动，营造了和谐的工作氛围。（黄　卓）

热力开发有限责任公司

【概况】 本溪钢铁（集团）热力开发有限责任公司（简称热力公司）为本钢集团公司的全资子公司，下设 8 个职能科室、4 个双职能业务单位、9 个供暖分公司、1 个热水经销分公司。在籍职工总数 709 人（平均年龄 50.2 岁），其中在岗 660 人、退养 47 人，管理岗 39 人、业务岗 32 人、技术岗 14 人、操作岗 558 人，高级职称 15 人、中级职称 51 人、初级职称 47 人。另有退休人员 663 人。主营业务包括锅炉供暖、工业余热供暖、歪头山矿山系统生产厂及居民生活水供应、洗浴热水销售，是本溪市唯一兼具两种供暖方式的专业化供暖公司。供暖区域包括市内的南地、平山、东明地区以及南芬、歪头山地区。

2018 年供暖面积 717.23 万平方米，用户达 10.08 万户，其中锅炉供暖 361.21 万平方米、供暖锅炉房 6 座；余热供暖 356.02 万平方米、余热管网 3 条（分别为三电、焦化、冲渣水）、余热泵站 33 座。此外，还承担歪头山矿区生产单位及 4700 余户居民的供水业务，年供水量 270 余万吨。2018 年底固定资产原值 8.57 亿元，固定资产净值 4.25 亿元。2018 年完成集团下达的各项考核指标，实现利润 -989.6 万元，比计划减亏 2500.4 万元；实现收入 19881 万元，比计划增收 1279 万元。

【生产管理】 按照冬季供暖生产运行管理工作的要求，在 2018～2019 年冬季供暖中突出了“早部署、快处理、稳运行、高质量”的特点。第一，为保障冬季供暖平稳运行，在“十一”国庆节之前，提早安排各锅炉房、换热站进行打压试水工作，查找并处理管网漏点。第二，强化生产调度指挥职能，进一步理顺在运行中各单位、各部门之间的生产协作关系，提高各条余热管网、锅炉设备运行的可靠性及各种信息反馈的准确性，为生产安全运行提供保障。第三，加强抢修设备、车辆和抢修人员的管理，突出对冬季供暖管网突发事故抢修的及时性，并通过测漏设备准确查找出多处管网泄漏点，大大减少了抢修工作时间，确保供暖运行连续稳定。第四，严格执行《重点阀门井及供热管网巡视管理办法》，各分公司定期对重点阀门井和辖区内管网进行巡查，发现问题及时处理，同时加强各供暖管网运行的调节工作，合理分配热量，保证支线末端用户室内的供暖质量。第五，提前布置冬季防寒防冻工作，保证各分公司防寒防冻物资准备充足，为冬季供暖的顺利进行提供可靠保障。

【重点工程】 2018 年完成大修计划 60 余项、投资 1192 万元，其中，机械电气大修项目计划 18 项、土建大修项目计划 7 项、环保大修项目计划 2 项、外网管道大修项目计划 30 项及特种设备及电气设施点检计划。此外，完成新增大修项目 3 项，包括歪头山锅炉大修项目、平西锅炉大修项目，零购设备安装项目。2018 年完成重点技改工程 3 项，总投资合计 2567 万元，其中包括取缔郑家锅炉房燃煤锅炉工程、集团公司物贸大楼消防安全改造工程、发电热网供暖系统优化改造工程。通过这些大修技改工程的实施，既为冬季供暖平稳运行提供了装备上的支持，也为提高供暖质量提供了技术上保证。

【安全管理】 按照年初下发的《本钢热力开发公司 2018 年安全生产工作任务的通知》精神，首先，将全年安全生产指标层层分解落实到基层单位，并分别签订《安全生产责任状》。其次，开展了“安全专项检查”“安全生产月”“安全生产百日攻坚”等系列活动，重点对建筑施工、消防和防汛安全进行检查，共计查出整改隐患 11 项。第三，加强安全教育培训工作和建立安全考试制度。通过开展以上一系列的安全活动，提高了广大职工的安全意识、安全知识和安全素质，收到了较好效果。全年公司实现轻伤及轻伤以上事故、火灾事故、一般以上设备事故“三为零”。

【收费管理】 认真执行省、市相关收费政策，科学组织收费工作，圆满完成了全年收费任务。在收费准备阶段，突出一个“早”字，提前安排，充分准备。在正式供暖之前的三个月，将全市所属供暖区域用户进行分类，分工负责。重点开展了用户信息调研工作，为顺利开展收费工作做好准备。在收费阶段，采取了一些行之有效的办法，提高收费业务效率。一是定职定责，分工明确，使收费各项工作有序进行。二是延长工作时间，满足集中缴费需求。在收费最繁忙的 10~12 月，采取每周七天、每天八小时的无休息工作制度，方便用户办理业务。三是制定了年度收费绩效考核方案，明确了收费考核目标和责任。并且，抓住房屋交易的契机，追缴陈欠；重新修订了《供用热协议》，采取逐个签订《供热协议》的办法，查缺补漏；制定清欠目标，加大欠费楼盘陈欠费的催缴力度。通过采取上述措施，全年主营业务收入比上年同期增收 264.8 万元，增长 1.4%。此外，积极与保险公司合作，提高保险理赔额度，让采暖用户得到了更大实惠，也有效规避了企业经济风险。

【成本管理】 本着“严、深、细、实”的原则，全面强化经营管理责任制的制定与落实工作。重新修订了《本钢热力公司专业管理考核办法》，不断加大绩效考评工作力度。按照《本钢热力公司成本费用归口管理规定》的业务分工，逐项制定管控目标，层层分解任务指标，严格落实职能部门对归口指标的管理责任。科学制定供暖期能源计划指标，严格执行能耗指标的“日报表、日分析”制度，根据天气情况对计划指标进行动态调整。在供暖运行期，按月召开经济活动分析会，认真比照和动态分析指标发生情况，及时找到指标差异原因和问题所在，积极采取切实可行的应对措施。通过加大绩效考评工作力度，严格执行奖优罚劣制度，促进能源消耗不断下降。2018 年与上年相比，每平方米市政水单耗量降低 14.2%、电单耗量降低 14.1%、煤单耗量降低 1.7%、余热热源量降低 2.9%。

【物资管理】 重新组建了供应商管理机构，制定了供应商管理制度，完善了供应商数据库。建立健全采购管理制度，明确了招标采购领导小组的工作程序，由监察室全程监督，主管部门主导招标，供应部门负责采购，实现招标、采购分离。为保证原材料采购质量，有效降低采购成本，采取择机组织原燃料采购、运输、储存等方法，最大限度地降低采购成本。根据生产、设备部门提供的材料需求计划，全面搞好市场价格调研工作，按时编制采购计划，及时完成采购招标、合同签订、进料发料等项工作，从而保证生产检修、大修等各项工程用料及时供应。在按期做好公司一级库房物资盘点工作的前提下，积极配合存货归口管理部门完成了公司各单位二级库的清查和物资盘点工作，做到账物相符，杜绝物料人为浪费和损失现象。

【稽查工作】 充分发挥稽查效能，为供暖工作保驾护航。将稽查任务指标按照供暖区域分解落实到四个稽查小队，各小队每半个月上报一次完成情况，稽查队按月对各小队进行核算和考核。为了提高服务质量，重新修订了小公建《供暖协议书》，确保《供暖协议书》内容完整、规范严谨。印刷了2000多份《供暖协议书》和《通知单》，在市内及南芬两地同时办公，方便小公建用户签订供暖协议书。对有异议的小公建面积逐一到现场重新测量，保证供暖面积与收费面积准确一致。为了严肃工作纪律，对列入供暖“黑名单”的用户，严格执行开关阀制度，全力追缴欠费。同时，严格履行用户报停管理程序，认真做好报停户的检查、拍照取证和存档备查工作。

【机构改革】 按照集团公司“四定”工作要求，热力公司不断推进人事和机构改革，结合开展实际业务的需要，重新优化设置了4个业务机构，完成了14名中层干部的调整和40名劳务派遣人员的录用工作。此外，还组织各类职工培训247人次，其中职工技能培训74人次，各种干部及技术人员培训93人次、业务培训80人次，为企业发展提供人力资源保障。

【客服服务】 积极利用客服平台功能，为夏检工作提供指导，有效地解决了用户的供暖难题，努力创建“暖如春”服务品牌。通过提前进行客服系统设备调试，全力做好接线服务的基础准备工作，确保供暖高峰期前硬件设施及系统顺畅。通过加强客服人员供暖业务培训，使之准确掌握供暖政策、制度，提升服务水平，真正将“快速、便捷、周到、热情”的服务理念贯穿在工作之中。2018年供暖期民心网及行风热线共办理群众诉求件265件，办理率达100%，受到民心网及行风热线等媒体平台好评。

【法律事务】 积极运用法律武器，有效维护企业合法权益，全年共办理诉讼案件17件，避免经济损失181.9万元。严格执行集团公司房产租赁管理规定，规范履行集团租赁审批流程，全年收缴租金52.05万元；采取有效措施，依法终止租赁房产2处。合同管理从严从实，有效避免了合同风险，全年共签订合同193份，继续保持合同合格率、执行率“双达百”。

【党群工作】 严格贯彻落实本钢集团公司党委的工作部署，开展了一系列党建活动，组织了党委理论学习中心组学习、专题民主生活会，加强了“三会一课”制度落实。严格按照“八项规定”要求，分别与147名领导干部及重点岗位人员签订了《廉洁自律承诺书》，规范员工廉洁从业，认真遵守各项党纪政纪规定。深入开展了纠风工作，重新修订了《本钢热力开发公司行风及服务管理办法实施细则》，从源头治理“不守规矩”现象，坚决杜绝各类违规违纪违法行为。组建了热力公司党员微信群，开展了系列微党课，使广大党员、干部始终坚持讲诚信、懂规矩、守纪律，筑牢“四个意识”，坚定“四个自信”，做到“两个维护”，把全面从严治党的各项要求落到实处，净化和营造良好的政治生态和从政环境，从而促使党建工作跃上新台阶。精心组织系列文体活动，丰富职工文化生活，成功举办了“不忘初心践行温暖宗旨，使命光荣百姓在我心中”主题宣讲活动，通过丰富多彩的形式，大力弘扬企业精神，为企业健康发展凝心聚力。通过员工代表大会征求职工合理化意见和建议，全力解决员工反映的热点和难点问题。开展了具有青年特色的“号星工程”活动，推行便民服务卡，组织了青年突击会战和志愿服务活动，获得了“本钢先进团委”荣誉。科协、女工、计划生育等部门在党委统一领导下，积极为生产经营和职工群众提供服务。围绕供暖工作开展的“班组劳动竞赛”活动，通过评选服务明星，促进行风不断改善。综合治理和信访工作扎实而高效，为企业营造和谐稳定的发展环境。2018 年，热力公司被评为“辽宁省优秀供热企业”和“本溪市先进集体”称号。（吕景慧）

本钢总医院

【概况】 本钢总医院下辖南地医院、胸科医院、南芬医院、歪头山医院、北营医院和疾病控制预防中心。2018 年底有全民职工 3692 人。其中，高级职称 515 人、中级职称 1649 人，硕士研究生 158 人、博士研究生 7 人。2018 年，实现经营总收入 69113 万元；出院病人 57722 人次；手术 15610 例次；门诊就诊病人 85. 5 万人次。

【医疗工作】 坚持“以病人为中心、以质量为核心”的管理理念，严格执行《医疗质量管理办法》，强化医疗核心制度落实，促进医院规范化管理，保证医疗质量和医疗安全。进一步加强合理用药和抗菌药物临床应用管理，医务部、药学部积极配合，通过临床合理用药软件监控抗菌药物和辅助用药合理使用。加强医疗质量和病志质量管理，加强临床路径管理。定期抽查临床科室的医疗质量和病志质量，全年累计检查病历 2800 余份，积极推行临床路径使用及管理，完善旧路径，制定新路径，使我院纳入临床路径管理率达到 80% 以上，完成率达到 58% 以上，均处于市内各医疗机构中领先地位。重点检查落实交接班记录的整改情况和加强临床出院病案的及时归档，规范病历首页填写，推进全院病案质量全面提高。加强院感管理，利用医院感染信息化监控系统，每天实时监控全院的医院感染发病情况。

【医改工作】 随着医改进入快车道，国家政策观念和政府职能发生重大变迁，医院发展方式从规模速度型转向质量效率集约型。根据卫生行业政策走向及医改要求，把握新形势下公立医院发展动向，科学、客观分析机遇与挑战，制定新形势下医院发展战略。在不断完善医院新的运营模式的基础上，继续建立适合医改的“特色型、服务型、效率型”的新型医院运营机制。采用新版《本钢总医院临床、医技科室主任考核管理办法》，瞄准公立医院改革方向，通过 8 个维度、8 个关键绩效因素、22 个考核指标进行考核。首次将一级护理率、手术率、三四级手术率、6S 现场管理、患者满意度、表扬投诉等纳入考核范围，更加精准地体现科主任对病房的综合管理能力和科室学科进步能力。

【成本控制工作】 进一步推进精细化成本管理模式，启动全成本核算常态化管理。确定152个成本核算单元，对可控成本进行有效管控。为项目成本、病种成本核算打下坚实基础。在2015年实行虚拟绑定项目管理的基础上，加强不收费卫材的有效控制，新增40余项虚拟绑定项目。对临床常用的20项基础护理操作逐一制定了“标准成本操作步骤”，避免浪费的同时规范护理行为。2018年，实行集约化管理，合理配置医疗设备资源。将腹腔镜、监护仪、呼吸机等设备实行统一管理，在满足临床需求的同时，避免设备重复购置，提高设备使用率，有效降低管理成本和运营成本。严格加强能源成本控制。医院每月根据患者量波动情况对科室耗电、用水等能耗情况进行分析，对患者量少、能源消耗大的科室进行约谈。2018年，卫材成本下降41万元，较上年同比下降3%；电费同比下降2.32%；水费同比下降14.76%；燃气费同比下降4.27%；后勤耗材备品支出同比下降19%。

【学科建设工作】 学科建设和人才梯队建设是医院科学发展的不竭动力。以重点学科为龙头，构建可持续健康发展的学科、人才发展体系。着重培养医院青年骨干医护人员，通过不断提高业务能力和整体素质为医院未来的发展奠定坚实基础。2018年，经过笔试及院专家组面试，招聘应届毕业生54人，其中硕士研究生15人。外派进修人员24人。医院在紧控各项费用支出的情况下，继续加大人才培养费用投入，全年共支出培训费用同比增长32.1%。2018年住院医师规范化培训工作考核工作取得优异成绩，在国家结业考核理论部分考试和辽宁省结业考核技能部分，合格率100%，在省内名列前茅。积极开展新技术57项，成功应用378例次，17项新技术填补本溪市空白。2018年在国家级及以上医学期刊上发表论文53篇，其中口腔科黄罡、机关黎莹各发表SCI论文1篇，影响因子分别为2.662和2.959。学科发展水平是衡量一所医院综合实力的重要标志，直接反映医院的整体办院水平和学术地位。成功举办“全国直肠癌外科治疗进展高峰论坛”和“辽宁省医学会麻醉分会学术会议”，进一步确立结直肠外科及麻醉专业在本地区的领先地位。继续深化胸痛中心和卒中中心建设，循环内科开展急诊冠脉介入手术114例；神经内科完成静脉溶栓98例，脑动脉血管造影112例，介入治疗60例；神经外科开展颈动脉狭窄内剥脱、支架取出术1例，突破我院历史记录。

【一体化管理工作】 面对国内城市二级医院发展经营困境，研读国家相关政策调整走向，重新定位总院所属二级医院发展方向，探索医院结构转型升级，改善目前二级医院经营困境。形成以本钢总医院管理、技术为核心的，二级医院与总院主营业务错位发展、优势互补、协同发展的新模式，实现人、财、物、事的统一管理，进一步降低运营成本，提高运营效率。针对各医院实际情况，制定相应发展规划。根据所属医院运营及发展状况，分别设定盈利、减亏、转型目标。制定以医疗服务质量和运营效率、医疗费用（包括成本控制）等相应指标的绩效考核目标，依据各医院完成情况进行绩效考核。2018年，南地医院发挥专科优势，创建大专科小综合的经营模式，重点发展心理和传染两个专科。重新规划门诊布局，扩大腔镜室和体检中心，积极应对政策调整，努力提高增量，实现盈亏平衡。胸科医院完成本钢总医院医养项目规划。保持职工队伍稳定，做好整合前准备工作。南芬医院抓住新机遇、迎接新挑战，通过积极开拓市场，优化收入结构，降低运营成本等措施，经营情况有所好转，经营收入同比增加 3.1%。北营医院以开展体检工作为主线，积极调整收入结构，降低药占比，严格控制耗材采购，努力实现减亏目标。歪头山医院面对歪头山地区人口大量减少的不利因素，深入乡村，与村卫生室医师建立紧密联系，努力扩大服务区域，增加患者来源。通过制定减亏方案，压缩费用支出，同比减少费用支出 8 万元。

【党务工作】 2018 年，院党委把深入学习贯彻习近平新时代中国特色社会主义思想和党的十九大精神作为医院党建工作的首要政治任务和头等大事，深入推进“两学一做”学习教育常态化制度化，为医院平稳快速发展提供坚强政治保障。积极开展“解放思想推动高质量发展大讨论”，结合医院改革发展实际，提出 5 个专项问题，组织开展全员讨论，共谋医院振兴发展的大计。通过不断解放思想、转变观念，把握医院发展新机遇。坚持问题导向，聚焦关键问题，抓住医院发展过程中的薄弱环节，不断完善改革思路，释放改革活力，提高改革效能。从而提高医院服务效率和质量，营造最好的患者就医体验和最佳的员工幸福指数。坚持全面从严治党，倡导清廉风气，重点学习《党章》和新修订的《中国共产党纪律处分条例》，加强廉政文化建设。紧密结合医院工作实际，围绕落实医院中心工作，将“学习”与“警示”有机结合，切实加强党风廉政建设和反腐败工作。重点纠正“红包”、回扣、乱收费等医疗服务中的不正之风，积极探索建立健全教育、制度、监督并重的惩治和预防腐败体系。

【改制工作】 2018 年 2 月，省委、省政府为深入贯彻国务院国资委 134 号文件精神，深化国有企业改革、加快推进辽宁经济结构转型的重大决策，组建辽宁省健康产业集团。2018 年 7 月 30 日，辽宁省健康产业集团正式挂牌成立。辽宁省健康产业集团是省属国有企业集团，受省国资委直接监管和领导，由省卫健委履行行业管理职责。2018 年 10 月 30 日，本钢总医院及所属医疗机构正式移交辽宁省健康产业集团。（何　苗）

本钢综合工业公司

【概述】 本钢综合工业公司是本钢集团管理厂办大集体企业的机构。现有职能部门 13 个，其中，行政部门 10 个、党群部门 3 个。截止到 2018 年底，本钢大集体共有独立核算单位 374 户，其中，一级法人单位 167 户。在籍职工 16927 人，其中，本钢集团派入集体全民籍职工 178 人、集体籍职工 16749 人；在岗职工 5504 人，占总数 33%；离岗职工 11423 人，占总数 67%；退休职工 30616 人。资产总额 329674 万元，负债总额 529183 万元，资产负债率为 160.5%，净资产为-199509 万元。

【生产经营】 全公司实现社会总产值 229410 万元，同比增长 12%，创历史最高水平；实现销售收入 246906 万元，同比增长 19%。其中工业产值 179918 万元，同比增长 13%；工程产值 18724 万元，同比增长 13%；商业产值 395 万元，与上年持平。利润总额

-9002 万元，同比减亏 3542 万元。1. 企业生产连创新高。钢联发展公司（包括金属资源公司、协力公司、大族公司、防锈纸厂等）实现产值 5.62 亿元，同比增长 19%。聚丰发展公司实现产值 2.4 亿元，同比增长 20%。劳动服务公司实现产值 3.04 亿元，同比增长 9%。露天铁矿综合厂（含南芬土石方公司）实现产值 3.62 亿元，同比增长 44%。南芬选矿综合厂实现产值 1.2 亿元，同比增长 10%。镀锌钢管厂（含歪头山维修公司）实现产值 9432 万元，同比增长 82%。第三轧钢厂（含电器设备公司）实现产值 4995 万元，同比增长 98%。钢材轧制厂（含综合轧钢厂）实现产值 4731 万元，同比增长 11%。矿渣厂实现产值 4565 万元，同比增长 12%。给排水公司实现产值 1925 万元，同比增长 28%。一铁综合厂实现产值 1030 万元，同比增长 32%。中兴气体公司实现产值 891 万元，同比增长 14%。福康熔炼铸造厂实现产值 734 万元，同比增长 25%。2. 企业服务贡献率进一步提高。聚丰发展公司、化工厂、一铁综合厂、第二轧钢厂、钢材轧制厂、冶金材料厂、矿渣厂、给排水公司、大族激光公司、供应处综合厂等企业围绕集团公司各生产厂矿的生产保供，进一步提高服务质量，为集团公司提质增效作出了积极贡献。矿业建筑公司、环保工程公司、筑炉有限公司、冶金电力公司、联达铁建公司等 47 家工程企业累计完成集团各类检维修工程服务，实现产值 1.87 亿元，同比增长 13%。19 家运输单位完成对集团运输保供服务，实现产值 3680 万元。3. 困难企业生产自救亮点喜人。冶建公司全年完成工程产值 266 万元，第四焊管厂实现产值 134 万元，大型带钢厂实现工程产值 40 多万元，南芬轧钢厂向本钢辽阳球团厂输出劳务人员 84 人，报社综合厂实现产值 60 多万元，八建公司实现产值 40 万元，第一轧钢厂实现产值收入 7 万元，小型轧辊厂实现产值 122 万元。4. 全公司运行质量有所增强。减亏 3542 万元，连续 2 年实现减亏。从企业看，露天铁矿综合厂、第二轧钢厂实现整体扭亏为盈，协力发展公司、聚丰发展公司、南芬选矿综合厂、镀锌钢管厂等 17 家规模企业实现利润正增长。

【安全生产】 认真贯彻省、市、区监管部门关于安全生产重要部署，全面完善和落实安全生产责任制和党政同责、一岗双责责任制，深刻吸取“6·5”本溪龙新矿业重大炸药爆炸等事故教训，全年开展了各类安全大检查、安全生产月活动、消防月活动等，促进了企业安全生产、平安运行。同时通过完善《安全生产风险抵押金实施办法》，与企业签订《年度安全生产责任书》，与工程企业签订专项《安全目标管理责任状》，确保主体责任落实。公司安全生产实现“四为零”、工亡事故为“零”的预期目标。

【工程设备管理】 继续强化资产监管。完成了年度集体固定资产实物设备、厂房、土地清查工作。本钢大集体现有土地总面积 141.73 万平方米，房产总面积 52.17 万平方米；共有各种设备实物 5769 台（套），其中，有账有物设备 5238 台（套），有账有物设备中包含特种设备 556 台、车辆 760 台；有物无账设备 531 台（套）。及时办理外委工程确认审批工作，按照本钢集团确定的集体企业认定标准，确认 45 家一级法人企业（含劳服公司 10 家）可以参与本钢集团外委工程承包。全年与本钢集团签订工程合同 357 份，合同金额 1.87 亿元。车辆运输管理工作。全年同本钢集团签订汽车运输合同 70 份，完成合同金额 3680 万元（含税）。

就集团医疗系统转属改制涉及的总院、胸科医院、本钢卫校等所属集体企业房产、土地进行调查汇总上报。就公司范围内有形资产、无形资产的权属进行界定。立足推进改革改制工作，明确禁止企业出租出借集体房产、土地、设备规定。

【企业管理】 1. 加强顶层设计工作。修订了党委会、经理办公会议事规则，建立了党委“三议一报告一执行”决策机制，修订了公司劳动纪律实施细则和业务招待费管理规定，调整了公司安全生产（防火）工作委员会和保密委员会，成立了履行全面从严治党主体责任领导小组。推进公司制企业党建工作写入公司章程，有效实施公司治理。2. 沟通协调助力企业经营。为工业企业争取到集团提前3个月结算货款的支付政策，为定点安置占地职工的工程企业争取到工程决算不扣减指标的扶持政策，为各类企业争取到集团给予内部集体企业在产品、工程等招投标过程中准予参标、跟标等政策，最大限度地保全市场份额。全年办理检维修工程预付款837万多元。3. 生产和施工监管力度加大。对17家规模工业企业生产经营状况及主要经济指标实行全过程跟踪。对钢联发展公司所属企业坚持了月盘点制度。对内部同类产品企业市场份额进行宏观管控。按隶属关系完成了与集团采购中心有业务往来的内部集体企业身份确认工作。对承揽集团外委工程的个体挂靠企业情况进行梳理甄别。成立清查整顿领导小组，对存在能源外转供企业进行清查整顿。4. 环保监管持续巩固。适应国家环保政策新要求，明确环境保护工作责任，与50多家企业签订《环保责任书》，确保污染物达标排放，环保设施完好运行，完好率100%，及时完成环境隐患整改，整改率100%，环境危险源控制率100%。完成中央环保督察“回头看”工作，企业环保意识进一步增强，环保投入达到新水平。5. 职工合法权益得到维护。持续巩固在职职工医保和大额医保全覆盖成果，借付困难企业医保缴费资金286万元。完成退休审批2100人。开展了劳动用工整治，指导企业重新签订劳务协议书。全年协助43家企业1342名办理退休补费困难职工签订贷款补费协议。审核同意86名身体有重病职工申请劳动能力鉴定。指导企业开展特岗核定及在职职工特岗资格认定工作，确保

本钢综合工业公司 2018 年经济工作会议（胡宗泉　摄）

340 名集体职工享受提前退休政策。聚丰发展公司、第二轧钢厂、中兴气体公司、镀锌钢管厂、给排水公司、筑炉有限公司、动力电讯公司等多家企业给在岗职工增加了工资或奖金。6. 法律事务工作。为第二轧钢厂、第三轧钢厂、商业总公司等企业依法处理经济和劳动纠纷 24 起，维护了企业和职工权益。全年有 20 家企业参加了省市“守合同重信用”年审，其中获得省级的 6 家。

【党群工作】 截至 2018 年底，共有基层党组织 121 个，其中：直属党组织 49 个，分别是党委 12 个、党总支部 9 个、党支部 28 个；基层党委所属党支部 49 个。共有党员 1350 人，其中离岗党员 415 人。1. 突出政治建设主线，理论武装取得实效。公司及所属党委理论中心组学习走向制度化。修订了《公司党委理论中心组学习规则》，按照集团党委每季下发的学习要点和要求，集中安排学习研讨了“十九大报告”“习近平总书记在东北三省考察并主持召开深入推进东北振兴座谈会上的重要讲话精神”“习近平新时代中国特色社会主义思想三十讲”“习近平谈治国理政（第一卷）”等 30 多项学习内容。通过集中学和自己学相结合、学习原著和讨论互动相结合、学习习近平新时代中国特色社会主义思想最新成果和厂办大集体改革政策相结合，不断创新课件制作，改进学习方式，提升了学习效果和质量。组织处级干部和基层书记参加了集团党委举办的“企业党建大讲堂”和“贯彻习近平总书记视察辽宁重要讲话精神专题辅导”讲座，在各级党组织中开展了“解放思想，推动高质量发展大讨论”活动，征集到体会文章 46 篇。“两学一做”学习教育基本走向常态化制度化，学习型党组织建设不断进步。召开了 2017 年度吸取包宏案件教训、政治性警示教育、中央巡视辽宁反馈意见整改落实、省委巡视本钢反馈意见整改落实等 5 次民主生活会，达到了对照检查、批评团结、自我完善、自我提高的目的。通过学习提高，广大党员干部和职工群众自觉把思想行动统一到习近平新时代中国特色社会主义思想和十九大精神上来，统一到为企业谋发展促改革的决策部署上来，自觉用党的十九大精神和新思想、新理念武装头脑，指导实践，推动工作。2. 实施“强基固本”工程，基层党建取得新进步。2018 年经历了中央巡视辽宁和省委巡视本钢两次巡视及反馈意见的整改落实，全面从严治党越来越严。公司党委确定了“上级要求不降调，工作标准不打折，整改落实全覆盖”的工作方针，成立了领导小组和督导检查小组，制定了《公司党委关于中央第六巡视组巡视反馈意见的整改落实工作方案》，对中央巡视提出的 5 方面 28 项和省委巡视提出的 20 类 49 项问题，按照集团公司党委整改要求和任务清单，明确了任务书、时间表和路线图，挂图作战，对账销号。特别对省委巡视中提出的“厂办大集体改革缓慢”和“南芬轧钢厂党委 24 年未换届”等 2 项问题制定了明确的整改措施。49 项问题中已于 2018 年 12 月 31 日前完成整改 34 项；于 2019 年 3 月 31 日前完成整改 8 项；与大集体改革相关联需要在 2019 年 10 月 1 日前完成整改的 7 项目前正在推进整改之中。公司党委把落实中央和省委巡视整改工作作为推动基层党组织标准化建设的有利时机，修订了《公司党委会议议事规则》《公司经理办公会议议事规则》《中共本钢综合工业公司委员会关于成立履行全面从严治党主体责任领导小组》《公司建立“三议一报告一执行”决策机制实施办法（试行）》等一系列制度性文件。同时，健全了《公司管领导干部离省前需事前报备》

制度、《公司管领导班子和领导干部重要情况及信息变化报告》制度。公司坚持书记例会制度，在各级党组织中开展了书记抓党建工作的书面或会议述职。开展了 2018 年上半年党建工作情况检查，制发了关于党建经费管理、基层党支部建设等 6 个 PPT 课件，完成了 12 家基层党委新“全国党员管理信息系统”等 3 个信息系统的安装配备和数据更新。指导第三轧钢厂党委完成了换届改选工作。各级党组织认真学习了新修订的《中国共产党支部工作条例》，开展了 2018 年度组织生活会和民主评议党员工作。坚持标准发展新党员 16 名，办理预备党员转正 22 名。“两节”“七一”期间慰问困难党组织 139 个，走访慰问困难党员和老党员 80 名，发放慰问金 8.45 万元。组织开展了庆祝建党 97 周年大会、重温入党誓词、“党在我心中”知识竞赛等系列活动。基层党组织持续开展了“戴党徽，亮身份”“挖潜力，降成本”“抓管理，增效益”“抓操作，提产量”等为主题的共产党员建功立业和先锋工程活动，设立共产党员先锋岗 900 多个、党员责任区 124 个，全年累计增产增收、降本增利 5000 余万元。涌现出受到集团公司党委表彰的先进党委 1 个、先进党（总）支部 6 个、党员标兵 2 个、优秀共产党员 11 人。3. 不断加强两级班子建设，党员干部干事创业积极性得到增强。一年来，公司坚持党管干部原则，按照“信念坚定、为民服务、勤政务实、敢于担当、清正廉洁”20 字好干部标准要求，强调“四个注重”，大力倡导“想干事、会干事、干成事、不整事”的工作氛围。全年调整任用干部 27 人次，涉及企业班子 13 个，涉及企业班子成员 24 人，其中新提拔使用 12 人。对新任用和转正干部，都按照相关规定和“四必”要求，严格履行了考核任用程序。公司党委不断改进完善对领导班子和领导干部考核评价机制。坚持日常考核与年终考核相结合，组织评价与民主测评相结合，逆向考核与正向考核相结合，业绩考核与党建考核相结合。在 2018 年度基层班子、直管领导干部考评中，有 14 个班子被评为年度好班子，有 14 个班子被评为较好班子，分别占班子总数 28.6%；有 28 名同志被评为公司优秀领导干部，有 35 名同志被评为公司表扬干部，分别占考评领导干部总数的 18.4%和 23%。班子整体功能和领导干部履职能力都有新的提升。经集团公司同意，公司党委会研究明确了公司直管干部专务年龄等相关规定，对直管干部 256 册人事档案进行各项资料补充，进一步规范了干部工资管理和调配审批手续，更新完善了公司各类干部队伍管理数据库，审核了 25 家直属企业班子成员的基薪标准执行情况。组织了 103 名各级各类干部的健康体检。4. 深化全面从严治党，党风廉政建设有力有效。严明党的政治纪律，强化廉洁教育，狠抓廉政文化建设，扎紧制度的笼子。全年认真开展了理想信念教育、党性党风党纪教育、履职道德教育、警示教育和岗位廉政教育活动，深入开展道德领域突出问题专项教育。组织领导干部观看廉洁教育视频；签署重点岗位廉洁自律承诺书 148 份，领导干部经商办企业报告及承诺书 38 份；建立副处级以上干部廉洁档案 40 份，树立了各级领导干部以廉为荣、以贪为耻的从业风尚。2018 年，公司纪委有效运用监督执纪“四种形态”，做到有案必查、有腐必惩，坚决查处领导干部违纪违规案件。共受理举报线索 36 件，其中：集团纪委转交线索 30 件、公司纪委接办线索 6 件，全部进行了调查核实。对 5 名同志给予了党纪政纪处分。盯住作风建设不放松，不断巩固扩展落实中央八项规定精神成果，营造风清气正的良好环境。出台了《公司领导班子成员落实中央八项规定精神分片包干责任制工作方案》，针对集体企业规模小、实体多、点多线长面广、管理水平参差不齐的特点，扭住“四风”不放，抓住重要时间节点，不择不扣的开展正风肃纪专项整治工作。重点开展了婚丧喜庆宴请和“升学宴”专项整治工作；开展了清明节公车扫墓及节假日公车旅游外借私用的专项整治工作；开展了元旦、春节期间公款宴请送礼的预防整治工作；严格规范执行公务用车管理、取消各级领导上下班车接车送；严格执行领导干部办公用房配备标准并整改达标；严禁用公款相互宴请、赠送节礼、违规消费；控制接待和应酬。同时以审计工作为抓手，严格执行各项管理制度，推动纪检监察工作的展开。对33家企业承包经营兑现审计、2家法人代表离任审计、2家专项审计以及针对具体问题进行的随机审计工作实行全覆盖。对发现的问题进行综合提炼、抽丝剥茧，强化了审计成果的运用和整改建议的落实。效能监察和综合督查专项工作向深度拓展。随着集体企业改革改制的启动，两级纪检监察部门提前介入、全程参与。对个别企业发生的企业场地被违规占用、违规借款等问题案进行了前期调查和处理。对“三重一大”执行情况、企业废旧设备、废旧物资处理和资产处置情况，对工程项目施工、主要产品销售和大宗原材料采购，对集团废钢采购监装工作情况开展了监察督查，为企业改革发展助力护航。5. 加强意识形态工作，群团组织作用有效发挥。两级党委成立了意识形态工作分析研判小组，明确了意识形态工作责任制责任分工，纳入了党建三年规划、干部考核内容和党委工作要点。制定了党委意识形态工作责任制实施细则、网络意识形态工作责任制实施细则。加大了网络管理和宣传工作深度和广度，建立了公司“本钢集体工作”公众号，刊发了23篇图文消息。利用各种会议和各种媒体对职工开展形势任务和改革政策宣传教育。公司党委发起了“让党旗在微信群中飘扬”倡议活动，登记建立由党组织主导的微信群109个，入群职工5444人，其中党员达1057人，占党员总数80%。公司工会积极履行职代会、民主管理、维护职工权益等职能作用。依法调整了部分出席公司职代会代表，坚持落实依靠职工办企业方针，保证职工的知情权、参与权、审议权有效行使；着力构建和谐劳动关系，特别是集体资产处置、“三重一大”决策等问题都严格履行民主管理和监督程序。组织指导工会与企业签订了《集体合同》和《工资专项集体合同》。深入开展“安康杯”系列活动，高温季节为多家企业一线工人送去绿豆、白糖、西瓜解暑降温物品；国庆节前走访慰问生产一线职工，将洗衣机、微波炉送到生产一线车间。大力弘扬劳模精神和劳动精神，组织50名公司劳模、党员标兵赴北戴河进行健康疗养。扎实推进帮扶体系建设，分类实施精准救助。全年发放救济款325.39余万元、救济粮油1240份，救助困难职工达1240人。成功举办了“溪望泉杯”职工乒乓球赛、羽毛球比赛、职工健身走比赛和迎中秋职工登山比赛。参加集团公司“庆十一”职工长跑接力赛，荣获团体总分第四名的好成绩。综合治理、武装保卫、统战科协等工作也都顺利开展。

【信访稳定工作】 一是大力构建面向全市性的信访维稳警企联动大格局。以集体企业改革顺利推进和各项工作有效实施为着眼点，补强了力量，建立了周例会制度，健全了重点群体重点人员数据库，完善了门禁设施，开展了社会稳定风险评估，确保本溪地区和本钢集团大局稳定。二是按照“三个不发生、一个减少”的工作目标，通过层层落实工作责任制、领导干部包案责任制和精准救助工作力度等有力措施，较好地完成了国家三级“两会”，中央巡视组巡视辽宁，省委巡视组巡视本钢等重大敏感时期信访稳控工作。三是成功化解了“8·13”大规模集访事件。开展“大走访、大调研、大救助”活动，入户走访500余户，与150名困难职工结成帮扶对子，转化重点人28名，先后有39人的各类问题得到不同程度的落实和解决。全年共接访65起，涉及183人次，其中集访7起113人次。处理越级访31起1403人次。

本钢集团厂办大集体改革工作正式启动大会现场（胡宗泉　摄）

【厂办大集体改革准备工作】 召开了本钢集团厂办大集体改革工作正式启动大会，完成了中央及省级财政奖补资金测算申报工作；制定印发了《本钢集团厂办大集体改革工作实施方案》，成立了综合公司和企业层面的改革工作领导小组和工作机构；开展了企业产权关系调查和参改企业梳理甄别、审核确认、申报界定各环节工作，企业性质界定工作基本完成。改革推进组已召开了21次周工作例会。职工登记与身份认定、拖欠各类保险和企业内部债务情况调查、清产核资、社会稳定风险评估等工作将在充分准备基础上有序展开。为保障改革大局稳定，降低因职工期望值偏高与改革政策保障不充分带来的不稳定风险，公司党委从“8·13”较大规模集访中汲取教训，开展以党建为统领、各级干部亲临一线的“大走访、大调研、大救助”活动，历时70余天，入户走访500余户，与150名困难职工结成帮扶对子，转化激进上访人员28名，先后有39人的诉求得到不同程度的落实和解决。公司在构建“警企融合”“五位一体”新机制下足功夫，建立驻企民警工作室，健全了拥有2000多人的重点群体重点人员数据库；补强了各系统各层级信访维稳力量，实行了领导干部分区包片责任制，建立了每周信访调度工作例会制度。2018年公司加大了对信访维稳工作的经费投入，按照“三个不发生、一个减少”的工作目标，通过层层落实工作责任制、领导干部包案责任制和精准救助工作力度等有力措施，较好地完成了国家三级“两会”，中央巡视组巡视辽宁，省委巡视组巡视本钢等重大敏感时期信访稳控工作，“减存控增”行动目标按期实现。处置大规模集访的能力得到增强。（胡宗泉）

北台钢铁（集团）有限责任公司

【概况】 北台钢铁（集团）有限责任公司（简称北钢公司）隶属于本钢集团有限公司，下设全资子公司6家、控股子公司3家，公司机关设有处室4个，注册资本40.468亿元。截至2018年底，拥有资产总额70.69亿元，在岗员工2036人。2018年，北钢公司全年完成工业总产值3.82亿元，实现营业收入9.42亿元，实现税金2229.19万元。主要产品完成情况：生产尿素11万吨，销售钢管9.8万吨。

【生产经营】 生产经营平稳有序，全面完成各项经营指标。一是以“抓订单、促产出”为中心，各子公司克服“瓶颈多、保障难”等不利因素，通过科学组织生产，加强过程管理，确保了企业生产经营工作有序开展。辽煤化公司克服了本钢5号、新1号、6号高炉相继检修导致焦炉气供应数量、质量波动较大等诸多不利因素，实现了生产经营稳定运行；北重公司加强与中煤集团平朔公司合作，成功地签订了3台85吨矿用水车合同，克服人员不足、设备老化等困难，实现了每月600万元产值量的新突破；钢管公司进一步增加内贸量和自产量，自产指标创历史新高，在产品高价区成功盘活了478吨积压存货，实现盈利40多万元；工业装备公司积极开拓市场，实现赢利170万元。二是加大挖潜降耗力度，实现经济效益最大化。北重公司和辽煤化公司积极开展对标挖潜、降本增效工作，取得显著成效。钢管公司面对美国反倾销的不利局面，在流动资金十分困难的局面下，销售钢管9.8万吨，创历史新高，实现创效2000万元。辽煤化公司密切跟踪市场动态，进一步加大液氨、氨水销售力度，产品始终保持当期市场高价位销售。容大公司向清收要效益，盘活资产价值，强力推进不良项目清收、处置清收资产，加速资金回笼，收回债权执行款1700多万元。

【安全环保】 全面加强安全、环保管理，各项工作迈上新台阶。根据集团公司要求和安全管理工作需要，结合北钢公司实际，进一步充实了安全管理方面力量，使安全生产管理工作得到进一步加强。夯实安全基础管理工作，提升安全综合管理水平，制订、下发了《2018年安全生产工作任务》《安全管理绩效考核办法》《北钢公司安全生产检查制度》等文件。层层签订《责任状》和《互保协议》，在“两节”“两会”等敏感时期开展安全生产大检查和专项排查整治，较好完成了安全管理工作，全年无安全、消防、重大设备事故发生。辽煤化公司在集团公司组织的安全知识竞赛中夺得理论第一名、现场抢答第二名的好成绩。加强环保治理工作，以中央环保督察为契机，推进企业绿色、和谐、健康发展。落实集团公司迎接中央环保督察办公会议精神和工作要求，多次对各单位工作开展情况进行指导检查，确保督察期间无环境事件发生。推进辽煤化公司煤场防尘网环保项目工程施工，已完成钢结构支架和防尘网安装。钢管公司完成了X光射线装置整改工作和射线操作人员环保培训工作，并取得了环保资格证书。

【综合管理】 认真谋划企业发展，加快推动企业转型升级。一是认真贯彻落实集团领导在北钢公司调研指示精神，组织人员对北台厂区化肥厂现有设备和现场进行全面检测、清查、盘点，形成了《18.30（30.60）气改煤工艺方案及设备利旧和新增装置的方案》，与国外客户达成初步合作意向。同时，为谋划化工产业下一步发展，抽调部分专业人员，咨询、考察了多家高校院所及企业，经过反复论证，形成了30万吨煤焦油深加工项目立项建议书。二是按照集团公司总体部署和要求，推进“四定”工作，内设机构在2014年底已压减22个的基础上，再压减19%，将原来统归在管理序列的岗位按照管理、业务、技术三个职群重新进行划分。通过改任技术岗等方式对管理人员优化，调整后的区域级管理岗及各类业务岗核减比例22.8%。稳妥推进窗业公司人力资源优化工作，在尊重职工意愿和保障职工切身利益的前提下，按照“合情、合理、合法、自愿”的原则，稳步推进人力资源优化工作。三是建立整改长效机制，经营管理水平不断提升。针对集团审计暴露出管理存在短板和薄弱环节，北钢公司立行立改，成立以公司党政一把手为组长的整改工作小组，制订整改方案、列出整改清单，按照要求全面整改，追缴资金15万多元。同时，深入开展“举一反三、自查自纠”工作，对财务管理及财务核算方面存在的问题进行逐项整改。按照标本兼治的原则，认真总结，突出长效机制建设，建立健全了各类规章制度。积极配合集团审计部完成对北钢公司及各子公司的清产核资审计工作，加大外部债权的清收力度，对北钢及各子公司资产实行全面、真实的评估。四是强化资金风险管控，融资结构得到有效优化。做好融资重心和中心上移，通过多种方式利用企业内部资产进行融资，优化融资结构，降低利率水平，减少企业运营成本。严格规范操作，妥善完成了总价款7700多万元的锦州银行国有股挂牌出售工作。参与本钢板材非公开发行，及时完成定增工作。

【党建工作】 全面加强党的领导，企业党建工作不断加强。一是落实全面从严治党责任，按照集团公司把党建工作要求写入公司章程的统一安排，完成了北钢公司和各子公司章程修订工作，从制度上完善了重大议题研究党委会前置于董事会、经理会的决策程序。完成了辽煤化公司和北重公司两委换届工作。加强完善党建相关制度，修订领导干部请假制度。纪检工作坚持把维护企业和职工利益作为执纪问责的重点，抓早抓小、防微杜渐，根据干部管理权限和上级纪委要求，对11名人员给予相应纪律处分。二是认真推进“两学一做”学习教育常态化制度化，组织《党章》学习，进行集中测试，并实现北钢全体600余名党员和积极分子的全覆盖测试。各级领导班子按集团要求召开了吸取包宏案件教训、围绕政治性警示教育和中央、省委巡视反馈意见整改落实等专题民主生活会。开展建党97周年系列活动，举办了“党的知识”竞赛、组织“缅怀革命先烈、重温入党誓词”革命教育和迎“七一”座谈会等纪念活动。三是以中央第六巡视组巡视反馈意见整改落实工作和省委第三巡视组巡视本钢集团党委工作为契机，立行立改，进一步强化企业党建基础工作，提高公司党委驾驭、总揽各项工作的能力和水平，北钢公司各项工作在党委的全面领导下，脚踏实地向前推进。进一步加强和改进意识形态工作，制订相关制度，建立起了意识形态工作责任制。（潘玉红）

栏目编辑　韩友清

本钢年鉴 *2019*

本钢集团

改制企业

本钢耐火材料有限责任公司

【概况】 本钢耐火材料有限责任公司（简称耐火公司）现有职工507人，其中管理人员65人，专业技术人员13人。公司下设10个专业部室、4个生产分厂、2个全资子公司和一个分公司，其中全资子公司本溪南芬鑫和冶金炉料有限公司因环保问题，目前仍处于关停状态。主要产品和服务项目有球团、耐火材料的生产销售、鱼雷罐整体承包。2018年拥有固定资产原值21055.11万元，净值2335.17万元，净资产8784.84万元。全年（不含子公司）完成球团68.34万吨，耐火材料12869吨，其中不烧砖10599吨（鱼雷罐砖5498吨，约合60个罐），不定型及散状料完成2270吨。全年共砌筑鱼雷罐60个、拆除66个、中修129个。实现销售收入21945.8万元。

【生产管理】 球团生产方面，受1~5月本钢炼铁厂需求量减少、球团生产线4月14日~5月6日停产更换回转窑内衬、10月1~13日新建电除尘、烟气脱硫工程与原生产线对接并进行设备检修等因素影响，球团产量受到了一定的影响，耐火公司本着“按需生产”的原则，合理安排生产任务，全年球团产量共完成683353吨。由于球团生产所需的铁精矿粉全部来自周边零散的矿粉厂家，品位、粒度和水分差别较大，对球团生产组织带来了诸多不利影响，4月，针对智利矿粉水分低的情况，球团厂停用了烘干煤气炉及烘干机系统，解决了因烘干系统故障而影响生产的问题，球团日产量达到了2500吨以上。耐火公司全资子公司本溪鑫钰冶金炉料有限公司全年共完成产量716937.6吨，销售收入8666万元，利润1.34万元。耐火材料生产方面，在国家环保政策的高压态势下，耐火原料的生产受到了极大的影响，很多原料供货单位减产甚至停产，导致耐火原料进货紧张，对生产计划的制定和生产组织带来了诸多不利影响。对此，生产部门与销售部门密切联系，及时合理地制定了相应的生产追加计划，保证了耐火材料制品生产的连续性及供货的及时性。由于本钢集团铁产量增加，钢包及鱼雷罐的使用频率加大，导致钢包用砖需求数量激增，耐火材料生产线合理安排人员，力争多开动压力机的台次，适时加班加点，保证了炼钢厂钢包用砖的及时供应及鱼雷罐的及时砌筑。

【安全管理】 严格遵守国家有关安全生产的法律法规和相关政策，认真贯彻执行公司安全生产规章制度，以安全隐患排查和治理工作为重点，广泛发动职工，全员参与，认真开展安全隐患排查与治理工作，共查找出事故隐患30项，并全部治理和解决。按期安排特种作业人员进行培训，提高作业人员的操作技能；把煤气设施及作业岗位、起重岗位等特种作业区域作为安全管理工作的重点，严格规范特种作业人员的管理工作，组织煤气岗位及相关岗位人员进行了一次较大型的煤气事故应急预案演练，提高岗位职工的应急处理能力；对耐火材料生产原料中涉及的铝粉等易燃易爆物品，采取定点存放、控制存放量等措施，并定期检查；加强安全检查工作，全年开展了春季安全设备大检查、全国安全月大检查、重要节日节前安全大检查等活动，并且针对危险源点、用电安全、起重机械、煤气设施等方面进行专业性的安全检查工作。加强职业卫生环境的投入，改善作业环境，对接触粉尘的职工进行职业健康培训，建立职工职业健康监护档案，签订职业危害告知书，并对 393 名职工进行了职业健康体检。加强对施工改造项目中的安全监管工作，针对高空交叉作业、施工地点狭窄等情况，先出安全防护措施，后组织施工，为工程顺利竣工提供了有力保障。实现了安全生产“五为零”目标。

【劳动人事管理】 坚持以人为本方针，紧密围绕公司生产经营中心任务，严格执行管理制度，加强工资奖金的管理工作，监督各单位公平公正地做好发放工作。在企业经营环境比较困难的情况下，年初，参照《本钢集团有限公司岗位绩效工资调整指导意见》，制定了工资调整方案，职工收入比上年同期增加了近 10%。加强劳动组织，强化定员工作。努力降低人工成本，提高劳动生产率。加强劳务管理，及时进行补充，全年累计招聘劳务人员 70 人次，满足了生产岗位的需求。加强各项社会保险的管理工作，切实保障职工的权益，确保各项保险待遇的享受，全年共缴纳各种保险费用共计 1053. 69 万元。按照《中华人民共和国劳动合同法》相关规定，全年续订劳动合同 41 人次。做好职工培训工作，提高职工素质，以适应岗位需要。在特种作业人员培训方面，加强合作，全年共完成特种作业培训 31 人次。做好对现有人员的调配工作，坚持因人而异、人尽其才的原则，针对不同职工的身体状况进行合理调配，全年共调配职工 37 人次。

【设备管理】 球团厂脱硫电除尘系统全面完工，经调试于 10 月 15 日投入运行，各项指标达到了设计要求。球团厂磨煤系统开始组织施工建设，原有煤气炉属于一段式煤气炉，燃煤单耗高，对煤质要求严格，属国家环保政策确定淘汰的工艺，要求在 2019 年 12 月 31 日前必须淘汰。已完成设备基础施工，主体设备正在安装，力争在 2009 年 4 月底投入使用。通过落实“点检定修”制度，加强运行过程中的保养和维护，尽最大可能减少因设备原因造成的“小耽误”。落实责任，严格控制，强化对设备运行周期的考核，延长了设备连续运行时间，通过精心维护，实现了设备系统的经济运行，为高产稳产提供了必要条件。

【质量管理】 以加强生产工艺过程的质量控制为重点，确保工序质量稳定和提高产成品实物质量，加强入厂原料的检查和半成品的质量抽查，尤其是在国家环保治理力度加大的背景下，原料质量波动较大，质量部门每月对半成品及成品在用户中的使用情况进行质量考核，对稳步提高产品实物质量起到了有力的促进作用。严格按入厂验收标准进行把关，对有较大缺陷、主要理化指标不合格原料采取降级、退货的处理手段，确保产品质量的稳定。全年共完成原料取样 533 批次，成品取样 90 批次，质量验收扣款 10 万余元。对鱼雷罐作业技术文件进行了重新修订，使其更加完善，增强了对实际技术质量工作的指导作用。

【成本管理】 随着合金模板的推广使用，全年模具用量从以前的 60 余吨下降为不到 20 吨，降低了吨砖模具成本，提高了各种品种砖的生产数量和效率，半成品砖的尺寸得到了有效保证。球团厂自 4 月开始，烘干煤气炉及烘干机系统全部停用，每月可节约成本 40 万元以上。筑炉分公司对生产过程中产生的大量废旧物资分门别类进行回收再利用，并利用废旧物资自制生产工具，效果明显。

【工艺管理】 除了球团脱硫电除尘和磨煤系统主体施工以外，耐火公司通过加大工艺改造的方式，谋求利益最大化。在除尘灰输送系统设备选型中，根据现场实际情况选择链管机与气力输送相结合的方式，充分利用原有闲置气力系统，降低了项目投入，运行效果良好。针对造球机旋转刮刀减速机使用寿命低的问题，生产单位通过考察，将原刮刀全部改成固定刮板，实践证明，在生产过程中没有出现刮板故障影响生产的问题，也减少了设备故障率及检修工人的劳动强度，而且生球质量也始终比较稳定。

【党群工作】 公司党委深入推进党建工作的开展，将党建工作与企业管理有机结合，使党建工作与生产经营活动同步落实，不断加强组织建设、党员队伍建设、制度建设、思想建设和党风廉政建设。党委班子交叉任职，一岗双责，自觉把党建工作和经济工作结合起来。深入学习贯彻习近平新时代中国特色社会主义思想和党的十八大以来的各项方针政策，推进“两学一做”学习教育常态化、制度化。严格按照集团公司党委下发的学习计划，全年组织党委中心组开展了14次集中学习，组织召开了五次专题民主生活会和一次年度民主生活会。落实省委巡视整改意见，坚持实事求是，细化整改内容，逐条剖析，落实责任，即知即改，务求实效。提升对意识形态工作的重视程度，成立了组织机构，制定了相关的工作细则和实施方案，并不折不扣的加以落实。认真开展基层党建工作，抓基础、抓落实，加强对支部书记的培训工作，除参加集团公司组织的轮训以外，还印发了《党支部工作基础与实务》等讲义，组织支部书记学习。加强党员的教育管理，认真做好民主评议党员工作，充分发挥基层党组织战斗堡垒作用和党员先锋模范作用。关注困难党员和困难职工的日常生活，全年共救助困难党员20人次，发放慰问金8000元。工会救助困难职工27人次，救助金额10000元；通过职工医疗互助报销医疗费66人次，报销金额48126元；温暖助学7人，助学金额4963元。

（陈树伟）

本钢汽车运输有限责任公司

【概况】 本钢汽车运输有限责任公司（简称汽运公司）是以承担本钢生产、基建、生活等公路运输为主，对外运输为辅的专业运输企业，具有铲、吊、装、货运、客运、修理、机械加工、备件供应综合配套作业能力以及宽敞进出便利的仓储运输能力。公司总部位于解放路南端，占地面积40514平方米，工业厂房面积13672平方米。

2018年底有在籍职工528人，其中在岗职工514人，生产操作岗446人、管理岗68人。总资产11586万元，总负债10051万元，净资产1535万元，产值收入13850万元，创历史最高水平，成本13694万元，实现利润156万元，扭转了多年亏损的局面。更新设备约2181万元55台。公司下设5个机关科室、5个基层单位，基层单位分别是客运队、货运队、机械化队、土石方队、检修车间。客运队拥有大客、中客、危货及5吨以下小型车，主要负责本钢职工的通勤、日常工作联系及主体厂矿的油料、危险货物运输和散货运输；货运队主要是10吨以上货车，专门负责本钢三冷轧各类生产用车；机械化队主要是挂车、吊车，负责本钢卷板等大型物件的运输；土石方队主要是铲车、自卸车，负责本钢主体厂矿球团、碎石、渣粉等货物的运输；检修车间拥有先进的数控车床，负责本钢各主体厂矿的车辆维保及各种工程机械的大修及联轴器制造加工等。全公司各类机动车辆262台；现年生产能力货运量949万吨，周转量3099万吨·千米。

子公司本溪市鑫路通机动车检测有限公司自2014年9月27日开始经营。四年来，年租金虽由386万元调至2018年的100万元，但承租时本溪市内仅此一家检车线，现已增至6家，来检车辆逐年减少，经营收入大幅度下降。2018年底国家实行三线合一检测规定，如继续运行需要新增加一条综合性能检测线，投资约65万元，为避免亏损运行，经公司董事会研究决定于2018年9月20日停止了卧龙检车线的经营。

【运输服务管理】 坚持以保本钢主线生产用车为主，根据市场变化，及时调整经营策略，公司和各单位积极主动出击，多渠道组织协调货源，千方百计增加收入。客运队投入了20辆新能源大客车提高产值收入。土石方队利用社会车辆，积极参与组织混合矿料、石灰粉、马球、碎石的运输，以大宗货源实现增产增收，全年共突击抢运北营混合料、石灰粉159.8万吨，石矿碎石43.8万吨，全年实现产值6700余万元。机械化队积极占领北营市场，在厂内生产链条上倒卷、倒坯，克服任务重、设备老旧、人员少等问题，改造现有车辆，增加单车运卷量，提高运效，降低成本，全年实现产值4100余万元，对公司整体完成利润指标起到关键性的作用。

【设备成本管理】 公司设备分为机械设备和动力设备，见下表。

序号	类别	种类	小　类
Ⅰ	机械设备	金属切削设备	车床、铝床、刨床、磨床、铣床、镗床、插床、滚齿床、锯床、数控车床、数控铣床
		锻压设备	液压机、锻锤、剪板机、滚筒机等
		起重运输设备	各类汽车、吊车、铲车、挖掘机、桥式吊车、电动客车等
		木工铸造设备	木工刨床、锯床
		其他机械	光鼓机、骑马螺栓拆装机、电动轮胎扳子
Ⅱ	动力设备	动能发生设备	锅炉、空压机、水泵
		电器设备	地沟举升机、充电机、变压器、电焊机、发电机、清洗机、启动器等
		其他动力设备	潜水泵、高压泵试验台、发动机磨合机等

设备管理坚持“以保代修”有计划地进行设备的定检定修。机械化队发动机等总成维修48台次，修旧利废5万元；土石方队修理采取外包的方式从根本上解决了车辆

老旧维修能力弱的问题。在设备更新方面，2018 年投入资金 2181 万元，更新车辆 55 台，其中购进了 80TQY 汽车吊 1 台、履带挖掘机 2 台、20 台纯电动大客车，满足了本钢生产现场的需求。新能源电动客车的投入使用，年约节油 300 吨，大幅降低了成本。油耗管理。继续加大油耗管理力度，完善各车型的油耗标准及油料考核管理办法，严细长途车及非生产用车的油耗管理，减少了偷油、卖油、跑黑公里现象。2018 年百元产值油耗比比上年下降了 0.65。全公司的油耗整体水平有所下降。备品备件管理。通过严把采购关、扩大零库存、严格备件领用、严格交旧领新、加大修旧利废、上报备件计划等措施，在产值大幅提高的同时，较好地控制了备品备件的增长水平。

新能源大客车入厂（常鹰　摄）

【安全管理】 坚持“以人为本，预防为主”的工作方针，树立安全就是效益的理念，公司上下层层签订责任状，落实责任，向抓安全要效益。定期召开各层次安全例会进行案例分析，开展路检路查、安全月活动，完善各项安全规章制度及基层安全基础工作，加强“三违”“三超”教育，对客车及危货油罐车突发交通事故应急预案进行演练，提高安全意识，安全工作取得较好的效果。2018 年共处理各类事故 50 起，比上年下降 14.3%。

【财务管理】 进一步规范会计基础工作，完善财务制度。一是优化资金请款办法，保证了公司资金的良性运转。二是实行资金平衡制度，做到一保生产运行，二保职工开资。三是定期审核各车队核算台账，对资产存货进行盘点清查，掌握公司资产状况。四是定期分析企业的资产及经营状况，为下一步经营决策提供依据。五是测算各车型单车成本，为决策层确定市场导向提供数据。六是加强财务指导和监审，发现问题及时进行查处和纠正。财务管理工作本着开源节流，紧缩支出的原则，为公司正常的生产经营提供保障。

【人力资源管理】 公司的一切工作遵循效益优先的原则，在人力资源管理上，按岗所需、合理定员、科学配置、劳动效率最大化。一是2018年4月参照本钢岗薪工资标准调升职工岗薪工资10%，提高职工的薪酬待遇；二是由于活源不断增加，原有的设备和人员已跟不上生产规模，全年共招录劳务人员98人，有效缓解用人紧张的状况；三是加强劳动纪律管理，采取不定期检查各基层单位的考勤情况，强化日常考勤，合理、有效利用加班费的激励作用，解除因触犯法律和公司有关规定的4名员工的劳动合同；四是对停止经营的鑫路通公司人员进行了统一安排，充实到合适的岗位。

【职工福利待遇】 2018年，共投资52.6万元用于土石方队维修职工浴池、新建卫生间、机械化队修缮办公楼、更换彩钢瓦，检修车间改造了供暖管网，为20台新能源客车修建张拉膜棚式的充电桩。改善了作业现场脏、乱、差的环境。进行了半年、“十一”、全年加奖及发放福利124.4万元。

【党群工作】 公司党委以习近平新时代中国特色社会主义思想为指导，以省委巡视反馈意见整改落实为契机，深入学习贯彻落实党的十九大精神，以“围绕生产抓党建，抓好党建促生产”为目标，将思想政治工作贯穿于生产经营活动中，围绕经营管理、技术攻关、降本增效、优质服务、安全生产等工作，激发党员、干部队伍大胆参与和开拓创新。组织开展职工乒乓球比赛活动，参观辽宁省反腐倡廉展览馆，重温入党誓词。2018年慰问困难、住院职工49人次，金额18300元。注重发挥群团组织作用，班子成员经常深入生产一线，听取职工的意见，开展谈心活动；企业和谐发展，爱岗敬业精神得到进一步体现。党建、经济建设两不误、两促进，为完成全年经营目标提供了坚实的政治保证。（李玉萍）

本钢电气有限责任公司

【概况】 2018年底，本钢电气有限责任公司（简称电气公司）有在籍职工385人，其中管理人员71人（具有高级职称工程师2人、中级职称26人、工人技师22人）。公司下设7个部室、4个分厂、2个分公司。资产总额10029.9万元，固定资产原值5430.1万元，净值1830.6万元，净资产2713.4万元。

2018年，电气公司全年厂内共检修电机、电焊机4314台，检修容量725890千瓦，比2017年减少275台；变压器110台检修容量36508千伏安，比2017年增加26台。自动化公司共完成工程台件597项，现场夜间临时突发抢修20余次，比2017年增加77项。炉料分公司完成主要产品产量11611吨，比2017年减少830吨。电气公司全年主营业务收入实现2.17亿元，比上年同期减少969.57万元，其中炉料分公司实现销售收入16057万元，比2017年减少约943万元。全公司共实现利润总额295万元。

【生产管理】 面对2018年繁重的检修任务，一是合理安排急件工程，每周通过调度会协调工序、明确工期，保证了重点、急件工程出厂率，全年厂内检修电机4175台，检修容量725890千瓦；变压器110台、电焊机139台，检修容量36508千伏安。二是克服时间短、项目多、人员不足等困难，保证厂内生产的同时，历时7个月，顺利完成了集团公司各在建厂的联检和唐山迁安轧一现场的电机、变压器检修任务。三是精心组织，确保重点工程。电机方面：在本钢连轧厂

R1 下辊轴承座复位抢修过程中，抽调精兵强将，连续施工 36 小时，解决了用户的燃眉之急。在施工北营轧钢厂 R2 主电机下辊的拆装过程中，各单位密切配合，合理安排人员，出色地完成了 R2 转子现场拆出，以及转子从哈电回来后的安装工作。R2 的施工，以及 F6 现场拆出安装、转子更换导条在公司检修史上均属首次。变压器方面：在北营能源总厂动力系统 63000 千伏安变压器施工中，连续奋战 48 小时把烧损的变压器运回厂，出色地完成了替换与大修任务，腊月二十八，特钢 9000 千伏安变压器发生故障，连夜组织人员到现场把变压器拆运回厂，及时找到故障点，大年初四开始提料，经过 11 天加班加点的施工顺利完成变压器的抢修，确保了用户急需。

【企业管理】 一是安全管理。认真贯彻电气公司安全生产 1 号文件，制作了各岗位安全技术操作规程和各工种岗位责任制的宣传板，增强了操作者的自我保护意识和学习安全操作规程的意识，以六月全国开展的安全月活动为契机，做到活动有主题、有组织机构、有内容，不走过场。在 4～7 月的联检过程中，做到施工前教育、施工中宣传督促，提高职工安全意识，形成自觉抵制各类违章行为良好氛围，做到厂外、厂内安全、生产两不误。二是质量管理。通过完善制度，下发了《找正工序作业标准》《轴承检查工序作业标准》《各单位对电机（电气）（机械）的特殊要求》技术标准 4 份；成立了公司技术质量服务协调小组，及时解决各分厂的技术质量难题。三是设备管理。对不适应当前工艺的老 30 车床进行了拆除；稳装了新 30 车床、50 车床；改造了 300 千克动平衡机、3 吨动平衡机、18 吨动平衡机；对绞直切断机、定子拔线机、高压拔线机进行移位稳装；对厂区主线路高压电缆进行了维护，购买了轴承加热器，提高了钳工检修质量。分厂自主设计、制造了高压线圈分解机，改变了以往高压线圈人力分解的施工现状，降低了高压线圈分解的难度，工作效率提高了 8 倍多（以前分解一台电机 2～3 天，现在只需 2～3 小时）。四是完成部分老旧设施修复改造。在厂房房盖安装了 3 台风机，缓解了电机分厂分解时烟雾排放不出去问题。对原备件厂房房盖进行彻底大修，新做防水 1200 多平方米。对变压器分厂的地坑油罐进行了排污、清洗。完成浴池大水箱换底改造。修复了北营分厂暖气，并加装保温管道，完善了起重设备安全装置。五是人力资源管理。2018 年，通过分厂测评、实操考试、日常表现考核、理论考试等方式对上年新招聘的职工进行了层层筛选，同 23 名青工签订了劳动合同，为公司注入了新鲜血液的同时缓解了一线职工的力量不足。全年共解除劳动合同 3 人、退休 7 人、放假回岗 7 人。

【产品调整】 2018 年，按照“立足市场、服务本钢、做强做优”的经营思路，坚持励精图治、锐意进取的拼搏精神，不断强化多元化产业。一是自动化分公司着重推行技术升级，成功实现了西门子 70 系列变频器 24 伏弱电压检测单体强电功率模块，大幅提高检修效率和修复质量。日本 TMIC 变频器试验系统已完成设计定型，系统各部件正在制造厂按设计生产中，完成对 TMIC 变频器项目修复的技术准备，该项目一直以来是公司设备检修空白。除此之外，传动控制系统的最前端设备“可编程控制器”领域一直是禁区，经过长期准备，确立了集团公司各在线厂装机量最多的西门子 S5、S7 系列为突破口，实施软硬件修复“齐步走”策略。已经成功完成用户单位的试修任务，具备了用户认可的修复能力。并已着手建立可编程控制器的模拟运行平台，现在软件和硬件已准备完毕正在有序组装施工当中。随着各项新技术、新装备的建立和投入使用，为建立系统化的核心竞争力提供了有力的硬件支撑。二是炉料分公司为盘活资金，掌握原料进货主动权，选择了贴息较高的“本钢财务公司电票”，通过选择合适的进货时机，避开了原料铝价格高峰，达到降低采购成本的目的。炉料分公司克服炼钢生产对炉料产品用量随机性大，资金有限和库存容量不足的困难，经常放弃双休日和节假日，保证本钢炼钢生产。

【党群工作】 2018 年，公司党委通过抓党建、强信念，为企业健康发展提供政治保障。一是打破多年分厂党支部书记由分厂厂长兼任的格局，为公司基层分厂配备了三名专职党支部书记，制定下发了各项“支部工作标准”和“考核办法”，为每个支部配备了党建资料柜，从组织机构、各项制度、门牌要求上进行统一规范，进一步强化了党支部建设的标准化。二是为进一步提高党建工作水平。公司党委还组织基层各单位党、团支部书记到辽宁中金欧亚珠宝集团和本溪市非公企业党群服务中心进行参观学习。认真听取了服务中心相关工作负责人对基层党建工作的建议和意见。三是公司全年足额发放了 13 年岗薪，4 月开始每人上调工资 240 元，两项合计比上年增加直接成本 57.94 万元。四是在夏天保证兑现防暑降温费的基础上，为职工消暑解渴购买了盐汽水、冰棍儿、西瓜等。五是节假日发放福利品和开展扶贫帮困、送温暖活动。在职工缴纳 20 元钱不变的前提下，公司行政与工会拿出 21385 元为职工办理了医疗互助保险，2018 年 5 月～2019 年 2 月有 24 名职工得到理赔 12950 元；全年救助慰问困难职工 24 人次，发放各类救助和慰问金 3700 元，米、面各 220 千克，豆油 22 桶。同时，公司通过会议、悬挂宣传版、制作板报、印发宣传材料、微信群等途径，认真组织党员干部学习贯彻党的十九大精神和习近平总书记系列重要讲话精神，开展“扫黑除恶”法制教育，党委班子成员有针对性地开展理论中心组学习和深入基层支部上党课，开展形势任务教育等活动。强化意识形态工作，唱响主旋律，弘扬正能量。全年共制作新时代辽宁精神巨型宣传喷绘 1 幅，各种宣传栏 83 块，累计投入党建经费 5 万元。2018 年 11 月 22 日召开中共本钢电气有限责任公司党员大会，选举产生了电气公司新一届党委班子成员，顺利完成党委换届工作。（王　茹）

本钢设计研究院有限责任公司

【概况】 本钢设计研究院有限责任公司（简称设计院）注册资本金 1960.63 万元，拥有冶金行业甲级、建筑行业建筑工程甲级、市政行业（给水工程、排水工程、城镇燃气工程、城镇热力工程）专业乙级、勘察行业岩土工程专业乙级、压力管道、工程总承包、工程咨询、对外承包、土地复垦等多项资质，是本溪市资质最全、规模最大、综合实力最强的勘察设计单位。下设综合办公室、人力资源部、财务部、经营部、工程部（工程总承包管理部）等 5 个管理部门；矿山、钢铁、总图规划、环保动力、自动化、工业建筑、技术经济等 7 个专业设计室；民用建筑分公司、监理公司、测绘公司、岩土公司、检测公司、图文印务公司等6个子(分)公司。2018年底有在籍员工189人，其中高级职称55人、中级职称78人、初级职称21人。

【经营管理】 设计院始终坚持立足本钢、走向市场的战略定位。以本钢技改、矿产资源、节能减排及海外项目为市场方向，2018年产值收入1732万元，其中实现设计收入1307万元，工程总承包及其他收入424万元。实现人身、火灾、重大质量事故、网络事故“四为零”的目标。各子（分）公司全年完成产值500万元。

【工程管理】 2018年度，设计院持续以提高设计产品质量和员工技术素养、职业道德提升为工作重点，全面推进设计经理负责制，精心组织设计生产，努力强化执行力和提高工作效率，全年共发出施工图1085份，计10831张。全年共承接能源总厂软化水站改造、恒通轧辊增产、板材废钢改造、1700磨辊间/IGCT改造、恒达物流园、特钢改造配套方案、北营35000制氧可研、北营废钢改造、三焦除尘、新建鱼雷罐铸铁机、解冻库、钢渣磨选、一钢搬迁配套方案、9号变改造、南芬露天矿工业场地搬迁、采场排水、歪矿164倒装站、国贸大厦升级改造、伊朗球团、东方矿业选矿、东大粉体合作项目、五矿营钢项目、双良集团换热站等设计任务134项，其中初设（含专篇）7项、方案（含投资估算）46项、施工图81项。

【企业管理】 奉行“学习、诚信、责任、创新”的企业文化，坚持以人为本原则，以《中华人民共和国公司法》为准绳，全心全意依靠员工办企业。坚持以制度管人、按制度做事，规范化运作公司制企业，坚持每季度的股东扩大会（暨职代会）、董事会、总经理办公会、经营例会、工程例会、技术委员会例会制度，做到重大事项集体讨论、民主决策，坚持厂务公开。绩效考核覆盖全部门、全体员工，涉及12个项目、18个部门。成本支出实行预算制，2018年较2017年度降成本130万元。全年累计投入23万元，用于更新设备、软件，改善办公环境，发放职工福利。

【质量管理】 严格执行ISO 9001质量管理体系要求，通过OA办公系统规范设计生产流程，增加内部审核工作的频次和深度，坚持设计成品质量抽查，持续关注技术能力提升和人才培养，充分发挥技术委员会的技术决策作用，有针对性地推行业务建设项目，保证设计产品质量稳步提高。

【党群工作】 2018年，公司党委认真贯彻落实习近平新时代中国特色社会主义思想，巩固并深化“两学一做”学习教育常态化制度化成果，强化巡视反馈意见整改落实，履行职能、夯实基础，党组织的政治核心作用得到进一步发挥。认真履行管党治党主体责任，公司基层组织功能得到增强，队伍活力得以激发，教育广大党员、职工群众增强“四个意识”，坚定“四个自信”，自觉做到“两个维护”，切实做到听党话、跟党走。为推进公司可持续发展提供了坚强的组织保证。公司工会以《中华人民共和国公司法》为准绳，全心全意依靠职工办企业。关心职工群众生活，2018年春节走访困难职工10人、慰问退休职工5人，送慰问金及慰问品5000元，走访外地单身大学生6人，发放慰问金1200元；中秋国庆“两节”期间发放职工福利32054元；全年走访慰问工会会员7人，发放慰问金3100元；组织职工参加市总工会职工医疗互助保险，参保人数171人，缴纳保费23085元。职工之家建设有了新发展，文化体育活动丰富多彩。组织迎新春猜谜、棋牌类比赛、职工健步走及登山活动、羽毛球比赛等。加强工会干部培训，参加本钢集团公司基层干部业务培训班3次；财务工作、经审工作注重加强规范化建设，对经费使用实行了有效的监督。公司工会“职工之家”建设员工满意率达100%。（谢登强）

栏目编辑　韩友清

本钢年鉴 *2019*

本钢集团

统计资料

工业总产值及主要产品产量完成情况

产品名称	计算单位	2018 年实际	2017 年实际	同比增减/%
一、工业总产值	万元	6229110. 2	5681977. 8	9. 63
本　钢	万元	4913104	4601394	6. 77
北　营	万元	1316006. 2	1080583. 8	21. 79
二、工业增加值	万元	1359159	1118343	21. 53
本　钢	万元	939079	765376	22. 70
北　营	万元	420080	352967	19. 01
三、主要产品产量				
1. 生铁	t	15439636	15783938	−2. 18
本　钢	t	8487390	8678753	−2. 20
北　营	t	6952246	7105185	−2. 15
2. 钢总计	t	15896811	15769379	0. 81
本　钢	t	8971226	8891591	0. 90
北　营	t	6925585	6877788	0. 69
电炉钢	t	379171	348996	8. 65
特钢厂	t	368211	338673	8. 72
机总公司	t	10960	10323	6. 17
转炉钢	t	15517640	15420383	0. 63
本　钢	t	8592055	8542595	0. 58
北　营	t	6925585	6877788	0. 69
3. 钢材商品量	t	15475805	15496786	−0. 14
本　钢	t	11960189	12372715	−3. 33
北　营	t	3515616	3124071	12. 53
特钢材	t	680080	723991	−6. 07
热轧板生产量	t	11489400	11899875	−3. 45
连轧厂	t	8252309	8638045	−4. 47
其中：一热轧	t	2548189	3075737	−17. 15

工业总产值及主要产品产量完成情况

续表（一）

产品名称	计算单位	2018 年实际	2017 年实际	同比增减/%
二热轧	t	1425801	1007631	41.50
三热轧	t	4278319	4554677	-6.07
1780 热轧机组	t	3237091	3261830	-0.76
冷轧板生产量	t	5707640	5532052	3.17
其中：一冷轧	t	1839108	1842984	-0.21
二冷轧	t	1849651	1826072	1.29
三冷轧	t	1916564	1772938	8.10
不锈钢	t	102317	90058	13.61
北　营：钢　筋	t	1173026	968294	21.14
线　材	t	2342590	2155777	8.67
4. 铁矿采剥总量	t	120458117	106918167	12.66
南　芬	t	86105418	71996739	19.60
歪头山	t	23438568	21919170	6.93
贾家堡	t	10340156	10309910	0.29
北　营	t	573975	2692348	-78.68
5. 铁矿石	t	22376477	23565764	-5.05
南　芬	t	11607340	11788783	-1.54
歪头山	t	5627876	5893613	-4.51
贾家堡	t	4288128	4324245	-0.84
北　营	t	853133	1559123	-45.28
6. 铁精矿	t	7645017	7955555	-3.90
南　芬	t	4143724	4161565	-0.43
歪头山	t	2000005	2052827	-2.57
贾家堡		1215588	1203230	1.03
北　营	t	285700	537933	-46.89
7. 人造富矿	t	27346895	28859679	-5.24

工业总产值及主要产品产量完成情况

续表（二）

产品名称	计算单位	2018 年实际	2017 年实际	同比增减/%
炼铁厂	t	12490908	12786575	-2.31
球团厂	t	2062803	2045703	0.84
带料加工球团（耐火厂）	t	704554	739170	-4.68
北　营	t	12088630	13288231	-9.03
8. 焦　炭	t	7517184	7200680	4.40
本　钢	t	4587727	4427901	3.61
北　营	t	2929457	2772779	5.65
9. 石灰石采剥总量	t	6997839	6511819	7.46
本　钢	t	4986555	4810174	3.67
北　营	t	2011284	1701645	18.20
10. 成品石灰石	t	4401294	3969570	10.88
本　钢	t	2822758	2773458	1.78
北　营	t	1578536	1196112	31.97
11. 发电量	万千瓦时	345308	330785	4.39
发电厂	万千瓦时	193932	189245	2.48
燃气厂	万千瓦时	26385	29623	-10.93
北　营	万千瓦时	124991	111917	11.68
12. 水　渣	t	6330499	5684104	11.37
本　钢	t	3989375	3365068	18.55
北　营	t	2341124	2319036	0.95
13. 工业水	万吨	85408.3	86963.3	-1.79
本　钢	万吨	79397.4	80804.4	-1.74
北　营	万吨	6010.9	6158.9	-2.40
14. 氧　气	万立方米	160154	160088	0.04
本　钢	万立方米	83213	80924	2.83
北　营	万立方米	76941	79164	-2.81

主要技术经济指标完成情况

指标名称	单位	2018 年实际	2017 年实际	同比增减/%
1. 剥采比	t/t	4.54	3.56	0.98
露天矿	t/t	6.42	5.11	1.31
歪头山	t/t	3.16	2.72	0.45
贾家堡	t/t	1.41	1.38	0.03
北　营	t/t	1.67	0.88	0.79
2. 选矿实际金属回收率	%	77.78	77.94	-0.16
选矿厂	%	77.16	77.22	-0.07
歪头山	%	80.04	80.53	-0.49
贾家堡	%	75.50	74.30	1.20
北　营	%	80.98	82.30	-1.33
3. 高炉利用系数	$t/(m^3 \cdot d)$	2.3659	2.3469	0.02
本　钢	$t/(m^3 \cdot d)$	2.1879	2.0493	0.14
北　营	$t/(m^3 \cdot d)$	2.6270	2.8530	-0.23
4. 转炉日历利用系数	t/(t·d)(公称)	25.92	25.76	0.16
本　钢	t/(t·d)(公称)	21.80	21.67	0.13
北　营	t/(t·d)(公称)	33.88	33.65	0.23
5. 转炉平均炉龄	炉/次	9973	9814	159.14
本　钢	炉/次	9905	9877	28.00
北　营	炉/次	10011	9779	232.00
6. 特钢成材率	%	93.90	93.99	-0.08
7. 热轧板成材率	%	97.39	97.55	-0.16
连轧厂	%	97.41	97.47	-0.05
一热轧	%	96.99	97.22	-0.23
二热轧	%	97.02	96.11	0.91
三热轧	%	97.80	97.94	-0.14
1780 轧机	%	97.33	97.75	-0.42

主要技术经济指标完成情况

续表（一）

指标名称	单位	2018 年实际	2017 年实际	同比增减/%
8. 一冷轧成材率	%	93.80	93.29	0.52
9. 二冷轧成材率	%	94.78	94.98	-0.19
10. 三冷轧成材率	%	93.81	93.86	-0.04
11. 不锈钢成材率	%	97.17	93.15	4.02
12. 钢筋综合成材率	%	98.17	98.88	-0.71
13. 线材综合成材率	%	97.73	97.53	0.20
14. 冶金焦率	%	85.45	85.01	0.43
本　钢	%	85.66	85.37	0.30
北　营	%	85.11	84.45	0.66

主要产品质量完成情况

指标名称	计算单位	2018 年实际	2017 年实际	同比增减/%
1. 生铁合格率	%	100.00	100.00	0.00
本　钢	%	100.00	100.00	0.00
北　营	%	100.00	100.00	0.00
2. 生铁一级品率	%	78.88	76.86	2.01
本　钢	%	87.48	86.98	0.50
北　营	%	68.37	64.50	3.86
3. 烧结矿合格率	%	97.02	95.75	1.27
本　钢	%	94.96	92.74	2.22
北　营	%	99.63	99.28	0.34
4. 电炉钢合格率	%	99.88	99.96	-0.08
5. 转炉连铸坯合格率	%	99.91	99.92	-0.01
本　钢	%	99.89	99.89	0.00
北　营	%	99.87	99.96	-0.09
6. 钢材合格率	%	99.65	99.66	-0.01
（1）特钢材合格率	%	99.77	99.76	0.01
（2）热轧板合格率	%	99.43	99.50	-0.06
（3）一冷轧合格率	%	99.81	99.70	0.11
（4）二冷轧合格率	%	99.86	99.85	0.01
（5）三冷轧合格率	%	99.20	99.22	-0.02
（6）不锈钢合格率	%	100.00	100.00	0.00
（7）热轧钢筋合格率	%	99.92	99.92	0.00
（8）热轧板合格率（1780）	%	99.97	99.98	-0.01
（9）热轧线材合格率	%	99.91	99.83	0.08
7. 冶金焦合格率	%	100.00	100.00	0.00
本　钢	%	100.00	100.00	0.00
北　营	%	100.00	100.00	0.00

主要产品质量完成情况

续表（一）

指标名称	计算单位	2018 年实际	2017 年实际	同比增减/%
8. 冶金焦抗碎强度 M40	%	89.44	89.32	0.12
本　钢	%	89.27	89.22	0.05
北　营	%	89.72	89.49	0.23
9. 冶金焦耐磨强度 M10	%	5.71	5.87	-0.16
本　钢	%	5.70	5.84	-0.13
北　营	%	5.73	5.92	-0.19
10. 冶金焦灰分	%	12.36	12.31	0.04
本　钢	%	12.35	12.30	0.05
北　营	%	12.37	12.32	0.04
11. 冶金焦硫分	%	0.88	0.81	0.07
本　钢	%	0.88	0.83	0.05
北　营	%	0.88	0.79	0.09
12. 铁精矿品位	%	66.96	66.85	0.11
南芬选矿厂	%	67.47	67.50	-0.04
歪头山铁矿	%	68.16	67.98	0.18
贾家堡子铁矿	%	63.49	63.26	0.23
北　营	%	66.11	65.32	0.80

主要消耗指标完成情况

产品名称	计算单位	2018 年实际	2017 年实际	同比增减/%
一、铁矿采矿				
1. 铁矿采总耗火药	千克/万吨	3360	3159	201. 57
露天矿	千克/万吨	3607	3403	203. 75
歪头山矿	千克/万吨	2766	2633	133. 26
贾家堡子	千克/万吨	2535	2549	-14. 15
北　营	千克/万吨	4627	3232	1394. 90
2. 采矿耗电	kW·h/t	1. 04	1. 19	-0. 15
露天矿	kW·h/t	0. 77	0. 89	-0. 13
歪头山矿	kW·h/t	2. 26	2. 51	-0. 25
贾家堡子	kW·h/t	0. 31	0. 29	0. 02
北　营	kW·h/t	4. 57	1. 75	2. 81
二、铁矿选矿				
1. 处理原矿耗电	kW·h/t	35. 55	34. 48	1. 07
选矿厂	kW·h/t	36. 23	35. 48	0. 75
歪头山矿	kW·h/t	31. 56	30. 11	1. 45
贾家堡子	kW·h/t	38. 01	37. 80	0. 21
北　营	kW·h/t	46. 62	37. 68	8. 94
2. 处理原矿耗水	t/t	11. 37	11. 86	-0. 49
选矿厂	t/t	10. 27	11. 67	-1. 40
歪头山矿	t/t	16. 03	15. 29	0. 74
贾家堡子	t/t	7. 98	7. 91	0. 07
北　营	t/t	5. 57	8. 25	-2. 68
3. 处理原矿耗钢球	kg/t	0. 81	0. 80	0. 01
选矿厂	kg/t	0. 64	0. 64	0. 00
歪头山矿	kg/t	0. 81	0. 80	0. 01
贾家堡子	kg/t	1. 34	1. 29	0. 06

主要消耗指标完成情况

续表（一）

产品名称	计算单位	2018 年实际	2017 年实际	同比增减/%
北　营	kg/t	0.58	0.68	-0.11
4. 处理原矿耗铁球	kg/t	0.52	0.54	-0.01
选矿厂	kg/t	0.88	0.86	0.02
歪头山矿	kg/t	0.00	0.00	0.00
贾家堡子	kg/t	0.00	0.00	0.00
北　营	kg/t	2.20	1.87	0.33
三、烧结				
1. 烧结耗固体燃料	kg/t	54.61	52.11	2.50
本　钢	kg/t	52.05	50.80	1.24
北　营	kg/t	57.85	53.65	4.20
2. 烧结耗电	kW · h/t	53.36	52.96	0.40
本　钢	kW · h/t	52.43	51.21	1.22
北　营	kW · h/t	54.53	55.02	-0.49
四、炼铁				
1. 综合焦比	kg/t	526	515	10.96
本　钢	kg/t	514	512	2.25
北　营	kg/t	541	519	21.93
2. 入炉焦比	kg/t	391	378	12.94
本　钢	kg/t	365	365	-0.20
北　营	kg/t	423	394	29.23
3. 煤比	kg/t	132	136	-4.45
本　钢	kg/t	125	127	-2.15
北　营	kg/t	140	148	-7.81
4. 电力消耗	kW · h/t	84.04	80.73	3.31
本　钢	kW · h/t	41.20	42.09	-0.89
北　营	kW · h/t	136.33	127.92	8.42

主要消耗指标完成情况

续表（二）

产品名称	计算单位	2018 年实际	2017 年实际	同比增减/%
五、炼焦				
吨焦耗湿煤	kg/t	1399	1396	3. 14
本　钢	kg/t	1400	1395	5. 32
北　营	kg/t	1398	1399	-0. 30
六、电炉炼钢				
1. 电炉钢耗钢铁料	kg/t	1143. 13	1167. 22	-24. 09
2. 电炉钢耗生铁	kg/t	360. 17	522. 10	-161. 93
3. 电炉钢耗废钢	kg/t	782. 96	645. 11	137. 85
4. 电炉钢综合耗电	kW · h/t	584. 28	362. 75	221. 53
七、转炉炼钢				
1. 转炉钢耗钢铁料	kg/t	1059	1067	-7. 14
本　钢	kg/t	1065	1065	-0. 04
北　营	kg/t	1053	1069	-15. 94
2. 转炉钢耗废钢	kg/t	77	61	15. 91
本　钢	kg/t	85	66	19. 30
北　营	kg/t	66	55	11. 71
3. 转炉钢耗生铁	kg/t	983	1006	-23. 05
本　钢	kg/t	980	999	-19. 35
北　营	kg/t	986	1014	-27. 65
4. 转炉钢耗氧气	m^3/t	55. 74	56. 16	-0. 41
本　钢	m^3/t	54. 28	55. 93	-1. 65
北　营	m^3/t	57. 55	56. 43	1. 12
八、转炉钢连铸				
1. 连铸比	%	100. 00	100. 00	0. 00
本　钢	%	100. 00	100. 00	0. 00
北　营	%	100. 00	100. 00	0. 00

主要消耗指标完成情况

续表（三）

产品名称	计算单位	2018 年实际	2017 年实际	同比增减/%
2. 合格连铸坯收得率	%	98. 67	98. 58	0. 09
本　钢	%	98. 38	98. 18	0. 20
北　营	%	99. 04	99. 07	-0. 03
3. 连铸机台时产量	t/h	168. 84	170. 39	-1. 54
本　钢	t/h	199. 14	201. 45	-2. 30
北　营	t/h	142. 03	143. 00	-0. 97
九、热轧钢材				
1. 钢材综合耗电	kW · h/t	89. 20	89. 99	-0. 80
本　钢	kW · h/t	82. 14	82. 94	-0. 80
北　营	kW · h/t	113. 63	118. 51	-4. 88
2. 钢材耗轧辊	kg/t	0. 58	0. 62	-0. 04
本　钢	kg/t	0. 72	0. 75	-0. 03
北　营	kg/t	0. 13	0. 14	-0. 01
十、一冷轧				
1. 钢材综合耗电	kW · h/t	125. 19	123. 15	2. 04
2. 钢材耗轧辊	kg/t	0. 27	0. 29	-0. 02
十一、二冷轧				
1. 钢材综合耗电	kW · h/t	119. 23	120. 60	-1. 37
2. 钢材耗轧辊	kg/t	0. 69	0. 67	0. 02
十二、三冷轧				
1. 钢材综合耗电	kW · h/t	129. 65	161. 89	-32. 24
2. 钢材耗轧辊	kg/t	0. 33	0. 40	-0. 06
十三、不锈钢冷轧				
1. 钢材综合耗电	kW · h/t	426. 95	522. 29	-95. 34
2. 钢材耗轧辊	kg/t	0. 12	0. 22	-0. 10

总能耗及工序能耗

指标名称	计算单位	2018 年实际	2017 年实际	同比增减/%
一、总能耗	万吨			
本　钢	万吨	564.93	574.59	-9.66
北　营	万吨	448.23	431.68	16.55
二、吨钢综合能耗	kg/t			
本　钢	kg/t	629.72	646.22	-16.50
北　营	kg/t	647.21	627.65	19.56
三、吨钢可比能耗	kg/t			
本　钢	kg/t	545.87	561.51	-15.64
北　营	kg/t	551.01	540.08	10.93
四、万元产值能耗	t/万元			
本　钢	t/万元	1.15	1.25	-0.10
北　营	t/万元	3.41	3.99	-0.58
五、万元增加值能耗	t/万元			
本　钢	t/万元	6.02	7.51	-1.49
北　营	t/万元	10.67	12.85	-2.18
六、工序能耗				
1. 采矿工序	kg/t			
露天矿	kg/t	0.89	0.77	0.12
歪头山	kg/t	1.08	0.97	0.11
北　营	kg/t	6.93	1.71	5.22
2. 选矿工序	kg/t			
选矿厂	kg/t	5.52	5.56	-0.04
歪头山	kg/t	5.45	5.18	0.27
北　营	kg/t	5.81	4.76	1.05
3. 石灰石工序	kg/t			
本　钢	kg/t	0.95	0.91	0.04

总能耗及工序能耗

续表（一）

指标名称	计算单位	2018 年实际	2017 年实际	同比增减/%
北　营	kg/t	1.65	1.68	-0.03
4. 焦化工序	kg/t			
本　钢	kg/t	114.14	122.00	-7.86
北　营	kg/t	99.25	99.64	-0.39
5. 烧结工序	kg/t			
本　钢	kg/t	49.21	49.11	0.10
北　营	kg/t	53.58	49.88	3.70
6. 炼铁工序	kg/t			
本　钢	kg/t	379.92	378.70	1.22
北　营	kg/t	386.24	373.13	13.11
7. 电炉炼钢工序	kg/t	87.3	80.00	7.30
8. 转炉炼钢工序	kg/t			
本　钢	kg/t	-18.83	-16.90	-1.93
北　营	kg/t	-12.7	-12.35	-0.35
9. 连铸工序				
本　钢	kg/t	5.84	12.89	-7.05
北　营	kg/t	11.04	11.34	-0.30
10. 轧钢工序				
特钢厂	kg/t	110.1	94.40	15.70
连轧厂	kg/t	57.89	59.88	-1.99
一冷轧	kg/t	49	45.67	3.33
二冷轧	kg/t	86.46	87.40	-0.94
北　营	kg/t	62.82	61.05	1.77
11. 废钢加工工序				
本　钢	kg/t	0.87	1.33	-0.46
北　营	kg/t	0.15	0.15	0.00

总能耗及工序能耗

续表（二）

指标名称	计算单位	2018 年实际	2017 年实际	同比增减/%
12. 发电总汽煤耗				
本　钢	kg/GJ	40. 97	39. 79	1. 18
北　营	kg/GJ	40. 17	39. 10	1. 07
13. 供水吨钢能耗				
本　钢	kg/t	3. 3	4. 49	-1. 19
北　营	kg/t	3. 66	3. 65	0. 01
14. 供电能耗				
本　钢	kg/万 kWh	23. 4	23. 30	0. 10
北　营	kg/万 kWh	23. 7	23. 75	-0. 05
15. 有效氧能耗				
本　钢	kg/m^3	0. 14	0. 15	-0. 01
北　营	kg/m^3	0. 11	0. 11	0. 00

主要钢铁工业产品产、销、存实物量

指标名称	年初库存	本年调入	本年生产	本年自用	本年销售		盘盈(+)/盘亏(-)	年底库存
					本年销售小计	其中：本年出口		
铁矿石原矿	26400	0	22376477	22368477	0	0	0	34400
矿业公司	26400		21523344	21515344				34400
北营公司	0		853133	853133				0
铁矿石成品矿	166988	0	7645017	7654801	0	0	0	157204
其中：铁精矿	166988	0	7645017	7654801	0	0	0	157204
矿业公司	166988		7359317	7369101				157204
北营公司	0		285700	285700				0
烧结铁矿	0	0	22369952	22343952	0	0	0	26000
板材公司	0		12490908	12464908				26000
北营公司	0		9879044	9879044				0
球团铁矿	0	0	4976943	4976943	0	0	0	0
本钢	0	0	2767357	2767357	0	0	0	0
马耳岭球团厂	0		2062803	2062803				0
带料加工（耐火）			704554	704554				0
北营公司	0		2209586	2209586				0
生铁	17682	0	15439636	15420807	0	0	0	36511
板材公司	5050		8487390	8487390				5050
北营公司	12632		6952246	6933417				31461
粗钢产品	216274	0	15896811	15931226	0	0	0	181859
本钢	60256	0	8971226	8949231	0	0	0	82251
特钢厂	11132		368211	366247				13096
炼钢厂	49124		8592055	8572024				69155
机总	0		10960	10960				0
北营公司	156018		6925585	6981995				99608

主要钢铁工业产品产、销、存实物量

续表（一）

指标名称	年初库存	本年调入	本年生产	本年自用	本年销售		盘盈(+)/盘亏(-)	年底库存
					本年销售小计	其中：本年出口		
其中：连铸坯	216091	0	15878974	15913332	0	0	0	181733
板材公司	60073	0	8953389	8931337	0	0	0	82125
特钢厂	10949		361334	359313				12970
炼钢厂	49124		8592055	8572024				69155
北营公司	156018		6925585	6981995				99608
钢材	243165	0	15475805	0	15463078	3869191	0	255892
本钢公司	218429	0	11960189	0	11949075	2699714	0	229543
北营公司	24736	0	3515616	0	3514003	1169477	0	26349
棒材	22652		680080		686434	59186		16298
钢筋	10316		1173026		1173491	248855		9851
线材	13965		2342590		2340512	920622		16043
冷轧薄板	4893		389292		389100	46960		5085
中厚宽钢带	88620	0	5769040	0	5762814	1431706	0	94846
板材公司	88165	0	5769040	0	5762814	1431706	0	94391
热连轧厂	30230		3411196		3396022			45404
1780 轧机	57935		2357844		2366792			48987
北营公司	455		0					455
冷轧薄宽钢带	74167	0	3142314	0	3138800	606507	0	77681
一冷轧	12699		799722		803091			9330
二冷轧	24274		700556		691942			32888
三冷轧	30980		1539719		1540580			30119
不锈钢	6214		102317		103187			5344
镀层板（带）	25966	0	1840996	0	1832671	550583	0	34291
其中：镀锌板（带）	25966	0	1840996	0	1832671	550583	0	34291

主要钢铁工业产品产、销、存实物量

续表（二）

指标名称	年初库存	本年调入	本年生产	本年自用	本年销售		盘盈(+)/盘亏(-)	年底库存
					本年销售小计	其中：本年出口		
一冷轧	5724		511627		512055			5296
二冷轧	10765		962384		951832			21317
三冷轧	9477		366985		368784			7678
涂层板（带）	284		-64		88			132
电工钢板（带）	2302		138531		139168	4772		1665
焦炭	23463	0	7517184	7496469	30694	0	0	13484
板材公司	23463		4587727	4567012	30694			13484
北营公司	0		2929457	2929457				0

基层单位安全情况

序号	单位名称	死亡/人	重伤/人	千人负伤率/‰
1	集团公司合计	0	0	1. 19
2	北营公司	0	0	0. 76
3	矿业公司	0	0	0. 6
4	炼铁厂	0	0	3
5	炼钢厂	0	0	1. 8
6	热连轧厂	0	0	2. 4
7	一冷轧厂	0	0	0. 91
8	二冷轧厂	0	0	3
9	三冷轧厂	0	0	0
10	丹东不锈钢厂	0	0	0
11	特钢厂	0	0	2. 1
12	焦化厂	0	0	3
13	发电厂	0	0	1. 6
14	能源总厂	0	0	0. 5
15	运输部	0	0	0
16	废钢厂	0	0	0
17	计控厂	0	0	0
18	原料厂	0	0	0
19	维检中心	0	0	0
20	自动化公司	0	0	0
21	建设总公司	0	0	1. 5
22	修建公司	0	0	1. 4
23	机械制造总公司	0	0	1. 1
24	实业发展公司	0	0	0

基层单位安全情况

续表（一）

序号	单位名称	死亡/人	重伤/人	千人负伤率/‰
25	新事业公司	0	0	0
26	冶金渣公司	0	0	3
27	热力公司	0	0	0
28	房地产开发公司	0	0	0
29	技师学院	0	0	0
30	起重机厂	0	0	0
31	恒通公司	0	0	3

环境保护主要指标完成情况

指标名称	计算单位	2018 年实际
污染物综合排放合格率	%	未统计
本　钢	%	未统计
北　营	%	未统计
厂区降尘量	吨/(平方公里·月)	32.70
本　钢	吨/(平方公里·月)	29.36
北　营	吨/(平方公里·月)	42.87
大气中可吸入颗粒物浓度	mg/Nm^3	
本　钢	mg/Nm^3	未监测
北　营	mg/Nm^3	0.089
大气中一氧化碳浓度	mg/Nm^3	
本　钢	mg/Nm^3	未监测
北　营	mg/Nm^3	2.848
大气中二氧化硫浓度	mg/Nm^3	
本　钢	mg/Nm^3	未监测
北　营	mg/Nm^3	0.052
工业粉尘排放量	万吨	0.68
本　钢	万吨	0.40
北　营	万吨	0.28
工业粉尘回收量	万吨	104.94
本　钢	万吨	53.08
北　营	万吨	51.86
工业用水量	万吨	366285.53
集团厂区总计	万吨	339877.35
集团矿区总计	万吨	26408.18
本　钢	万吨	240267.62
厂区总计	万吨	214052.70
矿区总计	万吨	26214.92
北　营	万吨	126017.91
厂区总计	万吨	125824.65
矿区总计	万吨	193.26
新水量	万吨	6785.63
集团厂区总计	万吨	6548.44
集团矿区总计	万吨	237.19
本　钢	万吨	4750.83
厂区总计	万吨	4534.40
矿区总计	万吨	216.43
北　营	万吨	2034.80
厂区总计	万吨	2014.04

环境保护主要指标完成情况

续表（一）

指标名称	计算单位	2018 年实际
矿区总计	万吨	20.76
环水量	万吨	359499.90
集团厂区总计	万吨	333328.91
集团矿区总计	万吨	26170.99
本　钢	万吨	235516.79
厂区总计	万吨	209518.30
矿区总计	万吨	25998.49
北　营	万吨	123983.11
厂区总计	万吨	123810.61
矿区总计	万吨	173
厂区废水排放量	万吨	2589.05
本　钢	万吨	1843.32
北　营	万吨	745.73
达标排放量	万吨	2589.05
本　钢	万吨	1843.32
北　营	万吨	745.73
废气排放量	万立方米	44766359
集团厂区总计	万立方米	43789592
集团矿区总计	万立方米	976766
本　钢	万立方米	26596787
厂区总计	万立方米	25626999
矿区总计	万立方米	969787
北　营	万立方米	18169572
厂区总计	万立方米	18162593
矿区总计	万立方米	6979
厂区噪声		
昼间		
本　钢	分贝 A	63.1（东侧厂界）
北　营	分贝 A	63.9（东侧厂界）
夜间		
本　钢	分贝 A	51.8（西侧厂界）
北　营	分贝 A	54.2（北侧厂界）
厂区绿化覆盖率	%	31.71
本　钢	%	31.08
北　营	%	33.61
全年完成环境保护投资	万元	22142.70
本　钢	万元	16117.00
北　营	万元	6025.70

生产设备完好情况

设备名称	年底考核设备台数			在册完好设备台数		不完好设备台数	完好率/%
	合计	在用台数	封存台数	一级	二级		
烧结机	7	7	0	7	0	0	100.00
板材公司	4	4	0	4	0	0	100.00
北营公司	3	3	0	3	0	0	100.00
高　炉	9	9	0	9	0	0	100.00
板材公司	4	4	0	4	0	0	100.00
北营公司	5	5	0	5	0	0	100.00
转　炉	14	14	0	14	0	0	100.00
板材公司	7	7	0	7	0	0	100.00
北营公司	7	7	0	7	0	0	100.00
电　炉	2	2	0	2	0	0	100.00
连铸机	17	16	1	16	0	0	100.00
板材公司	7	7	0	7	0	0	100.00
北营公司	10	9	1	10	0	0	100.00
棒材轧机（特钢）	1	1	0	1	0	0	100.00
钢筋轧机（北营）	3	3	0	3	0	0	100.00
线材轧机（北营）	3	3	0	3	0	0	100.00
热连轧机	4	4	0	4	0	0	100.00
板材公司	3	3	0	3	0	0	100.00
北营公司	1	1	0	1	0	0	100.00
冷轧薄板轧机	5	5	0	5	0	0	100.00
一冷轧厂	1	1	0	1	0	0	100.00
二冷轧厂	1	1	0	1	0	0	100.00
三冷轧厂	1	1	0	1	0	0	100.00
不锈钢厂	2	2	0	2	0	0	100.00
焦　炉	16	16	0	16	0	0	100.00
板材公司	8	8	0	8	0	0	100.00
北营公司	8	8	0	8	0	0	100.00

固定资产投资完成情况一览表

项目名称	开工年月	建成投产年月	计划总投资	自开始建设累计 完成投资	自开始建设累计 新增固定资产	本年完成投资合计	按构成分 建筑工程	按构成分 安装工程	按构成分 设备购置	按构成分 其他费用	基本建设投资	按投资方向分 铁矿采选	烧结	球团	炼铁	炼钢	炼钢 电炉	炼钢 转炉	连铸	轧材	铁合金
甲	1	2	3	4	5	6	7	8	9	10	11	12	13	14	15	16	17	18	19	20	21
去年同期			1896196	1234038	130790	172527	37765	26610	70874	37278		12317	10971	0	4472	474		474		70018	
合　计			1977778	1329413	367767	373871	38915	64090	179201	91665	0	56843	34299	1137	51366	43046	0	43046	0	84166	0
冷轧高强钢工程	2013. 04		610000	558750		61175	4237	2698	34551	19689						0				61175	
南芬矿扩帮延深	2009. 09		322851	156575		35426	2740	3367	434	28885		35426				0					
转炉系统节能环保改造及 180 吨脱磷转炉	2007. 05	2018. 11	159106	159106	159106	32856	4373	6536	12843	9104						32856		32856			
炼铁厂 5 号高炉产能置换工程	2018. 11		150000	6959		6959	1345	1032	4056	526					6959	0					
360 平方米烧结机	2014. 03	2018. 10	127774	127774	127774	25330	4158	3982	9963	7227			25330		·	0					
本钢工业余热暖民工程一期	2017. 07		101100	4400		1788		658	917	213											
1#、2#炉大修改造工程	2017. 06	2018. 10	72000	72000	72000	36000	2421	9051	11349	13179						0					
发电厂三电车间热电联产改造项目	2017. 06		71134	51227		34952	3850	7264	17264	6574						0					
1700 热轧完善改造	2018. 11		54000	2778		2778		496	2227	55						0				2778	
特钢轧机改造	2018. 06		50000	5688		5688	1113	148	4178	249						0				5688	
能源管控中心	2011. 08		28410	25341		0										0					
4 号～6 号转炉环保改造	2018. 06		27000	1140		1140	40		1072	28						1140		1140			
6 号高炉环保改造	2018. 07		25225	21799		21799	640	7619	13291	249					21799	0					
1 号高炉环保改造	2018. 07		16500	16421		16421	441	5817	9964	199					16421	0					
北营贾家堡子铁矿采选配套过滤系统工程	2018. 09		12750	12402		12402	4641	2154	5037	570		12402				0					
北营一高线高速棒材改造项目	2018. 09		12000	11844		11844	1450	1890	8176	328						0				11844	
北营 300、360 平方米烧结机环保改造	2018. 08		9997	8969		8969	169	1387	7088	325			8969			0					
发电厂高压车间燃煤锅炉脱硫改造	2017. 07	2018. 06	9198	8887	8887	5212	500	1690	1832	1190						0					
炼钢厂 2 号铸机改造	2018. 06		9720	9050		9050	360	500	7800	390						9050		9050			
北营矿业公司回转窑改造	2018. 08		7662	6031		6031	1352	572	3953	154		6031				0					
歪头山铁矿小西沟尾矿库二次加高增容	2013. 04		7357	3288		801			801			801				0					
7 号高炉干法除尘及 TRT 发电节能改造	2018. 05		6500	3751		3751	165	682	2744	160					3751	0					
本钢南芬主城区燃煤锅炉环保改造工程	2018. 06		6500	1959		1959	254	1068	560	77						0					
物贸大楼消防安全改造工程	2018. 07		6000	3500		3500	1864	158	1318	160						0					
工业大数据云平台	2018. 07		5500	1034		1034			639	395						0					
超薄酸洗线改造	2017. 07		5800	3685												0					
5000 万元以下合计			63694	45055		27006	2802	5321	17144	1739		2183		1137	2436					2681	

固定资产投资完成情况一览表

续表（一）

项目名称	本年完成投资合计·按投资方向分·焦化	耐火	炭素	金属制品	其他	其中：增加产能	增加新产品	改进工艺	节约能源（材料）	提高产品质量	保护环境	其他	本年新增固定资产	本年固定资产投资实际到位资金·上年末结余资金	国家预算资金	国内贷款	债券	利用外资	自筹资金	其他资金来源	房屋面积/米²·施工面积	竣工面积
甲	22	23	24	25	26	27	28	29	30	31	32	33	34	35	36	37	38	39	40	41	42	43
去年同期	36000				38275		61467	72870			13380	24810							172527		83032	83032
合　计	40262	0	0	0	62752	20699	61175	114326	9773	9979	106420	51499	0	0	0	0	0	0	373871	0	9202	9202
冷轧高强钢工程							61175												61175			
南芬矿扩帮延深												35426							35426			
转炉系统节能环保改造及 180 吨脱磷转炉											32856								32856			
炼铁厂 5 号高炉产能置换工程								6959											6959			
360 平方米烧结机								25330											25330			
本钢工业余热暖民工程一期					1788							1788							1788			
1#、2#炉大修改造工程	36000							36000											36000			
发电厂三电车间热电联产改造项目					34952			34952											34952			
1700 热轧完善改造								2778											2778			
特钢轧机改造								5688											5688			
能源管控中心																						
4 号~6 号转炉环保改造											1140								1140			
6 号高炉环保改造											21799								21799			
1 号高炉环保改造											16421								16421			
北营贾家堡子铁矿采选配套过滤系统工程											12402								12402		463	463
北营一高线高速棒材改造项目						11844													11844			
北营 300、360 平方米烧结机环保改造											8969								8969			
发电厂高压车间燃煤锅炉脱硫改造					5212						5212								5212			
炼钢厂 2 号铸机改造										9050									9050			
北营矿业公司回转窑改造						6031													6031		5316	5316
歪头山铁矿小西沟尾矿库二次加高增容						801													801			
7 号高炉干法除尘及 TRT 发电节能改造									3751										3751			
本钢南芬主城区燃煤锅炉环保改造工程					1959						1959								1959			
物贸大楼消防安全改造工程					3500							3500							3500			
工业大数据云平台					1034							1034							1034			
超薄酸洗线改造																						
5000 万元以下合计	4262				14307	2023		2619	6022	929	5662	9751							27006		3423	3423

主要财务状况表

指标名称	单位	本年	2017 年同期
一、期末资产			
流动资产合计	万元	5423246	4122695
固定资产原价	万元	13546600	12489547
累计折旧	万元	5528904	5206194
其中：本年折旧	万元	474527	364770
固定资产净值	万元	8017696	7283353
资产总计	万元	15556759	14496314
二、期末负债			
流动负债合计	万元	10256546	9461099
非流动负债合计	万元	1079684	1393572
负债合计	万元	11336230	10854671
三、期末所有者权益			
所有者权益合计	万元	4220529	3641643
其中：实收资本	万元	1800000	1800000
国家资本	万元	1800000	1800000
集体资本	万元		
法人资本	万元		
个人资本	万元		
港澳台资本	万元		
外商资本	万元		
四、损益及分配			
营业收入	万元	6336604	5233601
其中：主营业务收入	万元	6025422	5158808
营业成本	万元	5373315	4326453
其中：主营业务成本	万元	5106865	4316505
税金及附加	万元	93301	74173

主要财务状况表

续表（一）

指标名称	单位	本年	2017 年同期
其中：主营业务税金及附加	万元	93301	74173
其他业务利润	万元		0
销售费用	万元	136261	145874
管理费用	万元	327900	306613
财务费用	万元	520203	363789
投资收益（损失记“”）	万元	77652	8333
营业利润	万元	19969	6943
营业外收入	万元	41834	62999
营业外支出	万元	19134	34094
利润总额	万元	42669	35848
所得税费用	万元	5397	6160
五、增值税			
应交增值税	万元	192867	112172
六、产值资料			
工业总产值（当年价格）	万元	6229110	5681978
工业销售产值（当年价格）	万元	6220395	5681378

产品销售利润构成

指标名称	销售量/吨	销售收入/万元	销售成本/万元	销售费用/万元	销售税金及附加/万元	销售利润/万元
铁矿石成品矿						
其中：铁精矿						
烧结铁矿						
球团铁矿						
生铁						
直接还原铁						
粗钢产品						
其中：连铸坯						
钢材	15442729	5858586	5081426	135146	57580	584434
铁道用钢材						
大型型钢						
中小型型钢						
棒材	687405	285074	289903	6448	2025	-13302
钢筋	1169613	387792	373341	7676	7549	-774
线材（盘条）	2276508	807984	708228	14940	14693	70123
特厚板						
厚板						
中板						
热轧薄板						
冷轧薄板	507593	195517	162061	4761	1495	27200
中厚宽钢带	5902944	2137903	1726452	55370	17388	338693
热轧薄宽钢带						
冷轧薄宽钢带	2919454	1171124	1054186	27385	8600	80953
热轧窄钢带						
冷轧窄钢带						

产品销售利润构成

续表（一）

指标名称	销售量/吨	销售收入/万元	销售成本/万元	销售费用/万元	销售税金及附加/万元	销售利润/万元
镀层板（带）	1837339	811328	705856	17235	5412	82825
涂层板（带）						
电工钢板（带）	141873	61864	61399	1331	418	-1284
无缝钢管						
焊接钢管						
其他钢材						
钢丝						
钢丝绳						
钢绞线						
铁合金产品						
焦炭	30694	1366	1320	21	14	11
炭素制品						
耐火材料制品						

劳动工资情况

指标名称	计量单位	代码	2018年		2017年同期	
			全部人员	主业人员	全部人员	主业人员
一、从业人员年底人数	人	1	66038	37620	68830	40015
其中：女性	人	2	10135	4944	10671	5639
其中：非全日制	人	3		0		
（一）在岗职工	人	4	66038	37620	68830	40015
（二）劳务派遣人员	人	5		0		
（三）其他从业人员	人	6		0		
二、离开本单位仍保留劳动关系的职工年底人数	人	7	4015	1175	4429	1280
三、单位从业人员年平均人数	人	8	66876	38650	70089	40729
（一）在岗职工	人	9	66876	38650	70089	40729
（二）劳务派遣人员	人	10		0		
（三）其他从业人员	人	11		0		
四、离开本单位仍保留劳动关系的职工年平均人数	人	12	4237	1236	4733	1352
五、从业人员变动情况	—	—		0		
（一）增加人数	人	13	5805	205	2688	1892
1. 从农村招收	人	14		0		
2. 从城镇招收	人	15		0		
3. 录用的退伍军人	人	16		0		
4. 录用的大、中专、技工学校毕业生	人	17	452	100	402	74
5. 调入	人	18	3	0	3	
其中：由外省、自治区、直辖市调入	人	19		0		
6. 其他	人	20	5350	105	2283	1818
（二）减少人数	人	21	8597	2600	5455	3392
1. 离休、退休、退职	人	22	3474	1802	2471	1285
2. 开除、除名、辞退	人	23		0		

劳动工资情况

续表（一）

指标名称	计量单位	代码	2018 年		2017 年同期	
			全部人员	主业人员	全部人员	主业人员
3. 终止、解除合同	人	24	218	128	325	196
4. 离开本单位仍保留劳动关系的职工	人	25		0		
5. 死亡	人	26	178	87	227	128
6. 调出	人	27		0	3	
其中：调到外省、自治区、直辖市	人	28		0		
7. 其他	人	29	4727	583	2429	1783
六、从业人员工资总额	万元	30	411196.24	242896.37	372857	224920
（一）在岗职工	万元	31	411196.24	242896.37	372857	224920
（二）劳务派遣人员	万元	32		0		
（三）其他从业人员	万元	33		0		
七、离开本单位仍保留劳动关系的职工生活费	万元	34	8807.5068	2221.5739	9950	2369

国有经济企业专业技术人才基本情况

项目		代码	合计	女	少数民族	中共党员	博士	硕士	港澳台及外籍人士	学历					年龄						高级	正高级	中级	初级
										研究生	大学本科	大学专科	中专	高中及以下	35岁及以下	36岁至40岁	41岁至45岁	46岁至50岁	51岁至54岁	55岁及以上				
甲		乙	1	2	3	4	5	6	7	8	9	10	11	12	13	14	15	16	17	18	19	20	21	22
总计		1	11197	4295	1730	7181	21	821		842	5507	3586	1034	228	1812	1841	2010	2652	1714	1168	1917	142	5553	3727
其中：1. 在管理岗位工作		2	5810	1862	911	4783	12	472		484	3028	2050	151	97	971	915	1184	1580	979	181	1097	22	2961	1752
2. 具有职业资格		3																						
专业技术职务	高级职务	4	1917	808	310	1440	16	420		436	1298	163	4	16	35	149	396	652	445	240	1917	142		0
	其中：正高级职务	5	142	93	21	71	2	46		48	94	0		0		0	16	73	40	13	142			0
	中级职务	6	5553	2131	841	3789	2	306		308	2754	2090	319	82	497	1101	1154	1428	865	508			5553	0
	初级职务	7	3727	1356	579	1952	3	95	0	98	1455	1333	711	130	1280	591	460	572	404	420	0	0	0	3727
	未聘任专业技术职务	8								0				0						0				0
专业类别	工程技术人员	9	6306	1218	994	4486	17	514	0	531	3428	2025	201	121	1038	1181	1096	1460	860	671	976	0	3205	2125
	农业技术人员	10								0				0						0				0
	科学研究人员	11								0				0						0				0
	卫生技术人员	12	2107	1619	324	512	4	132		136	600	549	784	38	574	276	333	457	340	127	348	134	916	843
	教学人员	13	375	258	68	243	0	28		28	198	119	19	11	22	57	61	101	103	31	125	4	187	63
	经济人员	14	763	341	101	641	0	55		55	377	304	10	17	54	84	185	192	126	122	105		467	191
	会计人员	15	672	442	109	440	0	26		26	402	228	14	2	65	116	161	166	108	56	165		268	239
	统计人员	16	77	61	8	52	0	1		1	27	44	3	2	0	8	8	22	28	11	7	0	41	29
	翻译人员	17	26	16	7	14	0	2		2	20	4	0	0	12	3	4	4	1	2	5	3	6	15
	图书档案、文博人员	18	56	51	8	35	0	2		2	20	29	1	4	2	6	10	26	10	2	7	0	46	3
	新闻、出版人员	19	75	41	10	61	0	1		1	60	14	0	0	18	12	13	19	7	6	6	1	39	30
	律师、公证人员	20	10	3	1	9	0	0		0	8	2	0	0		2	1	1	4	2		0	9	1
	播音人员	21								0				0						0				0
	工艺美术人员	22	4	2	0	0	0	0		0	2	2	0	0	2			2		0	1		1	2
	体育人员	23								0				0						0				0
	艺术人员	24	5	2	1	0				0				5					2	3			5	0
	政工人员	25	721	241	99	688		60		60	365	266	2	28	25	96	138	202	125	135	172	0	363	186

中国钢铁工业协会重点统计钢铁企业排名

（万吨）

粗钢			生铁			钢材		
单位	产量	名次	单位	产量	名次	单位	产量	名次
宝武集团	6742.94	1	宝武集团	6252.98	1	宝武集团	6460.54	1
河北钢铁集团	4489.38	2	河北钢铁集团	3968.42	2	河北钢铁集团	4136.24	2
沙钢集团	4066.07	3	鞍钢集团	3475.67	3	沙钢集团	3954.13	3
鞍钢集团	3735.88	4	沙钢集团	3182.99	4	鞍钢集团	3491.13	4
北京建龙重工集团	2788.48	5	北京建龙重工集团	2589.69	5	首钢集团	2626.19	5
首钢集团	2734.22	6	首钢集团	2524.46	6	北京建龙重工集团	2351.65	6
山东钢铁集团	2320.94	7	山东钢铁集团	2243.46	7	山东钢铁集团	2262.42	7
华菱钢铁集团	2301.17	8	华菱钢铁集团	1930.91	8	华菱钢铁集团	2151.86	8
马钢集团	1964.19	9	马钢集团	1800.39	9	马钢集团	1868.81	9
本钢集团	1589.68	10	本钢集团	1543.96	10	本钢集团	1547.58	10

注：2018 年全国共生产粗钢 92826.44 万吨、生铁 77105.44 万吨、钢材 110551.65 万吨。

（财务部　供）

栏目编辑　　邹丽颖

本钢集团

人事与机构

2018年本钢集团有限公司组织机构图

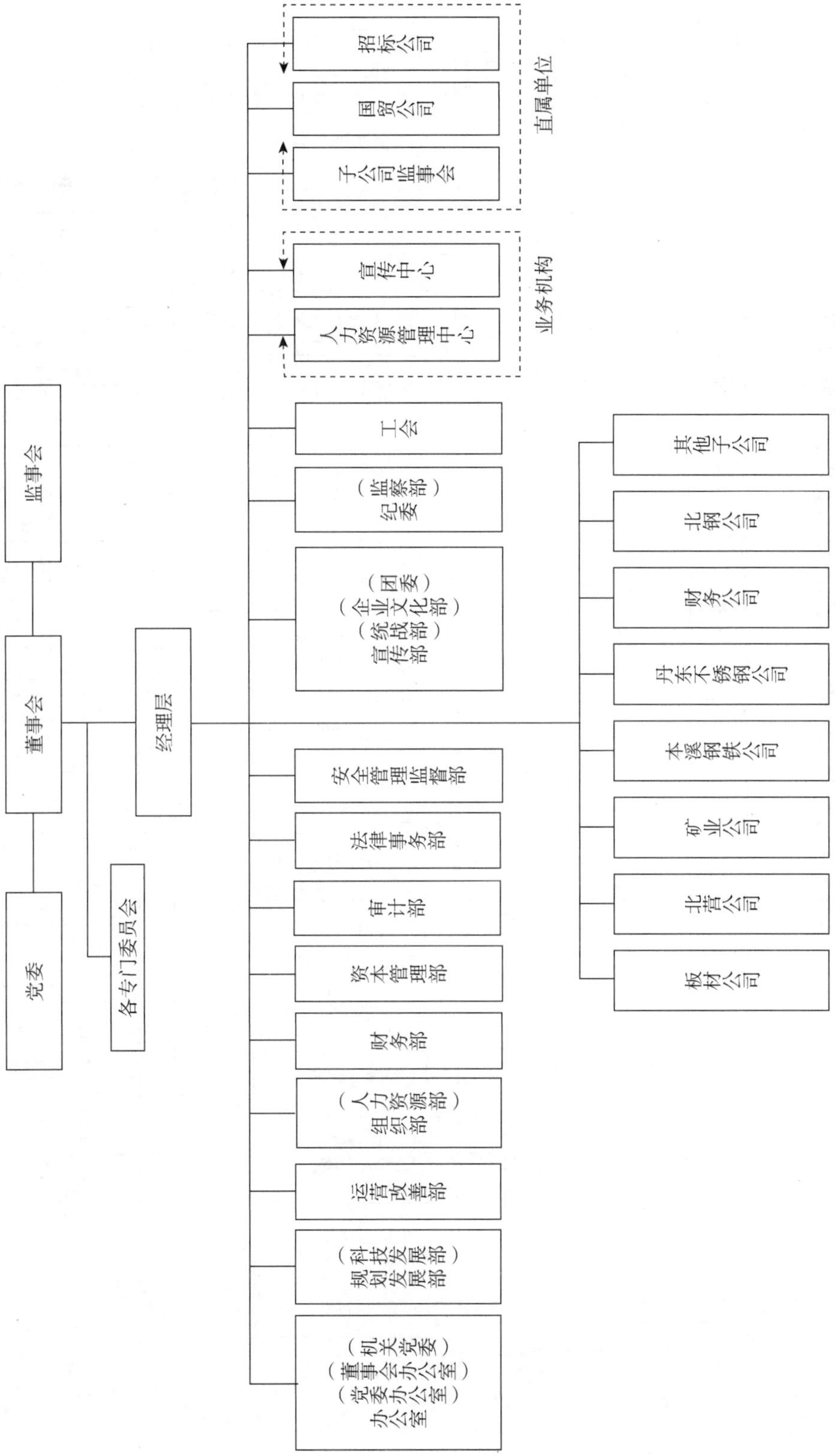

2018年本溪钢铁公司组织机构图

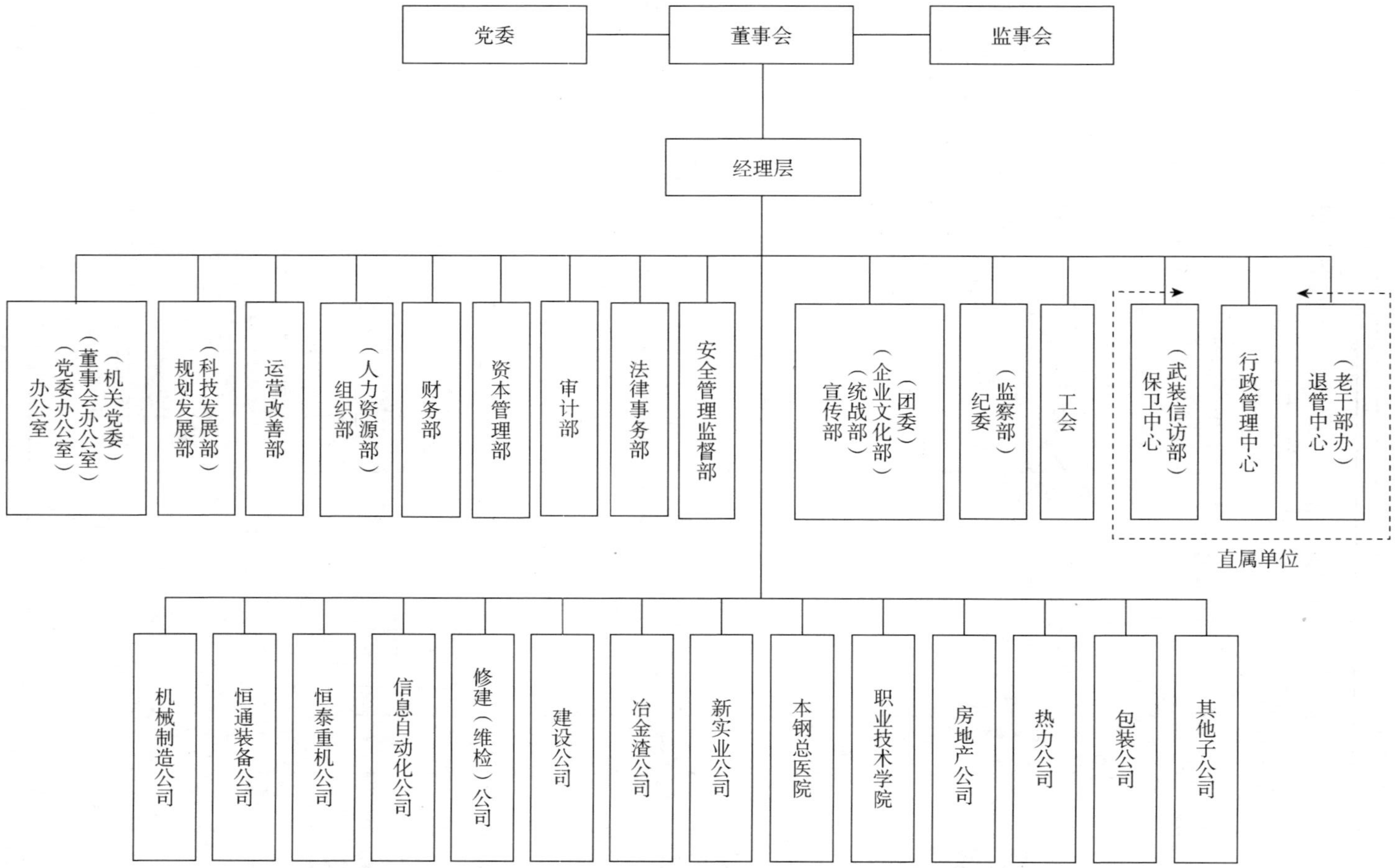

说明：本溪钢铁公司与集团公司一体化运作，职能部门实行“一套班子，两块牌子”。

2018年本钢板材公司组织机构图

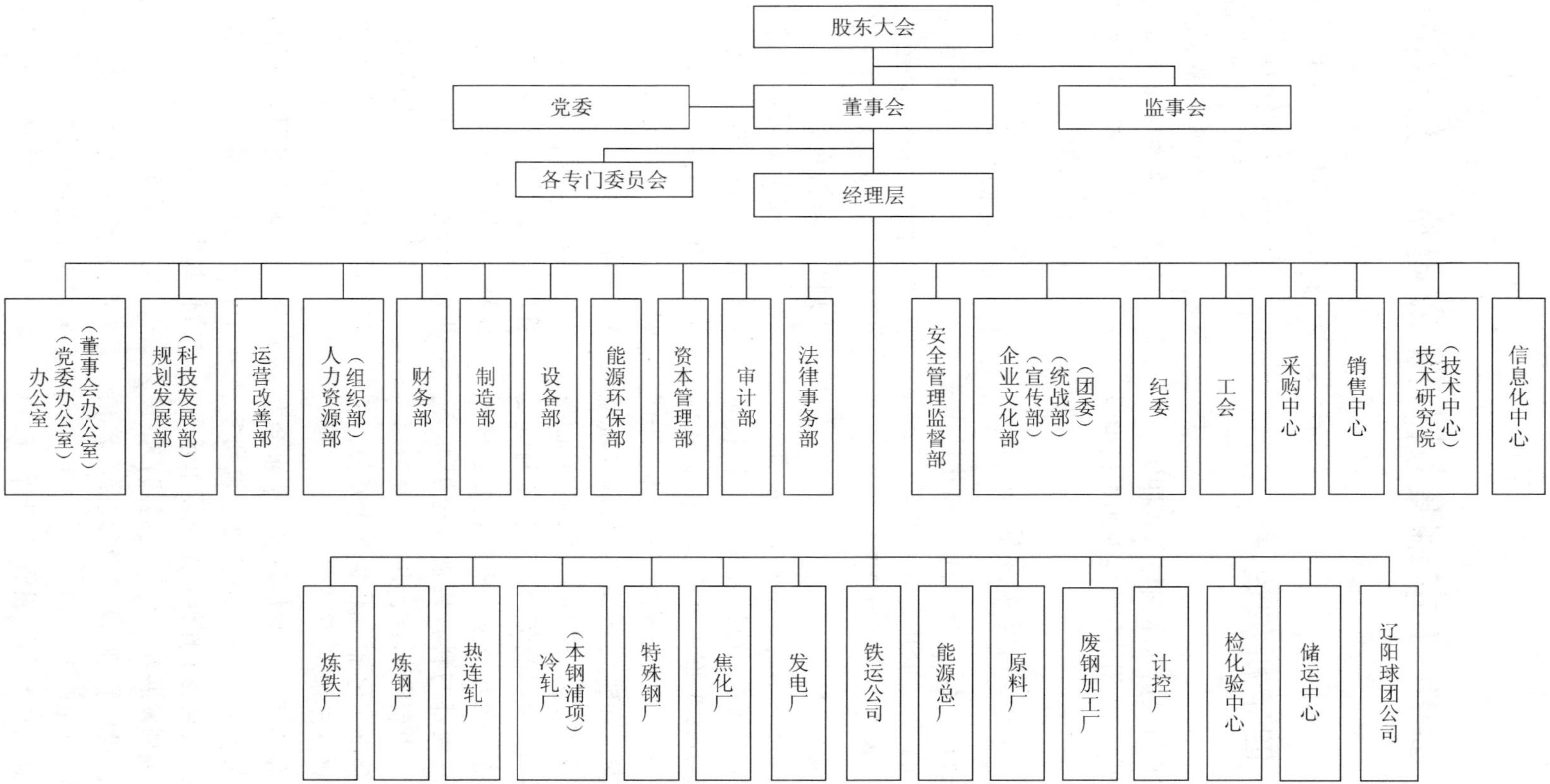

（运营改善部　供）

2018 年本钢集团有限公司机构变动情况

四定机构设置

1 月 26 日根据《本钢集团“四定”工作指导意见》，集团公司决定对组织机构设置进行优化调整如下：

一、集团公司与本溪钢铁公司

集团公司、本溪钢铁公司一体化运作，职能部门实行“一套班子，两块牌子”。

（一）集团公司机构设置

1. 职能部门

设置办公室（党委办公室、董事会办公室、机关党委）、规划发展部（科技发展部）、运营改善部、组织部（人力资源部）、财务部、资本管理部、审计部、法律事务部、安全管理监督部、宣传部（统战部、企业文化部、团委）、纪委（监察部）、工会 12 个职能部门。办公室与党委办公室、董事会办公室、机关党委合署办公；规划发展部与科技发展部合署办公；组织部与人力资源部合署办公；宣传部与统战部、企业文化部、团委合署办公；纪委与监察部合署办公。

（1）办公室（党委办公室、董事会办公室、机关党委）下设综合处、调研室、督查室、机关党委工作处 4 个职能单元。

（2）规划发展部（科技发展部）下设规划管理、投资管理、科技管理、经济信息 4 个职能单元。

（3）运营改善部下设管理创新、改革发展、绩效考核 3 个职能单元。

（4）组织部（人力资源部）下设组织管理处、干部管理处、干部监督处（出国事务办公室）、员工管理、薪酬绩效 5 个职能单元。

（5）财务部下设会计管理、预算管理、计划统计、资金管理、税费筹划、综合管理 6 个职能单元。

（6）资本管理部下设资本运营、资本管理 2 个职能单元。

（7）审计部下设经营审计、投资审计、管理审计 3 个职能单元。

（8）法律事务部下设合规管理、案件管理 2 个职能单元。

（9）安全管理监督部下设综合管理、安全监察、防火监察 3 个职能单元。

（10）宣传部（统战部、企业文化部、团委）下设宣传统战处、企业文化、团委 3 个职能单元。

（11）纪委（监察部）下设信访案件管理室、纪检监察室、案件审理室、纪检监察干部监督管理室、综合督察室（清欠工作办公室）5 个职能单元。

（12）工会下设劳动经济工作处、组织民管保障处、文体女工处 3 个职能单元。

2. 业务机构

设置人力资源管理中心、宣传中心 2 个业务机构，业务上分别受人力资源部、宣传部指导。

3. 直属单位

设置子公司监事会、国贸公司、招标公司 3 个直属单位。

（1）子公司监事会下设第一监事会、

第二监事会、第三监事会、第四监事会、第五监事会、第六监事会、综合管理处（监事会工作联络处）7个内设机构。

（2）国贸公司下设综合管理部、出口市场销售部、出口计划执行部、进口部、商贸部、物流事业部、长材销售部、非钢产品销售部、铸管销售部、不锈钢销售部10个内设机构。

（二）本溪钢铁公司机构设置

1. 职能部门

设置12个职能部门，与集团公司职能部门设置相同。

2. 直属单位

设置保卫中心（武装信访部）、行政管理中心、退管中心（老干部办）3个直属单位。

保卫中心（武装信访部）下设综合管理处、门禁管理处、交巡管理处、来访接待处、信访指导处5个内设机构。

（三）职能部门调整

1. 办公室：将保卫部的保密办业务划入办公室。

2. 规划发展部（科技发展部）：将战略规划部、科技管理部分别更名为规划发展部、科技发展部，合署办公；撤销经济信息研究院，将其业务划入规划发展部；将科协业务划入科技发展部，保留科协牌子。

3. 运营改善部：撤销集体企业协调服务部，将其职能划入运营改善部；撤销改革发展研究中心，将其业务划入运营改善部。

4. 人力资源部：撤销人才开发研究院，将其规划、计划等政策性业务划入人力资源部。

5. 财务部：撤销经营管理部，将其综合计划、绩效考核方案制定、统计管理和行业对标职能划入财务部；将原财务中心职能划入财务部。

6. 资本管理部：设立资本管理部。撤销资本运营部，将其职能划入资本管理部。

7. 团委：团委不再独立设置，与宣传部、统战部、企业文化部合署办公。

（四）业务机构调整

1. 人力资源管理中心：设立人力资源管理中心。将原人才开发研究院事务性业务划入人力资源管理中心；撤销人力资源中心，将其业务划入人力资源管理中心。

2. 宣传中心：将北营公司的新闻宣传业务划入宣传中心。

（五）直属单位调整

1. 子公司监事会：设立子公司监事会。将审计部的子公司监事会管理、上级派监事会联络职能划入子公司监事会。

2. 招标公司：设立招标公司。将采购中心、国贸公司、设备部等单位招标实施业务划入招标公司。

3. 保卫中心（武装信访部）：设立保卫中心（武装信访部）。撤销保卫部、武装部、信访部，保留武装部、信访部牌子，将其职能业务（不含保密办业务）划入保卫中心；将办证中心业务划入保卫中心；将北营公司和矿业公司的保卫业务（不含炸药库保卫）划入保卫中心统一管理。

4. 行政管理中心：设立行政管理中心。将办公室的集团行政管理及后勤事务整体划入行政管理中心；将规划发展部的土地管理（不含新征用地）、房产管理职能划入行政管理中心；将房管中心、档案馆业务划入行政管理中心；将公务用车业务划入行政管理中心，并注销汽车租赁公司；将工会代管的计划生育业务划入行政管理中心。

5. 退管中心（老干部办）：设立退管中心（老干部办）。撤销离退休职工管理处、人力服务中心，将其职能业务划入退管中心。

6. 期货贸易中心：撤销期货贸易中心，将其业务划入国贸公司。

7. 文体活动中心：将文体活动中心划归新实业公司管理。

（六）临时项目部调整

撤销管理创新项目部、能源管控中心项目部、矿山技术研发所、产业链延伸项目部、资产整合推进组、煤化工项目部、矿产资源回收再利用公司、金融中心项目部、产品包装项目部、本钢工艺应知应会项目部。

二、板材公司

（一）职能部门

设置办公室（党委办公室、董事会办公室）、规划发展部（科技发展部）、运营改善部、人力资源部（组织部）、财务部、制造部、设备部、能源环保部、资本管理部、审计部、法律事务部、安全管理监督部、企业文化部（宣传部、统战部、团委）、纪委（监察部）、工会15个职能部门。

办公室与党委办公室、董事会办公室合署办公；规划发展部与科技发展部合署办公；人力资源部与组织部合署办公；企业文化部与宣传部、统战部、团委合署办公；纪委与监察部合署办公。

1. 制造部下设综合管理、管控中心、标准管理、生产计划、产品设计、原料管理、异议管理、质量监督、运输物流9个职能单元。

2. 设备部下设设备管理、设备运行管理、工程计划管理、工程设计管理、工程管理及质量监督管理、工程预算管理、技术专家室7个职能单元。

3. 能源环保部下设能源管理、能源技术、环保管理、环保技术4个职能单元。

（二）直属单位

设置采购中心、销售中心、技术研究院（技术中心）、信息化中心4个直属单位。

1. 采购中心下设计划管理部、技术商情部、供应商管理部、质量监督管理部、综合管理部、财务结算部、焦煤采购部、燃煤采购部、原料采购部、矿粉废钢采购部、金属建材采购部、电气化工采购部、生产备件采购部、工程设备采购部14个内设机构。

2. 销售中心下设营销管理部、客户服务部、热轧产品销售部、冷轧产品销售部、特殊钢销售部、冷轧专用钢销售部、期货贸易部7个内设机构。

3. 技术研究院（技术中心）下设技术管理、综合管理、汽车板研究所、家电板研究所、工程结构用钢研究所、长材产品研究所、矿山及资源研究所、铁焦工艺研究所、钢轧工艺研究所、应用及检测技术研究所10个内设机构。

（三）厂矿

设置炼铁厂、炼钢厂、热连轧厂、冷轧厂（本钢浦项）、特殊钢厂、焦化厂、发电厂、铁运公司、能源总厂、原料厂、废钢加工厂、计控厂、检化验中心、储运中心、辽阳球团公司15个厂矿级单位。

（四）职能部门调整

1. 规划发展部（科技发展部）：将战略规划部、科技管理部分别更名为规划发展部、科技发展部，合署办公；将科协业务划入科技发展部。

2. 运营改善部：将法律事务部的风控体系综合管理职能划入运营改善部。

3. 人力资源部（组织部）：设立组织部。人力资源部与组织部合署办公。

4. 制造部：将质量管理中心的质量管

理职能划入制造部；撤销运输管理部，将其职能业务（不含办证中心、公务用车业务）划入制造部；将物料计划、产品资源计划业务划入制造部；将包装及装封车费用管理职能划入制造部。

5. 设备部：将采购中心的备件计划管理职能划入设备部。

6. 能源环保部：设立能源环保部。撤销能源管理部、环保管理部，将其职能业务划入能源环保部；将办公室厂容绿化业务划入能源环保部。

7. 资本管理部：设立资本管理部。

8. 企业文化部（宣传部、统战部、团委）：设立企业文化部（宣传部、统战部、团委）。撤销党群工作部，将其宣传、统战、共青团业务划入企业文化部（宣传部、统战部、团委）。

9. 纪委（监察部）：设立纪委（监察部）。将原党群工作部纪检、监察业务划入纪委（监察部）。

10. 工会：工会独立设置。将原党群工作部工会业务划入工会。

（五）直属单位调整

1. 采购中心：撤销供应商管理部，将其职能划入采购中心。

2. 销售中心：将销售部更名为销售中心。

3. 技术研究院（技术中心）：重新组建技术研究院（技术中心）。

4. 信息化中心：设立信息化中心。撤销信息化部，将其职能业务划入信息化中心。

（六）厂矿调整

1. 冷轧厂（本钢浦项）：将冷轧系统整合成立冷轧厂。撤销冷轧薄板厂、第三冷轧厂；本钢浦项相对独立运行，机构和人员单独设置，但受冷轧厂统一领导。

2. 检化验中心：将质量管理中心更名为检化验中心，主要负责理化检验及铁前质量检查、判定工作。

3. 铁运公司：将运输部更名为铁运公司。

三、北营公司

（一）职能部门

设置办公室、规划工程部、运营改善部、人力资源部、财务部、制造部、设备部、能源环保部、安全管理监督部、组织部、纪委（监察部）、工会、棒线材研究所13个职能部门。

（二）直属单位

设置生活服务中心、退管中心2个直属单位。

（三）厂矿设置

设置炼铁厂、炼钢厂、轧钢厂、铸管公司、矿业公司、焦化厂、铁运公司、公运公司、原料厂、能源总厂、发电厂、计控厂、冶金渣公司13个厂矿。

四、矿业公司

（一）职能部门设置

设置办公室（党委办公室）、规划资源部、生产安全部、技术质量部、设备部、工程部、财务部、组织（人力资源）部、工会、纪委10个职能部门。

（二）厂矿设置

设置南芬露天铁矿、歪头山铁矿、南芬选矿厂、石灰石矿、矿产品厂、贾家堡铁矿、设备修造厂、炸药厂、汽运分公司、黏土矿10个厂矿。

五、本溪钢铁公司子公司

（一）建设公司

1. 设置综合办公室、党群工作部（退管中心）、财务部、项目管理部、项目督察部、安全管理监督部6个职能部门。

2. 设置机电安装公司、路桥建设公司、矿山建设公司（天宇消防公司）、矿山实业分公司、建筑工程分公司、高级装修公司（包装分公司）、金属结构分公司、设备供销分公司、混凝土分公司、协力分公司、市场经营分公司11个子（分）公司。将一建公司、二建公司、三建公司改为留守机构，不定级格。

（二）修建（维检）公司

设置综合办公室、经营计划部、工程检修部、资材管理部、安全管理部、党群工作部、市场开发部7个职能部门。

（三）机械制造公司

1. 设置综合办公室、经营技术部、销售部、采购部、党群工作（人力资源）部、财务部6个职能部门。

2. 设置第一机修厂、矿山机修厂、第三机修厂3个厂。

日常管理

8月14日为加强集团公司对标管理工作，精准比对行业先进指标，全面实现降本增效的工作任务，经集团公司研究决定，集团公司财务部下增设对标管理职能单元。

8月27日为落实全面从严治党要求，进一步健全和完善党内监督体系，加强对基层党组织和党员干部的监督，经集团公司研究决定，设立党委巡察工作领导小组办公室，为集团公司职能部门，与集团公司纪委合署办公，下设综合处和巡察处2个职能单元。

8月27日为满足集团公司对纪检监察组织实行派驻制管理的需要，集团纪委下增设15个派驻纪检监察组，各组不设定机构规格。

8月28日为加快推进结构优化升级，延伸产品产业链，提高东北市场服务能力，进一步提升市场占有率。经集团公司研究决定，成立北方恒达物流有限公司。

11月2日为贯彻落实纪检监察体制机制改革的要求，集团公司实行纪检监察组织派驻制管理，对北营公司纪委和矿业公司纪委予以撤销。

11月21日为优化资源配置，推进产品结构优化升级，提升市场占有率，进一步加快物流园建设。集团公司决定将北方恒达物流有限公司（物流园项目部）隶属管理关系调整到国贸公司。

（运营改善部　供）

领导干部一览表

本钢集团有限公司（董事会、党委会、监事会、经理层）

1	董事会	董 事 长：陈继壮 副董事长：汪 澍 董　　事：赵忠民　杨成广　曹爱民 董事会秘书：申 强
2	党委会	党委书记：陈继壮 党委副书记：汪 澍　赵忠民 工会主席：张彦宾 纪委书记：陈 铁 党委常委：杨成广　曹爱民　陈 铁　高 烈　张贵玉　张彦宾　唐朝盛
3	监事会	主　　席：张连义 监　　事：郑东林　崔 贺　王 勇　陶玉民（职工）
4	经理层	总 经 理：汪 澍 副总经理：杨成广　陈 铁　高 烈　张 鹏　张贵玉 总工程师：张贵玉 总会计师：曹爱民

本钢集团有限公司（部门）

1	总经理助理		唐朝盛　奈作鑫　邵剑超　申　强　卫传文
	副总经济师		邵剑超　苑兴垚　周　辉
	副总工程师		戴法贞　孙东升　王凤民　包明伟　韩永德　谭洪柱
	首席信息官（CIO）		邵剑超
	销售总监助理		吴绍刚
2	办公室	主　任：	苑兴垚
		副主任：	陈　军　那　丽
3	规划发展部（科技发展部）	部　长：	包明伟
		副部长：	栾吉德　王忠东　刘宇方
4	运营改善部	部　长：	刘　勇
		副部长：	郭永权　范洪彬
5	组织部（人力资源部）	部　长：	申　强
		副部长：	张凤臣　李正春　何　瑛
6	财务部	部　长：	黄兴华
		副部长：	左占国　李永全　瞿宏伟
7	资本管理部	部　长：	马海滨
		副部长：	冯艳玲　闻　伟
8	审计部	部　长：	韩　梅
		副部长：	李晓炜
9	法律事务部	部　长：	康　杰
		副部长：	侯学亮
10	安全管理监督部	部　长：	吴忠刚
		副部长：	梁庆飞　陈　杰　迟臣焕
11	宣传部（企业文化部、统战部、团委）	部　长：	钱振德
		副部长：	石晓姝　张　林
12	工　会	主　席：	张彦宾
		副主席：	陶玉民（常务副主席）　王晓明
13	纪委（监察部）	纪委书记：	陈　铁
		纪委副书记、监察部部长：	牛　力
14	党委巡察工作领导小组办公室	主　任：	牛　力
		副主任：	王　丹（常务副主任）

本钢集团有限公司（业务机构）

1	人力资源管理中心	主　任：　李象君 副主任：　程　刚　郭银辉
2	宣传中心	主　任：　李洪武 副主任：　王魁璞　孙亚男

板材公司（董事会、党委会、监事会、经理层）

1	董事会	董 事 长：　汪　澍 副董事长：　曹爱民 董　　事：　高　烈　黄兴华 董事会秘书：　高德胜
2	党委会	党委书记：　汪　澍 党委委员：　曹爱民
3	监事会	主　　席：　韩　梅 监　　事：　李晓炜
4	经理层	总 经 理：　高　烈 副总经理：　王凤民　包明伟

北营公司（董事会、党委会、经理层）

1	董事会	董事长：　陈　新 副董事长：　王长波 董　事：　刘章满
2	党委会	党委书记：　陈　新 工会主席：　张建军
3	经理层	总经理：　王长波 副总经理：　赵　建　刘章满　吕学明 总会计师：　王东晖

矿业公司（董事会、党委会、经理层）

1	董事会	董 事 长：　赵铁林 董　　事：　王少宇　李　彬
2	党委会	党委书记：　赵铁林 工会主席：　赵铁林
3	经理层	总 经 理：　赵铁林 副总经理：　李　彬　许志中 总会计师：　王少宇

本溪钢铁公司（董事会、党委会、监事会、经理层）

1	董事会	董 事 长：　杨成广 董　　事：　张　鹏　黄兴华　陶玉民（职工）
2	党委会	党委书记：　杨成广 工会主席：　陶玉民 纪委书记：　牛　力
3	监事会	主　　席：　樊建封 职工监事：　王英婵　杨　旭
4	经理层	总 经 理：　张　鹏 副总经理：　潘玉明　孙东升

北钢公司（董事会、党委会、经理层）

1	董事会	董 事 长：　奈作鑫 副董事长：　马忠岩 董　　事：　左占国　张世明　赵英军（职工）
2	党委会	党委书记：　奈作鑫 工会主席、纪委书记：　赵英军
3	经理层	总 经 理：　马忠岩 副总经理：　左占国　张东为　张世明

财务公司（董事会、监事会、经理层）

1	董事会	董 事 长：　曹爱民 董　　事：　李永全　韩　梅　季国峰　瞿宏伟
2	监事会	监　　事：　李晓炜　王英婵　刘林峰
3	经理层	总 经 理：　季国峰 副总经理：　罗　震　王长伟

恒亿公司（董事会、经理层）

1	董事会	董 事 长：　李永全
2	经理层	经　　理：　季国峰 副 经 理：　关文辉　徐　强

恒汇公司（董事会、监事会、经理层）

1	董事会	董事长：　季国峰 董　事：　李永全　王长伟　丛雅娟　赵　鑫
2	监事会	监　事：　李晓炜
3	经理层	总经理：　王长伟

恒基公司（董事会、监事会、经理层）

1	董事会	董 事 长：　闻　伟 董　　事：　郭晓刚 董事会秘书：　郭晓刚
2	监事会	副 主 席：　冯艳玲
3	经理层	总 经 理：　王长伟 副 经 理：　郭晓刚

（组织部　供）

第十三届全国人民代表大会代表

陈继壮

辽宁省第十三届人民代表大会代表

汪　澍　　罗佳全　　赵　迪　　杜　娟

本溪市第十六届人民代表大会代表

陈继壮	曹爱民	杨成广	陈　新	赵铁林	程　斌	贺旭日
李鸿友	单　斌	王继伟	田　姝	蔡宏军	陈正林	王大为
王　昕	万秀丽	宋万喜	侯　阳	胡文龙	焦秀华	刘天忠
张宇虹	何文元					

（组织部　供）

中国人民政治协商会议
辽宁省第十二届委员会常委、委员

常务委员　陈继壮

委　　员　郭永全　吴　岩

中国人民政治协商会议
本溪市第十三届委员会常委、委员

常务委员	钱振德	郭永全	张万志	赵兴涛	刘惠生	
委　　员	卫传文	张凤臣	李明伟	李　彬	王立仁	秦志成
	高延伟	宋　涛	寇接红	关永久	闫志刚	宁玉涛
	王　克	戴忠庶	唐　微	詹宏惟	张惠杰	陈文奇
	黄玉成	朱元芹	刘淑清	王大勇	李广群	徐海涛
	吕原鑫	刘宏亮	张维安	惠国东	奚艳丽	于江洋
	赵永华	张玉涛	霍雪洁			

（宣传部　供）

2018 年晋升高级技术职称人员名单

一、正高级

工程系列

刘宏亮　　教授研究员级高级工程师　　文小明　　教授研究员级高级工程师
李　霞　　教授研究员级高级工程师　　康海军　　教授研究员级高级工程师
钟晓丹　　教授研究员级高级工程师　　高守龙　　教授研究员级高级工程师

高教系列

曲　涛　　教授　　乔玉华　　教授　　初晓旭　　教授

技校系列

徐　铁　　教授级高级讲师

二、副高级

工程系列

付东贺　　高级工程师　　何群才　　高级工程师
张　健　　高级工程师　　董学涛　　高级工程师
肖　洋　　高级工程师　　王传琳　　高级工程师
王运国　　高级工程师　　胡　冰　　高级工程师
刘红祎　　高级工程师　　李　铁　　高级工程师
邹德胜　　高级工程师　　王海峰　　高级工程师
肖　晖　　高级工程师　　刘书超　　高级工程师
高建伟　　高级工程师　　王荣强　　高级工程师
王天宇　　高级工程师　　宋大伟　　高级工程师
张　猛　　高级工程师　　张彩臣　　高级工程师
张海宾　　高级工程师　　王海明　　高级工程师
周　勇　　高级工程师　　杜黎明　　高级工程师
谢　东　　高级工程师　　曹笑宇　　高级工程师
徐海涛　　高级工程师　　李国鹏　　高级工程师
占　凯　　高级工程师　　马耕新　　高级工程师
王光亮　　高级工程师　　刘锡亭　　高级工程师
杨德义　　高级工程师　　杨海波　　高级工程师
胡　珂　　高级工程师　　兰宪斌　　高级工程师
董　野　　高级工程师　　曲　涛　　高级工程师
王　弘　　高级工程师　　李德斌　　高级工程师

经济系列

兰大国　高级经济师
梁宏艺　高级经济师
蒋再贺　高级经济师
张维兴　高级经济师

会计系列

赵中华　高级会计师
赵　卓　高级会计师
赵琳清　高级会计师
孙　静　高级会计师
单艳丽　高级会计师
李　杰　高级会计师
黄春秀　高级会计师
李英波　高级会计师
荐　微　高级会计师
尚尔军　高级会计师

高教系列

王冠华　副教授
韩　瞧　副教授
滕志庆　副教授
朱培燕　副教授
刘　雷　副教授

技校系列

高　峰　高级讲师

档案系列

王艳春　副研究馆员

中小学教师系列

李冬艳　高级教师
王　晶　高级教师

三、高级政工师

李凤梅　高级政工师
刘继荣　高级政工师
战　宇　高级政工师
高先强　高级政工师
郭筱璇　高级政工师
孙华锋　高级政工师
桓丽丽　高级政工师
唐丽杰　高级政工师
倪万华　高级政工师
纪　斌　高级政工师
张　冕　高级政工师
姚建波　高级政工师
高　峰　高级政工师
史　超　高级政工师
张　岩　高级政工师
付　钰　高级政工师

2018 年本钢集团工匠技师

板材公司

毕海军	维修电工	谭学彦	维修电工	袁　伟	维修电工
景旺泉	维修电工	孟广维	维修电工	杨金华	维修电工
富君普	维修电工	王文良	电工	张翔南	电工
吴齐雄	仪器仪表维修工	覃　兵	变电站值班员	张庆祥	电力电缆工
孙凤军	锅炉运行值班员	王学东	汽轮机运行值班员	邢　波	机修钳工
惠修龙	机修钳工	张玉臣	冷作工（铆工）	叶方军	轧钢工
张　永	轧钢工	徐殿巍	轧钢工	孙　峰	轧钢工
唐天博	磨工	王　冲	镀锌工	于文洋	炉外精炼工
王　勇	炉外精炼工	李　伟	热风炉工	王　庆	电炉炼钢工
李家林	电炉炼钢工	刘兴东	电炉炼钢工	徐玲枝	化学检验工

矿业公司

周玉龙	维修电工	谭乐战	维修电工	初玉宏	维修电工
吴建斌	机修钳工	夏建卫	机修钳工	丁志英	机修钳工
黄金龙	机修钳工	赵东升	机修钳工	孙　广	机修钳工
麻士富	机修钳工	赵文杰	汽车修理工	吴宝军	挖掘机司机
关红军	磁选工				

北营公司

白景刚	维修电工	宋　平	维修电工	鹿秀山	维修电工
鲁向东	仪器仪表维修工	范须凯	仪器仪表维修工	李世平	仪器仪表维修工
潘利军	仪器仪表维修工	包仁库	仪器仪表维修工	刘正勇	机修钳工
黄长清	机修钳工	孙长久	电焊工	吴立红	电焊工
王景辉	汽车修理工	姜　文	汽车修理工	姜应安	车工

本溪钢铁公司

刘　庆	维修电工	张成林	维修电工	刘铁君	维修电工
高　强	维修电工	赵志刚	维修电工	何云龙	维修电工
杜　伟	维修电工	曹洪利	机修钳工	姬振宇	机修钳工
钱大勇	机修钳工	田　径	机修钳工	王　威	机修钳工
刘庆智	机修钳工	赵宝伟	机修钳工	孙　伍	机修钳工
张　春	机修钳工	牛晓明	机修钳工	周洪伟	安装起重工
马　军	电焊工	吴隆兴	电焊工	陈向东	电焊工
张朝贵	车工	韩庆波	车工	崔　巍	数控车床工

（组织部　供）

栏目编辑　陈　军

本钢年鉴 2019

本钢集团

人物与表彰

先进人物与表彰

辽宁省“五一”劳动奖章获得者

陈　新　男，满族，1970年11月出生，中共党员，大学学历，现任本溪北营钢铁（集团）股份有限公司党委书记、董事长。2013年获得本溪市“劳动模范”荣誉称号。

该同志勤政务实，甘于奉献，勇于担当，始终对自己高标准、严要求，努力做好各项工作，把党的事业和企业发展作为自己最大的责任和最高的使命，做好带头人，为公司发展做出了突出贡献。

自到任北营公司以来，他带领北营公司全体干部职工，积极应对外部市场挑战，不断转变管理理念，推进改革创新，增强企业活力，促进了企业持续稳定发展。根据市场需求变化及时调整和优化生产组织，深入推进降本增效，实施设备能源系统挖潜攻关，大力开展品种研发和产品质量控制工作，实现了企业生产经营业绩大幅提升。2017年，全年实现销售收入229亿元，上缴税金6.87亿元，成本挖潜8.14亿元，实现同比减亏增效21.5亿元。深入推进“全面从严抓安全”，实施全员安全专项奖励，开展现场实操培训，严抓违章操作，企业安全生产形势明显好转。大力开展企业环境治理、环保设施提标改造和厂容环境整治，厂区职工及周边居民生产、生活环境显著改善。关注涉及职工民生问题的整改和落实，不断提高职工收入，实现了企业的持续健康稳定发展。

高立波　男，汉族，1980年10月出生，中共党员，大学学历，工程师，现任本钢板材股份有限公司炼铁厂五高炉作业区替班工长。2015年被评为“本溪市青年岗位能手”，是本溪市“五一”劳动奖章获得者。

高立波同志技艺精湛，既能熟练操作高炉，又精通各种疑难事故的处理，为高炉安全生产、稳定顺行做出了积极贡献。连续四届获本钢举办的炼铁工技能大赛第一名，荣获本溪市首届“创业杯”技能大赛冠军，连续两届进入全国举办的炼铁工技能大赛前十名。所在班组每年节约降耗130余万元。他撰写的《本钢4747立方米高炉提高煤比实践》荣获辽宁省自然科学学术成果奖、辽宁省金属学会优秀论文一等奖。

2017年为了降低燃料消耗，高立波在保证高炉顺行基础上，提出对高炉操作参数调整的建议，以中心气流为主，不断扩大矿石平台，提高煤气利用率，使燃料比降低20~25千克/吨，3~7月连续5个月完成厂部制定的目标计划。2017年11月，当炉缸温度再度出现不断升高现象、严重威胁五号高炉炉缸安全和正常生产时，高立波在五号高炉采取钒钛矿护炉措施和限产情况下，不断完善炉缸监视手段，及时采取休风凉炉措施，保证了炉缸的安全。

何　明　男，满族，1967 年 12 月出生，中共党员，大专，现任本溪钢铁（集团）矿业有限责任公司歪头山铁矿生产科科长。2017 年荣获本溪市“特等劳动模范”称号。

近 5 年来，何明同志双休日从不休息，每年近 180 天晚上在单位值班，及时掌握生产动态，第一时间到达现场解决问题，力保矿山生产顺行。面对钢铁企业的严峻形势，何明同志不等不靠，主动作为，全力组织精矿超产，精心安排在采场 140 水平、80 米水平增设三条倒矿生产线，增强采场矿石生产能力，全年倒矿 210 万吨以上。为了弥补原矿不足问题，全力组织排土场回收矿石的生产，每天组织生产、地测、采矿等单位现场确认混采部位，周密安排，能收尽收，全年回收矿石 140 万吨以上。在何明同志的精心组织下，歪头山铁矿连续五年超额完成公司下达的精矿任务。

歪头山铁矿每天综合耗电在 50 万千瓦时以上，为节约用电成本，何明同志提出实行全矿各工序躲峰生产方案，全年峰谷比完成 0.95，节约成本 190 万元。由何明同志主持完成的《合理安排主体工艺设备运行时间实现躲峰生产降低耗电成本》，获得本钢集团科技成果奖。

白　微　女，汉族，1982 年 7 月出生，毕业于东北大学计算机网络专业，现就职于本溪钢铁（集团）信息自动化有限公司。2015 年获得本溪市“五一”劳动奖章。

该同志始终勤奋、努力、刻苦钻研，一步一个脚印地坚守在平凡的岗位上。刚到单位时，白微同志总是跟着项目组负责人边干边学，遇到问题，总是“纠”着不放，不是请教有经验的同事，就是跟着网上的教程进行学习。为了尽快掌握技术知识，白微几乎从头开始学习 · net 应用平台，反复实验该平台的各类插件，使之成功应用于本溪长安网建设、本溪市商业银行和本溪市发改委两家网站等多个外部市场项目。在本溪市市直机关工委绩效考评系统的开发应用中，需采用新的框架进行开发设计，白微同志又重新对 angulajs、bootstrap 前端框架进行了系统学习，最终实现机关工委下属 120 家企事业单位的党建工作、工作绩效、日常工作进行详细考评的统一系统；2017 年由白微同志承担的本溪市委督考合一电子平台工程项目，实现了为市委督查室对下属 140 家单位全年任务进行考核提供评分依据的目标。此外，本溪市工信委网站、本溪市住房公积网站、本溪木兰花乳业外埠销售系统也于同年开发并成功上线运行。白微的工作能力、工作业绩不仅受到业主的好评，还为公司赢得了市场和信誉。

仲聪林　男，汉族，1962 年出生，中共党员，大专学历，现任本溪钢铁（集团）机电安装工程公司电调队队长，高级工程师。曾获本溪市 2004—2006 年度建筑业和辽宁省安装行业协会 2006 年度优秀项目经理，2013 年荣获本溪市“劳动模范”称号。

他 30 余年如一日带领队伍战严寒、斗酷暑，奋战在本钢技改建设和设备检维修主战场上，被称为本钢电气设备“活地图、实干家”。他发明的电线电缆用塑料走线盒和电缆端头保护管获两项国家专利，一种快速恢复交联高压电缆接地故障的施工工法和有限空间高压柜不停电整体平移的施工工法，获辽宁省工法。由他倡导并建立起来的职工技能培训室被辽宁省人力资源厅授予技能大师工作站，被辽宁省总工会授予劳模创新工作室。仲聪林亲自授课并进行课题攻关，培育工匠文化、营造职工学习技术的氛围，共培养出国家一级建造师11名，高级工人技师5名、工人技师16名。运用成果转换，为企业增产节约上千万元。由他主导完成的一些急、难、险和突发性设备事故，都会以最少成本和最快方法恢复生产。干一项工程树一座丰碑是他坚定的信念，他为企业创效做出了突出贡献。

张晓涛 男，满族，1961年11月出生，中共党员，大学本科，主任医师，现任本溪钢铁（集团）总医院大外科主任兼骨科病房主任。2017年获本溪市“劳动模范”称号。

张晓涛爱岗敬业、勇担重担。他不仅负责大外科的管理，而且挑起了骨科两个病房的重任，每天早来晚走，不计较个人得失，竭力提高外科医疗技术和服务质量。在任务重困难多的情况下，积极发扬团队精神，克服重重困难，圆满地完成工作，全身心为患者服务。他恪守救死扶伤的行医准则，认真对待每一个病人，积极为他们解除病痛，不断开发新技术造福病人。近年来独立开展人工膝关节置换术后翻修手术、应用膝关节镜同时重建多发韧带断裂、关节镜协同下重建髌骨韧带、C型复杂骨盆骨折前后路手术、闭合复位髓内钉固定治疗下肢骨折等先进医疗技术和项目，获得良好疗效，并达到国家级水平。

张晓涛同志在充满风险与挑战的工作岗位上，用他的勤奋与真诚，履行着外科医生的职责和义务，用他的博爱和智慧，践行着救死扶伤的神圣使命。他以丰富的理论知识、精湛的业务技能、科学的管理水平、高尚的医德医风，塑造了极富内涵的医者风范，深受患者和广大职工群众好评。

（工会　供）

荣誉表彰

获省以上荣誉称号先进集体名单

奖项名称	获奖单位	授奖部门	授奖时间
2018 年全国工人先锋号	本钢浦项连退作业区	中华全国总工会	2018. 4
辽宁省“五一”劳动奖状	本溪钢铁（集团）修建（维检）公司	省总工会	2018. 4
2017 年国家级技能大师工作室项目	罗佳全技能大师工作室	人社部办公厅 财政部办公厅	2018. 6
2018 年省级技能大师工作站	张勇技能大师工作站	人社部办公厅 财政部办公厅	2018. 11
第四届钢铁行业教育培训工作先进单位	本钢集团有限公司	冶金工业教育资源开发中心	2018. 9
全国“安康杯”竞赛优胜单位	矿业公司歪头山铁矿	全国总工会 应急管理部	2018. 5
全国企业档案工作管理创新优秀案例三等奖	本钢集团有限公司	国家档案局	2018. 11
辽宁省劳模创新工作室	佟明海劳模创新工作室	省总工会	2018. 12
辽宁省职工创新工作室	付祥志劳模创新工作室	省总工会	2018. 12
	郭建军劳模创新工作室		
	刘书超劳模创新工作室		
优秀创新团队	刘宏亮博士创新团队	省科协	2018. 12
国家知识产权优势企业	本钢板材股份有限公司	国家知识产权局	2018. 8
2018 年度辽宁省（中）直企业先进党组织	北营炼钢厂党委	省国资委党委	2018. 6
	机关党委直属财务部党总支		
省“三八”红旗集体	北营焦化厂三炼焦作业区交换机岗	省妇女联合会	2019. 3

获省以上荣誉称号先进集体名单

续表（一）

奖项名称	获奖单位	授奖部门	授奖时间
辽宁省“安康杯”竞赛优秀组织单位	本钢集团有限公司	省总工会 省应急管理厅	2018. 12
辽宁省“安康杯”竞赛优胜单位	板材炼钢厂	省总工会 省应急管理厅	2018. 12
辽宁省“安康杯”竞赛优胜班组	本溪北台铸管公司热模法离心机班组	省总工会 省应急管理厅	2018. 12
2018 年辽宁工人先锋号	南芬露天铁矿爆破车间爆破班	省总工会	2018. 4
	北营炼铁厂维修五作业区高炉钳工班		
	板材冷轧厂普冷设备作业区酸轧机械点检班		
2018 年度辽宁省党史宣传教育工作先进集体	本钢老干办	省委党史研究室	2018. 12
辽宁省厂务公开民主管理示范单位	板材铁运中心	省厂务公开领导小组	2018. 7
辽宁省优秀供热企业	本钢热力公司	省住房和城乡建设厅	2018. 10
2018 年度辽宁省档案学会“学术活动”先进单位	本钢集团有限公司	省档案学会	2018. 12
2018 年度信息工作先进单位	本钢集团有限公司办公室	中国钢铁工业协会	2018. 8
冶金计量标杆示范活动标杆单位	本钢集团有限公司	中国计量协会冶金分会	2018. 10
2017 年度全国钢铁行业“青安杯”竞赛最佳青年安全监督岗	板材冷轧厂三冷工序酸轧作业区青安岗	全钢团指委	2018. 10
	板材原料厂青安岗		
	北营发电厂维检作业区青安岗		

获省以上荣誉称号先进集体名单

续表（二）

奖项名称	获奖单位	授奖部门	授奖时间
2017 年度全国钢铁行业“青安杯”竞赛最佳青年安全监督岗	北营能源总厂燃气维修煤气防护站青安岗	全钢团指委	2018. 10
	矿业贾家堡铁矿选矿作业区检修变电青安岗		
	冶金渣公司检修作业区青安岗		
	机电安装公司电气调控队青安岗		
	北钢北重公司金结青安岗		
2017 年度全国钢铁行业“青安杯”竞赛先进集体	北营炼铁厂	全钢团指委	2018. 10
2018 年度中国钢铁工业环境保护统计工作先进集体	能源环保部	中钢协信息统计部	2019. 3
2016-2017 年度辽宁省内部审计协会先进集体	审计部	省内部审计协会	2018. 10
2016-2018 年度中国企业报二十佳报纸	《本钢日报》	中国企业报协会	2018. 12
2018 年辽宁省暨阜新市职业技能精英挑战赛钳工组团体第一名	本钢集团代表队	省人力资源和社会保障局	2018. 10
2018 年辽宁省“技师杯”职工职业技能大赛计算机组团体第二名	本钢集团代表队	省职工职业技能大赛组委会	2018. 8
2018 年辽宁省“技师杯”职工职业技能大赛钳工组团体第三名	本钢集团代表队	省职工职业技能大赛组委会	2018. 8
2018“振兴杯”辽宁青年工业设计大赛产品奖	信息自动化公司	团省委 省发改委	2018. 12
全省职工全健排舞大赛一等奖	本钢集团有限公司工会	省总工会	2018. 8
全国冶金职工摄影大赛优秀组织奖	本钢集团有限公司工会	全国机械冶金建材工会	2018. 9

获省以上荣誉称号先进集体名单

续表（三）

奖项名称	获奖单位	授奖部门	授奖时间
全省职工大合唱比赛无伴奏合唱组金奖	本钢新实业公司合唱团	省总工会	2018.9
辽宁省第十三届运动会社会组拔河比赛男子680公斤级第一名	矿业南芬选矿厂拔河队	省体育局	2018.7
辽宁省第十三届运动会社会组拔河比赛混合600公斤级第二名	矿业南芬选矿厂拔河队	省体育局	2018.7
辽宁省第十三届运动会社会组拔河比赛男子640公斤级第二名	矿业南芬选矿厂拔河队	省体育局	2018.7
辽宁省第十三届全运会羽毛球比赛团体第二名	本钢集团代表队	省体育局	2018.8
辽宁省第十三届全运会网球比赛团体第三名	本钢集团代表队	省体育局	2018.6
中国男子篮球职业联赛2017—2018赛季重大贡献奖	本钢集团有限公司	省体育局	2018.4
辽宁省网球比赛团体第三名	本钢集团代表队	省网球协会	2018.12
全国质量“信得过”班组	板材铁运公司机车检修段柴油机班	中国质量协会	2018.10
辽宁省质量管理优秀企业	本钢集团有限公司	辽宁省质量协会	2018.7
	本钢板材股份有限公司		
	本溪钢铁（集团）矿业有限责任公司		
	本溪北营钢铁（集团）股份有限公司		
冶金行业质量“信得过”班组	板材废钢厂配料车间配料间班组	冶金质量协会	2018.7
	板材冷轧厂（二冷区域）酸轧作业区乙班		
	板材冷轧厂（三冷区域）1630连退作业区丙班		

获省以上荣誉称号先进集体名单

续表（四）

奖项名称	获奖单位	授奖部门	授奖时间
冶金行业质量“信得过”班组	板材冷轧厂（三冷区域）2150连退产线丁班	冶金质量协会	2018.7
	板材炼钢厂连三作业区铸机丙班		
	板材炼铁厂360平方米烧结机班组		
	板材能源总厂轧钢二作业区三热轧循环水站		
	板材能源总厂制水作业区软化水站		
	板材热轧厂计算机作业区2300班组		
	板材铁运公司信段原料信号班组		
	北营轧钢厂棒材作业区二棒生产丙班		
	丹东不锈钢公司轧钢作业区轧机甲班		
	矿业南芬露天矿穿凿车间电气班		
	矿业南芬露天矿爆破车间技术组		
	矿业公司南芬选矿厂生产技术室		
辽宁省质量“信得过”班组	板材废钢厂加工车间技术组	辽宁省质量协会	2018.7
	板材焦化厂焦四车间干熄焦班组		
	板材焦化厂焦二车间热调工段4a4b炉组		
	板材冷轧厂（二冷区域）连退丙班		
	板材冷轧厂（三冷区域）酸轧作业区生产乙班		
	板材炼钢厂连一作业区铸机丙班		
	板材炼铁厂七炉车间值班室		
	板材能源总厂冶炼作业区新一炉循环水站		

获省以上荣誉称号先进集体名单

续表（五）

奖项名称	获奖单位	授奖部门	授奖时间
辽宁省质量“信得过”班组	板材能源总厂净化作业区6塔洗涤班	辽宁省质量协会	2018. 7
	板材能源总厂电信作业区传输组		
	板材特钢厂连铸工段丁班		
	板材特钢厂轧钢车间轧钢乙班		
	板材铁运公司机车检修段柴油机班		
	板材铁运公司车辆段修车一班		
	板材原料厂储二车间运行乙班		
	北营炼铁厂新1号高炉作业区生产二班		
	北营铁运公司车辆作业区车辆班组		
	北营制氧厂生产二区生产丙班		
	丹东不锈钢公司质检检查班甲班		
	丹东不锈钢公司酸洗退火机组乙班班组		
	本钢维检中心烧结作业区运输工段钳工班		
	本钢维检中心热轧作业区技术组		
	本钢维检中心桥北作业区公辅综合班		
	矿业南芬露天矿地质测量队地质组		
	矿业南芬选矿厂红矿车间生产四班		
	矿业南芬选矿厂三五选车间生产技术小组		
	矿业歪头山铁矿选矿车间生产四班		
	矿业歪头山铁矿马选车间生产三作业区		

获省以上荣誉称号先进个人名单

奖项名称	获奖人姓名	授奖部门	授奖时间
2018 年度全国百佳优秀 CIO（优秀首席信息官）	邵剑超	中国首席信息官联盟中国电子学会	2018. 10
全国青年岗位能手	于　涛	团中央	2018. 10
全国钢铁行业技术能手	高立波　彭春山	中国钢铁工业协会	2018. 9
辽宁省优秀共产党员	蒋守立	辽宁省委	2018. 6
2018 年辽宁“五一”劳动奖章	陈　新　高立波　何　明　白　微　仲聪林　张晓涛	省总工会	2018. 4
省“三八”红旗手	王　丹	省妇女联合会	2019. 3
2018 年厂务公开民主管理工作先进个人	刘　彤	省总工会	2018. 7
辽宁省质量管理活动卓越领导者	张贵玉	辽宁省质量协会	2018. 7
辽宁省质量管理活动优秀推进者	林　东　王世友　石　英　陈　瑶	辽宁省质量协会	2018. 7
第八届中国金属学会冶金先进青年科技工作者	黄　健	中国金属学会	2018. 8
第十一届辽宁省优秀科技工作者	黄　健　刘宏亮	省科协 省人社厅	2018. 10
辽宁省（中）直企业优秀共产党员	刘小冬　孟　伟	省国资委党委	2018. 6
辽宁省（中）直企业优秀党务工作者	陈　举　康　宁	省国资委党委	2018. 6
第五届辽宁省有突出贡献高技能人才	冯琳琳　郭　鹏　柯　屹	省委组织部 省人社厅 省财政厅	2018. 12
第十二届辽宁省技术能手	奚延忱　宋晓亮　张　勇　于　浩　张守喜	省委组织部 省人社厅 省财政厅	2018. 12
创新标兵	刘宏亮	省科协	2018. 12
2018 年全国企业档案工作管理创新优秀案例三等奖	于胜连　赵　伟　邹丽颖　王艳红	国家档案局	2018. 11

获省以上荣誉称号先进个人名单

续表（一）

奖项名称	获奖人姓名	授奖部门	授奖时间
辽宁省“安康杯”竞赛先进个人	陶玉民	省总工会 省应急管理部	2018. 12
2017 年度全国钢铁行业“青安杯”竞赛先进个人	姜　涛　崔　震　冯海涛	全钢团指委	2018. 10
2017 年度全国钢铁行业“青安杯”竞赛最佳青安岗长	崔子琦　王双双　刘威林　孟浮玲 刘　恒　李　丹　徐临安　周海洋	全钢团指委	2018. 10
辽宁好人·最美人物	文小明	省委宣传部	2018. 10
2018 年度辽宁省岗位学雷锋学郭明义标兵	王世明	省委宣传部	2019. 3
2016-2017 年度辽宁省内部审计协会先进个人	李晓炜	省内部审计协会	2018. 10
2018 年度中国钢铁工业环境保护统计工作先进个人	孙香梅	中钢协信息统计部	2019. 3
2018 年度优秀钢铁信息员	李　学　律德成	中国钢铁工业协会	2018. 8
第五届全国职工优秀技术创新成果二等奖	张守喜	中华全国总工会	2019. 1
全国首届技工院校教师职业能力大赛三等奖	洪宗海	人力资源和社会保障部	2018. 9
辽宁省高等职业教育教学成果奖一等奖	常　烨　袁海涛　乔玉华　张春红 尹继军	省教育厅	2018. 5
辽宁省高等职业教育教学成果奖二等奖	乔玉华　韩　瞧　姬振宇　刘可毅	省教育厅	2018. 5
辽宁省技术能手	洪宗海　李雅男	省人社厅	2019. 1
辽宁省首届技工院校教师职业能力大赛一等奖	洪宗海　李雅男	省人社厅	2018. 7
辽宁省首届技工院校教师职业能力大赛二等奖	李　冰	省人社厅	2018. 7

获省以上荣誉称号先进个人名单

续表（二）

奖项名称	获奖人姓名	授奖部门	授奖时间
2018年辽宁省职工职业技能大赛钳工组三等奖	李林林	省总工会 省人社厅	2018.7
辽宁省职业院校信息化教学大赛中职信息化教学设计比赛三等奖	周　旭	省教育厅	2018.9
辽宁省中等职业学校“创新杯”教师信息化教学说课大赛二等奖	徐　莹	省教育厅	2018.9
第七届辽宁省高校思想政治理论课教学大赛三等奖	张春红	省教育厅	2018.9
第七届钢铁行业职工培训和职业教育优秀多媒体课件大赛三等奖	韩　瞧　袁家君　姬振宇	中钢协	2018.12
第七届冶金行业征文评选优秀奖	何　刚	中钢协	2018.12
“一带一路”技能大赛工业结构优化设计大赛二等奖	姜志达　袁晗超　耿聪阳 （指导教师：付　强　曹洪利）	省人社厅	2018.8
“一带一路”技能大赛创新创业赛项团体赛一等奖	中职学生：侯树峰　杨家宏 姜焕煜　兰广震 （指导教师：李　洋　刘　瑛）	省人社厅	2018.8
“一带一路”技能大赛创新创业赛项团体赛三等奖	高职学生：王金萍　邢祖豪　张立新 张靖文(指导教师：尤丽娟　朴　杰) 中职学生：齐建龙　何森琳　丁泽严 郭崇林(指导教师：李　洋　刘　瑛)	省人社厅	2018.8
“一带一路”技能大赛创新创业赛项团体赛优秀奖	高职学生：田新蕾　张家海　邢祖嘉 李清睿(指导教师：尤丽娟　朴　杰)	省人社厅	2018.8
辽宁省技能大赛高职组英语口语赛三等奖	沈光曦	省教育厅	2018.5

获省以上荣誉称号先进个人名单

续表（三）

奖项名称	获奖人姓名	授奖部门	授奖时间
全省职工朗诵比赛金奖	朱　丹	省总工会	2018. 12
辽宁省纪检监察系统知识竞赛三等奖	桓丽丽　朱　珊　江　辉	省纪委省监察委员会	2018. 7
辽宁省职工演讲比赛一等奖	王首鹏	省总工会	2018. 6
全国冶金职工摄影大赛一等奖	张德辉	全国机械冶金建材工会	2018. 9
全国冶金职工摄影大赛优秀奖	李苏林　朱　磊　郎富贵　王福良　岳长河	全国机械冶金建材工会	2018. 9

2018 年本溪市“五一”劳动奖状

本钢集团财务有限公司
本溪钢铁（集团）信息自动化有限责任公司
辽宁北方煤化工（集团）股份有限公司

2018 年本溪市“工人先锋号”

本钢板材股份有限公司检化验中心原燃料检验作业区化学分析一班
本钢板材股份有限公司铁运公司机务段 1203 号内燃机车组
本溪北营钢铁（集团）股份有限公司炼铁厂新 2 炉作业区
本溪北营钢铁（集团）股份有限公司轧钢厂吊车作业区
本溪钢铁（集团）矿业有限责任公司歪头山铁矿采矿作业区排岩班
本溪钢铁（集团）矿业辽阳贾家堡铁矿有限责任公司选矿作业区生产四班
辽宁恒通冶金装备制造有限公司热轧辊作业区喷涂班
本钢板材股份有限公司信息化中心系统管理组

2018 年本溪市“五一”奖章

范育新　魏仲华　成耀武　程　斌　田振军　张利新　崔　嵩　李奎骄
高云虎　王振华　孙　涛　袁文华　黄作为　黄　健　尹洪涛　秦显柱
黄金龙

本溪工匠

罗佳全　邢　伟　马继文　郭　鹏　于　浩　王福刚　张　勇　柯　屹
闫晓坤　方春刚

2018 年度本钢集团先进党委

板材炼钢厂党委
板材热连轧厂党委
板材冷轧厂党委
板材特殊钢厂党委
板材发电厂党委
板材能源总厂党委
板材采购中心党委
板材信息化中心党委
北营炼钢厂党委
北营焦化厂党委
北营铸管公司党委
北营计控厂党委
北营生活服务中心党委
矿业南芬露天矿党委
矿业歪头山铁矿党委
矿业南芬选矿厂党委
矿业贾家堡铁矿党委
机械制造公司党委
建设公司机电安装公司党委
恒通公司党委
冶金渣公司党委
新实业公司党委
北钢辽煤化公司党委
国贸公司党委
综合工业公司铁路器材厂党委

2018 年度本钢集团先进单位

板材炼钢厂
板材热连轧厂
板材冷轧厂
板材特殊钢厂
板材发电厂
板材能源总厂
板材采购中心
板材信息化中心
北营炼钢厂
北营焦化厂
北营铸管公司
北营计控厂
北营生活服务中心
矿业南芬露天矿
矿业歪头山铁矿
矿业南芬选矿厂
矿业贾家堡铁矿
机械制造公司
建设公司机电安装公司
恒通公司
冶金渣公司
新实业公司
行政管理中心
北钢北重公司
国贸公司

2018 年度本钢集团先进党支部

板材公司

板材炼铁厂防尘作业区党支部
板材炼钢厂精炼作业区党支部
板材热连轧厂轧辊作业区党支部
板材冷轧厂一冷工序涂镀生产作业区党支部
板材冷轧厂三冷工序酸轧作业区党支部
板材特殊钢厂轧钢作业区党总支
板材焦化厂焦油精制作业区党支部
板材焦化厂净化三作业区党支部
板材发电厂热电作业区党支部
板材铁运公司车辆段党支部

板材铁运公司电务段党总支
板材废钢厂设备管理室党支部
板材计控厂自动化三作业区党支部
板材检化验中心检验作业区党支部
板材技术研究院第一党支部
丹东不锈钢公司公辅作业区党支部
板材原料厂储煤一作业区党支部
板材能源总厂冶炼作业区党支部
板材储运中心合金耐材作业区党支部
板材采购中心燃煤采购部党支部
板材信息化中心信息化管理部党支部

北营公司

北营炼铁厂球团作业区党支部
北营轧钢厂生产准备作业区党支部
北营铸管公司浇铸作业区党支部
北营铁运公司工务作业区党支部
北营能源总厂空压作业区党支部
北营发电厂生产四作业区党支部
北营冶金渣公司干渣作业区党支部
北营退管中心综合管理党支部
北营炼钢厂动力二作业区党支部
北营焦化厂维检工区党支部
北营矿业公司石矿维检作业区党支部
北营公运公司二作业区党支部
北营原料厂维检作业区党支部
北营计控厂检斤作业区党支部
北营生活服务中心综合作业区党支部
北营能源环保部党支部

矿业公司

矿业南芬露天矿运岩作业区党总支
矿业歪头山铁矿选矿作业区党总支
矿业石灰石矿白灰作业区党总支
矿业辽阳球团厂焙烧作业区党支部
矿业汽运分公司客运车队作业区党支部
矿业黏土矿水暖作业区党支部
矿业南芬露天矿排土作业区党支部
矿业南芬选矿厂三五选作业区党支部
矿业贾家堡铁矿选矿作业区党支部
矿业设备修造厂工矿作业区党支部
矿业炸药厂南芬作业区党支部

本溪钢铁公司

保卫中心（武装信访部）警卫大队党总支
行政管理中心恒宇物业所党支部
退管中心在职第二党支部
退管中心离退休干部西芬党支部
机械制造公司第一机修厂锻热作业区党支部
机械制造公司矿山机修厂铸造作业区党支部
机械制造公司第三机修厂三加作业区党支部
修建（维检）公司热轧作业区党总支
修建（维检）公司机械化站党支部
建设公司混凝土分公司板材项目部党支部
建设公司机电安装公司液压检测中心党支部
建设公司机电安装公司机械安装四队党支部
建设公司路桥公司地基与基础处理施工队党支部
建设公司矿建公司消防工程队党支部
建设公司矿山实业分公司南芬作业区党支部
建设公司矿山实业分公司爆破作业区党支部
建设公司设备供销分公司党总支
恒通公司维检作业区党支部
恒泰公司加工装配作业区党支部
冶金渣公司金路公司党支部

新实业公司物业分公司党支部
热力开发公司焦化党支部
包装公司机关党支部
综合工业公司给排水公司党支部
综合工业公司矿渣厂党支部
综合工业公司钢材轧制厂党总支
耐火公司球团厂党支部
设计院工程管理党支部
房地产公司好佳物业党支部
冶金职业技术学院管理系党支部
综合工业公司福康熔炼铸造厂党支部
综合工业公司振兴加工厂党支部
综合工业公司钢联金属资源公司党支部
汽运公司机械化队党支部
电气公司变压器分厂党支部

北钢公司

辽煤化公司合成作业区党支部
钢管公司技术设备党支部
北重公司机关党支部

国贸公司

国贸公司进口部党支部

机关党委

财务部党总支
审计部党支部

2018 年度本钢集团部门工作作风测评优胜单位

板材制造部
板材设备部
集团财务部
集团办公室
集团组织部（人力资源部）

2018 年度本钢集团先进作业区

板材公司

板材炼铁厂原料运输作业区
板材热连轧厂三热轧生产作业区
板材冷轧厂三冷工序连退作业区
板材焦化厂干熄焦作业区
板材铁运公司焦化站
板材废钢加工厂运行作业区
板材计控厂物资计量作业区
板材检化验中心炼铁原料检查作业区
板材信息化中心自动化事业部
板材炼钢厂连铸一作业区
板材冷轧厂一冷工序涂镀设备作业区
板材特殊钢厂炼钢作业区
板材发电厂鼓风作业区
板材原料厂储煤二作业区
板材能源总厂南芬供电作业区
板材储运中心合金作业区
板材技术研究院中试基地
丹东不锈钢公司退火作业区

北营公司

北营炼铁厂供料作业区
北营炼钢厂炼钢二作业区

北营轧钢厂新高线作业区
北营焦化厂一炼焦作业区
北营铸管公司整理作业区
北营矿业公司石矿运输作业区
北营铁运公司调度室作业区
北营公运公司维检作业区
北营能源总厂变电二作业区
北营原料厂转料作业区
北营发电厂生产二作业区
北营计控厂维检作业区
北营冶金渣公司回收作业区
北营生活服务中心土建作业区

矿业公司

矿业南芬露天矿爆破作业区
矿业南芬露天矿穿凿作业区
矿业歪头山铁矿选矿作业区
矿业南芬选矿厂三五选作业区
矿业南芬选矿厂运输作业区
矿业石灰石矿采掘作业区
矿业贾家堡铁矿选矿作业区
矿业辽阳球团厂原料作业区
矿业设备修造厂运修作业区

本溪钢铁公司

保卫中心（武装信访部）交通管理大队
行政管理中心南芬房产管理所
机械制造公司第一机修厂二加作业区
机械制造公司矿山机修厂维检作业区
机械制造公司第三机修厂二加作业区
修建（维检）公司桥北作业区
修建（维检）公司机械检修一队
建设公司混凝土分公司北台项目部
建设公司高级装修公司包装作业区
建设公司建筑工程分公司北方恒达物流园项目部
建设公司路桥公司道桥施工队
建设公司矿建公司筑路工程队
建设公司机电安装公司机械安装二队
建设公司机电安装公司电气调控队
建设公司矿山实业分公司贾家堡作业区
恒通公司加工作业区
恒泰公司结构作业区
冶金渣公司检修作业区
新实业公司铁路修建分公司
房地产公司炉料分公司
热力开发公司平西分公司

北钢公司

辽煤化公司合成作业区
北重公司后桥作业区

2018 年度本钢集团优秀共产党员标兵

板材公司

张纳新　吕焕友　侯伟光　张银刚　关立凯　艾厚庄　高国帅　王　庆
林永光　王　勇　田　嘉　卢　锐　杨　利　于连红　孙发明　康　勇
李　卓　张士金　马春牧　高洪刚　蒋光炜　张　帅　高秀敏　王　飞

北营公司

李晓龙　何　武　李玉福　李　江　金玉辉　石　硕　孙　旭　姚常星

李汉明　何　平　孙跃东　李红伟　周国中　王君连　任瑞忠

矿业公司

吴凤海　赵　辉　方春刚　蒋守立　徐宗恩　范龙江　尤庆志　陈亚杰
毛卫东　高　群　吕志玉

本溪钢铁公司

高晶新　李　阁　何红文　王　平　宋万喜　邓振波　王　泽　王敬峰
刘子辉　苏海涛　范中元　刘鲁强　曲　涛　隋永刚　刘书哲　袁文华
王　松

北钢公司

张晓红　谢建政

国贸公司

裴　阳

机关职能部门

孙德佳　杨婷婷　苑兴垚　牛　力　钱振德　陶玉民　张　林

2018 年度本钢集团劳动模范

板材公司

周　江　孟照伟　高福生　郭玉伟　范育新　薛长江　孟　伟　丁长辉
乔　健　马　进　李鸿友　于文爽　张松岩　霍　刚　赵暎镐　郭建军
代　鑫　黄　涛　刘晓旭　刘铁新　肖荣和　于大彭　孟祥辉　刘玉峰
高宝元　任庆国　朱广军　高守龙　唐伟波　章　伟　孟祥宇　吴旭普
李　强　王喜文　张　霞　周宏伟　刘宏亮　李晓阳　徐　强　徐海涛
霍　焱

北营公司

裘　文　张大为　吕宏鹏　郭民传　郭晓春　宋长臣　杨风林　刘永军
刘连军　李春海　秦显柱　庄和喜　王　军　罗洪义　姜　君　毛　伟
赵东辉　杨万峰　陈　庚　隋立锋　赵庆成　石洪润　张德忠　马恩波
孙宪国　王云峰　刘培强　白秀岭　于海波　李　军　张道帅

矿业公司

戈会臣　赵雅新　付国龙　黄金龙　王胜刚　游　维　刘恒权　刘喜宏
吴　江　马廷斌　单成利　赵　岩　卜庆祥　刘　铁　刘新宇

本溪钢铁公司

王耀辉　蒋永义　杨海俊　刘海峰　张大鲁　徐春雷　张海明　吴　岗
张丽明　张　弛　高　杰　毛仲良　刘　波　张恒臣　邱立勇　苏志芳
金志强　吴家红　周　伟　曹丽娜　贾　涛　洪宗海　许波宁　张晓涛

温世春　潘玉明

北钢公司

徐蕴纲　孙　倩　庞　琳

国贸公司

李军英　胡明国　邢启明　李明伟

机关职能部门

刘廷友　张世灿　王长伟　林　东　黄作为　李　布　韩　梅　左占国
梁庆飞　高　峰　李正春

2018年度本钢集团优秀共产党员

板材公司

张敬宇　颜景东　刘　军　高立波　刘忠君　王　滨　于　洋　张　斌
李志强　任全勇　张　继　王天宇　杨景义　徐　菲　陈　雷　张立明
王海建　贾志强　王明顺　梁　兵　柴　野　虎雨涝　孟庆新　杨　军
王殿甦　陈福君　辛连杰　张玉臣　王玉洁　田永峰　刘　阳　付仁柱
王利波　王中尉　赵春璐　赵志刚　邱明铭　周德义　魏仲华　朱广俊
侯　军　樊宏波　苑庆娟　赵志强　苑鹏辉　钱玉春　金　耕　姜　海
贺增刚　王德勇　卢秉仲　郭　晶　史晓奇　张天鹏

北营公司

董贵山　张海明　苏红权　赵　伟　李浩淼　李建军　李家栋　刘　刚
王晓霞　张永利　于金平　许国柱　张成展　白伟东　张利业　陈福勇
崔士文　曲克义　吴吉军　陈佐忠　王　涛　张海波　马维信　焦兆文
李　妍　付祥志　代鸿翰　李艳东　贾峰卿　栗　冰　赵文仲　赵少勇
田伟阳

矿业公司

康　宁　崔荣连　赵克南　孟令财　王　莲　姜松林　孟庆华　沙学忠
陈金江　吴宝军　杨宇石　于学军　姜士洪　王大刚　吴　杨　张宏明
许庆贺　张　锋　王忠贵　顾魁洪　孟庆江　陈彦宏　姜　帅　冯　伟
李奎生　王　敏　张凤伟　马　军　武明英　赵　莉

本溪钢铁公司

戎　亮　邵　杰　盛　辉　孙志远　史　吏　韩　斌　穆红利　李宏毅
马学勇　苏希同　王守军　侯书强　侯　力　梁井强　刘庆智　邱少军
许友力　张向民　彰大勇　邹　伟　冯忠志　奚延忱　贾福生　赵　敏
孙志洋　王　刚　谢英鹏　康　军　高延伟　孔　蓉　冯卫华　王志波
董　晶　孙　涛　敬国振　潘宇舟　李清伟　吕景慧　刘　琦　郭景生

孟祥克	刘　敏	宁忠平	王洪润	张春宇	黄国柱	张国礼	刘永庆
杨　宇	刘德才	谢　胜	刘玉福	于长明	贾　虎	李　剑	修丽伟
孙胡生	曾宪敏	王　军	林　红	李　扬	翟晓艳	孙宏旭	邹淑杰
邢月宁	王丽娟						

北钢公司

杜　杰	周立波	王　雨	赵晓东	宋　艺

国贸公司

张　彤	白宝红

机关职能部门

王忠华	朱晓旭	代　峥	崔　岚	方　娜	毛秀茹	李　慧	李雪曼
王　莉	马广强	陈　英	包殿林	顾春明	袁　野	张国琦	谢玉静
王洪宇							

2018 年度本钢集团先进生产（工作）者

板材公司

宋永刚	颜　鹏	孟庆林	李　军	符振华	支兴春	张守喜	黄玉凯
史洪斌	王家富	安文革	范茂刚	王孝辉	徐　强	张治国	祝旭龙
王　勇	于海涛	辛　宇	杨绍坤	杜连友	逄　剑	李敬丹	马广辉
邹　平	田海宝	赵子横	田佳立	佟金锴	刘利圣	唐　亮	丁士军
曹国屿	周　智	冯德志	孙吉平	郭　昆	车占平	夏泽旭	张耀明
史光远	樊　攀	朱　赤	侯　斐	吴明辉	杨　江	郭忠文	赵抒阳
李志伟	赵贵胜	穆嘉强	王天阳	金　勇	王海峰	景　学	孟庆武
孙明刚	王焕奎	李宏宇	史　锐	国　刚	李　波	刘琳玮	黄殿旭
王　强	单治海	张俊峰	刘永胜	孙亚君	高国军	孔德久	刘　强
李　舰	周德宏	马继增	王宗明	杨卫东	刘莉娜	李　凤	马广东
张　禹	边久明	陈　凯	朱起斌	孙兆福	代俊生	徐学海	闫吉船
柳洪斌	蔡宏军	梅俊侠	赵名波	苏国明	曲绍波	戴　强	马永浩
赵　琦	刘德政	于国文	李　光	李有新	邵　军	郭　雷	徐福鑫
董　权	高　伟	教　滨	王　葳	王　萍	杨立峰	姜　伟	刘新昊
徐守荣	王　钢	杨　莉	党　午	康海军	刘志璞	苏崇涛	符艳贺
王　强	程懿麒						

北营公司

黄　波	朱宗信	刘建华	荚万明	何　勇	李庆志	丛　光	吕文君
孟照利	祝　强	孟大江	潘国庆	关宝安	王连强	刘维河	吴立臣

郭东博	袁志刚	魏会春	郑　朋	张荣宏	祝旭才	孙　勇	兆　岩
杨金峰	徐金成	陈春光	王丹阳	孙广丰	李　刚	王彦明	王晓刚
魏　滨	张君成	丁祥军	徐　岩	陈　强	高　欢	王学明	刘俊涛
郑喜丽	王炳哲	张剑新	姚恩勇	郭洪胜	孟　利	吴立明	宋培忠
张春文	张　刚	祝恩君	刘长斌	刘旭东	郭　嵬	周　军	刘大海
苗星鹏	卜致忠	徐　凯	于再河	王洪剑	果先华	闫国龙	周凤林
文明国	王立元	王　健	杜宝东	童明哲	李智增	彭春山	刘旺臣
徐正春	唐忠臣	陈立军	孙守库	张立春	高志敏	许立秋	赵玉权
李　涛	王　涛	徐　军	刘子俊	韩俊杰	连雪良	胡新春	郭　岩
花维儒	康元英	何安涛	张　辉	蒋再贺	戴银锁		

矿业公司

李大海	金贵财	陈宏亮	马永威	王连禧	张安春	马明鑫	高云虎
孟祥东	冯兴荣	柳忠明	闫业伟	焦长虹	张　伟	翟志民	丁志英
杨　涛	姜永刚	赵庆生	王　伟	张敬明	王　伟	米志超	焦长松
周茂强	徐长洪	宋占利	张喜超	冯芝勇	任亚伦	宫方勇	曹文波
孙厚健	李学波	吴亚军	高显伟	吴建斌	张　澄	隋振澎	孟宪权
邓庆超	董志刚	林德山	詹俊伟	马喜刚	陈庆杰	史新华	张凤勋
孙文鹏	何　伟	肖荣昌	康保豫	陈长青	刘会东	刘锡亭	

本溪钢铁公司

丁勇青	隋九龙	王洪刚	杨　军	闵家兴	刘万士	蒋晓清	任志新
孙配伟	张树群	于洪壮	程建忠	金福宏	史家琪	李元伟	陈宝全
刘继德	汤　舰	张齐恒	续　毅	孙　军	崔　杰	边　科	胡忠生
张　钢	于善印	宗海玲	姜晓飞	李长军	李金全	李德洪	李　勇
杨小春	何永立	张学哲	郝彦群	关　磊	富　强	杨金亮	张玉平
李　伟	张玉华	何　伟	赫明波	张景海	李绍志	马宗智	盖凤贵
国有仁	刘赤杨	金勇志	伊文东	黄宝辉	陈　涛	赵豫峰	冯玉全
潘军昌	孙贵财	王　宇	吴庆伟	戴　勇	谢瑞君	邹　鑫	纪　钢
李冬雁	陈志胜	郭建锋	翟阳光	聂洪旭	尚　峰	胡　刚	徐　晶
杨喜成	李嘉辉	徐　铁	王冠华	任同顺	苗　辉	王　勇	吕德权
贾　晨	奚广伟	唐洪凯	顾　敏	李　婷	宋爱国	李　连	黄丹梅
李　忠	王永江	赵国强	刘乃春	赵普阳	赵振文	陈利军	穆大亮
刘　军	王　洋	高　原	梅　群	黄志勇	赵守伦		

机关职能部门

郭春雷	贾忠贤	吴兴乐	陈丽晶	田　野	万　丽	刘春红	于宗丽
刘存友	赵隽雅	王　季	高　放	孟　兵	夏　智	朱文全	王　军

2018 年度本钢集团“三八”红旗集体

板材炼铁厂工会女职工委员会
板材特钢厂工会女职工委员会
板材焦化厂工会女职工委员会
板材发电厂工会女职工委员会
板材铁运公司工会女职工委员会
板材原料厂机关女工小组
板材计控厂计量检定作业区女职工委员会
板材采购中心财务结算女工小组
北营焦化厂二备煤作业区天车班女工小组
北营计控厂检斤作业区中控室女工小组
北营炼钢厂吊车一作业区加料工段女工小组
北营能源总厂变电二区 8 号变电所女工小组
北营炼铁厂原料作业区除尘班女工小组
北营财务部会计室女工小组
矿业歪头山铁矿设备管理室女工小组
矿业石灰石矿机电作业区变电班女工小组
矿业南芬选矿厂工会女职工委员会
建设公司矿建公司工会女职工委员会
机械制造公司工会女职工委员会
北营医院内科综合病房女工小组
冶金渣公司磁选作业区中控班女工小组
新实业公司板材机关服务区主食班女工小组
职业技术学院思想政治教育部女工小组
北钢北重公司研究所综合技术岗女工小组
集团机关财务部工会女职工委员会
综合工业公司聚丰发展有限公司郑家分公司端面圆班组女工小组
板材炼钢厂吊车作业区磁盘吊女工小组
板材炼钢厂运行作业区中央变电所女工小组
板材热连轧厂计算机作业区信息化区域女工小组
板材冷轧厂一冷工序公辅运行区域空压站女工小组
板材储运中心露天作业区女工小组
板材能源总厂电讯作业区白楼局班女工小组
板材能源总厂制氧一作业区 8 号制氧机变电所女工小组
板材检化验中心原燃料检验作业区化学一班女工小组
板材检化验中心检验作业区炼铁化验班女工小组
北营炼钢厂吊车二作业区成品工段女工小组
北营轧钢厂成品作业区 1780 数据班女工小组
北营轧钢厂吊车作业区 1780 操作乙班女工小组
北营能源总厂制氧二作业区化验分析班女工小组
北营生活服务中心环卫作业区绿化班女工小组
矿业南芬露天铁矿动力作业区水汽三班女工小组
矿业贾家堡铁矿生产技术室检化验班女工小组
建设公司机电安装公司电气调整队调试安装女工小组
机械制造公司一机修维检中心吊运工段女工小组
修建（维检）公司烧结作业区工会女职工委员会
本钢总医院重症监护室女工小组
新实业公司劳动防护分公司制衣车间二班女工小组
热力开发公司收费分公司女工小组
北钢辽煤化公司水汽作业区供水一组女工小组
国贸公司出口计划执行部女工小组

2018 年度本钢集团“三八”红旗标兵

王　珏	杨　莉	马　理	李　岚	李春娜	王　悦	施　宇	李彦萍
王　红	王晓丹	李雅男	卢俊瑛				

2018 年度本钢集团“三八”红旗手

赵艳君	付丽凤	石凤丽	张　敏	高　俊	杨　健	徐　丹	范　荟
梁敬华	贾长梅	王　曦	陈必英	孙艳娇	闫　凌	崔子琦	兰　玲
米　霞	张春荣	郭淑杰	张　熙	幸晓汀	段明新	张　宇	任淑鑫
马　欢	王金环	张　利	国淑清	李　影	李桂玲	周丽颖	陈国英
徐　晶	佟玉红	杨秋华	张建梅	任　蓉	辛　艳	高亚男	邹庆珣
马芝华	李明菊	高东雪	沈丽新	陈香君	林　生	康振慧	高　赛
王　艳	康东妹	唐翠华	张博欣	于　颖	郑　滢	王　平	冯　军
吴　蔚	王晓娜	单　达	赵秀杰	全　红	毛爱民	徐　敏	孙　静
蒋川宁	杨万里	梁永杰	李艳霞	张　莉	丁继鑫	孙继萍	林　红
李广群	穆　环	辛晓丽	丁雪峰	朱秋荣	高　媛	宫　农	葛晓杰
薛克玲	赵　薇	于景红	朱丽宏	张华颖	才　华	黄　爽	苏　颖
姜凤华	张　毅	李玉萍	郭春凤	纪秀明	袁海燕	王志丹	王春梅
王　旭	高海峰	吴晓丹	石　英				

2018 年度本钢集团“五四”红旗团委标兵

板材冷轧厂团委	板材铁运公司团委	板材发电厂团委
北营公司团委	矿业南芬露天矿团委	辽宁冶金职业技术学院团委
本钢总医院团委		

2018 年度本钢集团“五四”红旗团委

板材炼铁厂团委	板材炼钢厂团委	板材热连轧厂团委
板材特钢厂团委	板材焦化厂团委	板材原料厂团委
板材废钢厂团委	板材能源总厂团委	板材计控中心团委

板材检化验中心团委　板材信息化中心团委　北营炼铁厂团委
北营轧钢厂团委　北营焦化厂团委　北营铁运公司团委
北营能源总厂团委　矿业公司团委　矿业歪头山铁矿团委
矿业南芬选矿厂团委　矿业石灰石矿团委　矿业辽阳球团厂团委
修建（维检）公司团委　建设公司团委　建设路桥公司团委
恒通公司团委　冶金渣公司团委　国贸公司团委
集团机关团委　机械制造公司第一机修厂团委

2018 年度本钢集团“五四”红旗团支部

板材冷轧厂连退团支部　板材特钢厂轧钢作业区团支部
板材铁运公司电信段团支部　板材信息化中心信息化管理团支部
北营原料厂团总支　北营发电厂生产四区团支部
矿业南芬露天矿运岩团支部　矿业歪头山铁矿汽车作业区团支部
恒通公司加工车间团支部　集团机关财务部团总支

2018 年度本钢集团时代青年先锋

刘宏亮　张　猛　张　帅　高立波　冯　岗

2018 年度本钢集团青年“五四”奖章

张耀明　胡德威　党　午　田　磊　衣延鹏　卜庆涛　李　爽

2018 年度本钢集团青年标兵

韩佳东　李国栋　王中建　赵　博　杨天一　李　杰　李振忠　石　硕
姜　帅　孙厚健　刘正楠　李林林　陈利军　张海宾　王彦哲

2018 年度本钢集团大学毕业生创业成才标兵

张　扬　吴　奇　张效华　赵志强　吕　冬　王　江　富聿晶　吴　旭
李远鹤　张禄涛　于海峰　孙方骋　肖启飞　魏忠原　刘红祎　王　振

2018 年度本钢集团十大杰出青年工人

张云良　杨金朋　丁　鹏　陈　洋　李　冉　何　平　富荣福　刘汉通
周宏亮　刘景东

2018 年度本钢集团优秀团委书记

马秀玲　赵东辉　姜　涛　张枭飞　褚子涵　王双双　任薇名　牛　壮
王　健　王首鹏　肖　铁　朱　丹　冯海涛　李维家　黄曦鑫

2018 年度本钢集团优秀团干部

勾　旭　李国策　姚延昊　戴　博　王　祎　迟文宇　邱忠伟　王　旭
任秋艳　崔　震　孟浮玲　宋易生　崔煜东　单　达　宋建明　王　锐
潘一琳　高　峰　孟照君　金树明　陈建炜

2018 年度本钢集团优秀共青团员

赵云峰　何长存　张文达　张津铭　马诗曾　隋文泽　胡　楠　毛振桓
顾金富　范　琳　崔宏亮　孙克岩　冯婷婷　富雪梅　严　晗　张世佳
张明远　王兴鹏　燕　闯　金宏勇　常哲夫　代锦旭　乔　木　蔡一鸣
宁铎夫　李盛来　孟文卉　罗　明　马冠群

2018 年度本钢集团“三好”学生

魏利杰　　赵旭宇　　马妍琪　　李春宇　　李富饶　　邢祖豪　　张瑞中　　耿聪阳
丁泽严　　林昱洲

2017 届优秀高校毕业生

学习专研之星

苗　隽　　刘　洋　　栾　建　　林凤力　　刘志平

岗位实干之星

赵云峰　　祝华宇　　孙贵楠　　崔　彬　　于　哲　　毛宇明　　魏成志　　王依然

成长进步之星

罗　明　　徐　宁　　苗津瑞　　张中禹　　黄士罡　　王长成

栏目编辑　　邹丽颖

科技奖项

2018 年度科技进步奖名单

奖项名称及等级	成果名称	完成单位	授奖部门	授奖时间
中国汽车工业科技进步奖三等奖	汽车钢制车轮轻量化成套技术开发与应用	本钢板材股份有限公司	中国汽车工程学会科技奖励工作委员会	2018. 11
辽宁省科技进步奖二等奖	高品质含硼钢全流程关键技术创新及应用	本钢集团有限公司	辽宁省人民政府	2019. 2
	汽车用 800MPa 级高成形热轧酸洗板研制开发			
辽宁省科技进步奖三等奖	抗工艺敏感性冷轧双相钢系列产品研发	本钢集团有限公司	辽宁省人民政府	2019. 2
	一种新型文丘里高效反应脱硫装置的作用			
本钢科技进步奖一等奖	露天矿上盘中北部三期（过渡）境界及运输道路优化	矿业南芬露天矿	本钢科技进步奖评审委员会	2019. 3
	转炉滑板挡渣工艺技术研发与应用	板材炼钢厂		
	超高强度热冲压成形钢研制开发	技术研究院		
	高炉水渣转鼓过滤系统改造	北营炼铁厂		
本钢科技进步奖二等奖	2300 机组出口欧盟汽车用热轧酸洗板轧制工艺研究	板材热连轧厂	本钢科技进步奖评审委员会	2019. 3
	高炉自动化控制系统的开发与实践	信息自动化公司		
	大面积疲劳损伤汽包的再制造及评价	板材发电厂		

2018 年度科技进步奖名单

续表（一）

奖项名称及等级	成果名称	完成单位	授奖部门	授奖时间
本钢科技进步奖二等奖	一种防止铸坯角裂含硼钢的制备方法	技术研究院	本钢科技进步奖评审委员会	2019. 3
	北营焦化厂低成本配煤炼焦技术研究	北营焦化厂 技术研究院 辽宁科大		
	北营炼钢厂优化 RH 工艺提高钢水纯净度降低工序成本	北营炼钢厂		
	酸洗产品锈蚀缺陷的控制与研究	板材冷轧厂		
	优化热连轧厂 2300 机组薄规格生产工艺，提高轧制稳定性	板材热连轧厂		
	先进高强钢——冷成形用 590MPa 级高扩孔钢的研制	技术研究院		
	汽车用 800MPa 级热轧酸洗板研制开发	技术研究院 国贸公司等		
	低成本冷轧双相高强钢 DP780 研制开发	技术研究院		
	北营公司新建烧结料场自动控制系统	信息自动化公司		
	拆除高炉风口套组件研制	板材炼铁厂		
	高等级汽车齿轮钢 19CrNi5（H）的研制开发	技术研究院		
	酸轧电气故障自动诊断与快速响应系统开发	板材冷轧厂		
	家电用高等级电镀锌电视背板产品研制开发	技术研究院		
	高炉液压设备维修操作法	板材炼铁厂		

2018 年度科技进步奖名单

续表（二）

奖项名称及等级	成果名称	完成单位	授奖部门	授奖时间
本钢科技进步奖三等奖	提高 1700 线出口冷轧基料宽度精度控制研究	板材热连轧厂	本钢科技进步奖评审委员会	2019. 3
	本钢三冷轧煤气混合新工艺控制研究	能源环保部 自动化公司		
	一种高钛低成本 Q345B 热轧酸洗板及其生产方法	板材制造部		
	冷轧低合金高强钢 HC420LA 产品的研制与开发	技术研究院		
	歪头山铁矿主采场开拓运输系统优化升级研究	矿业歪头山铁矿		
	北营大高炉安全经济快速休复风技术研究与应用	北营炼铁厂		
	南芬选矿厂三段磨选工艺研究	矿业南芬选矿厂		
	基于废弃资源利用的矿山尾矿新型土壤构造技术研究及其应用	矿业歪头山铁矿		
	转炉智能炼钢系统的研发	板材炼钢厂		
	北营炼钢厂 120 吨转炉顶底复吹工艺研究	北营炼钢厂		
	本钢汽车板钢夹杂物分析研究	技术研究院		
	三冷轧产品产成率提升攻关	板材冷轧厂		
	高品质轴承钢碳化物组织技术控制	板材特钢厂		
	本钢冷轧厂 1 号、2 号热镀锌机组表面质量提升攻关	板材冷轧厂		
	2300 线报废 Cr5 锻钢支撑辊复活在 1880 线使用研究	板材热连轧厂		
	降低硅钢轧辊辊耗攻关	板材冷轧厂		

2018年度科技进步奖名单

续表（三）

奖项名称及等级	成果名称	完成单位	授奖部门	授奖时间
本钢科技进步奖三等奖	SGC490热镀锌高强结构钢研制开发	技术研究院板材制造部等	本钢科技进步奖评审委员会	2019.3
	高级别抗酸腐蚀管线钢热轧卷板研发	技术研究院板材制造部		
	一汽吉轻C023全车身材料EVI分析研究	技术研究院		
	车轮轮辐用马氏体双相钢RS590-M研制开发	技术研究院		
	电梯曳引轴用钢C45E+N的研发	技术研究院		
	选矿MES系统	信息自动化公司		
	发电能效分析系统	信息自动化公司		
	红外热成像监控系统应用于高炉测温的实践	信息自动化公司		
	无线定位技术在冷轧库区的应用	信息自动化公司		
	冷轧机传动侧轴承座装配工艺优化	板材冷轧厂		
	固定退火炉内电阻带的装置	板材冷轧厂		
	报废轧机中间辊改工作辊的研究	板材冷轧厂		
	一种热轧双相钢及预防该热轧双相钢扁卷的制造方法	板材热连轧厂		
	冷轧厂三冷工序连退DP钢生产控制和工艺优化	板材冷轧厂		
	550MPa级热轧高强钢产品开发	技术研究院板材炼钢厂等		
	提高一区处理后废水合格率	北营焦化厂技术研究院		
	薄宽规格汽车板炉内擦划伤控制与研究	板材冷轧厂		
	自主摸索激光焊机虚拟直线的应用方法与激光焦点位置的优化研究	板材冷轧厂		
	热轧高速钢轧辊裂纹处理方法研究	板材热连轧厂		

（规划发展部　供）

2017年度企业管理创新成果名单

成果名称	完成单位	奖项名称及等级	授奖部门	授奖时间
以信息自动化技术为核心的发电能效分析与设备状态检修管理创新	板材发电厂	本钢集团管理创新成果一等奖	本钢集团有限公司	2018.9
		冶金企业管理现代化创新成果三等奖	中国钢铁工业协会	2018.12
		辽宁省企业管理创新成果一等奖	辽宁省企业管理创新成果评审委员会	2018.9
“四核八驱动”节能降耗体系的建立与实施	北营炼钢厂	本钢集团管理创新成果一等奖	本钢集团有限公司	2018.9
		冶金企业管理现代化创新成果二等奖	中国钢铁工业协会	2018.12
		辽宁省企业管理创新成果二等奖	辽宁省企业管理创新成果评审委员会	2018.9
采购价格管理体系的建立与实施	板材采购中心	本钢集团管理创新成果一等奖	本钢集团有限公司	2018.9
		辽宁省企业管理创新成果二等奖	辽宁省企业管理创新成果评审委员会	2018.9
财务公司承兑汇票参与集团企业支付流通充分发挥产融结合优势	本钢集团财务有限公司	本钢集团管理创新成果一等奖	本钢集团有限公司	2018.9
		辽宁省企业管理创新成果二等奖	辽宁省企业管理创新成果评审委员会	2018.9
依托信息化点检作业流程创新管理	板材冷轧厂	本钢集团管理创新成果一等奖	本钢集团有限公司	2018.9
本钢集团外购下水煤损耗规范管理	板材制造部	本钢集团管理创新成果二等奖	本钢集团有限公司	2018.9
焦炭物理性能自动检测技术的应用	板材制造部			

2017年度企业管理创新成果名单

续表（一）

成果名称	完成单位	奖项名称及等级	授奖部门	授奖时间
“期权+期货”全新套期保值模式新探索	板材销售中心	本钢集团管理创新成果二等奖	本钢集团有限公司	2018.9
实施精细化管理、精打细算降成本	板材冷轧厂			
综合优化现有资源服务生产调度指挥系统	板材能源总厂			
标准化网络存储系统的建立和实施	板材热连轧厂			
以提高优质产能为核心的管理体系的建设与实施	板材特钢厂	本钢集团管理创新成果二等奖	本钢集团有限公司	2018.9
氧氮氩能源介质全工序降成本的创新管理	北营能源总厂			
以爆破数据信息化为基础的爆破管理	矿业南芬露天铁矿			
以循环、增产、降耗、挖潜为重点的清洁生产管理	矿业南芬选矿厂			
以市场为核心的产品结构效益管理体系的建立与实施	北营财务部	本钢集团管理创新成果二等奖	本钢集团有限公司	2018.9
		冶金企业管理现代化创新成果二等奖	中国钢铁工业协会	2018.12
以降本增效为核心的精细化计划统计管理	板材焦化厂	本钢集团管理创新成果三等奖	本钢集团有限公司	2018.9
用科学的管理手段，降低焦炉逸散物的排放	板材焦化厂			
优化管理方案，提高干熄焦锅炉炉水质量	板材焦化厂			
挖掘设备人员潜力、恢复彩涂机组生产	板材冷轧厂			

2017 年度企业管理创新成果名单

续表（二）

成果名称	完成单位	奖项名称及等级	授奖部门	授奖时间
以减少启车调试料使用量为核心的生产管理	板材冷轧厂	本钢集团管理创新成果三等奖	本钢集团有限公司	2018.9
企业班组的计算机化管理	板材热连轧厂			
创新专业人才奖励津贴评选方式激发工程技术人员创造活力	板材特钢厂			
点检定修制的深化与应用	板材特钢厂			
对标找差距　降低轧机轧辊消耗	丹东不锈钢公司			
对标挖潜降成本　紧抓定额消耗“牛鼻子”	丹东不锈钢公司			
大中型企业全方位考核管理	北营组织部			
以创新载体为核心党建管理的建立与实施	北营组织部			
以降本增效为目标的鱼雷罐优化管理实践	北营制造部			
实施人力资源优化　推进三项制度改革	北营人力资源部			
企业高效管理体系的建立与实践	北营炼铁厂			
劳动合同履行管理体系的建立与实施	北营人力资源部			
大型钢铁企业以铁路运输为核心的多元化销售物流管理	北营制造部			
以集团官方网站改版升级为重点　进一步完善集团企业文化体系	本钢集团宣传部			

（运营改善部　供）

2018 年度名优产品名单

奖项名称及等级	成果名称	完成单位	授奖部门	授奖时间
金杯奖（行业）	冷轧低碳薄钢板和钢带	板材冷轧厂	中国钢铁工业协会	2018.12
	热轧花纹钢板和钢带	板材热连轧厂		
	加磷高强度冷轧钢带	板材冷轧厂		
品质卓越产品（行业）	高碳铬轴承钢	板材特钢厂	冶金工业质量经营联盟	2018.12
辽宁省名牌产品	中碳合金结构钢	板材特钢厂	辽宁省质量技术监督局	2018.12
	汽车齿轮用钢	板材特钢厂		
	热轧钢板和钢带	板材热连轧厂		
	汽车车轮用钢	板材热连轧厂		
	冷轧无取向电工钢带	板材冷轧厂		
	热轧酸洗板	板材冷轧厂		

（板材制造部　供）

2018 年度优秀六西格玛项目、QC 成果名单

奖项名称及等级	成果名称	完成单位	授奖部门	授奖时间
六西格玛优秀项目（国家级）	降低电镀锌启车拉辊料使用量	板材冷轧厂	中国质量协会	2019. 2
	提高 LF 炉绞线钢高碱度渣系比例	北营炼钢厂		
	降低 5 号制氧机单位气体耗电量	北营制氧厂		
	降低新 1 号高炉燃料比	北营炼铁厂		
冶金行业一等优秀 QC 项目	提高 CDCM 机组结构钢、薄规格产品小时产量	板材冷轧厂（一冷轧厂）	冶金工业质量经营联盟	2018. 7
	降低重卷机组内部废品率	板材冷轧厂（二冷轧）		
	提高冷轧产品综合成材率	板材冷轧厂（三冷轧厂）		
	提高低碳含硼钢热过率	板材炼钢厂		
	降低薄板坯连铸中包增氮炉数	板材炼钢厂		
	降低六号高炉燃料比	板材炼铁厂		
	缩小三冷轧混合煤气热值波动幅度	板材能源总厂		
	减小 6 号 TRT 旁通阀开启时间	板材能源总厂		
	关于利用高镍铬钒钛轧辊降低单机架辊耗的研究	板材热轧厂		
	提高大包自开浇率	板材特钢厂		
	减少内燃机车转向架库停时间	板材铁运公司		
	降低自翻车制动装置月故障台次	板材铁运公司		
	提高堆取料机取料量	板材原料厂		
	半自动废中板切割机的研制	板材废钢厂		
	降低特钢厂联合泵站 CAN3000 仪表监控系统故障率	板材计控厂		
	能源管控系统采集站自动巡检功能的开发	板材计控厂		

2018 年度优秀六西格玛项目、QC 成果名单

续表（一）

奖项名称及等级	成果名称	完成单位	授奖部门	授奖时间
冶金行业一等优秀 QC 项目	降低不锈钢冷线折印缺陷率	丹东不锈钢公司	冶金工业质量经营联盟	2018.7
	降低 1700 线精轧机 200 系统液压油漏油油耗	本钢维检中心		
	提高北山部位矿石采出量	矿业南芬露天铁矿		
	提高细碎车间供五选侧碎矿机运转率	矿业南芬选矿厂		
	降低选矿车间电耗	矿业歪头山铁矿		
	降低生化系统处理后氨氮浓度	北营焦化厂		
	提高烧结矿 FeO 含量稳定率	北营炼铁厂		
	提高新 2 号高炉喷煤比	北营炼铁厂		
	降低内燃机车通风机故障次数	北营铁运公司		
	降低铁路信号轨道电路故障次数	北营铁运公司		
	降低 GKD1A 型内燃机车冬季电控接触器漏风故障次数	北营铁运公司		
	提高 $50000m^3/h$ 制氧机氮气纯度	北营制氧厂		
冶金行业二等优秀 QC 项目	降低高压车间 21 号锅炉电耗	板材发电厂	冶金工业质量经营联盟	2018.7
	提高重卷机组产能	板材冷轧厂（一冷轧厂）		
辽宁省一等优秀 QC 项目	降低 CDCM 冷连轧机厚度不合非计划量	板材冷轧厂（一冷轧厂）	辽宁省质量协会	2018.7
辽宁省二等优秀 QC 项目	提高转炉包温合格率	板材炼钢厂	辽宁省质量协会	2018.7
	降低 $265m^2$ 烧结机煤气消耗量	板材炼铁厂		
	减少郑家变电所电容器停机时间	板材能源总厂		
	降低内燃机车柴油消耗	板材铁运公司		
	降低轨道电路系统电路故障次数	板材铁运公司		
	降低 20 辊轧机挤干辊吨钢成本	丹东不锈钢公司		
	降低爆破大块率	矿业南芬露天铁矿		

2018 年度优秀六西格玛项目、QC 成果名单

续表（二）

奖项名称及等级	成果名称	完成单位	授奖部门	授奖时间
辽宁省二等优秀 QC 项目	提高选矿厂四选车间 2~6 号球磨机作业率	矿业南芬选矿厂	辽宁省质量协会	2018.7
	降低新区软化水站钠离子交换器树脂使用量	北营动力厂		
	降低 3 号变电所高压柜隔离开关故障率	北营动力厂		
	提高 4 号铸机 5 流开浇一次成功率	北营炼钢厂		
辽宁省三等优秀 QC 项目	减少 2 号镀锌机组退火炉换热器损耗量	板材冷轧厂（一冷轧厂）	辽宁省质量协会	2018.7
	提高 1 号镀锌锌层控制精度	板材冷轧厂（一冷轧厂）		
	降低 RH 生产低级别钢种吨钢铝单耗	板材炼钢厂		
	降低转炉净化系统结垢速度	板材炼钢厂		
	降低烧结矿 0~10mm 小粒级含量	板材炼铁厂		
	提高矩坯产 75 圆收得率	板材特钢厂		
	降低普通车辆燃轴故障台次	板材铁运公司		
	提高超滤膜池产水率	板材发电厂		
	降低六炉反送泵检修频次	板材能源总厂		
	降低新电系统上网电量	板材能源总厂		
	降低 24 号发电机电液控制系统故障率	板材计控厂		
	提高干熄焦锅炉炉水指标达标率	板材焦化厂		
	降低不锈钢平整缺陷降级率	丹东不锈钢公司		
	提高三段旋流器分级效率	矿业贾家堡铁矿		
	降低三五选车间过滤系统故障率	矿业南芬选矿厂		
	提高铁精矿全铁稳定率	矿业歪头山铁矿		
	降低 5 号铸机漏钢率	北营炼钢厂		
	提高新高炉喷煤制粉量	北营炼铁厂		
	空气过滤器滤芯反吹装置研制	北营制氧厂		

（板材制造部　供）

栏目编辑　　邹丽颖

本钢年鉴 *2019*

本钢集团

附　录

上级文件目录

发文单位	文件编号	文件标题
省委	辽委发〔2018〕2号	中共辽宁省委印发《关于贯彻〈中国共产党党务公开条例（试行）〉的实施细则》的通知
省委	辽委干发〔2018〕100号	关于张贵玉同志任职的通知
省委	辽委发〔2018〕5号	中共辽宁省委　辽宁省人民政府关于印发《辽宁省产业工人队伍建设改革实施方案》的通知
省委	辽委发〔2018〕24号	中共辽宁省委印发《关于运用监督执纪“第一种形态”的办法（试行）》的通知
省委	辽委干发〔2018〕406号	关于杨成广、张彦宾同志职务任免的通知
省委办公厅	辽委办发〔2018〕5号	中共辽宁省委办公厅关于印发《辽宁省深入推进全面从严治党加强党的基层组织建设三年工作计划（2018—2020年）》的通知
省委办公厅	辽委办发〔2018〕7号	中共辽宁省委办公厅关于印发《辽宁省深入推进全面从严治党加强党风廉政建设和反腐败工作三年计划（2018—2020年）》的通知
省委办公厅	辽委办发〔2018〕8号	中共辽宁省委办公厅　辽宁省人民政府办公厅关于印发《辽宁省建设具有国际竞争力的先进装备制造业基地工程框架实施方案》的通知
省委办公厅	辽委发〔2018〕17号	中共辽宁省委印发《关于贯彻〈中国共产党党内功勋荣誉表彰条例〉的实施办法》的通知
省委办公厅	厅秘发〔2018〕32号	中共辽宁省委办公厅　辽宁省人民政府办公厅关于印发《辽宁省国家秘密定密管理工作细则（试行）》的通知
省委办公厅	辽委办发〔2018〕54号	中共辽宁省委办公厅印发《关于进一步加强和改进省委巡视整改工作的意见》的通知

上级文件目录

续表（一）

发文单位	文件编号	文件标题
省委办公厅	辽委办发〔2018〕58号	中共辽宁省委办公厅　辽宁省人民政府办公厅印发《关于分类推进人才评价机制改革的实施意见》的通知
省委办公厅	辽委办发〔2018〕96号	中共辽宁省委办公厅　辽宁省人民政府办公厅关于印发《加快推进全省国资国企改革专项工作方案》的通知
省委办公厅	辽委办发〔2018〕98号	中共辽宁省委办公厅　辽宁省人民政府办公厅印发《关于进一步提高技术工人待遇的实施意见》的通知
省委办公厅	辽委办发〔2018〕108号	中共辽宁省委办公厅　辽宁省人民政府办公厅印发《关于进一步强化落实安全生产监管责任的意见》《关于进一步强化落实企业安全生产主体责任的意见》的通知
省纪委机关 省委组织部	辽组明字〔2018〕20号	中共辽宁省纪委机关　中共辽宁省委组织部关于围绕政治性警示教育开好专题民主生活会的通知
省纪委 省委组织部	辽组通字〔2018〕45号	中共辽宁省纪委机关　中共辽宁省委组织部印发《关于防止干部“带病提拔”的实施办法》的通知
省委组织部	辽组通字〔2018〕51号	中共辽宁省委组织部关于印发《加强巡视整改日常监督暂行办法》的通知
省委组织部	辽组通字〔2018〕82号	中共辽宁省委组织部转发《中共中央组织部关于认真做好领导干部报告个人有关事项工作的通知》的通知
市委组织部	本组通字〔2018〕39号	中共本溪市委组织部关于印发《建立高层次人才流出预警机制及报告制度的实施细则》的通知
市委办公厅	厅秘发〔2018〕46号	中共本溪市委办公厅进一步强化政治纪律政治规矩切实改进工作作风的通知
市委办公室	本委办发〔2018〕111号	中共本溪市委办公室　本溪市人民政府办公室印发《关于进一步提高技术工人待遇的实施意见》的通知
中国钢铁工业协会	钢协〔2018〕45号	关于发布《中国钢铁工业协会标准制修订工作管理细则（试行)》的通知
省政府	辽政发〔2018〕1号	辽宁省人民政府关于2017年度辽宁省科学技术奖励的决定

上级文件目录

续表（二）

发文单位	文件编号	文件标题
省政府	辽政函〔2018〕8号	辽宁省人民政府关于对本钢集团申请办理南芬露天铁矿采矿许可证予以支持的函
省政府	辽政人字〔2018〕16号	关于赵忠民、张贵玉职务任免的通知
省政府	辽政人字〔2018〕53号	辽宁省人民政府关于韩革免职的通知
省政府	辽政人字〔2018〕89号	辽宁省人民政府关于杨成广任职的通知
省政府	辽政发〔2018〕40号	辽宁省人民政府关于改革国有企业工资决定机制的实施意见
省政府办公厅	辽政办发〔2018〕11号	辽宁省人民政府办公厅关于印发辽宁省厂办大集体改革工作实施方案的通知
省政府办公厅	辽政办〔2018〕50号	辽宁省人民政府办公厅关于成立推进本钢集团混合所有制改革领导小组的通知
省厂办大集体改革工作领导小组办公室	辽集改办〔2018〕2号	关于转发《辽宁省人民政府办公厅关于印发辽宁省厂办大集体改革工作实施方案的通知》的通知
省厂办大集体改革工作领导小组办公室	辽集改办〔2018〕6号	关于印发《辽宁省厂办大集体企业性质界定办法》的通知
省厂办大集体改革工作领导小组办公室	辽集改办〔2018〕7号	关于印发《辽宁省厂办大集体改革资产处置办法》的通知
省国资委党委	辽国资党委〔2018〕102号	关于印发《开展省属企业领导人员廉洁从业专项整治实施方案》的通知
省国资委党委	辽国资党委〔2018〕103号	关于印发《省属企业领导人员廉洁从业若干规定》的通知
省国资委	辽国资改革〔2018〕174号	关于同意本钢集团推进混合所有制改革的批复
省国资委		关于成立本钢集团混改工作推进组的通知

上级文件目录

续表（三）

发文单位	文件编号	文件标题
省国资委	辽国资办〔2018〕3 号	关于转发《辽宁省人民政府办公厅关于做好全国企业改制重组涉及土地资产处置工作的通知》通知
省国资委	辽国资分配〔2018〕222 号	关于本钢集团有限公司公务用车制度改革实施方案的批复
省国资委	辽国资财监〔2018〕231 号	关于本钢集团有限公司 2018 年度财务预算的批复
省国资委	辽审发〔2018〕105 号	中共辽宁省纪委机关　中共辽宁省委组织部　中共辽宁省委编制委员会办公室　辽宁省财政厅　辽宁省人力资源和社会保障厅　辽宁省审计厅　辽宁省国有资产监督管理委员会　辽宁省地方金融监督管理局关于印发《辽宁省党政主要领导干部和国有企业领导人员离任经济事项交接办法》的通知
省国资委	辽审发〔2018〕106 号	中共辽宁省纪委机关　中共辽宁省委组织部　中共辽宁省委编制委员会办公室　辽宁省财政厅　辽宁省人力资源和社会保障厅　辽宁省审计厅　辽宁省国有资产监督管理委员会　辽宁省地方金融监督管理局关于印发《辽宁省党政主要领导干部和国有企业领导人员任前经济责任告知办法》的通知
省深化国资国企改革领导小组	辽国资国企改革〔2018〕2 号	印发《关于深化国资国企改革激发国有企业改革发展活力的工作方案》的通知
市政府办公厅	本政办请〔2018〕20 号	本溪市国土资源局关于本钢集团有限公司预存石灰石明山矿区土地复垦保证金的意见
市政府办公厅	省市领导批示〔2018〕30 号	崔枫林副省长在《辽宁省工业和信息化委关于请予确认本钢集团新建炼钢项目产能转换方案的请示》上的批示
市政府办公厅	本政办请〔2018〕217 号	市领导对《本溪市住房和城乡建设委员会关于本溪钢铁（集团）房地产开发有限责任公司开发建设的千金 8 组团公建部分分摊征收成本的报告》的批示意见
市政府办公厅	本政办请〔2018〕667 号	市领导对《本钢集团关于新建本钢体育中心的请示》的批示意见

上级文件目录

续表（四）

发文单位	文件编号	文件标题
市政府办公厅	省市领导批示〔2018〕125号	常务副省长张雷、副省长崔枫林、郝春荣在《省国资委关于本钢集团混改继续解决矿权和土地使用权历史遗留问题的请示》上的批示
市政府办公厅	会议纪要第28期	关于研究支持本钢集团公司混改工作有关问题办公会议的纪要
市发改委	本发改发〔2018〕16号	关于《本钢集团有限公司花岭沟铁矿地下开采工程节能评估报告》的审查意见

（办公室　供）

董事会文件目录

文件编号	文件标题
本钢董发〔2018〕1号	本钢集团有限公司关于调整组织机构设置的通知
本钢董发〔2018〕2号	关于印发《本钢集团有限公司董事会议事规则》的通知

（办公室　供）

党委文件目录

文件编号	文件标题
钢委发〔2018〕1号	关于开好2017年度副处级以上单位党员领导干部民主生活会的通知
钢委发〔2018〕2号	关于张贵玉同志任职的请示
钢委发〔2018〕3号	本钢集团党委关于开展2018年“两节”送温暖走访慰问活动的通知
钢委发〔2018〕4号	关于唐文俊同志因私赴日本政审的请示
钢委发〔2018〕5号	关于对邵剑超等部分干部职务调整的通知
钢委发〔2018〕6号	本钢集团党委　本钢集团关于表彰2017年度先进集体和先进个人的决定
钢委发〔2018〕7号	关于向本钢集团国际经济贸易有限公司派出董事的通知
钢委发〔2018〕8号	本钢集团党委关于调整部分基层党组织设置的通知
钢委发〔2018〕9号	关于钱之荣同志因私赴香港政审的请示
钢委发〔2018〕10号	关于印发《本钢集团有限公司党委一届五次全委（扩大）会议和集团纪律一届四次全委（扩大）会议有关文件》的通知
钢委发〔2018〕11号	关于印发《本钢集团有限公司党委2018年工作要点》的通知
钢委发〔2018〕12号	关于对张鹏等部分干部职务调整的通知
钢委发〔2018〕13号	关于启用中共本钢板材股份有限公司技术研究院委员会等单位印章和作废中国共产党本钢板材股份有限公司机关委员会等单位印章的通知
钢委发〔2018〕14号	关于印发《本钢集团领导班子成员落实中央八项规定精神分片包干责任制工作方案》的通知
钢委发〔2018〕15号	关于印发《中共本钢集团有限公司委员会发展党员工作实施细则》的通知
钢委发〔2018〕16号	本钢集团有限公司关于调整保密委员会成员的通知

党委文件目录

续表（一）

文件编号	文件标题
钢委发〔2018〕17号	关于印发《本钢集团有限公司2018年保密工作要点》的通知
钢委发〔2018〕18号	关于刘宏宇等部分干部职务调整的通知
钢委发〔2018〕19号	关于启用中共本钢集团有限公司委员会党校印章和作废中共本溪钢铁公司委员会党校印章的通知
钢委发〔2018〕20号	关于围绕政治性警示教育开好专题民主生活会的通知
钢委发〔2018〕21号	本钢集团党委关于开展纪念建党97周年系列活动的通知
钢委发〔2018〕22号	关于印发《本钢集团有限公司管理的领导班子和领导干部综合考核评价办法（试行)》的通知
钢委发〔2018〕23号	关于对周忠岐等部分同志职务调整的通知
钢委发〔2018〕24号	关于印发《本钢集团有限公司党员领导干部民主生活会实施细则》的通知
钢委发〔2018〕25号	关于曹爱民、张鹏同志因公出国的请示
钢委发〔2018〕26号	关于召开吸取包宏案件教训专题民主生活会的通知
钢委发〔2018〕27号	关于给予荆鸿鹏党内警告处分的决定
钢委发〔2018〕28号	关于给予姜育男党内警告处分的决定
钢委发〔2018〕29号	关于给予郑中党内严重警告处分的决定
钢委发〔2018〕30号	关于给予桂万根党内严重警告处分的决定

党委文件目录

续表（二）

文件编号	文件标题
钢委发〔2018〕31号	关于给予张吉胜党内警告处分的决定
钢委发〔2018〕32号	关于向本钢集团财务有限公司派出董事的通知
钢委发〔2018〕33号	关于开展对本钢集团领导人员亲属经商办企业　从事国有生产经营活动的有关问题专项整治工作的通知
钢委发〔2018〕34号	关于印发《本钢集团有限公司基层党建重点任务三年工作规划（2018—2020年）》的通知
钢委发〔2018〕35号	关于印发《中共本钢集团有限公司委员会党费收缴使用管理实施细则》的通知
钢委发〔2018〕36号	本钢集团有限公司党委常委会议纪要
钢委发〔2018〕37号	张彦宾同志近三年年度考核结果
钢委发〔2018〕38号	本钢集团有限公司党委常委会议纪要
钢委发〔2018〕39号	关于张彦宾同志任职的请示
钢委发〔2018〕40号	关于调整中共本溪北营钢铁（集团）股份有限公司职工医院委员会隶属关系的通知
钢委发〔2018〕41号	关于印发《本钢集团党委关于中央第六巡视组巡视反馈意见整改落实工作安排意见》的通知
钢委发〔2018〕42号	关于印发《本钢集团党委关于中央第六巡视组巡视反馈意见的整改落实方案》的通知
钢委发〔2018〕43号	本钢集团党委关于成立中央巡视反馈意见整改落实工作领导小组的通知
钢委发〔2018〕44号	关于许家彦同志因私赴日本政审的请示

党委文件目录

续表（三）

文件编号	文件标题
钢委发〔2018〕45号	关于成立本钢集团有限公司党委意识形态工作领导小组的通知
钢委发〔2018〕46号	关于印发《本钢集团有限公司所属各单位党委配合派驻纪检组工作职责》的通知
钢委发〔2018〕47号	转发省国资委党委关于省（中）直企业基层党组织围绕消除薄熙来、王珉恶劣影响召开专题组织生活会的通知
钢委发〔2018〕48号	中共本钢集团有限公司委员会关于成立履行全面从严治党主体责任领导小组的通知
钢委发〔2018〕49号	关于给予奈作鑫党内警告处分的决定
钢委发〔2018〕50号	关于吕树之同志因私赴日本旅游的请示
钢委发〔2018〕51号	本钢集团党委上半年意识形态责任制落实情况报告
钢委发〔2018〕52号	本钢集团有限公司关于成立“扫黑除恶”专项斗争领导小组的通知
钢委发〔2018〕53号	关于印发《本钢集团“扫黑除恶”专项斗争实施方案》的通知
钢委发〔2018〕54号	关于钱之荣同志因私赴香港政审的请示
钢委发〔2018〕55号	关于对赵忠民等部分干部职务调整的通知
钢委发〔2018〕56号	关于对杨成广等部分干部职务调整的通知
钢委发〔2018〕57号	关于印发《本钢集团公司党委巡察工作实施办法（暂行）》的通知
钢委发〔2018〕58号	本钢集团党委关于印发《本钢集团党委贯彻落实〈中共辽宁省委关于彻底消除薄熙来、王珉恶劣影响进一步净化和修复政治生态的意见〉任务分解和责任分工方案》的通知

党委文件目录

续表（四）

文件编号	文件标题
钢委发〔2018〕59号	关于印发《本钢党委落实省国资委党委〈关于开展省属企业领导人员廉洁从业专项整治实施方案〉工作安排》的通知
钢委发〔2018〕60号	本钢集团有限公司关于调整“扫黑除恶”专项斗争领导小组的通知
钢委发〔2018〕61号	关于印发《本钢集团“扫黑除恶”专项斗争实施方案》的通知
钢委发〔2018〕62号	关于调整本钢集团有限公司党委统一战线工作领导小组的通知
钢委发〔2018〕63号	关于印发《本钢集团宗教工作自查方案》的通知
钢委发〔2018〕64号	本钢集团党委关于庆祝改革开放40周年活动安排的通知
钢委发〔2018〕65号	关于撤销出入境备案的请示
钢委发〔2018〕66号	中共本钢集团有限公司委员会关于《我省十起国企腐败典型案例剖析报告》学习剖析整改落实情况的报告
钢委发〔2018〕67号	关于开展2018年首轮巡察工作的通知
钢委发〔2018〕68号	关于印发《本钢集团有限公司党委巡察工作规划（2018—2022年）》的通知
钢委发〔2018〕69号	关于印发《本钢集团党委关于全面贯彻新时代党的组织路线的实施意见》的通知
钢委发〔2018〕70号	关于印发《本钢集团党委开展“解放思想推动高质量发展大讨论”的实施方案》的通知
钢委发〔2018〕71号	关于印发《本钢集团党委关于贯彻落实习近平总书记在辽宁考察时和在深入推进东北振兴座谈会上重要讲话精神实施方案》的通知
钢委发〔2018〕72号	本钢集团党委下半年意识形态责任制落实情况报告

党委文件目录

续表（五）

文件编号	文件标题
钢委发〔2018〕73号	本钢集团党委关于成立省委第三巡视组巡视反馈整改工作领导小组的通知
钢委发〔2018〕74号	关于给予潘远章党内严重警告处分的决定
钢委发〔2018〕75号	关于给予荆玉明党内严重警告处分的决定
钢委发〔2018〕76号	关于给予李青一党内警告处分的决定
钢委发〔2018〕77号	关于召开省委巡视反馈意见整改落实专题民主生活会的通知
钢委发〔2018〕78号	关于省委巡视整改进展情况的汇报
钢委发〔2018〕79号	关于启用中共本钢集团有限公司委员会巡察工作领导小组办公室印章的通知
钢委发〔2018〕80号	关于印发《省委第三巡视组巡视反馈意见整改落实方案》的通知
钢委发〔2018〕81号	关于对省委巡视反馈问题开展工作检查的通知
钢委发〔2018〕82号	关于对尹洪涛等部分干部职务调整的通知
钢委发〔2018〕83号	关于印发《被巡察单位党组织配合集团公司党委巡察工作实施办法》的通知
钢委发〔2018〕84号	关于印发《本钢集团有限公司建立“三议一报告一执行”决策机制实施办法（试行)》的通知
钢委发〔2018〕85号	关于印发《本钢集团有限公司党委议事规则》的通知
钢委发〔2018〕86号	关于印发《本钢集团有限公司党委意识形态工作责任制实施细则》的通知

党委文件目录

续表（六）

文件编号	文件标题
钢委发〔2018〕87号	关于成立本钢集团有限公司党委意识形态工作分析研判小组的通知
钢委发〔2018〕88号	关于印发《本钢集团有限公司党委网络意识形态工作责任制实施细则》的通知
钢委发〔2018〕89号	关于印发《本钢集团有限公司党委网络意识形态工作责任制责任分工方案》的通知
钢委发〔2018〕90号	关于修订印发《本钢集团有限公司基层党建重点任务三年工作规划（2018—2020年)》的通知
钢委发〔2018〕91号	本钢集团党委　本钢集团关于评选2018年度先进集体和先进个人的通知
钢委发〔2018〕92号	关于印发《2018年度本钢集团党组织书记抓基层党建述职评议考核工作实施方案》的通知

（办公室　供）

行政文件目录

文件编号	文件标题
本钢发安字〔2018〕1号	本钢集团有限公司关于做好2018年安全生产工作任务的通知
本钢发制字〔2018〕2号	关于印发《2018年1月份生产经营计划》的通知
本钢发制字〔2018〕3号	关于印发Q/BB 218—2018《C45E+N热轧钢棒》及Q/BB 217—2014《汽轮机叶片用钢》等两项标准废止的通知
本钢发制字〔2018〕4号	关于印发Q/BB 263—2018《冷顶锻用碳素结构钢盘条》等5项企标及4项企标废止的通知
本钢发制字〔2018〕5号	关于印发《2018年本钢集团有限公司产品标准目录》的通知
本钢发制字〔2018〕6号	关于印发Q/BB 440—2018《小高炉用冶金焦炭》的通知
本钢发人字〔2018〕7号	关于印发《本钢集团有限公司薪酬总额包干办法》的通知
本钢发制字〔2018〕8号	关于印发Q/BB 1100—2018《冷轧不锈钢钢带的包装、标志和质量证明书》等3项标准的通知
本钢发制字〔2018〕9号	关于印发《2018年2月份生产经营计划》的通知
本钢发办字〔2018〕10号	关于启用本钢招标有限公司印章的通知
本钢发运营字〔2018〕11号	关于印发《质量/环境/职业健康安全体系管理手册》及相关程序文件的通知
本钢发运营字〔2018〕12号	关于印发本钢集团有限公司部门工作作风考核办法的通知
本钢发安字〔2018〕13号	关于调整本钢集团有限公司安全生产（防火）委员会的通知
本钢发运字〔2018〕14号	关于开展本钢集团规章制度及业务流程梳理工作的通知

行政文件目录

续表（一）

文件编号	文件标题
本钢发保字〔2018〕15号	关于印发《本钢集团有限公司2018年全国“两会”信访维稳工作方案》的通知
本钢发制字〔2018〕16号	关于印发《2018年3月份生产经营计划》的通知
本钢发运营字〔2018〕17号	关于印发《本钢集团母子公司核心业务管控权限指导意见》的通知
本钢发运营字〔2018〕18号	关于印发《本钢集团有限公司重点改造及专项工程投资决（结）算管理办法》的通知
本钢发办字〔2018〕19号	关于启用本钢集团有限公司规划发展部等单位印章和作废本钢集团有限公司战略规划部等单位印章的通知
本钢发行字〔2018〕20号	关于印发《本钢集团有限公司房产、土地租赁管理办法》的通知
本钢发制字〔2018〕21号	关于印发《2018年4月份生产经营计划》的通知
本钢发办字〔2018〕22号	本钢集团有限公司关于领导班子成员工作分工的通知
本钢发能字〔2018〕23号	关于印发《本钢集团贯彻落实中央第三环境保护督察反馈意见整改方案》的通知
本钢发运营字〔2018〕24号	关于发布《本钢集团管理评审报告》的通知
本钢发监字〔2018〕25号	关于调整纪检监察人员办案补贴的通知
本钢发设字〔2018〕26号	关于印发《本钢集团有限公司重点改造及专项工程投资控制管理办法》的通知
本钢发财字〔2018〕27号	关于印发《本钢集团有限公司保函管理办法》的通知
本钢发制字〔2018〕28号	关于印发《2018年5月份生产经营计划》的通知

行政文件目录

续表（二）

文件编号	文件标题
本钢发制字〔2018〕29号	关于印发 Q/BB 111—2018《冷轧钢板及钢带的包装、标志和质量证明书》的通知
本钢发制字〔2018〕30号	关于印发 Q/BB 112—2018《冷轧钢板及钢带包装用材料》的通知
本钢发行字〔2018〕31号	关于印发《本钢集团有限公司房产　土地管理办法》的通知
本钢发制字〔2018〕32号	关于印发《本钢集团有限公司铁前物料质量预警实施细则》的通知
本钢发运营字〔2018〕33号	本钢集团关于成立本钢招标有限公司的决定
本钢发制字〔2018〕34号	关于印发《本钢集团质量异议技术管控实施细则》的通知
本钢发制字〔2018〕35号	关于印发《本钢集团有限公司铁前工序生产用物料质量管理实施办法》的通知
本钢发国贸字〔2018〕36号	关于印发《本钢集团有限公司外销产品异议处理管理制度》的通知
本钢发办字〔2018〕37号	关于印发《本钢集团有限公司机关部门文件材料归档实施办法》的通知
本钢发行字〔2018〕38号	关于印发《本钢集团有限公司办公用品管理规定》的通知
本钢发人字〔2018〕39号	关于印发《本钢集团有限公司因私出国（境）管理办法》的通知
本钢发制字〔2018〕40号	关于印发《2018年6月份生产经营计划》的通知
本钢发办字〔2018〕41号	本钢集团有限公司关于对部分领导班子成员工作分工进行调整的通知
本钢发办字〔2018〕42号	关于印发《本钢集团有限公司档案管理办法》的通知

行政文件目录

续表（三）

文件编号	文件标题
本钢发人字〔2018〕43号	关于印发《本钢集团有限公司2018年职工培训工作计划》的通知
本钢发运营字〔2018〕44号	关于印发《本钢集团有限公司领导干部问责追责管理办法（暂行)》的通知
本钢发制字〔2018〕45号	关于印发《本钢集团有限公司2018年防汛工作安排》的通知
本钢发运营字〔2018〕46号	关于明确恒亿租赁公司组织机构及人员编制的通知
本钢发运营字〔2018〕47号	关于明确财务公司组织机构及人员编制的通知
本钢发运营字〔2018〕48号	关于明确恒基公司组织机构及人员编制的通知
本钢发运营字〔2018〕49号	关于明确房地产公司组织机构及人员编制的通知
本钢发运营字〔2018〕50号	关于明确职业技术学院组织机构及人员编制的通知
本钢发运营字〔2018〕51号	关于明确本钢总医院组织机构及人员编制的通知
本钢发运营字〔2018〕52号	关于明确北营公司组织机构及人员编制的通知
本钢发运营字〔2018〕53号	关于明确丹东不锈钢公司组织机构及人员编制的通知
本钢发运营字〔2018〕54号	关于明确恒通公司组织机构及人员编制的通知
本钢发办字〔2018〕55号	关于印发《本钢集团有限公司应急管理专家工作规则》的通知
本钢发运营字〔2018〕56号	关于明确建设公司组织机构及人员编制的通知

行政文件目录

续表（四）

文件编号	文件标题
本钢发运营字〔2018〕57号	关于明确机械制造公司组织机构及人员编制的通知
本钢发办字〔2018〕58号	关于印发《本钢集团有限公司应急工作管理办法》的通知
本钢发运营字〔2018〕59号	关于明确冶金渣公司组织机构及人员编制的通知
本钢发运营字〔2018〕60号	关于明确修建（维检）公司组织机构及人员编制的通知
本钢发运营字〔2018〕61号	关于明确恒泰公司组织机构及人员编制的通知
本钢发运营字〔2018〕62号	关于明确热力公司组织机构及人员编制的通知
本钢发运营字〔2018〕63号	本钢集团有限公司关于印发《本钢集团办公室（董事会办公室、党委办公室、机关党委）主要职责内设机构和人员编制规定》的通知
本钢发运营字〔2018〕64号	本钢集团有限公司关于印发《本钢集团安全管理监督部主要职责内设机构和人员编制规定》的通知
本钢发运营字〔2018〕65号	本钢集团有限公司关于印发《本钢集团宣传部（统战部、企业文化部、团委）主要职责内设机构和人员编制规定》的通知
本钢发运营字〔2018〕66号	本钢集团有限公司关于印发《本钢集团宣传中心主要职责内设机构和人员编制规定》的通知
本钢发运营字〔2018〕67号	本钢集团有限公司关于印发《本钢集团组织部（人力资源部）主要职责内设机构和人员编制规定》的通知
本钢发运营字〔2018〕68号	本钢集团有限公司关于印发《本钢集团人力资源管理中心主要职责内设机构和人员编制规定》的通知
本钢发运营字〔2018〕69号	本钢集团有限公司关于印发《本钢集团运营改善部主要职责内设机构和人员编制规定》的通知
本钢发运营字〔2018〕70号	本钢集团有限公司关于印发《本钢集团财务部主要职责内设机构和人员编制规定》的通知

行政文件目录

续表（五）

文件编号	文件标题
本钢发运营字〔2018〕71号	本钢集团有限公司关于印发《本钢集团审计部主要职责内设机构和人员编制规定》的通知
本钢发运营字〔2018〕72号	本钢集团有限公司关于印发《本钢集团法律事务部主要职责内设机构和人员编制规定》的通知
本钢发运营字〔2018〕73号	本钢集团有限公司关于印发《本钢集团资本管理部主要职责内设机构和人员编制规定》的通知
本钢发运营字〔2018〕74号	本钢集团有限公司关于印发《本钢集团规划发展部（科技发展部）主要职责内设机构和人员编制规定》的通知
本钢发运营字〔2018〕75号	本钢集团有限公司关于印发《本钢集团工会主要职责内设机构和人员编制规定》的通知
本钢发运营字〔2018〕76号	本钢集团有限公司关于印发《本钢集团纪委（监察部）主要职责内设机构和人员编制规定》的通知
本钢发运营字〔2018〕77号	本钢集团有限公司关于印发《本钢集团招标公司主要职责内设机构和人员编制规定》的通知
本钢发运营字〔2018〕78号	本钢集团有限公司关于印发《本钢集团国贸公司主要职责内设机构和人员编制规定》的通知
本钢发运营字〔2018〕79号	本钢集团有限公司关于印发《本溪钢铁公司保卫中心（武装信访部）主要职责内设机构和人员编制规定》的通知
本钢发运营字〔2018〕80号	本钢集团有限公司关于印发《本溪钢铁公司退管中心（老干部办）主要职责内设机构和人员编制规定》的通知
本钢发运营字〔2018〕81号	本钢集团有限公司关于印发《本钢集团子公司监事会主要职责内设机构和人员编制规定》的通知
本钢发运营字〔2018〕82号	关于明确矿业公司组织机构及人员编制的通知
本钢发招字〔2018〕83号	关于印发《本钢集团有限公司评标专家管理实施办法（暂行）》的通知
本钢发运营字〔2018〕84号	关于明确新实业公司组织机构及人员编制的通知

行政文件目录

续表（六）

文件编号	文件标题
本钢发监字〔2018〕85 号	关于给予郑中降级处分的决定
本钢发监字〔2018〕86 号	关于给予桂万根降级处分的决定
本钢发法字〔2018〕87 号	关于印发《本钢集团有限公司开展法治宣传教育的第七个五年规划（2016—2020年)》的通知
本钢发行字〔2018〕88 号	关于印发《本钢集团有限公司移动电话通信补贴费管理规定》的通知
本钢发国贸字〔2018〕89 号	关于印发《本钢集团有限公司顾客满意度评价实施办法》的通知
本钢发制字〔2018〕90 号	关于印发《2018 年 7 月份生产经营计划》的通知
本钢发人字〔2018〕91 号	关于印发《本钢集团有限公司薪酬调整指导意见》的通知
本钢发人字〔2018〕92 号	关于印发《本钢集团有限公司薪酬调整方案》的通知
本钢发办字〔2018〕93 号	关于印发《本钢集团有限公司档案价值鉴定实施办法》的通知
本钢发制字〔2018〕94 号	关于印发《本钢集团有限公司防汛应急救援预案》的通知
本钢发制字〔2018〕95 号	关于印发《本钢集团有限公司外购生产用物料质量管理实施办法》的通知
本钢发规字〔2018〕96 号	本钢板材炼钢厂新 8 号铸机工程可研批复
本钢发制字〔2018〕97 号	关于印发《本钢集团有限公司六西格玛人员管理办法》的通知
本钢发人字〔2018〕98 号	关于印发《本钢集团有限公司作业区级管理人员管理规定》的通知

行政文件目录

续表（七）

文件编号	文件标题
本钢发办字〔2018〕99 号	关于印发《本钢集团有限公司档案信息系统管理实施办法》的通知
本钢发运营字〔2018〕100 号	本钢集团有限公司关于印发《本溪钢铁公司行政管理中心主要职责内设机构和人员编制规定》的通知
本钢发制字〔2018〕101 号	关于印发《本钢集团有限公司六西格玛项目管理办法》的通知
本钢发办字〔2018〕102 号	关于启用本钢集团有限公司档案馆新印章的通知
本钢发运营字〔2018〕103 号	关于印发《本钢集团有限公司合理化建议奖励管理办法》(暂行）的通知
本钢发人字〔2018〕104 号	关于印发《本钢集团有限公司业务岗位设置及聘任管理指导意见》的通知
本钢发人字〔2018〕105 号	关于印发《本钢集团有限公司技术岗位设置及聘任管理指导意见》的通知
本钢发人字〔2018〕106 号	关于印发《本钢集团有限公司高技能操作岗位设置及聘任管理指导意见》的通知
本钢发运营字〔2018〕107 号	关于印发《本钢集团有限公司绩效考核工作管理办法》的通知
本钢发规字〔2018〕108 号	关于《本溪钢铁（集团）矿业有限责任公司歪头山铁矿尾矿工艺改造可行性研究报告》的批复
本钢发制字〔2018〕109 号	关于印发《本钢集团质量管理（QC）小组活动管理办法》的通知
本钢发制字〔2018〕110 号	关于印发 Q/BB 101—2009《连续铸钢板坯》等五项企业标准废止的通知
本钢发制字〔2018〕111 号	关于印发《2018 年 8 月份生产经营计划》的通知
本钢发人字〔2018〕112 号	关于印发《本钢集团有限公司子公司负责人年薪制管理办法》的通知

行政文件目录

续表（八）

文件编号	文件标题
本钢发行字〔2018〕113 号	关于印发《本钢集团有限公司职工取暖费报销管理规定》的通知
本钢发人字〔2018〕114 号	关于印发《本钢集团有限公司机关员工综合考核评价办法（暂行）》的通知
本钢发运营字〔2018〕115 号	本钢集团有限公司关于印发《本钢集团财务部主要职责内设机构和人员编制调整的补充规定》的通知
本钢发国贸字〔2018〕116 号	关于印发《本钢集团化工产品电子商务竞价销售工作管理细则》的通知
本钢发国贸字〔2018〕117 号	关于印发《本钢集团废旧物资销售管理实施办法》的通知
本钢发办字〔2018〕118 号	本钢集团有限公司关于领导班子成员工作分工的通知
本钢发计字〔2018〕119 号	关于印发《测量管理体系管理手册》及相关程序文件的通知
本钢发运营字〔2018〕120 号	本钢集团有限公司关于印发《本钢集团党委巡察工作领导小组办公室主要职责内设机构和人员编制规定》的通知
本钢发运营字〔2018〕121 号	本钢集团有限公司关于印发《本钢集团纪委主要职责内设机构和人员编制调整的补充规定》的通知
本钢发办字〔2018〕122 号	关于印发《本钢集团有限公司文件材料归档办法》的通知
本钢发运营字〔2018〕123 号	关于成立北方恒达物流有限公司的决定
本钢发审字〔2018〕124 号	关于印发《本钢集团有限公司单位负责人任前经济责任告知办法（暂行）》的通知
本钢发保字〔2018〕125 号	关于印发《本钢集团有限公司处置信访突出问题和群体性事件应急预案》的通知
本钢发采字〔2018〕126 号	关于印发《本钢集团有限公司采购管理办法》的通知

行政文件目录

续表（九）

文件编号	文件标题
本钢发制字〔2018〕127 号	关于印发《本钢集团有限公司 2018 年“质量月”活动安排》的通知
本钢发安字〔2018〕128 号	关于调整本钢集团有限公司安全生产（防火）委员会的通知
本钢发办字〔2018〕129 号	关于启用北方恒达物流有限公司印章的通知
本钢发采字〔2018〕130 号	关于印发《本钢集团有限公司外购产品认证实施办法》的通知
本钢发采字〔2018〕131 号	关于印发《本钢集团有限公司外购产品监督抽查管理办法》的通知
本钢发国贸字〔2018〕132 号	关于印发《本钢集团钢渣类产品电子商务竞价销售工作管理细则》的通知
本钢发能字〔2018〕133 号	关于印发《本钢集团有限公司迎接中央环保督察回头看工作实施方案》的通知
本钢发制字〔2018〕134 号	关于印发《2018 年 9 月份生产经营计划》的通知
本钢发运营字〔2018〕135 号	关于印发《本钢集团有限公司管理创新成果管理办法》的通知
本钢发保字〔2018〕136 号	关于印发《本钢集团有限公司信访案件档案管理办法》的通知
本钢发规字〔2018〕137 号	关于本钢炸药厂歪头山生产线技术改造可研性研究报告的批复
本钢发保字〔2018〕138 号	关于印发《本钢集团有限公司关于规范信访事项受理办理程序　引导来访人依法逐级走访实施细则》的通知
本钢发保字〔2018〕139 号	关于印发《本钢集团有限公司重点信访案件实行领导包案工作实施细则》的通知
本钢发保字〔2018〕140 号	关于印发《本钢集团有限公司信访稳定工作考核办法》的通知

行政文件目录

续表（十）

文件编号	文件标题
本钢发保字〔2018〕141号	关于印发《本钢集团有限公司信访稳定风险评估实施办法》的通知
本钢发办字〔2018〕142号	关于启用本钢集团有限公司人力资源部新印章的通知
本钢发规字〔2018〕143号	本钢集团有限公司关于成立危险化学品生产企业搬迁改造工作领导小组的通知
本钢发采字〔2018〕144号	关于印发《本钢集团有限公司外购产品验收管理办法》的通知
本钢发制字〔2018〕145号	关于印发《本钢集团有限公司质量事故管理规定》的通知
本钢发国贸字〔2018〕146号	关于印发《本钢集团销售系统市场异动动态应急管理规定》的通知
本钢发采字〔2018〕147号	关于印发《本钢集团有限公司供应商管理办法》的通知
本钢发规字〔2018〕148号	本钢集团有限公司关于调整“结对帮扶”责任人的通知
本钢发行字〔2018〕149号	关于印发《本钢集团有限公司固定电话通讯费用管理规定》的通知
本钢发办字〔2018〕150号	关于成立本钢集团档案工作领导小组及档案价值鉴定工作领导小组的通知
本钢发运营字〔2018〕151号	关于印发《本钢集团厂办大集体改革工作组织机构设置方案》的通知
本钢发安字〔2018〕152号	本钢集团关于落实全省安全生产和社会稳定工作会议精神　切实抓好中秋、国庆“两节”期间安全生产和稳定工作的通知
本钢发保字〔2018〕153号	关于印发《本钢集团有限公司门禁管理考核办法》的通知
本钢发资字〔2018〕154号	关于成立本钢集团混改工作推进组的通知

行政文件目录

续表（十一）

文件编号	文件标题
本钢发人字〔2018〕155号	关于调整本溪市城镇职工基本医疗保险缴费基数和缴费比例的通知
本钢发行字〔2018〕156号	关于印发《本钢集团有限公司印刷品管理规定》的通知
本钢发制字〔2018〕157号	关于印发《本钢集团有限公司产品质量缺陷叫停规定》的通知
本钢发制字〔2018〕158号	关于印发《2018年10月份生产经营计划》的通知
本钢发人字〔2018〕159号	关于印发《本钢集团有限公司“吃空饷”问题专项整治工作实施方案》的通知
本钢发采字〔2018〕160号	关于印发《本钢集团有限公司招标采购管理办法》的通知
本钢发制字〔2018〕161号	本钢集团有限公司关于2018年防寒防冻工作安排的通知
本钢发安字〔2018〕162号	本钢集团落实《关于进一步强化落实企业安全生产主体责任的意见》实施细则的通知
本钢发财字〔2018〕163号	关于印发《本钢集团有限公司预付款清理及考核实施办法》的通知
本钢发财字〔2018〕164号	关于印发《本钢集团有限公司工程核算管理实施细则》的通知
本钢发规字〔2018〕165号	关于印发《本钢集团有限公司科技进步奖管理办法》的通知
本钢发财字〔2018〕166号	关于印发《本钢集团有限公司工作人员差旅费管理办法及开支标准》的通知
本钢发运营字〔2018〕167号	关于矿业公司内设机构调整的通知
本钢发运营字〔2018〕168号	关于北营公司内设机构调整的通知
本钢发制字〔2018〕169号	关于印发《2018年11月份生产经营计划》的通知

行政文件目录

续表（十二）

文件编号	文件标题
本钢发制字〔2018〕170 号	关于印发《本钢集团有限公司外购废钢铁质量管理规定》的通知
本钢发保字〔2018〕171 号	关于印发《本钢集团有限公司治安保卫实施办法》的通知
本钢发保字〔2018〕172 号	关于印发《本钢集团道路交通管理规定》的通知
本钢发采字〔2018〕173 号	关于印发《本钢集团有限公司外购产品异议管理规定》的通知
本钢发财字〔2018〕174 号	关于印发《本钢集团有限公司增值税发票管理规定》的通知
本钢发运营字〔2018〕175 号	关于调整北方恒达物流有限公司隶属管理关系的通知
本钢发招字〔2018〕176 号	关于印发《本钢集团有限公司投标方管理实施办法》的通知
本钢发制字〔2018〕177 号	关于印发《本钢集团有限公司外购合金管理规定》的通知
本钢发财字〔2018〕178 号	关于印发《本钢集团有限公司设备采购直接融资租赁管理办法》的通知
本钢发财字〔2018〕179 号	关于印发《本钢集团有限公司内部税费管理办法》的通知
本钢发财字〔2018〕180 号	关于印发《本钢集团有限公司财产保险管理办法》的通知
本钢发财字〔2018〕181 号	关于印发《本钢集团有限公司存货经济库存考核办法》的通知
本钢发制字〔2018〕182 号	关于印发《2018 年 12 月份生产经营计划》的通知
本钢发运营字〔2018〕183 号	关于印发《本钢集团厂办大集体改革工作实施方案》的通知
本钢发财字〔2018〕184 号	关于印发《本钢集团有限公司全面预算管理规定》的通知

行政文件目录

续表（十三）

文件编号	文件标题
本钢发办字〔2018〕185 号	本钢集团有限公司关于领导班子成员工作分工的通知
本钢发规字〔2018〕186 号	关于本钢板材特钢电炉升级改造工程可研的批复
本钢发规字〔2018〕187 号	关于本钢板材新建 220kV 变电所可研的批复
本钢发规字〔2018〕188 号	关于印发《本钢集团有限公司办公自动化系统管理办法》的通知
本钢发制字〔2018〕189 号	关于印发《冷轧钢板和钢带尺寸、外形、重量及允许偏差》等四项标准的通知
本钢发办字〔2018〕190 号	关于印发《本钢集团有限公司总经理办公会议事规则》的通知
本钢发行字〔2018〕191 号	关于成立本钢失独家庭工作协调联动机制领导小组的通知
本钢发科字〔2018〕192 号	关于印发《本钢集团有限公司专利管理办法》的通知
本钢发财字〔2018〕193 号	关于印发《本钢集团有限公司资金管理办法》的通知
本钢发行字〔2018〕194 号	关于印发《本钢集团有限公司业务招待费管理规定》的通知
本钢发运营字〔2018〕195 号	关于印发《本钢集团核心业务流程核决权限管理办法》的通知
本钢发信息字〔2018〕196 号	关于印发《两化融合管理体系管理手册》(A/1 版）及相关程序文件的通知
本钢发保字〔2018〕197 号	关于印发《本钢集团有限公司道路交通事故应急救援预案》的通知
本钢发保字〔2018〕198 号	关于印发《本钢集团有限公司公路运输物资出入厂实施办法》通知
本钢发制字〔2018〕199 号	关于印发《本钢集团有限公司产品标签和质量证明书管理规定》的通知
本钢发财字〔2018〕200 号	关于印发《本钢集团有限公司出国（境）人员经费管理办法》的通知

（办公室　供）

行政文件目录（上行）

文件编号	文件标题
本钢发环字〔2018〕1号	本钢集团关于焦化排污许可证申请存在问题整改措施的报告
本钢发环字〔2018〕2号	本钢集团关于急需帮助解决南芬露天铁矿爆破作业相关问题的请示
本钢发财字〔2018〕3号	本钢集团关于外债规模和登记证明有效期延期的请示
本钢发信字〔2018〕4号	本钢集团关于大河市场部分业主进京上访情况的报告
本钢发环字〔2018〕5号	关于本钢集团5座矿山办理采矿权短期延续情况说明的报告
本钢发环字〔2018〕6号	本钢集团关于调整灯塔市境内生态保护红线、青山保护规划申请的函
本钢发战字〔2018〕7号	关于本溪北营钢铁（集团）股份有限公司石灰石矿现有矿区及拟扩界矿区范围急需调出青山保护规划限制/禁止开发区的请示
本钢发财字〔2018〕8号	本钢集团关于实施市场化债转股的请示
本钢发法字〔2018〕9号	本钢集团关于请求帮助消除严重破坏我省营商环境的不良舆论影响的函
本钢发战字〔2018〕10号	本钢集团关于申请调整本溪市生态保护红线范围的函
本钢发战字〔2018〕11号	本钢集团关于板材5号高炉产能置换的请示
本钢发战字〔2018〕12号	本钢集团关于申请调整本溪市青山保护规划及环城森林公园保护范围的函
本钢发能字〔2018〕13号	本钢集团关于焦化排污许可证申请存在问题的整改措施说明的函
本钢发资字〔2018〕14号	本钢集团关于抚顺特钢专项款转为国有股权的请示

行政文件目录（上行）

续表（一）

文件编号	文件标题
本钢发财字〔2018〕15号	本钢集团关于外债规模和登记证明有效期延期的请示
本钢发战字〔2018〕16号	本钢关于申请调整辽阳市（灯塔）境内青山保护规划范围的函
本钢发战字〔2018〕17号	本钢集团关于下达2018年固定资产投资计划的请示
本钢发财字〔2018〕18号	关于为本钢集团有限公司出具界定内部企业说明的请示
本钢发审字〔2018〕19号	关于呈报《本钢集团2017年度审计工作总结》暨《本钢集团2018年度审计工作计划》的报告
本钢发规字〔2018〕20号	本钢集团关于帮助解决本溪市帆布厂项目耕地占补平衡指标的函
本钢发办字〔2018〕21号	关于本钢集团混合所有制改革初步方案的报告
本钢发规字〔2018〕22号	本钢关于炸药厂歪头山生产点工业炸药生产线技术改造的请示
本钢发规字〔2018〕23号	关于辽宁冶金技师学院综合实训楼建设项目设备变更及电梯招标造价评估的请示
本钢发资字〔2018〕24号	关于本钢集团韩国有限公司增加注册资本金的请示
本钢发规字〔2018〕25号	本钢集团关于炼钢产能置换项目70t电炉由北营调整至板材公司的请示
本钢发资字〔2018〕26号	本钢集团关于混合所有制改革方案的报告
本钢发规字〔2018〕27号	本钢集团有限公司关于帮助解决参与开发大台沟铁矿相关事宜的请示
本钢发资字〔2018〕28号	本钢集团关于所有制改革方案的报告

行政文件目录（上行）

续表（二）

文件编号	文件标题
本钢发规字〔2018〕29号	关于同意本钢北营公司铁矿和石灰石矿等两个矿山采矿权延续及扩界继续使用青山保护规划禁止（限制）开发区的请示
本钢发规字〔2018〕30号	关于对本钢X70以上系列管线钢等产品认定为高新技术产品的函
本钢发规字〔2018〕31号	本钢集团有限公司关于落实钢铁行业化解过剩产能防范“地条钢”死灰复燃专项抽查工作方案的通知的报告
本钢发财字〔2018〕32号	本钢集团关于上报2017年财务决算的报告
本钢发规字〔2018〕33号	本钢集团有限公司关于商请市政府批复23项重点项目的请示
本钢发规字〔2018〕34号	本钢集团关于急需申请“辽宁省本溪市平山区贾家堡子铁矿普查”探矿权的请示
本钢发规字〔2018〕35号	本钢集团关于急需申请“辽宁省本溪市花红沟铁矿普查”探矿权的请示
本钢发规字〔2018〕36号	本钢集团关于急需申请“辽宁省本溪市永安铁矿普查”探矿权的请示
本钢发规字〔2018〕37号	本钢集团关于急需办理北营公司两座矿山采矿权延续及扩界的请示
本钢发办字〔2018〕38号	本钢集团关于企业负责人履职待遇业务支出等工作梳理整改情况的报告
本钢发规字〔2018〕39号	本钢集团关于恳请市政府允许从事矿山爆破作业的请示
本钢发财字〔2018〕40号	本钢集团有限公司2018年非公开发行公司债券（第一期）挂牌申请书
本钢发财字〔2018〕41号	本钢集团有限公司关于非公开发行可续期公司债券挂牌转让的申请
本钢发能字〔2018〕42号	本钢集团关于商请减免2017年度矿山水土保持补偿费的请示

行政文件目录（上行）

续表（三）

文件编号	文件标题
本钢发行字〔2018〕43 号	关于申请本钢集团副职负责人工作保障用车使用范围的备案报告
本钢发行字〔2018〕44 号	关于申请本钢集团部分副职负责人因工作需要另行配置办公用房的备案报告
本钢发财字〔2018〕45 号	关于呈报本钢集团有限公司 2018 年财务预算的报告
本钢发能字〔2018〕46 号	本钢集团有限公司关于分期缴纳 2016 年、2017 年矿山水土保持补偿费的承诺函
本钢发规字〔2018〕47 号	本钢集团关于返还甲楼项目土地保证金用于“未验收入住房”消防设施改造的请示
本钢发资字〔2018〕48 号	关于《本钢集团有限公司混合所有制改革初步方案》的报告
本钢发财字〔2018〕49 号	本钢集团关于所属八家医疗机构清产核资审计结果核准的请示
本钢发规字〔2018〕50 号	本钢集团关于调整东北恒达物流园项目规划用地面积的函
本钢发规字〔2018〕51 号	本钢集团关于北营公司两座矿山采矿权延续及扩界有关情况说明的报告
本钢发财字〔2018〕52 号	本钢集团有限公司关于清产核资专项审计和资产评估聘请中介机构的请示
本钢发规字〔2018〕53 号	本钢集团关于棉花堡铁矿探矿权涉及调整灯塔市太阳谷特色小镇规划的函
本钢发资字〔2018〕54 号	关于《本钢集团推进子公司混合所有制改革实施方案》的报告
本钢发财字〔2018〕55 号	本钢集团关于商请作为银行统一授信第二批试点单位的函
本钢发能字〔2018〕56 号	本钢集团关于对污水处理厂总排口氨氮值超标免予处罚的请示

行政文件目录（上行）

续表（四）

文件编号	文件标题
本钢发财字〔2018〕57号	本钢集团关于清产核资专项审计聘请中介机构的请示
本钢发资字〔2018〕58号	本钢集团关于资产评估事项招标情况的报告
本钢发运营字〔2018〕59号	关于恳请市政府协调解决“三供一业”分离移交和“僵尸企业”处置问题的请示
本钢发资字〔2018〕60号	关于《本钢集团有限公司混合所有制改革实施方案》的报告
本钢发规字〔2018〕61号	本钢集团关于北营公司两座矿山采矿权延续及扩界办理进展有关情况的报告
本钢发能字〔2018〕62号	关于协助解决本钢厂区内生活垃圾排放事宜的请示
本钢发规字〔2018〕63号	关于协调辽阳县政府对本钢矿业辽阳贾家堡铁矿免于罚款的请示
本钢发规字〔2018〕64号	本钢集团关于免于本钢矿业公司辽阳贾家堡铁矿罚款的函
本钢发资字〔2018〕65号	关于支持本钢集团急需解决矿权历史遗留问题的请示
本钢发资字〔2018〕66号	关于支持本钢集团急需解决土地历史遗留问题的请示
本钢发规字〔2018〕67号	关于支持本钢大耐公司解决土地处置问题的请示
本钢发规字〔2018〕68号	本钢集团关于新建本钢体育中心的请示
本钢发规字〔2018〕69号	本钢集团关于急待解决土地评估入股问题的请示
本钢发行字〔2018〕70号	关于报请审批《本钢集团有限公司公务用车制度改革实施方案》的请示

行政文件目录（上行）

续表（五）

文件编号	文件标题
本钢发行字〔2018〕71号	本钢集团关于补办不动产权证的请示
本钢发人字〔2018〕72号	本钢集团有限公司2017年度工资总额清算和2018年度工资总额预算报告
本钢发财字〔2018〕73号	本钢集团关于解决授信集中度超标和进一步建立全面合作关系的复函
本钢发财字〔2018〕74号	本钢集团关于本溪钢铁公司补充股权质押的请示
本钢发资字〔2018〕75号	本钢集团关于混改需本溪市政府协调解决问题的报告
本钢发规字〔2018〕76号	本钢集团有限公司关于10宗土地估价结果备案和土地使用权处置方案审批的请示
本钢发规字〔2018〕77号	关于本钢集团有限公司10宗土地资产处置的函
本钢发资字〔2018〕78号	本钢集团有限公司关于推进鞍本联合重组专题会的回复意见
本钢发规字〔2018〕79号	本钢集团有限公司关于急需恢复贾家堡铁矿矿山生产的请示
本钢发财字〔2018〕80号	本钢集团关于申请处理历史遗留问题政策资金支持的请示
本钢发资字〔2018〕81号	本钢集团有限公司关于推进鞍本联合重组专题会的回复意见
本钢发资字〔2018〕82号	本钢集团有限公司关于申报国有企业混合所有制改革试点企业的申请
本钢发财字〔2018〕83号	关于本溪钢铁公司补充股权质押的请示
本钢发规字〔2018〕84号	关于本钢集团混改急需继续推进解决矿权和土地使用权历史遗留问题的请示

行政文件目录（上行）

续表（六）

文件编号	文件标题
本钢发规字〔2018〕85 号	本钢集团有限公司关于确认企业改制涉及土地资产处置相关问题的请示
本钢发规字〔2018〕86 号	本钢集团关于给予不锈钢冷轧丹东有限责任公司完善土地手续的请示
本钢发资字〔2018〕87 号	关于对本钢集团所属八家医疗机构资产评估结果给予核准的请示
本钢发规字〔2018〕88 号	本钢集团关于申报 2019 年技术改造专项中央预算内投资项目的请示
本钢发规字〔2018〕89 号	本钢集团关于申报 2020 年技术改造专项中央预算内投资项目的请示
本钢发规字〔2018〕90 号	本钢集团关于恳请省自然资源厅协助出具南芬露天矿采矿权延续核查意见的请示
本钢发人字〔2018〕91 号	本钢集团公司“吃空饷”问题专项整治工作自查情况报告
本钢发财字〔2018〕92 号	关于本溪钢铁公司补充股权质押的请示
本钢发人字〔2018〕93 号	本钢集团公司“吃空饷”问题专项整治工作整改报告
本钢发运营字〔2018〕94 号	本钢集团关于“僵尸企业”处置工作情况的报告
本钢发法字〔2018〕95 号	关于本钢集团宝锦（沈阳）汽车新材料技术有限公司剪切机组采购招标情况的报告
本钢发规字〔2018〕96 号	本钢集团有限公司关于对 9 宗土地资产处置方案审批的申请
本钢发规字〔2018〕97 号	关于本钢集团混改急需继续推进解决矿权办理问题的函
本钢发财字〔2018〕98 号	本钢集团关于省政府驻本钢集团监事会提出问题及建议的整改落实工作的报告

行政文件目录（上行）

续表（七）

文件编号	文件标题
本钢发运营字〔2018〕99号	关于本钢集团已经完成“三供一业”分离移交工作的承诺函
本钢发运营字〔2018〕100号	本钢集团关于完善企业内部监督体系防止国有资产流失自查自纠情况的报告
本钢发行字〔2018〕101号	本钢集团有限公司关于公务用车制度改革方案备案的函

（办公室　供）

本溪钢铁公司文件目录

文件编号	文件标题
本钢公司发安字〔2018〕1号	关于转发《本钢集团有限公司关于做好2018年安全生产工作任务的通知》的通知
本钢公司发办字〔2018〕2号	关于启用本溪钢铁（集团）有限责任公司行政管理中心印章的通知
本钢公司发办字〔2018〕3号	关于启用本溪钢铁（集团）有限责任公司规划发展部等单位印章和作废本溪钢铁（集团）有限责任公司战略规划部等单位印章的通知
本钢公司发办字〔2018〕4号	关于启用本溪钢铁（集团）有限责任公司科学技术协会新印章的通知
本钢公司发资字〔2018〕5号	关于本钢总医院整体接收北营职工医院的通知
本钢公司发行字〔2018〕6号	关于办理不动产权证的通知

（办公室　供）

2018年部分社会媒体对本钢集团报道索引

媒体	标　题	日期
辽宁日报	国际高端用户青睐本钢帘线钢产品（图片）	2018.1.5
辽宁电视台	本钢用实力捧回冶金行业质量“奥斯卡”	2018.1.7
中国冶金报	本钢集团出口创汇同比增加28.8%	2018.1.9
中国冶金报	让优质产能到国际市场上去赢得竞争优势	2018.1.12
中国冶金报	让优质产能到国际市场上去赢得竞争优势（图片）	2018.1.12
中国冶金报	做让社会充满敬意的新本钢（图片）	2018.1.12
中国冶金报	以产品质量为生命——本钢加强冷轧汽车板纵纹攻关纪实	2018.1.23
中国冶金报	本钢集团举办职工合唱比赛	2018.1.26
中国冶金报	本钢产品出口成绩单“亮眼”	2018.1.27
辽宁日报	从供给侧改革着力实现高质量发展	2018.1.27
中国商报	本钢集团：供给侧改革凝聚大智慧	2018.1.30
辽宁日报	大数据让传统企业全面升级	2018.2.2
中国冶金报	本钢南芬露天矿安全知识“送上门”	2018.2.7
中国冶金报	本钢　让每一名困难职工都过上暖心年	2018.2.15
中国冶金报	本溪市政府与本钢签署产业合作协议	2018.2.23
中国冶金报	产销率100%的背后……	2018.2.28
当代工人	你采油　我炼钢　同是工会人　聊聊互联网	2018/1-2C总第675/679期
当代工人	胜利者，才是“工匠”	2018/1-2C总第675/679期
中国冶金报	用最美的青春为百年本钢“打call”	2018.3.2
央视新闻移动网客户端	央视聚焦辽宁代表团开放团组活动（现场直播）	2018.3.5 16:18
今日头条	央视聚焦辽宁代表团开放团组活动（现场直播）	2018.3.5 16:18
新华社客户端	以实干精神托起实体经济——十三届全国人大一次会议辽宁代表团开放日侧记	2018.3.5 23:05

2018年部分社会媒体对本钢集团报道索引

续表（一）

媒体	标　　题	日期
央视新闻频道（朝闻天下）	辽宁代表团举行开放团组活动	2018. 3. 6 06:34
央视新闻移动网客户端	媒体聚焦辽宁代表团开放团组活动	2018. 3. 6 08:09
央视新闻移动网客户端	全国人大代表陈继壮：大刀阔斧推进辽宁国企混改	2018. 3. 6 14:08
中国产经新闻(四版) 中国产经新闻微信	陈继壮：大刀阔斧推进辽宁国企混改	2018. 3. 6
新华网（辽宁频道）	陈继壮代表：推进混合所有制改革，做强做优做大国有企业	2018. 3. 6 15:25:17
中国冶金报	团结实干，迈向高质量发展（侧记中含对董事长的采访）	2018. 3. 6
央视新闻联播	中共中央政治局委员、国务委员杨洁篪参加辽宁代表团审议政府工作报告	2018. 3. 6
辽宁电视台 北方频道卫视频道	做客《两会会客厅》	2018. 3. 6 2018. 3. 7
辽宁日报（一版转二版）	传播辽宁声音　展现辽宁风采　——十三届全国人大一次会议辽宁代表团开放日侧记	2018. 3. 6
辽宁新闻	又逢春风沐面　在习总书记殷切寄语辽宁“三个推进”一周年之时	2018. 3. 7
中国冶金报 中国钢铁新闻网	陈继壮：混合所有制改革为做强国企按下“快进键”（董事长专访）	2018. 3. 7
中国网财经频道	本钢集团陈继壮：钢铁企业去产能后还要补市场短板	2018. 3. 8 11:17
辽宁日报	陈继壮：为国企做强做优做大按下“快进键”	2018. 3. 8
辽宁电视台	追求高质量供给侧结构性改革进入“升级版”	2018. 3. 8
中国冶金报	专版：本钢　打造“暖心工程”升级版	2018. 3. 9
中国冶金报	如何再压减3000万吨钢铁产能？(含对董事长的采访)	2018. 3. 9
新华网	抓住金钥匙、交出新答卷——代表热议辽宁扎实推进振兴发展	2018. 3. 11
中国冶金报	聚力供给侧改革，做好高质量发展“答卷”（董事长专访）	2018. 3. 14

2018年部分社会媒体对本钢集团报道索引

续表（二）

媒体	标　题	日期
中国工业报	做好高质量发展答卷	2018. 3. 14
中国冶金报	专版：本钢集团　让职工的家更温馨	2018. 3. 16
中国冶金报	专版：厉害了，高质量本钢	2018. 3. 16
中国冶金报	钢铁圈热议两会	2018. 3. 16
中国冶金报	钢铁圈热议两会	2018. 3. 16
中国冶金报	在春天里阔步迈向新征程——十三届全国人大一次会议闭幕侧记	2018. 3. 21
中国冶金报	辉煌了，我的钢——本钢2000MPa超高强钢被北汽新能源汽车批量使用	2018. 3. 21
中国冶金报	本钢获评为“一带一路”国际合作典范企业	2018. 3. 27
中国冶金报	本钢牌铸管连续9年无质量异议	2018. 3. 28
中国冶金报	本钢集团帘线钢受国外高端用户青睐	2018. 4. 4
中国冶金报	辽宁最大“绿色工程”全面达产达效	2018. 4. 13
人民论坛网	一名党员一面旗帜——本钢集团板材特钢厂党建纪实	2018. 4. 16
人民论坛网	本钢集团板材公司热连轧厂：以生产抓党建，抓好党建促生产	2018. 4. 16
中国冶金报	智能生产线的“守护者”——本钢集团板材冷轧厂三冷轧工序生产见闻	2018. 4. 18
中国工业新闻网	国家电力市场化改革惠及本钢　本钢集团今年首次直购电交易成功	2018. 4. 20
中国冶金报	本钢与本溪市公安局“携手”优化营商环境	2018. 4. 24
中国冶金报	辽宁本钢队夺得CBA总冠军	2018. 4. 25
辽宁职工报 中工网	健康体检再升级	2018. 4. 25
当代工人	走上巅峰——本钢集团职工体育成为全国企业的标杆	2018/3-4C总第683/687期
当代工人	本钢职工：买车？这事儿工会能帮忙	2018/3-4C总第683/687期
中国冶金报	平民英雄“保卫哥”	2018. 4. 27
中国冶金报	本钢用“加减乘除”锻造绿色钢铁	2018. 5. 3

2018年部分社会媒体对本钢集团报道索引

续表（三）

媒体	标　　题	日期
中国冶金报	本钢官方网站英文版正式上线运行	2018.5.9
中国冶金报	本钢按下绿色升级“快进键”	2018.5.10
中国冶金报	“红色引擎”激发企业活力	2018.5.11
辽宁日报	本钢大规模技改促推绿色发展	2018.5.13
中国冶金报	全链条品牌建设打造“实力名片”	2018.5.16
中国冶金报	本钢招贤纳才打出“组合拳”	2018.5.17
中国工业报 中国工业新闻网	追求卓越　本钢车轮钢连续问鼎“特优质量奖”	2018.5.17
辽宁电视台 （辽宁新闻）	辽宁钢铁行业：走出供需低谷　聚焦能力提升（采访董事长）	2018.5.19
辽宁日报	从“高产量”到“高质量”的蝶变——看本钢集团的转型升级之路	2018.5.25
中国冶金报	“瞄准高质量，我们是认真的！”——本钢集团发展车轮钢纪实	2018.5.31
辽宁职工报	本钢全面开启安全生产月活动	2018.6.1
辽宁电视台 （辽宁新闻）	本钢集团：产品出口从“零”到全国第一	2018.6.2
辽宁职工报	“精”字三部曲将职工拧成一股绳——记本钢集团板材冷轧厂二冷工序连退作业区	2018.6.4
中国冶金报	本钢集团：满目青葱织绿锦　碧水蓝天映钢城	2018.6.5
中国冶金报	本钢集团：织就全链条安全生产“防护网”	2018.6.12
辽沈晚报	40年前下黑雪　设备落后九年才达产　如今变“绿色厂”　鼠标炼钢出口“五连冠”	2018.6.13
中国冶金报	本钢矿业：全力以赴备战汛期	2018.6.13
辽宁职工报	目标在前　那是“皇冠上的明珠”——记本钢集团北营炼钢厂炼钢作业二区	2018.6.13
中国冶金报	本钢让安全文化入脑入心	2018.6.15
中国冶金报	用好“人参铁”做好品牌事——本钢牌铸管以质取胜背后的故事	2018.6.19
中国冶金报	转炉“创客”让“智造”变成现实	2018.6.19
中国冶金报	本钢矿业石灰石矿提高洒水频次减少扬尘（图片）	2018.6.20

2018 年部分社会媒体对本钢集团报道索引

续表（四）

媒体	标　　题	日期
共产党员	党旗引领百年钢企浴火重生	2018 年第 06 期上半月
共产党员	“红色引擎”激发企业活力——本钢集团有限公司党建工作纪实	2018 年第 06 期上半月
共产党员	强“根”铸“魂”谱新篇——本钢集团北营公司党委创新载体加强党建工作纪实	2018 年第 06 期上半月
共产党员	党旗下的“钢铁之花”——记全国工人先锋号、本钢集团浦项冷轧连退作业区党支部	2018 年第 06 期上半月
共产党员	为了心中那片红——记本溪市优秀共产党员、本钢集团矿业公司南芬选矿厂蒋守立	2018 年第 06 期上半月
共产党员	高质量党建引领高质量发展——访本钢集团有限公司党委副书记赵忠民	2018 年第 06 期上半月
中国冶金报	本钢新型消防水炮投用	2018. 6. 26
中国冶金报	衔接更紧密　流程更顺畅——本钢集团推行“大部制”改革纪略	2018. 6. 26
当代工人	本钢感谢 1. 1 万“半边天”	2018/5-6C 总第 691/695 期
当代工人	徐长兴：橄榄绿遇上宝石蓝	2018/5-6C 总第 691/695 期
辽宁电视台	用思想政治工作激发企业生机与活力（采访董事长、特钢、三冷、发电）	2018. 7. 3
中国冶金报	本钢开启干部“充电”模式（图片）	2018. 7. 3
中国冶金报	小改造收获绿色效益	2018. 7. 5
辽宁日报	本钢集团闲废物资网上拍出 1. 16 亿元	2018. 7. 11
中国冶金报	本钢集团批量生产超宽幅汽车用薄钢板	2018. 7. 11
中国冶金报	“三精”管理为机组开动率“加把劲”（图片）	2018. 7. 12
辽宁职工报	本钢挺进高档汽车用材新领域	2018. 7. 16
中国冶金报	高质量发展，是干出来的！——访本钢集团党委书记、董事长陈继壮	2018. 7. 20

2018 年部分社会媒体对本钢集团报道索引

续表（五）

媒体	标　　题	日期
辽宁职工报	暖心的汤	2018. 7. 23
中国冶金报	本钢　唱响高质量发展主旋律	2018. 7. 24
辽宁电视台	长子情怀　我们担当	2018. 7. 25
中国冶金报	本钢矿业：让每一点能耗都发挥出价值	2018. 7. 25
辽宁电视台	我省工业持续 9 个月正增长　制造业形势转好（采访板材冷轧厂厂长霍刚和三冷轧技术人员高兴昌）	2018. 7. 29
辽宁职工报	本钢集团开展弘扬新时代辽宁精神活动	2018. 7. 30
辽宁职工报	送清凉　还可以这样做	2018. 7. 30
中国冶金报	本钢集团产品电子“身份证”上线	2018. 8. 1
中国冶金报	本钢矿业：铁精矿稳定率达 97. 62%	2018. 8. 1
中国冶金报	北营矿活性石灰回转窑工程建设有序进行	2018. 8. 1
中国冶金报	罗家全：复合型“大拿”	2018. 8. 3
中国冶金报	本钢职工创新成果受关注	2018. 8. 3
辽宁职工报	把每一分钱都花在“刀刃”上	2018. 8. 3
中国冶金报	防汛防在“点”上	2018. 8. 8
中国冶金报	本钢集团迎战“高烤”记	2018. 8. 10
辽宁职工报	为你搭台　任你起舞	2018. 8. 10
中国冶金报	本钢：摸着石头过河　期货为现货经营服务	2018. 8. 21
中国冶金报	本钢板材焦化厂提质降耗增效	2018. 8. 22
中国冶金报	畅通运输保产“绿色通道”	2018. 8. 24
中国冶金报	本钢驻村工作队成扶贫路上“钢铁先锋”	2018. 8. 28
中国冶金报	“一带一路”重点管线工程用上“本钢造”	2018. 8. 29
中国冶金报	气温更高　干劲更足	2018. 8. 29
中国冶金报	本钢职工“金点子”最高奖励可达百万元	2018. 8. 30
中国冶金报	本钢板材为厂区添“新绿”	2018. 8. 30
当代工人	为职工提供公平的普惠	2018/7-8C 总第 699/703 期

2018年部分社会媒体对本钢集团报道索引

续表（六）

媒体	标　　题	日期
当代工人	工匠百炼铸精钢（北营轧钢厂韩立国）	2018/7-8C总第699/703期
辽宁职工报	“加减乘除”算出绿色本钢	2018.9.3
中国冶金报	本钢：完善计量信息网络　为经营保驾护航	2018.9.5
辽宁新闻	黄群、宋月才、姜开斌同志的先进事迹在我省各地引起热烈反响（采访国贸冷轧产品销售部部长吴宪伟）	2018.9.5
辽宁职工报	本钢开启质量月活动	2018.9.12
国企管理	“红色引擎”提质增效	2018.9
中国冶金报	本钢获观致汽车“技术卓越奖”	2018.9.18
辽宁职工报	社区里有个劳模工作室	2018.9.21
辽宁职工报	“一定要让村里美起来，富起来”	2018.9.26
当代工人杂志	创新出彩在海峡两岸	2018/9-10C总第707/711期
当代工人杂志	孙世家：20年高炉情铸出本钢精铁	2018/9-10C总第707/711期
中国冶金报	本钢高强度棒材生产线投运	2018.10.26
中国冶金报	本钢冬储早动手	2018.10.31
共产党员	百年钢企铸辉煌	2018年第10期下半月
中国冶金报	本钢防寒防冻瞄准“五不”	2018.11.8
中国冶金报	“本钢印记”亮相新中国工业档案文献展	2018.11.9
中国冶金报	本钢冬储工作准备就绪	2018.11.13
中国冶金报	在“一带一路”上叫响“本钢造”	2018.11.15
辽宁职工报	本钢再添国家级技能大师工作室	2018.11.19
中国冶金报	本钢进博会上意向签约3.6亿美元	2018.11.20
中国冶金报	看本钢5号高炉如何改进炉前出铁	2018.11.22
辽台辽宁新闻	辽宁好人文小明	
辽宁职工报	本钢集团工会学习传达贯彻中国工会十七大精神	2018.11.26

2018 年部分社会媒体对本钢集团报道索引

续表（七）

媒体	标　　题	日期
中国冶金报	本钢 DS120 电渣钢提产“替代进口”	2018. 11. 30
辽宁职工报	健康小手册里蕴大爱	2018. 11. 30
当代工人杂志	这个仫佬族“王牌电工”——本钢集团机电安装公司电气调控队副队长罗家全	2018/11-12C
当代工人杂志	花最少的钱，买最喜欢的车	2018/11-12C
当代工人杂志	本钢里的“武林”大赛	2018/11-12C
当代工人杂志	我身边的劳模刘晓峰	2018/11-12C
辽宁日报	解放思想推动高质量发展大讨论——打破“大锅饭”　砸烂“铁交椅”　陈继壮　本钢集团党委书记、董事长	2018. 12. 1
辽宁职工报	北营公司提产增效再加速	2018. 12. 3
中国冶金报	“三步棋”走活国际市场	2018. 12. 4
辽宁职工报	大力培育工匠　助力企业发展	2018. 12. 5
辽宁新闻	省委召开理论学习中心组学习暨“解放思想推动高质量发展大讨论”电视电话会议	2018. 12. 6
辽宁职工报	服务“有力度”民生“有温度”——本钢集团落实“双服务”从细微入手给职工暖心“答卷”	2018. 12. 7
中国冶金报	本钢集团线材产销联动站稳东南亚市场	2018. 12. 11
中国冶金报	百年国企　行稳致远——改革开放 40 年本钢集团迈向高质量发展启示录	2018. 12. 18
辽宁新闻	本钢集团职工收听收看庆祝改革开放四十周年大会（访国贸公司孙峥）	2018. 12
中国冶金报	让世界爱上“本钢造”——看“本钢牌”精品长材的“英雄联盟”	2018. 12. 21
辽宁职工报	辽宁工匠张守喜	2018. 12. 21
中国冶金报	本钢将产品质量异议处理正式交给欧冶云商	2018. 12. 27
辽宁日报	本钢：服务职工“有力度”　民生获得“有温度”	2018. 12. 24
新华社客户端	本钢：服务职工“有力度”　民生获得“有温度”	2018. 12. 24

（宣传中心　供）

栏目编辑　　邹丽颖